編集復刻版

水原克敏 編・解題

戦後改革期文部省実験学校資料集成 第Ⅱ期 第2巻

不二出版

〈復刻にあたって〉

一、原本自体の破損・不良によって、印字が不鮮明あるいは判読不能な箇所があります。

一、資料の中には人権の視点から見て不適切な語句・表現・論もありますが、歴史的資料の復刻という性質上、そのまま収録しました。

一、解題（水原克敏）は第1巻巻頭に収録しました。

（不二出版）

〈第2巻　目次〉

資料番号—資料名◆編・著◆発行所◆発行年月日……復刻版頁

〈初等教育研究資料〉

◎収録一覧

巻		資料名	出版社	発行年月日
		〈初等教育研究資料〉		
第1巻	1	第１集　児童生徒の漢字を書く能力とその基準	明治図書出版	1952（昭和27）年５月10日
	2	第２集　算数　実験学校の研究報告（１）	明治図書出版	1952（昭和27）年６月５日
	3	第３集　算数　実験学校の研究報告（２）	明治図書出版	1953（昭和28）年１月20日
	4	第４集　算数　実験学校の研究報告（３）	明治図書出版	1953（昭和28）年３月５日
	5	第５集　音楽科　実験学校の研究報告（１）	音楽之友社	1953（昭和28）年５月10日
第2巻	6	第６集　児童生徒のかなの読み書き能力	明治図書出版	1954（昭和29）年５月１日
	7	第７集　児童の計算力と誤答	博文堂出版	1954（昭和29）年３月25日
	8	第８集　算数　実験学校の研究報告（４）	明治図書出版	1954（昭和29）年６月１日
	9	第９集　算数　実験学校の研究報告（５）	明治図書出版	1955（昭和30）年６月５日
第3巻	10	第10集　算数　実験学校の研究報告（６）	明治図書出版	1955（昭和30）年10月５日
	11	第11集　国語　実験学校の研究報告（１）	明治図書出版	1956（昭和31）年２月10日
	12	第12集　読解のつまずきとその指導（１）	博文堂出版	1956（昭和31）年２月22日
	13	第13集　教育課程　実験学校の研究報告	明治図書出版	1956（昭和31）年９月５日
第4巻	14	第14集　頭声発声指導の研究―音楽科実験学校の研究報告（２）	教育出版	1956（昭和31）年７月20日
	15	第15集　算数　実験学校の研究報告（７）	明治図書出版	1956（昭和31）年９月５日
	16	第16集　小学校社会科における単元の展開と評価の研究―実験学校の研究報告	光風出版	1956（昭和31）年12月10日
	17	第17集　国語　実験学校の研究報告（２）	明治図書出版	1957（昭和32）年６月10日
	18	第18集　読解のつまずきとその指導（２）	明治図書出版	1956（昭和31）年11月15日
第5巻	19	第19集　漢字の学習指導に関する研究	明治図書出版	1957（昭和32）年６月15日
	20	第20集　国語　実験学校の研究報告（３）	明治図書出版	1958（昭和33）年９月
	21	第21集　色彩学習の範囲と系統の研究―図画工作実験学校の研究報告（１）	博文堂出版	1958（昭和33）年９月５日
	22	第22集　家庭科　実験学校の研究報告（１）	学習研究社	1959（昭和34）年11月15日
第6巻	23	第23集　小学校　特別教育活動の効果的な運営―実験学校の研究報告	光風出版	1960（昭和35）年５月15日
	24	第24集　小学校ローマ字指導資料	教育出版	1960（昭和35）年７月15日
	25	第25集　構成学習における指導内容の範囲と系列―図画工作実験学校の研究報告	東洋館出版社	1961（昭和36）年８月30日
		〈文部省初等教育実験学校研究発表要項〉		
	26	昭和28年度　（文部省初等中等教育局初等教育課）		1954（昭和29）年５月
	27	昭和29年度　（文部省初等中等教育局初等教育課）		1955（昭和30）年５月

初等教育研究資料第Ⅵ集

児童生徒のかなの読み書き能力

文部省

まえがき

児童生徒が，かたかな・ひらがなをどれだけ読み書きできるか，また，どの文字がどのように習得困難であるか，そのことの原因としてどのようなことが考えられるかなどのことが論ぜられるとしても，これに対する的確な資料をもととして話が進められなくてはならない。

このことに関して，文部省初等教育課では，今まで小規模の調査や，実験学校による研究などによって，部分的な資料は得ているが，さらに的確な資料を得たいと考え，後にしるすような企画委員の方々の御協力を得て，昭和27年3月関東一円の小中学校65校，およそ16,000名について調査を実施した。

この調査が関東一円の小中学校にとどまっていることは，もっぱら，限られた労力と経費との関係によるものであるが，その限られた中において，できるだけ客観的な資料を得ようとして，終始努力した。

この調査報告書が，かたかな・ひらがなに関する読み書き能力について，多少なりとも示唆を与えることができれば幸である。この調査の企画，ならびに調査校における説明等については，次の企画委員の方々の御協力を得た。ここにしるして感謝の意を表したい。

（五十音順）

東京教育大学	講師	石黒　修
国立国語研究所	部長	岩淵悦太郎
東京都教育庁教育委員会	指導員	志波末吉
国立国語研究所	所員	林　大
東京水産大学	助教授	松本順之
文部省初等中等教育局	文部事務官	大内茂男

文部省初等中等教育局　初等教育課長　　大島文義

文部省調査局統計課　文部事務官　　岡本　昭

文部省調査局国語課　文部事務官　　塩田紀和

文部省初等中等教育局　文部事務官　(故)篠原利逸

文部省初等中等教育局　文部事務官　　林　千寿子

なお調査依頼校として協力された各小中学校に対しても，ここに合わせて謝意を表したい。

調査後の整理にあたっては，初等教育課の木藤才蔵，小山定良両事務官の協力を得た。答案の採点・集計・報告書の作製等には，初等教育課の沖山光事務官および臨時筆生の宮崎怜子がこれにあたった。

昭和29年1月

目　次

1. 調査の目的

現行国語教科書のように，小学校第1学年の初めから，ひらがなを用いるようになった事情について，一応ここに触れておきたい。

(1) 国語教科書における歴史的経過

I 国語教科書における文字提出の歴史をふりかえってみると，古くは小学校の第1学年は，かたかな文または漢字交じりかたかな文を用い，第2学年以上においては，科学的教材等の特殊なものを除いては，漢字交じりひらがな文が用いられていた。

II 昭和16年度以降終戦時まで使用されていた，いわゆる「あさひ読本」においては，小学校第1学年の前期用は，かたかな文を用い，後期用からひらがな文が加わり，第2学年以上においては，外来語，外国の人名・地名等の特殊な用法以外は，すべて漢字交じりひらがな文であった。

III 昭和22年度以降の新教科書においては，後に述べるような理由等を考慮して，小学校第1学年の初めから，ひらがな文または漢字交じりのひらがな文を用い，第2学年から，外来語，外国の人名・地名等特殊な用法を中心に，かたかなを学習するという方針で現在にいたっている。

(2) ひらがなを用いた理由

小学校第1学年から，ひらがなを提出した理由は，だいたい次に述べるとおりである。

I　新憲法および法律文が，漢字交じりひらがな文になった。ただし法律文においても，戦前までのもので，現在でも行われているもの，および国家公用文において，横書きに限り，かたかな文を用いている特殊な例外は認められているが，例外を除いてはすべて漢字交じりひらがな文が用いられている。

また一般社会においても，かたかなを用いる機会は，きわめて少なくなっているといってよいかと思う。

II　もし従来のように，小学校第1学年の前期用だけ，かたかな文により後期用以降は主として，ひらがな文を用いるとしたならば，小学校第1学年においては，かたかな・ひらがな・漢字という3種の文字の学習によって，児童の負担が過重になるおそれがある。

そこで現行の方法のようにすることによって，第1学年児童の負担を軽くし，一応ひらがなになれた後，第2学年から，特殊な用例を中心として，かたかなの学習をさせることが，学力向上の点からも望ましいと考えた。

III　第3に，現在の一般社会生活における刊行物や，こどものための絵本・雑誌・新聞なども，すべてひらがなが用いられているので，第1学年の初めから，ひらがなを指導すれば，児童の読書力を制限するようなことがないばかりでなく，児童の個人差に応じて，第1学年のこどもといえども，高い程度の読書力へと発展させることが可能である。

以上のような理由によって，昭和22年度使用の国語教科書の小学校第1学年初めからひらがなを用いる方法をとっている。

(3)　調査の目的

1. 調査の目的

I　今回の調査を行うまでに，かたかな・ひらがなに関する調査は，昭和22年4月，昭和26年4月と2回実施され，昭和22年に実施したものについては，さきに文部省著作として発行された「児童生徒の漢字を書く能力とその基準」（昭和27年5月刊行）の巻末に報告されている。

II　以上の2回の調査とも，実施した学校が，長野・千葉二県の国立大学付属小学校に限られており，調査人員もわずかなものであるからこれによって，一般の小中学校の実態をつかむことには無理がある。

III　今回実施した調査は，一般の小中学校の，かたかな・ひらがなに関する学習結果の実態をつかむ目的を主として，調査の範囲や調査人員，調査学校の抽出にも留意し，かたよらない見通しをつけようとした。

IV　今回の調査に現われた学習結果は，この調査実施が，昭和27年3月であるから，「小学校学習指導要領　国語科編」（昭和26年改訂版，昭和26年12月発行）によった学習結果ではない。

V　「小学校学習指導要領　国語科編」（改訂版）によれば，かたかな・ひらがなについて，国語能力表の中に

○読むことの能力

ひらがなが読める。（継続学年1）

かたかなのだいたいが読める。(2)

かたかなが読める。(3)

○書くことの能力（書き方）

ひらがなが書ける。（1—2）

かたかなのだいたいが書ける。（2—3）

かたかなが書ける。(3)

とある。これらの能力が，妥当な要求であるかどうかも，この調査によって，ある程度の見通しをつけようとした。

Ⅵ　調査校の抽出は，人口の密度により，次にしるすとおり各地域層にわたるようにした。

A層　人口10万以上の大都市
B〃　人口10～6万の中都市
C〃　人口6～4万の小都市
D〃　人口4～2万の地方都市
E〃　人口1万未満の村落

以上の層のほかに，国立大学の付属小学校，分教場も相互に比較する便宜上加えた。

これによって，各層の学習結果にどれほどの開きがあるかについても検討しようとした。

2. 調査した期日・学校・児童生徒数

かたかな・ひらがながどれだけ読めるかの調査は小学校第1学年から第4学年まで，どれだけ書けるかの調査は，小学校第1学年から中学校第2学年まで実施した。

(A) 読むことの調査

(1) **期日**　読むことの調査は，昭和27年3月中旬に行った。

(2) **学校**　調査の対象になった学校は，次のとおりである。

ここにあげられた学校は，国立大学の付属小中学校，分校を除いては，A，B，C，D，Eの人口の密度による五つの層から，無作為に抽出されたものである。

小学校（計32校）

茨城県　茨城大学付属水城小学校
行方郡要小学校
新治郡下青柳小学校

栃木県　宇都宮大学付属小学校
宇都宮市西小学校
下都賀郡藤井小学校
〃　桑東小学校
〃　絹北小学校
〃　皆川小学校
那須郡松野小学校

群馬県　高崎市南小学校

埼玉県　入間郡宮寺小学校

千葉県　千葉大学付属第一小学校

〃　第二小学校

千葉市寒川小学校

印旛郡浩養小学校

市原郡養老小学校

東葛飾郡手賀東小学校

東京都　お茶水女子大学付属小学校

東京学芸大学付属世田谷小学校

新宿区天神小学校

墨田区墨田第二小学校

世田谷区太子堂小学校

渋谷区常盤松小学校

荒川区尾久西小学校

北多摩郡調布第三小学校

〃　国立第一小学校

神奈川県　横須賀市田戸小学校

小田原市山王小学校

中郡岡崎小学校

〃　大根小学校

三浦郡城ケ島分教場

(3)　**児童数**　調査した児童の数は第1表に示した。かたかな・ひらがなで調査した児童の数にくい違いのあるのは，かたかな・ひらがなを同一の日に実施しなかった学校があったためであるが，どの学年もおよそ1300名前後の数になっている。

(第1表)　読むことの調査、児童数

かな＼学年	I	II	III	IV	計
かたかな	1347	1402	1290	1403	5442
ひらがな	1360	1405	1293	1348	5403

(B)　書くことの調査

(1)　**期日**　小学校は，読むことの調査と同様に，昭和27年の3月中旬に実施した。中学校は，4月下旬に行った。調査を受けた生徒は，中学校第2学年，第3学年であるが，新学期早々のことであるから，集計の上では，これを中学校第1学年，第2学年修了時の能力とみなして取り扱った。

(2)　**学校**　調査の対象となった学校の中で，小学校は，読むことの調査の所で述べたものと同一であるが，中学校は次のとおりである。

中学校（計33校）

茨城県　茨城大学付属中学校（男子）

同　上　（女子）

那須郡佐野中学校

〃　大宮中学校

新治郡佐賀中学校

栃木県　上都賀郡今市中学校

芳賀郡真岡中学校

群馬県　桐生市南中学校

邑楽郡館林中学校

勢多郡新里中学校

群馬県　佐波郡豊受中学校

甘楽郡秋畑中学校

吾妻郡坂上中学校

埼玉県　埼玉大学付属中学校

入間郡大井中学校

〃　越生中学校

秩父郡国神中学校

大里郡奈良中学校

北埼玉郡大井中学校

千葉県　千葉大学付属中学校

銚子市第一中学校

佐原市佐原中学校

安房郡七浦中学校

香取郡津宮中学校

東京都　学芸大学付属追分中学校

教育大学農学部付属中学校

文京区第四中学校

江東区第四中学校

杉並区泉南中学校

練馬区開進第三中学校

〃　豊玉中学校

三鷹市三鷹中学校

神奈川県　横浜市岡村中学校

(3) 児童・生徒数

かたかな・ひらがなを書くことについて調査した児童・生徒数は，第２表

に掲げた。小学校第１学年から中学第２学年まで，各学年ともおよそ1000名である。

（第２表）　書くことの調査　児童、生徒数

学年 / かな	I	II	III	IV	V	VI	VII	VIII	計
かたかな	984	1405	1239	1427	1360	1382	1235	1083	10115
ひらがな	1189	1175	1408	1394	1361	1314	1070	1096	10007

3. 調査の方法

(A) 調査の方法

かたかな・ひらがなの，読むこと・書くことの能力を調査する方法としては

1 「はた」「たこ」のように，ことばとして調査する方法

2 「は」「お」「る」のように，1字1字として調査する方法

の二つが考えられるが，ことばとして調査するとすれば

1 どのようなことばで，

2 どのくらいの数のことばを

とりあげるかという問題があり，現在の限られた係官の人員や経費の範囲で，短時日に，その結論を見いだすことは困難である。

また，たとえ，ことばやその数がきめられたとしても，正しく読めたか，書けたかの検討を行う際に，

1 1字1字も読め，あるいは書けて，その上ことばとしても，読み，書きできる。

2 1字1字は，正確に読み，書きできないが，連想や類推によって，読み，書きできる。

ということの判定が，その結果の解釈を行う上に二つ以上の要因が含まれてくるために，1字1字が読み，書きできたかどうかの判定が困難である。

このことは，読み誤り，書き誤りの原因を追求する場合にも同様のことがいえる。

したがって，どの字がどのように読めたか，どのように書けたかを判定するためには，1字1字を読み，または書かせるという方法によらざるを得な

い。この調査が，1字1字を読ませ，あるいは書かせる方法をとったのは，以上の理由によったものである。

(B) 読むことの調査

(1) 調査前の注意

文部省から前もって渡された，「調査指針」に示されてある，次のことばを，どの調査校においても，調査前に担任の教師がこどもたちに話して，調査に対する安心感を与えてから，ひとり，ひとりのこどもを，個人別に調査した。

きょうは，これから，みなさんが，かたかなとひらがなをどのくらい読めたり，書けたりできるかを調べさせてもらいます。しかし，これは，日本全体の一年生から六年生までのこどもについて調べるので，みなさんのひとりびとりの成績や，この組の成績をみるのではありませんから，安心して，いっしょうけんめいやってください。

(2) 調査の方法

1 前もって，文部省側で準備した74枚の一定のカードを使用する。

2 児童をひとりずつ個別に調査する。児童をひとりずつ呼び出し，児童が着席するのを待って，まず，番号を聞き，それからカードを1枚1枚読ませていくようにする。

3 調査には，ふたりの教師があたり，ひとりは文字カードを児童に示し，他のひとりは結果を記録する。

4 記録用紙は，前もって文部省側で用意したものを使用する。

5 この場合，読めないときは×印，読み誤ったときは，その読み誤った文字を記入する。

6 カードは，児童に5秒間見せて，もし読めなければ，読めないもの

として，次のカードに進む。

7　カードは，縦12cm，横6cmの大きさで，その中央に，直径4cmほどの円の中におさまる大きさで，文字が印刷してある。カードの裏には，これを児童に示す順序を表わす数字が1，2，のように印刷してある。

8　文字の提出順序は，次のとおりである。2字あるいは3字集めても，一つのことばにならないように配慮した。

は　お　る　つ　て　や　さ　ろ　ま　ぬ　そ　し　え　の　い
あ　ひ　り　れ　こ　み　と　ち　た　ら　ふ　め　ほ　わ　な
ん　よ　け　む　ゆ　す　に　を　ね　せ　う　も　き　へ　く
か　だ　び　が　じ　ず　べ　ぐ　ぜ　ど　ば　ご　ざ　ぢ　ぶ
ぎ　づ　で　ぼ　げ　ぞ　ぱ　ぽ　ぴ　ぺ　ぷ　きゃ　にゅ　ちょ

（C）書くことの調査

(1) 調査の方法

1　その学級の児童・生徒を一室に入れて，いっせい調査をする。

2　隣の児童・生徒の書くのが見えないように，できるだけひとりひとりすわらせる。

3　書くことの記入用紙を，児童・生徒にくばって，学年，番号を記入させる。

4　一字を書く時間は，およそ15秒とした。教師が読んで，15秒たったら，児童・生徒の中に書けないものがあっても，斜線をひかせて，次に移る。

5　この際，助手の人がいて，秒針を見て合図をし，次に移るようにする。

6　書かせる場合の教師の読み方は，次の形式による。1番，「は」「はなの　は」2番，「お」「おとこの　お」のように読んでやる。児童・生徒は，教師の読み終るのを待って書く。1字を書かせるために，最初に1回，途中で1回と，2回くり返して読んでやる。

7　書かせる順序と，教師が読んでやることばは，次のとおりである。

(1)　は　はなの「は」
(2)　お　おとこの「お」
(3)　る　るすばんの「る」
(4)　つ　つくえの「つ」
(5)　て　てまりの「て」
(6)　や　やまの「や」
(7)　さ　さくらの「さ」
(8)　ろ　ろうかの「ろ」
(9)　ま　まくらの「ま」
(10)　ぬ　いぬの「ぬ」
(11)　そ　そらの「そ」
(12)　し　しりとりの「し」
(13)　え　えほんの「え」
(14)　の　のはらの「の」
(15)　い　いぬの「い」
(16)　あ　あたまの「あ」
(17)　ひ　ひよこの「ひ」
(18)　り　りんごの「り」
(19)　れ　れんげの「れ」
(20)　こ　こどもの「こ」

(21) み　みかんの「み」
(22) と　とんぼの「と」
(23) ち　ちりがみの「ち」
(24) た　たまごの「た」
(25) ら　らくだの「ら」
(26) ふ　ふねの「ふ」
(27) め　めがねの「め」
(28) ほ　ほんの「ほ」
(29) わ　わたくしの「わ」
(30) な　なしの「な」
(31) ん　しんぶんの「ん」
(32) よ　ようかんの「よ」
(33) け　けむりの「け」
(34) む　むしの「む」
(35) ゆ　ゆびの「ゆ」
(36) す　すみれの「す」
(37) に　にんぎょうの「に」
(38) を　ごはんを　たべましたの「を」
(39) ね　ねずみの「ね」
(40) せ　せんせいの「せ」
(41) う　うさぎの「う」
(42) も　ももの「も」
(43) き　きしゃの「き」
(44) へ　へんじの「へ」
(45) く　くるまの「く」

(46) か　かきの「か」
(47) だ　だるまさんの「だ」
(48) び　びっくりの「び」
(49) が　がらがらの「が」
(50) じ　じどうしゃの「じ」
(51) ず　ねずみの「ず」
(52) べ　べんきょうの「べ」
(53) ぐ　ぐるぐるの「ぐ」
(54) ぜ　ぜんぶの「ぜ」
(55) ど　どうぶつえんの「ど」
(56) ば　ばんざいの「ば」
(57) ご　ごはんの「ご」
(58) ざ　ざぶとんの「ざ」
(59) ぢ　だぢづでどの「ぢ」
(60) ぶ　ぶらんこの「ぶ」
(61) ぎ　うさぎの「ぎ」
(62) づ　だぢづでどの「づ」
(63) で　でんきの「で」
(64) ぼ　ぼうしの「ぼ」
(65) げ　げたの「げ」
(66) ぞ　ぞうりの「ぞ」
(67) ぱ　おっぱいの「ぱ」
(68) ぽ　にっぽんの「ぽ」
(69) ぴ　えんぴつの「ぴ」
(70) ぺ　ほっぺたの「ぺ」

(71)　ぷ　　きっぷの「ぷ」

(72)　きゃ　おきゃくさんの「きゃ」

(73)　にゅ　にゅうがくの「にゅ」

(74)　ちょ　ちょうめんの「ちょ」

8　かたかなを書かせる場合に，教師が読んでやることばや，その順序は，上記のひらがなの場合と同様であるが，かたかなで表記するもののあることを考慮して，その一部を次のように変更した。

(1)　ハ　ハーモニカの「ハ」

(2)　オ　オルガンの「オ」

(3)　ル　ボールの「ル」

(15)　イ　イギリスの「イ」

(16)　ア　アメリカの「ア」

(19)　レ　レコードの「レ」

(20)　コ　コップの「コ」

(22)　ト　トラックの「ト」

(25)　ラ　ラジオの「ラ」

(26)　フ　フランスの「フ」

(30)　ナ　ナイフの「ナ」

(31)　ン　パンの「ン」

(34)　ム　ゴムの「ム」

(49)　ガ　ガラスの「ガ」

(50)　ジ　ジープの「ジ」

(51)　ズ　ズボンの「ズ」

(57)　ゴ　ゴムの「ゴ」

(64)　ボ　ボタンの「ボ」

(67)　パ　パンの「パ」

(68)　ポ　ポンプの「ポ」

(69)　ピ　ピアノの「ピ」

(70)　ペ　ペンの「ペ」

(71)　プ　コップの「プ」

(72)　キャ　キャラメルの「キャ」

(73)　ニュ　ニュースの「ニュ」

(74)　チョ　チョコレートの「チョ」

9　以上のことばのうち，学年とか，地方とかによって，わかりにくいことばがあったら，ほかのことばを使ってもよいことにしたが，事実は，ほとんど，ここに示されたとおりに行われた。

(2)　調査前の注意

調査に先だって，児童・生徒には，次のような注意を与えた。

(1)　さあ，これから，この紙に，1から順に，ひらがな（かたかな）を書いてもらいます。ひらがな（かたかな）です。

(2)　はじめに，学年と番号を書きなさい。

(3)　先生がいう順に，番号の書いてあるますの中に1字ずつ書くのです。

(4)　もし書けなかったら，そこへななめの線を引いておいてください。

(5)　次の字に移ったら，あとから書き入れたり，書き直したりしないようにしてください。

(D)　整理の方法

1　読むことの調査

ひとりひとりの児童が，読めた字，読めない字を記入した用紙が，各学校別に一括されて返送されている。これをもとにして学校別・学年別に文部省で整理集計した。

2 書くことの調査

これについても，返送された答案について採点・集計ともに文部省で行った。書かれたものについての採点は，どこまでを正答とし，どこから誤答とするかの限界にかなり困難な問題があるが，だいたいにおいて，次の基準によった。

(1) 多少の字形のくずれは許容した。

(2) 字形は整っていても，点画が不足したり，多すぎたりしているものは，誤答とした。

が，(1)の字形のくずれについては，その程度がかなりの段階があるので，一括してここに述べることは困難である。

4. 正答した児童・生徒の数

読むこと，書くことについて調査した字数は，かたかな，ひらがなともに清音46字，（わ行の，「ゐ」「ゑ」の２字を省く）濁音20字，半濁音５字に，拗音の３音を加えた74字である。

（A） 読むことの正答率

集計にあたっては，この71字と拗音３音を，それぞれの学年の調査を受けた児童・生徒の何パーセントのものが，読めたか，あるいは書けたかを示した。第３表，第４表がそれである。

（第３表）　　かたかなを読む能力（%）

音＼学年	I	II	III	IV
(1) 清音	37	86	93	93
(2) 濁音	37	84	92	93
(3) 半濁音	44	88	95	94
(4) (1)+(2)+(3)	39	86	93	93
(5) 拗音	37	78	85	91

第３表は，第１学年についていえば，かたかなを読むことの調査を受けた数は，1347名であるが，その37パーセントに当るものが，清音46字を読みうるということを意味している。同様にして，濁音20字は，その37パーセントが，半濁音５字は，その44パーセントが読みうるということを示している。

（第4表）　　ひらがなを読む能力（%）

音＼学年	I	II	III	IV
(1) 清音	97	98	98	99
(2) 濁音	93	97	98	99
(3) 半濁音	80	93	95	96
(4) (1)+(2)+(3)	90	96	97	98
(5) 拗音	70	87	93	95

（第1図）かなを読む力

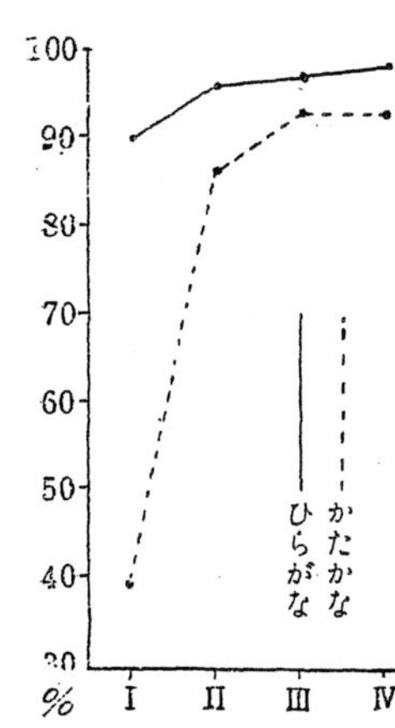

(4)の(1)+(2)+(3)は，(1)の清音，(2)の濁音，(3)の半濁音を合わせた71字についてみると，調査人員の39パーセントのものが読みうるということを意味している。

かたかなを総合して考える場合に，(5)の拗音を除いたのは，この調査では，拗音については，「きゃ」「にゅ」「ちょ」の3音について調査しただけであり，拗音のすべてを尽していない。このような立場から，総合判断をする場合に，拗音は一応除外して集計したものが，(4)の百分率である。

第1学年の児童が，かたかなを読めるのは，家庭や，その他の環境の中で，習得したものと思われるが，どのような字を，どれだけの児童が読めるかは，後に詳しく述べるとして，比較的多くの児童が読み得た字をひろいあげてみると，次のとおりである。

73%　リ　　　54%　ギ　キャ
72　ヘ
71　ベ
66　キ
65　カ
63　ニ　ガ
61　ペ
58　ヤ

以上の字について，共通的に言えることはこれらの字が，どれもみな，ひらがなと字形が類似しているものばかりであるということである。

第2学年から，国語の学習において，かたかながはじめて取りあげられてくるのであるが，その1か年学習した結果は，第2学年の調査人員1402名中，86パーセントのものが，清音・濁音・半濁音を読みうるということになる。

学習前の第1学年の39パーセントと，1か年学習後の第2学年との開きは，47パーセントとなり，そこには著しい学習後の進歩のあとが見られるといえるのではあるまいか。

また一面，1年でひらがなを学習し，2年でかたかなを学習するという方法をとった場合に，かたかなの学習に，それほどの抵抗が見られないともいえるのではあるまいか。

一応かたかなを習得した第2学年以後の開きは，第3学年ないし第4学年と7パーセントというように，あまり大きな変化は示していない。

第4表は，ひらがなを読むことについて調査した結果である。

1か年学習した結果について，かたかな，ひらがなに関して，総体的にみると，かたかなを読むことは第2学年において86パーセント，ひらがなを読むことは第1学年において，90パーセントであるから，学習開始1か年後という条件を念頭において比較してみるに，その開きは，わずかに4パーセントである。

この両者の差は，かたかなの学習が，外国人名・外国地名・外来語・擬音等に限られていることと思い合わせると，読むことの学習に関しては，両者の間に難易の度はあまりないといえるのではあるまいか。

各学年において，かたかな，ひらがなの習得の度合に，第2学年で，10%第3学年で4%，第4学年で5%の差がみられるが，これは，両者の難易の度を示すものではなく，ひらがなのほうが，かたかなに比べて，学ぶ機会がより多いことが一つの原因であると考えてよいのではあるまいか。

ただし，この厳密な意味における比較は，かたかな漢字交じりの教科書，ひらがな漢字交じりの同文の教科書によって，研究のための対照学級を作り，比較してみなければ，はっきりと言いきることはできない。しかしこの種の比較実験は，事実としては，ほとんど不可能に近い。

第1図は，かたかな，ひらがなの総合的な結果を各学年別にグラフによって，比較したものである。

ひらがなにおいては，1か年学習した後の変化は，学年が進んでも，あまり大きな変化はない。第1学年，第2学年の開きが，6パーセント，第3学年，第4学年の開きも，1パーセントの開きしかみられない。こうした事情は，かたかなの場合にも見られることである。

(B) 書くことの正答率

どの学年で，どの字がどのように書けたかの詳しいものは，後に示したがこれを一括して，清音・濁音・半濁音別に示したものが，第5～7表である。

4. 正答した児童・生徒の数

(第5表) かたかなを書くことの正答率 (%)

音 ＼ 学年	I	II	III	IV	V	VI	VII	VIII
(1) 清音	17	77	81	85	83	93	93	94
(2) 濁音	15	69	75	80	80	91	90	95
(3) 半濁音	20	75	82	85	85	95	94	96
(4) (1)+(2)+(3)	17	74	79	83	81	91	92	95
(5) 拗音	10	63	73	78	80	88	88	92

第5表についてみると，第1学年の，清音・濁音・半濁音の総合的な習得は17パーセントとなっているが，これは，家庭や社会環境の中で学んだ結果である。第2学年の74パーセントは，学校において，1か年学習した結果である。

第3学年の79パーセント，第4学年の83パーセント，第5学年の81パーセントは，それぞれ，学校において，2か年ないし4か年学習した結果である。学習の結果からみて，学習後の1か年と2か年ないし3か年との間には，4～5パーセントの上昇がみられる。第4・5学年の間においては，ほとんど変化がない。

このことは，かたかなの学習においては，第2学年，あるいは第3学年において，その表記の大半が提出され，第4学年以後においては，表記上の広がりがあまりないことに原因するのではあるまいかと思われる。

調査時の第6学年生以上は，小学校第1学年当時，かたかなの学習が，ひらがなの学習に先行した学年である。

第5学年と第6学年との間に10パーセントの開きがあるが，このことが，ただちに，かたかなの学習が，ひらがなの学習に先行したという結果からくるものであるかどうかは，にわかに断定できないものがある。

（第６表）　　ひらがなを書くことの正答率（%）

音＼学年	I	II	III	IV	V	VI	VII	VIII
(1) 清音	93	94	97	97	98	98	97	98
(2) 濁音	83	88	90	92	93	95	94	95
(3) 半濁音	74	88	91	92	94	97	95	97
(5) (1)+(2)+(3)	83	90	93	94	95	97	95	97
(5) 拗音	65	77	84	87	86	92	86	90

その理由として考えられることは，次のようなことである。

1　調査時の第６学年以上の児童・生徒は第１学年において，かたかな文による読み書きの指導を受けた。

2　調査時の第５学年の児童は，かたかな文による読み書きの指導を受ける機会は，ほとんどなかったものとみられる。

3　第５学年の児童は，かたかな文の読み書きの指導も受けず，また生活経験の中にもそのような機会があまりないのではあるまいか。

4　かたかなによる表記が，外国人名・外来語・撥音等に限定されている現行の教科書編集や，一般出版物の傾向においては，かたかな文の読み書きの機会も少ない。

などの理由が，第５学年と第６学年との習得率の開きに，どのくらいの要因として働いているかは，この調査では，明らかに指摘することができないが少なくとも，これらの事がその要因として加わっているのではあるまいかと

いうことは一応考えられることである。

さらにこのことを，第６表によってみると入学当初からひらがな文によって，読み書きの指導を受けた第５学年と，第１学年入学当初にかたかな文の読み書きの指導を受けた第６学年との間に，ひらがなを書くことの正答率の上ではわずかに２パーセントの開きがみられるだけで，かたかなを書く正答率に見られたような10%という大きな開きはみられない。

（第７表）　　かたかな・ひらがなを書くことの比較（%）

かな＼学年	I	II	III	IV	V	VI	VII	VIII
a かたかな	17	74	79	83	81	91	92	95
b ひらがな	83	90	93	94	95	97	95	97
c a/b 比率	20	82	85	88	85	94	97	98

第７表は，かたかな，ひらがなの書くことについて，正答率の比較を示したもので，各学年において，かたかなを書くこと，ひらがなを書くことの間に，どれだけの開きがあるかをみたものである。

図表の中で，aは，かたかなを書く力の正答率を示し，bは，ひらがなを書く力の正答率を示した。cは，ひらがなを書く力を100とみて，かたかなを書く力は，その何パーセントに当っているかをみたものである。

中学１，２年になって，ようやく，かたかな，ひらがなの書く力が接近してほとんど差がない域に達するが，小学２年において18%の差がみられ，第６学年になっても，なお６%の差がみられる。

このかたかな，ひらがなの書くことにおける開きは，両者の困難度による開きではなく，社会や生活環境における使用度の著しい開きによるものと思われる。教科書における両者の提出回数，社会や生活環境における両者の使

用範囲の比率については，制限された労力の中では，ここにそれを証拠づける数量的なものを掲げることはできないが，今後に残された研究問題として注意したい。

5. 各文字とその正答率

次の表は，小学校第1学年では，かたかなの「リ」は，71～73パーセントの児童が正しく読んだという意味を表わしている。

I—IVは，学年を示す。1字1字についてのいっそう詳しい正答率は巻末に示す。

（A） かたかなを読むこと

小学校第I学年

（正答率）	（か　な）
71—73	ヘベリ
66—70	キ
61—65	カニガベ
56—60	ヤ
51—55	ギキャ
46—50	コパ
41—45	アイオサスノハミバ
36—40	エクセタトヒホメヨラゴザズゼダドボピポ
31—35	ウチテナネマモロルングビプニュ
26—30	ケシツフムユレゲジヂブ
21—25	ソワヲゾヅデチョ
16—20	ヌ

小学校第II学年

（正答率）　（か　な）

96—100　カキリ

91—95　アオコニハヘミヤガギバベポ

86—90　イウクケサスタチテトノホメモラルンゴズゼダドビボパピペキャ

81—85　エセナネヒマムヨログゲザデデプ

76—80　シツフユレジブニュ

71—75　ソワヲゾチョ

66—70　ヌ

61—65　ヅ

小学校第Ⅲ学年

（正答率）　（か　な）

96—100　アオカキニハヘホミヤリガギドベボパポ

91—95　イエクコサスセタチテトナノヒマメモヨラルロンゴザズゼダデビピペキャ

86—90　ウケシネフムレグゲジデブプ

81—85　ソツユワニュ

76—80　ヌゾバチョ

71—75　ヲ

66—70

61—65　ヅ

小学校第Ⅳ学年

（正答率）　（か　な）

96—100　アイオカキクコスタチテトニノハヘホミモヤリロガギズダドバビベボパピペポキャ

91—95　ウエケサシセナヌネヒフマムメヨラルレングゲゴザジゼヂデブプニュ

86—90　ソツユワゾチョ

81—85

76—80　ヲヅ

（B）ひらがなを読むこと

小学校第Ⅰ学年

（正答率）　（か　な）

96—100　あいうえおかきくけこさしすせそたちつてとなにぬのはひふまみめもやゆよらりるろわをんがごじで

91—95　ねへほむれぎぐげざずぜぞだぢづどばびぶべぼ

86—90　ぴ

81—85　ぱぷぺぽ

76—80

71—75　きゃ

66—70　ちょにゅ

小学校第Ⅱ学年

（正答率）　（か　な）

96—100　あいうえおかきくけこさしすせそたちつてとなにぬねのはひふへほまみむめもやゆよらりるれろわをんがぎぐげござじずぜだづでどばびぶぼ

91—95　ぞぢべぱぴぷぺぽ

96—90　きゃ

81—85　にゅちょ

小学校第Ⅲ学年

（正答率）　（か　な）

96—100 あいうえおかきくけこさしすせそたちつてとなにぬねのはひふへほまみむめもやゆよらりるれろわをんがぎぐげござじずぜぞだぢづでどばびぶべぼぱぴぷぽ

91—95 ぺきゃにゅ

86—90 ちょ

小学校第Ⅳ学年

（正答率）　（か　な）

96—100 あいうえおかきくけこさしすせそたちつてとなにぬねのはひふへほまみむめもやゆよらりるれろわをんがぎぐげござじずぜぞだぢづでどばびぶべぼぱぴぷぺぽきゃ

91—95 ちょにゅ

（C） かたかなを書くこと

小学校第Ⅰ学年

（百分率）　（か　な）

46—50 カ

41—45 キ

36—40

31—35 ハリ

26—30 オコノヤガギパ

21—25 アスタトニヘンゴザバペベ

16—20 イナヨラロダドビピキャ

11—15 ウエクサシセツヒフホマミメモルレグボポ

6—10 ケソヂテヌネムユワヲジズゼデブプ

1—5 ゲゾヂヅチョニュ

小学校第Ⅱ学年

（百分率）　（か　な）

91—95 カハン

86—90 オキリ

81—85 アイコスタトニノヘヤルガギゴパ

76—80 ウクサテナマミモヨラロダドバベピポ

71—75 エケシチツヒホメレグボペキャ

66—70 セソフムゲザゼデビブプ

61—65 ヌネユワジズ

56—60 ヲヅチョニュ

51—55

46—50

41—45 ヅ

37—40 ヂ

小学校第Ⅲ学年

（百分率）　（か　な）

91—95 アイオカキハヤリレンギキャ

86—90 コタトノヘマラルゴダドバパ

81—85 クサステナニヨロガグゾピペポ

76—80 ウエケシチツヒフホミメモゲザジデビブボプチョ

71—75 ソムユベニュ

66—70 セヌネワズゼ

61—65 ヲ

56—60

51—55

41—45　デ

36—40　ヅ

小学校第Ⅳ学年

（百分率）　（か　な）

96—100　カキ

91—95　アイオコトハリンギゴ

86—90　タナニノヘマヤラルガダドバベパペキャ

81—85　ウクサシスチテフレログザピ

76—80　ケソツヒホミメモヨゲジデビブボプポ

71—75　エセヌムユゼゾチョニュ

66—70　ネワラズ

61—65

56—60

51—55

46—50　デ

41—45　ヅ

小学校第Ⅴ学年

（百分率）　（か　な）

91—95　アイオカキコトハンギゴ

86—90　クナニノマラリルガダドバパキャ

81—85　ウクサシスツテフヘミヤレログヅデビベピプペボ

76—80　ケセソチメモヨゲザジゼブボ

71—75　エヒホムゾチョニュ

66—70　ネユワズ

61—65　ヌ

56—60

51—55　ヲヂ

小学校第Ⅵ学年

（百分率）　（か　な）

96—100　アイオカキコトニノハンダドバ

91—95　ウクケサシスタチツテナヒフヘマミメヤヨラリルレロガギグゲゴ
ザデビブベボパピプペポキャ

86—90　セソホムモユジゼゾチョニュ

81—85　エヌネワ

76—80　ヲズ

71—75　デ

66—70　ヅ

中学校第Ⅰ学年

（百分率）　（か　な）

96—100　アイオカキコサシタトナニノハヘマヤラリルンギゴザダドバベパ
ペ

91—95　ウクセスソチツテヒフホミムメモヨレロガグゲゾデビブボピプポ
キャ

86—90　セヌユワジゼチョニュ

81—85　エネズ

76—80

71—75　ヂヲ

66—70　ヅ

中学校第Ⅱ学年

(百分率)	(か　な)
96—100	アイオカキコサシスセタチツテトナニノハヒフヘマミメモヤヨラリルレロンガギゴザダデドバビブベパピプベ
91—95	ウクケソホムユグゲゼゾボポキャチョ
86—90	ヌワニュジ
81—85	エネズ
76—80	ヲヂ
71—75	ヅ

(D)　ひらがなを書くこと

小学校第Ⅰ学年

(百分率)	
96—100	あとのま
91—95	いうえおかきくけこさしすせそたちつてなにねはひみめもやゆよらりるろんがじだ
86—90	ぬふほむれわぎぐげござぜでどばべぼ
81—85	へぞび
76—80	をぶばぴ
71—75	ずぷぺぽきゃ
66—70	ちょ
61—65	
56—60	ぢにゅ
51—55	
46—50	づ

小学校第Ⅱ学年

(百分率)	(か　な)
96—100	あいうおかきくけこさしすせたちつてとなにのはひまみもやゆよらりるろんがごじで
91—95	えそぬねふへほむめれわぎぐげざぜだどばびぼべ
86—90	をぞぶばぴぺぽ
81—85	ずぷ
76—80	きゃちょ
71—75	にゅ
66—70	
61—65	づ
56—60	ぢ

小学校第Ⅲ学年

(百分率)	(か　な)
96—100	あいうかきくけさすせたちてとなにのはひまみめもやよらりるれろんがごじだでどば
91—95	えおこしそつぬふへほむゆわぎぐげざぜぞびぶべぴぽ
86—90	ねをぼばぷぺきゃちょ
81—85	
76—80	にゅ
61—75	ず
66—70	
61—65	づ
56—60	ぢ

小学校第Ⅳ学年

(百分率)　(か　な)

96—100　あいうえかきくけこさしすせそたちつてとなにぬねのはひふへま
みむめもやゆよらりるれろわんがぎぐげござじぜだでどばびべぴ

91—95　おほをぞぶぼぱぷぺぽきゃちょ

86—90　にゅ

81—85　ず

76—80

71—75

66—70　づ

61—65　ぢ

小学校第Ⅴ学年

(百分率)　(か　な)

96—100　あいうえかきくけこさしすせそたちつてとなにぬねはひふへほま
みむめもやゆよらりるれろわんがぎぐげござじぜぞだでどばびぶ
べぼぴ

91—95　おのをぱぷぺぽ

86—90　きゃちょ

81—85　ずにゅ

76—80

71—75

66—70　づ

61—65

56—60　ぢ

小学校第Ⅵ学年

(百分率)　(か　な)

96—100　あいうえおかきくけこさしすせそたちつてとにぬねのはひへほま
みむもやゆよらりるれろわんがぎぐげござじぜぞだでどばびぶべ
ぼぱぴぷぺ

91—95　なふめぽきゃちょ

86—90　をにゅ

81—85　ず

76—80

71—75　ぢづ

中学校第Ⅰ学年

(百分率)　(かな)

96—100　あいうかきくけこさしすせそたちつてとなにぬねのはひふへほま
みむめもやゆよらりるれろんがぎぐげござじぞだでどばびぶべぼ
ぴ

91—95　えおわぜぱぷぺぽ

86—90　をきゃちょ

81—85　ずにゅ

76—80　ぢ

71—75

66—70

61—65　づ

中学校第Ⅱ学年

(百分率)　(か　な)

96—100　あいうかきくけこさしすせそたちつてとなにぬねのはふへほまみ

むめもやゆよらりるれろわんがぎぐげござじぜぞだでどばびぶべぼぱぴぷぺぽ

91—95	えひきゃちょ
86—90	おを
81—85	にゅ
76—80	ずぢづ

6. かなの読み・書き能力

(A) かたかなの読み・書き

漢字の読み・書きの正答率を比較すると，読む能力を100としたとき，書く能力は，その60パーセント内外とされている。

さきに昭和23年8月，国立教育研究所が主となって，「日本人の読み書き能力」を調査した際に，これと並行して，児童生徒についても，それぞれの学年に応じてテストが実施された。その報告（国立教育研究所紀要第一集）の中から，児童生徒の，漢字の読み・書き能力に関する正答率をとりあげ，漢字の読み・書き能力の比較をしてみたのが，下に示す第8表である。

（第8表）　　漢字の読み書き能力（%）

項＼学年	V	VI	VII	VIII	IX
(a) 読み	61.4	72.2	77.9	88.5	92.5
(b) 書き	29.6	36.8	41.7	52.3	58.0
(c) a/b	48.2	51.0	53.5	59.1	62.7

この結果から見ても，漢字の読みの能力を100と見たとき，その書きの能力は，小学校5年で48パーセント強，中学校3年生になっても，62パーセント強であるから，漢字の読み・書き能力に関しては，書きの能力は，読みの能力の60パーセント前後であると考えてさしつかえないといえる。

かなの読み書きにおいては，この関係が，どのようになるであろうかということを見たものが，第9表，第10表，第2図，第3図である。もちろんこ

（第2図）かたかなの読み書き

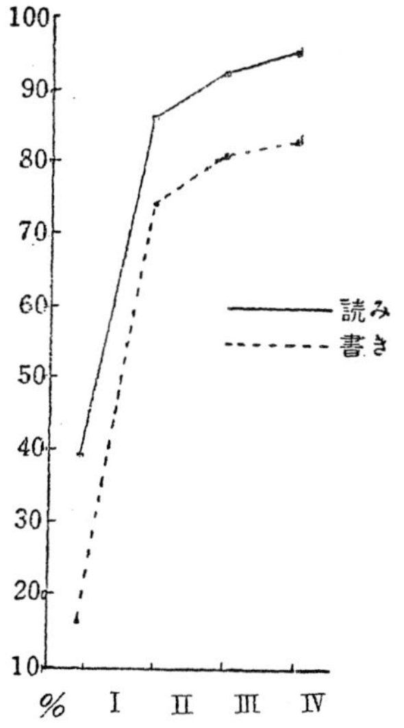

こに示すものは清音・濁音・半濁音の71字を一括して，総体的に見たもので，1字1字について言っているのではない。

第2図においての比較で第4学年までにとどめたのは，読むことの調査は，第4学年までしか実施しなかった事情によるものである。

第2図について見ると，どの学年においても，例外なしに，書くことのほうに，読むことよりも困難度が現われている。

第9表は，第2図と対照して，読み・書きの難易の度あいを見たものである。

第1学年は，学校において，かたかなの指導を受けていないものであるから，ここには触れないことにする。

（第9表）　かたかなの読み書き（%）

項 ＼ 学年	I	II	III	IV
(a) 読み	39	86	92	95
(b) 書き	16	74	81	82
(c) a/b の比率	41.0	86.0	88.0	86.3

第2学年以上について見ると，平均して，読むこと100に対して，その87パーセントを書くことができるといえる。

第3図，第10表は，かたかなについて述べたと同様のことを，ひらがなについて検討したものである。

（B）ひらがなの読み・書き

（第3図）ひらがなの読み書き

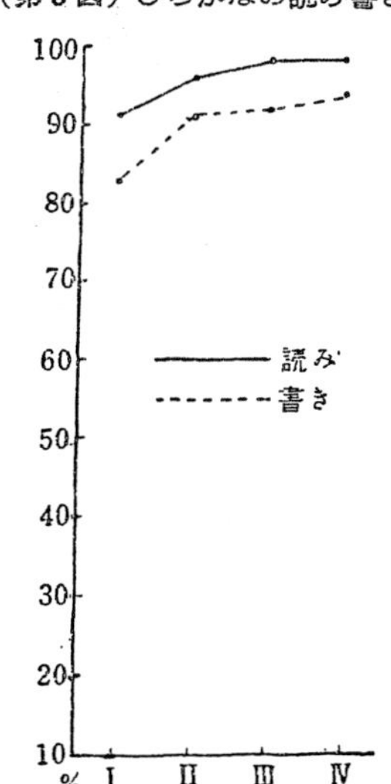

ひらがなにおいても，かたかなの読み・書きの難易について述べたと同様のことがいえるようである。読むことよりは，書くことに学習上の困難さが現われている。

かたかなを書くことの難易度は，読むことを100とすれば，これの87パーセントとなっているから，難易の度あいが13パーセントほどの開きとなっている。

ひらがなにおいては，読むこと100に対して，書くことは94パーセントになっているから，困難の度は，読むことよりも6パーセントほど強いということになる。（9，10表参照）この読み・書きの難易の度あいからみれば，かたかなよりも，ひらがなのほうに，より多くの学習効果のあとがうかがわれる。

（第10表）　ひらがなの読み書き

項 ＼ 学年	I	II	III	IV
(a) 読み	91	96	98	98
(b) 書き	83	91	92	94
(c) a/b の比率	91.2	94.8	93.8	95.9

このことは，かたかな，あるいはひらがなが学習の上に，あるいは生活の

上に，どれだけ密着しているかの度あいを示しているものともいえる。かたかなが，学習上，生活上使用される度あいから考えるならば，その使用回数がひらがなに比べて，かなりの開きがあるにもかかわらず，その習得が，ここまできていることは，かたかなについても，かなりの学習効果をあげているともいえる。

この調査に表われた限りにおいては，

1　第9，10表について述べたように，読み・書きともに，かたかなよりも，ひらがなの習得率が高い。

2　小学校3，4年になると，読むことについては，かたかな・ひらがなの習得が，ほとんど接近している。

3　書くことについては，かたかなのほうが読み・書きの間の難易度の開きが，ひらがなよりも大きい。

4　読み・書きの習得率や，その相互における難易の開きは，かたかな・ひらがなが，学習上，または日常生活の上に，どれほど使われているかに依存することが多いように思われる。

5　学習開始1か年後の，各文字そのものについては，かたかな・ひらがなの間に，いずれが困難かということは，この調査によってはわからない。

6　読むこと・書くことを通して，かたかな・ひらがなの習得率に強くはたらいている要因の主となるものは，読解の文中に，または日常生活の書くことの中に，かたかな・ひらがなが，どのように，どれだけの量が使われているかにあるように思われる。

7　ひらがなの学習指導1か年後の習得率を示したものが，第11表であるが，これによれば比較的直線・曲線の組合わせの度が強いと思われる文字でも，直線・曲線の組合せの少ないと見られる他の文字に比べて

みて，それらの間に特に習得率の開きがあるとは見られない。

（第11表）　　学習指導1か年後の正答率

かな	あ	い	う	え	お	か	き	く	け	こ	さ	し	す	せ	そ	た
%	96	93	94	91	91	94	95	92	92	93	95	93	93	93	91	95
かな	ち	つ	て	と	な	に	ぬ	ね	の	は	ひ	ふ	へ	ほ	ま	み
%	95	95	96	96	93	93	89	91	96	95	91	88	85	86	96	94
かな	む	め	も	や	ゆ	よ	ら	り	る	れ	ろ	わ	を	ん		
%	88	91	91	92	91	93	91	92	95	90	94	89	79	93		
かな	が	ぎ	ぐ	げ	ご	ざ	じ	ず	ぜ	ぞ	だ	ぢ	づ	で	ど	ば
%	91	88	87	88	89	87	92	73	87	82	91	59	47	89	88	88
かな	び	ぶ	べ	ぼ	ぱ	ぴ	ぷ	ぺ	ぽ							
%	85	77	87	87	77	80	72	72	72							

（C）　書くことに困難を感ずる文字には，どのようなものがあるか

(1)　かたかなを書くこと

ここでは，どのような文字が，書くことに困難さを示しているかを見て，学習指導上の参考に供したい。

ここで，困難があるとか，ないとかいうことは，学級の70パーセントのものが書きうるということを限界として考えてみた。

第12表について見ると，清音・濁音・半濁音合わせて71字の中で，96～100パーセントの習得率を示す文字が何字，91～95パーセントの文字が何字あるか，それは，清音・濁音・半濁音を合わせた71字に対して，何パーセントに当るか（かっこの中の数字）を，各学年別に示したものである。

（第12表）　かたかなを書くことの習得率の分布（字数）

学年 / 習得率	Ⅰ	Ⅱ	Ⅲ	Ⅳ	Ⅴ	Ⅵ	Ⅶ	Ⅷ
96～100				2 (2.8)		14 (19.7)	30 (42.3)	49 (69.0)
91～ 95		3 (4.2)	11 (15.5)	10 (14.1)	11 (15.5)	40 (56.3)	29 (40.8)	13 (18.3)
86～ 90		3 (4.2)	13 (18.3)	16 (22.5)	13 (18.3)	9 (12.7)	6 (8.5)	3 (4.2)
81～ 85		15 (21.1)	14 (19.7)	13 (18.3)	22 (31.0)	4 (5.6)	3 (4.2)	3 (4.2)
76～ 80		17 (24.0)	20 (28.2)	17 (23.9)	13 (18.3)	2 (2.8)		2 (2.8)
71～ 75		12 (16.9)	4 (5.6)	7 (9.9)	5 (7.0)	1 (1.4)	2 (2.8)	1 (1.4)
66～ 70		11 (15.5)	6 (8.5)	4 (5.6)	4 (5.6)	1 (1.4)	1 (1.4)	
61～ 65		6 (8.5)	1 (1.4)		1 (1.4)			
56～ 60		2 (2.8)						
51～ 55					2 (2.8)			
46～ 50	1 (1.4)			1 (1.4)				
41～ 45	1 (1.4)	1 (1.4)	1 (1.4)	1 (1.4)				
36～ 40		1 (1.4)	1 (1.4)					
31～ 35	2 (2.8)							
26～ 30	7 (9.9)							
21～ 25	12 (16.9)							
16～ 20	9 (12.7)							
11～ 15	19 (26.6)							
6～ 10	16 (22.5)							
1～ 5	4 (5.6)							
計	71 (100)	71 (100)	71 (100)	71 (100)	71 (100)	71 (100)	71 (100)	71 (100)

注（　）の中は、その字数の71字に対する比率を示した。

各学年で習得率が70パーセント以下になっている文字を具体的に示すと，次のとおりである。（第12表参照）

小学校Ⅱ年（21字）

（百分率）

66—70　セソフムゲザゼデビブプ

61—65　ヌネユワジズ

56—60　ヲゾ

51—55

46—50

41—45　ヅ

36—40　ヂ

小学校Ⅲ年（９字）

（百分率）

66—70　セヌネワズゼ

61—65　ヲ

56—60

51—55

46—50

41—45　ヂ

36—40　ヅ

小学校Ⅳ年（６字）

（百分率）

66—70　ネワヲズ

61—65

56—60

51—55

46—45　デ

41—45　ヅ

小学校Ⅴ年（7字）

（百分率）

66—70　ネユワズ

61—65　ヌ

56—60

51—55　ヲデ

小学校Ⅵ年（1字）

（百分率）

66—70　ヅ

中学校Ⅰ年（1字）

（百分率）

66—70　ヅ

(2)　**ひらがなを書くこと**

第13表は，かたかなを書くことについて示したと同様のことを，ひらがなを書くことについて示したものである。

ひらがなを書くことについて，習得率の70パーセント以下になっている文字を示すと，次のとおりである。（第13表参照）

小学校Ⅰ年（2字）

（百分率）

56—60　ぢ

51—55

46—50　づ

（第13表）　ひらがなを書くことの習得率の分布（字数）

習得率＼学年	Ⅰ	Ⅱ	Ⅲ	Ⅳ	Ⅴ	Ⅵ	Ⅶ	Ⅷ
96～100	4 (5.6)	38 (53.5)	38 (53.5)	58 (81.7)	61 (85.9)	63 (88.7)	59 (83.1)	64 (90.1)
91～ 95	37 (52.1)	22 (31.0)	24 (33.8)	10 (14.1)	7 (9.9)	4 (5.6)	8 (11.3)	2 (2.8)
86～ 90	17 (24.0)	7 (9.9)	6 (8.5)			1 (1.4)	1 (1.4)	2 (2.8)
81～ 85	3 (4.2)	2 (2.8)		1 (1.4)	1 (1.4)	1 (1.4)	1 (1.4)	
76～ 80	4 (5.6)						1 (1.4)	3 (4.2)
71～ 75	4 (5.6)		1 (1.4)			2 (2.8)		
66～ 70				1 (1.4)	1 (1.4)			
61～ 65		1 (1.4)	1 (1.4)	1 (1.4)			1 (1.4)	
56～ 60	1 (1.4)	1 (1.4)	1 (1.4)		1 (1.4)			
51～ 55								
46～ 50	1 (1.4)							
計	71 (100)	71 (100)	71 (100)	71 (100)	71 (100)	71 (100)	71 (100)	71 (100)

（注）（　）の中は、その字数が、71字に対する比率を示した。

小学校Ⅱ年（2字）

（百分率）

61—65　づ

56—60　ぢ

小学校Ⅲ年（2字）

（百分率）

61—65　づ

56—60　ぢ

小学校Ⅳ年（2字）

（百分率）

66—70　づ

61—65　ぢ

小学校Ⅴ年（２字）

（百分率）

66—70　づ

61—65

56—60　ぢ

中学校Ⅰ年（１字）

（百分率）

61—65　づ

以上掲げた各学年における70パーセント以下の文字，つまりそれぞれの学年で，その学年の大半のものが，書くことに困難を感じている文字群の間に，それぞれ共通のものが見いだされる。

かたかなについていえば，濁音の「ヅ」は，小学校２年から中学校１年まで，６学年を通じ，どの学年でも困難を感じている文字であり，清音の「ネ」「ヮ」「ヲ」濁音の「ズ」「ヂ」の字は，小学校２年から５年まで，４学年を通じ，どの学年にも困難度のある文字である。清音の「ヌ」は，小学校２年，３年，５年に共通に見られ，「ュ」は，小学校２年と５年に，「セ」「ゼ」「ゾ」は，小学校２年，３年に，共通に見られる。

ひらがなについて，以上のことを見ると，ここで問題となるのは，濁音の「ぢ」「づ」の２字に限られていることが，かたかなにおける場合と著しく異なっているところである。ただしこのことは，文字数についていえることで，「ヂ」「ヅ」が，かたかなにおいても困難度を示していることからすれば，この２文字はかたかな・ひらがなに共通して，高学年まで使用上混乱の多い文字といえる。その中で，「づ」は，かたかな・ひらがなを通じて，中学校

にいたるまで，困難度を示している点で目立っている。

文字数の比率を見ると，習得率が70パーセント以下に落ちているのは，かたかなについていえば，小学２年では，清音9.5パーセント，濁音・半濁音において48パーセントとなっているが，３年になると清音10.9パーセント，濁音・半濁音において16パーセントと著しい進境を見せている。

４年では，清音6.5パーセント，濁音・半濁音で12パーセント，５年では，清音10.9パーセント，濁音・半濁音で８パーセントとなっている。

ひらがなについては，小学校１年から５年まで，濁音の「ぢ」「づ」の２字に限られ，これは濁音・半濁音のわずかに８パーセントにすぎない。

7. 地域別に見た習得率

ここでは，学校所在の地域によって，かなの習得にどのような差があるかを見ようとした。この際，国立大学付属小学校および分校は，地域外の特殊な学校として他の各地域と比較する便宜上ここに加えた。読むことの調査は，かたかな・ひらがなともに小学校1年から4年まで実施した。

（A） かたかなを読むこと

第14表から第17表までが，かたかなを読むことについて，小学校1年から4年まで各学年，国立大学付属小学校および分教場・各地域別に音別の習得率を示したものである。

（第14表）　かたかなを読む能力（%）　1年

音＼層	国立	A	B	C	D	E	分校	平均
(1) 清音	64	42	40	20	33	25	欠	37
(2) 濁音	63	44	40	25	28	22		37
(3) 半濁音	74	47	48	31	35	27		44
(4) (1)+(2)+(3)	67	44	43	25	32	25		39
(5) 拗音	65	39	40	29	30	21		37

1年から4年までの各学年に見られる共通的なことは，

1　音別に見ると，清音・濁音・半濁音の中で，半濁音の習得が，他の音よりも2～4パーセント高い。

2　ただし4年になると，各音の習得の間に，ほとんど差がない。1年は，指導開始前であるためか，清音・濁音よりも，半濁音の習得が7パー

（第15表）　かたかなを読む能力（%）　2年

音＼層	国立	A	B	C	D	E	分校	平均
(1) 清音	97	87	82	75	86	80	92	86
(2) 濁音	97	87	81	77	83	78	85	84
(3) 半濁音	98	90	88	85	87	80	92	88
(4) (1)+(2)+(4)	97	88	84	79	85	79	89	86
(5) 拗音	95	75	74	79	69	72	85	78

（第16表）　かたかなを読む能力（%）　3年

音＼層	国立	A	B	C	D	E	分校	平均
(1) 清音	98	94	93	97	92	84	95	93
(2) 濁音	97	94	90	97	90	84	95	92
(3) 半濁音	100	96	95	98	95	89	95	95
(4) (1)+(2)+(3)	98	95	93	97	92	86	95	93
(5) 拗音	93	88	84	95	86	76	72	85

（第17表）　　かたかなを読む能力（%）　　4年

音＼層	国立	A	B	C	D	E	分校	平均
(1) 清　音	99	95	93	90	93	82	100	93
(2) 濁　音	99	95	92	90	92	83	100	93
(3) 半濁音	100	98	95	90	95	85	95	94
(4) (1)+(2)+(3)	99	96	93	90	93	83	98	93
(5) 拗　音	98	93	88	86	92	78	100	91

セント高くなっている。

3　地域別に見ると，人口１万未満の村落であるＥ地域の学習が最下位にあり，国立大学の付属小学校と分教場の習得が最上位にある。

4　最高・最低の開き，つまり地域差は１年が最もひどくて，42パーセント，２年になるとその開きは目だって縮まって，18パーセントとなり，３年はさらに縮まって12パーセント，４年は17パーセントとなっている。

以上の１年から４年までの地域別の総合的な面について触れてみると，

1　清音・濁音・半濁音の習得において，地域差の最も高いのは清音で，最高は分校96パーセント，最低はＥ地域の68パーセントで，その差は28パーセントとなっている。

2　濁音・半濁音の地域差も，ほとんど清音における と同じくらいの差で，最高は分校，最低はＥ地域で，その差は26パーセントとなっている。

3　清音・濁音・半濁音を総合しての最高最低の差は27パーセントである。

4　習得率の順に地域をあげると，

国立，Ａ地域，Ｂ地域，Ｄ地域，Ｃ地域，Ｅ地域となっている。分校はわずかに１校であるので，この比較からは除いて考えたい。

（Ｂ）　ひらがなを読むこと

第18表から第21表までは，小学１年から４年までのひらがなを読むことに

（第18表）　　ひらがなを読む能力（%）　　1年

音＼層	国立	A	B	C	D	E	分校	平均
(1) 清　音	100	95	98	96	97	95	100	97
(2) 濁　音	99	88	97	92	94	91	89	93
(3) 半濁音	91	80	92	72	84	77	67	80
(4) (1)+(2)+(3)	97	88	95	87	92	88	85	90
(5) 拗　音	87	66	82	56	67	64	67	70

（第19表）　　ひらがなを読む能力（%）　　2年

音＼層	国立	A	B	C	D	E	分校	平均
(1) 清　音	100	98	98	98	99	95	100	98
(2) 濁　音	100	97	94	94	98	93	100	97
(3) 半濁音	99	93	92	92	88	88	100	93
(4) (1)+(2)+(3)	100	96	94	95	95	92	100	96
(5) 拗　音	96	82	75	98	79	84	93	87

ついて，各学年別・各地域別・音別にその習得率について示したものである。

第18表によって，小学校1年の習得状況を見ると，清音については，どの地域の学校も95から100パーセントの間にあり，大きな開きは見られない。しかもこの1年の習得と，その後4年にいたるまでの習得において，清音に関する限りは，あまり大きな進展は見せていない。

（第20表）　ひらがなを読む能力（%）　3年

音＼層	国立	A	B	C	D	E	分校	平均
(1) 清音	100	100	99	92	99	98	100	98
(2) 濁音	100	99	99	92	99	97	100	98
(3) 半濁音	99	98	97	90	96	93	95	95
(4) (1)+(2)+(3)	100	99	98	92	98	96	98	97
(5) 拗音	95	92	91	92	94	91	95	93

（第21表）　ひらがなを読む能力（%）　4年

音＼層	国立	A	B	C	D	E	分校	平均
(1) 清音	100	99	98	98	100	99	100	99
(2) 濁音	100	99	95	98	100	99	100	99
(3) 半濁音	100	96	93	96	93	96	100	96
(4) (1)+(2)+(3)	100	98	95	97	98	98	100	98
(5) 拗音	100	93	94	90	94	94	100	95

濁音になると，清音の習得より5パーセント以上落ちてくる地域に，A地域がある。特に分校は，清音よりも11パーセントの差がついている。

半濁音の習得が平均以下に落ちてくる地域として，C，E，の二つがあり，拗音の習得になると，A，C，D．Eの四地域が平均以下になっている。

これらの事情は，1年生の教科書に，それらの音を含むひらがな語いが，どのくらいくり返して提出されているかに関係するものではあるまいか。このことについては，今後の研究問題として考えたい。

1年生の習得をさらに細かく見ると，ひらがなの清音を読むことについては，どの地域も95パーセント以上で，まず問題はないようである。

濁音についても，どの地域も88パーセント以上であるから，これもまず満足すべき状態にあるといえるであろう。

半濁音については，分校の67パーセント，C地域の72パーセント，E地域の77パーセントが低い部類になってくる。

拗音について見ると，C地域の56パーセント，E地域の64，A地域の66，D地域の67パーセントが低い。

以上を通して見て，習得の高さが，清音・濁音・半濁音・拗音の順になっていることは，さきにも触れたように，それらの音を含む，ひらがな語いが，教科書にどのように提出されているかということと関係があるように思われる。字形による困難度というものは，比較的この習得度とは関係が薄いのではあるまいか。

清音・濁音・半濁音を総合しての習得は，各地域の平均が90パーセントとなる。1年生の習得としては，正常のものといえよう。

2年生以後の発展は，2年が96，3年が97，4年が98パーセントというように，しだいに高まっている。各学年の間に，あまり大きな開きは見られない。

(C) かたかなを書くこと

第22表から第29表までは，かたかなを書くことについて，小学1年から中学2年まで，各学年別・地域別・音別の習得率を示したものである。

(第22表)　かたかなを書く能力(%)　1年

層／音	国立	A	B	C	D	E	分校	平均
(1) 清音	28	20	6	欠	19	13	欠	17
(2) 濁音	28	16	4		17	8		15
(3) 半濁音	40	20	9		20	10		20
(4) (1)+(2)+(3)	32	19	6		19	10		17
(5) 拗音	20	12	4		9	5		10

(第23表)　かたかなを書く能力(%)　2年

層／音	国立	A	B	C	D	E	分校	平均
(1) 清音	91	74	70	48	80	77	100	77
(2) 濁音	88	67	61	46	69	65	85	69
(3) 半濁音	95	73	72	58	74	67	85	75
(4) (1)+(2)+(3)	91	71	68	51	74	70	90	74
(5) 拗音	90	62	59	42	62	52	77	63

7. 地域別に見た習得率

第22表の小学校1年の習得は，学校における指導以前のものであるが，清音・濁音・半濁音の習得を総合的に見て，国立大学の付属小学校が，他の地域の習得よりも13パーセント上位にあることは，家庭や地域などの生活環境が，文字習得の上に，かなりの影響力をもっていることを物語っているものと見ることができる。

(第24表)　かたかなを書く能力(%)　3年

層／音	国立	A	B	C	D	E	分校	平均
(1) 清音	93	81	84	72	83	75	欠	81
(2) 濁音	89	75	76	69	76	67		75
(3) 半濁音	96	85	85	69	85	71		82
(4) (1)+(2)+(3)	93	80	82	70	81	71		79
(5) 拗音	92	76	82	54	73	62		73

(第25表)　かたかなを書く能力(%)　4年

層／音	国立	A	B	C	D	E	分校	平均
(1) 清音	94	80	75	80	86	80	100	85
(2) 濁音	92	75	69	78	79	74	96	80
(3) 半濁音	96	80	80	80	84	80	96	85
(4) (1)+(2)+(3)	94	78	75	79	83	78	97	83
(5) 拗音	92	78	65	76	75	71	91	78

第24表によって，学習指導後1か年の習得状況を見ると，最高と最低の地域差は40パーセントという，大きな開きを見せている。

各地域を総合した，清音・濁音・半濁音の平均は74パーセントである。こ

（第26表）　かたかなを書く能力（%）　5年

音＼層	国立	A	B	C	D	E	分校	平均
(1) 清音	94	78	87	82	81	76	欠	83
(2) 濁音	92	76	83	82	76	73		80
(3) 半濁音	96	83	90	84	79	77		85
(4) (1)+(2)+(3)	94	79	87	83	79	75		81
(5) 拗音	89	75	84	79	72	72		80

（第27表）　かたかなを書く能力（%）　6年

音＼層	国立	A	B	C	D	E	分校	平均
(1) 清音	96 (2)	94 (16)	95 (8)	91 (9)	94 (13)	88 (12)	欠	93
(2) 濁音	97 (5)	91 (15)	93 (10)	88 (6)	92 (16)	87 (14)		91
(3) 半濁音	99 (3)	95 (12)	97 (7)	94 (10)	94 (15)	89 (12)		95
(4) (1)+(2)+(3)	97 (3)	93 (14)	95 (8)	91 (8)	93 (10)	88 (13)		91
(5) 拗音	96 (7)	90 (15)	92 (8)	77 (-2)	88 (16)	83 (11)		88

注　1.（　）の中の数字は、同地域、同種音の5．6年の差を示す。
　　2.（-2）は、6年が5年よりも低位にあることを示す。

のように，各地域・清音・濁音・半濁音の平均をとりあげ，その学年における最高・最低の開きを見ると，2年で40パーセント，3年で23パーセント，4年で22パーセント，5年で19パーセント，6年で9パーセントというように，学年の進むにつれて，地域差がしだいに縮少されている。

（第28表）　かたかなを書く能力（%）　7年

音＼層	国立	A	B	C	D	E	分校	平均
(1) 清音	99	95	95	92	86	91	欠	93
(2) 濁音	99	93	92	87	81	87		90
(3) 半濁音	100	96	94	93	85	93		94
(4) (1)+(2)+(3)	99	95	94	91	84	90		92
(5) 拗音	98	91	91	85	77	84		88

（第29表）　かたかなを書く能力（%）　8年

音＼層	国立	A	B	C	D	E	分校	平均
(1) 清音	100	95	98	94	85	94	欠	94
(2) 濁音	99	92	96	90	87	91		95
(3) 半濁音	100	96	97	95	91	96		96
(4) (1)+(2)+(3)	100	94	97	93	88	94		95
(5) 拗音	99	91	97	89	85	90		92

中学校になると，多少事情が異なって，地域差の開きは小学校の５年と６年の中間に位するようになってくる。すなわち，中学１年で15パーセント，中学２年で12パーセントとなっている。

第26，27表について，５年，６年の習得状況を比較すると，地域および，清音・濁音・半濁音を総合して平均した結果において，10パーセントの開きがある。

この両学年の習得を地域別に比較して見ると，国立においては３パーセントの開きで，ほとんど開きはないといえるが，Ａ地域は14パーセント，Ｂ地域は８パーセント，Ｃ地域８パーセント，Ｄ地域10パーセント，Ｅ地域13パーセントという開きがある。これらのことから，両学年の総合的な習得における10パーセントの開きの要因が，地域における学年差によって左右されている面もあるといえるのではあるまいか。

なお，国立と国立以外の地域との開きは，

1　家庭環境における読書資料の多少，

2　１学級における人数と指導方針との関係，

3　学校や家庭における指導技術の問題，

などの要因が，この習得率に影響してくるものと思われる。

これまでの結果を，小学１年から中学２年まで綜合的に述べてみると，同一地域においては，各音の習得の間には，あまり開きはない。

地域差は各音相互の間では，13パーセントから20パーセントの間にあるが，平均すれば15パーセントの地域差となる。

（Ｄ）　ひらがなを書くこと

第30表から第37表までは，ひらがなを書くことについて，小学１年から中

学２年まで，各学年別・地域別・音別にその習得率を示したものである。

i　小学１年の，ひらがなを書くことについての習得率を見ると，各地域を平均した習得率は，清音が最も高く，93パーセントであるが，これは次位にある濁音よりも10パーセントも高い。半濁音になると，74パーセントで，清音の習得より19パーセントも低位にある。

（第30表）　ひらがなを書く能力（％）　1年

音＼層	国立	A	B	C	D	E	分校	平均
(1)　清　音	98	92	93	94	89	90	欠	93
(3)　濁　音	89	83	83	83	76	81		83
(3)　半濁音	87	72	74	68	73	72		74
(4)　(1)＋(3)＋(3)	91	82	83	82	83	81		83
(5)　拗　音	84	64	61	60	60	59		65

（第31表）　ひらがなを書く能力（％）　2年

音＼層	国立	A	B	C	D	E	分校	平均
(1)　清　音	99	98	97	92	95	93	83	94
(3)　濁　音	96	91	90	87	89	87	77	88
(3)　半濁音	97	89	88	87	84	82	88	88
(4)　(1)＋(3)＋(3)	97	93	92	89	89	87	83	90
(5)　拗　音	96	74	83	83	67	61	77	77

これは，１年生の教科書の文が，清音の提出に対して，濁音・半濁音の提出量が低いことと密接な関係があることを示しているものといえよう。

各地域の間に，それほどの差はなく，ただ国立が，その他の地域と10パーセント内外の開きをもっていることが目だっている。

ii　２年が１年と異なるところは，平均されたものの習得において，清音・

（第32表）　ひらがなを書く能力（％）　3年

音＼層	国立	A	B	C	D	E	分校	平均
(1) 清音	100	98	98	92	97	96	100	97
(3) 濁音	97	93	91	82	90	89	89	90
(3) 半濁音	99	94	91	85	93	85	89	91
(4) (1)+(2)+(3)	99	95	93	86	93	90	93	93
(5) 拗音	95	87	98	69	83	76	78	84

（第33表）　ひらがなを書く能力（％）　4年

音＼層	国立	A	B	C	D	E	分校	平均
(1) 清音	99	98	91	98	98	97	100	97
(2) 濁音	97	93	86	92	85	92	96	92
(3) 半濁音	98	94	88	94	91	82	100	92
(4) (1)+(2)+(3)	98	95	88	95	91	90	97	94
(5) 拗音	96	93	77	86	90	82	87	87

濁音・半濁音の間に，１年のときに10～19パーセントの差をもっていたものを，６パーセントの差に縮めたことであり，濁音・半濁音の間に９パーセントの差のあったものを，同位の習得にまで高めたことである。

清音・濁音・半濁音の総合的習得においては，１年より７パーセントの進境を示し，90パーセントとなっている。

（第34表）　ひらがなを書く能力（％）　5年

音＼層	国立	A	B	C	D	E	分校	平均
(1) 清音	100	98	98	98	97	96	欠	98
(3) 濁音	97	93	96	89	91	91		93
(3) 半濁音	99	94	96	92	90	92		94
(4) (1)+(3)+(3)	99	95	97	93	93	93		95
(5) 拗音	94	84	90	83	82	81		86

（第35表）　ひらがなを書く能力（％）　6年

音＼層	国立	A	B	C	D	E	分校	平均
(1) 清音	100	99	99	97	98	97	欠	98
(2) 濁音	98	95	96	94	95	93		95
(3) 半濁音	99	97	97	97	96	93		97
(4) (1)+(2)+(3)	99	97	97	96	96	94		97
(5) 拗音	97	91	94	94	91	87		92

地域的に見れば，国立が依然として高いが，その相互の開きは1年同様，あまり大きなものではない。ただし，最高の国立と最低の分校との間には，14パーセントの差が見られる。1年同様C・D・Eの三地域が他地域より下位にある。

このことは，家庭や社会環境によって，上位にある地域よりも，学習資

(第36表)　ひらがなを書く能力（%）　7年

層 / 音	国立	A	B	C	D	E	分校	平均
(1) 清音	100	97	98	98	91	95	欠	97
(2) 濁音	99	95	94	94	87	92		94
(3) 半濁音	100	97	96	94	90	93		95
(4) (1)+(2)+(3)	100	96	96	95	89	93		95
(5) 拗音	98	91	86	85	77	79		86

(第37表)　ひらがなを書く能力（%）　8年

層 / 音	国立	A	C	C	D	E	分校	平均
(1) 清音	100	98	100	96	97	98	欠	98
(2) 濁音	98	94	99	90	93	95		95
(3) 半濁音	100	97	99	93	94	97		97
(4) (1)+(2)+(3)	99	96	99	93	95	97		97
(5) 拗音	98	87	97	85	89	84		90

料や読書資料に比較的恵まれていないことと関係があることを示しているのではあるまいか。

iii　3年になると，清音・濁音・半濁音ともに平均されたものにおいて90パーセント以上の習得になり，これ以上の学年においては，この間の習得率には大きな変化はない。

こうした事情は，この学年以上になると書く生活の上において，これらの音を含む語，あるいは文を，平均して使いこなしていることを示すものではあるまいか。

iv　4年以上，中学2年までを見とおしていえることは，小学3年において見られたと同様，清音・濁音・半濁音ともその習得率は90パーセント台で，平均習得率は，94，95，97，95，97パーセントで，ほとんど学年差といったものは見られない。

地域による差は，学年によって多少の動きは見られるが，小学1年から中学2年までを通して，C，D，Eの三地域が，他の地域より落ちている傾向が見られる。

8. 文字別・学年別の正答率と誤字の傾向

(A) は，かたかなを読むこと，(B) は，ひらがなを読むこと，(C) は，かたかなを書くこと，(D) は，ひらがなを書くこと，についてのそれぞれの学年の正答率を示した。かたかなを読むことに例をとれば，「ア」は，小学校第1学年で43パーセント，第2学年で91パーセントのものが正しく読めたという意味である。I—VIは小学校第1学年—第6学年を，VII—VIIIは中学校第1学年，第2学年を示したものである。

(A) かたかなを読むこと

かな	正答率(%) I	II	III	IV	おもな読み誤り
ア	43	91	96	96	マイウオサチヤナム
イ	41	88	94	96	エア (ヒト) マヒナストハケミシユヘツテ
ウ	35	86	90	93	ワラエヲフアヤエカヨクソスハ
エ	39	85	93	95	ユオイニアコウロハヨメゴツトナレミキソケ
オ	45	92	96	96	イラア (ヒト) エナニウキルネスメト
カ	65	97	99	99	チグミ (チカラ)
キ	66	96	98	99	キャ
ク	39	88	93	96	タケウスカラツワイムユマル
ケ	30	86	90	94	テチコクイオミヨソヲルア

かな	正答率(%) I	II	III	IV	おもな読み誤り
コ	49	92	95	96	ロヨゴカクケドムトエナメアツグ
サ	42	87	93	95	セナカシタツキエ
シ	27	76	87	91	ツンソスチジサヒイミニデドノリズ
ス	41	89	94	96	ツシクトミコワキトボタ
セ	37	85	91	95	ヤサヒトシソネチフラツキハカ (シチ) ウモエ
ソ	22	74	84	89	シツリスサノンワウヨイレエデケ
タ	38	89	94	97	クナマユミシジル
チ	35	88	94	96	テツ チャ シ (チュウ) ユアサケマヒセ
ツ	27	76	82	89	シソジンチタステトキミワヅイサウ
テ	33	86	94	96	ケチナツタアフトミサウホユボンシ
ト	39	90	95	98	(ヒト) テノハエスイナ
ナ	32	85	92	94	タネテノヲニ 十 セシヂイレメアチオサスケキルエ
ニ	63	95	96	97	ナアエフ
ヌ	19	69	76	94	ムスフアノナツマメエヲミネチ (ミル) ウユオモ (マタ) クー
ネ	32	82	89	92	ヌレエカニワタユゴソホムイセクケスウオヲ
ノ	45	89	94	96	メトナレコンシト (イチ) イサテスルユワヒモ

かな	正答率(%) I	II	III	IV	おもな読み誤り
ハ	44	92	97	99	八バホポパヒフヘイマランヘ
ヒ	37	84	91	95	ピ七ヘミフハビセイヨヤキトモラシチソ
フ	30	78	87	92	クワスヒヌプヘハツウタム (フヮ) マテルレロナユ
ヘ	72	95	98	99	ベエクツグア
ホ	39	90	96	97	ボオボモピキミラムサチリユ (アカ)
マ	35	85	92	95	アムハスヤヌツナ (クチ) ヨネイウニソホル
ミ	44	92	96	97	サ三ノエヨユコタ
ム	28	81	90	93	アフメトンツウシヤエスアカネクタヌロルヨセ
メ	38	86	92	95	ミヌモナニウノリシアネル (ミル) (ジウ) スタ
モ	35	88	94	96	ホヨセヒマチキオクテ(シチ)コナ
ヤ	58	95	98	98	(ジー)ナシ
ユ	27	76	84	89	コウクイムロヨエニアサヘナトクマスラヒセキオツ
ヨ	38	85	92	93	コロゴエユサノマニ(ヤァ)ヘキミヲオヒシマトナ
ラ	37	86	94	94	ヲルワウニタエンヌコダナサ
リ	73	96	98	98	ルロシアタニノ
ル	35	86	92	93	レロラトシイナエチハニスホパミツデカチオ

かな	正答率(%) I	II	III	IV	おもな読み誤り
レ	30	78	87	91	ルロヨラケシヌネイノッフンスサソヒデ
ロ	34	85	91	96	(クチ)コヨゴクサマツラ五トセグラルヒハヌ
ワ	24	74	82	88	ウフラヲオツホフクヨムズケロラボヘハナユレ
ヲ	24	71	71	77	ラフワオヌユヨサモ (フヮ) テツゴヒピネムウタルロコ
ン	34	89	92	93	ソシツワノスコイジヨ
ガ	63	95	98	99	カツラヅダ
ギ	54	93	97	97	(ギャ)ゲキデタジリコザ
グ	34	83	90	95	ダゴゲズクザバタテセドゾボ
ゲ	28	82	90	92	ゴデチコソケツタヅダヂジゾトズボテブ
ゴ	40	89	94	95	グヨヅトアブパタミジ
ザ	36	85	91	94	ゼセサジズシダヤギデハ
ジ	30	79	88	93	ヅズゾゼザシソツンギデドダミブビユ
ズ	37	87	93	96	ジゼスデテサゾバドオシミビガツペブグピ
ゼ	40	86	91	95	ザデジセズヤヨビヒブガエ
ゾ	23	71	78	86	ヅジズドシソドツスベウムブワグロバゲ
ダ	37	86	93	96	グドハヅズブベラルボンゼウユヌ

かな	正答率(%) I	II	III	IV	おもな読み誤り
ヂ	30	82	89	94	デチテダツザゼオゲズグキルゾ
ヅ	23	65	65	80	ゾジヂシツチダズドデフグイセゴザバソザンギ
デ	24	82	92	94	ゲゼテドヂケギヌレザラ(ギィ)ベガゾジボボズネニブ
ド	38	90	96	98	ゾダドヂブヨヒトヤパバゼ
バ	43	92	76	98	パベハダヘミレノ
ビ	35	86	93	96	ピブヒドジセモゼミゴヅヨイゾザ
ブ	30	78	88	92	ヅグフプゴジスユズバドゲキビ
ベ	71	94	97	99	ヘペダクロラボイゼ
ボ	38	89	96	97	ホポバマゲオチ
パ	48	90	96	97	ボピバハベイリ
ピ	37	90	94	96	ヒペプビブパポリヨタクウヘ
プ	33	82	90	94	ボパフホペピハムラソシスイツ
ペ	61	89	94	96	ヘプボパベピナシエ
ポ	49	91	96	97	ホパプピペコイ
キャ	54	88	91	96	(ギャ)(キュ)(ギァ)(キョ)(ウギ)キ(ニァ)ユ(ヤギ)ヤ
ニュ	32	77	84	92	(ニャ)(ニュ)(ニョ)(ニュウ)(ニィ)(ニェ)(ニコ)ヤコ(キロ)(シュ)(チュ)ヨユ(キョ)ニ(キュ)チ(キャ)(ニン)

かな	正答率(%) I	II	III	IV	おもな読み誤り
チョ	25	71	78	87	(チュ)(チョ)(チャ)チ(チュ)ウ(チー)(チイ)(ヂョ)(チー)ウ(チョウ)(チュン)(キイ)コヂ(ニョ)セ(チウ)(キョ)テ(チィヨ)(ティ)(ヂャ)

(B) ひらがなを読むこと

かな	正答率(%) I	II	III	IV	おもな読み誤り
あ	98	99	99	99	えはおな
い	97	98	99	99	きへ(ひと)り
う	97	98	99	99	あおえゆやら
え	97	98	99	99	あいおぬせん
お	98	99	99	100	わあ(あお)ろる
か	98	99	100	100	この
き	97	98	99	99	さはそみお
く	97	98	99	100	(ひと)しぬのぐ
け	96	98	99	99	てこ(はち)さつ
こ	97	98	100	99	にお(はち)たとら
さ	97	98	99	99	きちせしるは(ひと)
し	97	98	99	99	すちひうとふあ

かな	正答率(%)				おもな読み誤り
	I	II	III	IV	
す	97	98	99	99	ねずみは
せ	97	98	99	99	ぜわ
そ	96	97	99	99	ろぞぬのうお
た	98	98	99	99	つだごきや
ち	97	98	99	99	おまはち
つ	98	98	99	99	づさゆ(ちゅ)ば
て	97	98	99	99	たしへに(かて)え
と	98	99	99	99	こ(ろく)おさ
な	97	97	99	99	たはまこさめか
に	97	98	99	99	なみ(ろく)いたとひ
ぬ	97	96	98	98	めねわずろむるなてい
ね	95	97	98	98	めぬ(ろく)わむ
の	98	99	99	99	ぬはわうろ
は	97	98	99	100	わまおたかんあ
ひ	96	97	99	98	みびぴしり
ふ	96	98	98	99	むぶぷしに(はち)れぐ

かな	正答率(%)				おもな読み誤り
	I	II	III	IV	
へ	94	96	98	99	くべぐぺたえ
ほ	94	97	98	96	まばはぼぽぱへ(ろく)ゆわ
ま	98	99	99	99	はきた
み	98	99	100	100	人ごきせ
む	95	97	99	99	ふそるつせた
め	97	98	99	99	ぬゆるはごもい
も	97	98	99	99	まならのこ
や	97	98	99	99	まよたきなごお(しゃ)
ゆ	97	98	99	99	う(はち)るねむ
よ	97	98	99	99	まけと
ら	96	98	99	99	おあこ(ろく)ちそ
り	97	97	99	99	るゆへてうむよに
る	97	98	99	99	ろらりくぬえ
れ	95	97	98	99	らねるこしそり
ろ	96	98	98	99	るたちわこし
や	96	97	99	99	ねぬ(はち)ゆなろれ

かな	正答率(%) I	II	III	IV	おもな読み誤り
を	97	98	99	99	と
ん	98	98	99	99	てな
が	96	98	99	99	かし
ぎ	94	97	98	99	きざさぐたむじまづ
ぐ	94	97	98	99	べくたらすぼち
げ	95	97	98	99	けひかだでそ
ご	96	97	99	99	こぐどおいぬ
ざ	94	96	98	99	さしなだしまぢ
じ	96	97	98	99	ぐすし(じょ)かがだ
ず	95	97	99	99	せすそなこつ
ぜ	94	96	98	99	せでじざわらべぞ
ぞ	93	95	98	99	そどさずお(どぞ)だで
だ	95	97	99	99	だなひざ
ぢ	91	95	98	99	ちずつとたちざらにふ
づ	95	97	98	99	つてフすぎ
で	96	97	99	99	てだ(ひと)らいさぜぼ

かな	正答率(%) I	II	III	IV	おもな読み誤り
ど	95	97	98	99	とでわぞ
ば	94	97	99	99	なばぼほやはざとは
び	94	96	98	99	ひびかしい(ひび)じ
ぶ	92	96	98	99	ふひぼ(はち)うめぞみきち
べ	92	95	98	99	へで(ひと)すたぬげばえぐ
ぼ	91	96	98	98	ほばぽおはべへたかげ
ぱ	85	92	97	97	はぽひぺぴばぼほぷておわ(ピー)(ぶー)(よー)
ぴ	87	94	97	97	ぷひびぺ(ぴょ)ほぱぽうし(リー)
ぷ	83	91	96	97	ぽふぼぶほぴへはぺぱぽうさ
ぺ	81	91	95	96	へぴべぽびばぷえさこた(えー)(ぐー)ふび
ぽ	81	92	96	97	ほぱぴぷはへぼぱぺ(ぴよ)うそ(ぱぽ)ま
きゃ	75	87	93	96	き(きゆ)や(きしゃ)(ぎゃ)(きょ)(きゃあ)さ(にや)ぬ(ちゃ)(ちょ)(しゃ)
ちょ	70	84	90	94	(ちょ)(ちゅ)ち(ちゃ)(ちう)(ちょう(ぎょ)(ちゅよ)よご(ぢょ(きよ)
にゅ	69	84	93	95	(にゆ)に(にあ)なぬ(にょ)(にう)(にっ)(にゅう)ゆこた(しゅ)(じゃ)(きゆ)

（C） かたかなを書くこと

かな	正答率（%） I	II	III	IV	V	VI	VII	VIII	おもな書き誤り
ア	25	85	91	94	95	98	99	99	ママ了マてセア
イ	20	81	92	93	93	96	97	98	エりレト
ウ	13	76	80	83	81	93	94	95	ラ
エ	15	71	77	75	75	84	84	82	イヘネウネえ
オ	27	90	93	94	94	96	97	97	ヲオト木大
カ	50	91	94	96	95	97	97	99	か
キ	43	90	95	96	93	98	98	99	
ク	15	79	85	84	82	94	94	95	くタ
ケ	9	73	79	78	78	92	94	94	ケナサテ爪チゲム
コ	29	83	90	91	91	96	96	97	ポホ子匚
サ	14	76	82	83	81	95	96	98	サやせサさサ
シ	11	72	79	83	83	94	96	97	ツジンレヽソ
ス	25	81	84	85	83	94	95	96	シシニ
セ	12	70	70	74	76	87	88	97	せヒサヒせもサ
ソ	7	67	74	76	76	90	94	95	ノシミジツンヒウ

かな	正答率（%） I	II	III	IV	V	VI	VII	VIII	おもな書き誤り
タ	21	81	88	88	89	94	97	98	ラク又た
チ	9	75	80	83	79	93	95	96	牙ケイ付ちケケ
ツ	14	74	80	80	81	92	95	97	シジソスシつシ
テ	9	78	82	84	83	94	95	97	手チ夫チ夕テ
ト	22	84	90	92	94	97	98	98	イと
ナ	16	80	81	87	87	95	96	98	メグメ七タ
ニ	22	82	85	87	86	96	96	98	ギ
ヌ	6	65	70	72	64	85	86	90	ムヌヌ
ネ	7	62	66	67	67	81	85	83	ネ示ネネ六えネ
ノ	27	84	89	90	90	96	98	98	レの
ハ	34	92	95	92	94	97	98	99	ナは
ヒ	13	73	76	77	74	92	92	96	ピセビごEひ
フ	11	70	78	82	84	94	94	97	ヤクワプ
ヘ	23	83	87	89	83	93	96	96	ヒ
ホ	12	72	78	77	75	90	92	94	木本
マ	15	80	86	90	88	95	96	97	ラム口まマ

かな	正答率(%) I	II	III	IV	V	VI	VII	VIII	おもな書き誤り
ミ	15	76	80	79	81	91	94	96	シニミ川彡トみ
ム	9	68	74	75	74	89	91	92	マヲヌグ
メ	12	71	76	79	78	91	94	96	×乂メめ×ラナ
モ	13	77	80	80	80	90	93	96	もももと
ヤ	27	81	92	90	85	95	97	98	ヤマやカヤセ
ユ	9	62	73	71	69	87	89	92	ヨ土上
ヨ	17	76	83	79	80	93	94	97	Eヲヨ
ラ	17	80	89	89	89	95	98	98	ウラらネ
リ	32	88	93	94	90	95	98	98	
ル	15	85	88	90	88	94	96	96	メボ
レ	14	73	92	82	82	93	94	96	ルルデJ
ロ	16	76	85	85	84	93	95	96	
ワ	6	63	67	69	69	85	87	90	
ヲ	8	60	62	66	52	76	73	80	ネオヌ乃シ木ち
ン	24	91	91	91	91	96	97	98	ソシンノウツ
ガ	28	82	85	89	89	95	95	97	ガ

かな	正答率(%) I	II	III	IV	V	VI	VII	VIII	おもな書き誤り
ギ	30	85	91	93	91	95	96	96	ぎ ニ
グ	12	73	84	83	81	93	93	95	ダダヤぐブ
ゲ	5	66	78	79	79	92	94	94	グデデゲゲグげ
ゴ	21	82	90	91	92	92	96	98	ユ゛
ザ	23	69	76	81	80	95	96	97	ぞザぜざガギ
ジ	6	65	77	78	78	90	87	89	ジゲぢじジヂゾ
ズ	9	65	68	67	69	80	83	81	ジジジヌずツ
ゼ	10	68	69	75	76	89	90	92	ジザぜぜセぜ
ゾ	4	59	82	73	72	89	94	93	ジソじぞでヅム
ダ	17	79	88	88	88	97	97	98	グザだ丹ズ
ヂ	4	39	45	49	53	71	72	77	ヅジジゲぢぜッ
ヅ	5	42	38	45	81	69	68	71	ジズイブツズジン
デ	7	70	78	80	81	94	94	96	ビデヂヂテゲ
ド	17	78	89	90	89	97	97	98	ゼゾイどゾ
バ	21	78	86	87	89	96	97	98	ボドザ
ビ	16	70	77	77	83	92	94	96	上びイ

かな	正答率（%） I	II	III	IV	V	VI	VII	VIII	おもな書き誤り
ブ	10	67	77	78	79	91	92	96	ぶ ぷ ヴ ぶ ぶ 〔illegible〕
ベ	21	79	75	86	82	94	96	97	ペ ブ
ボ	11	72	80	79	79	91	92	95	ヅ ボ ぼ ポ ゴ
パ	26	81	89	90	90	94	97	98	ハ ぱ
ピ	16	76	84	84	85	94	95	97	セ
プ	9	68	79	79	81	94	94	96	ゴ ポ ズ
ペ	21	74	83	86	84	92	96	97	ぺ テ デ
ポ	12	76	82	80	81	92	93	94	コ
キャ	18	73	94	87	86	93	93	95	キア キア キカ キョ
ニュ	5	57	75	74	72	86	86	90	にユ にゅ ニヌ ニゆ ニゅ ニョ ニウ ニウ ニャ
チョ	4	58	76	72	71	86	88	92	ちョ チョ ちョ ちョ ちよ チE ケョ チヲ

（D） ひらがなを書くこと

かな	正答率（%） I	II	III	IV	V	VI	VII	VIII	おもな書き誤り
あ	96	97	98	99	99	99	98	99	あ
い	93	97	97	97	98	99	97	98	え

かな	正答率（%） I	II	III	IV	V	VI	VII	VIII	おもな書き誤り
う	94	97	97	99	99	99	99	99	
え	91	95	95	97	97	98	95	95	え い え え え
お	91	96	94	95	95	96	92	90	を 男 あ
か	94	96	97	98	99	99	97	99	カ
き	95	98	98	99	99	100	99	99	
く	92	97	97	99	100	99	98	99	9 く
け	92	98	96	98	99	99	98	99	て
こ	93	96	95	97	99	98	97	98	子 Z
さ	95	97	97	98	98	99	97	99	土 大 花 山
し	93	96	95	98	98	99	97	99	ひ 日 火
す	93	97	98	99	99	99	98	99	
せ	93	96	96	98	98	99	96	97	出 先 先 生
そ	91	94	95	97	98	98	96	98	そ れ ぞ て え タ ト 空
た	95	97	98	99	99	100	98	99	
ち	95	97	97	99	99	99	98	99	ち
つ	95	97	95	98	98	99	97	99	

かな	正答率(%) I	II	III	IV	V	VI	VII	VIII	おもな書き誤り
て	95	97	97	98	97	99	97	98	于
と	96	98	98	99	99	100	98	100	
な	93	97	97	99	99	95	98	99	な な 左
に	93	97	97	98	99	100	98	99	
ぬ	89	93	94	97	96	97	96	97	む ぬ め ね ぬ ぬ め の
ね	91	94	88	97	98	98	96	98	お わ な め ぬ
の	96	97	97	99	93	100	97	99	
は	95	97	97	97	97	99	97	99	
ひ	91	96	96	98	98	99	97	94	し ひ ひ 火 月
ふ	88	93	92	96	96	93	96	97	ふ 心 ふ ふ ふ ふ
へ	85	94	94	98	97	98	98	98	
ほ	86	92	92	95	96	97	97	98	は ほ
ま	96	97	97	98	99	99	97	99	ま ま
み	94	97	97	99	99	99	98	99	み に
む	88	93	93	97	96	97	96	97	む む お む む
め	91	95	96	97	98	95	96	99	ぬ お み め め め

かな	正答率(%) I	II	III	IV	V	VI	VII	VIII	おもな書き誤り
も	91	98	97	99	99	99	99	99	こし
や	92	96	96	97	98	99	97	99	や わ か や 山
ゆ	91	96	95	98	98	98	97	99	ゆ ゆ タ
よ	93	97	97	99	99	100	98	99	お よ よ
ら	91	96	97	98	98	99	98	99	
り	92	97	97	98	99	100	98	99	
る	95	96	97	98	97	99	97	99	ろ そ
れ	90	95	96	98	98	98	96	99	れ れ れ ね
ろ	94	97	97	98	98	99	97	99	る 了
わ	89	95	94	96	96	98	95	98	お わ わ は
を	79	89	87	93	91	90	89	88	を を を を お
ん	93	96	97	98	98	98	97	98	ん え
が	91	96	96	96	97	98	97	99	か
ぎ	88	94	93	97	97	98	96	97	
ぐ	87	95	95	98	98	98	98	99	く
げ	88	94	95	97	98	99	98	99	

かな	正答率 (%) I	II	III	IV	V	VI	VII	VIII	おもな書き誤り
ご	89	96	97	99	99	99	99	99	
ざ	87	93	95	97	98	99	98	99	だ
じ	92	96	96	98	98	98	96	96	づ
ず	73	83	72	83	82	84	81	80	
ぜ	87	92	95	97	98	98	95	96	ぜ ザ 世
ぞ	82	90	92	95	97	97	96	98	ぞ そ ぞ ど
だ	91	95	97	99	99	99	97	99	
ぢ	59	59	56	61	60	71	76	76	じ ぜ
づ	47	67	62	69	69	75	65	77	ず ざ
で	89	96	96	97	98	99	97	99	ぞ れ
ど	88	95	97	98	99	99	98	99	ど ろ ぞ
ば	88	95	96	98	98	99	98	99	ぼ ば
び	85	94	94	97	96	98	98	98	り び ぴ
ぶ	77	86	92	95	96	96	97	97	ぶ ぶ ぶ ぶ ぶ ぶ ぶ
べ	87	94	94	98	98	98	98	99	れ
ぼ	87	92	86	95	96	96	97	98	ぼ ぼ ぼ

かな	正答率 (%) I	II	III	IV	V	VI	VII	VIII	おもな書き誤り
ぱ	77	90	90	94	95	97	95	98	ぴ
ぴ	80	90	91	96	97	96	96	97	ぷ、ぶ
ぷ	72	85	89	92	94	96	95	96	て゜
ぺ	72	88	90	95	94	97	95	97	
ぽ	72	87	92	93	94	95	94	97	
きゃ	71	78	86	91	88	92	89	91	
にゅ	58	74	79	87	84	86	83	85	
ちょ	67	76	86	91	87	92	89	94	

(E) 誤字の傾向について

(1) おもな読み誤りについて

児童生徒が，どのように読み誤るかは，文により，ことばにより，人によってそれぞれ異なるし，その時の事情によっても異なることが予想されるが，ここには，共通的な誤りについてしるすことにしたい。このことについては，文部省著作の「児童生徒の漢字を書く能力とその基準」（昭和27年５月刊）の巻末「ひらがなの読み書き」のところに述べてあることと，ほぼ同様の結果が見られる。すなわち，

1　字の形が似ているための誤り。

2　五十音表の同じ行の，ほかの字との誤り。

3　五十音表の同じ列で，左右に隣り合っている字との誤り。

4　発音からくると見られる誤り。

5　濁音・半濁音からくる誤り。

6　思いつくままに答えたと思われる誤り。

の六つに大別することができる。

以下各項について，いくつかの例をあげて述べることにしたい。

1　字の形が似ているために，読み誤るものは，かなりの数にのぼっている。かたかなの読み誤りの中で，「ア」を「ヤ，マ」と読み誤り，「イ」を「ト」あるいは漢字の「人」とみて，「ヒト」と読み誤るなどは，この部類の誤りといえるであろう。

「エ」………ユ，ニ，コ，と読み誤る。

「ウ」………ワ，ラ，ヲ，ク，と読み誤る。

「オ」………ラ，ヒト，

「ク」………タ

「ケ」………テ，チ，

「コ」………ヨ，ロ，

「シ」………ツ，

「セ」………ヤ，

「ソ」………リ，

「ユ」………コ，

「ヨ」………コ，

「ラ」………ヲ，

「レ」………ル，

「ワ」………ウ，

などは，いずれも，字の形が似ているための読み誤りである。

このことは，ひらがなにおいて，「あ」を「お」と読み誤ったり，「お」を「あ」と読み誤ったり，また「か」を「が」と，「こ」を「に」と，「さ」を「き」と，「な」を「た」と，「ね」を「ぬ，め，わ」と読み誤るのも，字形からの読み誤りといえる。

2　五十音表の同じ行の，ほかの字に読み誤るものは，字形の類似から読み誤る数に比べれば，少い数ではあるが，目だつ読み誤りの一つである。

たとえば，「ア」を「イ，ウ，エ」と，「イ」を「ア，エ」と，「ウ」を「オ，ア，エ」と，「シ」を「ス，ソ，サ」と，「ソ」を「シ，ス，サ」などと読み誤るのはその一例である。

このことは，ひらがなについても，同様のことが見られる。

3　五十音表の同じ列で，隣り合っている字に読み誤るものがある。これは，今まであげたものに比べると，そう多くの数にのぼるものではない。一例を示せば，「タ」を「ス，ウ」と読み誤るもの，「サ」を「カ，タ」と，「シ」を「チ」と，「ス」を「ツ，ク」などと読み誤るのが，その例である。

このことは，濁音・半濁音・ひらがなについても，同じような読み誤りが見られる。

4　発音からくると思われる読み誤りに，「ウ」を「フ」と発音するもの，「シ」を「ヒ」と，「フ」を「ウ」と，「ヒ」を「シ」と，「ワ」を「ハ」と発音するなどがそれである。ひらがなについても，同じようなことがいえる。

5　濁音を半濁音に読んだり，半濁音を濁音に読んだり，あるいは，濁音・半濁音を清音に読んだり，またはこの逆に，清音を濁音や半濁音に読んだりする誤りが見られる。これは，3，4にあげた種類の誤りよりも多い数にのぼっている。

一例を示すと，「が」を「か」と，「ぎ」を「き」と「ぶ」を「ふ」と読むのは，濁音・半濁音を清音に読むものであり，「コ」を「ゴ」「ハ」を「バ，パ」と，「ホ」を「ボ，ポ」と読むのは，清音を濁音または半濁音に読む例である。

6 拗音の表記をまったく無視して読む誤りも，かなりの数にのぼっている。たとえば，「キャ」を「キヤ」と，「ニュ」を「ニユ」と，「チョ」を「チヨ」と読むのがそれである。

また拗音を拗長音に読む誤りも，前者ほどではないが，どの拗音にも見られる。たとえば，「ニュ」を「ニュウ」と，「チョ」を「チョウ」と読み誤る例である。

もっとも，拗音については，わずかな音を調査しただけであるから，これが残りのすべての拗音にもあてはまるかどうかは，ここに断定することはできない。

7 以上のいずれにもあてはまらない読み誤りは，その時，その時の思いつきで答えているとしか判断できない。これに類する読み誤りも，どの字にも見られることであるが，例をしるすことは，さしひかえる。おもな読み誤りの欄について見てほしい。

(2) おもな書き誤りについて

児童生徒が，かたかな・ひらがなをどのように書き誤るかは，読み誤りのところでも述べたように，どのような文や，ことばによって書かせるかにより，また人により，その時の事情によっても異なるが，おおぜいの誤りを通して見ると，そこに共通のものが見られる。ここにひろいあげた共通の誤りは，主として低学年を中心としてまとめたものである。

1 字形の類似からくる書き誤り。

たとえば，「ア」を「マ」と，「ウ」を「ラ」と，「ク」を「タ」と，「シ」を「ツ」と，「め」を「ぬ」と，「ろ」を「る」と，「ね」を「わ」と書き誤るなどがそれである。

2 類似の音からくる書き誤り。

これには，「イ」を「エ」と書いたり，「エ」を「イ」と書いたり，「ヌ」を「ム」と，「ム」を「ヌ」と，「ミ」を「ニ」と，「ゾ」を「ド」と，「ド」を「ゾ」とするもの，「ヒ」と「シ」との間の書き誤りなどが見られる。これは，1とともにひらがなにも共通することである。以下述べることも，かたかな・ひらがなに共通するものとして述べていくことにする。

2 表記からくる書き誤り。

この誤りは，特定の字に限って見られる書き誤りである。書き誤りの数はかなりにのぼっている。

たとえば，「オ」と「ヲ」の誤り，「ジ」と「ヂ」，「ヅ」と「ズ」との間の書き誤りがそれである。

4 同音の漢字を書いたり，漢字の最初の一音が似ていることから漢字を書く誤り。

前者に当る書き誤りとしては，「デ」を「手」とするもの，「ひ」を「火」と，「て」を「手」と，「し」を「日」とするのがそれであり，後者に属する書き誤りとしては，「オ」の「大」「コ」の「子」「テ」の「天」「ホ」の「本」「お」の「男」「し」の「日・火」「せ」の「先」「そ」の「空　外」「や」の「山」などが見られる。

5 かたかな，ひらがなの混用からくる書き誤り。

この誤りの一例を示すと，「カ」を「か」と，「セ」を「せ」と，「チ」を「ち」と，「ト」を「と」と，「ヘ」を「は」とするのは，かたかなで書くべきところを，ひらがなで書いたものの例である。

「か」を「カ」と，「が」を「ガ」と書いているのは，ひらがなで書くべきところを，かたかなで書いた例であるが，前者による書き誤りに比べれば，後者による書き誤りは，ごくわずかである。

6　字形のつりあいのくずれがひどいもの

字形の多少のくずれは，誤りとは見ていないが，次に示すような，くずれ方は，正答とは認められない。二三の例を示すと，「ア」を「了」と，「オ」を「オ」と，「ネ」を「ネ」と，「よ」を「よ」と「び」を「び」と書いているなどは，そのつりあいが，ひどくくずれている例である。

7　その他の誤り

イ，読み誤りのところにあげたと同様に，

Ⅰ　五十音表の同じ行の字に書き誤る。

Ⅱ　五十音表の同じ列の，隣りの字に書き誤る。

Ⅲ　清音を濁音に，濁音を半濁音に，あるいは，濁音・半濁音を清音に書き誤る。

といった誤りが，書き誤りにも見られる。

ロ，濁点，半濁点の位置が，目だって狂っているもの。

ハ，ひらがなの濁点を，「が」の場合と同様に，すべて三つ打っているもの。

ニ，これとは反対に，字画の一部が脱落しているもの。

ホ，漢字の一音を思い出し，さらに連想が飛んで，「ひ」に対して，「日」を思い出し，「日」から「月」へと連想が飛んで，「月」と書いている書き誤り。

ヘ，左字に書いているもの。

など，その書き誤りの姿は，種々様々である。

これら以上あげたおもなものについては，各文字の正答率を示したところに，各文字別に示してある。

初等教育研究資料第Ⅵ集
児童生徒の
かなの読み書き能力

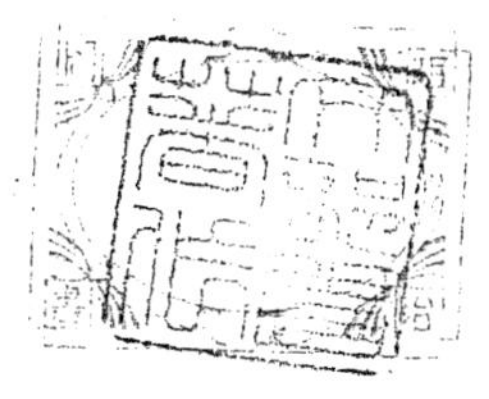

ＭＥＪ2345

昭和29年4月20日　印刷
昭和29年5月1日　発行

著作権所有　文部省

東京都中央区入舟町3の3
発行者　藤原政雄

東京都千代田区神田猿楽町
印刷所　神谷印刷株式会社

東京都中央区入舟町3の3
発行所　明治図書出版株式会社
電話築地(55)4351番振替東京151318番

定価　41円

— 49 —

明治図書出版株式会社刊

定価　41円

初等教育研究資料第Ⅶ集

児童の計算力と誤答

文　部　省

初等教育研究資料第Ⅶ集

児童の計算力と誤答

文　部　省

ま　え　が　き

この書物は，計算をする力がどのくらいついているか，また，正しく答えられない児童は，どんな点でつまずき，どういう誤答を出しているかなどを見るために，昭和26年2月に小学校児童5,173人について調べた結果の報告である。

算数の指導で，計算がじょうずにできることは，きわめてたいせつなことであるが，児童の計算力の実情を知ったり，指導法を改善したりしていく上にその手がかりとなる資料はあまりない。本書が算数の指導計画をたてたり，指導法を考えたり，また，指導結果を判定したりする場合の資料として役だつことができればまことに幸である。

乏しい経費と学力とで行ったために，不完全なところもあるが，できる範囲で最善の方法をとったつもりである。

これらの調査には，計画の初めから整理の終りまで，下記の係官が携わったのであるが，直接協力を受けた多くの学校の先生方に，この調査報告をするにあたって，深い謝意をささげたい。

千葉少年鑑別所鑑別課長
法務技官
（元初等教育課文部事務官）　中野俊夫

東京水産大学助教授
（元初等教育課文部事務官）　松本順之

もくじ

索引〔表の部〕

索　引〔図表の部〕

児童の計算力と誤答

I　調査の目的

算数の力はいろいろな能力が互に働きあって発揮されるものであるから，これを計算力だけで判定することができないことは明らかである。とはいえ，計算が正しくできるということは，きわめて重要な事がらの一つである。

さて，児童の計算力がどの程度であるかを調べていくには，年々にどのようになっていくかを見ることがたいせつである。これと同時に計算力を高めるには，児童の計算のまちがいの原因を分析して，こどもにとって理解しにくい点や，計算途中でつまずきやすい個所を見つけ，指導の要点を明らかにすることが必要である。

それで，現在用いられている学習指導要領や教科書によって，普通の指導を受けている，普通の児童は，どの程度に計算ができるようになっているかを明らかにするとともに，これを向上していくための具体的な方策を考えるための資料を提供したいと考えたのである。

ここで，普通の指導を受けているこどもと断ったのは，児童の能力は，カリキュラムや指導法の違いによって左右されることもあると思われるからである。

こういう調査結果からすぐ理想的な指導法が生み出されるとは考えないが，実際に調査してみると，さらに，実験的な研究をしなければ解決できないような問題点が多数発見される。これを実験学校などで，実際にとりあげて指導法を研究していくことによって，漸次，このねらいを達成してゆくこともできると考えられる。

この調査は，このような主旨から，その第一段階の資料を提供することを目的としたものにほかならない。

II　調査した期日・学校・児童数

期日　この調査は，昭和26年の1月下旬から2月上旬にかけて行った。

学校　調査の対象にお願いした学校は，次のとおりである。

福島県　　川崎小学校　杉田小学校　福島第四小学校
茨城県　　大子小学校　土浦小学校　栄小学校　友部小学校
千葉県　　検見川小学校　八積小学校　鴨川小学校
長野県　　城山小学校　福島小学校　中塩田小学校
静岡県　　伝馬小学校　小泉小学校　家山小学校　鷲津小学校
和歌山県　高松小学校　印南小学校　南富田小学校

児童数　調査した児童の人数は第1表に示したとおりである。小学校の第1学年から，第6学年まで，どの学年も，男子500人 女子500人 計1000人にしようと計画したのであったが，どの学年も計画した人数よりも少なくなってしまった。

これは，各学校のそのときの学級編成のままで，学級単位に調査したことがその理由の一つである。他の一つは，420問題を幾回かに分けて実施したのであるが，全部の調査に出席できなかったものは，整理から除いたからである。このようなことから，調査した総数は，男子2,602人　女子

第1表　調査した人数

男女＼学年	I	II	III	IV	V	VI	計
男	413	458	445	432	433	421	2602
女	415	440	455	420	430	411	2571
計	828	898	900	852	863	832	5173

2,571人　計5,173人になった。

備考　この調査は学年末に行った。それは各学年の修了時期における計算力を調査したいからである。

どの学年も，全体のほぼ5分の2が都市のこどもで，5分の3が農山漁村のこどもであるようにした。

学校は，特に算数の指導にすぐれている学校でないという条件で，県の教育委員会から，推薦してもらった。したがって，調査する地域も，おのおのの地域の学校も，統計的処理を加えて選んだのではない。

それで，この調査には，見本の選び方に論議の余地があるといわなければならない。しかし，この調査を計画したころには，これよりほかにしようがなかったのである。

III 調査の方法

(A) 問題の作り方

この調査では，小学校の第1学年から，第6学年まで，まったく同じ問題で実施することにした。そこで，問題の範囲は，小学校第1学年から，中学校第1学年の学習指導要領の指導内容に含まれる計算とした。その問題の内訳は，第2表のようである。

第2表　調査した問題の数と内容

計算 内容		加法 整数	加法 小数	加法 分数	加法 計	減法 整数	減法 小数	減法 分数	減法 計	乗法 整数	乗法 小数	乗法 分数	乗法 計	除法 整数	除法 小数	除法 分数	除法 計	総計
問題数	A	34	12	6	52	34	12	6	52	34	12	12	58	24	12	12	48	210
	B	34	12	6	52	34	12	6	52	34	12	12	58	24	12	12	48	210
	計	68	24	12	104	68	24	12	104	68	24	24	116	48	24	24	96	420

問題の作成には，10以下の数の概念たとえば,「1と3は」,「5と5は」,「4と2は」,「7は1と」や，2×□＝6，7×□＝63のような問題のほかは，9＋9と8＋8，15－8と16－7，4＋2と3＋4のように，問題を二つずつ対になるように作った。それで，第2表の問題数欄にもあるように，A 210問，B 210問に分けられるのである。これは，A，Bのどれか一つでも検査できるようにしたいと考えたからである。この検査をすると，同じ検査を，同時に二つ（AとB）実施した結果になるわけである。しかし，児童に与える場合には，A，Bをまぜてしまってあるので，児童には区別ができないようにしてある。

このような問題の作り方をしたのは，ねらっていることを具体的に問題によって示したのであるが，はたして，これを各問題でテストできるかどうかも調べたいと考えたからである。

この調査問題では， 末位に0のある大きな数についてのわり算やかけ算で0を適当に処理してうまく計算するもの，わりきれないわり算，および四捨五入のしかたを調べるものは除いてある。そのほかの計算問題で基礎的と思われるものはほとんど含めたつもりである。

(B) 検　査　用　紙

420の問題は，8枚の検査用紙に分けて印刷した。

8枚の検査用紙は，つぎの14ページ以下に示したとおりである。

(C) 調査の実施方法

この調査の実施にさきだって，調査の手びきを印刷して，調査を実施される先生に配布した。さらに係のものがその学校に出かけて，直接調査を担任される先生に対して詳細な説明をし，調査の条件に違いが起らないように努力した。

8枚の調査用紙を幾度にも分けて実施するが，一日のうちのどの時間に行うか，どれだけの時間をかけるかについては，学校の自由裁量にまかせることにした。調査の条件として考えたことは，次のとおりである。

(1) 小学校第1学年から第6学年まで，同じ問題によって検査する。

(2) 問題の数が多いので， 幾度にも分けて調査することはさしつかえない。しかし，1枚の検査用紙の途中で切ることは避ける。すなわち検査用紙を1枚あるいは2枚ずつというように分けて実施する。

(3) どういう計算問題を検査するかを，前もって児童に知られないように留意する。

(4) 初めに，どの調査用紙にも，学年・組・氏名など必要な事がらを記入させる。学級担任者が行うような場合で児童の氏名さえあればよいときは，そのほかのことは書かせるには及ばない。

(5) 低学年の児童には，答えかたや，答を書き入れるところなどをよく説明してやる。特に，第1学年で，10以下の数概念についての問題では，問題を読みあげてやって，答を□の中に書かせるように指導する。

そのほかの問題でも，□のある問題の答は，必ず□の中に書かせ，□のない問題は $\begin{array}{r} 4 \\ +7 \\ \hline 11 \end{array}$ のように答を書かせるようにする。答を書くところを一定しておかないと，採点の際に不便でもあり，まちがいやすいからである。

(6) 小数の問題では，大部分の児童が0.3のように0をつけて学習しているようである。 本問題では， この0を省いてあるので， 必要に応じて，0.3＝.3 であることを，児童に徹底するように説明する。

(7) 分数の計算では，約分し尽した結果を書くようにあらかじめ注意を与える。

(8) 調査時間は制限しない。したがって，これ以上時間をかけても意味がないというところまで時間を与える。

(9) 児童が相談したり，隣の人の答を見て写すようなことのないように注意する。

(10) 幾回かに分けて実施した場合は，どの回にも出席した児童の成績だけについて整理する。たとえば，二回に分けて調査した場合，一回目にAが欠席し，二回目にBが欠席したのであれば，AとBのふたりの成績は，出席した日の分も省いて整理する。

1　計算力調査用紙　（昭和26年　月　日調査）

____小学校　第　学年　組　男・女　　　なまえ______

（1）　やりかた　1と1は ②

2と2は □	4と4は □	4と3は □	3と7は □
3と2は □	3と5は □	6と2は □	6と3は □
1と3は □	7と2は □	2と4は □	1と7は □
5と1は □	5と5は □	4と5は □	2と8は □
3と3は □	6と4は □	2と5は □	1と9は □

（2）

4 + 7	9 + 9	6 + 8	8 + 8	10 + 6	11 + 7	14 + 3	15 + 4
15 + 6	17 + 8	16 + 7	14 + 8	44 + 6	68 + 5	37 + 7	66 + 9
22 +13	54 +24	23 +26	45 +23	18 +33	37 +59	17 +45	25 +69

（3）

64 + 53	39 + 67	75 + 82	84 + 98	231 +136	530 +108	320 +240	374 +521
112 +309	619 +378	236 +206	547 +446	161 +441	552 +393	483 +281	631 +288
396 +409	657 +284	625 +175	796 +118	313 142 +224	292 540 +142	472 101 +215	235 451 +173

2　計算力調査用紙　（昭和26年　月　日調査）

____小学校　第　学年　組　男・女　　　なまえ______

（4）

4+.2= □	15+.7= □	3+.4= □	16+.8= □
3+.01= □	25+12= □	4+.03= □	.14+11= □
.1+.5=. □	.8+.3= □	.2+.6= □	.9+.4= □
.21+.7= □	.5+.94= □	.73+.2= □	.8+.76= □
24+.35= □	.59+.82= □	.32+.14= □	.78+.67= □
4+31.6= □	8.1+2.04= □	.7+24.5= □	4.2+7.09= □

（5）

$\frac{1}{5}+\frac{1}{5}=$ □	$2\frac{7}{9}+\frac{5}{9}=$ □	$\frac{3}{8}+\frac{7}{8}=$ □	$2\frac{1}{4}+1\frac{3}{4}=$ □
$\frac{1}{2}+\frac{1}{4}=$ □	$\frac{1}{2}+\frac{1}{3}=$ □	$1\frac{1}{2}+\frac{5}{8}=$ □	$1\frac{2}{3}+\frac{3}{5}=$ □
$1\frac{5}{11}+2\frac{13}{22}=$ □	$\frac{1}{6}+\frac{2}{3}+\frac{7}{9}=$ □	$1\frac{7}{15}+2\frac{11}{20}=$ □	$\frac{5}{8}+\frac{3}{4}+\frac{1}{16}=$ □

3 計算力調査用紙 （昭和26年　月　日調査）

＿＿小学校　第　学年　組　男・女　　　　なまえ＿＿＿

（1）　　やりかた　2は1と ①

4は2と □	10は8と □	7は1と □	8は1と □
5は4と □	8は4と □	9は5と □	9は2と □
7は5と □	10は3と □	8は3と □	6は1と □
5は2と □	6は3と □	7は4と □	8は2と □
6は4と □	10は6と □	9は3と □	9は1と □

（2）

7 −6	8 −2	6 −4	9 −1	13 −5	15 −8	12 −6	16 −7
54 −2	99 −5	37 −4	78 −3	44 −6	57 −8	32 −5	73 −7
65 −32	96 −46	43 −21	87 −47	55 −27	73 −36	74 −59	62 −48

（3）

137 −60	179 −94	146 −70	177 −83	579 −161	693 −263	985 −572	486 −246
214 −105	982 −235	563 −457	865 −248	319 −227	648 −395	428 −376	759 −468
420 −134	504 −306	340 −187	703 −508				

753−125−467= □

942−356−297= □　568−119−356= □　635−247−299= □

4 計算力調査用紙 （昭和26年　月　日調査）

＿＿小学校　第　学年　組　男・女　　　　なまえ＿＿＿

（4）

.5−.3= □	.68−.42= □	.7−.4= □	.95−.51= □
.32−.14= □	.75−.28= □	.56−.27= □	.84−.59= □
1.6−.4= □	3.4−.6= □	2.8−.7= □	5.2−.4= □
3.67−.48= □	5.32−.47= □	2.45−.16= □	6.73−.85= □
3−.2= □	18−.19= □	6−.5= □	15−.17= □
21.5−2.08= □	13.1−4.001= □	23.7−4.06= □	14.9−5.003= □

（5）

$\frac{4}{5}-\frac{2}{5}=$ □	$1-\frac{3}{4}=$ □	$\frac{5}{6}-\frac{1}{6}=$ □	$3-\frac{5}{8}=$ □
$1\frac{1}{3}-\frac{2}{3}=$ □	$\frac{1}{2}-\frac{1}{4}=$ □	$3\frac{2}{7}-\frac{5}{7}=$ □	$\frac{5}{6}-\frac{3}{8}=$ □
$2\frac{1}{5}-\frac{1}{10}=$ □	$\frac{6}{7}-\frac{9}{14}-\frac{1}{21}=$ □	$1\frac{5}{12}-\frac{7}{18}=$ □	$\frac{11}{12}-\frac{1}{3}-\frac{1}{4}=$ □

5 計算力調査用紙 （昭和26年　月　日調査）

＿＿小学校　第　学年　組　男・女　　なまえ＿＿＿

やりかた　2×[2]＝4

（1）

2×□＝6	7×□＝21	8×□＝32	7×□＝42
8×□＝8	6×□＝30	7×□＝35	6×□＝48
3×□＝15	8×□＝24	5×□＝45	8×□＝56
2×□＝14	4×□＝36	8×□＝40	7×□＝63
9×□＝18	7×□＝28	9×□＝54	9×□＝72

（2）

11×5	23×2	22×4	31×3	37×4	96×8	57×6	84×7
213×3	202×4	241×2	302×3	264×2	953×5	143×3	752×6
73×13	74×45	25×26	39×57	148×16	427×58	126×17	519×39
□	□	□	□	□	□	□	□

（3）

205×34	406×72	109×68	308×93	2357×26	6378×49	2681×27	5794×58
□	□	□	□	□	□	□	□
24×315	34×227	23×218	28×326	43×182	26×513	28×271	29×421
□	□	□	□	□	□	□	□
263×307	409×205	278×304	208×406	146×235	573×427	145×246	564×436
□	□	□	□	□	□	□	□

6 計算力調査用紙 （昭和26年　月　日調査）

＿＿小学校　第　学年　組　男・女　　なまえ＿＿＿

（4）

.8×4＝□	1.6×7＝□	.6×8＝□	1.9×6＝□	.05×3＝□
2.15×5＝□	.06×2＝□	2.13×9＝□	3.24×16＝□	13.9×12＝□
3.54×14＝□	12.7×13＝□	.2×.4＝□	.9×.7＝□	.3×.3＝□
.8×.5＝□	.3×.05＝□	.04×3.9＝□	.2×.07＝□	.08×2.3＝□
2.07×2.4＝□	3.8×.46＝□	1.09×4.5＝□	5.2×.38＝□	

（5）

$\frac{1}{3}\times 2=$□	$\frac{5}{6}\times 3=$□	$\frac{1}{5}\times 4=$□	$\frac{5}{8}\times 6=$□
$\frac{5}{12}\times 10=$□	$\frac{7}{12}\times 11=$□	$\frac{4}{21}\times 14=$□	$\frac{2}{15}\times 13=$□
$1\frac{1}{4}\times 3=$□	$1\frac{1}{6}\times 4=$□	$2\frac{1}{11}\times 2=$□	$2\frac{4}{15}\times 5=$□
$\frac{1}{2}\times\frac{1}{2}=$□	$\frac{5}{6}\times\frac{2}{5}=$□	$\frac{1}{3}\times\frac{1}{3}=$□	$\frac{2}{3}\times\frac{3}{4}=$□
$1\frac{2}{3}\times\frac{1}{5}=$□	$3\frac{5}{6}\times\frac{3}{10}=$□	$1\frac{1}{5}\times\frac{1}{6}=$□	$2\frac{3}{8}\times\frac{4}{9}=$□
$1\frac{1}{4}\times 2\frac{2}{3}=$□	$2\frac{2}{9}\times 3\frac{3}{4}=$□	$3\frac{3}{5}\times 2\frac{5}{6}=$□	$2\frac{1}{4}\times 3\frac{1}{3}=$□

7　計算力調査用紙　（昭和26年　月　日調査）

＿＿小学校　第　学年　組　男・女　　　　なまえ＿＿＿

（1）

$9\overline{)27}$　$6\overline{)36}$　$8\overline{)32}$　$7\overline{)49}$　$2\overline{)84}$　$5\overline{)50}$

$3\overline{)96}$　$4\overline{)80}$　$3\overline{)639}$　$7\overline{)357}$　$2\overline{)482}$　$6\overline{)246}$

$4\overline{)572}$　$6\overline{)438}$　$5\overline{)685}$　$8\overline{)424}$　$5\overline{)3115}$　$9\overline{)5373}$

$6\overline{)3258}$　$8\overline{)6912}$　$3\overline{)6147}$　$7\overline{)4235}$　$4\overline{)8312}$　$9\overline{)4536}$

（2）

$23\overline{)138}$　$67\overline{)603}$　$56\overline{)224}$　$16\overline{)112}$　$13\overline{)351}$

$22\overline{)638}$　$12\overline{)312}$　$24\overline{)672}$　$14\overline{)2870}$　$21\overline{)8526}$

$15\overline{)4590}$　$23\overline{)4784}$　$38\overline{)1634}$　$82\overline{)4756}$　$37\overline{)1591}$

$84\overline{)5628}$　$19\overline{)2660}$　$17\overline{)2720}$　$25\overline{)3250}$　$18\overline{)4680}$

$34\overline{)20196}$　$39\overline{)24531}$　$48\overline{)30576}$　$46\overline{)21896}$

8　計算力調査用紙　（昭和26年　月　日調査）

＿＿小学校　第　学年　組　男・女　　　　なまえ＿＿＿

（3）

$2\overline{)4.8}$　$7\overline{)4.2}$　$3\overline{)9.6}$　$9\overline{)4.5}$　$6\overline{)25.8}$　$8\overline{)4.08}$

$4\overline{)29.6}$　$5\overline{)2.05}$　$27\overline{)29.16}$　$23\overline{)11.27}$　$36\overline{)39.24}$　$29\overline{)16.53}$

$.3\overline{).6}$　$.4\overline{)2.4}$　$.2\overline{).8}$　$.6\overline{)4.2}$　$.7\overline{).21}$　$1.2\overline{)5.52}$

$.5\overline{).35}$　$1.6\overline{)3.68}$　$.15\overline{)1.365}$　$.19\overline{).01368}$　$.17\overline{)1.462}$　$.23\overline{).01173}$

（4）

$\frac{4}{5}\div 2=\square$　$\frac{6}{11}\div 8=\square$　$\frac{8}{9}\div 4=\square$　$\frac{4}{7}\div 6=\square$

$\frac{5}{6}\div 10=\square$　$\frac{6}{13}\div 12=\square$　$\frac{7}{8}\div 14=\square$　$\frac{11}{12}\div 22=\square$

$1\frac{4}{5}\div 9=\square$　$4\frac{9}{10}\div 21=\square$　$2\frac{1}{6}\div 13=\square$　$3\frac{3}{7}\div 18=\square$

$3\div\frac{5}{9}=\square$　$15\div 4\frac{2}{7}=\square$　$2\div\frac{3}{5}=\square$　$30\div 4\frac{1}{6}=\square$

$\frac{1}{9}\div\frac{1}{18}=\square$　$\frac{3}{5}\div\frac{9}{10}=\square$　$\frac{1}{3}\div\frac{1}{12}=\square$　$\frac{3}{8}\div\frac{3}{4}=\square$

$2\frac{1}{5}\div\frac{2}{5}=\square$　$3\frac{3}{8}\div 2\frac{4}{7}=\square$　$1\frac{2}{7}\div\frac{5}{7}=\square$　$5\frac{3}{5}\div 5\frac{1}{4}=\square$

(D) 整理のしかた

調査人数の総数について，学年別・男女別・児童別に一問ごとの正答・誤答の数を調べた。誤答の実態は，調査した人数全体の中から，どの学年からも114人ずつ抽出した684人に関する結果である。

1. 正誤の判定

採点の方針は，きびしくした。たとえば，整数の計算において，55を055，0055としたものは誤答とした。小数では，.3を00.3とするもの，•3のように小数点の位置の違うもの，また，32を32.0，32.としたものなどは誤りとした。

分数の場合でも，$\frac{7}{5}$，$\frac{3}{6}$，$1\frac{5}{10}$ などは誤答に入れた。ただし，低学年の児童で，$2\frac{1}{2}$を2と$\frac{1}{2}$，あるいは，二つとはんぶん，などと答えたものは正しいとした。また，数字が，3であるか，8であるか，判定しにくいときは不明とした。

2. 誤答の実態

正しくできた問題についてだけでなく，どういう計算問題には，どんな誤答があるかも調べた。誤答の実態については，だいたいの傾向を知る程度にとどめた。

Ⅳ 正答できた問題

この調査では，さきに述べたように，二つの調査を同時に実施したことになっている。それで，便宜上，Aの検査，Bの検査の二つに分けて述べることにする。

(A) 正答できた問題数の算術平均

第3，4表(24～31ページ)は，各学年を修了する時期の児童が，平均幾つ正しくできるか（以下これを正答数という），また，学年の進むにつれて，正答数が，どのように変っていくかを示したものである。

第3，4表は，加・減・乗・除のどの欄でも，(a) 欄は，各学年の正答数を示したものである。(c) 欄は，正答数が各類型ごとの問題の総数に対して何パーセントに当るかを示したものである。(b) と (d) の欄は，それぞれ，(a)，(c) 欄の学年変化を示したものである。(e) 欄は，標準偏差を示したものである。すなわち，これは，算術平均よりも，正答数の多い児童や少ない児童がどの程度にちらばっているかをみるためのものである。

また，後に述べるように，A検査とB検査の成績の相関係数がどの学年も完全相関に近いことを示している。図や表にはA・Bの両方の成績を掲げるが，説明は特に必要でないかぎり，今後A検査についてだけ述べることにする。

第３表　正答できた問題数の算術平均（Aの検査問題）

学		年	Ⅰ	Ⅱ	Ⅲ	Ⅳ	Ⅴ	Ⅵ
加法	整数(34)	(a) 正答数（算術平均）	15	26	31	32	33	33
		(b) aの学年増加		11	5	1	1	0
		(c) 34問を100とみた	44.1	76.5	91.2	94.2	97.1	97.1
		(d) cの学年増加		32.4	14.7	3.0	2.9	0
		(e) 標準偏差	5.0	5.5	4.4	3.9	3.1	2.8
	小数(12)	(a) 正答数（算術平均）				6	7	8
		(b) aの学年増加					1	1
		(c) 12問を100とみた				50.0	58.3	66.7
		(d) cの学年増加					8.3	8.4
		(e) 標準偏差				3.6	3.8	3.4
	分数(6)	(a) 正答数（算術平均）						4
		(b) aの学年増加						
		(c) 6問を100とみた						66.7
		(d) cの学年増加						
		(e) 標準偏差						2.0
	計(52)	(a) 正答数（算術平均）	15	26	32	39	41	45
		(b) aの学年増加		11	6	7	2	4
		(c) 52問を100とみた	28.9	50.0	61.6	75.0	78.8	86.6
		(d) cの学年増加		21.1	11.6	13.4	3.8	7.8
		(e) 標準偏差	5.0	5.5	5.2	6.4	6.2	6.6
減法	整数(34)	(a) 正答数（算術平均）	11	22	28	29	31	31
		(b) aの学年増加		11	6	1	2	0
		(c) 34問を100とみた	32.4	64.8	82.4	85.4	91.2	91.2
		(d) cの学年増加		32.4	17.6	3.0	5.8	0
		(e) 標準偏差	5.1	6.3	6.2	6.5	5.2	4.3

第３表（つづき）

学		年	Ⅰ	Ⅱ	Ⅲ	Ⅳ	Ⅴ	Ⅵ
減法	小数(12)	(a) 正答数（算術平均）				7	8	9
		(b) aの学年増加					1	1
		(c) 12問を100とみた				58.3	66.6	75.0
		(d) cの学年増加					8.3	8.4
		(e) 標準偏差				3.2	3.3	3.0
	分数(6)	(a) 正答数（算術平均）						4
		(b) aの学年増加						
		(c) 6問を100とみた						66.6
		(d) cの学年増加						
		(e) 標準偏差						1.9
	計(52)	(a) 正答数（算術平均）	11	22	29	37	40	45
		(b) aの学年増加		11	7	8	3	5
		(c) 52問を100とみた	21.2	42.3	55.8	71.2	77.0	86.6
		(d) cの学年増加		21.1	13.5	15.4	5.8	9.6
		(e) 標準偏差	5.1	6.3	7.1	9.3	8.5	8.1
乗法	整数(34)	(a) 正答数（算術平均）			12	24	28	29
		(b) aの学年増加				12	4	1
		(c) 34問を100とみた			35.3	70.6	82.4	85.3
		(d) cの学年増加				35.3	11.8	2.9
		(e) 標準偏差			4.1	6.5	6.0	5.4
	小数(12)	(a) 正答数（算術平均）				3	5	7
		(b) aの学年増加					2	2
		(c) 12問を100とみた				25.0	41.7	58.3
		(d) cの学年増加					16.7	16.6
		(e) 標準偏差				2.3	3.3	3.3

第3表（つづき）

学年			I	II	III	IV	V	VI
乗法	分数(12)	(a) 正答数（算術平均）						6
		(b) aの学年増加						
		(c) 12問を100とみた						50.0
		(d) cの学年増加						
		(e) 標準偏差						3.7
	計(58)	(a) 正答数（算術平均）			13	27	34	42
		(b) aの学年増加				14	7	8
		(c) 58問を100とみた			22.4	46.6	58.6	72.4
		(d) cの学年増加				24.2	12.0	13.8
		(e) 標準偏差			4.2	7.9	8.6	10.5
除法	整数(24)	(a) 正答数（算術平均）				8	18	20
		(b) aの学年増加					10	2
		(c) 24問を100とみた				33.3	75.0	83.4
		(d) cの学年増加					41.7	8.4
		(e) 標準偏差				4.7	6.5	5.8
	小数(12)	(a) 正答数（算術平均）				2	5	7
		(b) aの学年増加					3	2
		(c) 12問を100とみた				16.7	41.7	58.3
		(d) cの学年増加					25.0	16.6
		(e) 標準偏差				1.9	2.5	3.0
	分数(12)	(a) 正答数（算術平均）						5
		(b) aの学年増加						
		(c) 12問を100とみた						41.7
		(d) cの学年増加						
		(e) 標準偏差						3.8

第3表（つづき）

学年			I	II	III	IV	V	VI
除法	計(48)	(a) 正答数（算術平均）				10	24	32
		(b) aの学年増加					14	8
		(c) 48問を100とみた				20.8	50.0	66.7
		(d) cの学年増加					29.2	16.7
		(e) 標準偏差				6.2	9.3	11.4
総計	整数(126)	(a) 正答数（算術平均）	25	48	72	93	110	113
		(b) aの学年増加		23	24	21	17	3
		(c) 126問を100とみた	19.8	38.1	57.1	73.8	87.3	89.7
		(d) cの学年増加		18.3	19.0	16.7	13.5	2.4
		(e) 標準偏差	10.4	11.5	13.6	19.0	19.1	17.1
	小数(48)	(a) 正答数（算術平均）				18	26	31
		(b) aの学年増加					8	5
		(c) 48問を100とみた				37.5	54.2	64.6
		(d) cの学年増加					16.7	10.4
		(e) 標準偏差				8.6	10.1	10.6
	分数(36)	(a) 正答数（算術平均）						19
		(b) aの学年増加						
		(c) 36問を100とみた						52.8
		(d) cの学年増加						
		(e) 標準偏差						9.4
	計(210)	(a) 正答数（算術平均）	25	49	74	112	138	163
		(b) aの学年増加		24	25	38	26	25
		(c) 210問を100とみた	11.9	23.3	35.2	53.4	65.7	77.6
		(d) cの学年増加		11.4	11.9	18.2	12.3	11.9
		(e) 標準偏差	10.4	12.4	16.1	26.5	28.6	34.5

第４表　正答できた問題数の算術平均（Bの検査問題）

学		年	I	II	III	IV	V	VI
加法	整数(34)	(a) 正答数（算術平均）	14	26	31	32	33	33
		(b) aの学年増加		12	5	1	1	0
		(c) 34問を100とみた	41.2	76.5	91.2	94.2	97.1	97.1
		(d) cの学年増加		35.3	14.7	3.0	2.9	0
		(e) 標準偏差	5.2	5.7	4.5	4.0	3.2	2.8
	小数(12)	(a) 正答数（算術平均）				6	7	9
		(b) aの学年増加					1	2
		(c) 12問を100とみた				50.0	58.3	75.0
		(d) cの学年増加					8.3	16.7
		(e) 標準偏差				3.7	3.9	3.6
	分数(6)	(a) 正答数（算術平均）						4
		(b) aの学年増加						
		(c) 6問を100とみた						66.7
		(d) cの学年増加						
		(e) 標準偏差						2.1
	計(52)	(a) 正答数（算術平均）	14	26	32	38	40	45
		(b) aの学年増加		12	6	6	2	5
		(c) 52問を100とみた	26.9	50.0	61.6	73.1	77.0	86.5
		(d) cの学年増加		23.1	11.6	11.5	3.9	9.5
		(e) 標準偏差	5.2	5.7	5.3	6.8	6.4	6.8
減法	整数(34)	(a) 正答数（算術平均）	10	22	28	29	31	32
		(b) aの学年増加		12	6	1	2	1
		(c) 34問を100とみた	29.4	64.8	82.4	85.4	91.2	94.1
		(d) cの学年増加		35.4	17.6	3.0	5.8	2.9
		(e) 標準偏差	4.9	6.4	6.3	6.6	5.4	4.3

第４表（つづき）

学		年	I	II	III	IV	V	VI
減法	小数(12)	(a) 正答数（算術平均）				7	9	9
		(b) aの学年増加					2	0
		(c) 12問を100とみた				58.3	75.0	75.0
		(d) cの学年増加					16.7	0
		(e) 標準偏差				3.4	3.4	3.1
	分数(6)	(a) 正答数（算術平均）						3
		(b) aの学年増加						
		(c) 6問を100とみた						50.0
		(d) cの学年増加						
		(e) 標準偏差						2.2
	計(52)	(a) 正答数（算術平均）	10	22	29	36	40	44
		(b) aの学年増加		12	7	7	4	4
		(c) 52問を100とみた	19.2	42.3	55.8	69.2	77.0	84.6
		(d) cの学年増加		23.1	13.5	13.4	7.8	7.6
		(e) 標準偏差	4.9	6.4	7.1	9.6	8.7	8.4
乗法	整数(34)	(a) 正答数（算術平均）			12	24	28	29
		(b) aの学年増加				12	4	1
		(c) 34問を100とみた			35.3	70.6	82.4	85.3
		(d) cの学年増加				35.3	11.8	2.9
		(e) 標準偏差			4.3	6.9	6.0	5.5
	小数(12)	(a) 正答数（算術平均）				3	5	7
		(b) aの学年増加					2	2
		(c) 12問を100とみた				25.0	41.7	58.3
		(d) cの学年増加					16.7	16.6
		(e) 標準偏差				2.4	3.2	3.3

第4表（つづき）

学		年	I	II	III	IV	V	VI
乗法	分数(12)	(a) 正答数（算術平均）						6
		(b) aの学年増加						
		(c) 12問を100とみた						50.0
		(d) cの学年増加						
		(e) 標準偏差						3.6
	計(58)	(a) 正答数（算術平均）			12	27	33	42
		(b) aの学年増加				15	6	9
		(c) 58問を100とみた			20.7	46.6	56.9	72.4
		(d) cの学年増加				25.9	10.3	15.5
		(e) 標準偏差			4.4	8.1	8.7	10.4
除法	整数(24)	(a) 正答数（算術平均）				8	18	20
		(b) aの学年増加					10	2
		(c) 24問を100とみた				33.3	75.0	83.4
		(d) cの学年増加					41.7	8.4
		(e) 標準偏差				4.7	6.8	5.9
	小数(12)	(a) 正答数（算術平均）				2	5	7
		(b) aの学年増加					3	2
		(c) 12問を100とみた				16.7	41.7	58.3
		(d) cの学年増加					25.0	16.6
		(e) 標準偏差				1.9	2.6	3.3
	分数(12)	(a) 正答数（算術平均）						5
		(b) aの学年増加						
		(c) 12問を100とみた						41.7
		(d) cの学年増加						
		(e) 標準偏差						3.7

第4表（つづき）

学		年	I	II	III	IV	V	VI
除法	計(48)	(a) 正答数（算術平均）				10	24	31
		(b) aの学年増加					14	7
		(c) 48問を100とみた				20.8	50.0	64.6
		(d) cの学年増加					29.2	14.6
		(e) 標準偏差				6.2	9.6	11.4
総計	整数(126)	(a) 正答数（算術平均）	24	48	72	93	109	113
		(b) aの学年増加		24	24	21	16	4
		(c) 126問を100とみた	19.0	38.1	57.1	73.8	86.5	89.7
		(d) cの学年増加		19.1	19.0	16.6	12.7	3.2
		(e) 標準偏差	9.6	11.7	14.0	19.4	19.5	17.1
	小数(48)	(a) 正答数（算術平均）				18	26	32
		(b) aの学年増加					8	6
		(c) 48問を100とみた				37.5	54.2	66.7
		(d) cの学年増加					16.7	12.5
		(e) 標準偏差				9.0	10.4	10.8
	分数(36)	(a) 正答数（算術平均）						17
		(b) aの学年増加						
		(c) 36問を100とみた						47.2
		(d) cの学年増加						
		(e) 標準偏差						10.2
	計(210)	(a) 正答数（算術平均）	24	48	74	111	137	161
		(b) aの学年増加		24	26	37	26	24
		(c) 210問を100とみた	11.4	22.8	35.2	52.8	65.2	76.7
		(d) cの学年増加		11.4	12.4	17.6	12.4	11.5
		(e) 標準偏差	10.3	12.7	16.3	27.0	30.0	35.1

1. 加　法

第３表A検査の加法の欄について述べてみよう。

整数をよせる問題の正答数は，１年生で15題，２年生で26題，３年生で31題，６年生が33題である。これの整数のよせ算34題に対する百分率を見ると，１年生で44%，２年生で77%，３年生になると91%になっている。そうして，４・５・６学年では，あまり正答数が増していない。これによって，整数のよせ算は，３年生で，一応習得できてしまうと考えられる。これは，第１図（第３表の加法整数の（c）欄をグラフにしたもの）を見ると，これを一見して知ることができる。低学年では，曲線の上昇が急で，学年が高まるにつれて，曲線の傾斜がゆるやかになっている。

小数のよせ算は，12問題であるが，４年が６題（50%），５年が７題（58%），６年で８題（67%）を正答している。

分数の計算では，６問題のうち，６年が４題（67%）を正答している。このように，小学校を卒業する時期にある児童が，小数・分数の問題を正答する数が，整数の場合と比べて少し低い結果になっている。

第１図　正答できた問題数の百分率
（加法）（A検査）

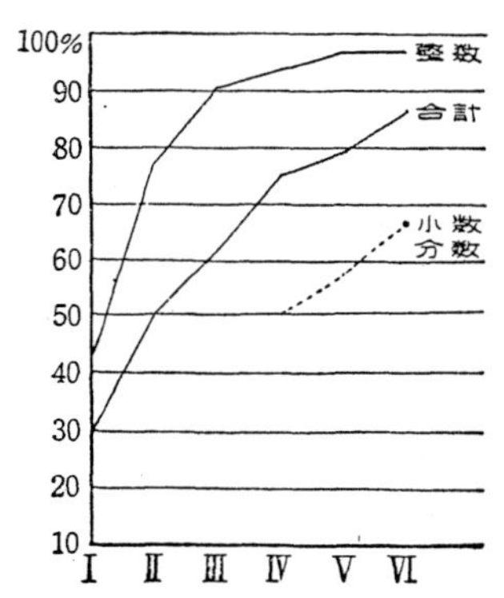

第２図　正答できた問題数の百分率
（加法）（B検査）

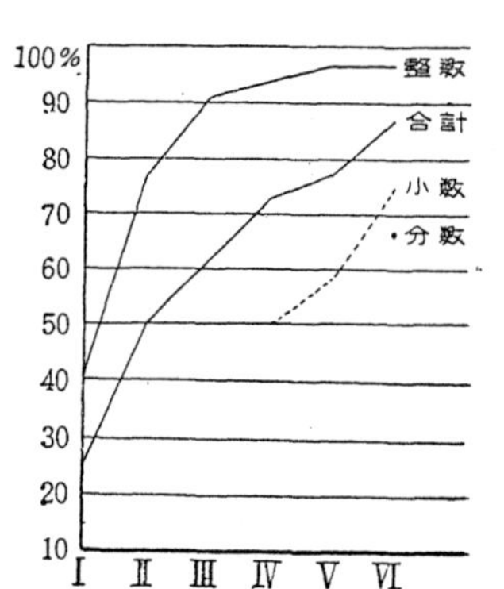

2. 減　法

第３表の減法の欄について考察してみよう。

整数の計算の正答数は１年で11題，２年で22題，３年で28題であり，６年で31題である。

どの学年でも，ひき算はよせ算に比べて正答数が少ない。しかも，低学年ほど，よせ算とひき算の正答数の開きが大きいようである。これは，第３表で明らかにされるところである。

第３図　正答できた問題数の百分率
（減法）（A検査）

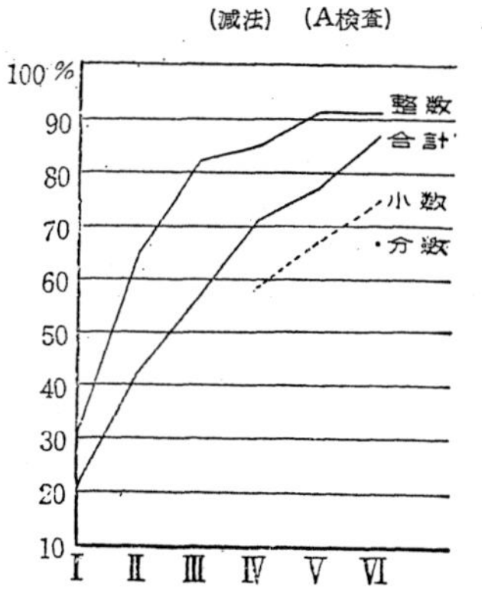

第４図　正答できた問題数の百分率
（減法）（B検査）

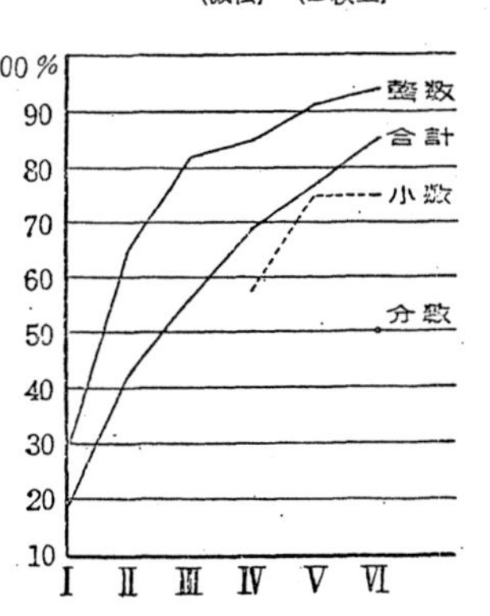

3. 乗　法

第３表の乗法の欄について考察してみよう。

調査用紙⑤について見れば明らかなように，整数のかけ算の問題34個の中には，九九に関するものが10題ある。かけ算九九やわり算九九は小学校第３学年で学習している。

九九の問題だけについて言えば，正答数の百分率は３年の終りで93%の高率を示し，学習の遅れた児童でないかぎり，３年を修了するころには，九九だけについていうと，殆ど完全に習得していることがわかる。

正答数は，4年で24，5年で28，6年で29問と増している。しかし，整数のかけ算全体としてみると，この百分率は 71%，82%，85% である。これは，よせ算，ひき算に比べて低率であり，もっと学習する必要があるといえる。

第5図　正答できた問題数の百分率（乗法）（A検査）　　第6図　正答できた問題数の百分率（乗法）（B検査）

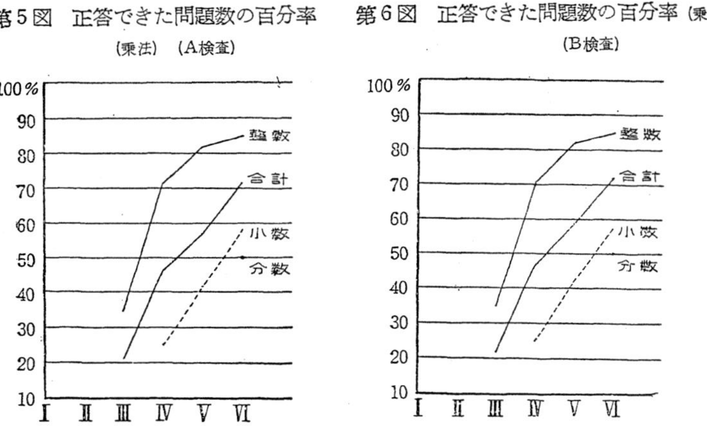

小数の計算では，正答数が5年で5，6年で7である。6年でもその率が50%ぐらいであることから，中学校に進んでも指導する必要があることを示している。なお第7表について見ると，1.6×7，2.15×5，などは，6年で正答数が75%以上に達しているが，3.24×16のような計算になると，60%以下となっている。これは，さきの整数についての計算が低率を示していることを思えば，それが原因となっているとも考えられる。

分数の計算では，正答数が6年では6であり，50%であるが，未学習の問題も含めての結果である。

4. 除　法

第3表の除法の欄について考察してみよう。

整数のわり算（24問題）では，正答数が4年で8（33%），5年で18（75

%）6年で20（83%）である。これについては，乗法についてさきに述べたのと同様なことが言える。

小数のわり算では，6年での正答数の割合が60%であるが，これも未学習の問題を含めての結果である。第9表除法の正答率の表にもあるように，小数を整数でわる計算だけについて正答率を求めてみると，80%以上になる。

第7図　正答できた問題数の百分率（除法）（A検査）　　第8図　正答できた問題数の百分率（除法）（B検査）

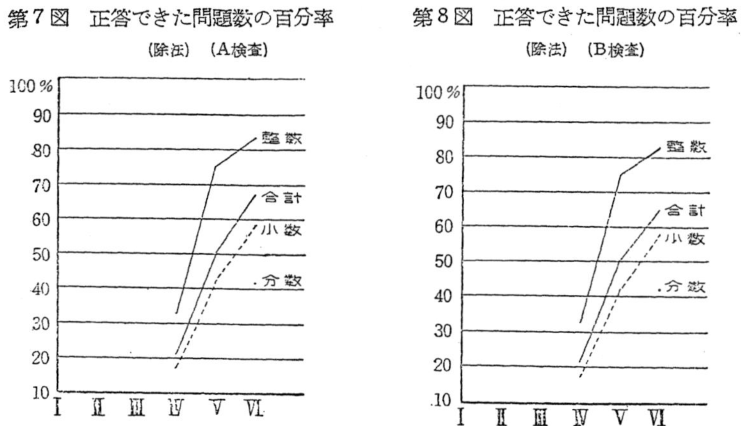

分数の計算では，6年で，$\frac{6}{11}\div 8$，$\frac{5}{6}\div 10$，$\frac{6}{13}\div 12$のような，分数を整数でわる問題の正答率は，どれも50%台か，あるいはそれよりも下まわっている。分数どうしのものも含めると，その正答率がずっと低くなることはいうまでもない。

第9・10図は，第3・4表の総計の整数，小数分数のおのおのの正答率を図示したものである。また，合計は，整数・小数・分数を合わせた210問題に対する正答率を示したものである。

第9図　正答できた問題数の百分率
(整数・小数・分数別)　(A検査)

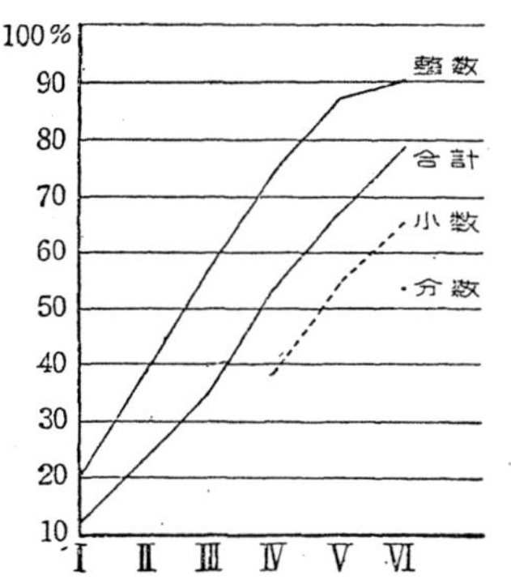

第10図　正答できた問題数の百分率
(整数・小数・分数別)　(B検査)

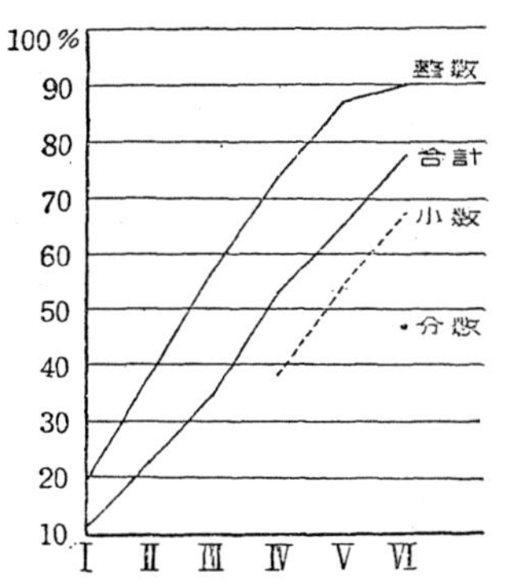

第11図　正答できた問題数の百分率
(算法別)　(A検査)

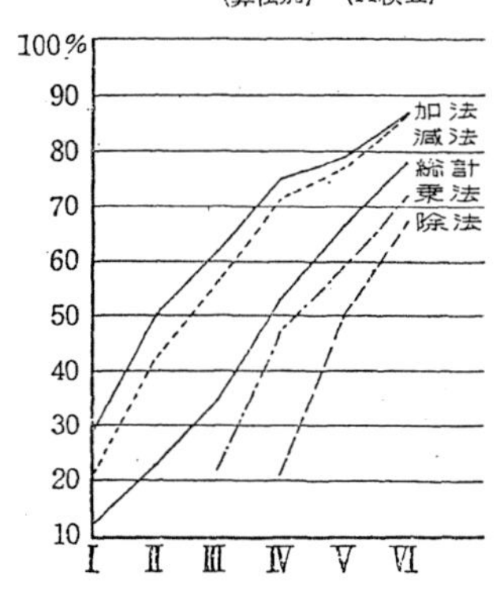

第12図　正答できた問題数の百分率
(算法別)　(B検査)

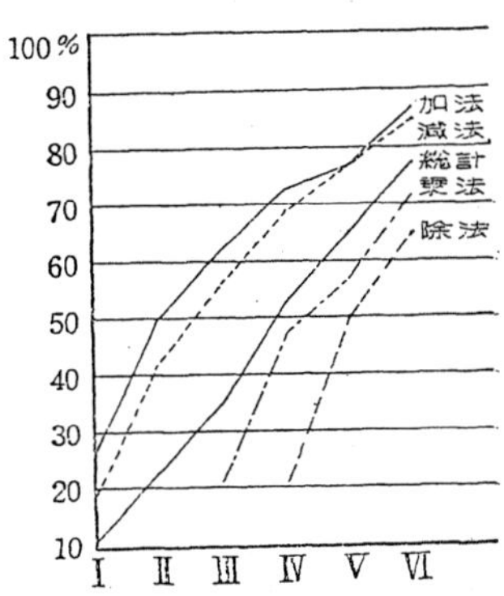

第11，12図は，算法別に正答率を示したものである。

第11，12図で，ひき算のところで述べたように，低学年では，よせ算とひき算の折れ線がはなれているが，学年が進むにつれて接近してくることがわかる。この傾向は，かけ算とわり算とについてもいえるようである。

これまでは，全児童の平均の成績について述べてきた。ここで，正答数の多いこどもと少ないこどもについて考察してみることにする。

このために作ったのが，次の第5表である。この表のかっこ内の数は，210問題に対する百分率である。

第5表　正答した問題数の最高と最低（かっこ内は百分率）

正答数＼学年		I	II	III	IV	V	VI
最低	A	0	1 (.5)	0	11 (5.4)	8 (3.8)	4 (1.9)
	B	0	2 (1.0)	0	9 (4.3)	8 (3.8)	4 (1.9)
最高	A	64 (30.5)	76 (36.2)	121 (57.6)	169 (80.5)	209 (99.6)	210 (100)
	B	64 (30.5)	76 (36.2)	116 (55.2)	165 (78.6)	205 (97.6)	210 (100)

(B)　問題とその正答率

第6～13表は，各問題ごとの正答率を書いたものである。しかし，各学年で，正しく答えた児童が，0.5％に満たない問題は省くことにした。

第13～27図は，第6～13表をわかりやすくするために図示したものである。実線は，A検査の正答率を示し，破線は，B検査の正答率を示している。

また，どの図についても，縦軸は問題の正答率（％）を表わし，横軸は学年を表わしている。

第6表　問題別の正答率—加法（A検査）

問題＼学年	I	II	III	IV	V	VI
2と2は	96	99	100	100	100	100
1と3は	94	98	100	100	100	99
3と3は	94	99	99	99	100	99
3と5は	93	98	99	99	100	100
5と5は	95	99	99	100	100	99
4と3は	92	98	99	99	99	100
2と4は	91	98	99	100	99	99
2と5は	93	98	99	99	99	99
6と3は	90	97	99	99	99	99
2と8は	91	98	98	99	99	99
4＋7	79	96	97	98	99	99
9＋9	64	94	97	98	99	99
10＋6	69	96	95	96	99	99
11＋7	56	93	96	96	99	99
15＋6	51	91	91	94	97	97
17＋8	44	87	87	92	95	96
44＋6	33	85	89	92	96	96
98＋5	31	86	90	92	96	97
22＋13	24	89	95	96	97	98
54＋24	15	89	95	97	97	98
18＋33	13	78	90	93	95	97
37＋59	11	75	88	92	95	96
64＋53	7	57	86	92	96	95
39＋67	3	59	81	91	94	95
231＋136	4	73	93	93	97	98
530＋108	3	69	92	96	97	98
112＋309	2	40	85	91	94	95
619＋378	1	37	83	91	95	93

第6表（つづき）

問題＼学年	I	II	III	IV	V	VI
161＋441	1	34	80	90	93	93
552＋393	1	39	84	91	94	94
396＋409	1	24	78	90	94	94
657＋284	1	22	75	86	92	92
313＋142＋224	2	55	91	91	92	95
292＋540＋142	1	31	79	88	91	92
4＋.2		4	11	70	66	79
15＋.7		3	10	58	62	74
3＋.01		2	6	54	60	69
.25＋12			4	40	47	60
.1＋.5		1	10	78	88	89
.8＋.3			5	44	56	67
.21＋.7			2	27	39	50
.5＋.94			1	27	44	54
.24＋.35			9	66	83	84
.59＋.82			3	45	59	66
.4＋31.6			3	48	57	66
8.1＋2.04			1	42	60	73
$\frac{1}{5}+\frac{1}{5}$			1	25	42	90
$2\frac{7}{9}+\frac{5}{9}$					3	61
$\frac{1}{2}+\frac{1}{4}$				3	7	67
$1\frac{2}{3}+\frac{3}{5}$					3	59
$1\frac{5}{11}+2\frac{13}{22}$					2	48
$\frac{1}{6}+\frac{2}{3}+\frac{7}{9}$					2	48

第７表　問題別の正答率―減法（A検査）

問題＼学年	Ⅰ	Ⅱ	Ⅲ	Ⅳ	Ⅴ	Ⅵ
４は２と	87	95	96	96	98	98
７は５と	82	94	95	92	96	97
６は４と	78	93	94	92	96	96
８は４と	81	94	95	94	97	97
６は３と	80	93	95	94	96	97
７は１と	79	93	94	92	96	97
８は３と	76	92	94	91	95	97
９は３と	70	90	93	91	95	97
９は２と	74	91	93	92	95	97
８は２と	73	91	93	92	95	96
7−6	59	97	98	97	99	99
8−2	59	95	97	96	97	98
13−5	36	89	90	92	96	97
15−8	29	88	91	91	95	96
54−2	24	84	93	92	95	97
99−5	19	81	92	92	95	97
44−6	9	73	83	84	90	93
57−8	11	73	84	86	92	93
65−32	8	81	94	95	96	97
96−46	7	78	89	91	94	95
55−27	3	59	80	82	86	90
74−59	2	63	83	86	91	93
137−60	1	43	76	77	87	91
179−94	1	40	77	84	90	91
579−161	1	64	88	90	92	94
693−263	1	58	82	88	90	94
214−105		24	72	82	87	90
982−235		23	70	78	84	89

第７表（つづき）

問題＼学年	Ⅰ	Ⅱ	Ⅲ	Ⅳ	Ⅴ	Ⅵ
319−227		18	66	73	81	86
648−395		24	71	82	88	89
420−134		7	49	62	78	80
504−306		9	47	50	65	71
753−125−467		3	49	63	76	80
942−356−297		2	43	56	69	74
.5−.3		1	18	89	94	96
.68−.42		1	14	78	83	89
.32−.14			13	71	78	85
.75−.28		1	11	72	80	84
1.6−.4			12	81	86	91
3.4−.6			9	71	81	86
3.67−.48			10	69	79	82
5.32−.47			7	60	73	77
3−.2			2	43	55	66
18−.19			2	24	41	50
21.5−2.08			2	29	47	55
13.1−4.001			1	19	30	39
$\frac{4}{5}-\frac{2}{5}$			1	29	47	91
$1-\frac{3}{4}$				10	14	73
$1\frac{1}{3}-\frac{2}{3}$				6	8	69
$\frac{1}{2}-\frac{1}{4}$				3	9	73
$2\frac{1}{5}-\frac{1}{10}$				1	5	61
$\frac{6}{7}-\frac{9}{14}-\frac{1}{21}$					3	39

第8表　問題別の正答率—乗法（A検査）

問題＼学年	I	II	III	IV	V	VI
2 ×□＝ 6	2	20	98	98	98	98
3 ×□＝15	1	7	98	98	99	98
9 ×□＝18	2	5	92	96	98	98
6 ×□＝30	1	4	97	98	99	98
4 ×□＝36		2	92	96	96	96
8 ×□＝32		2	93	96	98	98
5 ×□＝45		1	97	97	97	98
9 ×□＝54		1	90	94	96	95
6 ×□＝48		1	84	95	96	96
7 ×□＝63			90	97	98	98
11× 5		3	63	97	97	98
23× 2		2	60	98	97	97
37× 4			20	82	88	89
96× 8			19	83	88	89
213× 3			39	94	96	97
202× 4			30	92	95	96
264× 2			27	92	92	94
953× 5			12	78	85	89
73×13			6	78	89	92
74×45			3	64	80	85
148×16			3	61	79	83
427×58			2	47	72	77
205×34			3	62	81	85
406×72			3	56	74	79
2357×26			2	44	64	71
6378×49			1	29	48	55
24×315			1	46	65	76
34×227			1	45	62	72
28×271			1	51	69	78
26×513			1	48	66	75

第8表（つづき）

問題＼学年	I	II	III	IV	V	VI
263×307			1	37	57	68
409×205			1	37	60	69
146×235			1	32	54	66
573×427				27	45	54
.8× 4			5	55	71	81
1.6× 7			1	35	63	77
.05× 3			5	37	62	77
2.15× 5				31	62	76
3.24×16				15	47	60
13.9×12				11	40	56
.2×.4				12	25	37
.9×.7			6	39	53	60
.3×.05				9	22	40
.04×3.9				5	21	45
2.07×2.4				7	22	45
3.8×.46				7	21	41
$\frac{1}{3}\times 2$				11	18	87
$\frac{5}{6}\times 3$					4	56
$\frac{5}{12}\times 10$					3	60
$\frac{7}{12}\times 11$					5	65
$1\frac{1}{4}\times 3$					5	61
$1\frac{1}{6}\times 4$					3	51
$\frac{1}{2}\times\frac{1}{2}$				7	18	51
$\frac{5}{6}\times\frac{2}{5}$					6	50
$1\frac{2}{3}\times\frac{1}{5}$					3	39
$3\frac{5}{6}\times\frac{3}{10}$					2	25
$1\frac{1}{4}\times 2\frac{2}{3}$					2	30
$2\frac{2}{5}\times 3\frac{3}{4}$					1	23

第9表　問題別の正答率―除法（A検査）

問題＼学年	I	II	III	IV	V	VI
27÷9			30	84	97	96
36÷6			29	83	95	96
84÷2			11	76	92	94
50÷5			14	75	89	93
639÷3			6	73	91	93
357÷7			2	62	89	92
572÷4			1	54	79	83
438÷6				54	84	87
3115÷5				51	82	88
5373÷9				45	80	84
6147÷3				34	65	70
4235÷7				38	70	72
138÷23				16	82	87
603÷67				13	81	86
351÷13				5	75	84
638÷22				4	72	82
2870÷14				2	66	71
8526÷21				2	65	72
1634÷38				5	72	82
4756÷82				2	70	80
2660÷19				2	65	75
2720÷17				1	62	73
20196÷34				1	59	69
24531÷39					56	69
4.8÷2			3	65	91	93
4.2÷7			1	46	85	89
25.8÷6				36	80	87
4.08÷8				33	77	83
29.16÷27				2	52	68
11.27÷23				1	53	71

第9表（つづき）

問題＼学年	I	II	III	IV	V	VI
.6÷.3				8	13	35
2.4÷.4				6	12	36
.21÷.7				25	26	44
5.52÷1.2				4	12	33
1.365÷.15					9	26
.01368÷.19					8	26
$\frac{4}{5}\div 2$			1	8	17	78
$\frac{6}{11}\div 8$					3	56
$\frac{5}{6}\div 10$					3	49
$\frac{6}{13}\div 12$					2	49
$1\frac{4}{5}\div 9$					2	56
$4\frac{9}{10}\div 21$					1	26
$3\div\frac{5}{9}$					1	22
$15\div 4\frac{2}{7}$					1	18
$\frac{1}{9}\div\frac{1}{18}$					3	46
$\frac{3}{5}\div\frac{9}{10}$					3	37
$2\frac{1}{5}\div\frac{2}{5}$					3	35
$3\frac{3}{8}\div 2\frac{4}{7}$					2	14

第10表　問題別の正答率—加法（B検査）

問題＼学年	Ⅰ	Ⅱ	Ⅲ	Ⅳ	Ⅴ	Ⅵ
3と2は	95	99	99	99	99	100
5と1は	95	99	99	100	100	99
4と4は	95	98	99	99	100	99
7と2は	92	98	98	99	99	100
6と4は	90	97	98	99	99	99
6と2は	91	98	99	99	99	99
4と5は	92	98	98	99	99	100
3と7は	90	98	98	99	99	100
1と7は	92	99	99	99	99	100
1と9は	88	98	99	99	99	99
6＋8	60	94	96	97	99	98
8＋8	63	94	95	96	99	99
14＋3	57	94	96	96	99	99
15＋4	59	96	96	96	98	99
16＋7	42	86	87	92	95	96
14＋8	44	88	89	91	96	97
37＋7	32	85	89	91	96	97
66＋9	28	83	88	92	96	96
23＋26	15	87	95	96	97	98
45＋23	14	88	95	96	98	98
17＋45	12	77	89	93	95	96
25＋69	10	76	87	94	94	97
75＋82	5	57	84	92	95	96
84＋98	2	46	79	88	94	94
320＋240	3	69	92	95	98	98
374＋521	4	73	94	96	97	97
236＋206	1	38	84	92	94	95
547＋446	1	38	83	92	93	93

第10表（つづき）

問題＼学年	Ⅰ	Ⅱ	Ⅲ	Ⅳ	Ⅴ	Ⅵ
483＋281	1	37	83	91	94	94
631＋288	1	42	85	91	93	93
625＋175	1	22	73	87	91	93
796＋118	1	23	77	89	90	91
427＋101＋215	2	53	89	90	93	95
235＋451＋173	1	33	80	89	91	93
3＋.4		2	10	64	64	76
16＋.8		1	9	60	62	74
4＋.03		1	5	51	59	67
.14＋11			3	42	50	61
.2＋.6		1	10	77	88	89
.9＋.4			4	45	55	71
.73＋.2			1	27	42	55
.8＋.76			2	31	48	57
.32＋.14		1	8	65	80	84
.78＋.67			3	45	59	68
.7＋24.5			3	49	64	72
4.2＋7.09			2	44	62	72
$\frac{3}{8}+\frac{7}{8}$					3	64
$2\frac{1}{4}+1\frac{3}{4}$					5	71
$\frac{1}{2}+\frac{1}{3}$				2	7	70
$1\frac{1}{2}+\frac{5}{8}$					3	59
$1\frac{7}{15}+2\frac{11}{20}$					2	38
$\frac{5}{8}+\frac{3}{4}+\frac{1}{16}$					2	50

第11表　問題別の正答率—減法（B検査）

問題＼学年	Ⅰ	Ⅱ	Ⅲ	Ⅳ	Ⅴ	Ⅵ
5は4と	82	94	96	93	96	97
5は2と	81	94	94	92	96	97
10は8と	84	94	95	92	96	97
10は3と	77	93	95	92	95	96
10は6と	79	92	95	91	96	97
9は5と	78	93	95	92	96	97
7は4と	76	92	94	92	95	97
8は1と	76	93	94	93	95	97
6は1と	78	91	94	92	95	97
9は1と	76	92	95	91	95	96
6－4	57	96	96	97	98	99
9－1	56	96	97	97	98	99
12－6	32	89	91	93	96	97
16－7	29	88	91	91	95	95
37－4	16	82	92	91	95	97
78－3	13	81	93	91	94	97
32－5	10	74	85	88	94	95
73－7	8	72	84	85	91	94
43－21	8	84	94	96	97	97
87－47	7	80	90	91	94	95
73－36	2	55	80	83	88	91
62－43	2	62	82	85	89	93
146－70	1	45	78	82	88	92
177－83	1	37	78	83	88	91
985－572	1	67	92	94	94	97
486－246	1	63	86	89	93	95
563－457		24	69	81	86	88
865－248		27	73	80	85	88

第11表（つづき）

問題＼学年	Ⅰ	Ⅱ	Ⅲ	Ⅳ	Ⅴ	Ⅵ
428－376		22	69	76	84	89
759－468		24	73	80	86	90
340－187		9	48	63	75	79
703－508		10	47	51	66	71
568－119－356		3	48	62	72	78
635－247－299		2	39	55	67	74
.7－.4		1	16	89	93	96
.95－.51		1	13	79	86	91
.56－.27		1	12	72	82	87
.84－.59			11	72	82	89
2.8－.7			11	79	84	89
5.2－.4			9	68	80	87
2.45－.16			9	68	75	82
6.73－.85			8	57	72	80
6－.5			2	44	56	65
15－.17			1	27	43	51
23.7－4.06			1	28	50	59
14.9－5.003			1	19	39	47
$\frac{5}{6}-\frac{1}{6}$					12	67
$3-\frac{5}{8}$				1	7	57
$3\frac{2}{7}-\frac{5}{7}$				1	5	59
$\frac{5}{6}-\frac{3}{8}$					4	56
$1\frac{5}{12}-\frac{7}{18}$					3	42
$\frac{11}{12}-\frac{1}{3}-\frac{1}{4}$					3	54

第12表　問題別の正答率─乗法（B検査）

問題＼学年	Ⅰ	Ⅱ	Ⅲ	Ⅳ	Ⅴ	Ⅵ
8 ×□= 8		8	92	95	96	97
2 ×□=14	1	6	97	98	98	99
7 ×□=21		5	93	97	98	99
8 ×□=24		3	88	95	97	98
7 ×□=28		2	90	96	96	97
7 ×□=35		1	94	97	98	98
8 ×□=40		1	94	97	98	98
7 ×□=42		1	88	95	97	96
8 ×□=56		1	87	95	97	97
9 ×□=72		1	94	97	97	97
22× 4		1	59	96	97	98
31× 3		1	55	94	95	97
57× 6			18	84	90	93
84× 7			18	85	90	92
241× 2			38	95	96	97
302× 3			29	91	95	96
143× 3			23	91	94	96
752× 6			9	78	85	89
25×26			5	72	86	88
39×57			4	63	77	78
126×17			3	62	79	83
519×39			3	53	71	76
109×68			3	60	78	81
308×93			3	60	76	81
2631×27			1	47	64	73
5794×58			1	31	50	59
23×218			1	48	67	76
28×326			1	42	58	68
43×182			1	48	66	75
29×421			1	47	66	75
278×304			1	32	54	65
208×406			1	38	58	65
145×246			1	33	57	67
564×436				27	47	58

第12表（つづき）

問題＼学年	Ⅰ	Ⅱ	Ⅲ	Ⅳ	Ⅴ	Ⅵ
.6× 8			4	45	66	78
1.9× 6				33	66	78
.06× 2			6	41	67	78
2.13× 9				32	59	73
3.54×14				12	46	61
12.7×13				9	38	56
.3×.3				11	24	39
.8×.5			4	37	52	50
.2×.07				11	22	38
.08×2.3				7	21	43
1.09×4.5				9	22	45
5.2×.38				8	24	50
$\frac{1}{5}\times 4$				10	16	86
$\frac{5}{8}\times 6$					3	58
$\frac{4}{21}\times 14$					3	29
$\frac{2}{15}\times 13$					5	64
$2\frac{1}{11}\times 2$					5	56
$2\frac{4}{15}\times 5$					2	41
$\frac{1}{3}\times\frac{1}{3}$				6	18	53
$\frac{2}{3}\times\frac{3}{4}$					6	52
$1\frac{1}{5}\times\frac{1}{6}$					2	38
$2\frac{3}{8}\times\frac{4}{9}$					2	26
$3\frac{3}{5}\times 2\frac{5}{6}$					2	25
$2\frac{1}{4}\times 3\frac{1}{3}$					2	31

第13表　問題別の正答率—除法（B検査）

学年 / 問題	I	II	III	IV	V	VI
32÷8			29	83	96	96
49÷7			26	82	94	95
96÷3			8	77	91	94
80÷4			9	76	88	93
482÷2			6	70	90	92
246÷6			2	61	88	91
685÷5				52	78	82
424÷8			1	52	85	88
3258÷6				50	82	85
6912÷8				46	77	79
8312÷4				36	66	71
4536÷9				39	71	74
224÷56				13	83	87
112÷16				8	77	83
312÷12				6	76	84
672÷24				4	72	80
4590÷15				2	64	70
4784÷23				5	65	75
1591÷37				2	70	80
5628÷84				2	69	78
3250÷25				2	63	74
4680÷18				1	60	69
30576÷48					55	64
21896÷46					56	69
9.6÷3			1	59	89	93
4.5÷9			1	44	85	88
29.6÷4				36	77	85
2.05÷5				33	77	83

第13表（つづき）

学年 / 問題	I	II	III	IV	V	VI
39.24÷36				2	50	65
16.53÷29				1	47	67
.8÷.2				7	14	38
4.2÷.6			1	7	12	36
.35÷.5				20	25	47
3.68÷1.6				2	12	34
1.462÷.17					8	27
.01173÷.23					9	28
$\frac{8}{9}\div 4$				5	10	61
$\frac{4}{7}\div 6$					4	55
$\frac{7}{8}\div 14$					2	46
$\frac{11}{12}\div 22$					1	40
$2\frac{1}{6}\div 13$					2	41
$3\frac{3}{7}\div 18$					2	33
$2\div\frac{3}{5}$					1	22
$30\div 4\frac{1}{6}$						16
$\frac{1}{3}\div\frac{1}{12}$					3	47
$\frac{3}{8}\div\frac{3}{4}$					6	45
$1\frac{2}{7}\div\frac{5}{7}$					2	22
$5\frac{3}{5}\div 5\frac{1}{4}$					1	18

第13図　10以下の合成問題

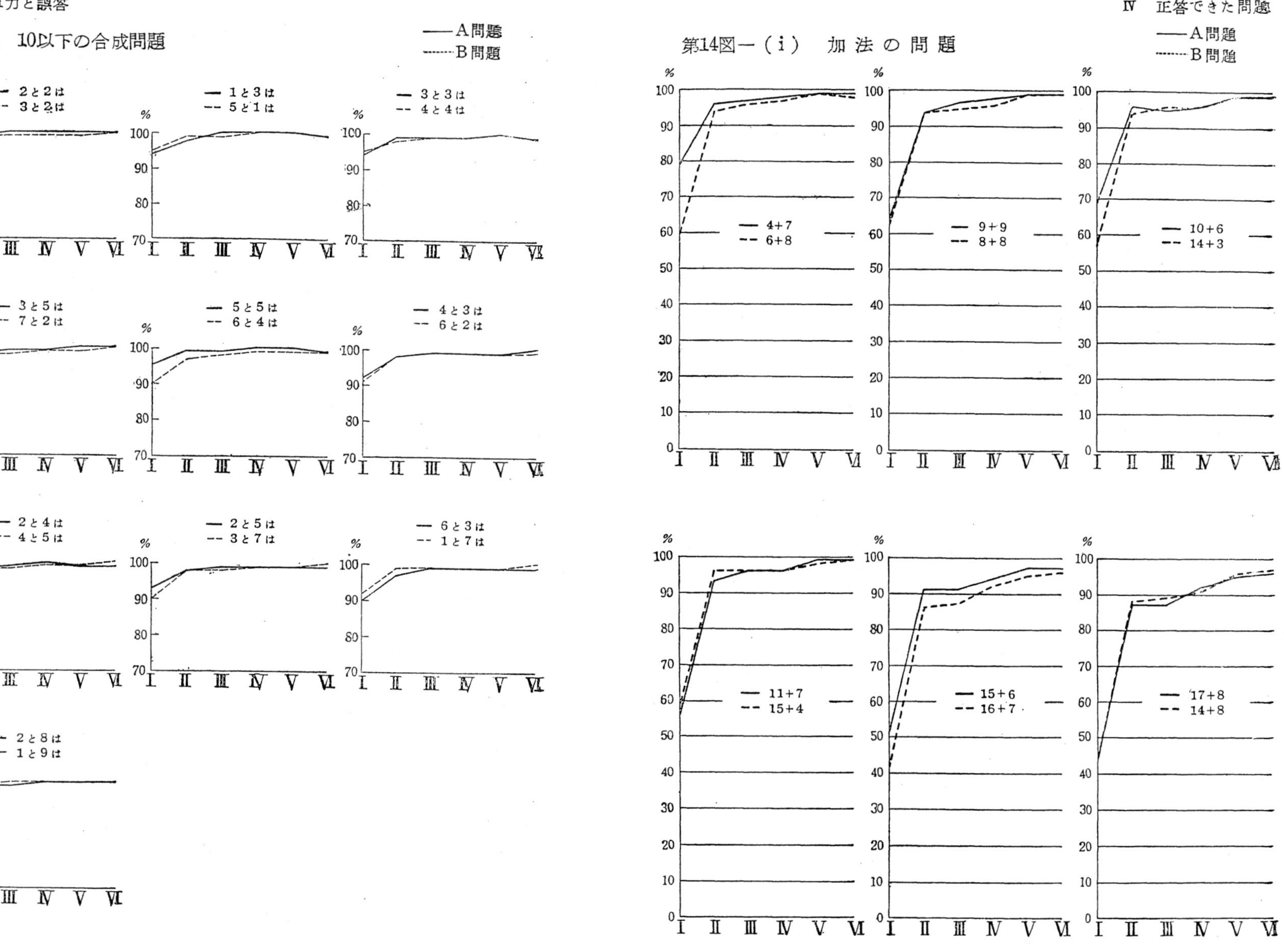

第14図—（i）　加法の問題

第14図―(ii) 加法の問題

第14図―(iii) 加法の問題

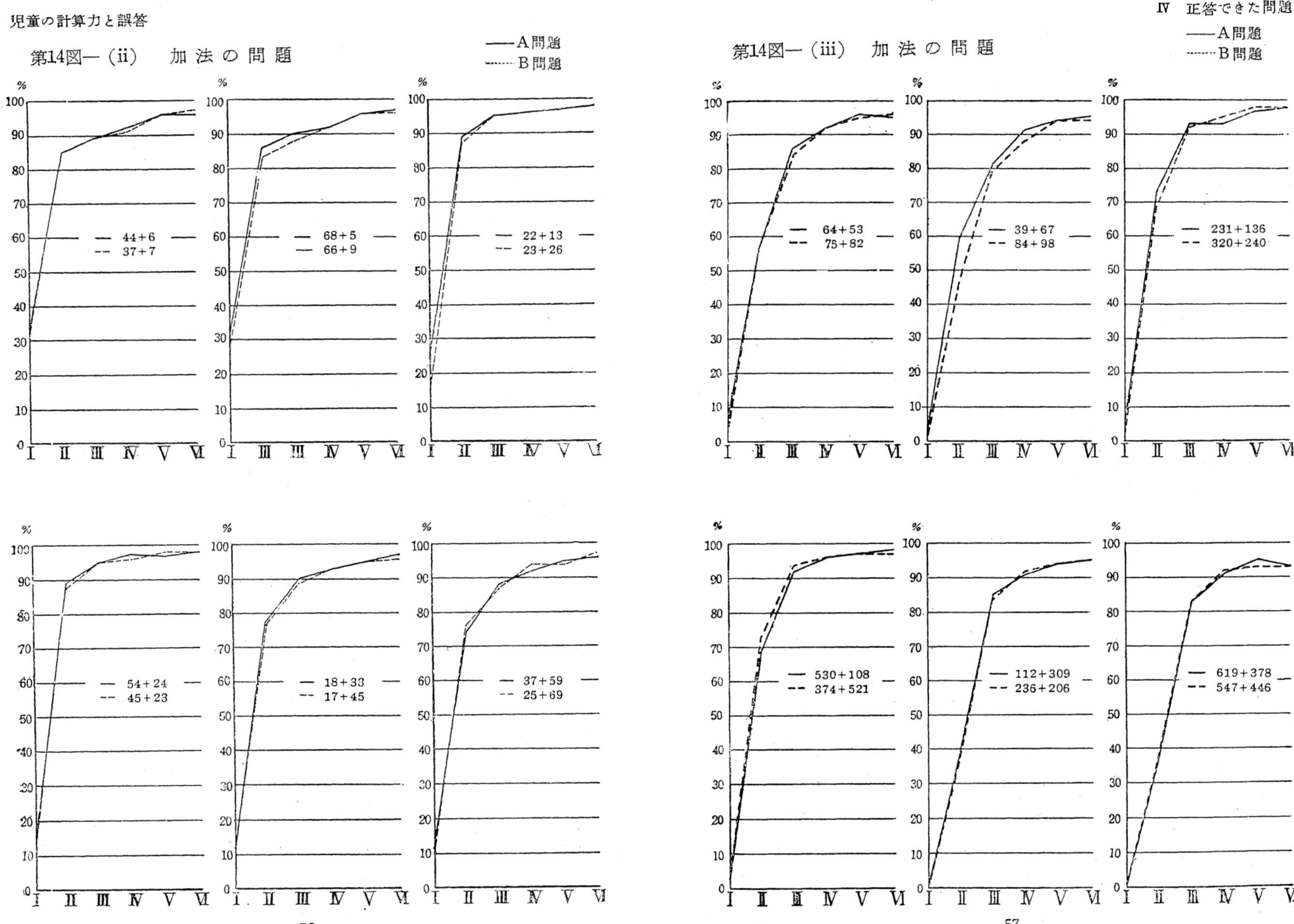

第14図―(iv)　加 法 の 問 題

―A問題
……B問題

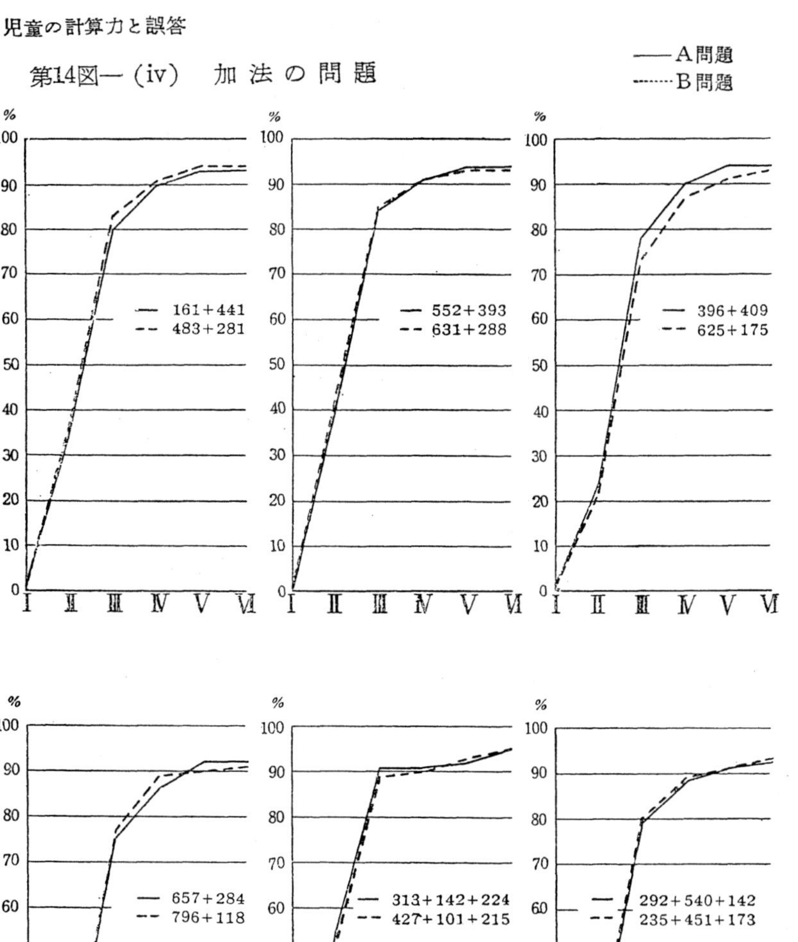

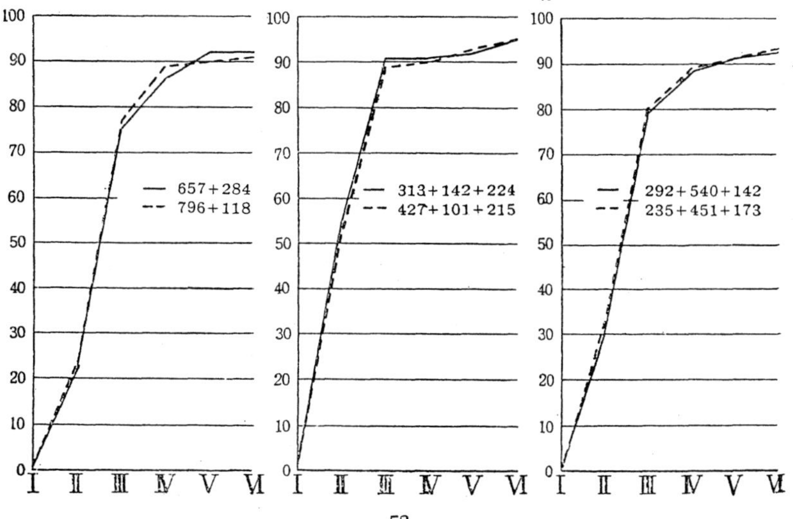

第15図―(i)　加法(小数)の問題

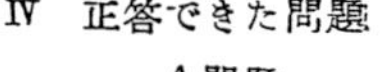

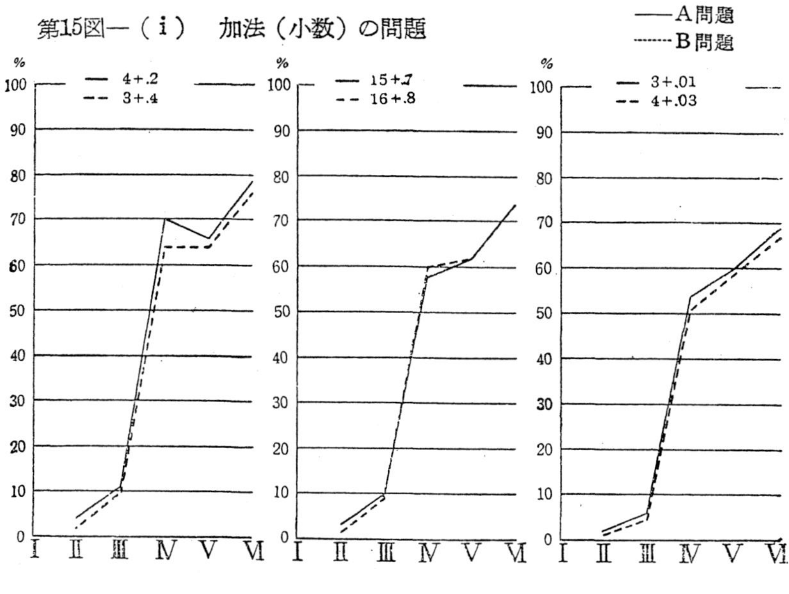

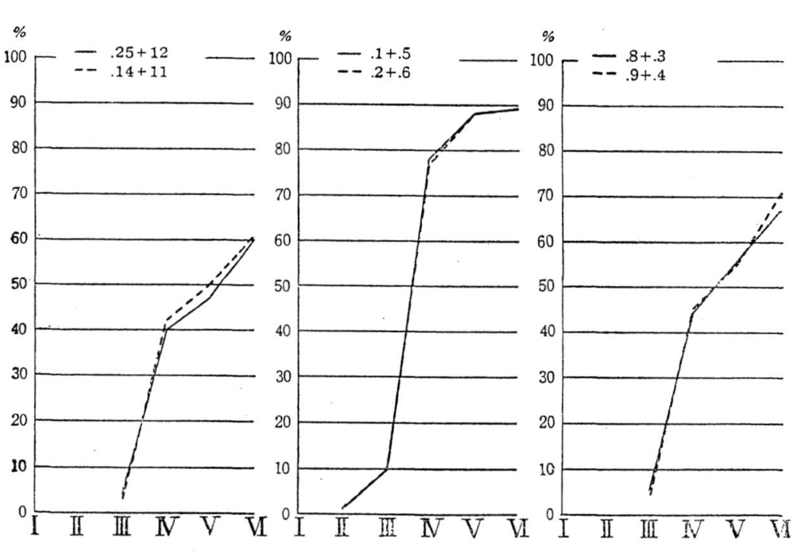

第15図—（ii） 加法（小数）の問題

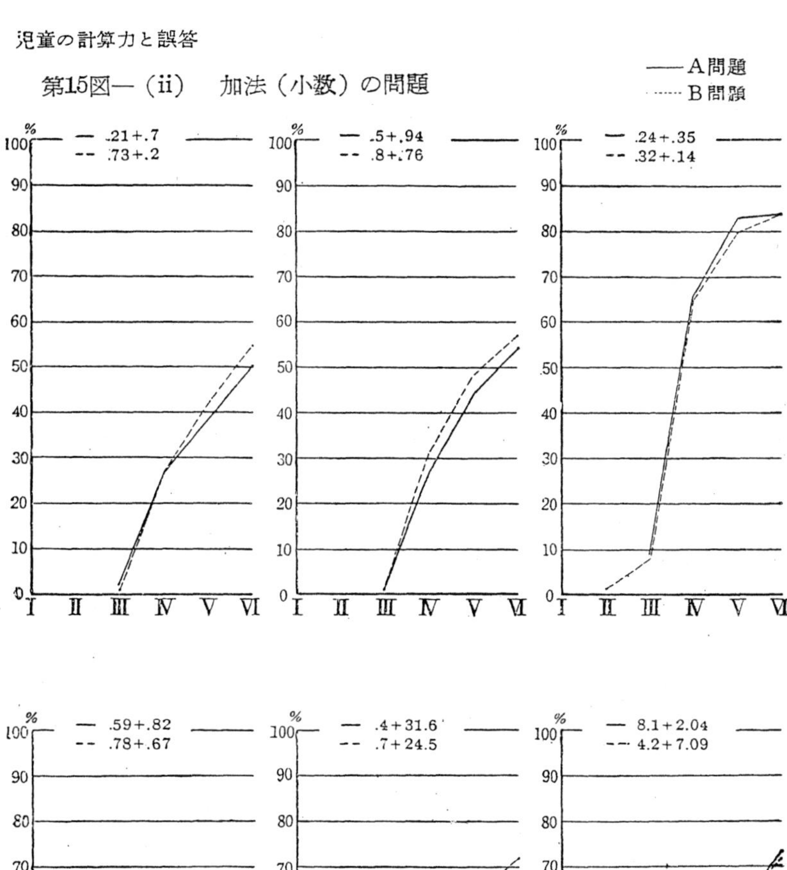

第16図 加 法（分 数）の 問 題

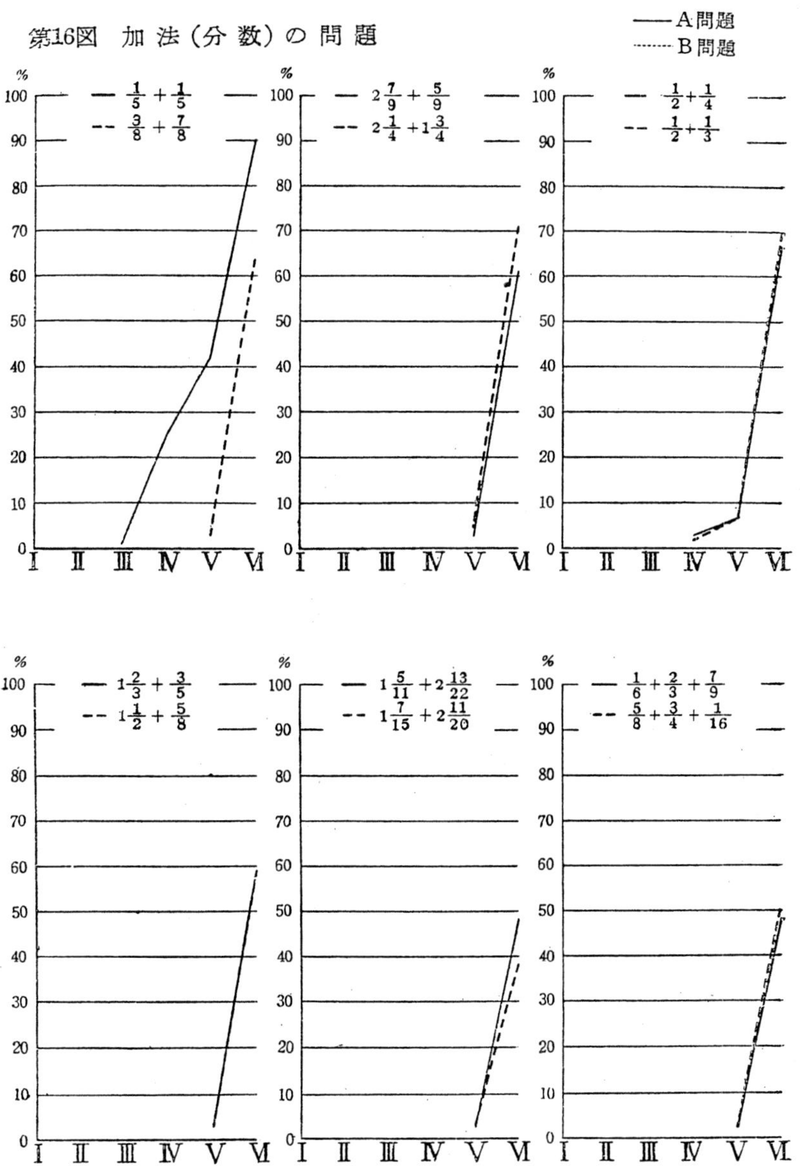

第17図 10以下の分解の問題

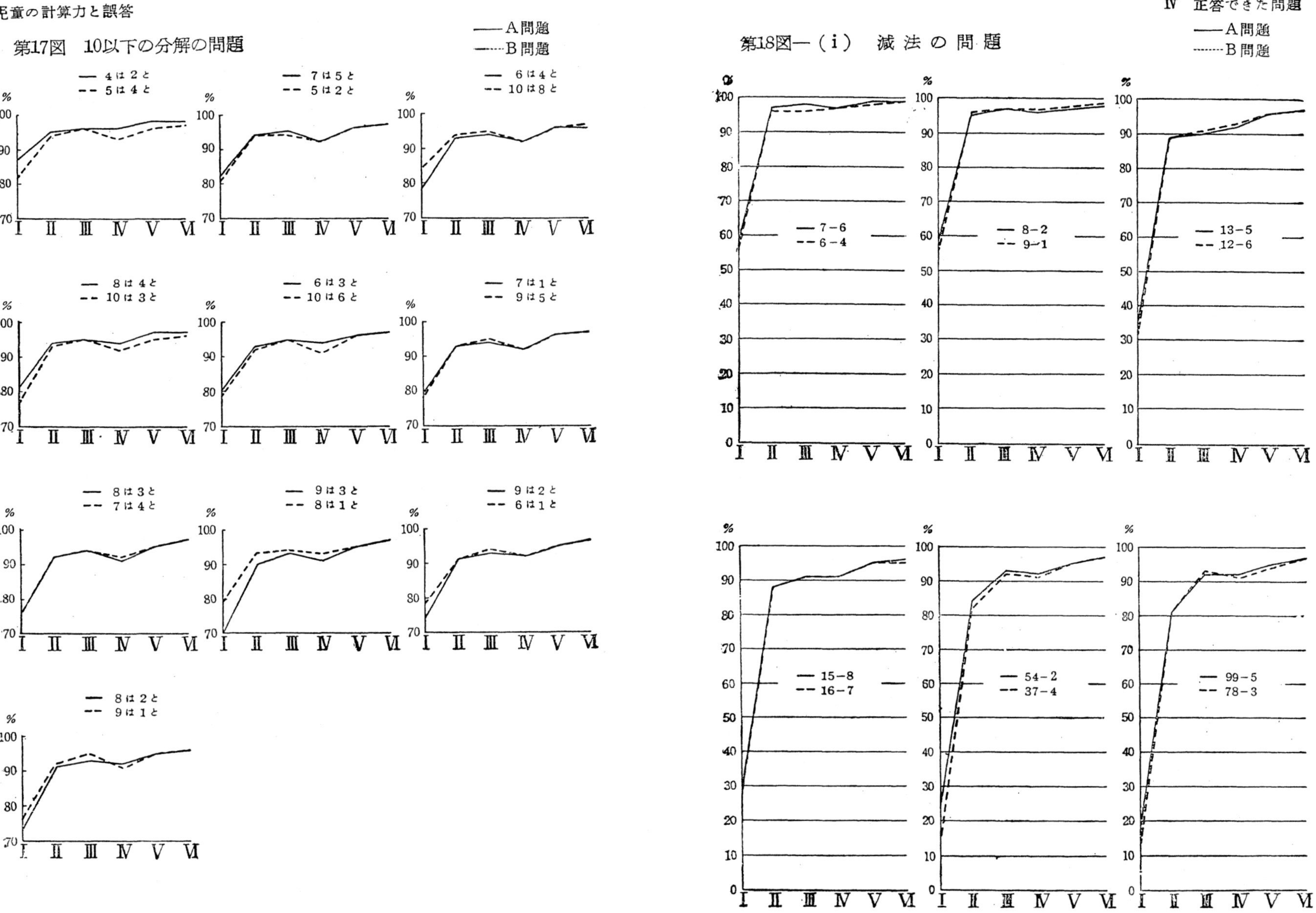

第18図—(i) 減法の問題

第18図—(ii)　減法の問題

—A問題
……B問題

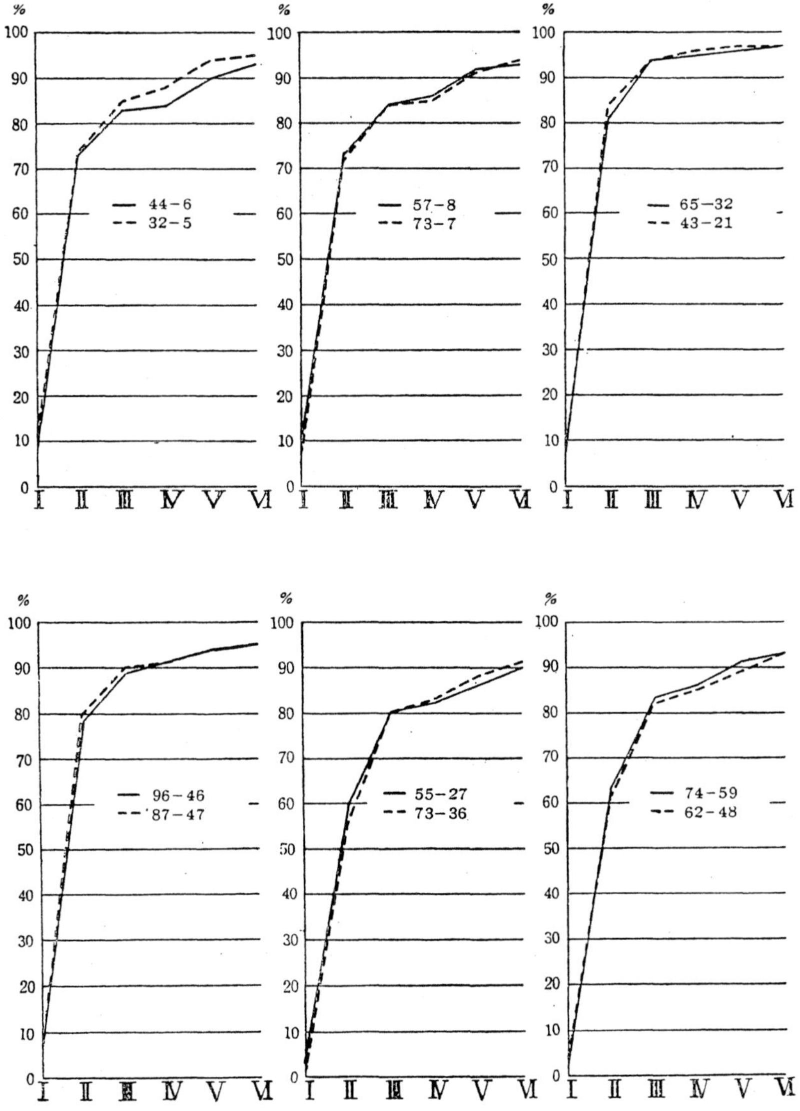

— 44−6
-- 32−5

— 57−8
-- 73−7

— 65−32
-- 43−21

— 96−46
-- 87−47

— 55−27
-- 73−36

— 74−59
-- 62−48

第18図—(iii)　減法の問題

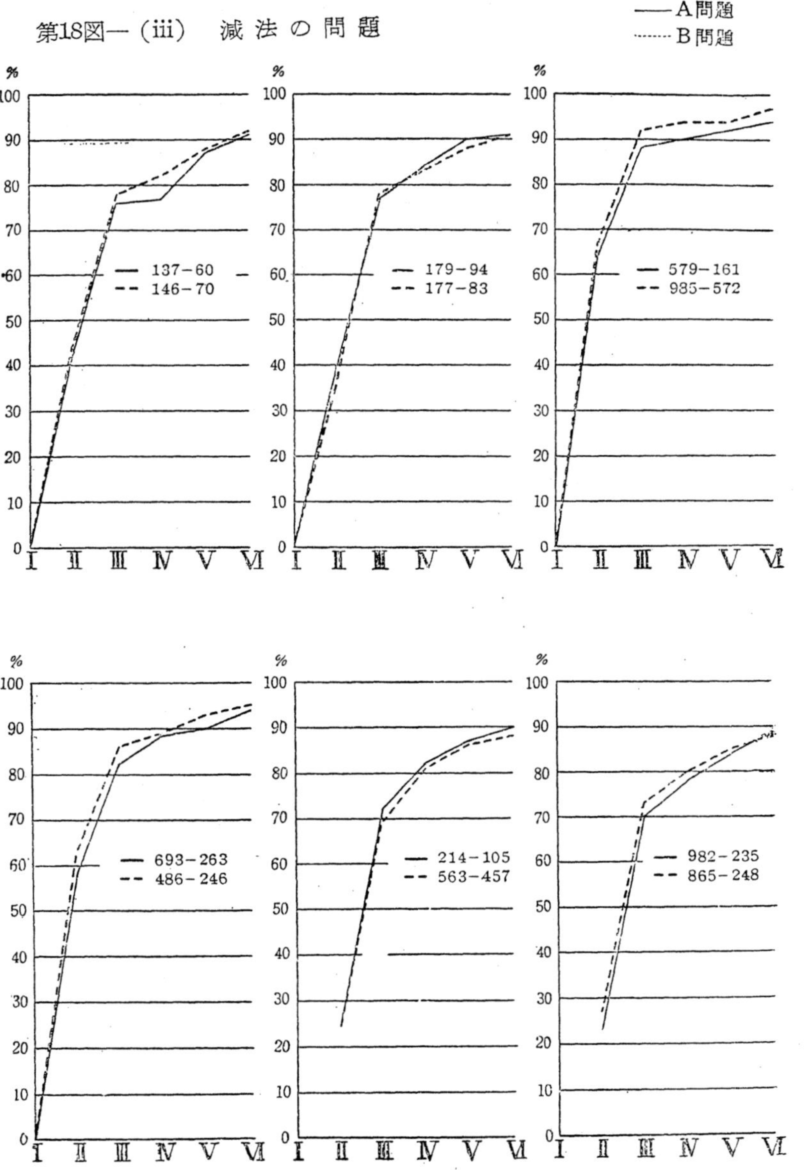

第18図—(iv)　減 法 の 問 題

—— A問題
………B問題

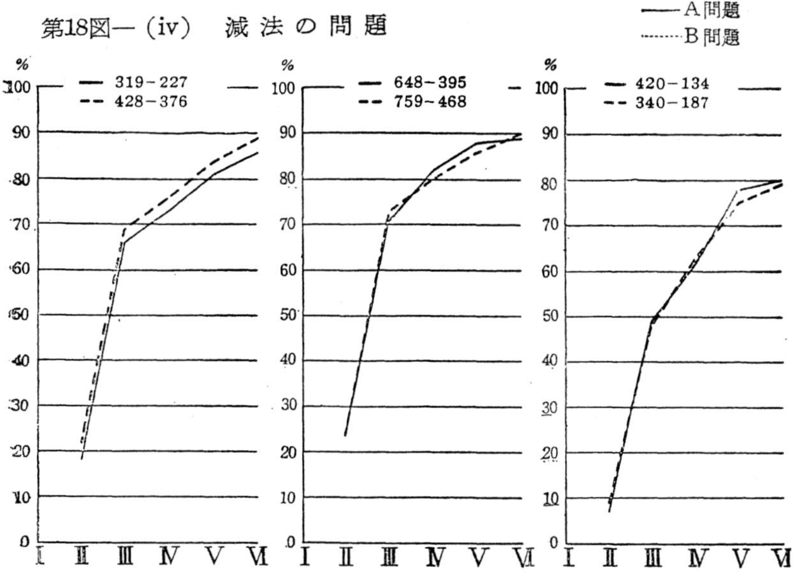

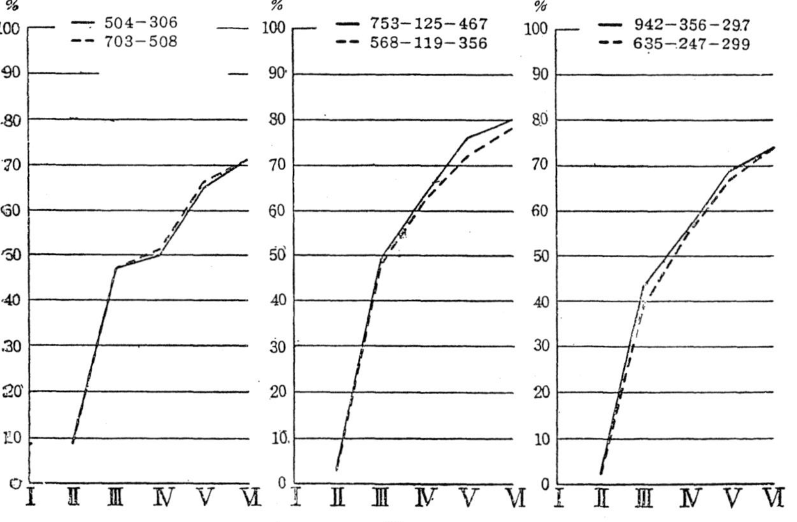

第19図—(i)　減法(小数)の問題

—— A問題
………B問題

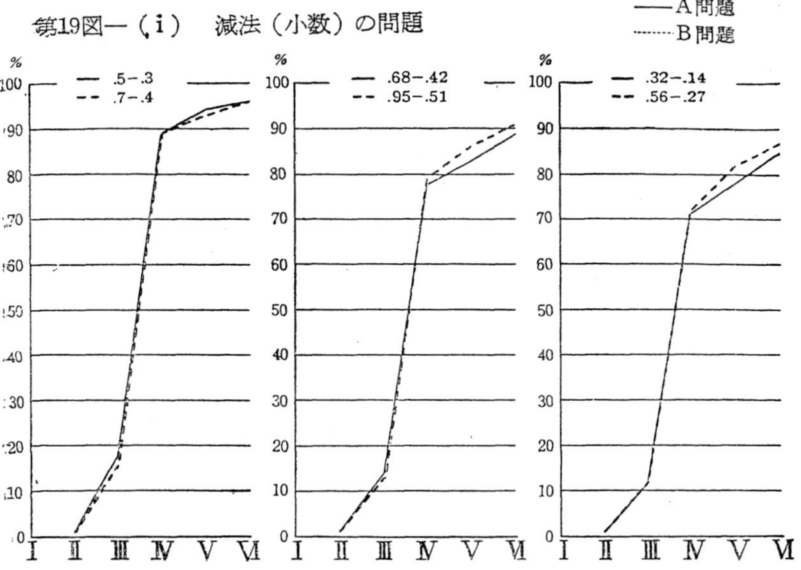

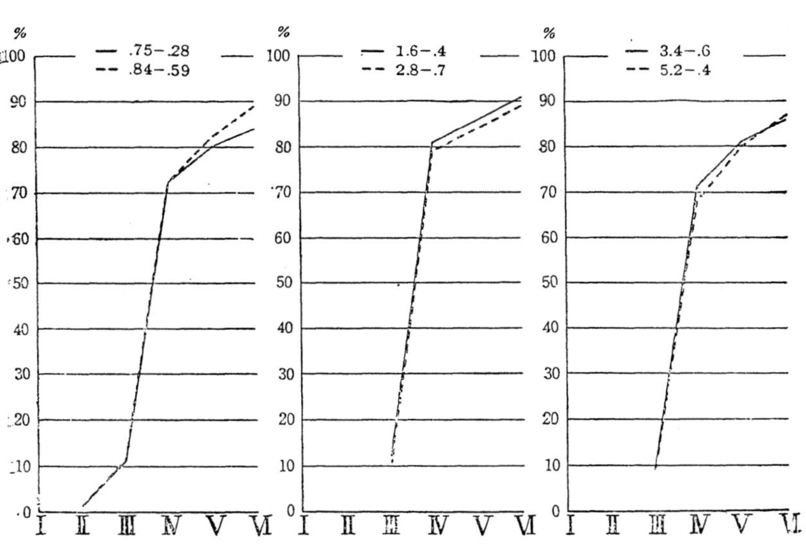

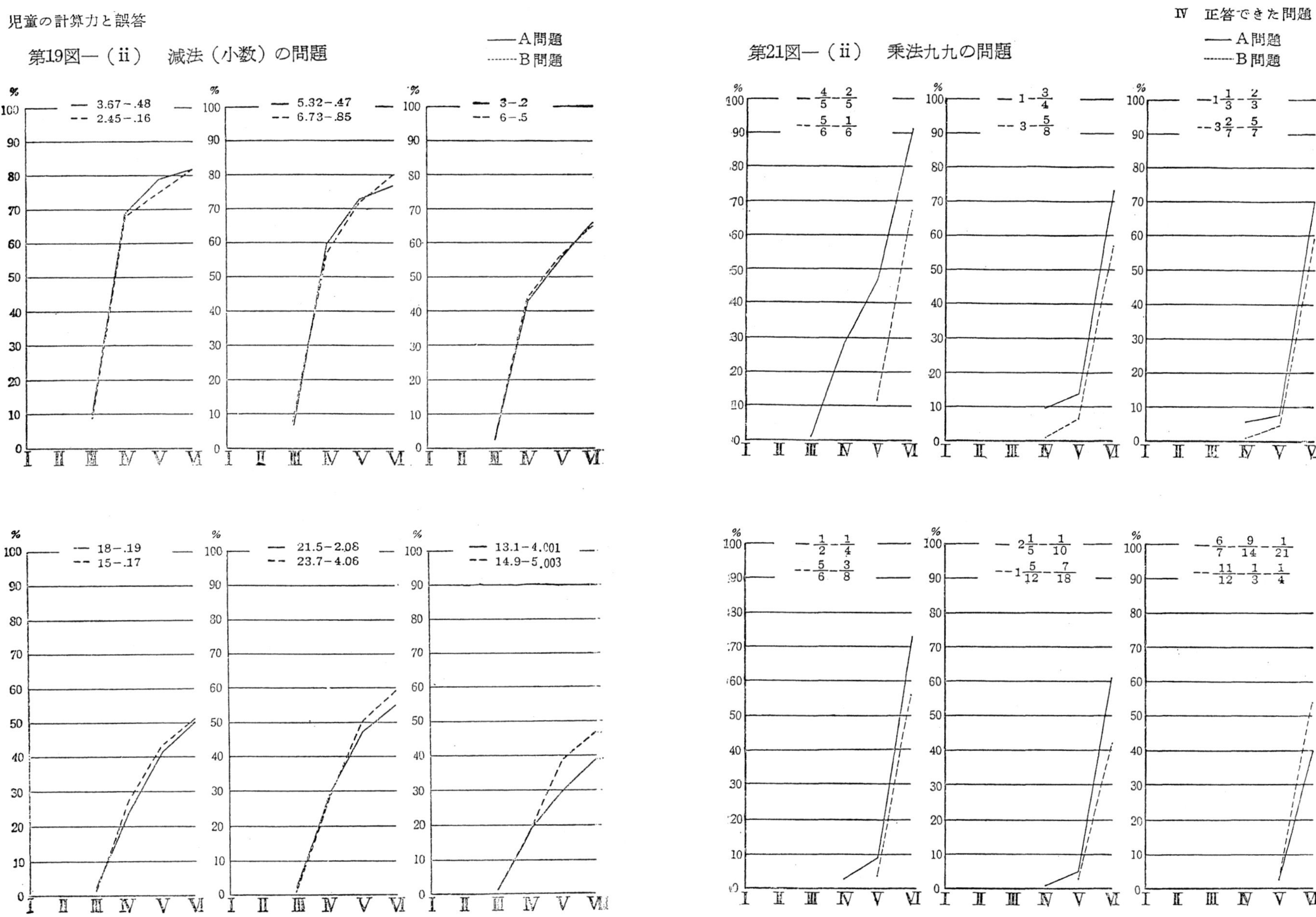

第19図―（ii）　減法（小数）の問題

第21図―（ii）　乗法九九の問題

第22図—（i） 乗 法 の 問 題

——A問題
------B問題

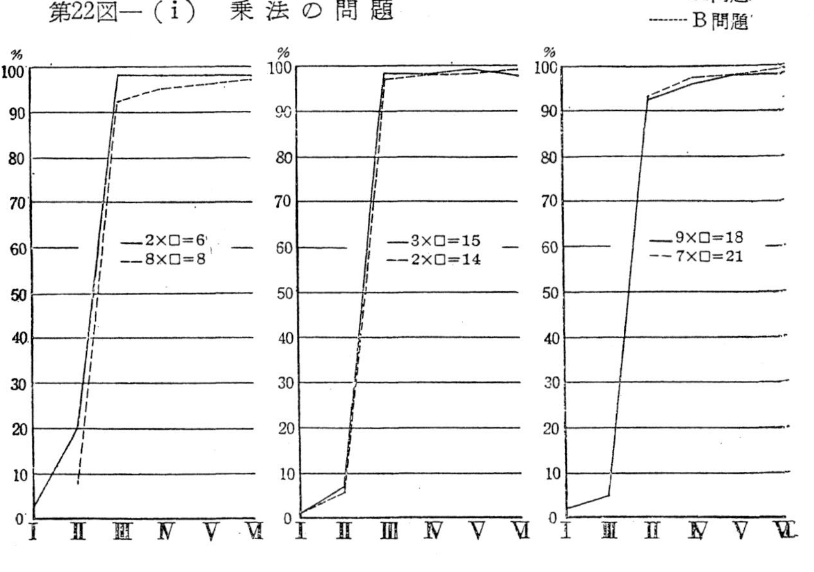

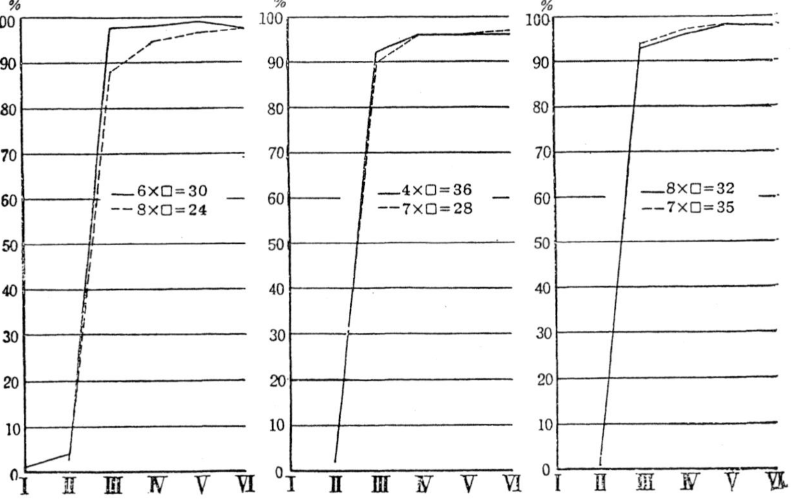

第20図 減 法（分 数）の 問 題

——A問題
------B問題

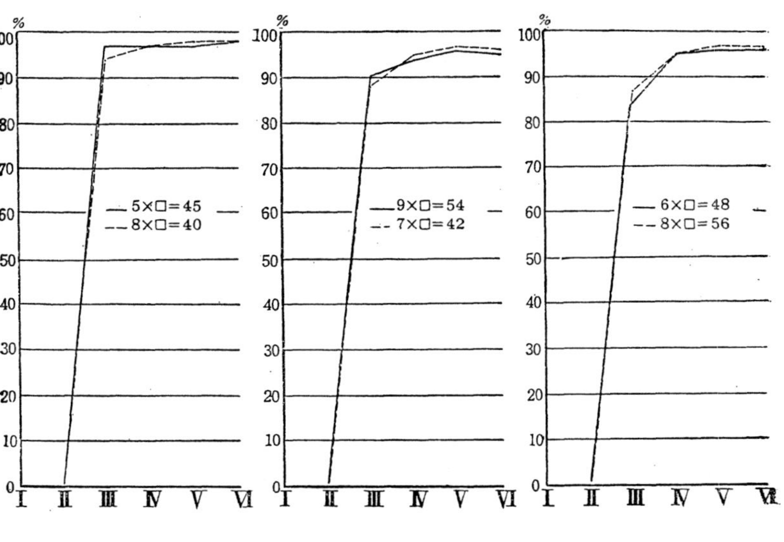

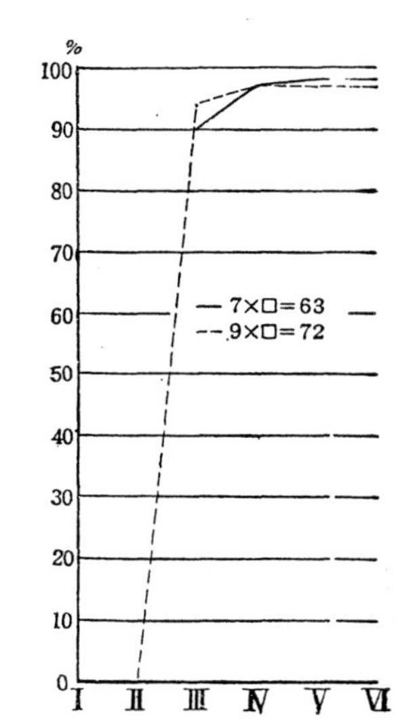

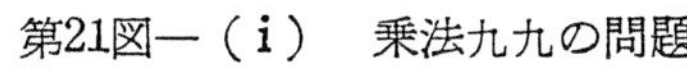
第21図—（i） 乗法九九の問題

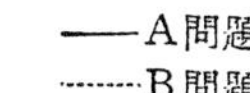

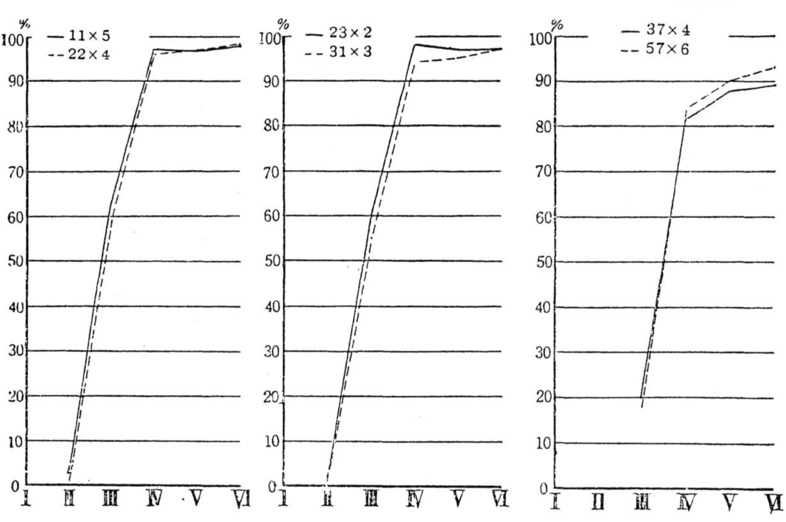

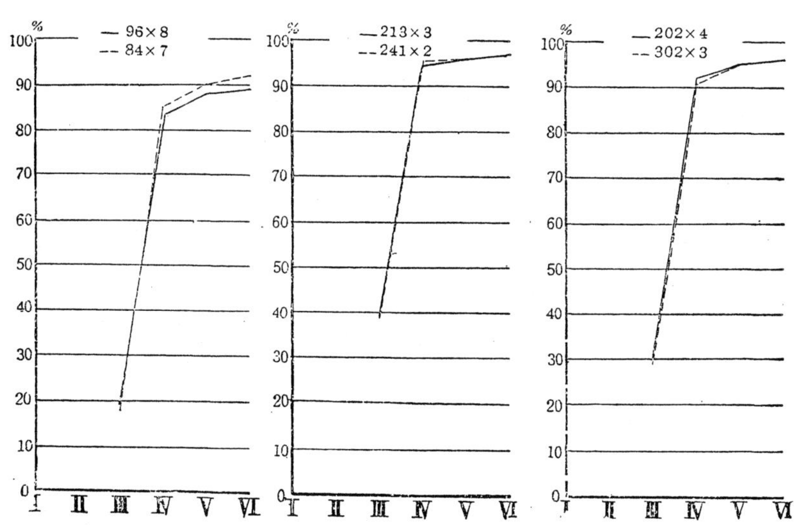

第22図—（ii） 乗 法 の 問 題

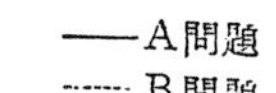

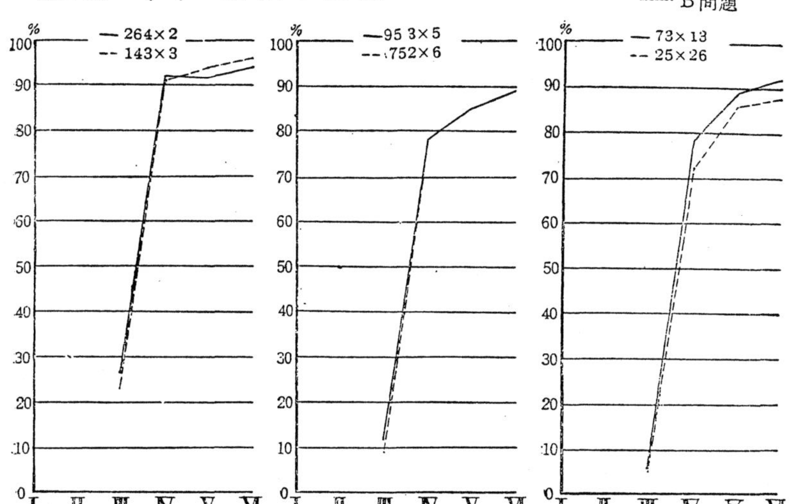

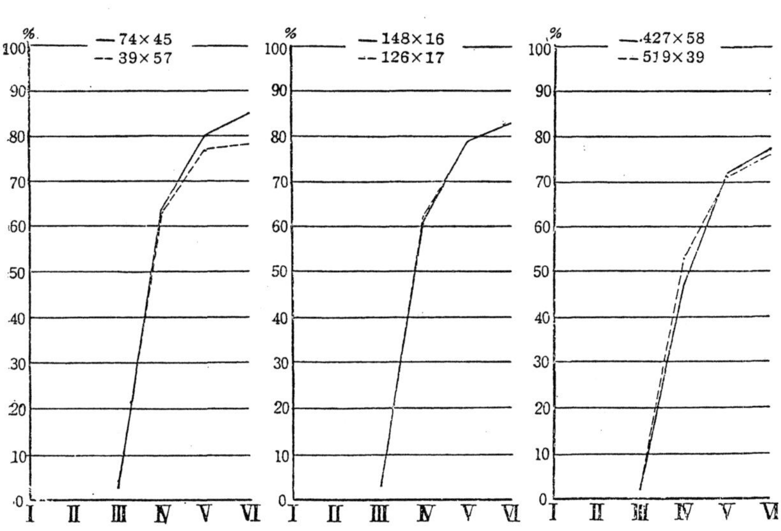

第22図―(iii)　乗法の問題

――A問題
……B問題

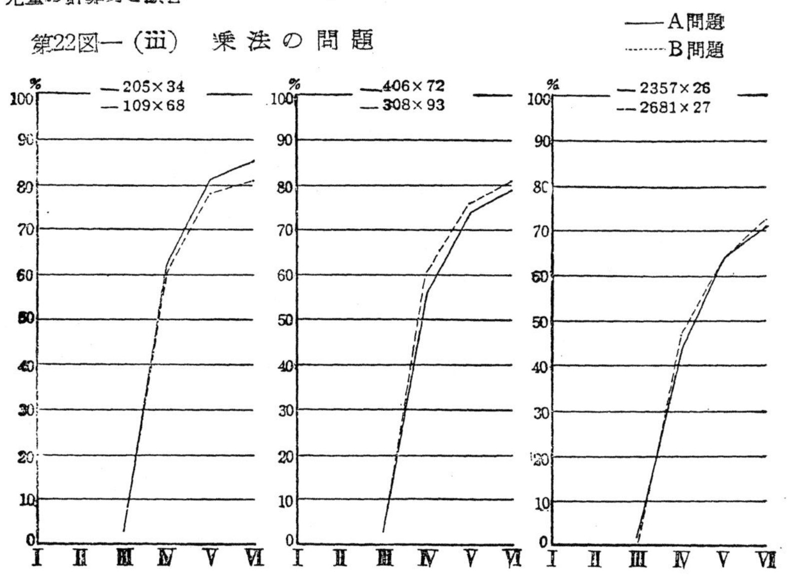

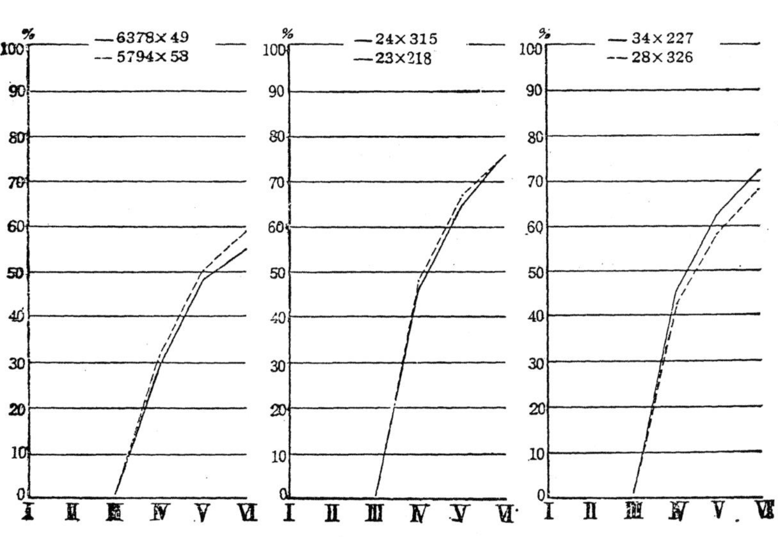

第22図―(iv)　乗法の問題

――A問題
……B問題

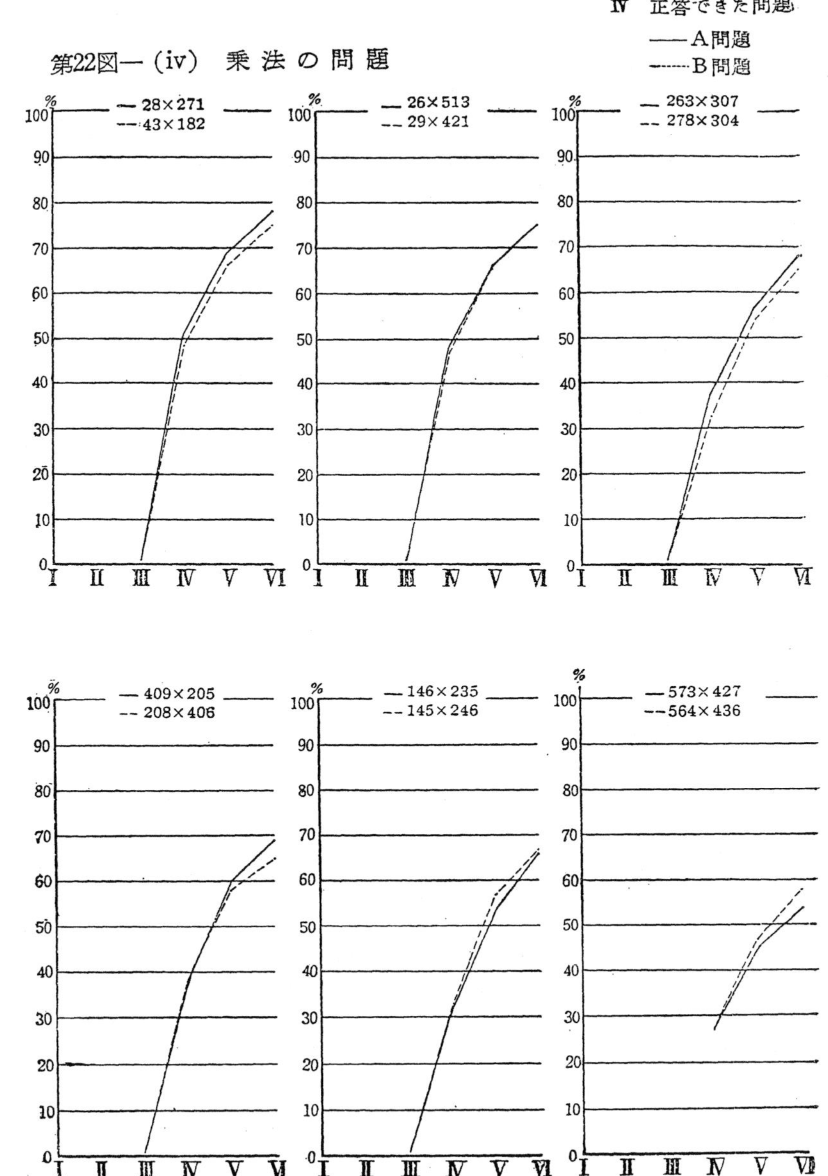

第23図―(i) 乗法(小数)の問題

第23図―(ii) 乗法(小数)の問題

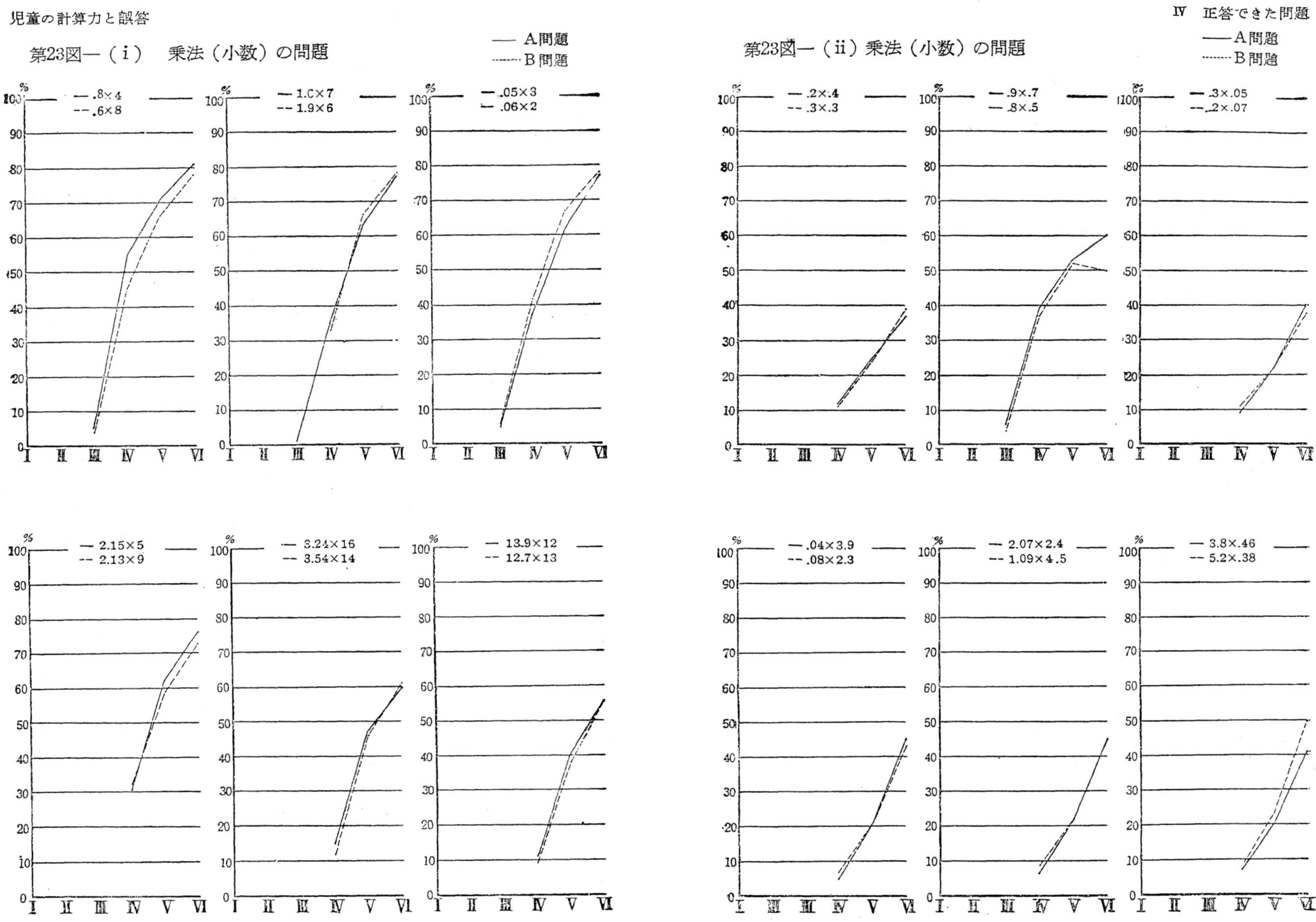

第24図—（i）乗法（分数）の問題

第24図—（ii）　乗法（分数）の問題

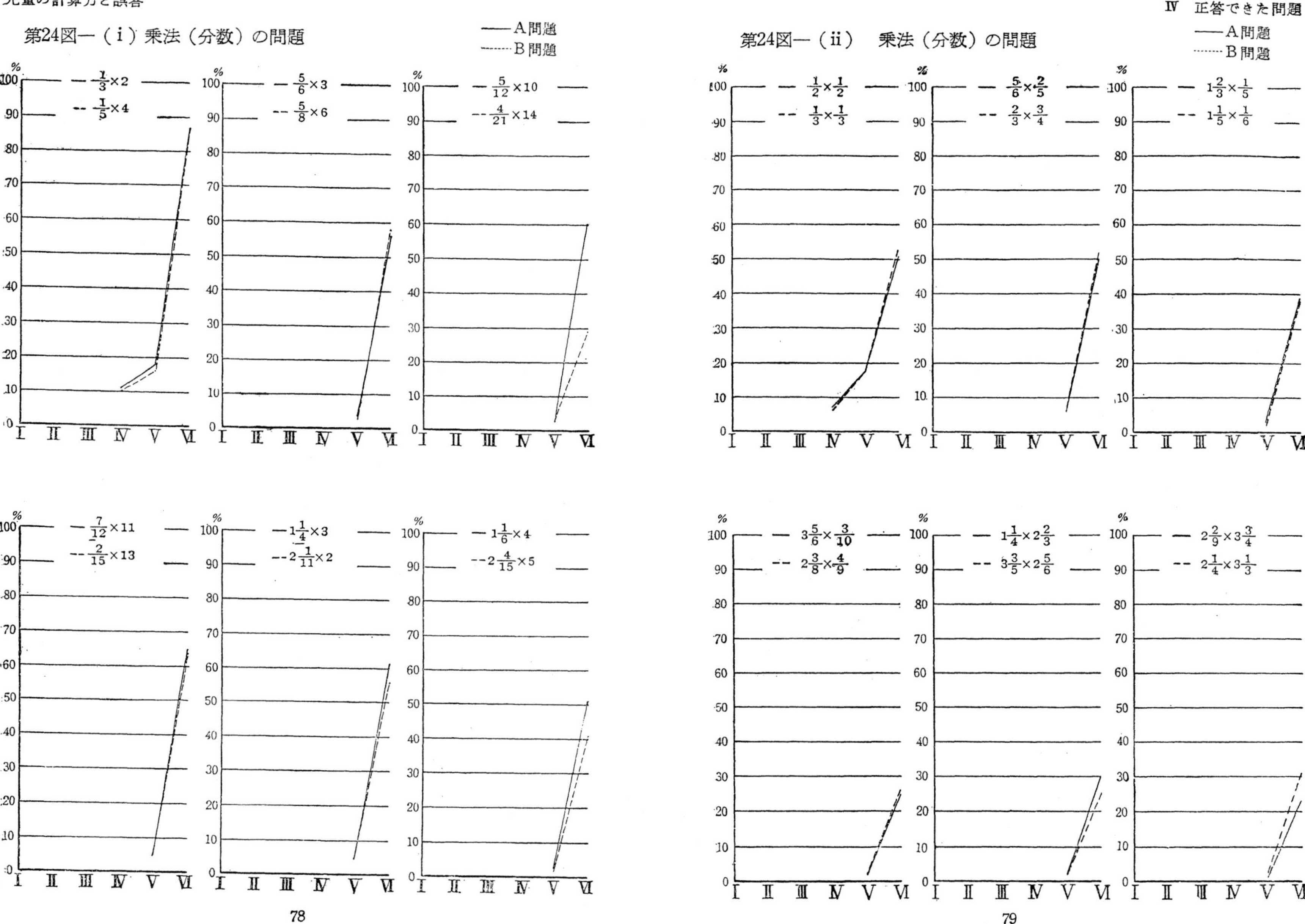

第25図ー（ⅰ）　除法の問題

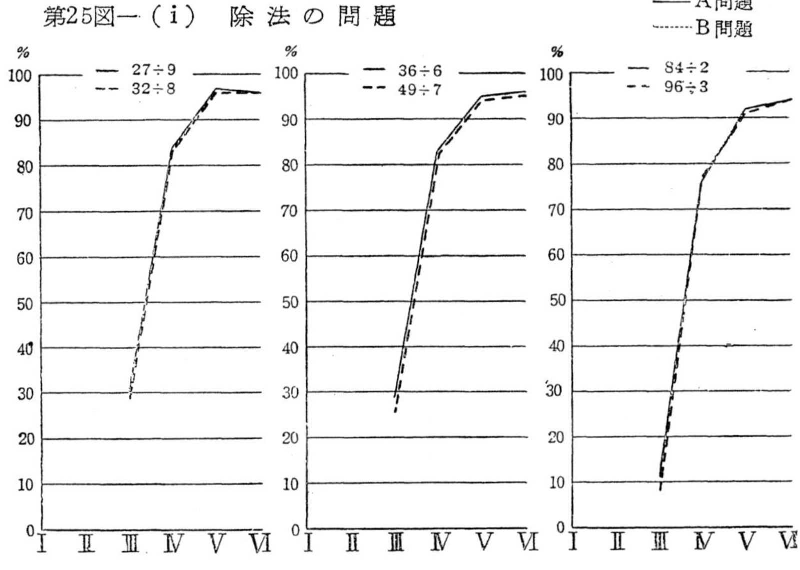

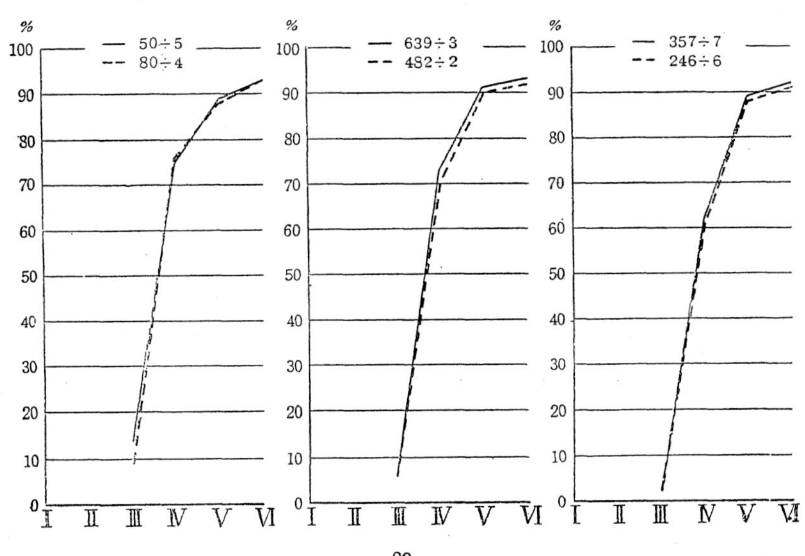

第25図ー（ⅱ）　除法の問題

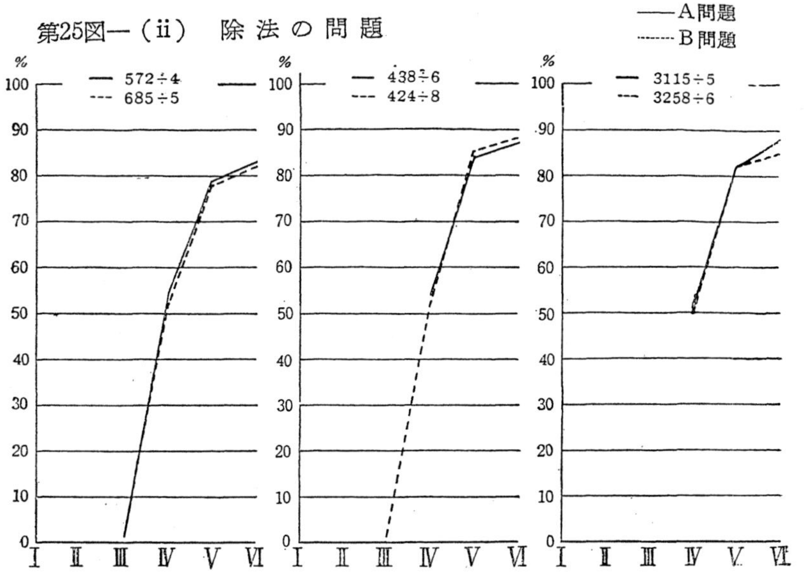

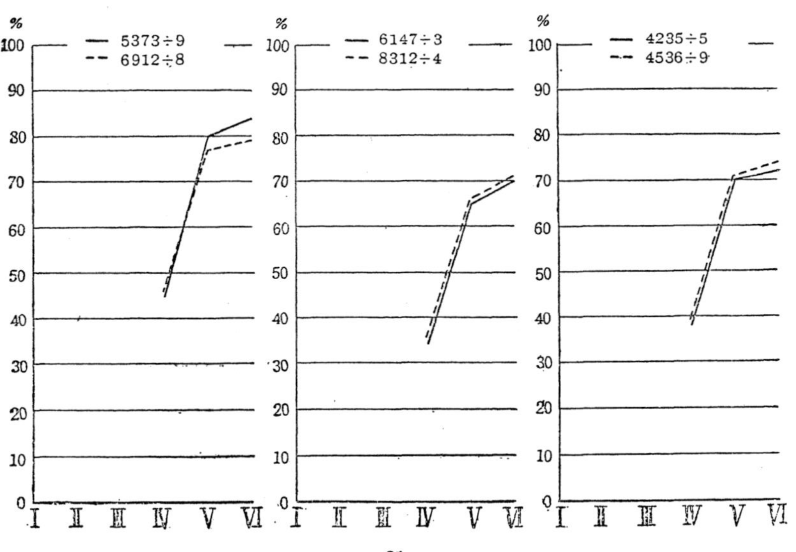

第25図—(iii)　除 法 の 問 題

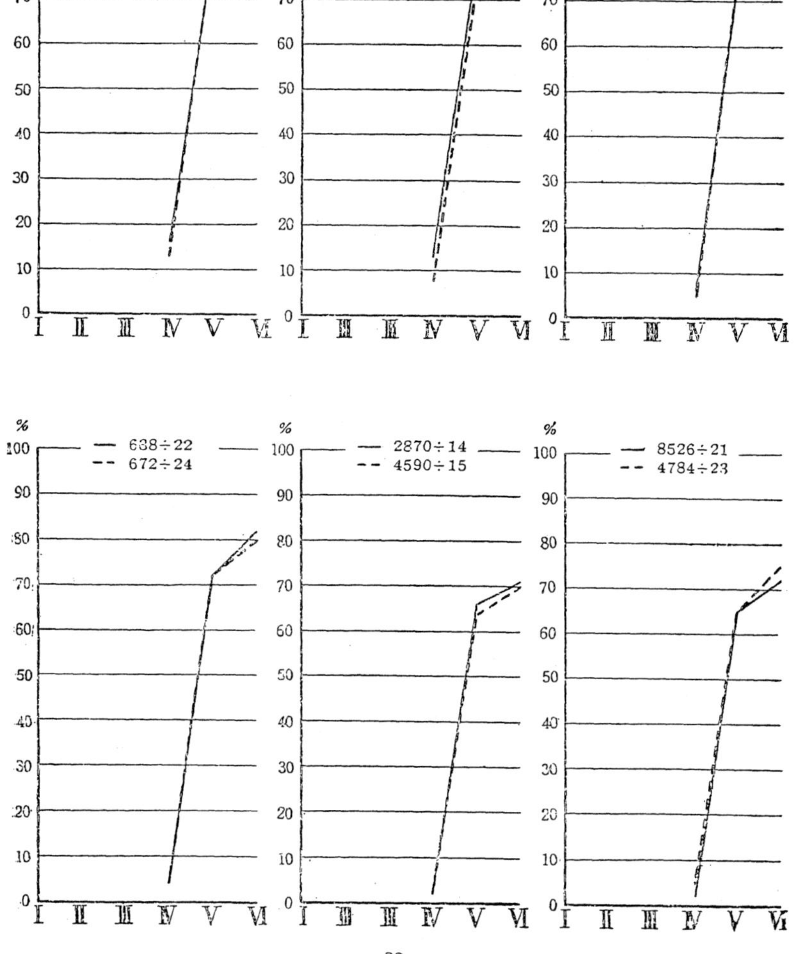

第25図 (iv)　除 法 の 問 題

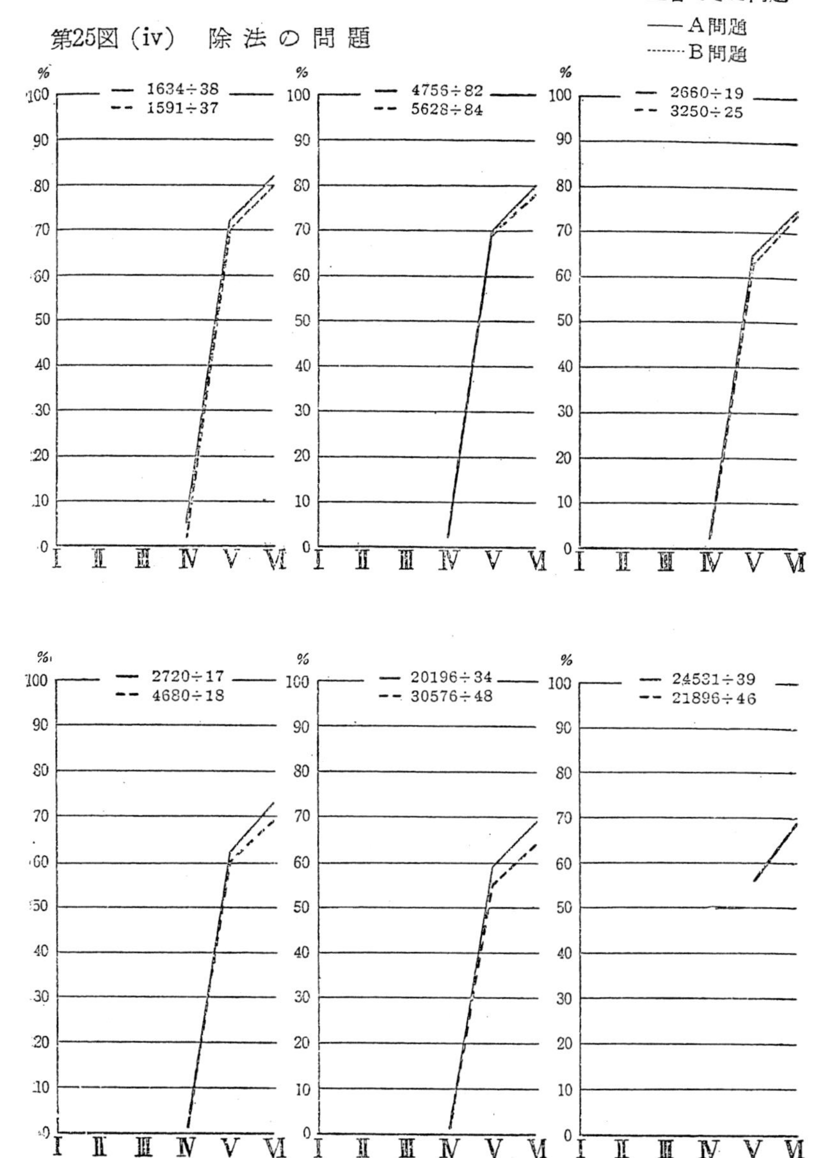

第26図—（i） 除法（小数）の問題

—— A問題
-------- B問題

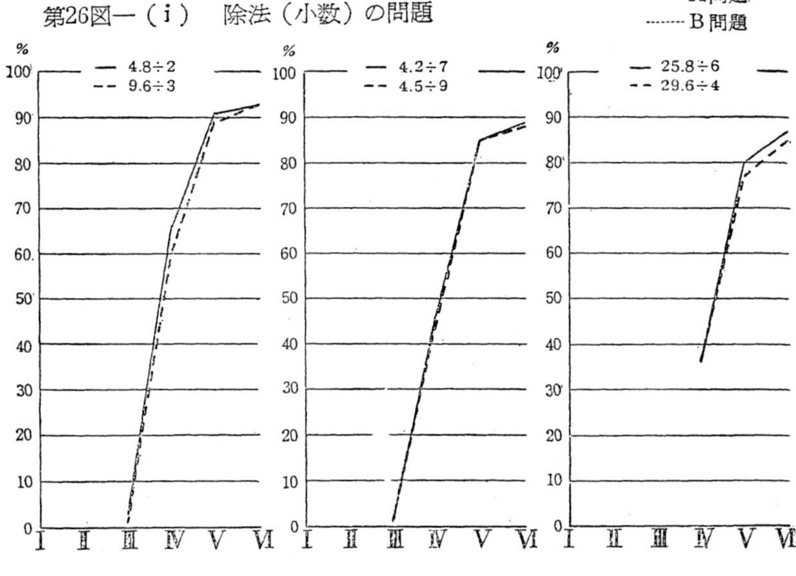

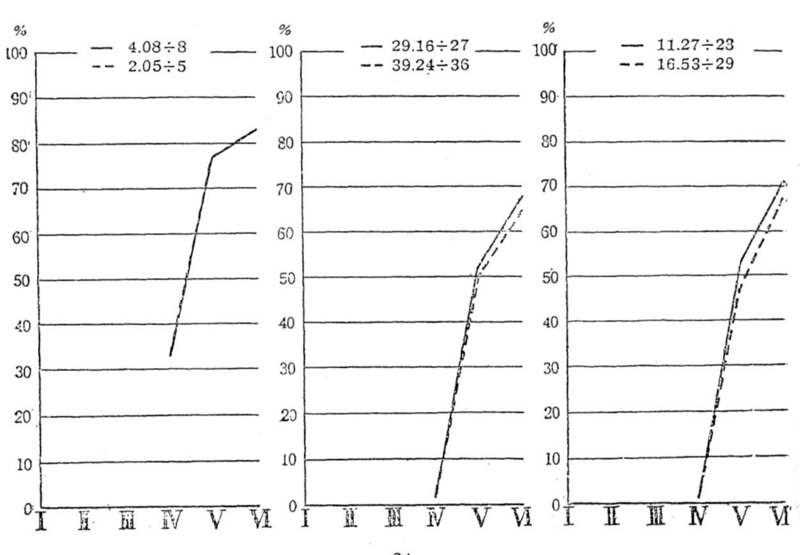

第26図—（ii） 除法（小数）の問題

—— A問題
-------- B問題

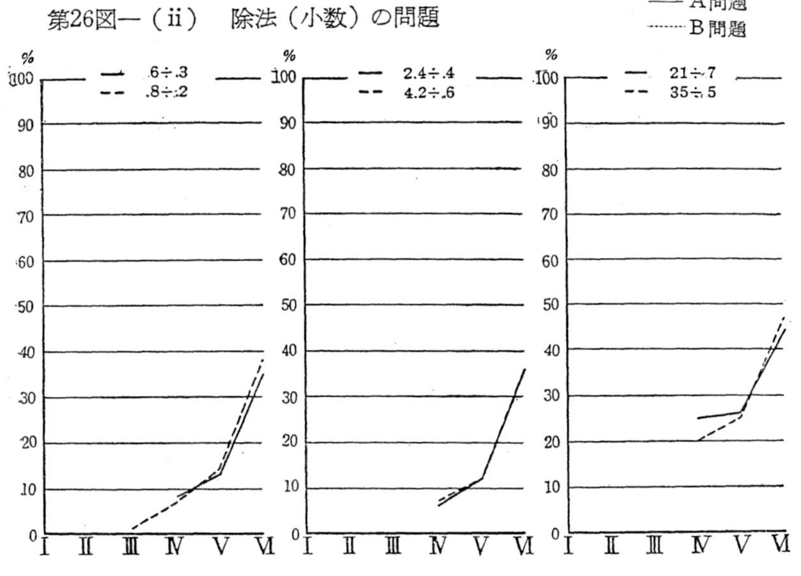

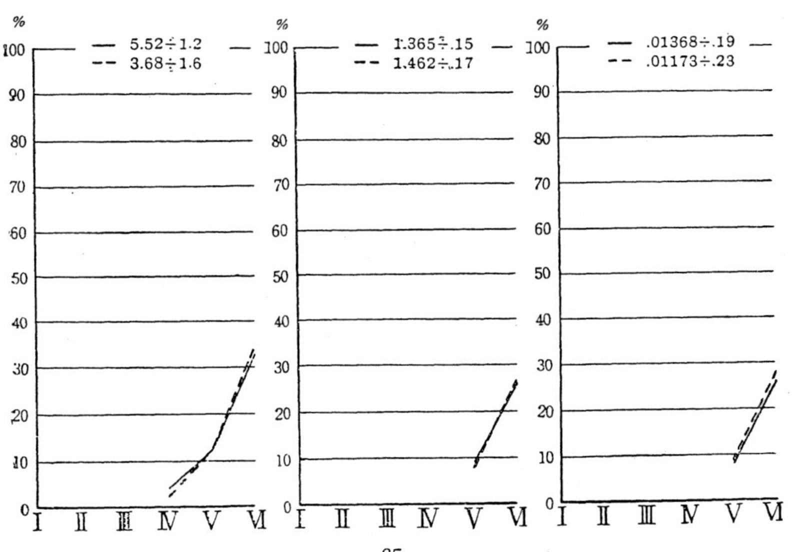

第27図—(i)　除法(分数)の問題

——A問題
········B問題

$\frac{4}{5}\div2$ / $\frac{8}{9}\div4$

$\frac{6}{11}\div8$ / $\frac{4}{7}\div6$

$\frac{5}{6}\div10$ / $\frac{7}{8}\div14$

$\frac{6}{13}\div12$ / $\frac{11}{12}\div2$

$1\frac{4}{5}\div9$ / $2\frac{1}{6}\div13$

$4\frac{9}{10}\div21$ / $3\frac{3}{7}\div18$

第27図—(ii)　除法(分数)の問題

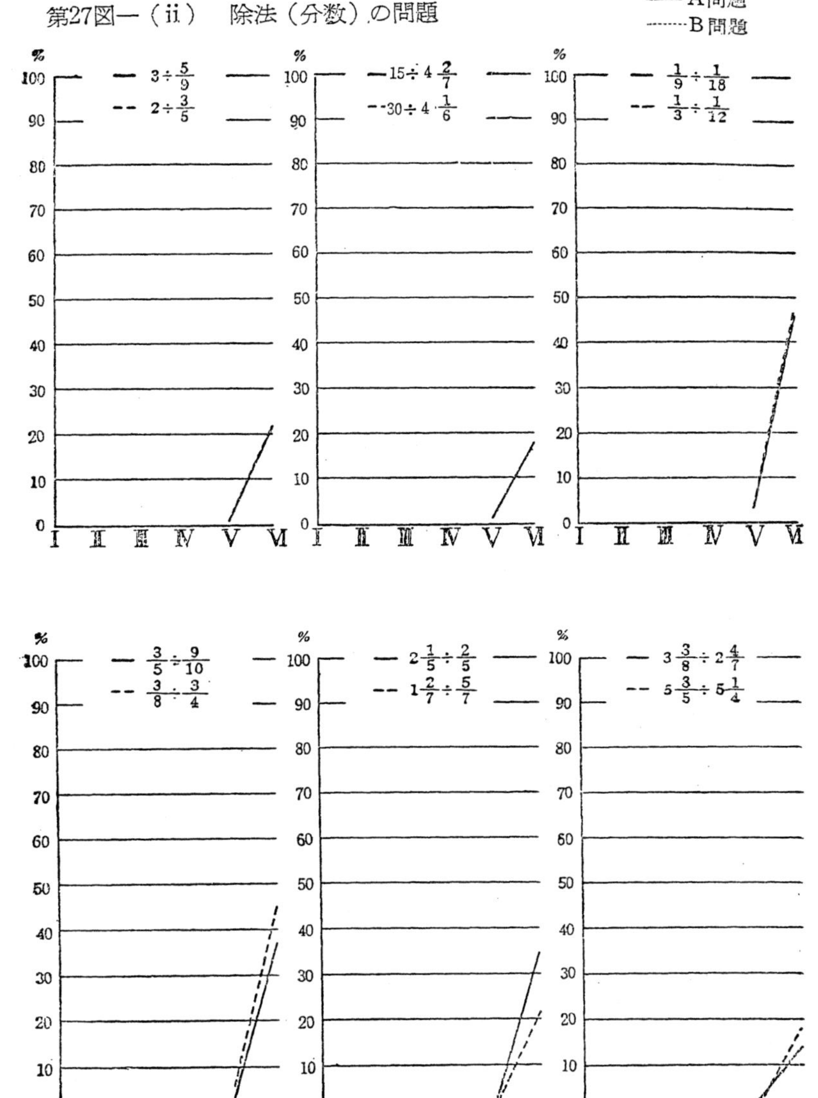

第14表　正答数別度数分布表（かっこ内は百分率）

問題数＼学年	A検査 I	A検査 II	A検査 III	A検査 IV	A検査 V	A検査 VI	B検査 I	B検査 II	B検査 III	B検査 IV	B検査 V	B検査 VI
201〜210					1 (.1)	68 (8.2)					1 (.1)	51 (6.1)
191〜200					9 (1.0)	106 (12.7)					9 (1.0)	107 (12.9)
181〜190					7 (.8)	135 (16.2)					8 (.9)	123 (14.8)
171〜180					27 (3.1)	111 (13.3)					12 (1.4)	122 (14.7)
161〜170				2 (.2)	88 (10.2)	102 (12.3)				2 (.2)	97 (11.2)	100 (12.0)
151〜160				16 (1.9)	222 (25.7)	77 (9.3)				6 (.7)	210 (24.3)	74 (8.9)
141〜150				55 (6.5)	154 (17.8)	66 (7.9)				53 (6.2)	157 (18.2)	81 (9.7)
131〜140				134 (15.7)	103 (11.9)	44 (5.3)				122 (14.3)	102 (11.8)	39 (4.7)
121〜130			1 (.1)	174 (20.4)	64 (7.4)	29 (3.5)				187 (21.9)	75 (8.7)	35 (4.2)
111〜120			2 (.2)	149 (17.5)	62 (7.2)	30 (3.6)			1 (.1)	144 (16.9)	51 (5.9)	29 (3.5)
101〜110			16 (1.8)	103 (12.1)	40 (4.6)	18 (2.2)			17 (1.9)	110 (12.9)	51 (5.9)	23 (2.8)
91〜100			69 (7.7)	79 (9.3)	27 (3.1)	11 (1.3)			70 (7.8)	80 (9.4)	24 (2.8)	10 (1.2)
81〜90			204 (22.7)	51 (6.0)	11 (1.3)	8 (1.0)			196 (21.8)	55 (6.5)	18 (2.1)	8 (1.0)
71〜80		9 (1.0)	334 (37.2)	31 (3.6)	15 (1.7)	5 (.6)		9 (1.0)	334 (37.2)	29 (3.4)	13 (1.5)	8 (1.0)
61〜70	1 (.1)	102 (11.4)	153 (17.0)	14 (1.6)	6 (.7)	7 (.8)	1 (.1)	105 (11.7)	151 (16.8)	19 (2.2)	7 (.8)	4 (.5)
51〜60	6 (.7)	302 (33.6)	64 (7.1)	12 (1.4)	11 (1.3)	4 (.5)	5 (.6)	290 (32.3)	66 (7.3)	14 (1.6)	9 (1.0)	4 (.5)
41〜50	25 (3.0)	307 (34.2)	26 (2.9)	9 (1.1)	6 (.7)	3 (.4)	20 (2.4)	313 (34.9)	33 (3.7)	6 (.7)	7 (.8)	5 (.6)
31〜40	192 (23.2)	121 (13.5)	14 (1.6)	13 (1.5)	3 (.3)	4 (.5)	169 (20.4)	120 (13.4)	15 (1.7)	9 (1.1)	5 (.6)	5 (.6)
21〜30	339 (41.0)	38 (4.2)	9 (1.0)	4 (.5)	3 (.3)	2 (.2)	348 (42.1)	33 (3.7)	8 (.9)	7 (.8)	3 (.3)	1 (.1)
11〜20	212 (25.6)	13 (1.4)	4 (.4)	6 (.7)	3 (.3)		225 (27.2)	22 (2.5)	5 (.6)	6 (.7)	1 (.1)	1 (.1)
0〜10	53 (6.4)	6 (.7)	4 (.4)		1 (.1)	2 (.2)	60 (7.2)	6 (.7)	4 (.4)	3 (.4)	3 (.3)	2 (.2)
計	828 (100)	898 (100)	900 (100)	852 (100)	863 (100)	832 (100)	828 (100)	898 (100)	900 (100)	852 (100)	863 (100)	832 (100)

(C) 正答数の度数分布

この調査では，まったく同じ問題を第１学年から第６学年までの児童に提出したので，１年生には，大部分の問題がむずかしすぎるし，６年生には，やさしい問題が多いことになる。そこで，度数分布を作るのに，同じ階級の幅を，１学年から６学年まで用いることは，つごうがわるい。たとえば，階

第28図　正答数別度数分布図

（Aの検査）

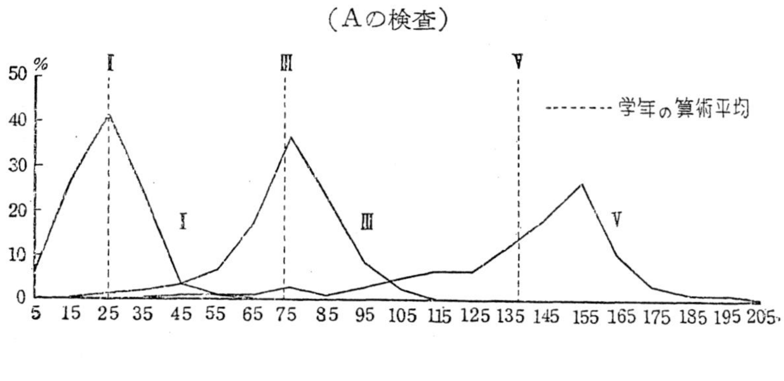

（Bの検査）

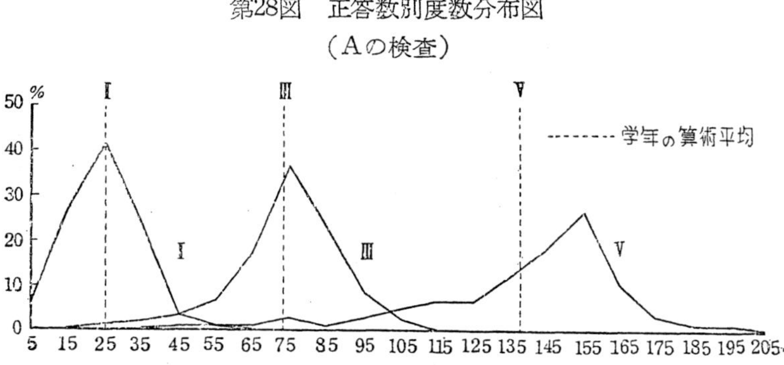

級の幅を小さくすると，低学年の成績の様子はわかりやすいが，高学年の成績の様子はとらえにくくなる。しかし，ここでは，便宜上10題ごとにくぎることにした。ただし，標準偏差などを算出する際には，第14表とは別に，学年や問題のむずかしさを考えに入れて，階級の幅を変えることにした。

第28図は，第14表の度数を百分率で示した数値を用いてかいたものである。混雑を避けるために，第１・３・５学年の度数分布を示すだけにとどめた。縦の破線は，各学年の平均値である。

第15表　三年の平均値に達しない児童

学年＼検査	Ⅳ	Ⅴ	Ⅵ
A	7.6%	3.9%	2.9%
B	8.3%	4.2	2.9

第28図から明らかにわかることは，分布曲線の頂上の高さがだんだんに低くなり，これと同時に，山のすそがだんだんにひろがっていることである。これはだんだんにとり残されるこどもが多くなることを示している。

第14表の度数分布では，よくわからないが，検査問題210問全部を正答できる児童がある。これと反対に，一問題も正答できない児童もある。また，第３学年の平均正答数は74であるが，正答数がこの74に達していない児童数は，第15表に示すようである。

すなわち，４年生の児童でも，３年生の普通の児童の成績に達しないと思われる児童数は，Aの検査問題で，7.6％である。５年生では3.9％，６年生

では2.9%もある。これは，小学校を卒業する時期になって，3年生の平均に達しないものが，1,000人のうちに29人もあったということを示す。

V 男女の差

これまでの考察は，どれも男子と女子とを合わせた成績についてであった。ここでは，男子（2,062人）と女子（2,571人）とに分けて考察してみよう。

(A) 男女の正答数の比較

問題一つごとに比べると，男子の正答率のほうが高い問題と，女子のほうが高い正答率になるものとがある。第16，17表は，男子の正答率のほうが高い問題と，女子の正答率のほうが高い問題とを，問題の数で示した結果をまとめたものである。もとより，平均値が1題や2題多い，少ないということから，男女のどちらの能力がすぐれているとか，劣っているとかいうことはできない。しかし，第16，17表では男子と女子との正答率の違いだけに着目して，問題をあげてみた。

第16，17表でわかるように，加法整数の計算で，第1・2・6学年では，男子のほうが女子よりも正答率の高い問題が多いが，第3・4・5学年では，これが逆となっている。また，乗法整数では，女子の正答率の高い問題のほうが多い。小数と分数の計算では，男子の正答率の高い問題が多い。

第29，30図（98ページ）は，整数の計算について，男子と女子の正答数を比べたものである。

よせ算とひき算では，1・2年の男子の曲線は，女子の曲線よりも上のほうにあり，3年になると，男子と女子とが入れ変る傾きがある。さらに，6年になると，男女が等しくなっている。これは，心理学的にも興味深い事が

第16表　正答率から見た男女差（A検査）（かっこ内は百分率）

正答率が ＼ 学年			Ⅰ	Ⅱ	Ⅲ	Ⅳ	Ⅴ	Ⅵ
加法	整数(34)	男子のほうが高い問題	29(85.3)	22(64.7)		9(26.5)	1(2.9)	17(50.0)
		女子のほうが高い問題	4(11.8)	4(11.8)	32(94.1)	18(52.9)	31(91.2)	5(14.7)
		男子と女子と等しい問題	1(2.9)	8(23.5)	2(5.9)	7(20.6)	2(5.9)	12(35.3)
		正答のなかった問題						
	小数(12)	男子のほうが高い問題		1(8.3)	7(58.3)	5(41.7)	7(58.3)	12(100)
		女子のほうが高い問題		3(25.0)	1(8.3)	5(41.7)	5(41.7)	
		男子と女子と等しい問題			4(33.3)	2(16.7)		
		正答のなかった問題	12(100)	8(66.6)				
	分数(6)	男子のほうが高い問題			1(16.7)	2(33.3)	3(50.0)	4(66.7)
		女子のほうが高い問題				1(16.7)	1(16.7)	1(16.7)
		男子と女子と等しい問題					2(33.3)	1(16.7)
		正答のなかった問題	6(100)	6(100)	5(83.3)	3(50.0)		
減法	整数(34)	男子のほうが高い問題	23(67.6)	19(55.9)			10(29.4)	5(14.7)
		女子のほうが高い問題	3(8.8)	4(11.8)	31(91.2)	30(88.2)	19(55.9)	13(38.2)
		男子と女子と等しい問題	1(2.9)	11(32.4)	3(8.8)	4(11.8)	5(14.7)	16(47.1)
		正答のなかった問題	7(20.6)					
	小数(12)	男子のほうが高い問題		2(16.7)	5(41.7)	2(16.7)	3(25.0)	11(91.7)
		女子のほうが高い問題			3(25.0)	8(66.6)	9(75.0)	1(8.3)
		男子と女子と等しい問題		2(16.7)	4(33.3)	2(16.7)		
		正答のなかった問題	12(100)	8(66.6)				
	分数(12)	男子のほうが高い問題			1(16.7)	4(66.7)	5(83.3)	3(50.0)
		女子のほうが高い問題				1(16.7)	1(16.7)	2(33.3)
		男子と女子と等しい問題						1(16.7)
		正答のなかった問題	6(100)	6(100)	5(83.3)	1(16.7)		

第16表（つづき）

正答率が ＼ 学年			Ⅰ	Ⅱ	Ⅲ	Ⅳ	Ⅴ	Ⅵ
乗法	整数(34)	男子のほうが高い問題	1(2.9)		2(5.9)	3(8.8)	5(14.7)	6(17.6)
		女子のほうが高い問題	1(2.9)	6(17.6)	26(76.5)	24(70.6)	26(76.5)	19(55.9)
		男子と女子と等しい問題	2(5.9)	5(14.7)	5(14.7)	7(20.6)	3(8.8)	9(26.5)
		正答のなかった問題	30(88.2)	23(67.6)	1(2.9)			
	小数(12)	男子のほうが高い問題			1(8.3)	5(41.7)	3(25.0)	10(83.4)
		女子のほうが高い問題			4(33.3)	5(41.7)	8(66.6)	2(16.7)
		男子と女子と等しい問題				2(16.7)	1(8.3)	
		正答のなかった問題	12(100)	12(100)	7(58.3)			
	分数(12)	男子のほうが高い問題				1(8.3)	8(66.6)	11(91.7)
		女子のほうが高い問題					2(16.7)	1(8.3)
		男子と女子と等しい問題				1(8.3)	2(16.7)	
		正答のなかった問題	12(100)	12(100)	12(100)	10(83.4)		
除法	整数(24)	男子のほうが高い問題			2(8.3)	8(33.3)	13(54.2)	10(41.7)
		女子のほうが高い問題			4(16.7)	11(45.8)	8(33.3)	8(33.3)
		男子と女子と等しい問題			1(4.2)	4(16.7)	3(12.5)	6(25.0)
		正答のなかった問題	24(100)	24(100)	7(70.8)	1(4.2)		
	小数(12)	男子のほうが高い問題				4(33.3)	3(25.0)	11(91.7)
		女子のほうが高い問題			1(8.3)	6(50.0)	6(50.0)	1(8.3)
		男子と女子と等しい問題			1(8.3)	1(8.3)	3(25.0)	
		正答のなかった問題	12(100)	12(100)	10(83.4)	1(8.3)		
	分数(12)	男子のほうが高い問題				1(8.3)	6(50.0)	12(100)
		女子のほうが高い問題					1(8.3)	
		男子と女子と等しい問題			1(8.3)		5(41.7)	
		正答のなかった問題	12(100)	12(100)	11(91.7)	11(91.7)		

第17表　正答率から見た男女差（B検査）（かっこ内は百分率）

		正答率が ＼ 学年	I	II	III	IV	V	VI
加法	整数(34)	男子のほうが高い問題	28(82.4)	19(55.9)		2(5.9)	1(2.9)	17(50.0)
		女子のほうが高い問題	4(11.8)	9(26.5)	33(97.1)	24(70.6)	29(85.3)	4(11.8)
		男子と女子と等しい問題	2(5.9)	6(17.6)	1(2.9)	8(23.5)	4(11.8)	13(38.2)
		正答のなかった問題						
	小数(12)	男子のほうが高い問題			7(58.3)	4(33.3)	5(41.7)	12(100)
		女子のほうが高い問題		3(25.0)	2(16.7)	8(66.6)	5(41.7)	
		男子と女子と等しい問題		2(16.7)	3(25.0)		2(16.7)	
		正答のなかった問題	12(100)	7(58.3)				
	分数(6)	男子のほうが高い問題	1(16.7)				5(83.3)	4(66.7)
		女子のほうが高い問題				1(16.7)		1(16.7)
		男子と女子と等しい問題				1(16.7)	1(16.7)	1(16.7)
		正答のなかった問題	5(83.3)	6(100)	6(100)	4(66.7)		
減法	整数(34)	男子のほうが高い問題	30(88.2)	20(58.8)	2(5.9)	1(2.9)	8(23.5)	7(20.6)
		女子のほうが高い問題	1(2.9)	9(26.5)	28(82.4)	32(94.1)	19(55.9)	10(29.4)
		男子と女子と等しい問題	1(2.9)	5(14.7)	4(11.8)	1(2.9)	7(20.6)	17(50.0)
		正答のなかった問題	2(5.9)					
	小数(12)	男子のほうが高い問題		6(50.0)	4(33.3)	1(8.3)	3(25.0)	11(91.7)
		女子のほうが高い問題			2(16.7)	9(75.0)	7(58.3)	1(8.3)
		男子と女子と等しい問題			6(50.0)	2(16.7)	2(16.7)	
		正答のなかった問題	12(100)	6(50.0)				
	分数(6)	男子のほうが高い問題				4(66.7)	6(100)	3(50.0)
		女子のほうが高い問題				1(16.7)		2(33.3)
		男子と女子と等しい問題				1(16.7)		1(16.7)
		正答のなかった問題	6(100)	6(100)	6(100)			

第17表（つづき）

		正答率 ＼ 学年	I	II	III	IV	V	VI
乗法	整数(34)	男子のほうが高い問題	3(8.8)	6(17.6)	3(8.8)	7(20.6)	1(2.9)	7(20.6)
		女子のほうが高い問題		3(8.8)	27(79.4)	23(67.6)	30(88.2)	18(52.9)
		男子と女子と等しい問題		7(20.6)	4(11.8)	4(11.8)	3(8.8)	9(26.5)
		正答のなかった問題	31(91.2)	18(52.9)				
	小数(12)	男子のほうが高い問題		1(8.3)	1(8.3)	4(33.3)	2(16.7)	10(83.4)
		女子のほうが高い問題			4(33.3)	6(50.0)	10(83.4)	2(16.7)
		男子と女子と等しい問題			2(16.7)	2(16.7)		
		正答のなかった問題	12(100)	11(91.7)	5(41.7)			
	分数(12)	男子のほうが高い問題				2(16.7)	8(66.6)	11(91.7)
		女子のほうが高い問題		1(8.3)		2(16.7)	1(8.3)	1(8.3)
		男子と女子と等しい問題			1(8.3)	8(66.6)	3(25.0)	
		正答のなかった問題	12(100)	11(91.7)	11(91.7)			
除法	整数(24)	男子のほうが高い問題		2(8.3)	4(16.7)	7(29.2)	9(37.5)	10(41.7)
		女子のほうが高い問題			6(25.0)	9(37.5)	8(33.3)	8(33.3)
		男子と女子と等しい問題			2(8.3)	7(29.2)	7(29.2)	6(25.0)
		正答のなかった問題	24(100)	22(91.7)	12(50.0)	1(4.2)		
	小数(12)	男子のほうが高い問題			3(25.0)	3(25.0)	3(25.0)	11(91.7)
		女子のほうが高い問題				5(41.7)	4(33.3)	1(8.3)
		男子と女子と等しい問題			4(33.3)	4(33.3)	5(41.7)	
		正答のなかった問題	12(100)	12(100)	5(41.7)			
	分数(12)	男子のほうが高い問題				4(33.3)	3(25.0)	12(100)
		女子のほうが高い問題			1(8.3)		2(16.7)	
		男子と女子と等しい問題				3(25.0)	7(58.3)	
		正答のなかった問題	12(100)	12(100)	11(91.7)	5(41.7)		

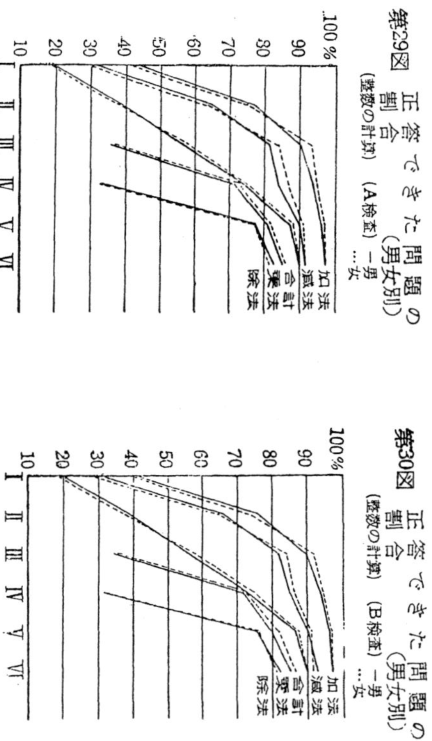

第29図　正答できた問題の割合（男女別）（整数の計算）（A検査）—男 …女

第30図　正答できた問題の割合（男女別）（整数の計算）（B検査）—男 …女

るであるが，，もっと厳密な実験的研究をしなければ断定できない。しかし，男子と女子との差があるというほどではない。ということがわかる。

第18，19表は平均正答数を，算法と学年，男女別に計算して示したものである。かっこ内の数は項目ごとの割合を百分率で示したものである。これによって，男女の成績について，さきに述べたのと同じことが全般としても言える。

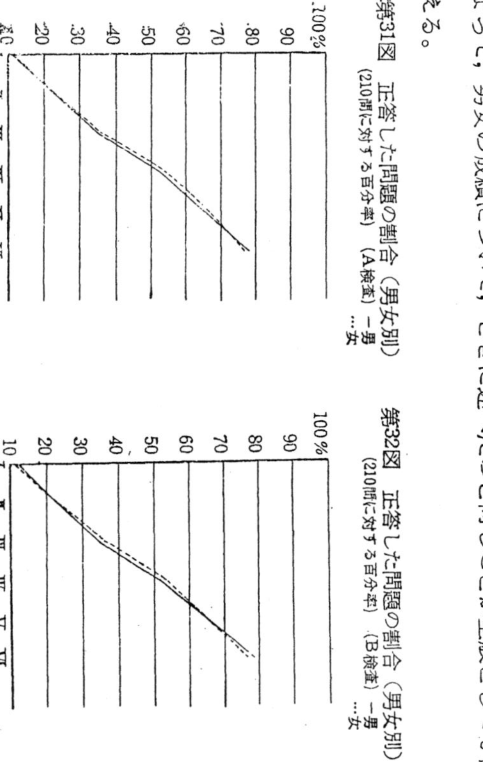

第31図　正答した問題の割合（男女別）（210問に対する百分率）（A検査）—男 …女

第32図　正答した問題の割合（男女別）（210問に対する百分率）（B検査）—男 …女

第18表　整数計算における男女差（A検査）（算術平均の百分率）

計算＼学年	I 男	I 女	II 男	II 女	III 男	III 女	IV 男	IV 女	V 男	V 女	VI 男	VI 女
加法（整数）	14.8 (43.5)	14.1 (41.5)	26.1 (76.8)	25.5 (75.0)	30.6 (90.0)	31.5 (92.6)	32.1 (94.4)	32.3 (95.0)	32.6 (95.9)	33.1 (97.4)	33.0 (97.1)	32.9 (96.8)
減法（整数）	10.9 (32.1)	10.1 (29.7)	22.2 (65.3)	21.9 (64.4)	27.6 (81.2)	28.6 (84.1)	28.6 (84.1)	29.4 (86.5)	30.6 (90.0)	30.8 (90.6)	31.4 (92.4)	31.4 (92.4)
乗法（整数）					12.1 (35.6)	12.4 (36.5)	24.1 (70.9)	24.7 (72.6)	27.5 (80.9)	28.0 (82.4)	28.9 (85.0)	29.3 (86.2)
除法（整数）							7.8 (32.5)	7.8 (32.5)	18.4 (76.7)	18.4 (76.7)	19.8 (82.5)	19.7 (82.1)
加減乗除（整数）の合計	25.7 (20.4)	24.2 (19.2)	48.7 (38.6)	48.0 (38.1)	71.2 (56.5)	73.5 (58.3)	92.6 (73.5)	94.2 (74.8)	109.1 (86.6)	110.2 (87.5)	113.1 (89.8)	113.4 (90.0)
整数小数分数の総計（210）	25.7 (12.2)	24.3 (11.6)	48.8 (23.2)	48.1 (22.9)	73.1 (34.8)	75.4 (35.9)	111.4 (53.0)	113.3 (54.0)	137.3 (65.4)	138.5 (66.0)	164.4 (78.3)	161.6 (77.0)

第19表　整数計算における男女差（B検査）（算術平均の百分率）

計算＼学年	I 男	I 女	II 男	II 女	III 男	III 女	IV 男	IV 女	V 男	V 女	VI 男	VI 女
加法（整数）	14.1 (41.5)	13.5 (39.7)	25.9 (76.2)	25.3 (74.4)	30.5 (89.7)	31.4 (92.3)	32.0 (94.1)	32.3 (95.0)	32.5 (95.6)	33.0 (97.0)	33.0 (97.0)	32.9 (96.7)
減法（整数）	10.8 (31.8)	10.0 (29.4)	22.3 (65.6)	22.0 (64.7)	27.8 (81.8)	28.7 (84.4)	28.6 (84.1)	29.4 (86.4)	30.5 (89.7)	30.8 (90.6)	31.5 (92.6)	31.4 (92.3)
乗法（整数）					11.8 (34.7)	12.2 (35.9)	24.1 (70.8)	24.6 (72.3)	27.3 (80.3)	28.0 (82.3)	28.9 (85.0)	29.1 (85.6)
除法（整数）							7.7 (32.1)	7.7 (32.1)	18.1 (75.4)	18.2 (75.8)	19.6 (81.7)	19.4 (80.8)
加減乗除(整数)の合計	24.8 (19.7)	23.5 (18.7)	48.5 (38.5)	47.7 (37.9)	70.8 (56.2)	73.1 (58.0)	92.3 (73.2)	94.0 (74.6)	108.5 (86.1)	110.1 (87.4)	113.0 (89.7)	112.8 (89.6)
整数 小数 分数 の 総計 (210)	24.8 (11.8)	23.5 (11.2)	48.6 (23.1)	47.8 (22.8)	72.6 (34.6)	74.8 (35.6)	110.1 (52.4)	112.3 (53.4)	135.9 (64.7)	137.5 (65.4)	163.0 (77.6)	159.7 (76.0)

第20表　正答した問題数の算術平均と標準偏差（男女別）

計算	学年	I 男	I 女	I 計	II 男	II 女	II 計	III 男	III 女	III 計	IV 男	IV 女	IV 計	V 男	V 女	V 計	VI 男	VI 女	VI 計
		A					の				検				査				
加法	算術平均	15	14	15	26	26	26	31	32	32	38	39	39	41	41	41	45	45	45
	標準偏差	5.2	4.7	5.0	5.3	5.7	5.5	5.7	4.8	5.2	6.6	6.1	6.4	6.9	5.5	6.2	6.5	6.8	6.6
減法	算術平均	11	10	11	22	22	22	29	30	29	36	37	37	40	40	40	45	44	45
	標準偏差	5.4	4.8	5.1	6.4	6.2	6.3	7.6	6.7	7.1	9.7	8.9	9.3	8.8	8.2	8.5	8.1	8.1	8.1
乗法	算術平均							12	13	13	27	28	27	33	34	34	42	42	42
	標準偏差							4.0	4.3	4.2	8.2	7.5	7.9	8.9	8.3	8.6	10.8	10.3	10.5
除法	算術平均										10	10	10	24	24	24	32	31	32
	標準偏差										6.2	6.2	6.2	9.1	9.6	9.3	11.5	11.2	11.4
総計	算術平均	26	24	25	49	48	49	73	75	74	111	113	112	137	139	138	164	162	163
	標準偏差	11.6	9.2	10.4	12.0	12.8	12.4	16.8	15.3	16.1	27.2	25.9	26.5	28.5	28.6	28.6	34.8	34.2	34.5

第20表（つづき）

計算 ＼ 学年		B I 男	B I 女	B I 計	B II 男	B II 女	B II 計	B III 男	B III 女	B III 計	B IV 男	B IV 女	B IV 計	B V 男	B V 女	B V 計	B VI 男	B VI 女	B VI 計
加法	算術平均	14	14	14	26	25	26	31	32	32	38	38	38	40	40	40	45	45	45
	標準偏差	5.4	4.9	5.2	5.5	5.9	5.7	5.7	4.8	5.3	7.0	6.5	6.8	7.0	5.7	6.4	6.6	6.9	6.8
減法	算術平均	11	10	10	22	22	22	29	30	29	36	37	36	39	40	40	44	44	44
	標準偏差	6.2	4.6	4.9	6.3	6.5	6.4	7.5	6.7	7.1	10.0	9.1	9.6	9.0	8.4	8.7	8.5	8.3	8.4
乗法	算術平均							12	12	12	27	27	27	33	34	33	42	41	42
	標準偏差							4.4	4.4	4.4	8.4	7.8	8.1	8.9	8.5	8.7	10.6	10.2	10.4
除法	算術平均										10	10	10	24	24	24	32	30	31
	標準偏差										6.2	6.2	6.2	9.3	9.8	9.6	11.6	11.2	11.4
総計	算術平均	25	24	24	49	48	48	73	75	74	110	114	111	136	138	137	163	160	161
	標準偏差	10.8	9.8	10.3	12,7	12.7	12.7	17.2	15.3	16.3	28.1	25.9	27.0	31.1	28.8	30.0	35.4	34.8	35.1

(B) 偏 差 係 数

ここでは，平均値を中心としての成績のちらばりの様子を考察してみることにする。

前に示した第20表は，平均正答数と標準偏差とを男女別に示したものである。また，第21表は偏差係数を示したもので，これは下の式によって計算したものである。

$$偏差係数 = \frac{標準偏差}{算術平均} \times 100$$

第21表 偏 差 係 数

学年 / 問題		A I	A II	A III	A IV	A V	A VI	B I	B II	B III	B IV	B V	B VI
加法 (52問)	男	34	20	18	17	17	14	39	21	18	18	17	15
	女	34	22	15	16	13	15	35	24	15	17	14	15
	男女	34	21	16	16	15	15	37	22	17	18	16	15
減法 (52問)	男	49	29	26	27	22	18	47	29	26	28	23	19
	女	48	28	22	24	21	18	46	30	22	25	21	19
	男女	49	29	24	25	21	18	47	29	24	27	22	19
乗法 (58問)	男			33	30	27	26			37	31	27	25
	女			33	27	24	24			37	29	25	25
	男女			33	29	25	25			37	30	26	25
除法 (48問)	男				62	38	38				62	39	36
	女				62	40	36				62	41	37
	男女				62	39	36				62	40	37
総計 (210問)	男	45	25	23	25	21	21	43	26	24	26	23	22
	女	38	27	20	23	21	21	41	26	20	23	21	22
	男女	42	26	22	24	21	21	42	26	22	24	22	22

いうまでもなく，偏差係数が大きいことは，平均値を中心として広くちらばっていることを示しているし，反対に偏差係数が小さいことは，そんなにちらばっていないことを示している。また，男子のほうが女子よりも偏差係数が大きくなっている学年もあるが，女子のほうのちらばりが大きい学年もある。

これで，調査した児童全体から見ると，正答数や正答率からいっても，成績のちらばりぐあいから見ても，男子と女子に差異があるかどうかについては明らかでない。

しかし，全般的に偏差係数は学年が進むほど小さくなっていくようである。

VI　正答できない問題

これまで，正答された問題について，いろいろな角度から考察してきた。ここでは，正答できなかった問題について細かく分析してみることにする。

正答できなかった答の中には，誤答（問題に手をつけていたが正しい答が出ていないもの），不明（問題に手をつけて答を出しているが，正答なのか誤答なのか明らかでないもの），無答（問題にまったく手を触れていないもの）がある。　さて，誤答といっても，たとえば，15＋6＝1＋5＋6＝12と，15＋6＝5＋6＝11，15＋6＝31のように，どれもみんな同じ誤をしているわけではない。これを分析し，その原因をつきとめていくと，誤答児童を救う手がかりを得ることができる。

（A）　誤答と無答の百分率

一つ一つの問題について，学年別に誤答・無答の百分率を示したものが第22～29表である。この表では，不明の個数はごく少ないので，これを誤答の中に含めた。また，表中の数字は，すべて4捨5入した結果である。したがって，無答が0としてあっても，この問題に手を触れなかった児童が1人もいないとはかぎらないで，調査した総人数の0.5％に満たなかったことを示している。

さらに，問題を，ほぼ同じ内容のものについてまとめて，誤答率や無答率を示したのが第30表である。

第22表　加法の誤答率無答率（A検査）

問題＼学年	I 誤	I 無	II 誤	II 無	III 誤	III 無	IV 誤	IV 無	V 誤	V 無	VI 誤	VI 無
2と2は	4	0	1	0	1	0	0	0	0	0	0	0
1と3は	5	0	2	0	0	0	0	0	0	0	1	0
3と3は	6	0	1	0	1	0	1	0	0	0	1	0
3と5は	6	1	2	0	1	0	1	0	0	0	0	0
5と5は	5	1	1	0	1	0	0	0	0	0	1	0
4と3は	7	0	2	0	1	0	1	0	1	0	0	0
2と4は	9	0	2	0	2	0	1	0	1	0	1	0
2と5は	6	1	2	0	1	0	1	0	1	0	1	0
6と3は	9	1	3	0	2	0	1	0	0	0	1	0
2と8は	8	1	2	0	2	0	1	0	1	0	0	0
4＋7	10	12	4	0	3	0	2	0	1	0	1	0
9＋9	23	13	6	0	3	0	2	0	1	0	1	0
10＋6	14	17	4	0	5	0	4	0	2	0	1	0
11＋7	26	18	7	0	4	0	4	0	1	0	1	0
15＋6	25	24	8	0	9	1	6	0	3	0	3	0
17＋8	29	27	13	1	12	0	8	0	5	0	4	0
44＋6	33	33	14	1	11	1	8	0	4	0	3	0
68＋5	33	37	13	1	9	1	8	0	4	0	3	0
22＋13	31	45	10	1	5	0	4	0	3	0	2	0
54＋24	36	49	10	1	5	0	3	0	2	0	2	0
18＋33	31	56	21	1	10	0	7	0	4	0	3	0
37＋59	29	60	23	2	11	0	8	0	4	1	3	0
64＋53	19	74	37	7	13	1	7	0	3	0	4	1
39＋67	19	79	32	9	18	1	9	0	5	1	4	1
231＋136	9	86	15	12	6	1	6	0	2	0	2	1
530＋108	8	89	19	12	7	1	4	0	3	0	2	1
112＋309	8	90	46	14	14	1	8	0	6	1	5	1
619＋378	7	92	46	17	16	1	8	1	5	1	6	1

第22表（つづき）

問題＼学年	I 誤	I 無	II 誤	II 無	III 誤	III 無	IV 誤	IV 無	V 誤	V 無	VI 誤	VI 無
161＋441	5	94	46	19	18	2	10	0	6	1	7	1
552＋393	5	94	39	21	15	2	9	0	5	1	5	1
396＋409	4	95	51	26	21	1	10	0	6	1	5	1
657＋284	4	95	51	27	24	1	14	0	8	1	7	1
313＋142＋224	2	96	13	33	7	2	8	1	7	1	4	1
292＋540＋142	3	96	35	34	19	2	12	1	8	1	7	1
4＋.2	7	93	7	88	17	72	30	0	34	0	21	0
15＋.7	6	94	7	90	17	73	42	1	38	0	26	0
3＋.01	6	94	10	88	21	73	46	0	40	0	31	0
.25＋12	5	95	9	91	23	74	59	1	52	1	40	0
.1＋.5	6	94	10	89	17	73	22	0	12	0	11	0
.8＋.3	6	94	9	91	22	73	55	1	44	0	33	0
.21＋.7	6	94	10	90	24	73	73	1	61	0	50	0
.5＋.94	5	95	8	92	24	74	71	2	55	1	46	0
.24＋.35	4	96	9	91	17	74	33	1	17	0	15	0
.59＋.82	2	98	7	93	22	75	52	3	40	1	33	1
.4＋31.6	2	97	8	92	22	76	50	2	41	1	33	1
8.1＋2.04	2	98	6	94	23	76	54	4	38	2	26	1
$\frac{1}{5}+\frac{1}{5}$	2	98	4	96	11	88	24	52	31	28	10	0
$2\frac{7}{9}+\frac{5}{9}$	1	99	4	97	8	92	21	79	48	49	38	1
$\frac{1}{2}+\frac{1}{4}$	1	99	4	97	10	90	33	64	50	43	32	1
$1\frac{2}{3}+\frac{3}{5}$	1	99	3	97	7	93	20	80	40	57	39	2
$1\frac{5}{11}+2\frac{13}{22}$	1	99	2	98	6	94	17	83	35	63	46	6
$\frac{1}{6}+\frac{2}{3}+\frac{7}{9}$	0	100	2	98	5	95	20	80	37	61	46	7

第23表　加法の誤答率無答率（B検査）

問題＼学年	Ⅰ 誤	Ⅰ 無	Ⅱ 誤	Ⅱ 無	Ⅲ 誤	Ⅲ 無	Ⅳ 誤	Ⅳ 無	Ⅴ 誤	Ⅴ 無	Ⅵ 誤	Ⅵ 無
3と2は	5	0	1	0	1	0	1	0	1	0	0	0
5と1は	4	0	1	0	1	0	0	0	0	0	1	0
4と4は	5	0	2	0	1	0	1	0	0	0	1	0
7と2は	7	1	2	0	2	0	1	0	1	0	0	0
6と4は	9	1	3	0	2	0	1	0	1	0	1	0
6と2は	8	0	2	0	1	0	1	0	1	0	1	0
4と5は	7	0	2	0	2	0	1	0	1	0	0	0
3と7は	10	0	2	0	2	0	1	0	1	0	0	0
1と7は	7	1	1	0	1	0	1	0	1	0	0	0
1と9は	11	1	2	0	2	0	1	0	0	0	1	0
6＋8	25	15	5	0	4	0	3	0	1	0	2	0
8＋8	21	16	5	0	5	0	4	0	1	0	1	0
14＋3	24	19	6	0	4	0	4	0	1	0	1	0
15＋4	20	21	4	0	4	0	4	0	2	0	1	0
16＋7	27	31	12	1	12	1	8	0	5	0	3	0
14＋8	24	32	11	1	10	0	8	0	4	0	3	0
37＋7	28	40	13	1	10	1	9	0	4	0	3	0
66＋9	30	42	15	2	11	0	8	0	4	0	3	0
23＋26	32	53	12	1	5	0	4	0	2	0	1	1
45＋23	32	54	11	1	5	0	4	0	2	0	1	1
17＋45	26	62	22	2	10	1	7	0	5	0	3	1
25＋69	27	63	23	2	12	1	6	0	5	0	3	1
75＋82	13	82	34	9	15	1	8	0	4	0	3	1
84＋98	14	84	43	10	20	1	12	0	6	0	5	1
320＋240	7	90	19	12	7	1	5	0	2	0	2	1
374＋521	7	90	15	12	5	1	4	0	3	0	3	1
236＋206	6	93	44	17	15	1	8	1	5	1	4	1
547＋446	6	93	43	19	16	1	7	0	6	1	6	1

第23表（つづき）

問題＼学年	Ⅰ 誤	Ⅰ 無	Ⅱ 誤	Ⅱ 無	Ⅲ 誤	Ⅲ 無	Ⅳ 誤	Ⅳ 無	Ⅴ 誤	Ⅴ 無	Ⅵ 誤	Ⅵ 無
483＋281	5	94	40	23	15	2	9	0	5	1	5	1
631＋288	5	94	35	23	14	2	9	0	6	1	7	1
625＋175	4	96	50	28	25	2	13	0	9	1	6	1
796＋118	3	96	47	30	21	2	11	0	9	1	8	1
427＋101＋215	2	96	14	34	9	3	9	0	7	1	4	1
235＋451＋173	3	97	34	34	17	2	11	0	8	1	6	1
3＋.4	5	95	6	92	16	74	35	1	36	0	23	0
16＋.8	4	96	6	93	17	74	39	1	37	1	25	1
4＋.03	4	96	6	93	21	74	48	2	41	1	32	0
.14＋11	3	97	6	94	21	75	56	2	48	2	38	1
.2＋.6	5	95	6	93	15	74	21	2	12	1	10	0
.9＋.4	4	96	6	94	21	75	53	2	43	2	29	1
.73＋.2	4	96	6	94	24	75	70	2	57	1	44	1
.8＋.76	2	98	5	95	22	77	66	3	50	2	42	1
.32＋.14	2	98	5	95	16	76	32	3	18	2	15	1
.78＋6.7	0	100	4	96	20	77	52	4	39	3	31	1
.7＋24.5	1	99	5	95	20	77	47	5	34	3	27	1
4.2＋7.09	0	100	4	96	19	78	50	6	34	4	26	2
$\frac{3}{8}+\frac{7}{8}$	1	99	3	97	6	94	27	73	36	60	35	1
$2\frac{1}{4}+1\frac{3}{4}$	0	99	3	97	5	95	21	79	30	65	28	1
$\frac{1}{2}+\frac{1}{3}$	1	99	3	97	7	93	25	74	30	62	29	1
$1\frac{1}{2}+\frac{5}{8}$	1	99	3	97	5	95	19	81	29	69	40	2
$1\frac{7}{15}+2\frac{11}{20}$	0	100	2	98	3	97	15	85	24	74	53	9
$\frac{5}{8}+\frac{3}{4}+\frac{1}{16}$	0	100	2	98	3	97	18	82	27	71	42	9

第24表　減法の誤答率無答率（A検査）

問題＼学年	I 誤	I 無	II 誤	II 無	III 誤	III 無	IV 誤	IV 無	V 誤	V 無	VI 誤	VI 無
4は2と	13	0	4	0	3	0	4	0	2	0	2	0
7は5と	18	1	6	0	5	0	8	0	4	0	3	0
6は4と	22	0	6	0	6	0	8	0	4	0	4	0
8は4と	18	1	6	0	5	0	6	0	3	0	3	0
6は3と	19	1	7	0	5	0	6	0	4	0	3	0
7は1と	20	1	6	0	6	0	8	0	5	0	3	0
8は3と	23	1	8	0	6	0	9	0	5	0	3	0
9は3と	28	2	9	1	7	0	9	0	5	0	3	0
9は2と	24	2	8	1	7	0	8	0	5	0	3	0
8は2と	24	2	8	1	7	0	8	0	5	0	4	0
7－6	18	23	3	0	2	0	3	0	1	0	1	0
8－2	16	25	5	0	3	0	4	0	3	0	2	0
13－5	31	34	10	0	9	1	8	0	5	0	3	0
15－8	33	38	11	1	8	0	9	0	5	0	4	0
54－2	23	54	14	2	7	1	8	0	5	0	3	0
99－5	23	58	17	2	7	1	8	0	5	0	2	0
44－6	21	71	23	3	16	1	15	1	9	0	7	0
57－8	16	73	23	3	15	1	13	1	8	0	6	0
65－32	16	76	15	3	5	1	4	0	3	0	3	0
96－46	14	79	19	3	10	1	8	0	6	0	4	0
55－27	14	83	36	4	19	1	17	1	14	0	9	1
74－59	11	87	31	5	16	2	13	1	9	1	6	1
137－60	7	91	39	17	23	1	22	1	12	1	8	0
179－94	6	93	40	19	22	1	15	1	10	1	8	0
579－161	4	95	16	20	10	2	9	1	7	1	5	0
693－263	4	95	21	21	16	2	11	1	9	1	6	0
214－105	3	97	49	26	26	2	17	1	12	1	9	1
982－235	3	97	47	28	28	2	20	2	15	1	10	1

第24表（つづき）

問題＼学年	I 誤	I 無	II 誤	II 無	III 誤	III 無	IV 誤	IV 無	V 誤	V 無	VI 誤	VI 無
319－227	1	99	49	31	31	2	25	2	18	1	13	1
648－395	1	99	42	33	26	2	16	2	11	1	10	1
420－134	1	99	55	37	48	3	36	2	21	1	20	1
504－306	1	99	51	39	50	3	48	2	34	1	28	1
753－125－467	1	99	41	55	47	4	32	5	22	3	17	2
942－356－297	2	98	36	62	53	5	39	5	28	3	23	2
.5－.3	1	99	5	94	13	69	10	0	6	0	4	0
.68－.42	0	100	5	95	14	73	21	1	17	0	11	0
.32－.14	0	100	6	94	16	71	28	1	21	0	15	0
.75－.28	0	100	5	95	15	73	26	2	20	0	15	0
1.6－.4	0	100	6	94	17	71	19	1	14	0	9	0
3.4－.6	0	100	5	95	17	74	28	1	19	1	13	0
3.67－.48	0	100	5	95	16	74	29	2	20	1	17	0
5.32－.47	0	100	5	95	18	75	37	3	12	2	23	0
3－.2	0	100	6	94	25	73	56	1	45	5	34	0
18－.19	0	100	5	95	23	75	72	4	57	2	49	1
21.5－2.08	0	100	5	95	24	74	66	4	51	2	44	1
13.1－4.001	0	100	5	95	23	77	74	7	65	5	59	2
$\frac{4}{5}-\frac{2}{5}$	0	100	4	96	3	96	16	55	19	34	8	0
$1-\frac{3}{4}$	0	100	4	96	3	97	20	71	31	55	25	2
$1\frac{1}{3}-\frac{2}{3}$	0	100	4	96	3	97	17	77	35	57	28	2
$\frac{1}{2}-\frac{1}{4}$	0	100	3	97	3	97	24	73	34	57	25	2
$2\frac{1}{5}-\frac{1}{10}$	0	100	3	97	3	97	16	83	27	68	35	4
$\frac{6}{7}-\frac{9}{14}-\frac{1}{21}$	0	100	3	97	2	98	14	86	19	78	51	10

第25表　減法の誤答率無答率（B検査）

問題＼学年	Ⅰ 誤	Ⅰ 無	Ⅱ 誤	Ⅱ 無	Ⅲ 誤	Ⅲ 無	Ⅳ 誤	Ⅳ 無	Ⅴ 誤	Ⅴ 無	Ⅵ 誤	Ⅵ 無
5は4と	17	0	6	0	4	0	7	0	4	0	3	0
5は2と	18	1	6	0	6	0	8	0	4	0	3	0
10は8と	16	0	6	0	5	0	8	0	4	0	3	0
10は3と	22	1	7	0	5	0	8	0	5	0	4	0
10は6と	20	1	7	1	5	0	9	0	4	0	3	0
9は5と	21	1	6	0	5	0	8	0	4	0	3	0
7は4と	22	2	8	1	6	0	8	0	5	0	3	0
8は1と	20	1	6	1	5	0	7	0	5	0	3	0
6は1と	21	2	8	1	6	0	8	0	5	0	3	0
9は1と	22	2	8	1	5	0	8	0	5	0	4	0
6－4	17	26	4	0	4	0	3	0	2	0	1	0
9－1	17	27	4	0	2	1	2	0	2	0	1	0
12－6	29	38	10	1	9	0	7	0	4	0	3	0
16－7	30	41	11	1	9	0	8	0	5	0	4	0
37－4	22	62	16	2	7	1	8	1	5	0	3	0
78－3	20	66	16	3	6	1	9	1	5	0	3	0
32－5	16	75	22	4	15	1	12	1	6	0	5	0
73－7	16	77	24	4	15	1	14	1	8	0	6	1
43－21	13	79	12	3	5	1	3	0	3	0	2	0
87－47	11	82	16	4	9	1	8	1	6	0	5	1
73－36	12	86	40	5	19	1	16	1	12	1	9	1
62－48	11	87	33	5	16	2	14	1	10	1	6	1
146－70	5	94	35	20	20	2	18	1	11	1	8	0
177－83	5	94	42	21	20	2	17	1	11	1	9	0
985－572	3	95	11	21	6	2	5	1	6	1	3	0
486－246	3	96	15	22	12	2	10	1	7	1	5	0
563－457	2	97	46	30	29	2	18	2	13	1	12	1
865－248	2	98	42	32	25	2	19	2	14	1	12	1

第25表（つづき）

問題＼学年	Ⅰ 誤	Ⅰ 無	Ⅱ 誤	Ⅱ 無	Ⅲ 誤	Ⅲ 無	Ⅳ 誤	Ⅳ 無	Ⅴ 誤	Ⅴ 無	Ⅵ 誤	Ⅵ 無
428－376	1	99	44	35	28	2	22	2	14	1	11	1
759－468	1	99	41	35	25	2	18	2	13	1	9	1
340－187	1	99	52	39	49	3	35	2	24	1	21	1
703－508	1	99	51	39	50	3	47	2	33	1	29	1
568－119－356	0	99	34	63	46	6	32	6	26	3	20	2
635－247－299	0	99	33	65	55	6	39	6	30	3	24	2
.7－.4	0	99	5	94	12	72	10	1	7	0	4	0
.95－.51	0	100	4	95	13	74	19	2	13	1	9	0
.56－.27	0	100	5	95	14	74	26	2	18	1	13	0
.84－.59	0	100	5	95	15	74	25	2	17	1	11	0
2.8－.7	0	100	5	95	15	74	19	2	15	1	10	1
5.2－.4	0	100	5	95	17	74	28	2	19	1	13	0
2.45－.16	0	100	5	95	16	75	28	3	23	2	17	1
6.73－.85	0	100	4	96	16	76	38	4	26	2	19	1
6－.5	0	100	5	95	23	74	53	2	43	1	34	1
15－.17	0	100	4	96	23	76	67	4	54	3	47	1
23.7－4.06	0	100	4	96	22	77	63	7	46	4	39	2
14.9－5.003	0	100	4	96	21	78	71	8	55	5	51	2
$\frac{5}{6}-\frac{1}{6}$	0	100	4	96	3	97	29	71	42	46	32	1
$3-\frac{5}{8}$	0	100	3	97	3	97	18	81	30	62	40	4
$3\frac{2}{7}-\frac{5}{7}$	0	100	3	97	3	97	15	85	30	65	38	3
$\frac{5}{6}-\frac{3}{8}$	0	100	3	97	3	97	16	84	30	66	41	3
$1\frac{5}{12}-\frac{7}{18}$	0	100	2	98	2	98	10	89	20	77	49	8
$\frac{11}{12}-\frac{1}{3}-\frac{1}{4}$	0	100	2	98	2	98	11	88	20	77	38	8

第26表　乗法の誤答率無答率（A検査）

問題＼学年	I 誤	I 無	II 誤	II 無	III 誤	III 無	IV 誤	IV 無	V 誤	V 無	VI 誤	VI 無
2×□＝6	4	94	13	67	2	0	2	0	2	0	2	0
3×□＝15	5	94	17	77	2	0	2	0	1	0	2	0
9×□＝18	3	96	14	81	7	0	4	0	2	0	2	0
6×□＝30	2	98	11	84	3	0	2	0	1	0	2	0
4×□＝36	1	99	10	88	7	1	4	0	5	0	4	0
8×□＝32	0	100	8	90	6	1	4	0	2	0	2	0
5×□＝45	0	100	8	91	3	1	3	0	3	0	2	0
9×□＝54	0	100	6	93	9	1	6	0	4	0	5	1
6×□＝48	0	100	6	93	14	2	5	0	4	0	4	0
7×□＝63	0	100	6	94	8	2	3	0	2	0	2	0
11×5	0	100	5	93	17	19	3	0	3	0	2	0
23×2	0	100	5	94	19	22	3	0	3	0	3	0
27×4	0	100	4	96	51	29	18	0	12	0	11	1
96×8	0	100	3	97	48	33	17	0	12	0	11	1
213×3	0	100	2	98	21	40	6	0	4	0	3	0
202×4	0	100	2	98	29	41	8	0	5	0	4	0
264×2	0	100	1	98	28	45	8	0	8	0	6	1
952×5	0	100	2	98	39	49	22	0	14	0	11	1
73×13	0	100	1	99	26	68	15	0	11	0	7	1
74×45	0	100	1	99	26	71	30	7	20	1	14	1
148×16	0	100	1	99	22	75	32	8	20	1	16	1
427×58	0	100	1	99	21	77	45	8	27	1	22	1
205×34	0	100	0	100	8	89	33	4	18	1	14	1
406×72	0	100	0	100	8	90	39	5	25	1	20	1
2357×26	0	100	0	100	6	92	48	8	34	2	27	2
6378×49	0	100	0	100	6	93	62	9	50	2	43	2
24×315	0	100	0	100	5	94	42	12	32	3	23	2
34×227	0	100	0	100	5	95	42	13	35	3	26	2
28×271	0	100	0	100	4	95	33	16	28	4	20	3
26×513	0	100	0	100	4	95	37	15	30	4	23	3
263×307	0	100	0	100	4	95	45	18	37	5	29	3
409×205	0	100	0	100	3	96	44	19	34	6	28	3
146×235	0	100	0	100	3	96	47	21	39	7	30	3
573×427	0	100	0	100	4	96	51	22	48	7	42	4

第26表（つづき）

問題＼学年	I 誤	I 無	II 誤	II 無	III 誤	III 無	IV 誤	IV 無	V 誤	V 無	VI 誤	VI 無
.8 × 4	0	100	6	94	13	82	31	14	28	0	19	0
1.6 × 7	0	100	4	96	13	87	46	20	36	1	22	1
.05× 3	0	100	3	97	8	88	34	29	36	2	23	1
2.15× 5	0	100	2	98	8	92	29	41	34	4	22	1
3.24×16	0	100	2	98	10	90	46	40	48	5	39	1
13.9×12	0	100	2	98	8	92	42	47	54	6	41	2
.2 × .4	0	100	4	96	16	84	67	21	73	2	63	0
.9 × .7	0	100	3	97	10	85	39	22	45	2	39	0
.3 ×.05	0	100	2	98	11	89	53	39	71	6	58	2
.04×3.9	0	100	1	99	7	93	42	52	69	11	52	3
2.07×2.4	0	100	2	98	8	92	44	49	67	11	52	3
3.8 ×.46	0	100	2	98	7	93	39	54	68	12	56	4
$\frac{1}{3}\times 2$	0	100	2	98	0	99	20	69	33	48	12	1
$\frac{5}{6}\times 3$	0	100	2	98	0	99	25	74	45	51	43	1
$\frac{5}{12}\times 10$	0	100	1	99	0	100	18	82	37	60	38	2
$\frac{7}{12}\times 11$	0	100	1	99	0	100	16	84	33	62	33	2
$1\frac{1}{4}\times 3$	0	100	1	99	0	100	13	86	25	70	34	4
$1\frac{1}{6}\times 4$	0	100	1	99	0	100	13	87	26	71	45	4
$\frac{1}{2}\times\frac{1}{2}$	0	100	1	99	0	100	13	80	18	65	44	5
$\frac{5}{6}\times\frac{2}{5}$	0	100	1	99	0	100	14	86	24	70	42	7
$1\frac{2}{3}\times\frac{1}{5}$	0	100	1	99	0	100	9	91	20	77	51	10
$3\frac{5}{6}\times\frac{3}{10}$	0	100	1	99	0	100	8	92	19	79	63	13
$1\frac{1}{4}\times 2\frac{2}{3}$	0	100	1	99	0	100	8	92	18	80	55	15
$2\frac{2}{9}\times 3\frac{3}{4}$	0	100	1	99	0	100	8	92	19	80	61	16

第27表　乗法の誤答率無答率（B検査）

問題＼学年	I 誤	I 無	II 誤	II 無	III 誤	III 無	IV 誤	IV 無	V 誤	V 無	VI 誤	VI 無
8×□＝8	5	95	15	76	7	0	5	0	4	0	2	0
2×□＝14	4	96	13	80	3	0	2	0	2	0	1	0
7×□＝21	3	97	11	83	6	1	2	0	2	0	1	0
8×□＝24	1	99	10	87	11	1	5	0	3	0	2	0
7×□＝28	0	100	9	89	9	1	4	0	4	0	3	0
7×□＝35	0	100	8	91	6	1	3	0	2	0	2	0
8×□＝40	0	100	7	92	5	1	3	0	2	0	2	0
7×□＝42	0	100	7	92	10	1	5	0	3	0	3	0
8×□＝56	0	100	6	93	11	2	5	0	3	0	3	0
9×□＝72	0	100	5	94	4	1	3	0	3	0	2	0
22×4	0	100	4	94	20	22	4	0	3	0	2	0
31×3	0	100	4	95	21	24	6	0	5	0	3	0
57×6	0	100	3	97	47	34	16	0	10	0	7	0
84×7	0	100	2	98	46	36	15	0	10	0	8	0
241×2	0	100	2	98	19	42	5	0	4	0	3	0
302×3	0	100	2	98	28	43	9	0	5	0	4	0
143×3	0	100	1	99	27	49	9	0	6	0	4	0
752×6	0	100	1	99	39	52	22	0	15	0	10	0
25×26	0	100	1	99	22	73	21	7	14	0	12	1
39×57	0	100	1	99	23	74	30	7	22	1	21	1
126×17	0	100	1	99	19	78	30	8	20	1	16	1
519×39	0	100	1	99	19	78	39	8	28	1	23	1
109×68	0	100	0	100	6	90	34	6	21	1	18	1
308×93	0	100	0	100	6	91	34	7	23	1	18	1
2681×27	0	100	0	100	5	93	44	10	33	2	26	1
5794×58	0	100	0	100	6	94	58	11	47	3	39	2
23×218	0	100	0	100	4	95	39	13	30	4	22	2
28×326	0	100	0	100	4	95	44	15	38	4	30	3
43×182	0	100	0	100	4	95	37	15	30	4	23	2
29×421	0	100	0	100	4	95	37	16	30	4	23	2
278×304	0	100	0	100	3	96	48	20	40	6	32	3
208×406	0	100	0	100	3	96	42	21	36	6	32	4
145×246	0	100	0	100	3	96	44	23	36	7	28	4
564×436	0	100	0	100	4	96	50	23	46	7	28	4

第27表（つづき）

問題＼学年	I 誤	I 無	II 誤	II 無	III 誤	III 無	IV 誤	IV 無	V 誤	V 無	VI 誤	VI 無
.6×8	0	100	3	97	12	85	36	19	33	1	22	1
1.9×6	0	100	3	97	11	89	40	27	32	2	21	2
.06×2	0	100	4	96	10	85	37	22	32	1	21	0
2.13×9	0	100	2	98	11	89	39	29	38	3	26	1
3.54×14	0	100	2	98	7	93	37	51	46	8	36	3
12.7×13	0	100	2	98	6	94	37	54	54	9	41	3
.3×.3	0	100	2	98	14	86	66	23	74	3	60	1
.8×.5	0	100	2	98	9	87	37	26	45	3	49	1
.2×.07	0	100	4	96	13	86	59	29	73	5	61	1
.08×2.3	0	100	2	98	11	89	51	42	70	9	55	2
1.09×45	0	100	2	98	7	93	33	58	64	14	51	4
5.2×.38	0	100	1	99	6	94	35	57	62	14	46	4
$\frac{1}{5}\times 4$	0	100	2	98	0	100	17	73	31	53	13	1
$\frac{5}{8}\times 6$	0	100	1	99	0	100	24	76	41	55	41	2
$\frac{4}{21}\times 14$	0	100	1	99	0	100	14	86	30	67	67	4
$\frac{2}{15}\times 13$	0	100	1	99	0	100	14	86	26	70	32	4
$2\frac{1}{11}\times 2$	0	100	1	99	0	100	12	88	24	72	39	5
$2\frac{4}{15}\times 5$	0	100	1	99	0	100	12	89	24	73	54	5
$\frac{1}{3}\times\frac{1}{3}$	0	100	1	99	0	100	14	81	16	67	41	6
$\frac{2}{3}\times\frac{3}{4}$	0	100	1	99	0	100	15	85	23	71	40	8
$1\frac{1}{5}\times\frac{1}{6}$	0	100	1	99	0	100	9	91	19	79	50	12
$2\frac{3}{8}\times\frac{4}{9}$	0	100	1	99	0	100	9	91	19	79	61	13
$3\frac{3}{5}\times 2\frac{5}{6}$	0	100	0	100	0	100	8	92	18	80	59	6
$2\frac{1}{4}\times 3\frac{1}{3}$	0	100	0	100	0	100	8	92	18	80	52	17

第28表　除法の誤答率無答率（A検査）

問題＼学年	I 誤	I 無	II 誤	II 無	III 誤	III 無	IV 誤	IV 無	V 誤	V 無	VI 誤	VI 無
27÷9	0	100	4	96	4	65	13	4	3	0	3	0
36÷6	0	100	3	97	6	66	13	4	5	0	4	0
84÷2	0	100	3	97	12	77	16	8	8	0	5	0
50÷5	0	100	2	98	11	75	18	7	11	0	7	0
639÷3	0	100	2	98	9	85	16	11	9	0	7	1
357÷7	0	100	1	99	9	89	23	15	10	1	8	1
572÷4	0	100	1	99	9	91	28	18	20	1	17	1
438÷6	0	100	1	99	8	92	26	20	15	2	12	1
3115÷5	0	100	1	99	6	93	27	22	16	2	12	1
5373÷9	0	100	1	99	6	94	30	24	18	2	15	1
6147÷3	0	100	1	99	5	95	40	26	32	4	28	1
4235÷7	0	100	1	99	5	95	34	28	26	4	25	2
138÷23	0	100	0	100	1	99	17	67	14	4	11	2
603÷67	0	100	0	100	1	99	14	74	13	5	12	2
351÷13	0	100	0	100	1	99	14	81	20	6	14	3
633÷22	0	100	0	100	1	99	13	83	21	7	15	3
2870÷14	0	100	0	100	1	99	10	88	26	8	25	3
8526÷21	0	100	0	100	0	100	9	89	26	10	24	4
1634÷38	0	100	0	100	0	100	6	88	18	10	14	5
4756÷82	0	100	0	100	0	100	6	92	18	12	15	5
2660÷19	0	100	0	100	0	100	6	93	23	13	19	6
2720÷17	0	100	0	100	0	100	6	93	23	14	20	7
20196÷34	0	100	0	100	0	100	4	95	25	16	22	9
24531÷39	0	100	0	100	0	100	4	95	27	17	22	9
4.8÷2	0	100	4	96	5	92	13	22	8	1	7	0
4.2÷7	0	100	4	96	5	94	25	29	13	2	11	0
25.8÷6	0	100	3	97	2	98	27	37	18	2	13	1
4.08÷8	0	100	3	97	2	98	27	40	20	3	16	1
29.16÷27	0	100	3	97	1	99	24	74	37	10	29	3
11.27÷23	0	100	3	97	1	99	18	81	33	14	25	5

第28表（つづき）

問題＼学年	I 誤	I 無	II 誤	II 無	III 誤	III 無	IV 誤	IV 無	V 誤	V 無	VI 誤	VI 無
.6÷.3	0	100	1	99	2	98	57	35	72	16	63	2
2.4÷.4	0	100	1	99	1	99	53	41	71	17	61	3
.21÷.7	0	100	1	99	1	99	25	49	51	22	53	3
5.52÷1.2	0	100	1	99	0	100	17	79	56	32	61	6
1.365÷.15	0	100	1	99	0	100	15	85	49	43	65	9
.01368÷.19	0	100	1	99	0	100	13	87	41	51	60	13
$\frac{4}{5}\div 2$	0	100	1	99	2	97	9	83	16	67	20	2
$\frac{6}{11}\div 8$	0	100	1	99	2	98	7	93	19	78	41	3
$\frac{5}{6}\div 10$	0	100	1	99	1	99	6	94	18	79	47	3
$\frac{6}{13}\div 12$	0	100	1	99	1	99	5	95	18	80	47	4
$1\frac{4}{5}\div 9$	0	100	1	99	0	100	3	97	10	88	39	6
$4\frac{9}{10}\div 21$	0	100	1	99	0	100	3	97	10	89	66	8
$3\div\frac{5}{9}$	0	100	1	99	0	100	3	97	10	89	68	9
$15\div 4\frac{2}{7}$	0	100	1	99	0	100	2	98	7	93	65	17
$\frac{1}{9}\div\frac{1}{18}$	0	100	1	99	0	100	3	97	7	90	39	15
$\frac{3}{5}\div\frac{9}{10}$	0	100	1	99	0	100	3	97	7	91	46	16
$2\frac{1}{5}\div\frac{2}{5}$	0	100	0	100	0	100	2	98	8	90	46	19
$3\frac{3}{8}\div 2\frac{4}{7}$	0	100	0	100	0	100	2	98	6	92	63	23

第29表　除法の誤答率無答率（B検査）

問題＼学年	I 誤	I 無	II 誤	II 無	III 誤	III 無	IV 誤	IV 無	V 誤	V 無	VI 誤	VI 無
32÷8	0	100	3	97	4	67	13	5	4	0	4	0
49÷7	0	100	3	97	6	68	13	5	6	0	5	0
96÷3	0	100	2	98	12	80	14	9	9	0	6	1
80÷4	0	100	2	98	12	79	16	8	12	0	7	1
482÷2	0	100	1	99	7	87	17	13	10	0	8	0
246÷6	0	100	1	99	9	89	23	16	11	1	9	0
685÷5	0	100	1	99	9	90	28	20	20	1	17	1
424÷8	0	100	1	99	8	92	27	20	14	1	11	1
3258÷6	0	100	1	99	5	94	25	26	15	3	14	1
6912÷8	0	100	1	99	5	95	27	27	20	3	19	1
8312÷4	0	100	1	99	5	95	37	27	30	4	27	2
4536÷9	0	100	1	99	4	96	33	28	26	4	23	2
224÷56	0	100	0	100	1	99	12	75	11	5	12	2
112÷16	0	100	0	100	1	99	14	79	17	6	15	3
312÷12	0	100	0	100	0	100	12	82	18	7	14	3
672÷24	0	100	0	100	0	100	11	85	21	8	18	3
4590÷15	0	100	0	100	0	100	9	89	26	10	25	4
4784÷23	0	100	0	100	0	100	7	89	25	10	22	4
1591÷37	0	100	0	100	0	100	6	92	17	13	13	6
5628÷84	0	100	0	100	0	100	6	93	18	13	16	6
3250÷25	0	100	0	100	0	100	6	92	26	12	19	7
4680÷18	0	100	0	100	0	100	6	93	27	14	23	8
35076÷48	0	100	0	100	0	100	4	95	26	19	26	9
21896÷46	0	100	0	100	0	100	5	95	24	19	21	10
9.6÷3	0	100	3	97	4	95	17	24	10	1	7	1
4.5÷9	0	100	3	97	4	95	25	31	14	2	12	1
29.6÷4	0	100	2	98	2	98	23	29	21	3	13	1
2.05÷5	0	100	2	98	2	98	25	42	20	3	16	1
39.24÷36	0	100	2	98	1	99	20	78	37	13	30	5
16.53÷29	0	100	2	98	1	100	16	83	35	18	26	7

第29表（つづき）

問題＼学年	I 誤	I 無	II 誤	II 無	III 誤	III 無	IV 誤	IV 無	V 誤	V 無	VI 誤	VI 無
.8÷.2	0	100	1	99	2	98	56	37	70	16	60	2
4.2÷.6	0	100	1	99	1	99	50	43	70	18	61	3
.35÷.5	0	100	1	99	0	100	27	53	49	26	49	4
3.68÷1.6	0	100	1	99	0	100	17	81	53	35	59	7
1.462÷.17	0	100	1	99	0	100	13	87	42	50	59	14
.01173÷.23	0	100	0	100	0	100	12	88	37	54	56	16
$\frac{8}{9}\div 4$	0	100	1	99	1	99	9	86	17	73	36	3
$\frac{4}{7}\div 6$	0	100	1	99	1	99	7	93	17	79	42	3
$\frac{7}{8}\div 14$	0	100	1	99	0	100	5	95	15	82	49	5
$\frac{11}{12}\div 22$	0	100	1	99	0	100	4	96	14	85	54	6
$2\frac{1}{6}\div 13$	0	100	1	99	0	100	3	97	8	90	51	8
$3\frac{3}{7}\div 18$	0	100	1	99	0	100	3	97	8	90	58	9
$2\div\frac{3}{5}$	0	100	1	99	0	100	3	97	10	89	67	11
$30\div 4\frac{1}{6}$	0	100	1	99	0	100	2	98	7	93	65	18
$\frac{1}{3}\div\frac{1}{12}$	0	100	1	99	0	100	2	97	9	88	38	15
$\frac{3}{8}\div\frac{3}{4}$	0	100	1	99	0	100	2	97	6	88	40	15
$1\frac{2}{7}\div\frac{5}{7}$	0	100	0	100	0	100	2	98	6	92	55	23
$5\frac{3}{5}\div 5\frac{1}{4}$	0	100	0	100	0	100	2	98	6	93	58	23

第30表　ほぼ同じ内容でまとめた誤答率無答率

計算内容			学年	I 誤	I 無	II 誤	II 無	III 誤	III 無	IV 誤	IV 無	V 誤	V 無	VI 誤	VI 無
加法	整数	10以下の合成	(20)	6.5	.5	1.8		1.4		.8		.6		.6	
		(一、二位)+(一位)	(16)	24.5	24.8	8.8	.5	7.3	.3	5.6		2.7		2.1	.1
		(二位)+(二位)	(12)	25.7	63.4	23.2	3.8	10.8	.5	6.6		3.7	.2	2.8	.2
		(三位)+(三位)	(20)	5.2	93.3	35.1	22.3	14.5	1.6	8.8	.2	5.8	.8	5.1	1.0
		計	(63)	13.7	44.6	17.0	7.4	8.3	.6	5.3	.1	3.2	.3	2.6	.4
	小数	(整数)+(小数)	(8)	5.0	95.0	7.1	91.1	19.1	73.6	44.4	1.0	40.8	.6	29.5	.3
		(小数)+(小数)	(16)	3.2	96.8	6.8	93.2	20.5	75.2	50.0	2.6	37.4	1.4	29.4	.7
		計	(24)	3.8	96.1	6.9	92.4	20.0	74.7	48.2	2.0	38.4	1.2	29.5	.5
	分数	(分数)+(分数)	(12)	.8	99.2	2.9	97.3	6.3	93.6	21.7	76.0	34.8	58.5	36.5	3.3
		計	(12)	.8	99.2	2.9	97.3	6.3	93.6	21.7	76.0	34.8	58.5	36.5	3.3
減法	整数	10以下の分解	(20)	20.4	1.1	6.8	.4	5.5		7.7		4.4		3.2	
		(一・二位)−(一位)	(16)	25.5	49.2	13.3	1.6	8.4	.6	8.2	.4	4.9		3.4	.1
		(二位)−(二位)	(8)	12.8	82.4	25.3	4.0	12.4	1.3	10.4	.6	7.9	.4	5.5	.6
		(三位)−(二位)	(4)	5.8	93.0	39.0	19.3	21.3	1.5	18.0	1.0	11.0	1.0	8.3	
		(三位)−(三位)	(20)	1.8	97.9	38.9	36.7	33.0	2.9	24.9	2.5	17.8	1.4	14.4	1.0
		計		14.4	55.9	21.8	12.9	16.0	1.2	13.8	.9	9.3	.5	7.1	.4
	小数	(整数)−(小数)	(4)		100	5.0	95.3	23.5	74.5	62.0	2.8	49.8	1.8	41.0	.8
		(小数)−(小数)	(20)	.1	99.9	4.9	95.0	16.7	74.0	33.3	2.8	24.9	1.5	19.8	.5
		計	(24)		99.9	4.9	95.0	17.8	74.0	38.0	2.8	29.0	1.5	23.4	.5
	分数	(整数)−(分数)	(2)		100	3.5	97.0	3.0	97.0	19.0	76.0	30.5	58.5	32.5	3.0
		(分数)−(分数)	(10)		100	3.1	97.0	2.7	97.2	16.8	79.1	27.6	62.5	34.5	4.1
		計	(12)		100	3.2	97.0	2.8	97.2	17.2	78.5	28.1	61.9	34.2	3.9

第30表（つづき）

計算内容			学年	I 誤	I 無	II 誤	II 無	III 誤	III 無	IV 誤	IV 無	V 誤	V 無	VI 誤	VI 無
乗法	整数	(一位)×(一位)	(20)	1.4	98.6	9.5	86.7	6.7	.9	3.6		2.7		2.4	.1
		(二・三位)×(一位)	(16)		100	2.7	97.0	31.2	36.2	10.7		7.4		5.8	.3
		(二・三位)×(二位)	(12)		100	.7	99.4	17.2	79.5	31.8	6.8	20.8	.8	16.8	1.0
		(四位)×(二位)	(4)		100		100	5.8	93.0	53.0	9.5	41.0	2.3	33.8	1.8
		(二位)×(三位)	(8)		100		100	4.3	94.8	38.9	14.4	31.6	3.8	23.8	2.4
		(三位)×(三位)	(8)		100		100	3.4	96.0	46.4	20.8	39.5	6.4	31.1	3.5
		計	(68)		99.5	3.5	95.3	13.5	50.7	22.3	5.9	16.9	1.5	13.4	1.1
	小数	(小数)×(整数)	(12)		100	2.9	97.3	9.8	88.8	35.7	32.8	39.2	3.5	27.8	1.3
		(小数)×(小数)	(12)		100	2.2	97.8	9.9	89.3	47.1	37.4	65.1	7.7	53.5	2.1
		計	(24)		100	2.6	97.5	9.8	89.0	41.4	35.1	52.2	5.6	40.6	1.7
	分数	(分数)×(整数)	(12)		100	1.3	98.8		98.8	16.5	81.7	31.2	62.6	37.6	2.9
		(分数)×(分数)	(12)		100	.8	99.2		100	10.3	88.8	19.3	75.6	51.6	11.5
		計	(24)		100	1.0	99.0		99.4	13.4	85.2	25.3	69.0	44.6	7.2
除法	整数	(二・三位)÷(一位)	(16)		100	1.9	97.9	8.4	80.7	19.0	11.4	10.4	.4	8.1	.5
		(四位)÷(一位)	(8)		100	1.0	99.0	5.1	94.5	31.6	26.0	16.6	3.3	20.4	1.4
		(三位)÷(二位)	(8)		100		100	.8	99.1	13.4	78.3	16.9	6.0	13.9	2.6
		(四位)÷(二位)	(12)		100		100	.1	99.9	6.9	90.9	22.8	11.6	19.6	5.4
		(五位)÷(二位)	(4)		100		100		100	4.3	95.0	25.5	1.8	2.3	9.3
		計	(48)		100	.8	99.2	3.8	92.6	15.9	51.8	16.9	6.1	1.5	3.0
	小数	(小数)÷(整数)	(12)		100	2.8	97.2	2.5	97.1	21.7	47.5	22.2	6.0	17.1	21.6
		(小数)÷(小数)	(12)		100	.9	99.0	.6	99.4	29.6	63.7	55.1	31.6	58.9	6.8
		計	(24)		100	1.9	98.0	1.5	98.2	25.6	55.6	38.6	18.8	38.0	4.5
	分数	(分数)÷(整数)	(12)		100	1.0	99.0	.7	99.3	5.3	93.6	14.2	81.6	45.8	5.0
		(整数)÷(分数)	(4)		100	1.0	99.0		100	2.5	97.5	8.5	91.0	66.3	13.8
		(分数)÷(分数)	(8)		100	.5	99.5		100	2.3	97.5	6.9	90.5	48.1	18.6
		計	(24)		100	.8	99.2	.3	99.6	3.8	95.5	10.8	86.2	50.0	11.0

一般に，学年が進むにつれて，無答の割合は小さくなっていくが，誤答の割合の方は，無答のように，学年が進んでもほとんど0に近づくということはない。

これから，計算についての理解が徹底しないままにいるものが，高等年でもおおいことを示していることがわかる。

(B) おもな誤答の事例

次に，誤答の事例を調べたのであるが，これは，全児童にわたることができないので，適当に抽出して調べた。すなわち，各学校の，各学年から，男女合わせて6人ずつの解答用紙を抜きとり，これについて調査をしてみた。したがって，以下に示したものは，各学年114人の児童の誤答の事例についてのものである。

これについてわかることは，児童の計算のまちがいは，問題や学年によって，その種類や度数がまちまちなことである。すなわち，誤答は問題によって，非常にたくさんの種類がある場合と，種類は少なくて多くの児童が同じまちがいを起す場合とがある。

たとえば，2年で，18+33の誤答は9種類あった。そのうちで，41とまちがえた児童が，まちがえた児童総数の58%を占めている。しかも，そのほかの誤答は8%以下である。これから，この問題は，同じ誤をするこどもが多いということがわかる。これと反対に，179－94では，誤答が30種類にも及んでいる。しかも，その中でいちばん度数の多いものさえも12%にすぎない。これから，この問題は，誤答の種類は多いが，一つの誤答に度数があまり集まらないということがわかる。

前者のような問題は，誤答を防ぐための指導上の手がかりを得るのに，後

者の場合よりも容易であるということができよう。

次に，問題一つごとの誤答の事例と度数を示すと，第31～46表のとおりである。

かっこ内の数は，その問題をまちがえた児童の総数に対する百分率を示している。

この表では，一つの問題につき，度数の多い順に5番目までを，その問題に対するおもな誤答としてとりあげた。しかし，おもな誤答として上げるほどの度数がない場合には，必ずしも五個とりあげないで，三個とりあげるときも，一個しかとりあげない場合もある。もし，度数の同じ誤答がいくつもある場合には，これの起る原因を指定し，これを類型に分けて，各類型から代表をとってある。

第31表　加法（整数）の誤答の実態（A検査）（かっこ内は百分率）

問題＼学年	I	II	III	IV	V	VI
2と2は	2 (57) 8 (14)	2 (50) 8 (50)				
1と3は	1 (22) 2 (22) 8 (22) 3 (11) 6 (11) 13 (11)	1 (50) 6 (50)	3 (50) 8 (50)			
3と3は	3 (22) 4 (22) 2 (22) 7 (11) 5 (11)	3 (100)	5 (50)			
3と5は	7 (33) 4 (33) 9 (11)	3 (100)				
5と5は	5 (50) 9 (13) 6 (13)	5 (100)				
4と3は	6 (45) 8 (18) 4 (18) 2 (9)	6 (50) 4 (50)	2 (25)		1 (100)	
2と4は	5 (27) 2 (27) 7 (20)	2 (100)	7 (50)		5 (50)	8 (100)
2と5は	5 (30) 6 (20) 8 (20)	6 (50) 2 (50)	8 (50)		6 (33)	

第31表（つづき）

問題＼学年	I	II	III	IV	V	VI
6と3は	8 (33) 7 (22) 6 (22)	8 (33) 7 (33) 6 (33)	8 (33)		6 (100)	
2と8は	8 (22) 6 (22) 2 (22) 9 (11)	2 (50) 9 (50)	9 (50) 8 (33)		9 (67)	
4 ＋ 7	10 (25) 12 (25) 17 (25)	10 (60) 14 (20) 6 (20)	12 (100)		10 (33) 13 (33)	13 (100)
9 ＋ 9	19 (31) 17 (25) 12 (19) 8 (13)	19 (25) 28 (25)	19 (67)	17 (50)	14 (33)	
10 ＋ 6	7 (36) 11 (9) 4 (9) 19 (9) 17 (9)	7 (50) 11 (25)	7 (29) 4 (29) 17 (29)		17 (25) 19 (25)	
11 ＋ 7	9 (26) 17 (16) 11 (11) 13 (11)	17 (25) 13 (25) 4 (25)	9 (40) 17 (20)	9 (33)		
15 ＋ 6	12 (26) 26 (16) 4 (11) 22 (11) 20 (5)	11 (33) 22 (17) 20 (17)	11 (33) 12 (11)	11 (33) 12 (33) 20 (17)	12 (25)	20 (100)
17 ＋ 8	16 (17) 15 (14) 18 (10) 24 (10) 26 (7)	15 (36) 16 (18) 18 (9) 20 (9)	24 (27) 16 (18) 215 (9)	16 (30) 15 (20)	18 (17)	24 (50)
44 ＋ 6	14 (38) 10 (8) 8 (8) 24 (8) 51 (4)	40 (33) 51 (17) 49 (11) 14 (11) 10 (11)	40 (17) 41 (17) 51 (8)	14 (30) 40 (20)		40 (100)

第31表（つづき）

問題＼学年	Ⅰ	Ⅱ	Ⅲ	Ⅳ	Ⅴ	Ⅵ
68 ＋ 5	19 (25) 15 (16) 53 (13) 74 (8)	63 (33) 72 (13) 19 (7) 74 (7) 13 (7)	74 (18) 63 (9) 72 (9)	19 (27) 63 (18) 53 (18) 13 (18)	53 (20) 15 (20)	72 (100)
22 ＋ 13	26 (23) 8 (23) 33 (14) 25 (8) 7 (8) 45 (5)	45 (33) 33 (11) 8 (11) 32 (11)	45 (50)	45 (20) 8 (20)	45 (25) 8 (25)	
54 ＋ 24	60 (21) 61 (12) 15 (12) 50 (6) 68 (6)	60 (30) 15 (10) 68 (10) 88 (10)	88 (40) 79 (40)	79 (25) 15 (25)		88 (50)
18 ＋ 33	24 (19) 15 (15) 42 (7) 46 (7) 41 (4)	41 (58) 15 (8) 52 (8) 24 (8)	41 (31) 42 (8) 52 (8) 46 (8) 501 (8) 411 (8)	41 (10) 52 (10) 40 (10)		
37 ＋ 59	24 (11) 94 (7) 69 (7) 51 (7) 46 (4)	86 (30) 46 (13) 97 (9) 24 (4)	86 (36) 906 (9)	86 (30) 95 (20)		
64 ＋ 53	72 (36) 18 (15) 1017 (5)	107 (35) 97 (12) 17 (7) 18 (5)	17 (25) 127 (25) 18 (6) 107 (6)	17 (29) 127 (29)	127 (50) 18 (18)	
39 ＋ 67	52 (10) 116 (10) 16 (5) 25 (5) 1016 (5)	96 (23) 916 (13) 116 (13) 108 (10) 16 (7)	96 (27) 116 (18) 16 (14) 108 (9)	96 (17) 151 (17)	96 (25)	96 (50) 16 (50)
231＋136	16 (25) 97 (13) 313 (13) 54 (13)	403 (14) 97 (7)	366 (20) 377 (10)	366 (25)	397 (40)	397 (100)
530＋108	17 (14) 6110 (14) 548 (14) 98 (14) 38 (14)	701 (14) 710 (10) 17 (5)	608 (27) 648 (18)	630 (50)	630 (20)	

第31表（つづき）

問題＼学年	Ⅰ	Ⅱ	Ⅲ	Ⅳ	Ⅴ	Ⅵ
112＋309	141 (20) 412 (10) 16 (10)	511 (20) 4111 (16) 411 (14) 420 (6)	411 (33) 4111 (11)	411 (36) 521 (27)	521 (33) 411 (17)	521 (67) 321 (17)
619＋378	987 (10) 925 (10) 988 (10)	987 (26) 9817 (14) 187 (9) 1087 (7) 197 (5)	987 (18) 1097 (12) 1087 (6) 996 (6)	987 (33) 992 (13)	987 (40)	987 (25)
161＋441	512 (50) 5102 (17)	512 (35) 502 (20) 612 (8) 5102 (8)	502 (50) 512 (15) 5102 (10)	502 (27) 601 (27) 512 (8)	512 (50)	601 (60) 512 (20)
552＋393	8145 (20) 819 (20) 19 (20)	845 (29) 8145 (13) 905 (8) 819 (8)	845 (27) 955 (13) 915 (13) 8145 (7)	845 (36) 1045 (14) 915 (7)		8145 (100)
396＋409	715 (20) 7915 (20)	895 (22) 795 (19) 705 (10) 7915 (7) 715 (5)	705 (33) 795 (22) 895 (15) 7915 (7)	705 (21) 795 (14)	705 (50)	715 (20)
657＋284	81311 (50) 824 (50)	931 (15) 831 (13) 81311 (13) 1031 (9)	841 (24) 831 (8) 931 (8)	931 (16)	841 (20)	931 (43)
313＋142＋224	616 (50)	670 (12) 779 (12) 689 (6)	677 (22) 669 (22)	779 (27) 680 (9)	779 (17) 689 (17)	779 (25) 689 (25)
292＋540＋142	8210 (50)	874 (23) 8174 (13) 821 (5) 814 (5)	874 (32) 984 (16) 884 (5)	874 (15) 884 (15) 954 (10) 964 (10) 972 (10)	874 (37) 972 (13) 964 (13) 984 (13)	954 (25) 874 (13) 984 (13) 972 (13)

第32表加法（小数・分数）の誤答の実態（A検査）（かっこ内は百分率）

問題＼学年	I	II	III	IV	V	VI
4 ＋ .2		42 (33) .6 (22)	.6 (53) 6. (18) 4.20 (12)	.6 (47) 6. (19)	.6 (87) 6 (10)	.6 (82)
15 ＋ .7		22 (33) .22 (22) 157 (22)	2.2 (30) 22. (20) .22(10)	2.2 (26) .22 (16) 22 (14)	.22 (42) 2.2 (29)	2.2 (47) .22 (29) 22 (12)
3 ＋.01		13 (22) 3.10(22) .13(11)	3.1 (38) .4 (23) .04 (8)	3.1 (32) .4 (13) 4. (11) 1.3 (8) .04 (8)	.04 (20) .31 (20) .4 (17) 3.1 (11)	.04 (36) .4 (27) 3.1 (18)
.25＋ 12		37 (40) 2512 (30) .37 (10)	.37 (39) 3.7 (22) 25.12(4)	.37 (40) 3.7 (15) 25.12(6) 37. (5)	.37 (67) 3.7 (5)	.37 (76) 25.12(5) .2512(5)
.1 ＋ .5		6 (17) .15 (17) 15 (17)	6 (35) 1.5 (10) .5 (10) .15 (5)	1.5 (29) .1.5 (18) 6. (18)	6 (27) .15 (9) .5 (9)	.06 (40) 1.5 (13)
.8 ＋ .3		11 (30) .11 (20) 83 (20)	.11 (28) 11. (24) .1.1 (24) 8.3 (8)	.11 (61) 8.3 (13) .8.3 (8) .12 (5)	.11 (77) 11. (5) 11 (5) 8.3 (2)	.11 (65) 11. (8) 8.3 (5)
.21＋ .7		28 (25) .28 (25) 217 (13)	.28 (32) 28 (16) .2.8 (12) 2.8. (8)	.28 (53) 2.8 (9) 21.7 (8) .21.7(5) 28 (5)	.28 (62) 2.8 (13) .2.8 (4)	.28 (65) 2.8 (10)
.5 ＋.94		99 (33) .99 (33)	.99 (32) 99 (20) .9.9(8)	.99 (38) 9.9 (14) .5.94(10) 5.94 (5) .144 (5)	.99 (50) .144 (13)	.99 (60) .144 (5) 5.94 (5)

第32表（つづき）

問題＼学年	I	II	III	IV	V	VI
.24 ＋ .35		59 (29) .58 (14) 24.35(14)	59. (35) .5.9 (25) 5.9 (15)	5.9 (30) 24.35(13) .24.35(10) 59 (10) .5.9 (8)	5.9 (24) .69 (12)	.69 (25) 5.9 (13) .059 (13)
.59 ＋ .82		141 (33) .141 (11)	.141 (17) 141 (8) .14.1(8) 59.82(8)	.141 (29) 14.1 (13) .59.82(8) 59.82 (8) 141 (5)	.141 (40) 14.1 (6) 141 (6)	.141 (42) 1.31 (9) .151 (6) 14.1 (6)
.4 ＋31.6		.41 (33)	320 (9) 31.1 (9) 3.2.0(5)	32.0 (10) 31.10(9) .431.6(7) .32 (5)	31.10(12) 3.20 (9) 31.1 (6) 35.6 (6)	32 (11) 31.10(11) 3.20 (11)
8.1 ＋2.04		.1014(20) .105 (20)	2.8.5(14) 10.5 (10)	10.5 (17) 8.12.04(9) 10.05(8) 28.5 (5)	2.85 (13) 10.04(9) 10.05(6)	10.05(15) 1.014(15) 1.14 (8)
$\frac{1}{5}+\frac{1}{5}$		12 (100)	12 (54) $\frac{2}{10}$ (23)	$\frac{2}{10}$ (47) 12 (15) 2 (6)	$\frac{2}{10}$ (64) $\frac{1}{10}$ (11) 2 (11)	$\frac{1}{5}$ (75)
$2\frac{7}{9}+\frac{5}{9}$		32 (80)	32 (50)	$2\frac{12}{9}$ (13) $2\frac{12}{18}$ (10) $\frac{12}{18}$ (10) $\frac{19}{9}$ (10)	$2\frac{12}{9}$ (21) $\frac{12}{18}$ (16) $2\frac{12}{18}$ (12) $3\frac{2}{9}$ (9)	$3\frac{3}{9}$ (21) $3\frac{1}{2}$ (13) $3\frac{2}{9}$ (8) $2\frac{12}{9}$ (8)

第32表（つづき）

問題＼学年	I	II	III	IV	V	VI
$\frac{1}{2}+\frac{1}{4}$		8 (75)	8 (50) $\frac{2}{6}$ (17)	$\frac{2}{6}$ (48) 8 (12) $\frac{2}{4}$ (7)	$\frac{2}{6}$ (59) $\frac{1}{3}$ (13) $\frac{2}{4}$ (6)	$\frac{1}{4}$ (32) $\frac{2}{6}$ (14) 1 (14)
$1\frac{2}{3}+\frac{3}{5}$		14 (67)	14 (75)	14 (18) $1\frac{5}{8}$ (11) $\frac{5}{8}$ (11) $\frac{6}{8}$ (11)	$1\frac{5}{8}$ (42) $\frac{5}{8}$ (11) $1\frac{5}{5}$ (6) $1\frac{1}{1}$ (6) 5 (6)	$2\frac{9}{15}$ (10) $1\frac{19}{15}$ (10) $1\frac{5}{15}$ (8) $1\frac{5}{8}$ (8)
$1\frac{5}{11}+2\frac{13}{22}$		54 (67)	54 (57)	$3\frac{18}{33}$ (15) $\frac{18}{33}$ (10)	$3\frac{18}{33}$ (24) $\frac{18}{33}$ (12) $3\frac{18}{22}$ (6) $1\frac{18}{33}$ (6)	$3\frac{9}{11}$ (7) $3\frac{18}{22}$ (7) $2\frac{1}{22}$ (5)
$\frac{1}{6}+\frac{2}{3}+\frac{7}{9}$		28 (33)	28 (56)	$\frac{10}{18}$ (31) 28 (11) $\frac{29}{18}$ (6)	$\frac{10}{18}$ (53) $\frac{10}{9}$ (5) $\frac{5}{3}$ (5) $\frac{5}{9}$ (5) 10 (5)	$\frac{5}{9}$ (8) $1\frac{1}{18}$ (5) $\frac{10}{18}$ (5) $1\frac{2}{3}$ (5)

第33表　減法(整数)の誤答の実態（A検査）(かっこ内は百分率)

問題＼学年	I	II	III	IV	V	VI
4は2と	6 (37) 4 (31) 3 (19) 1 (13)	6 (80) 7 (20)	6 (67) 4 (33)	6 (100)	7 (50)	6 (100)
7は5と	12 (28) 3 (22) 4 (17) 7 (11) 5 (11)	12 (56) 3 (22)	12 (50)	12 (45)	5 (67)	12 (100)
6は4と	10 (47) 4 (18) 3 (18) 9 (12) 1 (12)	10 (63) 3 (13) 4 (13)	10 (50) 4 (25) 9 (25)	10 (50) 4 (17) 1 (8) 9 (8)	4 (67) 10 (33)	10 (67)
8は4と	12 (24) 5 (18) 3 (18) 10 (12)	12 (57)	12 (40)	12 (63) 5 (13)	12 (33)	12 (67)
6は3と	9 (36) 4 (23) 2 (18) 7 (9) 8 (9)	9 (45) 2 (18) 7 (9) 8 (9)	9 (33) 2 (17) 8 (17)	9 (86) 2 (14)	9 (50) 2 (25)	9 (67)
7は1と	8 (28) 5 (24) 2 (20) 7 (12) 1 (12)	8 (63) 2 (13) 1 (13) 9 (13)	8 (50) 1 (50)	8 (63) 7 (25) 1 (13)	8 (40) 1 (40) 3 (20)	8 (100)
8は3と	11 (27) 8 (14) 3 (14) 4 (9)	11 (42) 6 (25) 3 (17)	11 33 3 33	11 (50) 6 (20) 4 (10)	3 (50) 11 (33) 8 (17)	11 (67)
9は3と	3 (21) 12 (17) 7 (17) 5 (14) 4 (14)	12 (33) 5 (17) 4 (17) 3 (8) 7 (8)	3 (50) 12 (33) 7 (17)	12 (56) 3 (22) 4 (11)	3 (43) 13 (29) 7 (14)	12 (100)

第33表（つづき）

問題＼学年	I	II	III	IV	V	VI
9は2と	11 (28) 4 (24) 8 (16) 3 (8) 9 (8)	11 (60) 4 (10) 8 (10) 2 (10)	11 (29) 4 (14) 9 (14) 2 (14)	11 (56) 2 (22)	2 (43) 12 (29) 8 (14)	11 (100)
8は2と	10 (45) 7 (14) 2 (9) 5 (5)	10 (60) 2 (20) 7 (10) 5 (10)	10 (43) 2 (29) 7 (14)	10 (50) 2 (20) 7 (20)	2 (50) 10 (33) 7 (17)	10 (100)
7 — 6	13 (41) 11 (18) 7 (18) 6 (12) 2 (6)	6 (100)	13 (100)	2 (50)	2 (40)	
8 — 2	10 (33) 2 (27) 8 (20)	2 (50)	10 (50) 2 (50)	4 (67)	2 (17) 4 (17)	
13 — 5	18 (17) 9 (17) 5 (14) 2 (10) 4 (7)	7 (29) 4 (14) 12 (14) 17 (14)	12 (31) 5 (31) 18 (23)	12 (57) 15 (29)	12 (17) 7 (17)	
15 — 8	2 (25) 23 (14) 8 (11) 6 (6) 18 (6)	6 (27) 17 (18) 2 (9)	13 (21) 2 (21) 6 (7) 18 (7)	13 (25) 18 (13) 8 (13)	15 (33) 10 (17)	
54 — 2	56 (24) 12 (12) 3 (12) 70 (6)	7 (15) 42 (15) 48 (10) 2 (10) 12 (10)	7 (22) 42 (11) 48 (11) 56 (11)	56 (17)	7 (20) 48 (10) 42 (10)	
99 — 5	99 (17) 95 (13) 14 (9) 104 (9)	4 (13) 13 (13) 93 (9) 84 (9)	95 (29) 84 (14) 13 (14)	95 (20) 14 (20)	13 (13)	
44 — 6	50 (16) 34 (16) 42 (16) 39 (11) 8 (5)	42 (11) 34 (11) 8 (11) 10 (7) 40 (7)	42 (24) 34 (16) 48 (12) 8 (8)	42 (36) 48 (7)	42 (17) 8 (8)	48 (22)

第33表（つづき）

問題＼学年	I	II	III	IV	V	VI
57 — 8	65 (20) 51 (13) 4 (13) 39 (7)	51 (13) 9 (13) 42 (8) 48 (8) 7 (8)	51 (17) 42 (17) 40 (13) 48 (9)	51 (21) 45 (21) 48 (14) 47 (14)	48 (17) 40 (8) 39 (8)	59 (38) 50 (25) 48 (13)
65 — 32	60 (16) 32 (11) 15 (11) 23 (5) 37 (5)	27 (20) 3 (10) 23 (5) 43 (5)	97 (22)	37 (17)		
96 — 46	94 (18) 91 (18) 60 (12) 56 (12) 4 (6)	56 (14) 20 (14) 84 (14) 52 (9) 60 (5)	40 (25) 44 (17) 60 (8) 20 (8)	40 (17) 42 (17)	40 (11) 42 (11) 56 (11) 44 (11)	51 (25)
55 — 27	32 (13) 59 (13) 7 (13) 27 (6)	32 (17) 30 (11) 38 (11) 48 (8) 43 (8)	32 (22) 23 (22) 30 (9) 38 (9) 27 (9)	48 (18) 32 (14) 38 (14) 18 (14)	22 (19) 30 (13) 27 (13)	32 (22) 23 (22)
74 — 59	25 (40) 11 (10)	25 (23) 20 (10) 11 (10) 61 (7) 21 (7)	25 (41) 20 (9) 11 (9) 61 (5) 21 (5)	25 (20) 35 (13)	20 (18) 25 (9)	25 (33) 11 (11)
137 — 60	60 (33) 137 (17)	137 (20) 107 (8) 97 (5) 47 (5) 130 (5)	70 (17) 130 (13) 137 (13) 47 (9) 67 (9)	67 (22) 37 (11)	107 (15) 63 (15) 170 (15) 47 (8)	63 (27) 47 (18)
179 — 94	125 (20)	125 (12) 985 (7) 95 (5) 180 (5)	15 (17) 125 (13) 25 (8)	75 (21) 125 (11) 25 (11) 65 (11)	75 (17) 105 (17)	105 (25) 125 (13) 95 (13)
579—161		468 (13) 578 (6) 318 (6)	398 (22) 318 (11)	398 (18) 118 (18)	398 (27)	
693—263		433 (15) 403 (15) 43 (11) 420 (11) 436 (7)	420 (21) 440 (14) 443 (7) 43 (7)	420 (27) 436 (18) 440 (9) 330 (9)	433 (20) 330 (10)	420 (14) 433 (14) 330 (14)

第33表（つづき）

問題＼学年	I	II	III	IV	V	VI
214−105	111 (50) 105 (50)	111 (24) 119 (15) 19 (11) 100 (7) 114 (5)	111 (12) 119 (12) 19 (12) 100 (8) 105 (8) 101 (8)	111 (33) 100 (13) 119 (7) 319 (7)	110 (17) 19 (17) 319 (17)	111 (33) 105 (25) 119 (8)
982−235	757 (50)	753 (31) 750 (12) 657 (8) 752 (6) 757 (6)	753 (18) 750 (7) 757 (7) 745 (7)	753 (28) 647 (20) 757 (12) 750 (4)	647 (20) 753 (7) 757 (7) 750 (7)	757 (18) 753 (9) 750 (9) 745 (9)
319−227		112 (36) 102 (15) 82 (8) 192 (6)	112 (23) 102 (13) 192 (6) 101 (6)	112(35) 102(10) 82(10) 192(5)	82 (26) 102 (13) 192 (9) 112 (4)	82 (20) 112 (20) 182 (20) 102 (10)
648−395	353 (50)	353 (33) 303 (18) 343 (7) 293 (4)	353 (30) 313 (17) 303 (10)	353 (31)	243 (33) 303 (17)	353 (27) 213 (18)
420−134		314 (22) 294 (22) 304 (6) 266 (5) 306 (3)	294 (26) 314 (9) 290 (9) 304 (5) 394 (5)	294 (21) 296 (16) 386 (9) 276 (9) 290 (7)	294 (16) 290 (16) 304 (5)	294 (22) 314 (17) 386 (17) 296 (11)
504−306		202 (18) 108 (14) 200 (13) 208 (9) 18 (7)	108 (37) 202 (11) 200 (7) 194 (6) 208 (2)	108 (51) 202 (11) 208 (9) 206 (4) 200 (2)	108 (24) 200 (14) 298 (10) 208 (7)	108 (42) 208 (11) 200 (11)
753−125−467		71 (4) 133 (4) 80 (4) 151 (2)	141 (6) 235 (6) 171 (6) 261 (4) 628 (4)	181 (8) 164 (5) 162 (5) 131 (5)	42 (10) 261 (10) 61 (5)	151 (12) 61 (12) 261 (6)
942−356−297		600 (6) 55 (4) 11 (4) 299 (2)	299 (16) 389 (5) 483 (4) 399 (4) 309 (2)	299 (8) 279 (4) 189 (4) 309 (4) 11 (4)	299 (7) 596 (7) 281 (7) 271 (7)	189 (12) 413 (12)

第34表　減法(小数・分数)の誤答の実態（A検査）（かっこ内は百分率）

問題＼学年	I	II	III	IV	V	VI
.5 − .3		2. (40) 2 (40)	2. (61) 5.3 (11)	2. (57)	2 (50)	
.68−.42		26. (50) 26 (25)	26. (37) 2.6 (11)	2.6 (26) .20 (13)	.24 (19) 26 (13)	2.6 (31) 26 (23)
.32−.14		18 (33)	18. (20) 1.8 (10) 18 (10)	1.8 (23) .16 (14) .28 (9) .46 (9) .22 (9)	.28 (24) .20 (14)	.28 (20) .22 (20)
.75−.28			47. (27) 4.7 (23)	4.7 (19) .53 (15) .43 (7)	.57 (10) .52 (10) .48 (10)	.48 (19) 4.7 (19) .37 (19)
1.6 − .4		12. (33)	12. (37) .12 (32)	.12 (20) 1.3 (8) .14 (8) 1.10(8)	.12 (29)	.12 (60)
3.4 − .6		28. (40)	28. (14) .28 (14)	3.0 (9) 3.8 (9) .28 (6) 2.7 (6) 2.4 (6)	.28 (15) 2.4 (10) 3.0 (5)	.28 (25) 3.8 (17)
3.67−.48			.319(22)	3.21(11) 3.29(11) 3.91(5) 3.9 (5)	319 (11) 3.29(5)	3.21(11) 3.20(11) 3.59(11)
5.32−.47			4.95(12)	4.95(20) 5.05(4) 3.95(4) 5.15(4) 6.2 (4)	4.95(13) .485(8) 45 (8)	12.5 (11) 4.75(11)

第34表（つづき）

問題＼学年	I	II	III	IV	V	VI
3 − .2		1 (33) 1. (33)	.1 (46) 1. (27) 3.2 (12)	.1 (58) 1. (11) 3.2 (9) 2.98(3)	.1 (50) 3.2 (12) 1 (9) 1. (6)	.1 (52) 3.2 (14)
18 − .19		.0 (25) 1. (25)	18.19(17) .1 (17) .9 (13) 19 (8)	.1 (9) .19 (8) 16.91(7) .9 (7) 16.1 (7)	17.91(17) .9 (9) 18.19(7) 1.61 (7) .1 (7)	16.1(24) 17.1 (7) .9 (7) 18.19(7) .1 (7)
21.5−2.08		7 (33)	7. (15) .7 (12)	.7 (19) 18.7 (9) 19.58(7) 7. (4) 1.42 (4)	21.42(12) .07 (10) 19.58(4)	19.58(23) .7 (20) 21.42 (8) 9.42 (8)
13.1−4.001		0. (20) .0 (20)	90 (9)	9.101(8) 9.009(6) 9. (5) 9.001(4) .9 (4)	9.999(19) 9.101(9)	9.101(19) 9.999(13) 9.009(12)
$\frac{4}{5}-\frac{2}{5}$		2 (50) 4 (50)	4 (38) 2 (25)	$\frac{2}{0}$ (39) 2 (14) $\frac{1}{5}$ (7) $\frac{1}{3}$ (7)	$\frac{2}{0}$ (21) $\frac{1}{5}$ (11) $\frac{4}{5}$ (11)	$1\frac{1}{5}$ (33) $\frac{1}{5}$ (17)
$1-\frac{3}{4}$		0 (25)	2 (33) $\frac{2}{4}$ (17)	$\frac{3}{4}$ (12) $\frac{2}{3}$ (12) $\frac{7}{5}$ (12) $1\frac{3}{4}$ (8)	$1\frac{1}{4}$ (12) $\frac{2}{4}$ (12) $\frac{3}{4}$ (8) 2 (8) $\frac{7}{4}$ (8)	$\frac{3}{4}$ (11) $1\frac{1}{4}$ (6)

第34表（つづき）

問題＼学年	I	II	III	IV	V	VI
$1\frac{1}{3}-\frac{2}{3}$		0 (25)	$\frac{1}{3}$ (17)	$\frac{1}{3}$ (12) $\frac{2}{1}$ (8) $\frac{2}{4}$ (8) $\frac{4}{3}$ (8) $\frac{0}{3}$ (8)	$\frac{1}{3}$ (21) $1\frac{1}{3}$ (14) $\frac{9}{3}$ (14) $\frac{7}{3}$ (7)	$\frac{1}{3}$ (28) $1\frac{1}{3}$ (21) $1\frac{2}{3}$ (7) $\frac{9}{3}$ (7)
$\frac{1}{2}-\frac{1}{4}$		4 (50)	4 (29) $\frac{1}{2}$ (14)	$\frac{1}{2}$ (27) $\frac{0}{2}$ (15) $\frac{2}{4}$ (10) $\frac{0}{4}$ (5) $\frac{2}{2}$ (5)	$\frac{1}{2}$ (28) $\frac{2}{2}$ (14) $\frac{3}{4}$ (7) $\frac{1}{3}$ (7) 2 (7)	$\frac{1}{2}$ (44) $\frac{3}{4}$ (17)
$2\frac{1}{5}-\frac{1}{10}$		11 (33)	$\frac{1}{5}$ (14)	$\frac{1}{5}$ (8) $\frac{1}{10}$ (8) $\frac{2}{5}$ (8) $2\frac{0}{5}$ (8)	$2\frac{1}{5}$ (8) $2\frac{1}{2}$ (8) $\frac{1}{2}$ (8)	$2\frac{1}{5}$ (13) $\frac{2}{5}$ (8) $1\frac{1}{10}$ (8) $2\frac{1}{2}$ (8)
$\frac{6}{7}-\frac{9}{14}-\frac{1}{21}$		26 (100)	$\frac{2}{7}$ (17)	$\frac{1}{21}$ (10) $\frac{2}{10}$ (10) $\frac{7}{42}$ (5)	5 (12) $\frac{1}{42}$ (6) $\frac{1}{7}$ (6)	$\frac{7}{42}$ (12) $\frac{8}{21}$ (5) $\frac{1}{7}$ (5)

第35表　乗法(整数)の誤答の実態（A検査）（かっこ内は百分率）

問題＼学年	Ⅰ	Ⅱ	Ⅲ	Ⅳ	Ⅴ	Ⅵ
2×□＝6		4 (100)	2 (50)			2 (67) 4 (33)
3×□＝15		12 (48) 4 (24) 6 (10)				
9×□＝18		9 (50) 8 (8)	9 (60) 8 (10)	9 (50) 8 (25)	9 (100)	9 (62)
6×□＝30		24 (40) 4 (20)	6 (67) 4 (33)			
4×□＝36		32 (44)	8 (75) 7 (17)			
8×□＝32		24 (33)	5 (38) 7 (25) 9 (25)	8 (50)	7 (50)	
5×□＝45		40 (50)	8 (50)	5 (57) 8 (14)		
9×□＝54			5 (73)	5 (33)	5 (100)	5 (75)

第35表（つづき）

問題＼学年	Ⅰ	Ⅱ	Ⅲ	Ⅳ	Ⅴ	Ⅵ
6×□＝48		42 (43)	7 (79)	7 (75)	7 (50)	7 (50)
7×□＝63		56 (29)	8 (50) 6 (25)	7 (40) 5 (40) 8 (20)	7 (100)	6 (50) 7 (25)
11× 5		6 (29)	15 (55) 105 (15)	15 (67)	15 (50)	
23× 2			26 (48) 64 (14) 66 (10)	26 (100)		26 (100)
37× 4			28 (7) 68 (6) 168 (4) 128 (4)	168 (21) 141 (16) 144 (11)	141 (25)	168 (38)
96× 8		104 (50)	138 (5) 728 (5) 748 (4) 724 (4)	762 (13) 588 (13) 728 (7) 778 (7)	724 (11) 778 (11)	588 (11)
213× 3			219 (29) 29 (14) 239 (11) 9 (7)	239 (20)	239 (33) 219 (33)	239 (33)
202× 4			848 (34) 208 (11) 88 (9) 8 (9)	848 (67) 208 (8)	848 (50)	848 (75)
264× 2			268 (15) 4128 (12) 128 (12) 28 (12) 428 (9)	428 (22) 268 (11)	648 (50)	4128 (20)

第35表（つづき）

問題＼学年	I	II	III	IV	V	VI
953×5			55 (9) 4555 (9) 4565 (5)	4665(26) 7565(9)	4665 (46) 4565 (15)	4565(13)
73×13			79 (39) 769 (6)	929 (14)	769 (10) 79 (10) 919 (10)	919 (13) 79 (13)
74×45			282 (6) 480 (6)	3320 (8) 2930 (8) 3230 (4)	3230(31) 2320(8)	3230 (14) 3320 (14)
148×16			188 (15) 1448 (4)	1368(13) 2348 (9) 1768 (6) 2168 (6)	1368(22)	2348 (13) 2362 (13)
427×58			466 (9)	23866 (6) 24866 (4) 23766 (4) 24666 (4)	23766 (9) 24866 (9) 24666 (9)	24666(21)
205×34				1570(12) 6870 (6) 7310 (6)	6870 (17) 6850 (8)	1570 (30)
406×72			482(25) 9624(13) 39232(13)	15232 (6) 29292 (6) 29832 (6)	15232(11) 29292(6) 25232(6)	4032(19) 29832(13)
2357×26			50282(13) 61632(13)	51282 (6) 60282 (6) 61288 (4) 61182 (4)	60282(12) 61182(12) 61682(12)	60282(14)

第35表（つづき）

問題＼学年	I	II	III	IV	V	VI
6378×49			6337(10) 63332(10)	281022(4) 312552(3) 311822(3) 302522(3)	302522(11) 212522(7) 311522(7) 311922(4) 312422(4)	302522(11) 311522(8) 311822(3)
24×315			320 (20) 322 (20)	7460 (8) 1080 (6) 8560 (4) 3360 (4)	7460 (11) 7540 (11) 7450 (11) 7550 (11)	1080 (16) 6360 (11) 7460 (11)
34×227			1598 (14) 7618 (14)	7618(13) 7818 (5) 6918 (5) 1598 (5)	1598 (6) 7708 (6) 1589 (6) 7618 (3)	1598 (15) 6918 (10) 7618 (5)
28×271			448 (33) 2976 (33)	7788 (6) 5988 (6) 2548 (6)	6588 (18) 7348 (14) 2710 (9)	6588(13) 2548 (6) 5988 (6) 7788 (6)
26×513			328(33) 71098(33)	1638(17) 13838(5) 13328(5)	1638 (25) 10338 (10)	10338(18) 1638(12) 13238(12)
263×307			661 (33)	9731(11) 79741(4) 80541(4) 94741(4)	9731(9) 70741(6)	9731(13) 70741(9) 80731(9)
409×205				10225(13) 11845(6) 82845(6) 10045(4)	11845(23) 10225(10) 10045(3) 82845(3)	10225(29) 11845(19) 82845(10)
146×235				33310 (8) 24310 (5) 34410 (3) 14160 (3) 34330 (3)	8030(10) 44310(10) 34810(6) 13160(6)	33310(11) 24310(11) 44310(7)
573×427				234671(6) 233671(5) 36671(3)	234671(10) 244571(8) 230671(5)	234671(9) 244321(6) 245671(6)

第36表　乗法(小数・分数)の誤答の実態(A検査)(かっこ内は百分率)

学年 / 問題	Ⅰ	Ⅱ	Ⅲ	Ⅳ	Ⅴ	Ⅵ
.8×4			.32 (38) 8.4 (13) 32. (13)	.32(68) 32.0(9)	.32 (57) 32. (14) 32.0 (7)	32 (64) 32.0 (7)
1.6×7			4.2 (18)	1.12(23) 1.42(11) .112(6) 4.8(4) 112(4)	1.12(19) 1.2(9) 74.2(6) 112(6) 1.22(6)	1.12 (29) 11.8 (12)
.05×3			5.3 (50)	1.5(35) .015(19) 1.50(5) .5(5) 15.(5)	1.5 (33) 15 (13) .015 (7) 3.15 (7)	1.5 (27) .015 (23) 15 (14)
2.15×5				1.075(23) 1075.(7)	1.075(19) 1075(16) 107.5(6) 10.25(6) .75(6)	.75 (11) 1.075 (11) 10.15 (11)
3.24×16			3.44(29)	5.184(16) 41.84(9) 3.44(7) 19.24(5) 19.44(5)	5184 (9) 5.184 (7) 3.44 (5) .5184 (5)	.5184 (16) 5.184 (5) 19.44 (5)
13.9×12				1.668(10) 16.68(8) 17.8(5) 14.8(5)	16.68 (23) 1668 (14) 1.668 (9)	16.68 (26) 176.8 (6)
.2×.4			.8 (60) 2.4 (13)	.8 (89) 8.0 (3) .6 (3) .8. (3)	.8 (89) 00.8 (1)	.8 (84) 00.8 (5) 8 (3)
.9×.7			6.3 (27)	6.3 (68) .063 (5)	6.3(78) .063(2)	6.3 (72) .063 (10)

第36表(つづき)

学年 / 問題	Ⅰ	Ⅱ	Ⅲ	Ⅳ	Ⅴ	Ⅵ
.3×.05			.15 (22) 3.5 (22)	.15 (53) 1.5 (22) 1.50 (5)	.15 (63) 1.5 (16)	.15 (48) 1.5 (15) 15 (4)
.04×3.9				1.56 (20) 15.6 (9) 12.36 (7) 3.94 (7)	1.56 (26) 15.6 (20) 12.36 (6) 156 (5)	15.6 (23) 1.56 (11) 12.36 (5) .36 (5)
2.07×2.4				49.68 (13) 4.47 (6) 496.8 (4)	49.68(24) 4.28(12) 496.8(7) 422.28(5)	49.68(16) 42.228(8)
3.8×.46				17.48 (12) .48 (5) 17.42 (5)	17.48 (29) 174.8 (16) 164.8 (4) 15.68 (4) 16.48 (4)	17.48(33) 174.8(9) 1.948(7) 1.745(3) 1.648(3)
$\frac{1}{3}$ ×2				$\frac{7}{6}$ (44) $\frac{1}{6}$ (17) $\frac{3}{3}$ (5) 8 (5)	$\frac{2}{6}$ (43) $\frac{1}{3}$ (27) 2 (7)	$\frac{1}{3}$ (33) $\frac{1}{6}$ (22)
$\frac{5}{6}$ ×3				$\frac{15}{6}$ (29) $\frac{15}{18}$ (26) $\frac{5}{18}$ (3)	$\frac{15}{18}$ (41) $\frac{15}{6}$ (14) $\frac{5}{6}$ (7) $\frac{3}{6}$ (7) $2\frac{3}{6}$ (7)	$2\frac{3}{6}$ (15) $2\frac{1}{3}$ (12) $1\frac{1}{2}$ (12) $\frac{5}{18}$ (7) $\frac{15}{6}$ (7)

第36表（つづき）

問題＼学年	I	II	III	IV	V	VI
$\frac{5}{12}\times 10$				$\frac{50}{12}$ (29) $\frac{50}{120}$ (21) $\frac{5}{120}$ (8)	$\frac{50}{120}$ (28) $\frac{50}{12}$ (17) $4\frac{2}{12}$ (8) $\frac{10}{12}$ (6)	$\frac{50}{12}$ (16) $\frac{5}{12}$ (11) $4\frac{2}{12}$ (8) $4\frac{1}{3}$ (5)
$\frac{7}{12}\times 11$				$\frac{77}{12}$ (32) $\frac{77}{132}$ (12)	$\frac{77}{132}$ (34) $\frac{77}{12}$ (21) $\frac{7}{12}$ (9) $\frac{11}{12}$ (6)	$\frac{7}{12}$ (15) $\frac{77}{12}$ (11) $\frac{7}{132}$ (7)
$1\frac{1}{4}\times 3$				$1\frac{3}{4}$ (17) $1\frac{1}{12}$ (11) $\frac{12}{4}$ (11)	$3\frac{3}{12}$ (18) $\frac{3}{12}$ (14) $1\frac{3}{4}$ (9) $1\frac{3}{12}$ (9) $1\frac{1}{4}$ (9)	$1\frac{3}{4}$ (39) $\frac{3}{4}$ (15) $1\frac{1}{4}$ (8) $3\frac{1}{2}$ (8) $\frac{5}{12}$ (8)
$1\frac{1}{6}\times 4$				$4\frac{4}{24}$ (18) $1\frac{4}{6}$ (18)	$\frac{4}{24}$ (19) $1\frac{4}{24}$ (14) $1\frac{4}{6}$ (14) $1\frac{1}{6}$ (10) $4\frac{4}{24}$ (10)	$1\frac{2}{3}$ (28) $4\frac{4}{6}$ (23) $1\frac{4}{6}$ (5) $\frac{2}{3}$ (5)
$\frac{1}{2}\times\frac{1}{2}$				$\frac{1}{2}$ (38) $\frac{2}{4}$ (23)	$\frac{1}{2}$ (47) $\frac{2}{2}$ (16) 1 (16)	$\frac{1}{2}$ (56) 1 (21) 2 (5) $\frac{2}{2}$ (5)

第36表（つづき）

問題＼学年	I	II	III	IV	V	VI
$\frac{5}{6}\times\frac{2}{5}$				$\frac{10}{30}$ (58)	$\frac{10}{30}$ (52) $\frac{2}{6}$ (8) $\frac{5}{15}$ (8)	$\frac{10}{30}$ (22) $\frac{2}{5}$ (6) $\frac{2}{6}$ (6) 10 (6) 30 (6)
$1\frac{2}{3}\times\frac{1}{5}$				$1\frac{2}{15}$ (33)	$1\frac{2}{15}$ (50) $\frac{2}{15}$ (9)	$1\frac{2}{15}$ (35) $1\frac{1}{5}$ (7) 5 (4) 3 (4) $\frac{5}{15}$ (4)
$3\frac{5}{6}\times\frac{3}{10}$				$3\frac{15}{60}$ (33)	$3\frac{15}{60}$ (33)	$3\frac{1}{4}$ (16) $1\frac{9}{60}$ (14) 18 (5) $3\frac{15}{60}$ (4) $3\frac{1}{2}$ (4)
$1\frac{1}{4}\times 2\frac{2}{3}$				$3\frac{3}{12}$ (15) $3\frac{2}{12}$ (15)	$2\frac{2}{12}$ (28) $2\frac{1}{6}$ (22) $3\frac{2}{12}$ (11)	$2\frac{1}{6}$ (22) $3\frac{1}{6}$ (8) $3\frac{4}{12}$ (6) $3\frac{11}{12}$ (4) $2\frac{2}{12}$ (4)
$2\frac{2}{9}\times 3\frac{3}{4}$				$6\frac{6}{36}$ (31)	$6\frac{6}{36}$ (18) $6\frac{1}{6}$ (14)	$6\frac{1}{6}$ (22) $5\frac{1}{6}$ (6)

第37表　除法(整数)の誤答の実態（A検査）(かっこ内は百分率)

学年 問題	Ⅰ	Ⅱ	Ⅲ	Ⅳ	Ⅴ	Ⅵ
27 ÷ 9			4 (33) 9 (33)		9 (17)	
36 ÷ 6			4 (25)	4 (8)	4 (25)	4 (20)
84 ÷ 2			4 (20)	43 (13) 16 (13) 4 (7)	4 (25) 40 (17)	
50 ÷ 5			5 (22) 25 (22) 1 (11)	1 (21) 25 (11) 9 (11)	1 (40)	1 (20)
639 ÷ 3			3 (25)	203 (13)	203 (18)	
357 ÷ 7			211 (9)	21 (10) 221 (10) 211 (5)	5 (14) 57 (14)	
572 ÷ 4			12 (10)	120 (14) 118 (11) 11 (11) 12 (7)	13 (13) 953 (13)	118 (15)
438 ÷ 6				71 (12) 723 (8)	63 (11)	63 (8)
3115 ÷ 5				63 (10) 651 (7)		
5373 ÷ 9			1313 (25) 648 (13)	51 (6)	587 (12)	58 (17)
6147 ÷ 3				249 (30) 242 (5) 12 (5)	249 (24)	249 (30)
4235 ÷ 7				65 (33) 641 (6)	65 (37) 650 (11)	65 (42) 650 (8)

第37表（つづき）

学年 問題	Ⅰ	Ⅱ	Ⅲ	Ⅳ	Ⅴ	Ⅵ
138÷23				66 (38) 51 (8)		66 (11)
603÷67				99 (10) 100…3(10) 7 (5)	7 (18)	7 (9)
351÷13				317 (18)	117 (6)	117 (27)
638÷22				319 (28)		28 (15) 319 (8)
2870÷14				25 (21)	25 (47)	25 (55)
8526÷21				46 (13) 454 (13)	46(23) 463(9)	46 (46)
1634÷38				516…6(20)	45 (20) 42…38(13)	
4756÷82						57 (17)
2660÷19					14 (11)	
2720÷17					16 (5)	
20196÷34				59 (14)	59 (10)	59 (5)
24531÷39						626 (14) 627 (14)

第38表　除法（小数・分数）の誤答の実態（A検査）（かっこ内は百分率）

問題＼学年	I	II	III	IV	V	VI
4.8÷2				24 (42)	24 (25)	
4.2÷7				6. (33) 7 (17)	6 (18)	6 (33) .7 (22)
25.8÷6				43 (19) 4.1 (16)	43 (16) 4.1 (11)	4.1 (7)
4.08÷8				5.01 (13) 51 (13) 5.1 (8)	51 (19) .01 (13) 5.1 (6)	51 (14) .01 (14)
29.16÷27				1.00 (7) 1.8 (3)	1.8 (21) 108 (15) 1.7 (6)	1.8 (15) 10.8 (8)
11.27÷23					49 (17)	49 (19)
.6÷.3				.2 (88) 2. (5) .2. (3)	.2 (86) .02 (4) 2. (4)	.2 (82) .02 (8) 3 (4) .3 (4)
2.4÷.4			.6 (100)	.6 (55) 6. (7) 2.1 (7) .8 (3) 5.1 (3)	.6 (71) .06 (7) .1 (4) 6. (4)	.6 (79) .06 (10)

第38表（つづき）

問題＼学年	I	II	III	IV	V	VI
.21÷.7				.03 (45) 3 (28)	.03 (53) 3 (25) .03 (3)	.03 (46) 3 (26) .003 (8) .7 (4)
5.52÷1.2				.46 (13) 5.26 (13)	.46 (46) 46 (12) .046 (10)	.46 (50) 46 (16) .046 (5)
1.365÷.15				1.5 (10) .091 (10) 1.73 (10)	.091 (50) .00091(9) 91 (6)	.091(25) .91(19) 91(12) .00091(3)
.01368÷.19				72 (11)	.00072(41) 72 (8) .0000072(8) .0072(5) .00062(5)	.00072(22) 72 (20) .0072(7) .72(7)
$\frac{4}{5}$÷2				$\frac{2}{2}$ (27) $\frac{1}{2}$ (13)	$\frac{4}{10}$ (37) $\frac{2}{10}$ (19)	$\frac{4}{10}$ (33)
$\frac{6}{11}$÷8				$\frac{6}{11}$ (25)	$\frac{6}{88}$ (33) $\frac{48}{88}$ (10)	$\frac{6}{88}$ (31) $\frac{3}{22}$ (5) $\frac{1}{22}$ (5) $4\frac{4}{11}$ (5)

第38表（つづき）

問題＼学年	Ⅰ	Ⅱ	Ⅲ	Ⅳ	Ⅴ	Ⅵ
$\frac{5}{6} \div 10$				$\frac{5}{6}$ (25) $\frac{2}{6}$ (25)	$\frac{5}{60}$ (36) $\frac{2}{6}$ (12) $\frac{5}{12}$ (8) $\frac{50}{60}$ (8)	$\frac{5}{60}$ (30) $\frac{1}{30}$ (10)
$\frac{6}{13} \div 12$				$\frac{2}{13}$ (25) $\frac{2}{1}$ (25)	$\frac{2}{13}$ (19) $\frac{6}{156}$ (19) $\frac{6}{12}$ (10)	$\frac{6}{156}$ (12) $\frac{3}{78}$ (8) $\frac{2}{13}$ (5)
$1\frac{4}{5} \div 9$					$1\frac{4}{45}$ (13)	$\frac{9}{45}$ (16) $1\frac{4}{45}$ (9) $9\frac{4}{45}$ (6)
$4\frac{9}{10} \div 21$					$\frac{49}{210}$ (25)	$\frac{49}{210}$ (39)
$3 \div \frac{5}{9}$				$\frac{1}{3}$ (25)	$\frac{3}{5}$ (21) $\frac{5}{27}$ (14)	$\frac{5}{27}$ (52) $\frac{3}{5}$ (5) $1\frac{2}{3}$ (5) $\frac{9}{15}$ (3)

第38表（つづき）

問題＼学年	Ⅰ	Ⅱ	Ⅲ	Ⅳ	Ⅴ	Ⅵ
$15 \div 4\frac{2}{7}$					$4\frac{2}{105}$ (11)	$\frac{2}{7}$ (15) $\frac{30}{105}$ (8) $\frac{6}{21}$ (8) $4\frac{2}{105}$ (4)
$\frac{1}{9} \div \frac{1}{18}$				$\frac{1}{2}$ (37) $\frac{1}{18}$ (25)	$\frac{1}{2}$ (22) $\frac{1}{18}$ (11)	$\frac{1}{2}$ (21) $\frac{1}{9}$ (18) $\frac{9}{18}$ (6) $\frac{2}{1}$ (6) $\frac{1}{162}$ (6)
$\frac{3}{5} \div \frac{9}{10}$					$\frac{5}{9}$ (20) $\frac{3}{2}$ (20)	$\frac{2}{3}$ (11) $\frac{30}{45}$ (11) $1\frac{1}{2}$ (9)
$2\frac{1}{5} \div \frac{2}{5}$				$\frac{2}{1}$ (40)	$2\frac{1}{5}$ (11) $5\frac{5}{10}$ (11)	$\frac{22}{25}$ (12) $2\frac{2}{25}$ (8) $5\frac{5}{10}$ (5) $2\frac{1}{2}$ (5)
$3\frac{3}{8} \div 2\frac{4}{7}$					$1\frac{45}{144}$ (10)	$1\frac{45}{144}$ (15) $\frac{7}{16}$ (4) $6\frac{21}{32}$ (4) $6\frac{12}{56}$ (4)

第39表　加法（整数）の誤答の実態（B検査）（かっこ内は百分率）

問題＼学年	I	II	III	IV	V	VI
3と2は	3 (29) 2 (14) 6 (14) 4 (14) 8 (14)	2 (100)	8 (50)			
5と1は	4 (60)	5 (100)	5 (100)			
4と4は	4 (13) 9 (13) 7 (13) 3 (13) 2 (13)	4 (100)	4 (50)			
7と2は	5 (22) 8 (11)	8 (67)		8 (100)	8 (50)	
6と4は	6 (15) 2 (15) 9 (15) 3 (15)	6 (50) 9 (50)	2 (50) 9 (25) 24 (25)		2 (100)	9 (100)
6と2は	9 (18) 4 (18) 7 (9) 6 (9)	6 (100)			9 (50) 4 (50)	
4と5は	8 (25) 4 (25) 7 (25) 10 (13)	8 (50) 4 (50)	8 (50)	8 (50)	8 (33)	
3と7は	8 (15) 9 (15) 5 (15) 1 (15) 11 (8)	5 (50)	11 (50)	1 (100)	5 (50)	

第39表（つづき）

問題＼学年	I	II	III	IV	V	VI
1と7は	6 (33) 7 (33)	1 (100)	7 (50)		1 (50)	
1と9は	7 (60) 9 (10) 8 (10)	1 (33)	9 (40)		1 (50) 9 (50)	
6＋8	13 (19) 16 (19) 17 (13) 18 (13) 12 (13)	18 (33) 16 (22) 13 (22)	13 (20) 15 (20)	15 (50) 13 (25)	15 (50) 13 (25)	
8＋8	17 (44) 18 (19) 13 (13)	17 (40) 15 (40)	17 (60) 15 (20)	14 (43)	18 (50) 17 (25)	
14＋3	8 (41) 15 (18) 5 (12)	7 (67)	8 (29) 27 (14)	8 (50)	8 (33)	
15＋4	10 (45) 18 (11) 6 (11)	9 (67)	10 (43) 20 (14) 29 (14)	10 (50)		
16＋7	22 (20) 24 (16) 14 (12) 13 (8)	13 (36) 24 (14) 14 (14) 33 (14) 22 (7)	22 (18) 13 (9) 24 (9)	13 (33) 14 (33)	18 (29) 13 (14) 24 (14) 33 (14)	13 (50) 24 (50)
14＋8	13 (23) 12 (9) 21 (9) 49 (9)	12 (50) 23 (20) 13 (10)	21 (22) 12 (22) 13 (11)	13 (25) 32 (25) 12 (17)	32 (14)	12 (100)
37＋7	17 (32) 14 (12) 45 (8)	34 (17) 47 (17) 45 (8)	34 (10) 47 (10)	17 (27) 43 (18)		

第39表（つづき）

問題＼学年	I	II	III	IV	V	VI
66＋9	21（13） 78（ 8） 77（ 8） 71（ 8）	70（20） 74（13） 76（13） 65（ 7）	78（18） 77（ 9） 605（ 9） 612（ 9）	21（30）		
23＋26	31（26） 13（11） 33（ 9） 39（ 9） 29（ 6）	50（20） 31（10） 59（10） 48（10）	59（29） 48（29） 52（14）	59（33） 48（17）	59（33）	
45＋23	50（33） 14（15） 48（ 7） 60（ 7） 69（ 4）	14（11） 78（11） 69（11） 67（11）	78（38） 69（13） 60（13）	14（33）		
17＋45	26（20） 52（12） 53（12）	52（41） 26（14） 82（ 9） 72（ 5） 17（ 5）	52（50） 72（ 6） 61（ 6） 602（ 6）	52（23） 71（15）	52（20）	52（50）
25＋69	40（23） 76（12） 84（ 8）	84（33） 91（10）	74（26） 84（16） 91（11） 98（11）	84（17）	104（29）	
75＋82	22（13） 1507（13） 85（13）	507（16） 57（10） 147（ 6） 117（ 6）	57（28） 147（20） 167（20）	167（30） 147（10）	167（50）	167（50）
84＋98	29（19） 172（6） 100712（6）	172（31） 1082（ 6） 1712（ 6） 82（ 6） 72（ 4）	72（14） 192（10） 802（10） 172（10）	172（38）	172（29） 82（14）	172（50）
320＋240	56（13）	56（39） 506（21） 570（ 7）	56（38） 561（15） 580（ 8）	660（33）	56（50）	660（100）
374＋521	22（29） 814（14） 95（14） 89（14）	94（13） 884（ 9） 814（ 9） 904（ 9） 893（ 9）	95（11）	894（50）		

第39表（つづき）

学年＼問題	I	II	III	IV	V	VI
236＋206	4312（17） 40015（17） 415（17）	432（21） 532（21） 4312（15） 415（ 6）	432（28） 4312（11） 452（11） 542（ 6）	432（27） 542（18）	542（20）	542（60）
547＋446	921（33） 29（33）	983（20） 183（11） 9813（ 9） 921（ 4） 994（ 4）	983（25） 988（10） 883（10）	953（18） 973（18） 983（18）	983（29）	983（25）
483＋281	62（25） 774（25）	664（31） 6164（ 9） 620（ 9）	774（23） 664（23） 864（ 9） 964（ 9） 6164（ 9）	774（14） 664（ 7）	774（25） 664（25）	664（33）
631＋288	82（25） 8119（25）	819（23） 8119（18） 820（ 8） 909（ 8） 829（ 5）	819（37） 929（13） 8119（13）	819（33） 929（13）	819（75）	929（75）
625＋175	719（25）	790（35） 890（16） 7910（10） 900（ 6） 700（ 5） 791（ 5）	790（40） 791（19） 700（12） 7910（12）	790（29） 780（14） 700（ 7） 900（ 7）	790（29） 810（29） 900（14）	790（50） 900（13） 7910（13）
796＋118	824（50） 8114（25）	804（17） 904（11） 81014（9） 1004（ 9） 814（ 7）	904（20） 814（20） 804（8） 81014（8） 824（8）	915（19） 904（13） 814（13）	904（29） 814（14）	904（18） 913（18） 814（ 9）
427＋101＋215	716（50）	789（12） 688（12）	888（25） 789（ 8） 798（ 8）	798（45） 789（11）	798（50） 888（25）	798（50）
235＋451＋173	724（50）	7159（21） 759（18） 739（ 6） 869（ 6） 809（ 6）	759（24） 7159（10） 849（ 5）	849（18） 759（12）	759（20）	869（33） 759（17）

第40表　加法（小数・分数）の誤答の実態（B検査）（かっこ内は百分率）

問題＼学年	I	II	III	IV	V	VI
3＋.4		7 (38) .7 (25)	.7 (56) 7. (28)	.7 (43) 7. (23) 34 (10) 7.4 (8)	.7 (81) 7 (10)	.7 (88) 7 (12)
16＋.8		24 (43) .24 (29)	2.4 (29) 1.4 (18) .24 (12) 24 (12)	2.4 (31) 24 (11) .24 (11)	2.4 (33) .24 (33) 24 (7)	2.4 (25) .24 (25) 24 (25)
4＋.03		7 (29)	4.3 (37) .7 (33) 7 (13) .07 (8)	4.3 (39) .7 (23) .07 (9)	.07 (37) .7 (23) .43 (13) 4.3 (7)	.7 (39) 4.3 (30) .43 (17)
.14＋11		25 (50)	.25(39) 2.5(13) 25(9) 14.11(9)	.25(41) 14.11(10) 25(8) .1411(5) 2.5(5)	.25 (38) 2.5 (8)	.25(64) 25.0(8) .1411 (8)
.2＋.6		8 (43)	8(42) .8.(17) .2.6(17)	・8.(31) 2.6(19) .2.6(15)	8 (25) 08 (17)	.08 (36)
.9＋.4		13 (29) .13 (29)	.13(27) 13(27) .1.3(14) .9.4(9) 9.4.(9)	.13(54) 9.4(12) .9.4(9) 13(7)	13 (76) 13 (5)	.13 (81) 13 (6) 9.4 (3)
.73＋.2		75 (33) .75 (33)	75(23) .75(19) 7.5(19) .7.5(15)	.75(56) 7.5(7) 73.2(6) .73.2(5) 75.0(5)	.75 (42) .92 (4)	.75(59) 75(9) .093(7) 7.5(4)
.8＋.76		84 (33) .84 (33)	.84 (23) 84 (18) 8.4 (9) .8.4 (9)	.84(37) 8.76(10) 8.76(5)	.84(44) .156(15) 15.6(6)	.84(46) .156(13) 8.4(5) 84(5)

第40表（つづき）

問題＼学年	I	II	III	IV	V	VI
.32＋.14		46 (50)	46(44) .4.6(17)	32.14(17) 46(10) .32.14(8) 4.6(8) .56(5)	4.6 (21) .56 (11)	4.6 (17)
.78＋.67			1.4.5(22) 145(17) .145(11)	.145(30) 14.5(11) 78.67(11) .78.67(7)	.145 (47)	.145(35) 78.67(8)
.7＋24.5		36 (40) .36 (40)	252(10) .25.2(10) 24.12(5)	2.52(6) .724.5(6) .36(4) 24.57(4) 9.4.5(4)	24.12(21) .252(10) .36(7)	2.52(15) 24.12(11) .252(7) 31.5(7)
4.2＋7.09			11.11(10) 751(5) 75.1(5) 427.9(5)	11.11(22) 12.1(10) 4.27.09(5)	7.51(12) 75.1 (8) 11.09 (8) 11.11 (4)	1.129(14) 12.1(7) 42.709(7) 11.11(7)
$\frac{3}{8}+\frac{7}{8}$		26 (50)	26 (38) $\frac{10}{16}$ (15)	$\frac{10}{8}$ (36) $\frac{10}{16}$ (19)	$\frac{10}{16}$ (43) $\frac{10}{8}$ (21) $\frac{5}{4}$ (11) $1\frac{2}{8}$ (4)	$1\frac{2}{8}$ (33) $\frac{10}{8}$ (12) $\frac{1}{4}$ (12) $\frac{5}{4}$ (6)
$2\frac{1}{4}+1\frac{3}{4}$		15 (50)	15 (67)	15 (15) $3\frac{4}{4}$ (15) $\frac{4}{8}$ (11) $\frac{7}{8}$ (11) $3\frac{4}{8}$ (7)	$3\frac{4}{4}$ (14) $\frac{4}{8}$ (11) $3\frac{4}{8}$ (11)	$3\frac{4}{4}$ (9)

第40表（つづき）

問題＼学年	I	II	III	IV	V	VI
$\frac{1}{2}+\frac{1}{3}$		7 (67)	7 (46) $\frac{2}{5}$ (15)	$\frac{2}{5}$ (43) 7 (12) $\frac{2}{3}$ (10) $\frac{1}{5}$ (5)	$\frac{2}{5}$ (67) $\frac{2}{3}$ (10) $\frac{3}{5}$ (4) $\frac{1}{5}$ (4) 2 (4)	$\frac{1}{3}$ (33) $\frac{2}{5}$ (19) $\frac{2}{6}$ (10) $\frac{1}{6}$ (10)
$1\frac{1}{2}+\frac{5}{8}$		17 (67)	17 (63)	$1\frac{6}{10}$ (12) 17 (12) $\frac{6}{10}$ (8) $\frac{7}{10}$ (8)	$1\frac{6}{10}$ (23) $\frac{6}{10}$ (14) $1\frac{3}{5}$ (9) $\frac{3}{5}$ (6)	$1\frac{3}{4}$ (12) $1\frac{9}{8}$ (9) $1\frac{5}{8}$ (6) $1\frac{6}{10}$ (6)
$1\frac{7}{15}+2\frac{11}{20}$		65 (33)	56 (71)	$3\frac{18}{35}$ (14) 56 (9) $\frac{18}{35}$ (9)	$3\frac{18}{35}$ (38) $\frac{18}{35}$ (9) $3\frac{18}{20}$ (6)	$2\frac{1}{60}$ (5) $3\frac{18}{35}$ (5) $6\frac{3}{5}$ (5) $1\frac{1}{60}$ (5)
$\frac{5}{8}+\frac{3}{4}+\frac{1}{16}$		38 (33)	37 (67) $\frac{9}{28}$ (22)	$\frac{9}{28}$ (46) $\frac{23}{16}$ (12) 37 (8)	$\frac{9}{28}$ (56) $\frac{9}{16}$ (8) 9 (6)	$\frac{9}{16}$ (8) $2\frac{7}{16}$ (5) $\frac{9}{28}$ (5)

第41表　減法（整数）の誤答の実態（B検査）

問題＼学年	I	II	III	IV	V	VI
5は4と	9 (50) 5 (19) 2 (13)	9 (50) 4 (25)	9 (50) 4 (50)	9 (55) 4 (36)	4 (67) 9 (17)	9 (100)
5は2と	7 (41) 4 (24) 2 (18)	7 (56) 2 (33)	7 (40) 2 (40)	7 (55) 2 (27)	2 (27) 7 (29)	7 (100)
10は8と	18 (29) 8 (21) 3 (14)	18 (38) 8 (25) 7 (25)	8 (50) 18 (25)	18 (45)	8 (60) 18 (20)	18 (100)
10は3と	13 (33) 6 (17) 8 (11) 3 (11) 2 (11)	13 (36) 3 (18) 9 (18) 4 (18)	3 (40) 13 (20)	13 (60) 3 (30)	3 (50) 13 (33)	13 (67)
10は6と	16 (29) 11 (10) 3 (10) 2 (10) 5 (10)	16 (36) 5 (18) 6 (18)	16 (50) 6 (25)	16 (50) 6 (20)	6 (71) 16 (14)	16 (100)
9は5と	14 (19) 1 (19) 9 (13) 2 (13) 5 (5)	14 (45) 5 (33)	14 (67) 5 (33)	14 (63) 5 (13)	5 (50)	14 (67)
7は4と	2 (26) 11 (26) 5 (16) 7 (11) 4 (11)	11 (45) 4 (18) 2 (9)	11 (33) 2 (33)	11 (56)	4 (50) 11 (17)	11 (100)
8は1と	9 (33) 2 (22) 3 (11) 1 (11)	9 (75) 1 (25)	9 (50) 1 (25)	9 (63) 1 (13)	1 (38) 9 (25)	9 (100)

第41表（つづき）

問題＼学年	I	II	III	IV	V	VI
6は1と	7 (30) 8 (20) 2 (15) 6 (10) 1 (10)	7 (67) 1 (33)	7 (40) 6 (40) 1 (20)	7 (56) 6 (22) 1 (11)	1 (50) 7 (33) 6 (17)	7 (67)
9は1と	10 (32) 5 (14) 2 (14) 3 (9) 7 (9)	10 (57) 1 (29)	10 (40) 1 (20)	10 (63) 1 (25)	1 (63) 10 (25)	10 (75)
6－4	10 (42) 4 (33) 6 (13)	3 (40)	3 (40) 10 (20) 6 (20)	3 (33)		
9－1	10 (44) 1 (17) 9 (11) 5 (11)	7 (33)	10 (50)		10 (50)	
12－6	18 (18) 3 (14) 4 (14) 7 (11) 14 (11)	8 (25) 5 (17) 4 (17) 7 (17)	4 (40) 14 (30)	14 (14) 8 (14)	8 (29)	
16－7	23 (13) 7 (13) 3 (13) 16 (10) 8 (10)	11 (14) 3 (14) 19 (14) 13 (14) 8 (14)	11 (27) 3 (27)	11 (25) 4 (17) 7 (17)	7 (22) 13 (11)	
37－4	41 (16) 36 (11) 37 (11)	27 (17) 23 (11) 31 (11) 6 (11)	32 (29) 34 (14)	23 (13)	3 (25) 27 (13)	
78－3	81 (16) 70 (11) 78 (11) 76 (5)	65 (37) 5 (16) 76 (5) 71 (5) 4 (5)	65 (25)	76 (17)	5 (15) 65 (8)	76 (33)
32－5	37 (18) 25 (12) 35 (12) 32 (12) 0 (6)	23 (14) 25 (14) 7 (14) 37 (10) 33 (5)	33 (21) 25 (16) 35 (11) 37 (11)	33 (25)	26 (25)	25 (67)

第41表（つづき）

問題＼学年	I	II	III	IV	V	VI
73－7	67 (11) 80 (11) 73 (11) 65 (5)	63 (12) 73 (8) 74 (8) 3 (8) 6 (8)	74 (24) 63 (18)	74 (20)	63 (9)	73 (50) 63 (50)
43－21	40 (25) 42 (8) 21 (8) 10 (8)	8 (13) 18 (13) 72 (13) 12 (7)		28 (50)		
87－47	42 (14) 89 (14) 4 (7)	30 (18) 47 (14) 73 (9)	30 (22)	30 (40) 26 (40)	47 (13)	47 (50) 41 (50)
73－36	42 (13) 43 (13)	43 (22) 42 (8) 47 (5) 44 (5) 38 (5)	43 (24) 34 (16) 47 (8) 40 (8) 36 (8)	36 (25) 43 (15) 27 (10)	47 (17) 36 (8)	34 (25)
62－48	26 (15) 20 (15) 56 (15)	26 (17) 20 (17) 52 (10) 24 (7) 22 (7)	26 (30) 12 (10) 24 (10)	26 (13) 34 (13) 24 (13)	20 (25) 12 (17)	12 (17) 20 (17)
146－70	136 (14)	136 (13) 34 (6) 106 (6) 976 (6) 66 (6)	136 (16) 70 (16) 36 (12)	136 (12) 86 (12) 70 (12)	100 (17)	36 (38)
177－83	83 (29) 114 (14) 104 (14)	114 (10) 31 (7) 994 (7) 84 (5) 104 (5)	114 (20) 24 (20) 84 (5)	84 (24) 114 (12) 95 (12)	114 (8) 84 (8)	24 (29)
985－572	485 (17) 572 (17)	423 (10) 417 (10)		414 (25)		
486－246	246 (33)	246 (12) 24 (12) 230 (6) 220 (6)	24 (12) 230 (12) 440 (12) 246 (6)	230 (14)	246 (20)	

第41表（つづき）

学年 問題	I	II	III	IV	V	VI
563−457		114 (27) 16 (18) 110 (14) 116 (8)	116 (22) 114 (19) 110 (14)	114 (33) 110 (7) 116 (7)	116 (15) 110 (15)	103 (30) 116 (20)
865−248		623 (23) 620 (12) 527 (9) 625 (9) 627 (9)	623 (17) 620 (13) 627 (10) 517 (7) 612 (7)	623 (18) 627 (18) 517 (12)	620 (13) 618 (13)	612 (14) 627 (14)
428−376		152 (31) 102 (19) 122 (8) 32 (6) 53 (4)	152 (73) 102 (16) 32 (6)	152 (43) 42 (19)	42 (22) 102 (20) 32 (7)	152 (22) 42 (11) 32 (11)
759−468		311 (26) 301 (20) 241 (4) 391 (4)	311 (25) 301 (13) 241 (6) 391 (6)	311 (22) 391 (17)	301 (15)	241 (38) 311 (25)
340−187		247 (24) 167 (17) 163 (8) 207 (7) 240 (5)	167 (30) 163 (8) 247 (7) 207 (5) 240 (3)	167 (21) 253 (18) 163 (15) 260 (8) 247 (5)	163 (17) 160 (13) 167 (8) 200 (8) 143 (8)	253 (27) 167 (18) 247 (9)
703−508		205 (26) 105 (20) 200 (9) 203 (7) 25 (6)	105 (39) 205 (18) 292 (4) 192 (4)	105 (52) 205 (10) 200 (4)	105 (21) 295 (18) 200 (11) 205 (7) 202 (7)	105 (37) 295 (17)
568−119−356		450 (7) 53 (5) 21 (5) 100 (5)	449 (8) 193 (6) 105 (6) 103 (4) 83 (4)	83 (12) 103 (12) 100 (6)	449 (13) 83 (4)	193 (18) 83 (14)
635−247−299		199 (8) 400 (5) 100 (5)	287 (6) 99 (6) 100 (5) 87 (5)	99 (11) 109 (11) 289 (4)	388 (15) 88 (8) 99 (8)	99 (14) 388 (9) 109 (9)

第42表　減法（小数・分数）の誤答の実態（B検査）（かっこ内は百分率）

学年 問題	I	II	III	IV	V	VI
.7−.4		3. (33)	3. (50) 7.3 (11) 30 (11)	3. (42)	3 (38) 03 (25)	3 (100)
.95−.51		44. (50)	44. (42) 4.4 (21)	4.4 (25) 44 (15) .49 (10)	44 (10) 4.3 (10)	4.4 (20) 44 (20) .43 (20) .54 (20)
.56−.27		29 (20)	29. (30) 2·9 (13) .31 (9)	2.9 (24) 29 (10) .31(10) .39(7) 3.2(7)	.39 (13) .33 (13) 29 (13)	2.9 (23)
.84−.59		25 (50) 25. (50)	25 (28) 2.5 (11) 25. (11)	2.5 (21) .35 (17) .45 (17)	25 (6)	2.5 (20)
2.8−.7		21 (33) 21. (33)	21(21) .21(21) 2.10(14)	.21 (13) 1.1 (13)	.21 (17) .11 (11)	.21 (29) 21 (29)
5.2−.4		48 (40) 48. (40)	48. (21) .48 (11)	4.6 (10) .48(6) 4.98(6) 48(6)	.48 (35) .8 (9)	4.6 (17) 5.8 (17)
2.45−.16			2.39(12) 229(12) .229(6)	2.39(20) 2.19(7) 2.31(3)	2.39(13) .229(9) 2.24(9)	2.39(26)
6.73−.85			588(8) .588(8)	5.98(17) 4.98(6) 4.88(4) 5.92(4) 6.88(4)	5.98(15) 588(8)	4.8 (14)

第42表（つづき）

問題＼学年	I	II	III	IV	V	VI
6－.5		1 (33) 1. (33)	.1(33) 1.(19) 6.5(15) 5.50(7)	.1(50) 1.(15) 6.5(7) 5.95(3)	.1 (47) 6.5 (13) 1 (11)	.1 (55) 6.5 (10) 1 (10)
15－.17		0 (25)	15.17(18) .0(14) .8(14) .2(9) 18(9)	.8(14) .2(13) 15.17(6) .18(6) 1.8(3)	14.93(23) 1.33(9) 15.17(7) .2(5) 14.3(5)	13.3(20) .18(7) 15.17(7) .8(5) 14.3(5)
23.7－4.06			23.1(5)	19.1(14) 19.76(8) .31(4) 23.1(4) 19(4)	19·79(13) 19.94(8) 18.64(5)	19.76(24) 19.1(5) 19.01(5)
14.9－5.003			9.807(5) 9.996(5) 4.477(5)	9.6(15) 9.807(8) 9.903(3) 9.93(2) 8.6(2)	9.903(9) 9.997(2)	9.903(18) 9.997(12) 9.807(8)
$\frac{5}{6}-\frac{1}{6}$		4 (25)	6 (25) 4 (25) $\frac{4}{0}$ (13) $\frac{4}{6}$ (13)	$\frac{4}{6}$ (56) $\frac{4}{0}$ (13) 4 (7)	$\frac{4}{6}$ (22) $\frac{4}{0}$ (9) $\frac{5}{6}$ (7) 4 (7)	$\frac{4}{6}$ (70) 1 (7)
$3-\frac{5}{8}$		10 (33)	10 (40) $\frac{2}{8}$ (20)	$\frac{3}{8}$ (12) $\frac{2}{5}$ (9) $3\frac{5}{8}$ (6)	$\frac{3}{8}$ (23) $2\frac{5}{8}$ (6) $\frac{5}{8}$ (6)	$\frac{3}{8}$ (28) $.2\frac{5}{8}$ (8)

第42表（つづき）

問題＼学年	I	II	III	IV	V	VI
$3\frac{2}{7}-\frac{5}{7}$			$\frac{3}{7}$ (25)	$\frac{3}{7}$ (12) $3\frac{3}{7}$ (8)	$3\frac{3}{7}$ (8) $\frac{3}{7}$ (8) $2\frac{3}{7}$ (4)	$3\frac{3}{7}$ (16) $2\frac{2}{7}$ (13) 2 (10) $2\frac{3}{7}$ (6) $2\frac{7}{7}$ (6)
$\frac{5}{6}-\frac{3}{8}$		0 (33)	$\frac{2}{8}$ (25)	$\frac{2}{2}$ (21) $\frac{2}{6}$ (6) $\frac{2}{8}$ (6)	$\frac{2}{2}$ (32) $\frac{2}{8}$ (12) $\frac{8}{8}$ (8)	$\frac{1}{2}$ (9) $1\frac{9}{24}$ (6) $\frac{1}{24}$ (6) $\frac{2}{3}$ (6) $\frac{2}{8}$ (6)
$1\frac{5}{12}-\frac{7}{18}$			7 (33) 17 (33)	$\frac{2}{6}$ (10) $1\frac{2}{6}$ (10)	$\frac{2}{6}$ (10)	$\frac{1}{36}$ (10) $\frac{2}{72}$ (5) $1\frac{1}{3}$ (5) $\frac{25}{36}$ (5)
$\frac{11}{12}-\frac{1}{3}-\frac{1}{4}$				$\frac{9}{5}$ (19) $\frac{1}{12}$ (12) $\frac{4}{12}$ (8)	$\frac{9}{5}$ (17) $\frac{5}{9}$ (11)	$\frac{1}{4}$ (15) $\frac{4}{12}$ (11) $\frac{3}{4}$ (7)

第43表　乗法（整数）の誤答の実態（Ｂ検査）（かっこ内は百分率）

学年 ＼ 問題	Ⅰ	Ⅱ	Ⅲ	Ⅳ	Ⅴ	Ⅵ
8×□＝8		0 (35) 4 (24) 5 (18) 8 (12)	8 (25) 2 (25)	8 (40)	2 (40) 0 (20)	
2×□＝14		12 (58)	6 (50)	6 (100)	6 (33)	
7×□＝21		14 (45)	4 (50) 7 (17)	4 (50) 7 (50)	4 (67) 7 (33)	
8×□＝24		16 (46)	4 (50) 6 (25) 8 (17)	6 (40) 4 (40)		
7×□＝28		21 (56)	3 (60) 5 (20)	6 (75)	9 (40)	
7×□＝35		28 (27)	7 (50)			
8×□＝40		32 (57)	7 (40)		6 (67)	
7×□＝42		35 (33)	5 (25) 3 (25)	5 (25)	3 (33)	7 (50)

第43表（つづき）

学年 ＼ 問題	Ⅰ	Ⅱ	Ⅲ	Ⅳ	Ⅴ	Ⅵ
8×□＝56		9 (29) 48 (29)	6 (36) 8 (36) 9 (18)	6 (40) 9 (30) 8 (20)	6 (25) 8 (25)	8 (33)
9×□＝72		5 (33) 63 (33)	6 (33) 3 (33)	3 (40) 6 (20)		7 (67) 3 (33)
22×4		8 (33)	28 (43) 48 (22) 68 (9)	48 (40) 28 (20)		
31×3			33 (65) 91 (9) 39 (9) 63 (9)	33 (50)	33 (38)	33 (100)
57×6			72 (12) 92 (8) 34 (5) 702 (5)	702 (14) 72 (10) 349 (10) 348 (10) 324 (10)	348 (11)	349 (20)
84×7			84 (9) 108 (9) 768 (7) 81 (5) 28 (4)	584 (11)	87 (25) 568 (13)	568 (10)
241×2			242 (33) 82 (17) 882 (8)	242 (17)	442 (25) 342 (25)	
302×3			936 (34) 306 (11) 96 (9) 36 (6)	936 (50) 306 (14)	936 (25) 306 (25)	936 (67) 306 (33)
143×3			149 (17) 329 (14) 49 (11) 629 (9)	329 (33) 149 (11)	329 (50)	

第43表（つづき）

問題＼学年	I	II	III	IV	V	VI
752×6			762 (7) 4242 (7) 4312 (5) 432 (5)	4242(22) 4412(9) 4612(9)	4312(15) 5112(15) 4412(8)	4312(38) 4242(38)
25×26			43 (18) 70 (9)	630 (18) 560 (7) 620 (7) 750 (7)	550 (40) 630 (10)	550 (50)
39×57			753 (7) 1563 (7)	1223(21) 2213(10) 2323(7)	2323(17) 2213(13) 2123(13)	2193(17) 2233(13) 2123(9) 2323(4)
126×17			162(11) 1242(5)	2242(9) 1142(9) 2112(6)	2042(22) 2242(17) 2148(11)	2132(12) 2148(12) 2242(12)
519×39			531 (5) 611 (5)	20041(5) 20141(5) 21241(5) 10241(5) 20341(5)	20341(17) 21241(11) 20041(6)	20141(14) 20178(10) 20171(10)
109×68			662(14) 10682(14)	8092(12) 2012(6)	7352(21) 6412(21) 7312(16)	2012(12)
208×93				29574(9) 4344(9) 28844(6)	22644(18)	4344(33)
2681×27			73387(11) 74387(11) 2767(11)	72397(6) 67987(4) 73387(4) 72377(4) 68387(2)	74387(13) 62387(9)	62387(19) 70387(15) 71387(12) 75387(8)
5794×58			340852(10) 341052(10) 335852(10)	76052(5) 326052(4) 340052(4)	326052(8) 335052(6) 236052(6) 331052(6)	335052(13) 337052(9) 326052(9) 235852(4)

第43表（つづき）

問題＼学年	I	II	III	IV	V	VI
23×218			224 (25)	4914(10) 874(7) 5114(5) 4414(5) 4944(5)	874 (9) 4914 (9)	4914(17) 874(11)
28×326			1568(20) 698(20)	9028(9) 6728(9) 1568(6) 9088(4)	9168(10) 1568(7) 9028(7)	1568(12) 9028(12) 9088(12) 6728(8)
43×182			3496(20)	6826(9) 1274(5) 8026(5) 8826(5)	46526(11) 8026(7) 3956(7) 7856(7) 6226(7)	8826 (9) 6826 (9)
29×421			1769(33)	11209(9) 8609(9) 1769(6) 12109(6)	1769(24) 22209(10) 12109(7) 9109(7)	1769(19) 12109(14) 8609(10)
278×304				84312(5) 9452(4) 85512(4) 84472(4)	9452(17) 9512(7) 84312(3)	9452(10) 85512(5) 84312(3)
208×406				9568(7) 11368(7) 12448(7)	12448(29)	12448(25) 9568(14)
145×246				45670(5) 31670(5) 36670(4) 34670(4) 13530(4)	36670(9) 45670(4)	36670(14) 34670(9)
564×435				245804(4) 246504(4) 255904(4) 235904(4)	245664(8) 244904(8)	245804(15) 235904(6) 246004(6) 241904(6) 2276304(6)

第44表　乗法（小数・分数）の誤答の実態（B検査）（かっこ内は百分率）

問題＼学年	I	II	III	IV	V	VI
.6×8			.48 (33)	.48 (54) 4.2 (9) 48 (7) .42 (7)	.48 (59) 48. (11) 48 (8)	.48 (38) 4.2 (19) 48. (10) .42 (10)
1.9×6			5.4 (50)	1.14(23) 6.54(8) 1.54(6) 114(4) 14.4(4)	1.14(24) 6.54(7) 114(7)	6.54(18) 1.14(12)
.06×2				1.2 (41) .012 (17) 12. (12)	1.2 (9) 12 (9) 2.12 (6)	1.2(38) .012(25)
2.13×9				1.917(16) 11.13(5) .317(5) .1917(5) 191.7(5)	1.917(18) 1917(13) 3.17(8) 191.7(5)	1.917(9)
3.54×14				.4956(10) 4.956(8) 3.66(5) 47.76(5)	4956(21) 4.956(12) 368.16(5)	.4956(9)
12.7×13				14.1(8) 38.1(5) 16.7(5) 1.651(3)	16.51(21) 1651(12) 155.1(7) 164.1(5) 1.651(5)	16.51(23)
.3×.3			.9 (54) 9 (15)	.9 (88) 9. (6)	.9 (88) 9. (3)	.9(90) 00.9(5)
.8×.5			4.0 (29)	4. (62) 40. (5) .45 (5)	4.0 (53) 4 (17) 4. (11)	4.0 (55) .4 (19) .040 (5)

第44表（つづき）

問題＼学年	I	II	III	IV	V	VI
.2×.07			.14 (50) 2.7 (17)	.14 (58) 1.4 (21) .27 (4)	.14 (79) 1.4 (16)	.14(68) 1.4(7) .27(5)
.08×2.3				1.84(15) 18.4(7) 2.38(7) 16.24(7) .24(5)	18.4 (18) 1.84 (18) 16.24 (9) .24 (5)	18.4(22) 1.84(22) 2.24(12) 1.624(8)
1.09×4.5				4.45(9) 490.5(6)	49.05(20) 490.5(10) 4.45(4)	49.05(18) 44.145(6) 490.5(4)
5.2×.38				19.76(24) 5.76(6) 197.6(6)	19.76(20) 197.6(18) 1976(9)	19.76(30) 197.6(12)
$\frac{1}{5}\times 4$				$\frac{4}{20}$ (38) $\frac{1}{20}$ (8)	$\frac{4}{20}$ (36) $\frac{1}{5}$ (14)	$\frac{1}{20}$ (17) $\frac{1}{5}$ (17) $\frac{4}{20}$ (17)
$\frac{8}{8}\times 6$				$\frac{30}{48}$ (28) $\frac{30}{8}$ (24) $\frac{5}{48}$ (7)	$\frac{30}{48}$ (38) $\frac{30}{8}$ (12) $3\frac{6}{8}$ (7)	$3\frac{6}{8}$ (37) $\frac{30}{8}$ (14) $\frac{5}{48}$ (9)

第44表（つづき）

問題＼学年	I	II	III	IV	V	VI
$\frac{4}{21}\times 4$				$\frac{56}{21}$ (20)	$\frac{56}{294}$ (26) $\frac{56}{21}$ (19)	$2\frac{14}{21}$ (35) $\frac{14}{21}$ (5) $2\frac{4}{7}$ (5) $\frac{56}{21}$ (5)
$\frac{2}{15}\times 13$				$\frac{26}{15}$ (22)	$\frac{26}{195}$ (17) $\frac{13}{15}$ (9) $\frac{26}{15}$ (9)	$\frac{26}{15}$ (12) $2\frac{2}{5}$ (12) $1\frac{1}{15}$ (8)
$2\frac{1}{11}\times 2$				$2\frac{2}{11}$ (19) $\frac{22}{11}$ (13)	$2\frac{2}{22}$ (13) $2\frac{1}{11}$ (13) $2\frac{2}{11}$ (9) $\frac{2}{22}$ (9) $4\frac{1}{11}$ (9)	$2\frac{2}{11}$ (41) $2\frac{1}{11}$ (7)
$2\frac{4}{15}\times 5$				$2\frac{20}{15}$ (17)	$2\frac{20}{75}$ (14) $10\frac{20}{75}$ (14) $\frac{20}{75}$ (9)	$3\frac{1}{3}$ (18) $11\frac{5}{15}$ (10) $\frac{34}{75}$ (4)
$\frac{1}{3}\times\frac{1}{3}$				$\frac{1}{3}$ (36) $\frac{2}{6}$ (14)	$\frac{1}{3}$ (44) $\frac{2}{3}$ (19) $\frac{3}{3}$ (13)	$\frac{1}{3}$ (41) $\frac{2}{9}$ (10) 1 (10) $\frac{2}{3}$ (5) 9 (5)

第44表（つづき）

問題＼学年	I	II	III	IV	V	VI
$\frac{2}{3}\times\frac{3}{4}$				$\frac{6}{12}$ (65)	$\frac{6}{12}$ (55) $\frac{3}{6}$ (14)	6 (20) $\frac{6}{12}$ (13) $1\frac{5}{12}$ (7) $\frac{3}{6}$ (3)
$1\frac{1}{5}\times\frac{1}{6}$				$1\frac{1}{30}$ (36)	$1\frac{1}{30}$ (42) $1\frac{2}{5}$ (8) $1\frac{1}{15}$ (8) $\frac{1}{30}$ (8)	$1\frac{1}{30}$ (33) 6 (7) $1\frac{11}{30}$ (7) $\frac{7}{30}$ (7) 2 (4)
$2\frac{3}{8}\times\frac{4}{9}$				$2\frac{12}{72}$ (29)	$2\frac{12}{72}$ (24) $2\frac{1}{6}$ (10)	$2\frac{1}{6}$ (14) $1\frac{4}{72}$ (7) $2\frac{12}{72}$ (7)
$3\frac{3}{5}\times 2\frac{5}{6}$				$6\frac{15}{30}$ (33)	$6\frac{15}{30}$ (19) $5\frac{15}{30}$ (14) $6\frac{1}{2}$ (10)	$6\frac{1}{2}$ (19) $5\frac{1}{2}$ (11) $6\frac{15}{30}$ (6)
$2\frac{1}{4}\times 3\frac{1}{3}$				$6\frac{1}{12}$ (33)	$6\frac{1}{12}$ (45)	$6\frac{1}{12}$ (21) $5\frac{1}{12}$ (9) $5\frac{1}{6}$ (4)

第45表　除法(整数)の誤答の実態（B検査）（かっこ内は百分率）

問題＼学年	I	II	III	IV	V	VI
32÷8			6 (50)		6 (25)	3 (50)
49÷7			6 (33)		2 (29)	
96÷3			99 (18) 7 (18) 48 (18)	30 (12)	3 (18) 30 (9)	33 (17)
80÷4			40 (30) 18 (20)	2 (21) 40 (16)	2 (63)	2 (29) 40 (29)
482÷2			141 (17)		24 (13) 240 (13)	
246÷6			311 (11)	61 (10)	4 (15) 8 (15)	81 (18)
685÷5			111 (10)	111(17) 135(10) 157(7)	2 (13)	157 (15) 111 (8)
424÷8			242 (22)	52 (11) 58 (5) 83 (5) 56 (5)	58 (6) 52 (6)	6 (25)
3258÷6			2311(20) 2310(20)	511 (10)		
6912÷8				121 (7)		869 (12)
8312÷4				273 (6)	278(20) 2079(8) 2708(8) 62(8)	278 (44)
4536÷9				54 (51)	54(32) 540(11) 509(5)	54 (50) 540 (8)

第45表（つづき）

問題＼学年	I	II	III	IV	V	VI
224÷56				44 (35)		
112÷16				12 (19) 2 (10)	2 (15)	12 (18) 2 (9)
312÷12				36 (29) 11 (21)		21 (18)
672÷24					32 (18)	23 (19)
4590÷15				36 (15)	36 (24)	36 (41)
4784÷23					28 (35)	28 (43)
1591÷37						
5628÷84					517 (13)	
3250÷25				13 (10)	13 (13) 150 (6)	150 (24) 13 (6)
4680÷18				21 (10)	210 (6) 26 (6) 21 (6)	26 (22) 210 (11)
30576÷48					638 (8) 63 (4)	638 (7) 657 (7) 63 (7)
21896÷46					454 (10)	454 (11) 47 (11)

第46表　除法(小数・分数)の誤答の実態（B検査）(かっこ内は百分率)

問題＼学年	Ⅰ	Ⅱ	Ⅲ	Ⅳ	Ⅴ	Ⅵ
9.6÷3				32.(35)	32(25) 4(25)	
4.5÷9			5(67)	5.(38)	5(18)	5.(40)
29.6÷4				74(20) 7.1(10)	7.1(17) 74(17) 07.4(17)	74(13)
2.05÷5				41(31) 4.1(10) 4.01(7)	4.1(14) 41(14)	41(18)
39.24÷36				1.1(8)	109(23) 19(7) 1.03(7)	1.9(17) 10.9(8)
16.53÷29				56(9)	57(26)	.5(15)
.8÷.2				.4(88) 4.(3)	.4(86) .04(6)	.4(76) .04(7)
4.2÷.6				.7(68) 7.(4)	.7(81) .07(8)	.7(69) .07(6)

第46表（つづき）

問題＼学年	Ⅰ	Ⅱ	Ⅲ	Ⅳ	Ⅴ	Ⅵ
.35÷.5				7.(34) .07(34)	.07(64) 7(19) .007(11)	.07(42) 7(26) .007(8)
3.68÷1.6				.23(8)	.23(55) 23(15) .023(10)	.23(53) 23(21) .023(5)
1.462÷.17				.86(11)	.086(55) 86(12) .86(6) .0086(6)	.036(27) 86(13) .86(11) .00086(4)
.01173÷.23				51(12)	.00051(50) .0000051(12) 51(12)	.00051(22) 51(20) .0051(10) .51(8)
$\frac{8}{9}\div 4$				$\frac{4}{9}$(15)	$\frac{8}{36}$(47) $\frac{4}{9}$(11) 5(11)	$\frac{8}{36}$(22) $\frac{4}{18}$(9) $\frac{1}{9}$(6)
$\frac{4}{7}\div 6$				$\frac{1}{1}$(20)	$\frac{4}{42}$(45) $\frac{6}{7}$(10)	$\frac{4}{42}$(32) $\frac{6}{7}$(8) $\frac{2}{7}$(5)

第46表（つづき）

問題＼学年	I	II	III	IV	V	VI
$\frac{7}{8}\div 14$				$\frac{2}{8}$ (25)	$\frac{7}{112}$ (29) $\frac{2}{8}$ (18)	$\frac{7}{112}$ (26) $\frac{1}{4}$ (10)
$\frac{11}{12}\div 22$					$\frac{11}{264}$ (29) $\frac{2}{12}$ (12)	$\frac{11}{264}$ (28) $\frac{11}{24}$ (10) $\frac{1}{6}$ (4)
$2\frac{1}{6}\div 13$					$2\frac{1}{78}$ (13)	$\frac{13}{78}$ (33) $2\frac{1}{78}$ (6)
$3\frac{3}{7}\div 18$						$\frac{24}{126}$ (18) $\frac{12}{63}$ (7) $\frac{1}{21}$ (5) $3\frac{3}{126}$ (5)
$2\div\frac{3}{5}$				$\frac{3}{5}$ (29)	$\frac{3}{10}$ (27)	$\frac{3}{10}$ (58) $\frac{5}{6}$ (7) $\frac{3}{5}$ (5) $1\frac{1}{5}$ (4)

第46表（つづき）

問題＼学年	I	II	III	IV	V	VI
$30\div 4\frac{1}{6}$					$\frac{5}{36}$ (8) $4\frac{1}{180}$ (8)	$\frac{5}{36}$ (19) $\frac{25}{180}$ (8) $\frac{1}{5}$ (6) $4\frac{1}{180}$ (4)
$\frac{1}{3}\div\frac{1}{12}$				$\frac{1}{4}$ (50)	$\frac{1}{4}$ (40) $\frac{1}{36}$ (20)	$\frac{1}{4}$ (25) $\frac{1}{36}$ (16) $\frac{1}{3}$ (9) $\frac{5}{12}$ (6) $\frac{3}{12}$ (6)
$\frac{3}{8}\div\frac{3}{4}$				$\frac{0}{4}$ (22)		2 (16) $\frac{4}{8}$ (5) $\frac{9}{32}$ (5) $\frac{3}{32}$ (5) $\frac{24}{12}$ (5)
$1\frac{2}{7}\div\frac{5}{7}$					$1\frac{28}{35}$ (13)	$1\frac{28}{35}$ (20) $\frac{45}{49}$ (8) $1\frac{14}{35}$ (4) $1\frac{18}{35}$ (4) $1\frac{35}{14}$ (4)
$5\frac{3}{5}\div 5\frac{1}{4}$					$1\frac{7}{105}$ (11)	$1\frac{7}{105}$ (12) $29\frac{2}{5}$ (6) $\frac{1}{15}$ (4)

(C) おもな誤答の原因

ここでは，おもな誤答の出てきた原因がどこにあるか，どんな理解が不足しているためか，また，計算過程のどこでつまずいていることが多いかなどについて，おおづかみに述べることにする。

1．1年生のまちがい

(a)「4と3は」に対して6，8とするように正答よりも1だけ多く，あるいは，少ない場合が多い。しかも，正答よりも1だけ少なく答えるほうが，1多く答えるほうより多いようである。ところが，分解の問題になると，どちらかというと，1多くしやすい。

このようなまちがいの起る原因は，数えたしていくときに，その数から唱えていくからであると考えられる。たとえば，「4と3は」というときに，4から唱えはじめて，4，5，6とするからであると考えられる。

このようなまちがいは，3年生ごろから急に減少していく。これは，こどもに加減に関する九九が身についてくることによるとみられる。

(b)「2と8は」6，「6は3と」9の誤答は，分解の問題をよせ算としたものである。合成分解と九九の力を調べる問題では，調査用紙や手びきにもあるように，特に例を示し，やり方のわからないまま，問題に手をつけることのないように努めた。それでも，調査の結果はやり方をまちがえた児童がかなりいる。ところが，児童ひとりひとりの成績をよく見ると，合成の問題をみんなひき算にするようなまちがいの例はまれであって，ひとりのこどもでも，正しいやり方とそうでないやり方をしているので，やり方がわからなかった結果であるとは言えないようである。

2年になると，10以下の数を合成する問題を，ひき算でする児童はほとん

どないようである。しかし，分解する問題をよせ算にする児童は，学年が進んでも残っている。

(c) 1年生としては，計算力のある児童でも，筆算形式の中にある，6と9，3と8など，普通の活字ではよく以た形である数字を読みまちがえる児童がある。たとえば，66＋9＝78，72 としているのは，このためと思われる。

活字の読みまちがえは，計算力の低い児童に多いが，計算力の高い児童でも皆無ではない。しかし，2年以上になると，字形が似ていることが原因になっていると見られる誤答はあまりないようである。

(d) 11＋7を9，44－6を40あるいは42，75＋82を1507，625＋175を7910，320＋240を56，としているのがある。11＋7を9としているのは，1＋1＋7＝9としたものであろう。44－6を40としたのは，4－6ではひけないので，一位は0として，十位の4をそのままおろして40としたのであろう。また，44－6を42としたのは，4－6を6－4＝2としたものであろう。

75＋82＝1507は，「ひゃくごじゅうしち」の書き表わし方がわからないためであろう。これは，口答ですれば正答と判定されたかもしれない。

625＋175＝7910は，繰り上げる方法を知らなかつたためである。

320＋240＝56は，0＋0＝0であって，数が一つもないことと考えて0を書かなかったのであろう。一般に0を含む問題はまちがいやすいようである。

ここにあげて来た誤答は，1年では指導をしていないので，当然であると言えるが，3年になっても，なおこのような誤りのあることを，ここに特にしるしておきたい。

2．2年生のまちがい

2年生になると，数範囲が大きくなり，一位数および二位数について，筆算形式で行う方法を理解しなければならないようになる。この学年では，やさしい繰上がり，繰下がりに関したつまずきを中心にして述べることにする。

(a) 15＋6を111とするように，繰上がりのある計算の方法上の原理を理解していないためのものと，44－6を40，42，とするように，繰下がりのある計算の方法上の原理を理解していないためのものとがある。

中でも，繰下がりのある計算の方法上の原理を理解していない児童は，誤答児童の総数の29％にも及んでいる。

(b) 15＋6を11，112＋309を411，44－6を48，865－248を627とするのは，繰上がりや繰下がりを忘れたためであると考えられる。特に，繰上げることを忘れる児童は，2年にいちばん多い。

(c) 112＋309を511，619＋378を1087としているものがある。これは，十位に繰上がるのを百位に繰上げたためであろう。

(d) 10以下の合成分解の問題は，2年生になってもまちがえるようで，1年生とその割合があまり変らない。

(e) 第47表は，整数の筆算形式になった問題の中で，10＋6，146－70，530＋108のように，0を含んだ問題と，まったく0を含まない問題との誤答，無答率を比べたものである。これを，図示したものが，第33～36図である。

第34図の減法の曲線を見ると，2年生は0のない問題の誤答率が25％，0のある誤答率が47％で，0を含んだ計算のほうが，ずっとまちがえやすいことがわかる。また，第33～36図を比べてみればわかるように，0を含んだひ

き算の誤答の曲線は，どの学年の加法，乗法，除法のそれと比べてみても，大きな値を示している。すなわち，0を含むために，最も困難度を増すのは，ひき算のようである。

学習指導要領では，0を含むために計算が困難になるひき算の能力を伸ばすのは，3年のときに，重点的に指導するようになっているので，2年生に誤答が多くてもうなずけるのであるが，第34図で見るように，学年が上がっても0があるためにできない児童がかなりあるのは，指導をする上に，一考を要することであろう。

第47表　　0を含む問題と含まない問題との比較（数値は百分率）

計算内容＼学年		Ⅰ		Ⅱ		Ⅲ		Ⅳ		Ⅴ		Ⅵ	
		誤	無	誤	無	誤	無	誤	無	誤	無	誤	無
加法	加数・被加数のどちらかに0を含む計算 (8)	6.5	83.3	29.0	18.6	12.1	1.3	7.5	.3	4.9	.6	3.8	.9
	加数・被加数のどちらにも0を含まない計算 (40)	18.8	58.8	22.2	8.8	11.0	.8	7.1		4.1	.3	3.5	.6
減法	減数・被減数のどちらかに0を含む計算 (7)	2.7	96.9	47.4	31.0	38.0	2.4	31.8	1.6	21.0	1.0	17.6	.7
	減数・被減数のどちらにも0を含まない計算 (41)	13.4	75.6	24.8	14.7	17.4	1.6	13.7	1.3	9.6	.7	7.2	.5
乗法	乗数・被乗数のどちらかに0を含む計算 (10)		100.0	.4	99.4	9.8	82.7	33.6	10.0	24.4	2.7	19.9	1.7
	乗数・被乗数のどちらにも0を含まない計算 (38)		100.0	1.2	98.6	18.2	68.5	29.2	7.9	22.6	1.9	17.6	1.4
除法	除数・被除数のどちらかに0を含む計算 (11)		100.0	.4	99.6	2.3	95.6	9.0	75.2	21.6	10.1	18.6	5.1
	除数・被除数のどちらにも0を含まない計算 (37)		100.0	9	99.1	4.3	91.5	18.0	44.5	15.5	4.9	14.2	2.3

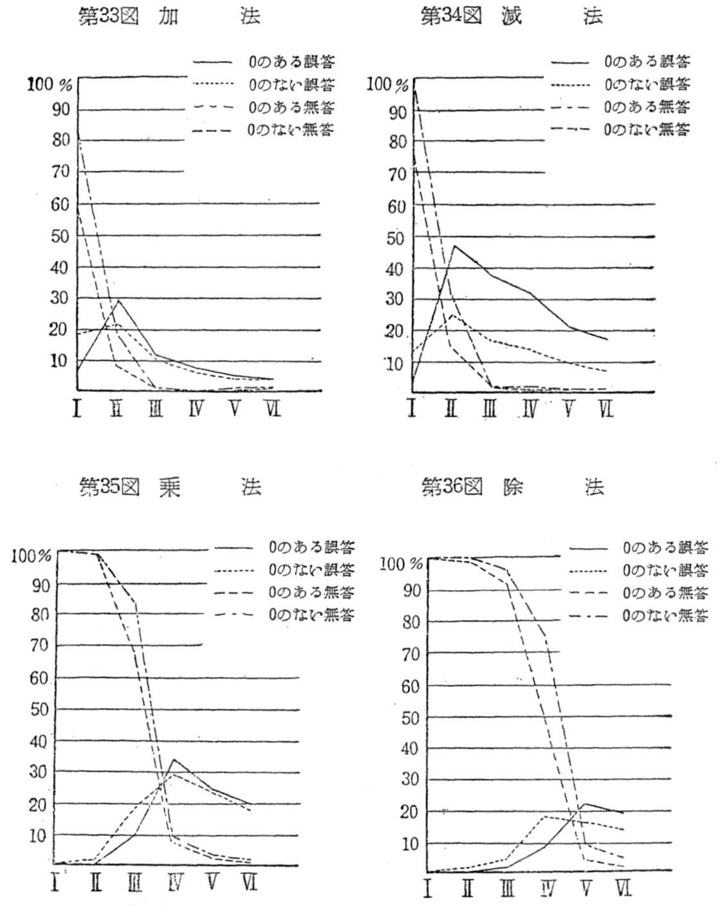

(f) (三位数)+(三位数) のような，まだ指導を受けていないと見られる計算になると，(二位数)+(一位数) や二位数どうしの計算ができる児童でも，231+136 を 97，403などとするものが増してくる。97としているのは，百位と十位にある数字を全部加えて，十位の数として，一位は正しくよせた

ものであろう。すなわち，2＋3＋1＋3＝9を十位の数字とし，1＋6＝7を一位の数字として97としたのであろう。

また，403としたのは，被加数の 231 を，23と1と見て24とし，加数の136を13と6と見て19とし，24+12の計算して,「よんじゅうさん」を 403 とかいたものであろう。

これと同じような考え方で計算したものに，161+441 を 512としたものがある。これは，一位と十位の数字を加えて6＋1＋4＋1＝12とし，百位の数字を加えて，1＋4＝5として，512としたものであろう。

3. 3生年のまちがい

(a) 繰上がりを忘れる児童は，誤答した児童の総数の25%もある。繰下がりを忘れるものは，10%であり，2年生の8%とあまり変らない。

3年生になっても，加法・減法における繰上がりや繰下がりを忘れるのは，ほかの原因とくらべてもかなり多いほうである。

(b) 繰上がりのない問題を繰上げるまちがい，たとえば，22+13を45とする誤りが多い。しかし，54−2を42としたり，985−572を 403，303 とするような繰下がりのない問題を繰下げるまちがいは，3年生よりも4年生のほうに多いようである。

(c) ひき算で，繰り下げたときに，位取りをまちがえて，214−105を19とするような誤答は，4年についで二番目に多い。よせ算で，繰上がりの誤すなわち，112+309を511としたり，619+378を 1087 としたりするなどのような誤答も，2年についで多い。

(d) 44−6を34とするように，繰下げるときに，十位から一位に繰下げることはわかっているが，14−6＝8と考えないで，10−6＝4，それに4を加えるという過程をたどったため，4を加え落したのである。このような誤答は，3年に目だって多い。

(e) 396+409，625+175，796+118のように，繰上がりが2回ある問題になると，2回とも忘れる児童は，まちがえた児童の中の20%である。

(f) 「七四　28」と正しい九九のできる児童が大きい数の部分積に出てくる場合であると，「七　四　27」のように，きまって4×7を27とまちがえるものと，4×7＝27，21，24，14などまちまちな誤をする児童とある。また，4×7，7×4のどちらの九九も正しく答えられる児童でも，104×7のような計算になると，7×4の九九がずれて721，724，727，714，などと答えるこどもがある。

(g) 調査した乗法九九20問題の中で，まちがえて覚えやすい九九をとりあげてみると，「四八　36」「六七　48」「七三　28」「八四　24」「九五　54」などである。中でも,「六七　48」とまちがえる児童は，3年以外の学年でもかなりいる。すなわち，3年生で「六七　48」の九九をまちがえるものが，九九を正答できなかった児童数の79%を占めている。4年生でも75%，5年6年になっても50%の高率を示している。

「九五　54」の誤りは，3年生で73%，5年生で100%となっている。

これから見て,「六七 48」「九五 54」の誤りは，どの学年にも割合多いことがわかる。しかし,「四八　36」と誤るのは，3年生で75%あるが，ほかの学年にはあまり見られない。また，3年生が，7×□＝28の問題で，□の中に3を書き入れたものが，この問題をまちがえた児童の60%を占めている。しかし，4年生になると，□の中に6と書き入れたもののほうが多くなっている。

このように，学年によって，まちがい方も変る問題もある。

さらに，順九九と逆九九の場合とでは，まちがい方に差があるようである

が，この調査からは，はっきりしたことはつかめない。

4．4年生のまちがい

(a) 214－105＝19のように，繰下がりのあるときに，位取りをまちがえたものは，この学年がほかの学年よりも多い。また，54－2を42，985－572を403，あるいは303とするように，繰下がりのないものを繰り下げる児童もほかの学年より多い。

(b) 420－134，340－187のように，2回繰り下がる計算を，1回だけ繰り下げて，あとの1回を忘れる児童の数もこの学年が最高を示している。

(c) 「4は2と」のような10以下の分解の問題をまちがえたもののほとんどは，よせ算をしている。10以下の分解の問題をよせ算にする傾向は，1年生から6年生まで，どの学年もかなりの数にのぼるのであるが，この学年が実数・百分率ともにいちばん多い。

これに反して,「5と1は」のような合成の問題を，ひき算をして答える児童は，どの学年でもまれである。なお，$\begin{array}{r}10\\+\ 6\\\hline\end{array}$，$\begin{array}{r}7\\-\ 6\\\hline\end{array}$ のような筆算形式になった問題では，加法を減法としたり，減法を加法とする児童はあまりない。

(d) 504－306を108，703－508を105とするように，減数，被減数ともに十位に0を含む問題を誤答する児童は，どの学年にも多い。上にあげたようにまちがうこどもの，これをまちがえたもの全体に対する百分率は，次の第48表のようになる。

第48表　十位に0を含む減法の誤答

問題＼学年	Ⅲ	Ⅳ	Ⅴ	Ⅵ
504－206＝108	37%	51%	24%	42%
703－503＝105	39	52	21	37

これは，減数・被減数ともに，十位が0なので，0－0＝0と簡単に考え，十位はそのままにして，百位からだけ繰り下げることによるとみられる。こういう児童も，982－235のような計算のときは，繰下がりを忘れない場合のほうが多いようである。

(e) かけ算の意味や方法上の原理，もっとさかのぼると記数法を理解していないために11×5を15，31×3を33，23×2を26とするまちがいがある。このまちがいは，被乗数の一位の数字と，乗数とをかけただけで，被乗数の十位の数字はそのままおろしたものである。

この学年で，11×5を15とした児童は，この計算をまちがえたものの67%を占めている。

(f) 202×4，302×3のように，0があるために計算が困難になる問題では，202×4を848，302×3を936とするまちがいが，これらの問題をまちがえた児童全体の50～67%に及んでいる。

こういう児童は，被乗数が0であれば，乗数がどんな数であっても，その積が0になることを知らないためである。0×3，3×0については，第3学年の指導内容であるけれども，4年を終える時期にある児童114人の中で，7人，すなわち，6%ぐらいのものが0×3を3，3×0を3とまちがえていることになる。

また，除法の場合に，636÷3を209とするまちがいも，しばしば見受ける。これも，同じような原因であろうと考えられる。

(g) $5\overline{)685}$ （商 111，下に 555）のように，たてた商と除数との積を被除数の下に書き並べるだけで，被除数から商と除数との積をひかないままにしている児童が目立って多い。

こういう児童は，「ろっぴゃくはちじゅうご」という数を，5でわる考えでなくて，おのおのの位にある数字を一つ一つ別に考え，それをわっているのであろう。

(h) 4＋.2，3＋.4の問題をまちがえた児童のうちのほぼ50%は，.6や.7としている。また，3－.2を.1とするまちがいも非常に多い。これは，よせ算やひき算で，位取りをそろえてから計算にとりかかることをよく理解していないためとみられる。

5. 5年生のまちがい

5年生では，かけ算とわり算のまちがいがおもである。九九が不完全なために，乗法や除法の計算をまちがえることもあるが，また部分積を作る計算で繰り上がりを忘れたり，かけ算の部分積を書く位置，わり算の商を書く位置をまちがえたりするものがかなりある。また，積の大きさを見積ったり，商をたてるときに，商のあらましの見当をつける能力が欠けていることから起るとみられるまちがいもある。

小数，分数では，小数や分数の意味のまったくわかっていない児童や，解く技術は知っているが，理解がじゅうぶんでないために，計算をまちがえる児童がある。

(a) 143×3を329，25×26を550とするように，部分積での繰上がりを忘れるものや，126×17を2042とするように，部分積も位取りも正しくできていて，部分積の和を出すところで，よせ算の繰上がりを忘れる児童がかなり多い。

(b) 752×6を4312，953×5を4665とするように，部分積の繰上がりが，20，30であっても，10だけを繰り上げた児童が見られる。

(c) 29×421を1769，26×513を1638とした児童は，乗数の百位の数字をかけた部分積を書く位置をまちがえたものである。

実際の場においては，数字の個数が少ないほうの数を乗数としてかけ算をすれば，計算手続は簡単なのであるが，この調査にこういう問題を加えたのは，部分積の書く位置を理解しているかどうか，どんなまちがいが起るかなども知ろうとしたのである。

(d) 50÷5を1，80÷4を2とするまちがいはどの学年よりも多い。これは，50を五つに分けると，その一つがおよそどのくらいの数になるかについて，見通しがつかないからでもあろうし，計算は，位を決めては数字を定めていくものであるという方法上の一つの原理を理解してないからでもあろう。

(e) 何千何百何十何というような，大きな数を，一位数あるいは二位数でわる計算で，たとえば，4536÷9を54，4235÷7を65，4590÷15を36，4784÷23を28とするまちがいがかなり多い。これも，さきに(d)のところで述べたのと同じ理由によるものではないかと考えられる。

(f) .8×4を.32，4.8÷2を24などのまちがいも，さきの(d)と同じ理由によるものと考えられる。

(g) $\frac{1}{5}+\frac{1}{5}$を$\frac{2}{10}$，$\frac{4}{5}-\frac{2}{5}$を$\frac{2}{0}$，$1-\frac{3}{4}$を$\frac{2}{4}$あるいは$1\frac{1}{4}$，$\frac{5}{6}\times 3$を$\frac{15}{18}$とするまちがいが多い。これは分数の記数法についての理解ができていないところから起ってきたものである。

6．6年生のまちがい

前学年でもそうであったが，整数の計算においては，0を含むために困難になる減法，乗法，除法の誤答が多い。

小数の計算では，誤答の大部分が小数点の位置の決めかたがわかっていないためである。

分数における誤りは，計算の方法を知らないでまちがえる児童と，通分や約分のところで，つまずく児童とが目だっている。

(a) 504−306を108，703−508を105，409×205を10225，208×406を12448，2870÷14を25とするまちがいは，この学年でもかなり多い。409×205の計算では，乗数も被乗数も十位が0なので，部分積を書く位置をまちがえて，

$$\begin{array}{r} 2045 \\ +818 \\ \hline 10225 \end{array}$$

として計算したものがある。

このように，部分積の位置をまちがえた児童は，この問題をまちがえた児童全体の$\frac{1}{3}$に及んでいる。

(b) 小数の計算では，15+.7を2.2，あるいは.22，1.6−1.4を.12，3.24×16を.5184のように，小数点の位置をまちがえたものが多い。これは，小数の記数法や計算の方法上の原理が理解できていないからである。

(c) $\frac{3}{8}+\frac{7}{8}$を$1\frac{2}{8}$あるいは$\frac{10}{8}$，$\frac{5}{8}\times 6$を$3\frac{6}{8}$，$\frac{7}{8}\div 14$を$\frac{7}{112}$，$\frac{11}{12}\div 22$を$\frac{11}{264}$というようにしているのは，約分するのを忘れたものである。

この調査を実施する際に，分数の答は，分子と分母とをわれるだけわって，できるだけ簡単な分数にした答を書くように注意したのであるが，調べた結果は，約分してないものや約分しきっていないものが非常に多数に上っている。こういう児童は，分数の分子と分母を同じ数でわって簡単にすれば，割合がはっきりすることの理解がたりないか，あるいは整数の公約数についての感覚がにぶいからであろう。

(d) $\frac{1}{2}+\frac{1}{3}$を$\frac{1}{3}$，あるいは$\frac{2}{5}$とするような誤りも多い。これも分数の記数法や計算の方法上の原理が理解できていないからである。

以上は，学年の順を追って，その学年で見られるおもな誤答について，そ

の原因を調べてきたのであるが，これらの誤答やその原因となる理解事項の不足は，どの学年にも通ずることである。

このように，単に，どんな誤答があるかをあげるだけでなく，そのつまずきの原因を考えることによって，それを救うための指導の要点もわかり，ひいては，日常の指導でおちやすい点も，よくわかるのである。

あ　と　が　き

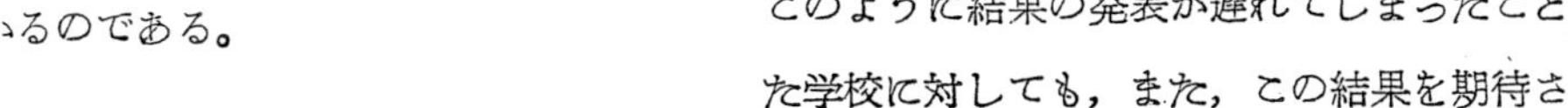

この調査の行われたのは，昭和26年2月である。手不足その他の関係で，このように結果の発表が遅れてしまったことは，せっかく，御協力くださった学校に対しても，また，この結果を期待された各方面の方々に対しても，まことに申しわけなく思う次第である。

当時は，戦争中，戦争後の影響からまだ回復しておらず，また指導内容を改訂してからの年月も少く，特別の状態のもとにあったと思う。しかしながら，その時代の資料として貴重なものであり，また，誤答の原因となる指導上の欠陥については，現在も，大いに参考となる事がらが多いのである。これを，指導法を改善したり，あるいは進んで実験的な研究をしたりする際に，資料として参考にしていただくことができれば，幸である。

初等教育研究資料第Ⅶ集
児童の計算力と誤答

昭和29年3月20日 印刷
昭和29年3月25日 発行

著作権所有 文部省

東京都千代田区神田神保町1の39
発行者 矢崎慶吉

東京都千代田区神田錦町2の2
印刷者 中島豊治
（有限会社 工文社）

東京都千代田区神田神保町1の39
発行所 博文堂出版株式会社
電話・東京(29) 4927・1814
振替・東京119926番

定価 200円

博文堂出版株式会社
¥200.00

初等教育研究資料第Ⅷ集

算　数
実験学校の研究報告

(4)

文　部　省

算数実験学校の研究報告

(4)

(1954年度)

文　部　省

まえがき

本書は初等教育実験学校の一つである検見川小学校で，算数科の指導について試みた方法が客観的によい方法であるかどうかを明かにするために，全国に協力学校をつのって行った実験指導の成果をまとめたものである。

学習指導における実験研究は，条件が非常に複雑であるので，その成果についての客観性が重要な問題である。一つの学校だけで成果があがったとしても，その条件を明らかにすることが困難であるから，どこの学校にとってもよい方法であるとは，それだけではわからないのである。それゆえ，このような実験研究では，どこの学校でも，どの先生でも，やれる方法であり，しかも成果があがるということが明らかになってはじめて，その研究が完成したといえることになる。この意味において，この報告書でのべる協力学校での実験指導の結果は，検見川小学校での研究とともに重要な意味をもつものであり，その成果を一般に広めて，その指導効果を実際にあげる上に欠くことのできないものであると考える。

検見川小学校が，実験学校として誤算の研究をはじめたのは，昭和25年であり，既に4年になる。この間，毎年研究内容に改善を重ねてきているが，これについては，初等教育研究資料第Ⅱ，Ⅲ及びⅣ集「算数実験学校の 研究報告」として発表している。ここで，参考のために，その要点をあげてみる。

まず，昭和25年度は，二位数に近い基数をかける計算についての誤算の型と，その原因となっているとみられる数学的理解事項の分析をした。昭和26年度は，前年度の験証指導のほかに「ひとり残らずの子どもに理解できるようにするにはどのようにしたらよいか」という指導法の問題を加えて研究した。昭和27年度は，前年度に一応成功した能力別グループ学習によって，26

年度に明らかにした数学的理解事項を指導したら，果して誤算者がなくなるかどうかを研究した。

こうした逐年の実験研究の結果，昭和27年度においては，4年生総員233人中誤答児童数は僅か14人になった。しかも，この14人中，誤答数の最も多い児童についての誤答数は，90問中15問であり，正答率83%という好結果であった。すなわち「できない子」はないともいえるようになったわけである。

ここで，さきに述べたように，一般の学校で確めることが必要な段階に至ったと考えられたので，全国にわたって協力学校を依嘱することにしたわけである。幸い，全国各都道府県教育委員会の御協力によって，90校もの多数の学校に，進んで実験指導を引き受けていただくことができた。ただ，経費などの関係もあって，この協力学校の選定は，すべて教育委員会にお任せした。このために，一定の規則で学校を抽出することはしなかったわけであるが，各委員会での選定に当っては，十分実験の主旨を考慮していただいたものと考えている。

この協力学級における実験指導は，全国にわたる多数の学校が，同じ条件同じ指導計画で実施するのに，ただ一回の打合せ会をもっただけであり，時間的余裕やその他の準備も十分でなかったので，いろいろな点で困難があったと思う。それにもかかわらず，各学校では，先生方の非常な努力によってよく実験指導を完成され，その予備調査や指導後の結果などの報告を87校（12月15日現在）からいただくことができた。この点，指導を直接引き受けられた先生及びそれに協力された先生方には，全く感謝に堪えない。

今回の協力学校による実験指導後の結果では，被実験児童数8,693人に対して，誤答児童数は2,423人であり，誤答者は全員の28%に当っている。しかしながら，実験指導前の予備調査においては，かけ算の学習に必要な数学的素地（加法九九，乗法九九，数の大きさ，かけ算の意味など――3年までのもの）ができていないとみられる児童が62%であり，指導後にはそのうち64%のものが正答できるようになったことを考えると，この実験指導は，一応よい成果をあげているものと考える。また，この実験指導を通して，多数の方から，いろいろな問い合せや感想その他の意見をいただいた。これも資料として重要なものであり，研究成果の一つと考えている。

「ひとり残らずの子どもに理解できるようにする」この研究は，漸く成功の目鼻をつけたところであると思うが，所謂「忘れられた子ら」をなくするためには，このような実験研究をさらに進め，指導計画や指導方法をさらに改善していきたいと考えている。これは，この実験研究の当事者だけではなく，すべての人たちの協力にまつところがおおいので，この資料を参考にして，広く研究していただければ幸いであると考えて，刊行した次第である。

最後に，この協力学校における実験研究に対して御援助をいただいた学校，地方教育委員会及び都道府県教育委員会に対しては，深甚の謝意を表します。特に，千葉県及び千葉市教育委員会においては，多数の協力学校をあっせんしていただき，いろいろの点で御配慮をいただいた。また，検見川小学校においては，会場校として，いろいろな事務をお願いしたばかりでなく，資料の整理から原稿のとりまとめまで御骨折りをいただいた次第で，ここで厚く感謝の意を表します。

昭和29年1月25日

初等教育課長　大　島　文　義

も く じ

Ⅰ 実験協力学校及びそれとの打合せの概要

1. 協力学校における実験指導のねらい

A 研究が一般性をもつためには，どんな研究が必要か

検見川小学校が昭和25年に，文部省の算数科についての初等教育実験学校として，『子どもの問題解決におけるつまずき』という研究問題に対して，『子どもは，二位数に基数をかけるかけ算の学習において，どのようなつまずきをするか。また，それは，どのようにして救うことができるか。』という研究主題を決定し，4年における主要教材である，かけ算についての誤算研究を始めて以来，今年度で4年になるが，昨27年度の研究で，漸く，一応成功と見られる結果をおさめた。この間の研究経過については，既に，昭和25年度は，〝初等教育研究資料第Ⅱ集，算数実験学校の研究報告(1)〟に，26年度，27年度については，それぞれ，〝初等教育研究資料第Ⅲ，Ⅳ集，算数実験学校の研究報告(2)，(3)〟として発行したとおりである。

現在この研究は，勿論完成したわけではなく，むしろ，次から次へと新らしい問題が出てきている状態である。しかし，研究とは，山積する問題に対して四つに組みながら，少しずつでも曙光をめざしながら，一歩一歩と進むことであって，それ以外には，方法はあり得ないものであると考える。（今後の問題については，昭和 28 年度の研究報告を参照していただきたい。）

このように検見川小学校では，研究を掘り下げ，おし進めているのであるが，一方において，この研究が，果して一般性をもつ研究であるかどうかの検討が必要である。元来，この実験学校は，所謂，モデルスクールではな

く，ごくありふれた職員と子どもとでできている学校であって，ここでの研究は，他校の職員や，子どもにとって高嶺の花であってはならないものをねらっているのである。最も多くの学校に直接するものであり，共通の悩みを解決するための一方法を見いだすことを考えてやっているわけである。

したがって，われわれがねらっている実験研究が客観的であるかどうかということは，ただ1校だけで行ってみたということからは明らかにできないのである。それだけでは試行にすぎないとさえ言えるのである。

その意味で，このような研究に於ては，条件となることがらとそれにもとずいて起る現象とを明らかにして，その条件で実施をすれば，検見川小学校に止まらず，広くどんな地域の学校に於ても，同じような現象を示すかどうかを験証することがどうしても必要になるわけである。

これを具体的にいえば，検見川小学校で過去3年間にわたって研究したかけ算を学習するための理解事項は，他校についてみてもぬかりがないかどうか，また，おくれている子どもを救うために作った指導計画やひとりびとりの子どもの能力を十分に伸すために考えた指導法や指導上のいろいろの留意点などは，一般の学校で実施してみてもねらったとおりの結果が得られるかどうかなどの研究が必要になってきたわけである。

これが，昭和28年度に，文部省が，検見川小学校の研究の一般性を験証するために，実験協力学校を設けたねらいであって，この研究報告は，その一応の結果をまとめたものである。

しかしながら，この協力学校においての結果については，われわれは，一度でうまく現われるとは考えていないのである。もし予期どおりの成果が得られないようなことが現われれば，それはあくまでも実験室における研究，つまりこれまでの研究が，検見川小学校特有の条件に依存している点があること

を示すのである。すなわち，協力学校においての現象は，その特有な条件を明らかにし，それを改善していくための貴重な資料を提出してくれることになると考えるのである。

B 実験指導のために，どのような条件を考えたか

検見川小学校において，現在のような結果を生むまでには，何回も試行錯誤を繰返してきたのである。然し，その根本となったものは，一つの条件に対して，子どもがどのように反応するかをいつもみることである。その条件と反応とをみて，少しずつ改善してきたのである。

協力学校における研究では，この検見川小学校で考えている条件をよく知って，実験指導を実施することが基本的態度として最も重要なことである。

さて，検見川小学校で考えた研究を進める上の条件を（a）指導計画と指導内容，（b） 実験対象児童，（c） 実験担当の職員，（d） 実験を進める上の教師の根本態度の四つの項目にまとめて，次にのべてみる。

（a） 指導計画と指導内容

この実験指導によって，子どものつまずきを救うための指導の考え方として一般性があるかどうかを調べようとすることは，次の二つである。すなわち，かけ算を学習するための理解事項――（これは同時に誤算の原因でもある）――「数の大きさ」と「かけ算の意味」がわかれば，誤算をしなくなるということ，及びその指導がうまくできるためには，発達のちがうどの子どもの能力にも応ずる必要があるということである。

あとであげる指導計画は，これらがうまくできるように作られたものであって，指導の条件をそろえるには，この指導計画どおりに実施されることが必要なのである。この指導計画を検見川小学校では，一応5月教材として取あげている。それで協力学校においても，この指導を，4年生の初期（5月

頃）に実施することを考えた。(本28年度の協力学校の実験指導は，準備の都合から，この時期に実験指導を行うことはできなかった。来年度に於ては，この時期に実施できるようにしたいと考えている。)

また，この指導計画では，「お金集め」という題材のもとに指導することになっている。しかし，各学校によっては，このままでは，多少無理があるかとも思はれる。これについては，後で述べることにする。しかし，この計画のうしろにひそんでいる精神と，その指導の方法だけは忠実に実施してもらうことにした。

次に，この指導計画を作るに当って，数学的な内容について特に気をつけた点をあげておく。

① 既往の経験と結びつけながら，発展的累積的に学習を展開する。

子どものつまずく原因の一つに，今の学習と今までの学習の間に思考の筋が通らないということがあげられる。このようなことのないようにするには，「今までのものと違う点は，どのように考えれば，うまくまとめていけるか」を明らかにすることが大切である。いわば，既習の経験と，今のものとをうまく結びつけて，子どもの考えを伸ばすようにすることが大切である。すなわち，数学的内容の考え方に筋を通して，子どもの思考を無理なく発展的累積的に伸ばすようにすることである。そのためには，数学的な系統を明らかにし，その上に立って，今日の指導のねらいをはっきりとした筋道をもってつかんでいることが，教師自身にとって重要である。

しかしながら，数学的な内容はあくまで数学的な系統に立って考えねばならないが，それがそのまますべての子どもにとって学習の対象となるのではない。いはば，数学的な内容は，そのままでは，直ちにすべての子どもの進歩や発達に一致していない場合が多い。（このことについては，後で述べる

ことにする。教師のもっている数学的な内容をそのまますぐ学習していける子どもは非常に少い。換言すれば，このようなことのできる子どもは，いはば並以上の子どもであり，学級の40%内外の子どもである。）

そこで指導計画では，できるだけ学習の場を，子どもが経験した生活の場からもってくるようにするとともに，子どもに刺戟を与え，もっとうまい方法を工夫してみようという意欲を起させながら，子どもなりの理解の順序によって段階を考え，指導が累積的に展開していくように心がけることが必要である。この指導計画では，「子どもの問題」「子どもの学習活動」「目 標」を，子どもの学習する側に立って記述してある。これは，子どもの既習の経験を足がかりとして，一歩一歩ひとりびとりの子どもなりに理解の系統をうちたてていくようにしたいと考えているからである。

② 演算の意味についての理解を成立させる。

計算のつまずきは，計算問題をたくさん練習させたり，計算形式を無意味に指導したりしても，これを救うことができない。それよりも，どうしてこの子どもは，このような誤算をするかを研究し，その原因をつきとめることが必要である。そのことから，どのような理解事項が，その子どもに欠けているかを知り，これに対する根本的な対策を考えることが必要である。

検見川小学校の実験では，誤算の原因の一つとして，「かけ算の意味がわからない」ということがあげられた。一つ一つの形式的な計算のしかたについて説明したり，考えさせたりするのでなく，かけ算の意味の理解を成立させることによって，誤算者を救うことができたのである。

したがって，どんな場合に，かけ算が使はれるかを，子どもの生活経験の中からとりあげてきて，かけ算の使はれる場合とか，「×」の記号の意味をわからせるとともに，既習の加法と結びつけて，かけ算の意味をはっきりつ

かませることが，指導の第一段階になるわけである。

その次に，この演算の意味の理解のさせ方であるが，子どもの日常の行動をとりあげて，その思考を伸ばすようにしたのである。

例えば，13×4 というときに，これがどんな意味をもつものか，また，3年までは，どのように考え方を進めてきたかを思いださせるようにした。

たとえば，「13円のりんごを4つ買ったとき，人にわかるようないい方はどうか。また，これを書くには，どのようにしたらよいか。」というように，子どもの直接した生活の場で，ふだん行っていることをとりあげて考えさせるようにした。そこで，1このねだん（即ち，グループの大きさ）と何こ（即ち，グループの個数）を確実におさえて，3年生では，こんなときに，どのようにいったり，書いたりしたかを考えさせるようにする。3年では13円，13円，13円，13円といい，13円+13円+13円+13円と書いたことを思いだしながら，これが8つも9つもあったときには，書くのが大変であり，且，13が何個あるかわかりづらいことに気付かせて，かけ算の指導とも関係させて，もっと便利な能率のあがるいい方法や書き表わし方はないものかと考えさせる。そして13円×4という方法に進ませ，記号の意味を，子どもの現実と結びつけてわからせるようにしている。

このように演算の意味の理解に力を注げば，3年までの方法である加法で現わすことも勿論よいことに気付くし，一歩高い方法を学習することに，意欲もわいてくる。更に，かけ算のよさも納得できるわけである。

この指導計画では，まず，演算の意味の理解に，非常に大きな力を入れるように立案されている。

② 数字の上の計算に入る前に，「もの」で処理させて，それから思考を伸ばすようにする。

一般の人が，金銭の受払いをするのを見ると，その人は数字を使っての計算はできないでも，金銭の計算は間違いなくできることがある。これは，具体的なお札が仲だちになるからである。それであるから，すぐに，数字の上で，計算のできない子どもに対しては，数字を使って計算をする前に，お札などの「もの」を使って処理することよって，数字を使っての計算へ橋渡しをすることが必要である。ここでは，お札のかわりに，色カードを使う方法をとりあげた。

ここで重要なことは，ものを数えるとき，単位を考えないでいろいろな単位のものをこみに数えたのでは，なんの意味もないことが，はっきりわかるようにすることである。すなわち，同じ単位のもにをわけて数えるということをよくわからせることである。たとえば，10円札と1円札とがまじっているときには，まず，それらを，それぞれのお札毎にそろえてかかると，全体の金高がわかりやすいということである。特に，「数の大きさ」のよくわからない子どもに対しては，このような具体物や半具体物を使って，単位毎にわけてから数えるということをわからせることが重要なことである。

このように金高の種別にわけて，（数学的には，単位をそろえて）数えるということは，次の段階における数字の上で計算する時に，1の位と10の位とを別々に計算ていけばよいという考え方へ発展していくものであり，その指導の重要な素地となるものである。

さて，単位毎にわけたものを数える時に問題になることは，子どもの発達によって，いく通りかの数え方がでてくるということである。

(カードの図) のようにカードが並んでいるとき，1番低い方法は1つずつ数えて12枚とする。次の段階の子どもは，3つずつ4回とんでかぞえ

(3，6……として) 12枚とだす。また，進んでいる子どもは3つずつのかたまりが4個あるというので，「さんしじゅうに」というかけ算九九を使って12枚とだす。どの方法を用いてもよいわけで，能力に応じてちがうわけである。方法を一つに限定してしまわないならば，どの方法でも正しく数えられる筈である。

④ 今までの経験と結びつけて，数字の上の計算の方法を考える。

第4の段階は，上のように直接手を動かした経験を，数字を使っての計算に結びつけることである。即ち，計算でたしかめるには，どのようにしたらよいかという計算方法の理解のさせ方である。

誤算の原因となることに，数字を使っての量の大きさを表わすしくみ，即ち，記数法の約束がわかっていないことがあげられる。それで，数の大きさについての理解や，計算の順序，部分積の書く位置などを，前述のカードを使って金高を求めたことと結びつけて，考えさせるようにすることが重要である。

特に，数の大きさのわからない子どもには，部分積の大きさが，10以上になった場合，どこにかき表わすかということに，大きな負担を感ずるようである。そこで，カードの操作のときに，10枚になったらどうしたか，それはどの色に変えて，どこに置いたかなどと，思い出させながら，カードの操作と比較して理解を成立させるようにすることが大切である。

(b) 実験対象児童

実験対象児童は，その学校あるいはある学級の全員とする。即ち，特定の子どもを選択して，学級を編成しないことを原則とする。4年になってもかけ算九九がうまくできなかったり，加法ができない子どもも何人かはいる筈である。しかし，このようなおくれている子どもがいるのが現実の事実であ

るから，その学級をそのまま研究の対象児童とする。また，極端にできないという子どももいるであろう。この特殊児童といはれるような子どもも，特別扱いにしないで，実験研究を進めてみることにする。今まで，我々が劣生とか，できない子どもとかいう烙印をおしてきた子どもが，果して本当にできない子どもであるかどうかを明らかにする必要があるからである。

この研究は，このような所謂「おくれている子ども」を救うために，どのような学習指導をするかについて研究を進めてきたのである。また，そのような学習指導の方法は，やがてはおくれている子どもを作らない指導の方法童になるをたてるためのもとになるのであるから，どの子どもも実験対象児わけである。今までの僅かばかりの研究ではあるが，それから考えてみると，所謂「できない子ども」といわれる子どもはないとはいえないが，それらは，そこに到達するまでの指導の手ぬかりから，おくれた子どもになったと考えられる。おくれている子どもは，案外我々の指導の手落からであって，子どもの環境や素質ではない場合が多い。勿論このようなおくれている子どもの指導は容易でないが，このおくれている子どもを，ひとりでも多く救うことが，この計画のねらいであるから，ひとりの子どもも対象外にしてよいわけはないのである。

(c) 職　員

この研究は，所謂モデルスクールの研究とちがって，一般の職員と子どもとの間に実施して，だれにでもできるようにするためのものであるから，特殊な教師の研究として考えられてはならないのである。すなわち，特別に算数を研究しているとか，特に好きであるとか得意であるとか，または，経験年数が長いとかなどという先生だけを選ぶことは避けることにした。

(d) 指導に臨んでの教師の根本態度

以上述べてきたことは，どんな指導計画で，どんな子どもに，どんな教師に指導してほしいかについてである。最後に，直接指導に当る教師は，どのような態度をもって，この指導に当る必要があるかについて述べる。

この実験が，もし余り大きな成果をあげることができなければ，それもまた重要なことである。結果が悪いならば，それは協力学校の責任ではなくて，これまでの研究に欠点があるまでのことである。それであるから，条件は忠実に守らなければならないが，あくまでも気楽に淡々とした気持で実施してもらうことが必要である。しかしながら，この研究に当っては次の心構えも必要である。

この研究は，実験研究であり，単なる試行ではない。試行とは，ただやってみるだけの域をでない。実とはいはれるからには，ある予想に基ずいて実施してみて，どこまで成果をあげることができるかの反応をみるわけである。

ただ，この指導法の実験研究は，短期日の間にするのであるから，大変めんどうだと感じられるかも知れない。しかし，成果のあがるあがらないは別にして，この研究に協力する気持がなければ，この研究はできないのである。

すなわち，この研究の究極の目的としては，困っている子どもを，ほおっておけないという教育愛が前提になければ，この研究はできないのである。であるから，この指導に当っては，子どもに教えるという考え方をすてて，子どもと共にある。子どもと共に考える。また，子どもと共に悩むという気持をもつことが重要である。いいかえると，子どもからわれわれは教わるのである。子どもの反応を見つめながら，教師自身が自分を反省することが重要なのである。更に考えるならば，おくれている子どもには，あくまでも味方になってやり，温い気持で接する。これがこの指導に当っての根本態度と

して重要なことであると考える。

要約すれば，指導者は，この実験指導に対して，淡とした気持で条件にしたがってやることが必要で，作為をやってはいけないが，この実験研究の目的に協力する気持が入っていなければ，実験にはならないということである。

2. 協力学校と児童数

今まで述べてきたようなねらいをもって，本省は，各都道府県の教育委員会に，実験協力学校の推薦を依頼した。これに応じて協力下さった学校（別表１）は89校（うち千葉県下40校）の多きを数えることができた。

しかもこの学校を県別にみると，北は北海道から，南は九州熊本まで，１都１道２府32県の多きに及んでいる。次に，協力下さった学校名，学級数，児童数及び，校長名をあげて，深く感謝の意を表したいと思う。

A 実験協力学校

表 1

県名	学校名	学級数	児童数	校長名
北海道	札幌市立曙小学校	2	63	斎藤七郎治
青森	下北郡大湊町立大平小学校	1	50	申賀謙太郎
〃	八戸市立吹上小学校	2	93	鈴木亨
山形	南村上郡瀧山村立瀧山小学校	3	116	鈴木正
宮城	仙台市立岩切小学校	2	88	小川真一
福島	大沼郡高田町立高田小学校	1	49	目黒利雄
東京	江東区立東川小学校	4	160	小林亮
群馬	邑楽郡館林町立館林北小学校	1	48	布川英三
茨城	土浦市立下高津小学校	2	102	久松正
〃	猿島郡弓馬田村立弓馬田小学校	1	33	上条文七

神奈川	高座郡海老名町立海老名小学校	1	25	石渡八重治
〃	横浜市立南吉田小学校	1	59	清水 進
栃木	那須郡小川町立小川小学校	1	44	小野淳三
埼玉	川越市立川越第二小学校	1	55	田村正雄
山梨	西八代郡栄村立栄小学校	2	86	島津悌馬
静岡	安倍郡服織村立服織小学校	1	41	井倉 洸
富山	滑川市立寺家小学校	2	117	越田康雄
福井	福井市立日出小学校	4	175	玉村 喜右衛門
石川	金沢市立十一屋町小学校	2	122	藤田清正
〃	河北郡森本村立森本小学校	2	75	徳応 潔
愛知	西春日井郡西春村立西春小学校	2	60	杉浦信行
新潟	西蒲原郡和納村立和納小学校	1	48	牧野数一
奈良	生駒郡伏見町立伏見小学校	1	40	戸川忠男
京都	乙訓郡長岡町立神足小学校	1	42	湯川市之丞
〃	宇治市立莵道第一小学校	2	101	種村喜雄
〃	京都市立菊浜小学校	3	107	田中睦康
大阪	大阪市立五条小学校	1	53	長沢誠二
兵庫	神戸市立高羽小学校	1	60	荒尾隆治
〃	姫路市立高浜小学校	1	49	八木敏雄
三重	津市立養正小学校	1	44	中森正一
和歌山	和歌山市立雑賀小学校	1	47	七良浴孝一
滋賀	蒲生郡八幡町立八幡小学校	3	148	坂口完二
島根	八束郡八雲村立岩坂小学校	2	55	田中誠夫
広島	安佐郡緑井村立緑井小学校	2	71	中土井 泰
岡山	岡山市立操南小学校	1	41	広畑虎雄
徳島	美馬郡穴吹町立穴吹小学校	3	107	西川保男
愛媛	東宇和郡宇和町立宇和町小学校	1	47	古谷 清
大分	大分市立南大分小学校	1	42	稗田 茂

長崎	長崎市立小島小学校	1	56	水田種次郎
宮崎	日南市立東郷小学校	1	40	都甲政信
福岡	福岡市立大浜小学校	1	58	森山俊郎
熊本	飽託郡中島村立中島小学校	1	36	中山不二男
〃	玉名市立滑石小学校	1	49	三津家満穂
〃	菊池郡水源村立水源小学校	1	48	中原 康
〃	八代郡千丁村立千丁第一小学校	1	37	正山義勝
〃	天草郡手野村立手野小学校	1	56	喜多久雄
香川	坂出市立林田小学校	1	42	米田高市
熊本	上益城郡白糸村立白糸第三小学校	1	32	岡本芳彦
山口	下関市立生野小学校	1	48	浜田波夫
千葉	市川市立中山小学校	1	154	能勢一雄
〃	木更津市立第一小学校	6	298	浅井泰治
〃	木更津市立嶺根小学校	2	98	古谷 昇
〃	松戸市立南部小学校	3	165	椎名保高
〃	銚子市立春日小学校	2	111	宇野沢忠司
〃	野田市立中央小学校	3	157	齋藤 実
〃	船橋市立宮本小学校	3	403	片岡政春
〃	東葛飾郡柏町立柏第一小学校	2	116	小笠原貞夫
〃	東葛飾郡風早村立南部小学校	1	55	岡田尭純
〃	東葛飾郡行徳町立行徳小学校	4	209	小倉貞二
〃	千葉郡津田沼町立津田沼小学校	4	205	尾崎喜一
〃	千葉郡幕張町立幕張小学校	6	209	大塚武男
〃	千葉郡生浜町立生浜小学校	3	134	小倉 清
〃	印旛郡千代田町立四街道小学校	3	150	岩内良一
〃	印旛郡阿蘇村立阿蘇小学校	1	41	篠田義一
〃	印旛郡佐倉町立佐倉第一小学校	6	286	加藤文彦
〃	香取郡神崎町立神崎小学校	2	101	香取有知

千 葉	香取郡瑞穂村立瑞穂小学校	1	49	巻 島 清
〃	香取郡豊里村立豊里小学校	2	83	鈴 木 松 枝
〃	香取郡橘村立橘小学校	2	55	石 毛 豊
〃	香取郡小見川町立中央小学校	4	190	飯 島 豊
〃	匝瑳郡豊和村立豊和小学校	3	136	勝 部 末 雄
〃	海上郡矢指村立矢指小学校	3	135	飯 田 洸
〃	山武郡東金町立東金小学校	2	88	実 方 彌
〃	山武郡成東町立成東小学校	3	144	土 屋 只 四
〃	長生郡一宮町立一宮小学校	4	180	中 村 耕
〃	夷隅郡浪花村立浪花小学校	2	62	八 代 進
〃	安房郡天津町立天津小学校	4	196	田 村 金 次 郎
〃	安房郡豊房村立豊房小学校	1	54	辰 野 喜 太 郎
〃	市原郡八幡町立八幡小学校	4	194	今 井 謙 二
〃	市原郡養老町立養老小学校	3	108	齋 藤 鉞
〃	千葉市立畑小学校	1	37	能 勢 重 雄
〃	千葉市立登戸小学校	3	147	御 園 生 正
〃	千葉市立稲毛第二小学校	3	135	伊 藤 修 次
〃	千葉市立寒川小学校	5	248	白 井 与 三 郎
〃	千葉市立院内小学校	6	253	宍 倉 勝
〃	千葉市立千城小学校	2	64	沢 本 七 郎
〃	千葉市立千城第二小学校	1	35	高 橋 重 雄
〃	千葉市立蘇我小学校	4	323	紅 谷 総 一
〃	千葉市立都賀小学校	1	51	高 宮 平 八 郎

B　学級数及び児童数

89校の実験協力学校の内訳をみると，次のようになっている。学級数は170 学級，――これは同時に，直接実験指導を担当された職員数でもある。――児童数約9000名である。なお，直接指導を担当された職員数は，200 名

であるが，この実験指導を進めるためには，指導記録とか，テストの整理，印刷等の仕事が大変多かったわけであるから，殆ど，何十日間は，協力学校は全校をあげて，この実験に御協力下さったことと思う。これらの先生方も含めると，その人数は莫大なものになる。この機会にこのような地味な仕事のためにお盡し下さった数多くの先生方に，心からの感謝の意を表したい。

表2　実験協力学校の学級数及び児童数

	学級数	児童数
千 葉 県 外	66	3,222
千 葉 県	121	5,471

〔註〕 以下の表では，必要に応じて，千葉県内のことを県内といい，千葉県外のことを県外と略記することにする。

なお，報告書には，その性格上記載できないが，表1の協力学校以外に，初等教育研究資料第Ⅳ集，算数実験学校の研究報告(3)によって，学校あるいは，地区の学校が協力して実験指導されたものが，10数校に及んでいる。このことも附記しておきたい。

3. 協力のための協議会における話合い

後にあげる指導計画と，指導上のいくつかの留意点を条件として，実験指導を進めるわけであるが，指導計画や，指導法について，いろいろと疑問もでてくると思うので，検見川小学校を会場として，何回かの協議会を開き，実験指導に万全を期した。

A　各回の協議会とその内容

（1） 第1回の協議会 (28. 3. 5)

千葉県内の協力学校と次の協議題によって協議し，文部省が実験指導についての協力を依頼した。

（a） 協力学校は，何のために依頼するか。

（b） 指導の為に，どのような準備が必要か。

（c） どんな指導を，どのように行うか。

（d） 実験指導の為の経費はどうか。

この時は，学年末でもあったし，新4年生の受持も決定していない状態であったので， a)についての理解と質疑を中心にして，アウトラインをわかってもらう程度で終った。

この時の参会者は，各学校の校長及び算数主任で73人であった。

（2） 第一回の協議会後，文書で依頼した事項

初等教育研究資料第Ⅳ集，算数実験学校の研究報告(3)によって，次のことを研究していただくように依頼した。

（a） 実験指導のための指導案は別に印刷しない。報告(3)の59ページ～120ページを使用して，実施することになるから，研究してほしい。

（b） 指導前に，子どもの実態を知るための予備調査は，報告(3)の30ページから，37ページにのっている。なお，この問題については，4月の第2回の打合せの時に印刷して，見本として1部ずつわけて，実施方法を説明する。

（c） 実験指導が成功した原因と考えられる，能力別グループ学習の指導方法については， 詳しくは， 報告(3)の163ページによって研究する。なお161ページからの第Ⅵ章，本年度の研究の結論と今後の問題は， 実験指導を進めていく上に，参考になる点が多いと思うので，よく読むこと。

（d） その他，報告(3)で，よく読む必要のあるのは，次の3個所である。

① 23ページ～27ページ……………指導の準備

② 41ページ～46ページ……………指導計画の改善点

③ 120ページ～138ページ …………学習の展開例

（3） 第2回の協議会 (28. 4. 21)

千葉県内の協力学校の第2回の協議会である。この時は，4年の担任職員が決定したので，4年の職員の参集を願って，指導に当っての「予備調査の実際の見学と，その方法」を協議題として，次のように協議会を開いた。

（a） 予備調査の実際についての見学

（b） 予備調査の方法と，能力段階の捉え方

（c） 数字を使って，量の大きさを表わすしくみは，どのような指導の段階をふめばよいか。また，その為の教具の作製と扱い方

（d） 指導計画は，どのように立案されているか。

この時の参加校は43校（途中で，2校中止されたので，最後には，40校になった）で，115名の先生方が参集された。

なお，この時に，○予備調査の問題を1部宛，○予備調査の整理表1部，○カード（色カード3枚，色付数字カード3枚，数字カード3枚)をわけた。

主なる質疑は，次のようなことについてであった。

① 診断は，どんなことについて行うか。

② 予備テストの必要があるか。

③ 能力段階の4段階についての説明。

④ 予備調査の結果によって，実験指導前の指導は，どの程度までするか。

⑤ 予備調査の結果は，どのように整理するか。

以上の質疑については，第Ⅱ章，協力学校における実験研究の2，3項にわたって詳細説明することにしているので，ここでは省略する。

（4） 第3回の協議会 (28. 5. 8)

県内の協力学校の第3回目の協議会である。4年の直接実験担当の職員を対象として，協議会を開いた。検見川小学校では，28年度の実験指導が始ま

っているので，それを見学しながら，実際授業の進め方は，どのようにしたらよいか，また，実験指導を開始するに当って，どんなことに注意したらよいかを協議題として，次のように協議会を開いた。

(a) 学習指導見学

(b) 実験指導についての説明

(c) 第1時より第14時までの教材解説

(d) 学習を進める時の注意点

(e) 今後の予定

このときの主なる質疑と依頼事項は，次の通りであった。

① 実験指導中は毎日算数の学習は行うか。

② 1時限は，何分にしたらよいか。

③ 課外指導はいかにするか。

④ 始めていろいろ疑点もでると思うので，郡市別9ブロックにわけて相談会を1回だけ開くことにした。

⑤ 実験指導の開始は，大体5月18日頃からする。相談日は，2，3時間行った頃に行うこととする。

(5) 県内協力学校のブロック別相談会 (28.5.19～5.23)

協力学校の相談にあづかるのは，現地で行はないようにした。しかし，本年始めての試みでもあるので，どのような点で，困まっているかを知ることも必要であると考えて，9ブロックにわけて，約1週間の間に，1回だけ相談会を開くことにした。この相談には，専ら検見川小学校に当ってもらった。相談会は，次のように計画し実施した。

a) 会場校として決定した学校は，当日その学校の予定にしたがって実験指導を行う。

(b) 参加学校は，その日1日指導は休みとする。

(c) 開始は，大体10時頃から，50分学習を展開し，それを見学する。

(d) 参加者は，予備テストの結果の集計表と，今までの学習の指導記録を持参する。そして質疑の時間を作る。

(e) 当日の予定は，実験指導約50分，当日の学習についての質疑（1時間）更に今後の教材の見通しと注意点について協議する。

なお，各会場における協議事項については省略する。

(6) 県外協力学校の協議会 (28. 5. 15～16)

県外の協力学校については，手続きがおくれた関係から，協議会は，5月13，14日の実験学校の発表会に引続いて，15，16日の両日に渉って開いた。経費等の関係から，2日間であったが，遠隔の地よりの参加を深く感謝したい。協議は次のようなことについて行った。

〔第1日〕 5月15日

(a) 実験の意義について

(b) 実験研究の概略について

(c) 指導案と必要な教具について

(d) 実験に必要な問題用紙の作製とその処理

〔第2日〕 5月16日

(a) 実験指導の参観

(b) 質疑応答

この協議会には，県内協力学校に印刷した資料を配布して協議したが，その協議の結果，検見川小学校から提出したプリントと，第3巻だけでは条件を同じくして実験指導を進めることができないのではないかという意見がでた。それで毎日の学習がどのような順序で行はれ，それをどのように整理したらよいかについて，はっきりと条件をそろえるために，新らしく手引を作ることにした。これが協力学校実験の手引である。これについては後で述べることにする。

なお，この協議会で，今までの県内の協議会とちがった点が２つでた。即ち，今まで考えられたかけ算の誤算型は，Ａ型からＬ型までの12型であったが白紙でだす子ども，或は，全然手をつけない問題もあるであろうと考えられるので，そのときは，どの型にいれたるかという意見がでて，新たにＭ型を作ることになり，誤算型は全部で13型となった。

更に，県内の協力学校は，各学校で，練習問題，テスト問題を印刷することに決定したが，これも条件を一つにするという考えから，これらの印刷を板見川小学校に労をとってもらい，各校でその経費を負担することにしたいという意見が多く，このように決定して実施した。

以上は，前後６回にわたる県外県内の協力学校の協議会の概略を述べた。この協議会で，県内と県外とで，多少条件のちがいがでてきた。この点について述べてみよう。

① 協議会の回数は，県内は，４回，県外は２日（１回）になった。

② 実験指導開始の期日が，県外は，６月中旬頃になり，県内は，５月中下旬からになった。

③ 県外は印刷物を一括して印刷したため，経費との関係から，実験学級は１学級が多く，県内は，その校の４年全学級というのが多い。協力学校数に比して県内が児童数の多いのは，そのためである。

Ｂ 主なる協議内容

前後６回にわたる協議会における協議内容は，大別して，次の３つの項目にわけることができる。即ち，（１） 指導計画の修正について，（２） 指導

過程について，（３） 能力別指導についてである。

以下この３項目について若干の説明を加える。

（１） 指導計画の修正について。

指導計画の骨子については，今までに述べてきた。更に，このことを要約して，次の２点にまとめることができる。即ち，① 子どものリアルな行動を足がかりとして伸ばしていく。② 能力を考えるとき，子どもができるできないという結果から考えるのでなく，発達を考え，それによって子どもの段階を考え，それを踏み台として一段ずつふみかためて伸ばすように計画をたてる。

（ａ） 毎時限の指導計画とそのねらい。

現実の行動	時　間	子供の学習問題（発問）	数学的指導内容
(復習) ・演算の意味	第１時	○１人当りのお金や，何人分あるかが，すぐわかるようにするには，どうしたらよいでしょう。	
		・８円のノート，６冊分は，どう並べたら，解りやすいでしょう。 色カードで，並べてみなさい	・赤カードを８枚ずつ，６組ならべる（Ｐ78参照）
		・言葉では，どのように言えばわかりやすいでしょう。	・はちえん，はちえん……と６回言うより「はちえんがむっつ」が，わかりやすい。
		・ノートに書くには，どう書いたら，わかりよいでしよう。	・８＋８＋……８より，８×６がわかりよい。
	第２時	・昨日は，わかりよいお札の並べ方，言い方，書き方でした。今日も勉強しましょう。	
		・４円の鉛筆５本買ったとしてお札をわかりやすく　並べてみましょう。	・赤カード４枚ずつ，５組並べる（Ｐ82の図参照）
		・何と言えば　よいでしよう。 ・どう書けば　よいでしょう。 ・５円の鉛筆３本と，２円の消ゴム１個を買ったとして，よせ算でノートに書いてみましょう。	・５円＋５円＋５円＋２円

		かけ算を使って書いてみましょう。	5円×3＋2円
○1人分のお金乃至単価を，お札の種類別に一まとまりにし，その一まとまりを集った人数乃至買った個数だけつくる。 ○総額は，「何円ずつ何人分でいくら」と，言い表わしている	第3時	○今までは，1人分や，1つのねだんが10円より少い時でした。 10円より多くなった時は，どうでしょう。 ・遠足のお金が，1人当り32円のとき，3人分集りました。 カードを使って，1人分はこれだけ，人数はこれと解り易く並べてみましょう。 ・どのように言えば，解り易いでしょう。 ・どう書いたら，解り易く，早いでしょう。	・赤カードと黄カードを使って，並べる。（P88参照） ・「32円が3つ」 ・32円×3
○お札は，種類別に，数えて，現金がどれほどあるかを知る。	第4時	○お札は，どのように数えると金高が早く解るでしょう。 ・お札を並べてみましょう。 ・お札は，どのように数えますか。 ▲赤カードは，どう数えましたか。 △黄カードは，どう数えましたか。 ・赤と黄を一緒に数えて，金高がわかりますか。 ・赤カードが何枚あったか書いておくには，どこにしたらよいか。 数字カードで置いてみましょう。 黄カードの枚数は，どこに置きますか。	（P94参照） ▲ 1，2，3，4……と1枚ずつ数える。2，4，6と，2とびに数える。2×3が6と数える △ 1，2，3……と1枚ずつ 3，6，9と，3とびに 3×3が9と ○赤カードの真下に枚数を表わすと，誤りを起さない。
○計算によって，あるべき金高を求めて，現金と照合する。	第5時	○現金でいくらあればよいかを計算で知るには，どうしたらよいでしょう。 ・カードを数えたことを思いだして，32×3の計算を工夫してノートに書いてみましょう。 ・どの数字から計算しますか。 ・答は，どこに書きますか。	（P99参照） D……カードを並べて C……1人分だけカードで A，B…横式的な形で 3 2 ① ×② 3 9 6

		・計算する順序をノートに書きましょう。	① 2×3＝6 2，4，6 1，2，3…6（指） ① 3×3＝9 3，6，9 1，2，3…9（指）
	第6時 第7時	練習	・基本形式を身につける
・1円札や10円札が10枚以上になったら，両替をして，枚数を少くして，解り易くする。	第8時	○23円ずつ，4人持ってきました。カードを並べて，いくらあればよいか調べましょう。 ○見ただけで，いくらあるかわかるようにするにはどんな工夫をしたらよいでしょう。	・1円札12枚を，10円札1枚と両替する。
	第9時	○両替えをしたときのことを考えて，計算で金高を調べる工夫をしましょう。 ・24円ずつ，3人持ってきました。 ・カードで，やってみましょう。 ・これを計算でしてみましょう。 ・4×3＝12の1はどうなりますか。	（P117，118参照） 2 4 × 3 7 2
	第10時		・被乗数の一位の数と乗数との積が繰上る 17×4　18×5 ・二位数が繰上る91×3
	第11時		・一，二位数とも繰上る 42×7
	第12時		・一，二位数とも繰上るしかも一位数が繰上って，二位数に更にくり上げる。 85×6 24×9
	第13時		・繰上って，二位数が0になる。 また，一，二位数とも0になる。 13×8 25×4
	第14時		・総練習

（b） 単元名は，どのように考えるか。

単元学習を，子どもが自分の問題を解決する活動のひとかたまりと考えるならば，「お金集め」という生活から考えられる子どもの問題は，もっと多方面の内容が予想される。然し，今までのお金に対する生活の発展から考えて「二位数×基数」で処理する生活に到達してきたのであるから，できるだけ子どもの当面する数量関係を単純にして，他の問題になる要素は入れないような指導計画にした。

また，このような数量関係についての生活問題を解決するということを考えると，土地の生活状況によっては，お店という生活にして，売買に関係させて，このような数量関係の問題を解決させた方がよいと考える学校があるかも知れない。そのような土地では，単元名を変更して実施しても差支えがない。但し，その学校では，売買にふさわしい発問によって，学習の場を設定して，子どもの思考に混乱を起さないように，この計画を十分考えた上で変更したり，修正したりすることが必要である。

何れにしても，指導計画には，学習の場と，数学的な内容との結びつきに十分意を注いで，立案してあるので，以上の意図を十分くみとって，学習指導を展開することが必要である。

（c） 交換の法則をとりあげてないが，どのように考えるか。

交換の法則は，3年のかけ算九九の指導の時に扱ってきたことである。それゆえ，かけ算九九の指導が，十分であれば，かぞえるとき（計算の時）は交換の法則を自由に使ってもよいことがわかるし，またできる筈である。

然し，演算の意味を強調して，13円ずつ6人もってきたときには，どのような式で書き表わすかというようなときは，13円が基準になる数で，それが6つあるということをはっきりわからせ，更に，実際にお札やカードで数え

るときは，10円と1円を別々にして，3円が6つ，10円が6つというように数えていくので，被乗数先唱になるわけである。これは意味の理解を強調するからであり，更に，3年でのかけ算九九の指導で，かぞえる時は，交換の法則を使ってもよいということを理解していれば，この学習での計算でたしかめる時は，どのようにしたらよいかという8時からの学習では，自由に交換の法則を使うようになる筈である。このような考え方から，本計画では，実際の数量関係と結びつけて意味の理解に重点を置いているので被乗数先唱としたのである。但し，この指導計画では，第11時から交換の法則を使って自由に計算してよいわけである。尚，ここで補足しておきたいことは，式と計算との区別についてである。式では乗数と乗乗数とを交換することができないのが普通である。しかし，計算では，交換してよいことは言うまでもない。これは3年で学習しているはずであるから，とくに，この点に注意して，式と計算とを混同しないようにしたい。

（d） 進んでいる子どもに対する指導は，どのように考えているか。

今までの研究から，所謂できないとかおくれているとかいう子どもも，実は，その子どもが本当にできないのではなくて，我々教師の指導に手ぬかりがあったために，このような結果を生みだしているとみられる場合が多い。そこでこのようなおくれている子どもをなくすることは，容易な事ではないが，適切な手をうつことによってできるようになったわけである。

進んでいる子どもは誰がやっても伸びるというよりも自分で自分を伸ばしていくのである。このような子どもをさらに伸指導の研究をしなければならばすためのない。このおくれている子どもと進んでいる子どもとの指導の関係は，次のように考えている。それは，病人の治療から，積極的に病人をつくらぬような保健対策を考え出すことができるものである。これと同じよう

に，この研究でも，誤算の研究から誤算のないようにする指導計画をたてる研究へと進んでいるのである。しかし，進んでいる子どもに対する指導は，まだ今後に残された問題である。

といっても学級の内には，その学年での学習を容易に消化していく子どもも何割かいることも事実である。そのためにおくれている子どもだけを対象として学習を進めて，その子どもがあきたり，伸びる機会を失ったりしたら教育的な効果が，半減されることは明らかである。そこで，進んでいる子どもの対策も考えなくてはならないことになる。その対策として練習問題の質と量とから進んでいる子どもを伸ばすことを考えている。練習問題は，2枚になっているが，今までの経験から，個別学習25分の間に，進んでいる子どもでも2枚全部終るものは殆どいないような量を考えて作製してある。尚2枚目には，特に質的に高いものを入れてある。

更に，もう1つの角度から考えたいと思う。それは，『進んでいる子どもに，わざわざカードを使用させる必要はないではないか』という声と，『進んでいる子どもに，カードを使はせると，かえって混乱する』という声についてである。少くとも，計算がうまくできて間違いがないという子どもは，その基礎であるカードでも操作できるし，また，カードの操作を説明することもできる筈である。このように考えてくると，進んでいるといわれる子どもの中に 案外，形式だけを意味もわからずおぼえこんだ子どもがいるのではないか，と考えられる。また，ともすると，形式的に計算ができた，できないで，この子どもは進んでいるとか，おくれているなどと判定しているのではないかということである。要するに，進んでいる子どもとは，カードの操作も，おくれている子どもよりはるかに手ぎわよくできる子どもでなければならない。

進んでいる子どもに教具を使はせて考えさせるということは，子どもに思考の筋道を反省させはっきりつかませるためのものであって，教師から見れば，それによってどの程度に理解しているかを評価することもできるわけである。

（2） 指導過程について

1時限の時間過程は，どのようにしたら，学習指導を最も効果的に進めることができるかについては，誰でも苦労しているところである。これまでの研究においても，昭和26年に能力差のはげしい4年全員を対象として実験指導を進めたとき，この問題に当面したのである。即ち，おくれている子どもにも何とかして手をさしのべたいし，進んでいる子どもにもあきさせないで学習を進めることはできないかについて考えたわけである。とにかく学級全員が，1時限精一杯に学習できるというような対策を考えなくてはならない。このような苦しみのあとから，次に述べるような一時限の学習過程を考えて，ひとりびとりの子どもを伸ばすための学習指導をすることにした。

（a） どうして，このような学習形態を考えたか。

上に述べたことから明らかであると思うが，今までの学習指導が，ともすると，ひとりびとりの子どもの成長を考えないで，教師の一方的な計画で学習を展開したために，どうかすると，おくれている子どもは，一時限の学習が終っても何も解らないし，その上に進んでいる子どもは，わかり切ったことばかりであったという結果になる傾きがあった。極論すれば，一時限やってもやらなくてもよかったというようなことがあったと考えられる。

ひとりびとりの発達に応じられるような学習指導を展開するためには，1時限の学習過程をどのように改善していったらよいかという問題が当然起ってくるわけである。

(b) 一時限の学習過程は，どのようになっているか。

始め	中間	終り	テスト
一事例についての考察	他の生活事例にあてはめて考える	共通要素をぬきだして一般化する。	
(研究)——	——(適 用)——	——(整理)	
(一斉)——	(個別)(教師はこの時間を利用して能力別グループ指導をする)—	——(一斉)	
15分	25分	5分	5分

図に示したように，一時限を大きく3つの形態に区分してある。即ち，最初の1 分は，一齊学習で，その時間に，どんなことを学習するかという，本時の学習のねらいをわからせる時間である。次の25分は，それによっていろいろの問題に対して練習をする時間である。更に，最後の5分間は，本時の学習をまとめる時間である。このように展開して1時限を45分とする。更にこのあとの約5分をテストにする。

このような学習形態を考えたことは，所謂一齊学習でいくら教師が努力してもひとりびとりの子どもを指導することができなかったからである。教育効果をあげるには教師はできるだけ早く教壇をおりて，子ども，とくに困っている子どもと共に考える時間を，多くとりたいためである。

(c) 最初の一齊学習では，どんなことをねらっているか。

最初の学習15分でねらうことは，本時の学習のねらいは何かを，子どもひとりびとりにつかませることである。往々にして，本時はどんなことを学習するか，また，それは，どのようにして解決していったらよいかの，学習のめあてや，解決の方法をわからせないで学習を進めている場合がある。それでは学習効果の上らないことはいうまでもない。

では学習のめあてをつかませるために，教師が考えなければならない点はどんなことかというと，

① 今日の学習は，今までの学習と，どんな所が同じで，どんな所が違うかはっきりさせて，子どもの考える点はどんな事であるかをはっきりさせるようにする。次に，子どもに先ず解決させることである。子どもが具体的な行動を通して思考することによって，問題や疑問がつかめ，教師からみれば子どもの思考を判断することもできるわけである。何れにしても，もっと大膽に子どもが行動にうったえながら考えを進めていけるように，『やってごらん』とか，『もっとうまい方法を工夫してごらん』というような言葉で，自由にやらせるようにすることが必要である。

② 子どもの考え方を全部とりあげる。

子どもに自由にやらせてみたとき，子どもの能力差に応じて，色々な手ぎわが表われてくる。この場合に，いちばん能率のあがる手ぎわのよい方法だけを取りあげないで，どの方法もとりあげて比較研究をするようにしたい。これによって，どの方法でもできることに気付かせながら，もっとよい方法に進もうという意欲を起させ，次の個別学習に意欲をもって入っていけるようにすることができる。

③ 指導の対象は，おくれている子どもを中心としたい。

指導を進めていくときに，どの子どもを対象とするかということも問題になることであろう。この場合直接的な教師の援助はおくれている子どもに対して行う。そして学習のめあてにしたがって，次の段階に進む素地をしっかりつかませることを中心として考えるがよい。

進んでいる子どもには，あきないようにし，多くの問題を与えて，もっとうまい方法を工夫するように示唆する。

なお，最初の中は，一齊を約15分できりあげて，個別学習に移る事は困難があって，20分～30分位になってしまう場合もある。然し，これでは，個人

毎の障碍を除去する時間がないために，学習効果が上らないことは，さきにも書いたところである。そこで，できるだけ早く一齊学習を終るように心がける事が必要である。そのためには，教師が余りしゃべらないで，めいめいの子どもにやらせる事が急所である。このように，短い時間に，どうして本時のめあてをつかませるかという事は，今後の学習指導法の改善点として重要な事であると思う。

(d) 個別学習の時間には，どんなことをねらうか。

この時間は，約25分とってある。ひとりびとりの子どもが能力に応じて精一杯に学習し，それぞれが本時の学習を身につけるための時間である。いはば最初の学習を一つの事例で，それぞれの能力に応じた解決の方法を考えたので，これを，いろいろな場にあてはめてみる時間である。そのために，適用練習の問題を２枚用意してある。

ここでの学習では，どの子どもも精一杯学習できるように配慮することが大切である。進んでいる子どもが終ってしまってあきたり，或は優越感をもっようなことがあっては，その子どもは，その時間に学習したとは言えない。

教師の気をつけておらねばならないことは，子どもの困難や障碍をはっきりとつかんでいて，その障碍を除去するために，個人毎に或は同じ障碍をもっている者を集めて，適切な手をうって指導することである。

(e) まとめの学習では，どんなことをねらうか。

本時の学習をもう一度整理して，一般化し固定化することをねらって約5分間行う。この時のねらいは，子どもの考え方に筋を通すことであるから，今までの学習と，どのような点が同じ考えであるか，また，どのような点が同じでないかを考えさせながら，一歩高い手ぎわに高め，これを一般化するように配慮しなければならない。

(f) 板書は，どのように書くか。

学習指導を進める上に，板書の必要さは今更いうまでもない事である。然し，案外に関心を持っていないうらみもある。ここで，板書について注意したらよいと思われることを，二，三述べてみる。

① 学習のめあてを簡明に板書する。

教室に入ってみて，本時はどんな事について学習するのかという学習のめあてを書いてない場合がある。これでは目的地がわからなくて歩いているのと同じである。一般に，「おなじお金を何人かずつ集めたときの，かきかた，いいかた」というように本時のめあてを書いておくことが重要である。この時，お金，何人，かきかた，いいかたなどと子どもが考えていく時に要点となるような事に対しては，できれば色墨を使って書くようにしたい。これは検見川小学校のようすからみて大変効果があったと思われる。

また，めあてはいつ書くかというと，時限によってちがう場合もあるが，子どもに一応考えさせてから，「では，今日のお勉強は，こんな事ですね。黒板へ書きますよ」というように，子どもの思考を整理して，板書するのがよい。

更に，めあてについては，個別学習に入る前に，もう一度「これから考える事はこんな事でしたね」とめあてをはっきり押えるようにすることも重要である。

② 思考の筋がたてやすいように整理して書く。

めあては，黒板の上の方に書くが，問題を解決するための方法や，子どものいろいろな考え方は真中辺に整理して書くようにしている。

何れにしても，子どもが思考を進める上に，最も必要なことを整理して書く事が大切であると思う。

（g） テストについて

毎時間の学習効果を評価するために，学習後直ちに約5分間テストを行う。テストの方法については，後で述べる予定であるが，ここでは，何のために，このような評価をするかについて述べてみたい。

評価は，次の指導のめやすをつかむためにするものである。であるから，できたできないという事を見るよりも，ひとりびとりの子どもが，まだどんな点で困っているか，また，どんな点は理解したというように，子どもの進歩や障碍について評価したい。それ故，評価したひとりびとりの子どもの障碍や困難点については，直ちに指導の手をさしのべるようにしなくてはならない。

このように毎時間テストをして，子どもの障碍や困難点をみながら，一段一段とふみかためて，とり残すことがないように指導を進めるようにする。

指導計画では，第1時から第11時まで毎時間テストをした。第12，13，14時は特別にテストは行わないが，練習問題のプリントを提出させるので，これで評価できるからである。

（3） 能力別指導について

子どもに能力差（個人差）がある以上，指導に当って能力差に応じた手をうたねばならぬことは当然である。そこで能力差に応じた指導の方法については，どこの学校でも苦労し工夫しつつ歩んでいるところである。

このように能力差のはげしい子どもへの対策はいろいろあるであろう。これまでの研究に当っての指導からみて，次に述べるような具体的な方策を実施して実験指導に当ることが必要である。また，指導計画や指導法もこのような点から立案してあるし，教材研究に当っての根本態度も，これから生れてきている。

（a） 能力をどのように考え，どのように捉えているか。

能力とは何かをここで論じようとしているのではない。どのようにとらえると，ひとりびとりの子どもを伸ばすことができるかについて考えていきたい。即ち，このように考えて実践することによって，学習指導に役立ち，おくれた子どもを伸ばすことができたという指導法に対する一つの試案について述べてみたい。勿論この考え方や方法が最上のものではない。各校に於ける実験指導を通し，有益な資料を交換しあって，より能率的且効果的な学習指導の方法を作りあげるのための一つ試案を提唱するにすぎないのである。

学習指導に役立てる，即ち，子どもひとりびとりを伸ばすには，子どものもっている困難や障碍を知ることが先決条件になると思う。困難や障碍は，結果のできるできないでは見わけられない場合が多い。例えば，6×8を46と数えた子どもがいたとする。このとき，この子は46とやったので，×であるとしただけでは，どうしてこの子どもが46という答をだしたのか，その思考過程をつかむことができない。また，まちがったときに，誤算の原因をつきとめて，処理の手をうつこともできない。また，6×8を48と答えた子どもを見て，この子は「ろくはしじゅうはち」というかけ算九九を唱えて反射的にできたとは必ずしもいえない。

このように結果のできたできないだけでは，その子どもに応じた指導の手をつかむことができにくい。そこで，どのような考え方で46とだしたのか，どこを誤って考えたのか，また，答を48とやったとしても，果して，反射的に九九を使ったか，或は，ちがう数え方をして，48と出したかどうかを知らなくてはならないのもある。

このことは，同じく正しい答をだした子どもでも，非常に素朴な方法でだしている子どももあるということを物語るものである。子どもの思考の程度からいえば，ただ○をつけるだけでかたずけられない，いくつかの段階があるということになる。

つまり，このような思考の段階を子どもの思考の上からとらえて，（それは子どもの思考の発達段階である），一段ずつステップを踏んで進歩させようと考えたのである。

また，同じ答がでたとしても，素朴な方法で数えて答をだすというのは，その子どもにとっては，上の段階の方法に進むために，何らかの障碍があるということを物語るものである。この指導計画では，子どもの能力を，このような観点からとらえて，学習指導の改善をしたいと考えている。それ故，もし，ここでとりあげている方法を能力別指導といって適切でないと考えるならば，障碍別指導といってもよいし，子どもの思考の発達差に応じた指導法と言ってもよいわけである。

いずれにしても，どの時間も，学習に参加する全部の子どもが，何らかの方法で必ずできるという方策を講じてやることによって，（もっと端的にいえば，どの子どもにもできる方法を取入れることによって）すべての子どもが精一杯に学習でき，且，その子どもの能力を少しずつ高めるようにすることができると思う。

以上のような考えから，かけ算の学習に当って，子どもは思考の発達差に応じて，どのような数え方の手ぎわをもつかを，例をあげて述べてみる。

8×6を例にとって，子どもの行為を観察してみる。

① 左指を使って，1，2，3，4，5，6，7，8と数えて，1回数え終ったので，右指を1本まげる。続いて 9，10……16と数えて，右指を1本まげる。このようにして，8ずつを6回数えたして48と答を出す。

② 8＋8と念頭で計算をして，次にまた8を加える。念頭でできない時

はノートに書く。このように8を6回続けて加える事によって，48と答を出す。

③ 念頭で，8，16，……ととぶ回数を指でまげながら，8つずつ6回とんで数えて，48と答を出す。

④ 8の段の九九を唱えて，48と出す。

⑤ 8×6を見ただけで，反射的に答を出す。

以上の何れかの方法で答を出させるならできない子どもはいない筈である。8×6を誤算する子どもは，ⓐ 演算の意味がわからないか，ⓑ かけ算九九を間違って暗記しているか，ⓒ ①～③の数え方ができないかの何れかであると思う。であるから問題になることは，演算の意味をわからせる事が先決条件になり，更に，具体物を使っての数え方を確実に身につけさせるようにすればよいという事になる。

さて，今述べたような考え方から，この研究では，かけ算を学習する時の子どもの能力段階を，四つの段階に区切って指導計画を立てている。これは後に述べることにする。

（b） 方法としては分団学習になるか。

上の例でわかるように，発達に応じて子どもの能力を四つの段階にわけてみた。では，このような能力差をもつ子どもを一段ずつステップを踏んで高めるために，どのような方法をとっているかということについて述べて見たい。

指導の方法としては，一般には，個別指導の方法，分団的学習の方法，一齊学習の方法と三つに大別できると思うが，この三つの方法をとりいれている。少くとも，いわゆる能力別指導，即，分団学習とは考えないで，教材も同教材で，その時間に考える焦点も，全部の子どもが同じであることを条件

としている。

一齊学習の方法は，一時限の学習展開の最初の15分間と，最後の5分間にとりあげている。その時にも述べたように，所謂一齊的な取扱いでなく，常にひとりびとりの子どもをみつめ，子どもの反応については心を配っているわけである。然し，一齊学習だけでは，ひとりびとりの子どもの障碍を除去することにならない。そこで，次の25分は，ひとりびとりの子どもの困難や障碍を除去する為に，個別或はグループの学習に入る。この時も，机 配列は，最初の一齊学習の時と同じ形体であることを原則として行う。但し，この時は，教師は机間を巡視しながら，ひとりびとりの子どもに適切な手をうつことが大切でになる。その時間を得るために，子ども達には，自由に学習できる資料をもたせるようにしている。これが，前に述べた練習問題である。この練習問題をしている間に，子ども独自の障碍に対して，個別指導をしたり，共通の困難点に対しては，分団指導を行うことになる。このような事から，机の配置は，できるだけ同じような障碍をもつこども，即ち，同障碍の子どもを近ずけて配置するという方法をとるようにした。

（c） 教具の利用は，いつどのようにしたらよいか。

今迄述べてきたように，おくれている子どもは，直ちに数字を使って処理することはできないのであるから，無理なく思考を伸ばせるように，教具を活用することにしている。

おくれている子どもは，数字の上で，いくら教師が説明してもわからない子どもである。子どもにその思考の筋道をわからせるように色カードを使用することにした。(後述する)

（d） 確めの方法は，どのようにしたらよいか。

練習問題をする時に，プリントを1枚終ったら「必ずたしかめましょう」

といって，自己の仕事をふり返らせるようにする。いわば自己評価をさせるわけである。自分のやった問題について，正しいかどうかを自分でたしかめられなくては，真に理解しているとはいえないと思う。即ち，正しいかどうかを自分で判定できる子どもが望ましい子どもであり，このような確めの方法をよく指導することが必要なことである。このようにしないと，「いいですか」「わるいですか」といって，教師に見てもらわないと，いいわるいがわからないという子どもになってしまう。

確めの方法には，幾通りもあると考えられる。然し，自分のやったことを間違いないと判定するためには，最も確実な方法を知っていることが必要である。

この方法は，いはば，現在自分のやった方法より同じ系列のもので一段下の素朴な方法がよいといえる。例で考えてみよう。13円のもの8つというとき，13×8と数字の上で計算して，それが，正しいかどうかを確める方法は，13円ずつお札（検見川小学校では色カード）を8回ならべて，具体的なもので数えることであろうと思う。

このような意味から「カードでたしかめてみましょう」という言葉を随所にいれてあるわけである。

Ⅱ　協力学校における実験指導

1. 実験指導の計画

実験指導は，次の事項について行った。

A　二位数×基数の学習指導

(1)　14日間，特別の学校行事のない以外は，連続して行う。

(2)　指導計画は，報告(3)をもとにし，その第１章Ｂの(1)の修正点や，指導計画の骨子を考えて行う。

B　指導後のテスト

(1)　昭和25年度からのテスト問題による。

(2)　１日10題ずつ９日間，90題について行う。

(3)　予備テストのとき行ったかけ算九九のテストを２日行う。

C　浮動状況の調査

(1)　Ｂの(1)と同じ問題で，同じ条件で行う。

(2)　県内は７月と９月の２回，県外は９月と10月末の２回行う。

D　三位数×基数の指導前のテスト

(1)　問題は，報告(3)により，三位数×基数の指導前に行う。

(2)　三位数×基数についての指導は，各学校の随意とし，集計の対象にしない。

2. 実験指導の時期

二位数に基数をかけるかけ算の学習を，この実験指導では５月教材として

5月第2週より実施することにしている。協力学校も，できるだけこの線に近く考えたが，準備その他の関係から本年度においては，県内が大体5月18日頃から開始され，県外は，協議会後に印刷をするということになったので，予備調査は，早い学校で6月上旬から始めるという結果になった。

このような関係から，一部の学校では，農繁期にかかって実験指導を進める上にも種々不便があった。また，夏休を間におくことによって，最も理想的にできると考えた，第1，2回の浮動状況の調査も，指導終了から，テスト終了で一学期が終ってしまったために．その後の実験研究に大変無理な点が多かった。

来年度においては，このようなことのないよう万全の準備をととのえて，5月中旬には，実験研究にとりかかれるようにしたい。

3. 実験指導の準備

A 色カードを作る

(1)誤算の原因に，「数の大きさ」がわからないということがあげられているが，事実，数字で書き表わされた数を見て，量の大きさをはっきりつかむ事のできない子どもは相当多い。逆にいえば，抽象数の上で数の処理ができない，いわば，3年までの数学的素地を修得していない子どもが多いことである。(このことは，後にも述べる予定であるが，約60％の人数が前学年までに修得すべきものを修得していないという結果がでている) このように数字を使っての数の大きさの表わし方のわからない子どもに，数字の上でいくら説明してもわからないのは当然のことであるし，そのままでは，誤算をするのは当然のことである。

この子どもは，数字のもっている約束がわからないために使えないのであ

るから，この約束を具体的にわからせるような方途を講ずることが必要になってくる。検見川小学校でも使用しているが，協力学校で使用してもらうことにした色カードや色付数字カードは，このような対策として作られたものである。いわば，目に見えない原理や概念を目に見えるようにして，理解の成立を援助するための教具として考えられたものである。さて，数の大きさを理解し，数字で量の大きさを表わす段階にまで高めるのには，どのような過程を考えたらよいかについて述べてみる。すなわち，色カードは，量の大きさを抽象化した数字で表わすしくみに至るまでの，どこの段階の，どんな位置を占めるかということである。

(a) ものを数えるときは，同じもの，あるいは同じと考えられるものでなければ数えられない。

これは，数え方の最も基礎になる考え方であって，1年から順次高めていき，やがて，計算では，同じ単位でなければ計算できないという考え方の素地となるものである。

(b) 10までの集合や順序を，数字を用いて表わす。

この段階までは，案外容易にできると思う。

(c) 10以上になった場合の量の大きさは，どのように表わすか。

記数法において，子どもがいちばん混乱し，かつ，困難を感ずる点である。数の大きさのわからない子どもは，この段階から筋を通して学習してないために起るのである。

最初は，1円札や10円札を使って，量の大きさを表わすようにする。お札を使って量の大きさを表わせない子どもは殆どいないのであるから，子どもの思考の出発点はここである。勿論，お札を使って量の大きさを表わすためには，その前の段階である数え方，すなわち，数えたも

のが10以上になった時は，１山ずつにまとめておくと，見たり数えたり（即ち処理をする上に）するのに便利である事を身につけておくことが基礎になる。

（d） 色カードを使って，量の大きさを表わす。

次に，お札カードで表わしたものを，今度は，色で約束をした同じ大きさの色カードで表わすように，思考を少し抽象化していく，即ち，１円札のかわりに赤カード，10円札のかわりに黄カード，100円札のかわりに緑カードで表わすようにする。そして，63円とお札でだせた子どもは黄カード６枚に，赤カード３枚で63円がだせるようにする。この練習を多くすることによって，カードを１枚ずつ出すことに不便を感じ，もっと簡単に大きさを表わすことを考えるようにする。

（e） 色付の数字カードで表わす。

そこで，黄カード６枚のかわりに，６という黄色の数字，赤カード３枚のかわりに，赤字で３とかいた色付数字カードで表わすことに進む。かなり抽象化されてくるので，十分練習することが必要になる。この（d）と（e）は，色によって数字のある位置，数字を書く順序を表わして，量の大きさを表わすしくみである。そして，色カードによる操作が十分できることによって，始めて，数字を書く位置によって大きさを表わす約束をする次の段階に進むわけである。

（f） 数字で量の大きさを表わす。

数字で，量の大きさを表わす段階である。ここではこのように子どもの数概念を高めてくるのであるが，一般には，（c）のお札カードの段階から飛躍して（f）の段階にくるので，数のしくみのわからない子どものでることは，当然のことであると思う。この段階で強調したいことは，

書かれた数字のもつ単位の大きさは位置によってちがうということである。この段階で色のかわりに左へ一桁移るごとに10倍になるという記数法の約束をはっきりわからせるようにする。勿論，左の位は10倍の関係になるということは，（d）の色カードを操作するときに，十分知っていることであるから，この段階では，色カードや色付の数字カードと結びつけて，まとめることが必要であると思う。

以上は，数の大きさのわからない子どもには，どのような段階を追って指導を進めたらよいかであり，更に，検見川小学校がおくれている子どもの思考を助けるために，色カードや色付数字カードを使用している根拠である。

端的にいえば，数の大きさがわからない子どもというのは，０から９までの10個の数字を使って，数を書くとき，書く位置によって単位の大きさがちがうということがわからない子どもである。書かれた数字は，それぞれの位置によって示される単位の大きさがちがうことがわからないのであるから，色分けによって単位の大きさを区別できるようにすることが大切なことになってくる。即ち，色わけによって位どりの原理をわからせようというのである。この研究では，赤を一位，黄を十位，緑を百位と約束して，数の大きさを表わすことにしている。

(2) このようなカードは，学習指導に当って。どの位用意したらよいか。

色カード，色付数字カードは，教師用と児童用と２種類作製する。

（a） 児 童 用

① 色カードは，１枚の大きさが４cm×３cmで１人当り赤50枚，黄30枚，緑10枚を作る。

② 色付数字カードは，大きさは４cm×５cmで，０～９までを赤，黄緑で書く。計30枚となる。また，裏に黒で表と同じ数字を書く。

③ 計算記号カードは，表に＋の記号，裏に×の記号を書く。個人毎に1枚作る。

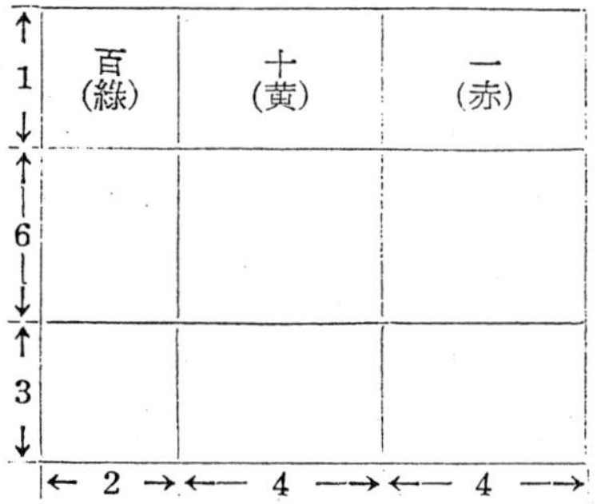

百 (緑)	十 (黄)	一 (赤)

(縦：1・6・3，横：2・4・4)

(4) 台紙は計算をするために使用する。大きさと各位の長さの割合は図の通りである。

（b） 教 師 用

① 色カードは，大きさは7cm×5cm で，どれも黒でフチをとる。

赤，黄については，10枚つながりのものを2個，5枚，4枚，3枚，2枚つながりのものを各5個，1枚ずつのばらのものを10枚作る。

緑カードは，1枚ずつばらばらのものを，20枚作る。

② 色付数字カードは，大きさは，7cm×5cmで，枚数は児童用と同じにする。黄は数字が遠くから見えにくいので，数字のまわりに黒のフチをとる。

③ 台紙は，大きさは模造紙全紙にし，大きさはともかく，形は児童用と同じにする。

B カードの操作と，色の約束についての練習をする

カードの操作とか，色の約束については始めての学校が相当ある。そのために，学習効果を低下させる原因ともなると思はれるので，カードを作製したあとで，操作について練習をする。

(1) 教具使用の際の教師の心構え

おくれている子どもに対して教具を使う時，その根本になる考え方は，教具を取上げようが，取上げまいが，おくれている子どもは，机の下で，手足

の指を総動員して数えているという事実に著目すべきである。このような子どもにとっては，その段階から指導を始める事が成功させるために大切なことである。

このように子どもが現実に用いて考えを進めることのできるものが教具である。手足の指や，教具を使用して思考する方法は決して能率のあがるものではないのであるから，教師はいつも，子どもの現在の方法を是認するとともに，その子どもをはげまし，自分の手ぎわに対して不便を感じもっとよい方法はないものかと考えさせるように仕向けることが大切である。

要するに，子どもが学習するのであるという根本と，そのためには，現在の素朴な方法でも一応認めてやるという温い教師の思いやり，更に，子どもがもっとよい方法を工夫してみようという気持を起させるようにすることが，おくれている子どもに対する最も効果的な方策である。

(2) 色の約束を徹底する。

一位は赤，十位は黄，百位は緑で表わすという約束は，十分に徹底していないと学習に困難や支障を来す場合が多い。そこで，1円札や10円札というように，お札で量の大きさを表わす事に結びつけて，1円を赤で表わし，10円を黄で表わしてみようというように発展させる。

また，385というような数をみて，これを色カードでおいてごらんと逆のしごともやらせる。このような練習は，予備調査の問題の「数の大きさ」の所にも相当盛られているので，練習の資料にしてほしい。

(3) 色カードを操作する時の注意点

カードを操作する時は，いつも見ただけでいくつあるかすぐわかるように並べる習慣をつける事が大切である。例えば，9枚の赤カードを並べる時にごちゃごちゃと並べるのでなく，||| ||| ||| というように3枚ずつ三つ並べると，

見てすぐ9枚あるという事がわかる。このような並べ方ができるようにいつもくふうするように仕向けることがよい。

また，カードを整理するときは，いつも10枚ずつに一括したものを並べておくようにする。このようにして，8枚必要な時は，その10枚の中から，2枚だけとって，残りを並べれば8枚並べたことになる。このようにカードが操作できれば，子どもの数の概念はだんだん伸びてくる。この時，50枚一括してあると，1，2，……と数えて8枚とるので，数の概念ができてきにくい。また，その子どもが，どの程度の数概念をもっているかも明らかに知ることができにくい。

(4) 実験指導に必要な予備調査

指導に入る前に，子どもはどのような能力をもっているかを調査し，ひとりびとりの障碍や困難点を確実に把握しないと，ひとりびとりの子どもに直接した適切な手がうてないことは当然である。ここでは，予備調査として，どんなことをみようとしたか，どんな内容について行ったか，その結果から子どもの能力をどのように段階づけて，どのように指導するのに役だてたかについて述べることにする。

A 予備調査のめあてとその内容

予備調査は，二位数に基数をかけるかけ算の学習をする素地となっている数学的内容を，どの程度まで修得して身につけているかについて，ひとりびとりの子どもの実態を見ようとするものである。

素地になるものとしては，大きくわけて，①数の大きさについてどのようにわかっているか，②かけ算九九のいみがどこまで理解されているか，③加法九九，乗法九九はできるかの三つをあげた。それ故，この三点について予備調査を行うことにした。

今のべた三つの観点は，具体的には，どんな内容であるかを説明してみる。

(1) 数の大きさについて

(a) 数字で書き表わされている数の大きさについて，よく理解しているか。

(b) 数字と具体物が，よく結びついているか。

(c) 具体物（色カード）で，位取りの原理がわかっているか。

(2) かけ算の意味について

(a) 実際の場において，×を使うことができるか（演算のいみ）

(b) ＋を×になおしたり，×を＋になおしたりすることができるか（加法と乗法との関係）

(3) かけ算九九について

(a) かけ算九九がどの程度にできるかを，50題ずつ2回行う。

(4) 加法について

(a) 繰上がりのある加法の計算が，数字の上で，どこまでできるかを45題の問題について，1日15題ずつ3日行う。

以上の(1)～(4)までは，ペーパーテストによる方法によって行うのであるがこの方法で誤算をみることによって，過去の学習内容の修得が不充分な子どもがわかってくる。即ち，並以下の子どもがはっきりする。この子どもに対しては，具体物を操作させながら，もっと程度の低い方法での手際をみることにする。これが後で述べる障得の診断テストである。

B 予備調査の問題と処理の方法

(1) 予備テスト

◎ 一般的な注意事項

(a) 原則として期間は5日間とし，1日に2枚ずつ午前に行う。

（b） 実施した日に成績の処理をする。

（c） 判断に苦しむまちがいは，子どもに聞いて，その理由によって判断する。もしそれでもはっきりしない時は，放課後によく聞く。

◎ 予備テストは，次のような計画で実施する。

〰〰〰予備テスト第１日〰〰〰

1. 予備テスト 第１日前半の実施内容

次の【〔問題番号１〕数の大きさ】についてテストする。

〔問題番号１〕 数の大きさ　　校名＿＿＿＿＿＿

月　　日　4年　　組＿＿＿＿＿＿

|Aの(1)| つぎの ぼうぜんぶのかずを すうじでかきなさい。

(1)

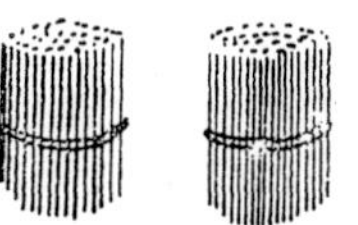
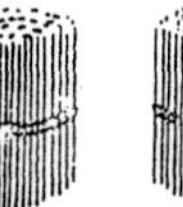
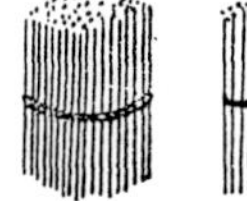
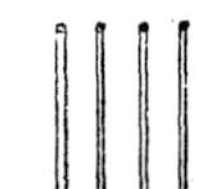

100本　100本　100本　10本　10本　１ １ １ １

(1)　（　　　ほん）

(2)

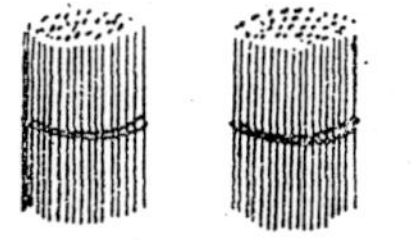
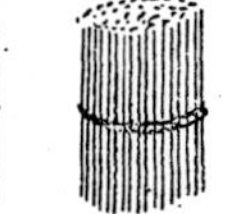
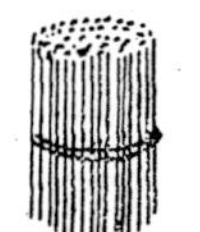
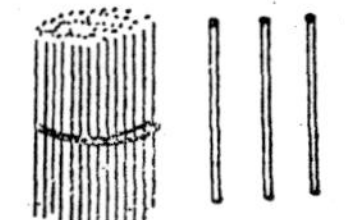

100本　100本　100本　100本　100本　１ １ １ １

(2)　（　　　ほん）

|Aの(2)の１| おはじきが 35こ あります。10こずつの山にまとめると山がいくつできますか。

（　　　やま）

|Aの(2)の２| おにいさんが まきわりをしました。あとで これを10本

ずつのたばに たばねています。ぜんぶで ５たばと４本 できました。何本できたでしょう。

（　　　ほん）

|Aの(3)の１|

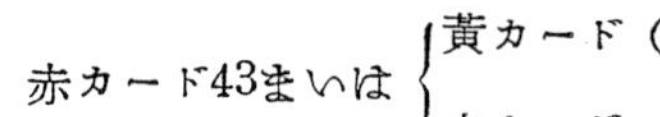

赤カード43まいは｛黄カード（　　　）まいと／赤カード（　　　）まいです。

|Aの(3)の２|

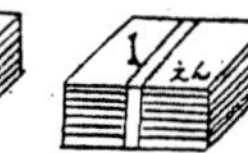

10まい　10まい　10まい
1えん　1えん
1まい　1まい
｝は（　　　えん）です。

|Aの(3)の３| さんすうの本は61円でした。10円さつ|＿＿|まいと１円さつ|＿＿|まいをはらえばよいとおもいます。

(3) テストの実施

① 調査しているという意識をもたせないように，気楽な雰囲気を作る。

② １枚の時間は，20分とし，全部の子どもが終るようにする。遅れて，20分で終らぬ子どもがあれば，終るまで，待ってやる。

③ ゆっくり１回文章を読み，読み終った後で質問に応ずる。その後の質問には応じない。

(4) 問題用紙を集める

(5) 処理（第１日後半の分とまとめて処理してよい。記述の便宜上，ここにかいておく）結果は，『〔第１表〕個人別理解の状況』の表に記入する

① 採点をする。正答を次のように定める。

- Aの１　① 324　② 504
- Aの２ ｛1，３やま，（４やまは ×）／2，54 本或は 54

—179—

・Aの(3) { 1．黄カード(4)と赤カード(3)
2．32
3．10円さつ6まいと1円さつ1まい }

② 〔第1表〕 予備テスト 校名＿＿＿＿＿＿

個人別理解ヽ状況

第1表 個人別理解の状況

項目 / 理解事項 / 児童名(固定番号)	数の大きさ〔問題番号1・2〕							判定	かけ算のいみ〔問題番号3・4・5〕			判定
	Aの(1)	Aの(2)	Aの(3)	Aの(4)	Aの(5)	Aの(6)	Aの(7)		Bの(1)	Bの(2)	Bの(3)	
	・一〇ずつ或いは一〇〇ずつのグループにまとめたものを他のものにおきかえると都合がよい。	・十の位の数字は一〇ずつまとめたグループの個数を示すものである。	・一の位の数字は一〇ずつまとめた時の残りの個数を示すものである。	・一の位の数字の〇は一〇ずつのグループにまとめて残りのないことを示したものである。	・百の位の数字は一〇〇ずつまとめたグループの個数を表わす。	・十の位の数字の〇は、一〇〇ずつのグループにまとめて残りのないことを示す。	・ある位の単位の大きさは、その右の単位の大きさの十倍になる。		・同数累加の時、九九を使ってやればよい。	・同数累加の時は、グループの個数を乗数とすればよい。	・乗数は被乗数を何回加えればよいかを示したものである。	

③ 第1表には，児童氏名の代りに，児童番号で書き入れる。この際百の位の数字は学級番号で，次の十位と一位の数字は，児童名に当るようにする。男子は1～49，女子 51～99までとする。

〔例〕 4年2組の出席番号13の男の子は，213になる。1組の4番の女の子は154となる（以下の整理にも，これと同じ番号のつけ方を用いる）

④ 第1表の項目，「数の大きさ」のAの(1)～Aの(3)までの所に第1日前半の成績を記入する。

・Aの(1)(2)は，2問に分れている。2問できたら◎，1問できたら△，少しもできぬのは×とする。Aの(3)は，3問に分れている。3問できたら◎，2問できたら○，1問できたり，少しもできぬのは×とする。

2．予備テスト 第1日 後半の実施

(1) 問題は，次の〔問題番号6〕加法①（15題）を用いてテストする。

(2) 〔問題番号6〕加法(1)

月　　日　　校名＿＿＿＿＿＿

4年　組　名前＿＿＿＿＿＿

83 + 8	44 + 9	75 + 8	24 + 6	45 + 7
73 + 7	94 + 7	28 + 4	56 + 7	58 + 5
63 + 9	18 + 3	15 + 6	36 + 9	97 + 4

(3) テストの実施，前半に同じ。

(4) 問題用紙を集める。

(5) 処理

① 1題でも間違ったものがあると，その番号と誤答数とを補助簿に記入しておく。

～～～～予備テスト第2日～～～～

3. 予備テスト 第2日 前半の実施

(1) 次の〔問題番号2〕「数の大きさ」を用いてテストする。

(2) 〔問題番号2〕「数の大きさ」 校名＿＿＿＿＿＿＿＿

月 日 4年 組 名前＿＿＿＿＿＿＿＿

Aの(4)の1 (1) すみえさんは，おとづかいを75円もっていました。その時 おつかいちんに 33円 いただきました。おとづかいはぜんぶでいくらになりましたか。

(1) こたえ（ 円）

Aの(4)の2 (2) 80円を どんなおさつでだしたら おさつがすくなくてすむでしょう。

(2) こたえ {10えんさつ（ まい）, 1えんさつ（ まい）}

Aの(4)の3 (3) 28は黄カード（ まい）と赤カード（ まい）です。

(4) 30は黄カード（ まい）と赤カード（ まい）です。

Aの(5) (1) 100円さつ9まいは 1円さつになおすと何まいに なりますか。 (1) こたえ（ まい）

(2) 500本の色ぼうを 100本たばにすると たばがいくつできますか。 (2) こたえ（ たば）

Aの(6) (1) 508円＝100円さつが□まいと 10円さつが□まいと 1円さつが□まい です。

(2) 800円＝□円さつ8まいです。

(3) 赤カード 307まいは みどりカード□まいと 黄カード□まいと 赤カード□まい です。

Aの(7) (1) 赤カード40まいは 黄カード□まいです。

(2) 黄カード50まいは みどりカード□まいです。

(3) 黄カード9まいは 赤カード□まいです。

(4) みどりカード6まいは 赤カード□まいです。

(5) 25円を1円さつではらうと なんまいになりますか。

(5) こたえ（ まい）

(6) 320円を 10円さつではらう と なんまいになりますか。

(6) こたえ（ まい）

(3) テストの実施 第1日と同じ

(4) 問題用紙を集める。

(5) 処理（後半とまとめて整理してよい）

① 採点する。正答を次のように定める。

・Aの(4)
- ① 108えん
- ② 10えんさつ（8まい）
  1えんさつ(0まい)～(なし)と書いてあってもよい。
- ③ 黄カード（2まい）と赤カード（8まい）
- ④ 黄カード（3まい）と赤カード(0まい)～(なし)と書

いてあってもよい。

• Aの(5) ① 900まい
② 5たば

• Aの(6) ① 100円さつが（5まい）と
10円さつが（0まい）と
1円さつが（8まい）です。
② 100円さつ
③ みどりカード（3まい）と
黄カード（0まい）と
赤カード（7まい）です。

• Aの(7) ① 黄カード（4まい）
② みどりカード（5まい）
③ 赤カード（90まい）
④ 赤カード（600まい）
⑤ （25まい）
⑥ （32まい）

② 第1表の項目，かずの大きさのAの(4)～Aの(7)に記入する。

• Aの(4)は，4問に分れている。4問できたら◎，3問は○，2問は△，1及び0問は×とする。

• Aの(5)は，2問に分れている。2問できたら◎，1問は△，0問は×とする。

• Aの(6)は，3問に分れている。3問できたら◎，2問は○，1及び0問は×とする。

• Aの(7)は，6問に分れている。6問できれば◎，5及び4問は○，

3問は△，2，1及び0問は×とする。

③ これで第1表の数の大きさのAの(1)～Aの(7)までの記入が終ったので判定をする。判定のらんに記入する。(1)～(7)までの各項目の全部◎の子どもはA；◎と○だけのものはB，×や△が一つでもある子どもは×とする。

4. 予備テスト 第2日 後半の実施

(1) 〔問題番号7〕加法②（15題）を用いてテストする。

(2) 〔問題番号7〕加法② 校名＿＿＿＿

月　日　4年　組　名前＿＿＿＿

99 + 9	48 + 9	49 + 1	82 + 9	88 + 6
37 + 6	77 + 5	91 + 9	69 + 2	14 + 8
95 + 5	12 + 8	59 + 8	36 + 4	38 + 8

(3) テストの実施 第1日と同じ

(4) 問題用紙を集める。

(5) 処理 第1日の後半と同じように補助簿に記入する。

～～予備テスト第3日～～

5. 予備テスト 第3日 前半の実施

(1) 〔問題番号3〕かけ算の意味(1)を用いてテストする。

(2) 〔問題番号3〕かけ算のいみ(1) 校名＿＿＿＿

月　日　4年　組　名前＿＿＿＿

[Bの(1)の1] ガラスはみんなで何枚みえますか。

ガラスのかず　　まい

どんなやりかたでしましたか ○をつけなさい。

- 1，2，3，4，……とかぞえた。
- よせざんで　やりました。
- ひきざんで　やりました。
- かけざんで　やりました。
- わりざんで　やりました。

B の(1)の 2　おはじきがならべてあります。みんなでいくつありますか。

こたえ＿＿＿＿＿＿＿＿

○○　○○　○○
○○　○○　○○
○○　○○
○○　○○

つぎのやりかたの中で どれでやりましたか。○をつけなさい。

- 5 × 4
- 1，2，3，4，……とかぞえた。
- 4 × 5
- 4 ＋ 4 ＋ 4 ＋ 4 ＋ 4

B の(1)の 3　おかねは　ぜんぶでいくらありますか。

こたえ＿＿＿＿＿＿えん

つぎのやりかたの中で　どれでやりましたか，○をつけなさい。

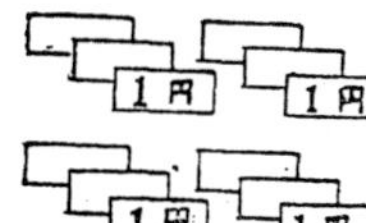

- 3 ＋ 3 ＋ 3 ＋ 3
- 1円，2円，3円，4円，……とかぞえた。
- 3 × 4
- 4 × 3

B の(1)の 4　カードのてんは　みんなでなんてんになりますか。

こたえ＿＿＿＿＿＿てん

7てん　7てん
7てん　7てん
7てん　7てん

つぎのやりかたの中で　どれでやりましたか，○をつけなさい。

- 6 × 7
- 7 ＋ 7 ＋ 7 ＋ 7 ＋ 7 ＋ 7
- 7 × 6

B の(1)の 5　りんごは　みんなでいくつですか。

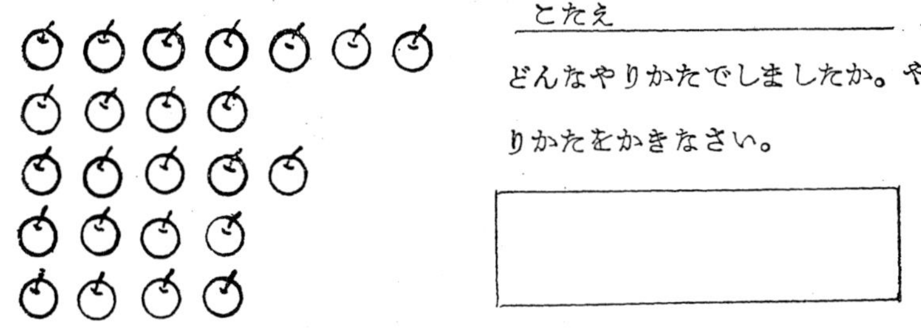

こたえ＿＿＿＿＿＿

どんなやりかたでしましたか。やりかたをかきなさい。

(3)　問題を集める。

(4)　処理（後半とまとめて処理をしてよい）

①　採点をする。正答を，次のように定める。

- B の(1)　①　{ • ガラスのかず（24まい） • やりかた（かけざんでやりましたに○印）}　両方できなければ ×

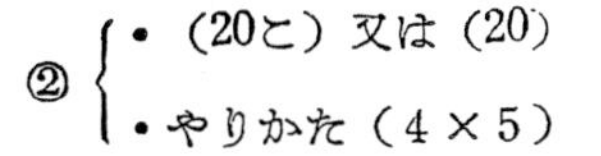

②　{ • （20こ）又は（20） • やりかた（4 × 5）}　上と同じ

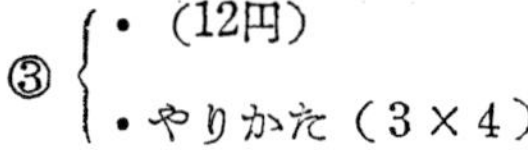

③　{ • （12円） • やりかた（3 × 4）}　上と同じ

④　{ • （42てん）又は（42） • やりかた（7 × 6）}　両方できなければ ×

⑤ • (24こ) 又は (24)
• やりかた 4 × 6 =24 / 5 × 4 + 4 =24 / 4 × 5 + 4 =24 } かけざんを使って答があっておればよい。

② 第1表のかけ算のいみのBの(1)のところに記入する。

5問中5問できれば◎, 4及び3問は○, 2, 1及び0問は×とする。

6. 予備テスト 第3日 後半の実施

(1) 〔問題番号8〕加法③ (15題) を用いてテストする。

(2) 〔問題番号8〕加法(3)　　校名＿＿＿＿

月　月　4年　組　名前＿＿＿＿

67 + 8	69 + 7	57 + 7	47 + 3	39 + 3
28 + 7	78 + 5	26 + 8	58 + 2	19 + 5
66 + 5	29 + 6	55 + 5	76 + 6	87 + 9

(3) テストの実施　第1日と同じ。

(4) 問題用紙を集める。

(5) 処理 (第1日の後半と同じように補助簿に記入する。

〜〜〜予備テスト第4日〜〜〜

7. 予備テスト 第4日 前半の実施

〔問題番号4〕かけ算の意味 (2) を用いてテストする。

(2) 〔問題番号4〕かけざんのいみ(2)　　校名＿＿＿＿

月　日　4年　組　名前＿＿＿＿

Bの(2)の1　• つぎのよせざんをかけざんでかきなさい。

(1) 3 + 3 + 3 + 3 + 3 　　(2) 6 + 6 + 6 + 6

(3) 9 + 9 + 9 + 9 + 9 + 9 　　(4) 4 4 4 + 4

(5) 5 5 5 5 + 5 　　(6) 7 7 + 7

(7) 8円のノートを5さつかいました。いくらはらえばよいでしょう。

やりかた＿＿＿＿　こたえ＿＿＿＿円

(8) ノートを7さつかいます。1さつ9円です。いくらはらえばよいでしょう。

やりかた＿＿＿＿　こたえ＿＿＿＿円

(9) 6円のノート8さつと, 4円のノート7さつかいます。ぜんぶでいくらはらいますか。

やりかた＿＿＿＿　こたえ＿＿＿＿円

Bの(2)の2　(10) りんごがいくつありますか。これを5×3=15とけいさんしました。えをよくみてよいとおもうものに ○をつけなさい。

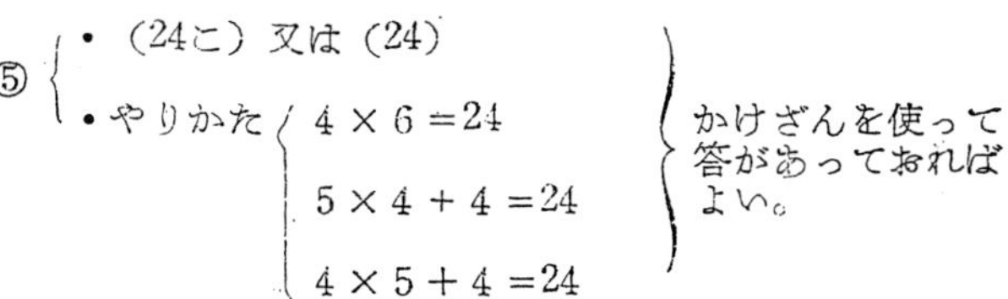

5は {ひとさらのりんごのかず / りんごのかず} です。

3は {さらのかず / りんごを5このせたさらのかず} です。

(11) 23円と23円と23円では，23円×[　　] とけいさんすればよい。

(12) せっけんが，6こずつはいったはこがあります。みんなでいくつあるかを　つぎのようにけいさんしました。えをみてつぎの[　　]にことばをいれなさい。

6×4＝24

6は[　　　　]のかずです。

4は[　　　　]のかずです。

(3) テストの実施　第1日と同じ。

(4) 問題用紙を集める。

(5) 処理（後半とまとめて処理してよい）

① 採点する。正答を次のように定める。

・Bの(2)　①～⑥までは式の形でも，計算の形でもよい。

① 3×5　② 6×4　③ 9×6

④ $\begin{array}{r} 4 \\ \times 4 \\ \hline \end{array}$　⑤ $\begin{array}{r} 5 \\ \times 5 \\ \hline \end{array}$　⑥ $\begin{array}{r} 7 \\ \times 3 \\ \hline \end{array}$

⑦ やりかた（8えん×5）又は（8×5）こたえ（40えん）

⑧ やりかた（9えん×7）又は（9×7）こたえ（63えん）

⑨ やりかた（6えん×8＋-8えん）又は（48えん＋28えん）
又は（6えん×8，4えん×7）……この場合は答をみてよせてあれば○。こたえ（76えん）

⑩ 「ひとさらのりんごのかず」に○
「りんご5こをのせたさらのかず」に○

⑪ （23えん×3）

⑫ 6は（せっけん）又は（1はこのせっけん）
4は（はこ）

② 整理用紙第1表かけ算の意味Bの(2)ののところに記入する。
12問あるが，12，11問できておれば◎，10～7問できれば○，6問は△，5問以下であると×とする。

8．予備テスト　第4日　後半の実施

(1) 〔問題番号9〕かけざん九九①（50題）を用いてテストする。

(2) 〔問題番号9〕かけざん九九①　　校名＿＿＿＿＿＿

月　　日　4年　　組　　名前＿＿＿＿＿＿

2×2＝	8×3＝	9×8＝	5×3＝
5×5＝	1×5＝	6×7＝	9×5＝
2×1＝	6×0＝	9×9＝	2×9＝
9×2＝	4×0＝	4×6＝	1×1＝
7×5＝	6×6＝	3×5＝	0×3＝
3×4＝	4×8＝	1×4＝	1×8＝
9×1＝	8×0＝	7×1＝	8×9＝
4×9＝	9×0＝	7×4＝	8×6＝
8×2＝	0×7＝	0×5＝	3×7＝
6×2＝	7×8＝	4×4＝	1×9＝
9×4＝	9×7＝	5×1＝	0×2＝
3×1＝	3×3＝	4×2＝	5×4＝
2×0＝	6×9＝		

(3) テストの実施　第1日と同じ。

(4) 問題用紙を集める。

(5) 処理

① 採点する。

② 5題までの誤算者に対して放課後，面接によりきく。その時できたら，できたものとする。

③ 第2表に記入する。

受持用としては，各らん毎に誤算者氏名を記入し，報告用としては，誤算者数と主な誤答を記入する。

④ 第2表

〔第2表〕 予備テスト

〔問題番号9，10〕 校名＿＿＿＿＿＿

かけ算九九のテスト整理表

かけられる数 / かける数	0	1	2	3	4	5	6	7	8	9
0										
1										
2										
3										
4										
5										
6										
7										
8										
9										
計										

⑤ まちがった子どもの番号と，まちがった個数を補助簿に記入してお

く。

〜〜〜予備テスト第5日〜〜〜

9. 予備テスト 第5日 前半の実施

(1) 〔問題番号5〕かけざんのいみ③を用いてテストする。

(2) 〔問題番号5〕かけざんのいみ③ 校名＿＿＿＿＿＿

月 日 4年 組 名前＿＿＿＿＿＿

Bの(3)の1 ・つぎのかけざんを よこに よせ算でかきなさい。

(1) 6×4 ［　］ (2) 3×5 ［　］ (3) 7×2 ［　］

(4) 9×4 ［　］ (5) 8×7 ［　］ (6) 4×7 ［　］

(7)・8×6 は 8×7より［　］(いくつ)大きい。

(8)・8×7 は 8×8より［　］小さい。

(9)・5×7 は 5×6より［　］大きい。

(10)・5×8 は 5×7より［　］大きい。

・つぎのかずのならび方に気をつけて，［　］の中にすうじでかきなさい。

(11)・4，8，12，［　］，20

(12)・21，［　］，35，42

(13)・5，10，［　］，20

Bの(3)の2 ・つぎのもんだいの ただしいほうに○をつけなさい。

(14)・8×7

8は {かけるかず / かけられるかず}

7は {かけるかず / かけられるかず}

(15) • 9 × 4　　4 は {かけるかず / かけられるかず}

　　　　　　9 は {かけるかず / かけられるかず}

• つぎの ☐ の中にすうじでかきなさい。

(16) 6 × 3 = 3 × ☐

(17) 2 × 9 = 9 × ☐

(3) テストの実施　第1日と同じ。

(4) 問題用紙を集める。

(5) 処理

① 採点する。正答を次のように定める。

• Bの(3)
- ① 6＋6＋6＋6　　② 3＋3＋3＋3＋3
- ③ 7＋7　　④ 9＋9＋9＋9
- ⑤ 8＋8＋8＋8＋8＋8＋8
- ⑥ 4＋4＋4＋4＋4＋4＋4
- ⑦ (8)大きい　⑧ (8)小さい　⑨ (5)大きい。
- ⑩ (5)大きい　⑪ (16)　⑫ (28)　⑬ (15)
- ⑭ {8は，かけられるかずに○ / 7は，かけるかずに○}
- ⑮ {4は，かけるかずに○ / 9は，かけられるかずに○}
- ⑯ (6)
- ⑰ (2)

② 整理用紙第1表かけ算のいみBの(3)に記入する。

17問あるが，17，16問できたら◎，15問～9問できたら○，8問以下

は×とする。

③ 記入が終ったら，かけ算のいみの判定の欄に記入する。判定方法は数の大きさのところと同じである。

全部◎のこどもはA，◎と○だけのものはB，×や△が一つでもあるものは×とする。

更に数の大きさと，かけ算のいみの両方がの判定，AとAのものは，Aとし，AとBのも，のあるいは，BとBのものはBとし，×が一方にあるもの，あるいは両方×のものは，×とする。

これで，第1表の記入に必要なテストは終る。

10. 予備テスト　第5日　後半の実施

(1) 〔問題番号10〕かけ算九九② (50題) を用いてテストする。

(2) 〔問題番号10〕かけ算九九(2)　　校名＿＿＿＿＿＿＿＿

月　　日　4年　　組　　名前＿＿＿＿＿＿＿＿

2 × 7 =	3 × 6 =	3 × 8 =	3 × 2 =
5 × 8 =	7 × 6 =	7 × 7 =	0 × 8 =
9 × 3 =	2 × 8 =	7 × 9 =	7 × 0 =
0 × 6 =	1 × 0 =	6 × 8 =	8 × 1 =
2 × 3 =	5 × 7 =	3 × 9 =	6 × 5 =
4 × 3 =	8 × 8 =	4 × 7 =	3 × 1 =
0 × 1 =	0 × 9 =	8 × 4 =	4 × 5 =
8 × 7 =	9 × 6 =	2 × 6 =	1 × 6 =
5 × 2 =	1 × 7 =	3 × 0 =	0 × 0 =
8 × 5 =	7 × 3 =	6 × 3 =	0 × 4 =
2 × 4 =	7 × 2 =	1 × 3 =	1 × 2 =

4×1＝　　5×9＝　　6×4＝　　2×5＝

5×0＝　　5×6＝

(3) テストの実施　第1日と同じ。

(4) 問題用紙を集める。

(5) 処理　第4日後半の処理と同じように処理する。

ここまででペーパーによる調査は終る。

11. 第3表を作る。

(1) **第3表**　個人別障碍表（第1，2表と診断テストの整理）

児童番号	グループ	予備テスト				診断テスト		
		数の大きさ	かけ算の意味	加法	乗法九九	数の大きさ	加法の手ぎわ	数えかた

(2) 第1表の数の大きさと，かけ算の意味の判定で×になったもの，及び加法乗法，乗法九九でまちがっていたものについて，こどもの児童番号（教師用としては氏名）だけを記入する。

(3) 予備テストの該当欄に，次のような方法で記入する。

- 数の大きさとかけざんの意味のところには，第1表の番号により，3×，6×，9×，というように，×なった問題番号だけを記入する
- 加法，乗法九九のところには，それぞれ，誤答数だけを記入する。

これで第3表の予備テストの欄ができあがる。要するに，ここにでてきた子どもは，かけ算九九をうまく使って計算できない子どもである。また数字の上での操作のまずい子どもである。このような子どもに対して，具体物，半具体物を用いて診断テストをする。

2　障害の診断テスト

1. 調査要項

(1) 第3表の予備調査の結果からみて，数の大きさ，加法の手ぎわ，数えかたについての障害点についてだけ診断する。

2. 調査

次の障害の診断テストにより実施する。

障害の診断テスト

1. 診断する事項

① 数の大きさについて，具体物半具体物を使って，どこまで量の大きさを，表わすことができるか。また，具体物や半具体物の集まりをみて，量の大きさを数字でかきあらわことすとができるか。

② よせ算をするときの手ぎわについて，半具体物を使ってどこまでできるか。

③ かけ算九九を使えない子どもは，どこに障害を感じているか。また数える時どのような数え方をするか。

2. 診断テストの問題

① 数の大きさ（準備するもの　色棒，色カード）

(1) 赤い棒を　45本とってごらんなさい
(2) 黄色の棒を　18本とってごらんなさい
(3) 緑の棒を　23本とってごらんなさい

観察点
- 本数があっているか
- どんな数え方をしたか

(4) 色の約束をしっていますか。赤は，黄は，みどりに，

(5) では，今の約束で，36を，カードでおいてごらんなさい。

(6) そのカードに，赤カードを，4まいおくといくつになりますか。

(7) なぜ，そうしましたか。

(8) 129を，カードでおいてごらんなさい。

(9) では，先生のかいた数字を（黒板にかくか，あらかじめ，紙にかいておく）カードをおいてごらんなさい。

506,　700,　340

(10) 次のカードで，いくつになりますか。ノートに数字でかきなさい

①　②　③　④　⑤

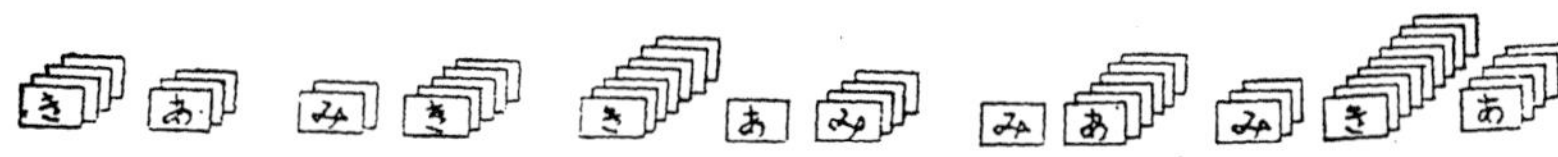

(11) 326は，みどりのカード［　］まいと黄色のカード［　］まいと，赤カード［　］まいですか。また，100が［　］つと，10が［　］つと，1が［　］つのことですか。

〔注意〕

○ (1)～(5)までは，3，4人一しょでもよい。

○ (6)以下は，できるだけ個別できくようにする。

○ おくれている子どもであるから，発表が下手なので，教師が，子どもの考えを補説するようにする。

② 加法の手ぎわ

(1) 6と7を，カードでおきなさい。ぜんぶで何枚ですか。どのように数えますか。

(2) 38をカードでおきなさい。そこえ6まい赤カードをおくと，どうなりますか。

(3) 56に9をたしてごらんなさい。

(4) 次の問題を，カードでやって，答をかきなさい。

63＋8　　124＋17　　905＋6

(5) 次の問題を色付の数字カードでやってごらんなさい。（できない人は，色カードでやってもよい）

(6)

①　②　③　④

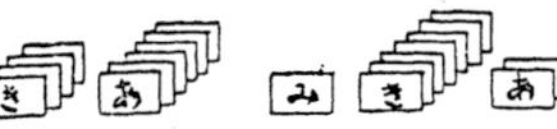

〔注意〕

○ (1)(2)は，口でいって子供にやらせる。

○ (3)(5)は，黒板にかいてあるのをみて，させるようにする。

○ (6)は，46円と35円というように口でいって並べさせてから，計算させる。

③ 数えかた。

(1) 2とびで，できるだけいってごらんなさい。（どこまでできたか記録しておく）

(2) 3とびで，4とびで，5とびで（すらすら数えられなくなったとき，指などを使ってどのように数えているかを観察する）

(3) 6とびで 48まで，7とびで 49まで，8とびで 56まで，9とびで 81まで いってごらんなさい。

(4) 6を6つカードでおきなさい。そして数えてみなさい。いくつになりましたか。

(5) 数えてごらんなさい。みんなでいくつですか。

○○○○○　○○○○○　。3とびでやりなさい。
○○○○○　○○○○○　。6とびでできますね。
○○○○○　○○○○○　。5とびではどうですか。

(6) とびかぞえで，(　　) の中に答をかきなさい。

① 2＋2＋2＋2＋2＋2＋2＋2＋2
(4)(6)(　)(　)(　)(　)(　)(　)(　)

② 3＋3＋3＋3＋3＋3＋3＋3
(　)(　)(　)(　)(　)(　)(　)

③ 4＋4＋4＋4＋4＋4＋4
(　)(　)(　)(　)(　)(　)

④ 6＋6＋6＋6＋6
(　)(　)(　)(　)

3. 整理

(1) 第3表の診断テストの該当らんに記入する。

(2) 記入の方法

① ＩＱは，実施した学校だけ記入する。

② この診断テストの結果から，夫々の子どものグループは，ＣかＤになる。それを，この診断テストの結果によって判定する。

③ 数の大きさについての記入は，(9)×，(8)×というように，できなかった問題番号に×をそえて書く。また，「カードを数字にかけない」というように書く。

④ 加法の手ぎわについては，(3)×，(4)×というように，できなかった問題番号に×きそえて書く。または，「色付の数字カードではできない」というように書く。

⑤ かぞえ方については，3とびで18までできるとか，または，（3とび→⑱）というように記入する。

以上で，かけ算の学習に入る前の子どもの能力と，障碍点がわかり，第3表が完成したことになる。

4. 報告のための集計用紙

予備調査の結果は，上に述べた第1表から第3表までに記入したわけである。これを，各校毎に集計して提出してもらうと，最後の統計の際大変便利であるので，次のように整理する事にした。

(1) 第1表の個人別の理解から

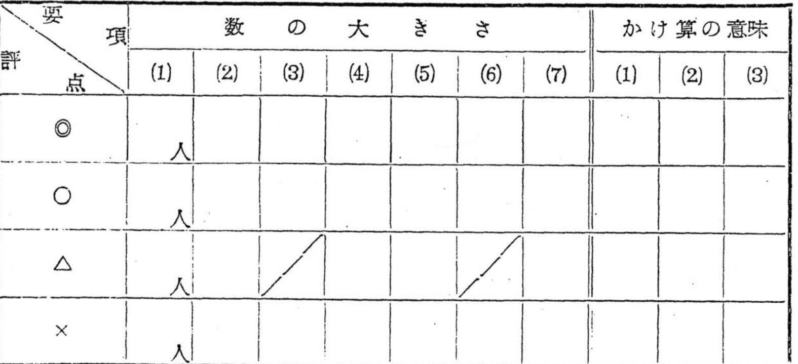

要項 ＼ 評点	数の大きさ (1)	(2)	(3)	(4)	(5)	(6)	(7)	かけ算の意味 (1)	(2)	(3)
◎	人									
○	人									
△	人		／			／				
×	人									

(注) ① ◎，○，△，×は整理の記入要項による。
② ／印は，△のない問題である。

	数の大きさ			かけ算の意味			数の大きさと，かけ算の意味			
	◎	◎と○	×，△を含む	◎	◎と○	×，△	◎	◎，○	×，△	×だけ
人数										
%										

(註) ① 判定の結果から記入する。
② ◎は全部の項目が◎のもの，即ちＡグループ
③ ◎と○は，○を1つでも含むもの，Ｂグループ
④ ×△を含むものは，判定は×となる。
⑤ 数の大きさと，かけ算の意味の両方で，両方×はＤグループ，片方は

Cグループになる。

(2) 第2表のかけ算九九のテスト整理表から，この整理は，指導直後のテストを行って，朱で第2表への記入が終ってから集計をする。

児童数	指導前		指導後	
	誤答数	人員	誤答数	人員

C 能力別グループとその段階

(1) 能力段階をどのようにしたか。

（a） A，Bは，数字の上で，加法と乗法九九のできる子どもである。

（b） C，Dは，具体物，半具体物がないと困難な子どもであり，特にDは，1こずつしかものを数えられないような子どもである。

（c） それを表にすると，次のようになる。

項目＼能力別	A	B	C	D
数え方	○適切な1まとまりをつくって，手ぎわよく数える。	○ものの集り方に応じて，2こずつ，或はいくつかずつとんで数える	○教師の指示があれば2こずつ或は，5こずつ，とんで数える	○ものを指でおさえるようにして「いち，に，さん…」と，ひとつずつ数える。
加法の手ぎわ	○適当なまとまりをつくって，能率的に数える。 ・加法九九を反射的に使う。	○大体Cに同じ ・6＋7の場合には，加法九九を使って計算する。	○はじめの数がわかっていると，それを念頭において，後の分を，その数に，数えたしていく方法で，総和を求める。 ・6＋7の場合は，6の次から指を折りながら「7，8，9……」と数えたしていく。	○二つ以上の集りがあるとき，その総和を求めるのに，もの（或は指におきかえて）端から数えて，最後の数詞で数を表わす。 ・6＋7の如く数字で書かれたものは，二つの数を指におきかえて始めから，数える。

九九の手ぎわ	○反射的に，乗法九九を正しくできる。	○乗法九九が，反射的にはできないが，たどりながら正しくできる。	○乗法九九を誤る。いくつかずつとんで数えるしかたで，答を求める。	○乗法九九はできないので，一グループの大きさ（被乗数）をカードで並べ，それを，グループの個数（乗数）だけ作って，それを，始めから，1，2，3…と数えて，答を求める。 ・カードをみながら，2こずつ数えることは，少しできる。

(2) 座席

（a） 一般に一齊学習に用いられているように机を配置して，特別に分団を作らない。

（b） できるだけ，同じ能力段階の子どもの座席が近くにあるようにする。これは，学習指導の能率を考えるからである。

(3) 予備テストによる調査を，指導計画にどのようにいかすか。

（a） 第3表による個人の障碍点をみて，指導計画の「個人の指導点」のらんに，毎時間つまずきそうな子どもの氏名を記入する。

（b） 報告(3)の59ページから，120ページまでを読んで，その指導案の中に，予備テストでおくれていた子どもを，どのように指導できるように工夫してあるかを調べる。

（c） あとにある第4表の「毎日の指導記録とその反省」に，おくれている子どもを記入するとともに，いつも第3表と比較してみる。

D 指導計画の検討をする。

(1) 報告(3)の53ページから120ページまでについて研究をする。

（a） 第1時から，第14時までの毎時の学習のねらいを明らかにつかむ

（b） 毎時の指導計画を読み，練習問題と，テスト問題を見る。

(2) 昭和27年の指導において失敗したことを，2度くりかえさないようにするために，報告(3)の51ページにある(2)指導計画の修正点の内容と指導上の留意点を読む。

(3) 教材や教具をそろえる。

これで，実験指導に対する準備が終わる。

5. 実験指導の実施

実験指導に当っては，第1章3項「協力のための協議会における話合い」のBにある「主なる協議内容」について研究し，指導を進めてもらうことにした。そこで述べられたことは，学習指導を進める上に，どんな点に気をつけていったらよいかという内容に関係してのものであった。ここでは，事務的な事柄について述べる。なお，詳細にわたっては，指導計画と，学習指導における毎日の整理手続きについて，次に述べる予定であるので，併せて参考にされたい。

A 実験指導についての諸注意

ここでは，直接実験指導に必要な事項について，協議会における主な質疑に答えるという形で述べる。

(1) 実験指導は毎日行うか。

14日間，原則として毎日行う。これを条件とする。但し，学校行事等で行えないときは，その理由を指導記録に記録するようにする。特に，1週に4時限しか算数の時間がないという学校においても，できるだけこの線に協力する。

(2) 課外指導は少しもみとめないか。

もう少し指導すればできるようになるという子どもは，確にいる。また，この事は，教育的良心からいうと当然のことである。然し，実験指導は，1時限を50分とし，これを14時限というようにきめている。課外指導や家庭学習を自由にすると，結果の考察に当って条件がそろわぬことになるので，課外指導や家庭学習は，課さないことにする。

(3) 練習問題やテスト問題の処理は，どのようにするか。

練習問題とテスト問題は，その日の中に採点して整理する。そして，この用紙は一括して残すようにする。この研究の貴重な資料であるから，1人の子どもの用紙もなくならないように保管する。練習問題及び，テスト問題の整理は，昭和28年度実験指導の第○時分練習問題（○月○日実施）というように表紙をつけて学級あるいは，学年を一括してとじるようにする。

また，この練習問題やテスト問題は，一切子どもには返したり見せたりしないようにする。練習問題テスト問題について，指導をしたいときは，実験のための時間にするようにしたい。その他時間を特設して，誤算した問題についての指導や練習は一切しないことにする。

(4) 他学級で，先に実験するような方法をとってもよいか。

4年生に何学級かあって，実験学級を1学級としたとき，実験学級以外の学級で，一度指導してみて，次に実験学級に指導する方法をとってもよいかという質問がある。これは差支えない。但し，その先生が先にやってまたやるということでなく，他学級の子どもを他の職員が指導をして，その経過についていろいろ検討を加えて，然る後に実験に入ることはよいと思う。

検見川小学校では，4年に6学級あるが，毎日1学級ずつを先行学級として，輪番制にして実施し，指導上のいろいろな問題について話しあい，その注意点をよく考えて，他の学級は指導を進めるようにしている。但し，他の

5学級は，一日にまとめて実験指導を行う。であるから，先行学級は2時間目，他の学級は3時間か，4時間目に行うという形で実験を進めている。

(5) 速記録は，どのようにとったらよいか。

短期日の間に指導法の研究をするので，それをうまく身につけるためには毎時間の指導の経過を速記録にとって，それを手掛りとして指導法の研究をすることがよいと思う。とかく批評研究をするときに，実験指導についての資料がなかったり或ははっきりしていなかったりするうらみがある。そこで教師の発問，子どもの反応，板書事項，子どもへの指導の時間的過程といった項目を用い，一時限の学習について，どとで，どのようにして，どのような反応があったかを記録しておくとよい。

このようにしておけば，あのような発問をしたからこの子どもはよくわかったとか，或は，あの子どもの思考が混乱してたとか，また，あのように子どもにさせたことはよかったというように研究協議することができ，翌日の指導の改善が，具体的に，的確につかめるようになる。

検見川小学校では，14時限の中，1，2，3，4，5，8，9 時限について記録をすることにした。速記の形式は，上記の要項を含んで，自由にした。なお記録は，できるだけ正確を期するため，2名位がよいと思う。

(6) 反省協議会は開くか。

これは毎日開く。協議会の参加者は，その校の状況によって決定する。4年の実験担当の職員，記録者を中心として，その日の指導の反省をする。指導計画を修正しないで先に進んでよいか。個人毎に理解不十分な点は，どんなことかなどという子どもの状態の反省を中心とし，そのような結果がでたのは，教師の指導のどんな点が欠けていたか，またよかったかについて協議するようにする。持ち寄る資料は，テストの結果と速記録である。そして，

この結果については，第4表に記入する。

その後で，明日の指導で考えていきたい点は，どんなことか。個人毎の指導点は何かを協議し，明日の学習指導のねらいと，そのための学習の展開は，どのようになっているかについて教材研究をし，十分教師が理解して学習を進められるようする。

B 指導計画と毎時間の指導後の処理

(1) 指 導 計 画

I. 単元 買いもの（同じ値段の品をいくつも買ったとき，支払う金高は，どのようにすると，早くわかるでしょう。）

II. 指導の目標

A 実際の場に於て，二位数に一位数をかける計算をする能力を伸はす。

イ 同じ二位数を，いくつか加えるときには，一位数と同じように「×」を使うと，わかり易い。

ロ 計算は，その同じ数を被乗数とし，加える個数を乗数として，十位と一位の数を別々にすると，かけ算九九を使ってできる。

ハ かけ算とよせ算を比べて，乗数は，被乗数の一の位や十の位の数字を何回加えればよいかを示したものである。

ニ 乗数が一だけふえると，積は被乗数だけふえる。

ホ 二位数に一位数をかけて，繰上がりのない計算ができる。

ヘ 二位数に一位数をかけて，一の位で繰上がる計算ができる。また，十の位で繰上がる計算ができる。

B 具体的な経験を通して，被乗数と乗数を交換してかけても，積は変らないことをわからせる。

C　お金は，渡す時も受け取る時も，お札の種類毎に数えてまとめるとわかりやすいことをわからせる。

D　お金は，枚数を少くするように工夫すると，数え易く誤りをおこさないことを知らせる。

E　かけ算のたしかめは，よせ算でもできるし，もう一度かけ算九九を使って，計算して見てもよいことを知らせる。

F　お金を出すときは，おつりのいらないように努める態度をのばす。

Ⅲ．学習の展開

第１時の問題……同じ値段の品をいくつも買ったとき，１個当りの値段や，買った個数が，よくわかるような並べ方，言い方は，どのようにしたらよいでしょう。

様式時間	学　習　問　題	学　習　活　動	指導のねらい	個人の指導点
一斉指導	1．同じ値段の品をいくつも買ったとき１一つ当りの値段や買ったかずがよくわかるような言い方や，書き方は，どうしましたか。三年のときのことを，この絵で考えてみましょう。 (1)①の絵だけ，ノートを買ったとしましょう。どのように言えば，1さつのねだんや，買った数がよくわかるでしょう。 ・40円というのと，8円が5つというのと，どちらがよくわかりますか。 (2)これと同じようにお金を並べるときどのように並べると，よくわかりますか。	・つぎの絵を見て考える。 ①  8円 ②えんぴつ  6円 ③消ごむ 	・模造紙に書いた絵を正面に出して，それをもとにして，今までの経験を想起させる。	

学習問題	学習活動	指導のねらい	個人の指導点
・どれが，1さつのおかねですか。 ・6さつ分は，どこを数えますか。	④りんご 		
2． (1)鉛筆は，(絵の②)どのようにいいますか。 (2)けしごむは，どのように言いますか。	⑤たまご 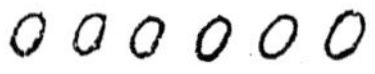 12円		
3． a．買物をするとき，今までのように，値段が10円より安いものだけですか。10円より高いものに，どんなものがありますか。 b．りんごを買いに行った時，値段と買った数が④に書いてあります。りんご1つの値段と，買った数がよくわかるように言うには，どのように言えばよいでしょう。ノートに書いて見なさい。 c．これを色カードで並べてみましょう。	・15円を4つ買いました。 ・15円が4つです……(1) 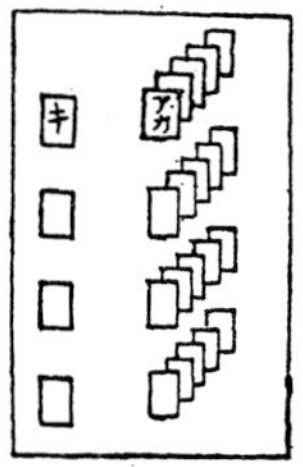 ……(2)	(1)15円を赤でかこみ，それを4つつくる。 (2)てんぷ板に，あらかじめ色カードではっておく。	
4．1つの値段が，10円以上になっても，言い方は，3年のときと同じにできますね。 ・卵について，言い方をノートしてみなさい。 ・よくできたようですので，どんな言い方がよいか目をつむって，きいて下さい。 ・「卵を48円買いました」 「12円の卵を，4個買いました」 ・どちらがねだんと，買った数がよくわかりますか。 「先生は，たばこを80円買いました」			

	「先生は，40円のたばこを２個買いました」 ・どちらが，よくわかりますか。 5.ではプリントで学習しましょう。			
グループ別指導二十分	・プリント配布 ＣＤグループに特に援助するように留意する。			
一斉指導　五分	・４年の１組は，46人で２組，３組も同じ46人です。このとき，４年生の子どもの数は　どのように言いますか。 ・46人は，何の人数ですか。 ・３くみは，何の数ですか。 ・買物だけでなく，同じ数がいくつもあるときは，全部計算した答でなく，46人が３くみ」というように言うと，{１くみの数 / １つの値段} や {くみの数 / 買った数} がよくわかりますね。 ・あとどんな仕事があるでしょうか。 10円以上になったときの，お札の書き方や数え方，早い計算のしかたなどがありますね。これをじゅんに今までと同じように勉強しましょう。 あしたは，10円以上の同じ値段の品を，いくつも買ったときの書き方の工夫をしましょう	「46人が３くみです」 （板書）		

月　日　れんしゅうもんだい〔1〕　組　番　なまえ

(1)　次の数は，どのようにいうと，よくわかりますか。

①

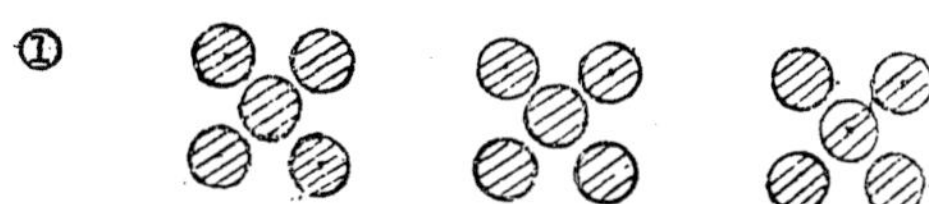

いい方＿＿＿＿＿＿

②　△△△△△△　△△△△△△

△△△△△△　△△△△△△

いい方＿＿＿＿＿＿

③

いい方＿＿＿＿＿＿

④

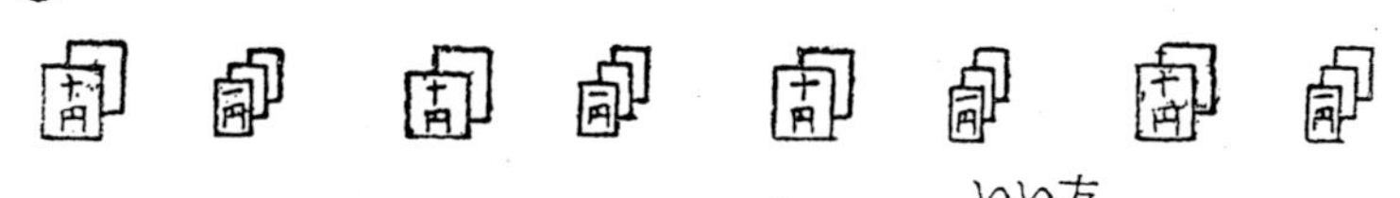

いい方＿＿＿＿＿＿

月　日　算数テスト　(1)　組　番　なまえ

①　えんぴつ１本７円です。５人が１本ずつ買いました。どんなにお札をだすと，１本のねだんや売れた数が，よくわかるでしょう。次のお札の並べ方のよい方に○をつけなさい。

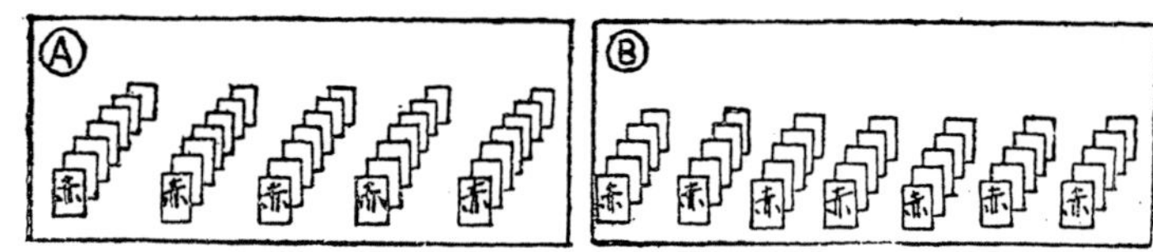

②　１つのねだんや，うれた数がよくわかる方の並べ方に○をつけなさい。

(イ) 8円のノート6さつのとき

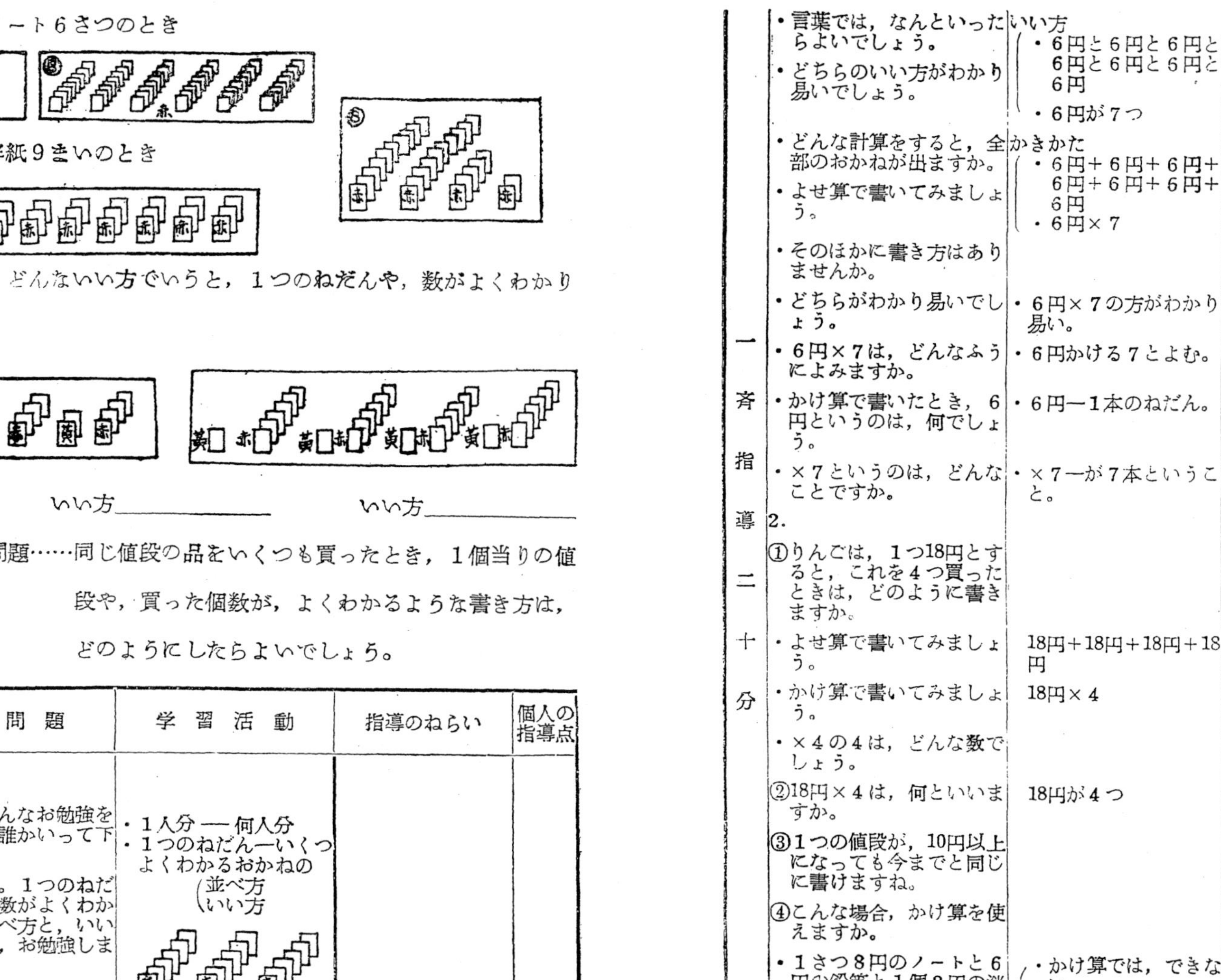

(ロ) 3円の半紙9まいのとき

③ 次のえは，どんないい方でいうと，1つのねだんや，数がよくわかりますか。

いい方＿＿＿＿＿＿　いい方＿＿＿＿＿＿

第2時の問題……同じ値段の品をいくつも買ったとき，1個当りの値段や，買った個数が，よくわかるような書き方は，どのようにしたらよいでしょう。

様式時間	学習問題	学習活動	指導のねらい	個人の指導点
一斉指導二十分	1. 復習 ・昨日は，どんなお勉強をしましたか誰かいって下さい。 ・そうですね。1つのねだんと買った数がよくわかるような並べ方と，いい方について，お勉強しましたね。 ・では，1本6円の鉛筆7本分のおかねを色カードで，わかり易く並べて下さい。	・1人分 ― 何人分 ・1つのねだん―いくつ よくわかるおかねの（並べ方 いい方）		

様式時間	学習問題	学習活動	指導のねらい	個人の指導点
一斉指導二十分	・言葉では，なんといったらよいでしょう。 ・どちらのいい方がわかり易いでしょう。	いい方 ・6円と6円と6円と6円と6円と6円と6円 ・6円が7つ	「○○がいくつ」といった方が，はっきりすることを確認させる。	
	・どんな計算をすると，全部のおかねが出ますか。 ・よせ算で書いてみましょう。 ・そのほかに書き方はありませんか。	かきかた ・6円＋6円＋6円＋6円＋6円＋6円＋6円 ・6円×7		
	・どちらがわかり易いでしょう。	・6円×7の方がわかり易い。	・かけ算の方が，書いて分り易いことをはっきりする。	
	・6円×7は，どんなふうによみますか。	・6円かける7とよむ。	・「×」のよみ方	
	・かけ算で書いたとき，6円というのは，何でしょう。	・6円―1本のねだん。		
	・×7というのは，どんなことですか。	・×7―が7本ということ。	・「×」の意味	
	2. ①りんごは，1つ18円とすると，これを4つ買ったときは，どのように書きますか。			
	・よせ算で書いてみましょう。	18円＋18円＋18円＋18円		
	・かけ算で書いてみましょう。	18円×4		
	・×4の4は，どんな数でしょう。			
	②18円×4は，何といいますか。	18円が4つ		
	③1つの値段が，10円以上になっても今までと同じに書けますね。			
	④こんな場合，かけ算を使えますか。			
	・1さつ8円のノートと6円の鉛筆と1個2円の消ゴムを買いました。お金をいくらはらえばよいでしょう。 ノートに書いて下さい。	・かけ算では，できない。 ・8円＋6円＋2円		
	・今日お勉強することは，1つぶんのお金や，買った数がすぐわかるような			

	書き方は，どのようにしたらよいか。ということです。 ・では，今までのことを頭において，プリントの問題で練習してみましょう。	（1つぶんのねだん 買ったかず） すぐわかる書き方 （板書）		
グループ別指導二十分	プリント問題配布 Aグループ プリントの問題をやってみましょう。いろいろな場合について，かけ算が使えるかどうかよく考えて，工夫してやってみましょう。 Bグループ カードで並べてから式を書いて下さい。 C，Dグループ 4枚ずつ硝子の入った窓が3つあります。硝子はみんなで何枚でしょう。 ・これを，何枚あるか，よく分るように色カードで並べて下さい。 ・いい方は，どんなに言ったらよいでしょう。 ・どう書きますか。 よせざんでは， かけ算では， ・28円が6つを，色カードで並べてみなさい。 ・それをみてよせ算で書いてみなさい。 ・かけ算では，どう書きますか。 ・プリントの問題をカードで並べてからノートに書きましょう。	4枚が3つ 4枚＋4枚＋4枚 4枚×3 28円＋28円＋28円＋28円＋28円＋28円 28円×6 プリントの問題を色カードで並べてみてわかったら式をノートに書く。	・小黒板に予め問題を書いておく。 「＋」⇄「×」の関係をはっきりと確認させる。	
	A °Bグループ C,DがカードでやっているA Bを見て廻る。共通な障碍点があるようなら一斉に指導する。	A，Bを個人別に指導して廻る。	1人も見落しがあっては，ならない。	

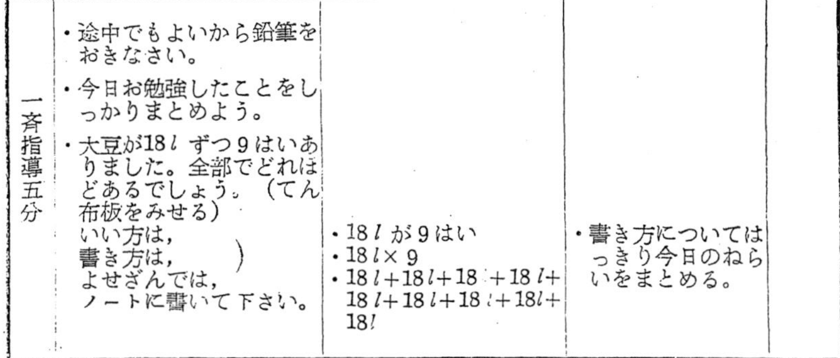

一斉指導五分	・途中でもよいから鉛筆をおきなさい。 ・今日お勉強したことをしっかりまとめよう。 ・大豆が18lずつ9はいありました。全部でどれほどあるでしょう。（てん布板をみせる） いい方は， 書き方は， よせざんでは， ノートに書いて下さい。	・18lが9はい ・18l×9 ・18l+18l+18l+18l+18l+18l+18l+18l+18l	・書き方についてはっきり今日のねらいをまとめる。	

月　日　れんしゅうもんだい〔2の1〕　組　番　なまえ

(1) ぜんたいの数は　どのように書くとわかりやすいでしょう。

(2) りんごが，1さらに6つずつのっています。みんなでいくつあるか。

どのように書くとわかりやすいでしょう。

 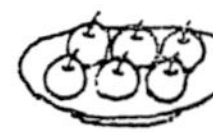  

(3) 次のことばは，かけざんでは，どう書きますか。

① 28円が6つ

② 15本が7つ

③ 49まいが4つ

(4) 次のよせ算を，かんたんにわかりやすく書きなおしましょう。

① $25m+25m+25m+25m$　　② $38g+38g+38g$

③ 12+12+12+12

—197—

(5) 次のしきをよせ算に書きなおしなさい。

① 54l×7　② 21ぴき×3　③ 6まい×8　④ 50人×6

月　日　れんしゅうもんだい〔2の2〕　組　番　なまえ

(1) あき子さんは，10円の切手6まい買いました。はらうお金は，いくらでしょう。

① よせ算で書きなさい。

② ×を使って書きなさい。

(2) ノートを9さつと，鉛筆を6本買いました。ノートは1さつ18円で，鉛筆は1本5円です。お金は，いくらはらえばよいでしょう。

(3) つぎのよせ算をかけ算になおしなさい。

① 24+38+24+33+24+38+24　② 27+2 +26+27+27+27

③ 9+9+10+10+9+10　④ 16+18+16+18+16+18

(4) 次のように米だわらがつんであります。みんなで何びょうありますか。どんなやり方でやればよいでしょう。

(5) えつ子さんは，下の図のように玉を入れました。

• このせいせきをひょうにまとめなさい。

• てんはぜんぶで，何てんでしょう。やりかたを書きなさい。

0てん	
2てん	

4てん	
5てん	
8てん	
ごうけい	

月　日　算数テスト (2)　組　番　なまえ

(1) お金が，下のようにならべてあります。ぜんぶでいくらあるかを，どんなやり方でしたらよいか書いて下さい。

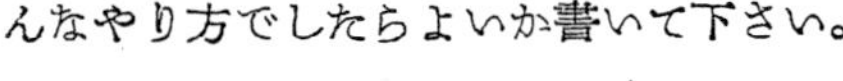

(2) 17えんのノートを，5さつ買いました。はらうお金は，どんなやりかたでしたらよいでしょう。

(3) 28人+28人+28人+28人を，もっとかんたんにわかりやすく書くと，どのように書いたらよいでしょう。

(4) 14人×3を，よせ算のしきで書いたらどのようになるでしょう。

(5) 次の式を，もっとかんたんになおしてみなさい。

29+29+29+29+29+29

第3時の問題……1個当りの値段が，10円以上になったときの「言い方」や「書き方」も今までと同じようにできるのでしょうか。

様式時間	学習問題	学習活動	指導のねらい	個人の指導点
一斉指導 十五分	・昨日までのお勉強はどんなことでしたかわかりますか。 ・そうですね，1ついくらかがわかりそれをいくつ買ったかがよくわかるよ	(1人分 (1つのねだん。 (何人分か (いくつか よくわかるならべ方 よくわかるいい方		

うな，並べ方，いい方，書き方でしたね。	よくわかる書き方	・本時のねらいをしっかり把握する。
・今日は，１個が10円以上になったときの，お勉強についてまとめましょう。	・本時のねらいを指名された人が読む。１人分がよくわかるように10円と１円は分けて（色別に）	・１人分と７人分がはっきり見易いように並べる。（てんぷ板に予めはっておく）
・では，映画代１人分12円だそうです。正夫君の班では，これだけお金が集ったそうです。	10円 | 1円 □ | □ □ | □ □ | □ □ | □ □ | □ □ | □ □ | □	
①いい方は，どういうとはっきりするでしょう。	・12円が７	・どちらの言い方がはっきりするか比較させる。
・７つのつはこれからとりましょうね。	・12円と12円と12円と12円と12円と12円と12円	
②12円×７や12円＋12円＋…12円のように，考えを横に書いたものを式といいます。	・12円×７ ・12円＋12円＋12円＋…＋12円	
③どちらの式がわかりやすいでしょう。 ノートに書くにはどちらが便利でしょう。	・×で書いた方が便利である。	・同数累加のときは×を使うと簡単であることをはっきりする。
・では，12円×３は，どうよみますか。	「じゅうにえんがみっつ」のことを「12円かける」ともいう。	
・12円×３の「×３」は，どんなことですか。	「12円が３」あるということ。	×の意味をはっきりする。
・では「32円かける５」を（・色カードで並べる ・よせざんでは）先生のようにできましたか。	ことばで表わされたものを実際にカードでおいたり式に書いたりする。	・てんぷ板にはって おいて見せる。
・では，こんな場合はどうでしょう。		
①16人の班が６班では，何人でしょう。	・16人×６	・予め小黒板に書いて用意しておく。

	②21n＋21m＋21mの長さは	・21m×３	・いろいろな場合について考えてみる
	③３日は，何時間でしょう。	・24時間×３	
	④13円の７ばいのねだんはいくらですか。	・13円×７	
	⑤11＋11＋11＋10		
	・やり終ったようですから先生といっしょにまとめてみましょう。	・（11×４－１ 11×３＋10 10×４＋３	
	・では，今までのことをプリントで，練習してみましょう。		
グループ別指導 二十五分	・Aグループ 異る数がまじっているときも上手なやり方でやるように，よく考えてやりなさい。	・プリントの問題(1)まいめが終ったら２まいめをやる。 (2)に入った頃，指導援助する。	・異数がまじっている場合乗数を２回使ったりよせざんをしたりしてやる。 ・異数を同数と見做してやる。
	・Bグループ プリント(1)だけをよく考えてやりなさい。終ったら確かめをやりましょう。たしかめは，色カードでやりなさい。	・プリント(1)をやる。たしかめは色カードを並べてやる。	・抽象数の上でできたら，答を色カードで確かめさせて乗法の意味をはっきりする。
	・CDグループ １番を読んであげます。 ……		
	できますか。色カードを並べて下さい。 かけ算で式にかけますか。よせ算で書いて見ましょう。		
	どちらが速いでしょう。 (1)まい目の②番は，１つのかたまりはいくつですか。		・先ずグループの大きさをはっきりする。
	そうです，12こですね。	・12こ	・次にグループの個数をみる。
	それがいくつありますか。	・４	
	かけ算で書けますか。そうですね。	・12こ×４	
	みんなよくできますね。		
	・では，今のように③番をやってみましょう。１山のお米は何俵ですか。		

	それがわかればすぐできますね。	・15俵×3		
	・2番をよみますよ，「もっと早いやり方」というとどんなやり方ですか。			
	そうですね。かけ算でやればよいですね，やってみなさい。 （できた子に○をつけてはめてやる）	・かけ算でやればよい。	・かけ算の方が早いことに気づかせる。	
	・Bグループに教師はいく。 そして，障碍ごとに援助してやる。 （1番の②のグループの大きさを見つけることの困難な子が案外多いのに驚くであろう。			
	・次に，Aグループを見て廻る。			
一斉指導　五分	・途中でもよいから鉛筆をおいて下さい。どこまでできましたか。どの問題が難かしかったでしょう。			
	・では，今日のお勉強をはっきりとまとめましょう。			
	・(2)枚目のプリントの最後に「絵本を4さつ買いました。どれも36円です。いくらはらえばよいでしょう。 という問題がありますね			
	・4さつ買って…1さつ36円ですね。さあ，どうでしょう。	・36円×4		
	・4さつ×36では，どうしていけませんか。	・36円が4であって，4さつが36でないから，4さつ×36では，いけない。		
	・36円×4　これはどういいますか。	・36円が4　という		
	・色カードで並べられますね。並べるときの注意は	（赤と黄を別々にきちんとする。 1さつぶんをはっきりする。		
	・36円×4　をよせ算に直せますね。			

	・「×4」という意味は分りますね。 ・明日は，このような買物をしたときのお札の数え方についてお勉強しましょう。			

月　日　　れんしゅうもんだい〔3の1〕　　組　番　なまえ

(1) はやくぜんたいの数を知るには，どのようにしたらよいでしょう。

（式を書きなさい）

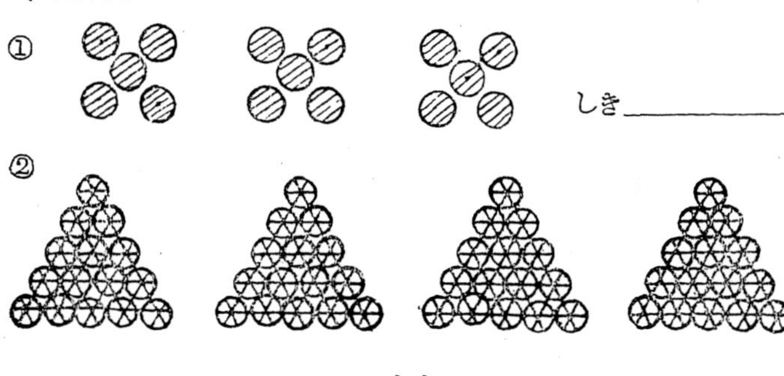

①　しき＿＿＿＿＿＿

②　しき＿＿＿＿＿＿

③

しき＿＿＿＿＿＿

(2) 次の式を　もっと早いやり方になおしなさい。

① $3m+3m+3m+3m+3m$　　② $10l+10l+10l+10l$

③ 23こ＋23こ＋23こ＋23こ＋23こ＋23こ

④ 45人＋45人＋45人＋45人＋45人

⑤ 18円＋18円＋18円＋18円＋18円＋18円＋18円＋18円＋18円

(3) ひろ子さんは，えんぴつを5ダース買いました。何本あるか早く計算するには，どんなやりかたでしたらよいでしょう。

(4) 次の式を，よせ算になおしなさい。

① 9m×2　② 13枚×5　③ 25本×4　④ 50ぴき×9

月　日　れんしゆもんだい〔2の2〕　組　番　なまえ

(1) 次のカードのてんすうは，みんなで何てんになるでしょう。やり方を書きなさい。

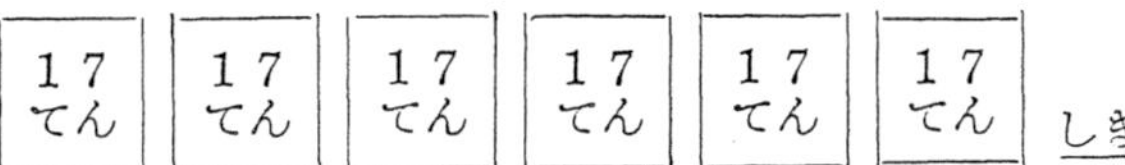

しき＿＿＿＿＿＿＿＿

(2) 次の□の中に，ちょうどよい数を入れなさい。

① 12時間＋12時間＋12時間＋12時間＋12時間＝□×□

② 25ℓ＋25ℓ＋5ℓ＝□×□

③ 43本＋43本＋43本＋43本＋43本＋43本＝□×6

④ 87kg×3＝□＋□＋□

(3) さだ子さんたちは，てんとり遊びをして，下のようなひょうにまとめました。だれがかったか，どのようしたら早くてんすうがわかるでしょう。

ゆり子	15	15	15	20	15	20	20	15
かず子	15	20	20	15	15	15	15	15
ひさ子	15	15	15	20	15	15	20	20
さだ子	20	15	15	20	15	20	20	20

ゆり子	
かず子	
ひさ子	
さだ子	

(4) 次の式を，計算するには，どんなにするとかんたんにわかりやすくなりますか。

① 32円＋32円＋32円＋32円　② 58人＋57人＋58人＋58人＋60人

③ 15cm＋15cm＋15cm＋20cm　④ 12こ＋12こ＋12こ＋12こ＋24こ

(5) 絵本を4さつ買いました。どれも36円です。いくらはらえばよいでしょう。　しき＿＿＿＿＿＿＿＿

月　日　算数テスト　組　番　なまえ

(1) お金が下のように並んでいます。これをわかりやすく式に書くには，どのように書いたらよいでしょう。

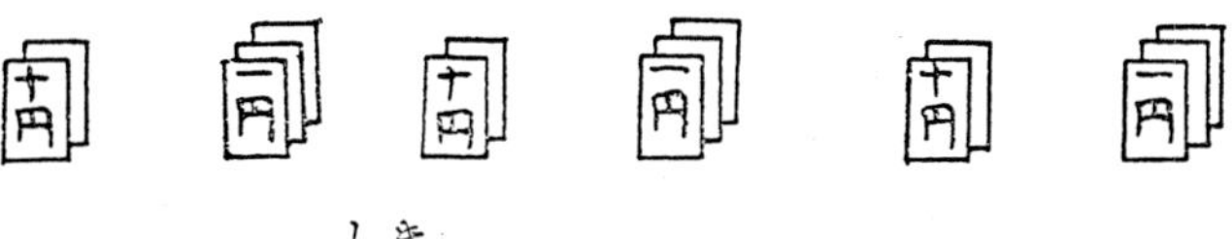

しき＿＿＿＿＿＿

(2) りんご1こ12円です。四郎君は，7こ買いました。はらうお金は，どんな式で書きますか。　しき＿＿＿＿＿＿

(3) 25人＋25人＋25人＋25人を，もっとかんたんにわかりよく書くとどのように書いたらよいでしょう。

(4) 13人×3は，ほかのしきで書いたら，どのように書いたらよいでしょう。

(5) つぎのしきを×で書きなさい。

47円＋4 円＋47円＋47円＋47円＋47円＋47円＋47円

第4時の問題……支払うお金は，どのように数えると，金高が早くわかるでしょう。

様式 時間	学習問題	学習活動	指導のねらい	個人の指導点
一斉指導 十五分	1. 復習 ・昨日までのお勉強は，どんなことでしたか。	1. 復習（約3分）	(32は黄3枚赤2枚である。	

①お金を，どんな風に並べると1個のねだん（1人分）や買った数(何人分)が，わかるかということでしたね。 ・32円が3つで考えてみましょう。 （色カードで並べてみましょう。 いい方は	①並べ方 ・いい方　32円が3	・と・・をおさえていく ・口でもいわせる
②それを書くときには，どんなに書くとよいかということでしたね，書けますか。書いてみましょう ・よせ算では，どう書きますか。書いて下さい。 2.　今日のお勉強は，今並べたお札を，どのように数えるとよいでしょう，ということです。	②書き方 ・32円×3 ・32円＋32円＋32円	・わけて並べることをはっきりする。 ・（黄が3枚／赤が2枚）→ ・（30が3／2が3）であることをはっきりする
①では，何枚あるか数えてみて下さい。 ・どんなに数えましたか。 ・そうですね。1円と10円は，別々に数えなければいけませんね。		・数え方の進歩は ①1，2，3……6 ②2，4，6……6 　3，6，9……9 ③｛2×3……6 　｛3×3……9
・どちらのお札から数えましたか。 ②どんな数え方がありますか。数えてもらいましょう。 a.○○さんのように1つ2つ……という数え方がありますね。 b.○○君のように，2，4　6……と，とんで数える仕方もありますね。 c.○○○さんのように，2×3＝6というように九九を使ってやるやり方もありますね。 これでよいでしょうか。 ・どのやり方が早いでしょう。	・赤カード（1の位）から数える。 ・1枚ずつ数える ・2とびに数える（3とびに数える） ・九九を使って数える	・下の単位から数えることをはっきりする ・子供ひとりびとりがどんな数え方をするかをよくみる(手際) ・能力に応じて色々でてくるが，早い方法に進歩させるように留意するが，どのやり方も正しいことを認めてやる。

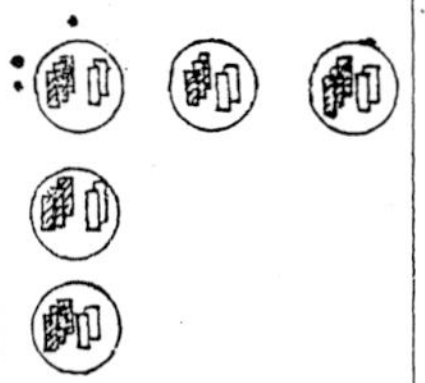

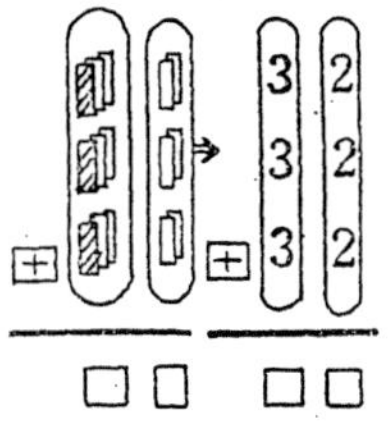

	③数えた数（答）は，どこに書いておけばよいでしょう。 ・1の位（赤）はどこに書きましたか。 ・10の位（黄）はどこに書きましたか。 ④もう1題やってみましょう。 ・数字で書いたときは，どうですか。計算できますか。 ・1人分12円で4人分お金を集めました。色カードを使ってもいいですよ。	・1位は1位の真下 ・10位は10位の真下 ・しき　12円×4 ・計算（よせ算）　12＋12＋12＋12	・答の書く位置をはっきりさせる。 ・1位は1位で，10位は10位で数える。 ・わけること。 数えることが今日のめあてであることをはっきりする。
グループ別指導　二十五分	プリントの練習問題で，今までお勉強したように，数え方をまちがわないように練習しましょう。	・A，Bは，主として自習 ・C，Dは，数字で書いたものを，色カードで並べる。 次に数字で，よせ算の形にたて書にする。次に数えて答を書く。	・特にC，Dグループに対しては　32×3は　32＋32＋32と同じことをはっきりつかませる。 ・またC．Dには，とび数えの指導をする。
一斉指導　五分	まとめ ・23×3は，よせ算のたて書にするとどうなるか。ノートに書いてみましょう。 ・どう数えますか。 ・答はどこに書きますか。 ・明日は，数字で，しかも早い計算の仕方についてお勉強しましょうね。	・ノートに書いてから話合いをする。 数え方　23＋23＋23＝69（1つずつとんで／九九で） ・答は，1位は1位の下に，10位は10位の下に ・明日は，どんなお勉強をするかについておよその見当をつける。	・×→＋のたて書（位取りをそろえる） ・数え方は，能力別でよいが，九九でやれば早くてよいことに気づかせる。 ・次時への発展を図る

月　日　れんしゅうもんだい〔4の1〕　組　番　なまえ

(1)　次のように色カードで計算しました。答の□の中に，ちょうどよい数字を入れなさい。

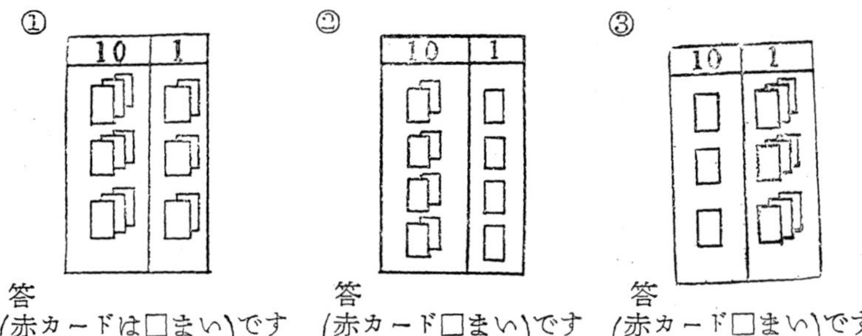

答 (赤カードは□まい / きカードは□まい) です　　答 (赤カード□まい / 黄カード□まい) です　　答 (赤カード□まい / 黄カード□まい) です

(2) 69は, (黄カード□まいと / 赤カード□まい) です。138は, (みどりカード□まいと / 黄カード□まいと / 赤カード□まい) です

(3) 次のかけ算は，たしざんの計算では，どのように書きますか。

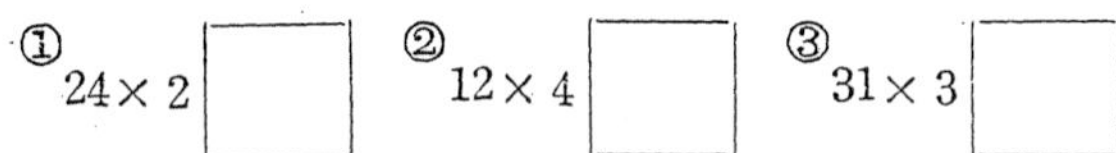

(4) 次の計算は，×を使うと，どうなりますか。

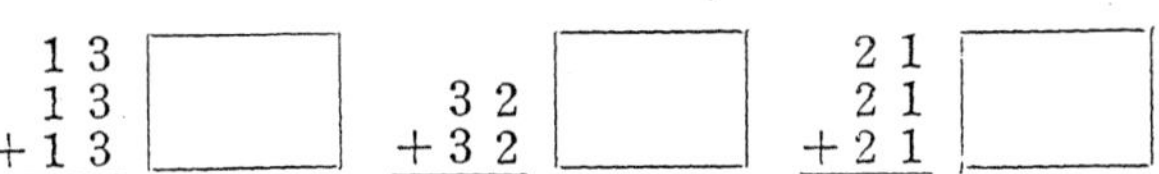

(5) 次のもののねだんは，いくらになるでしょう。

① えんぴつ1本3円です。

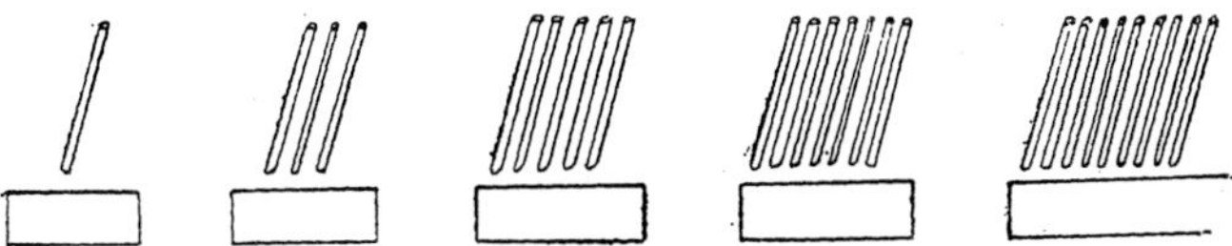

② はがき1枚5円です。

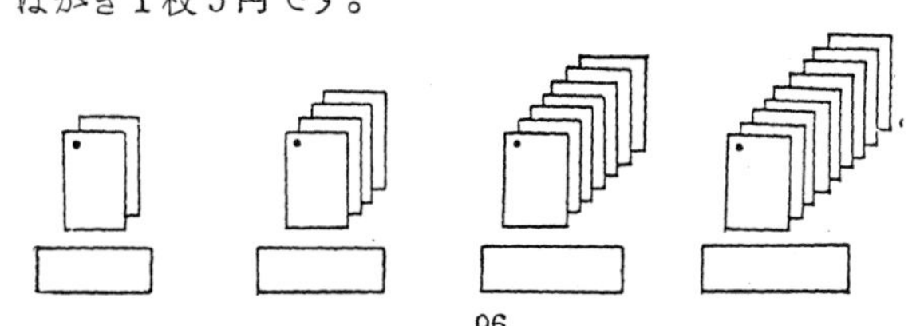

月　日　れんしゅうもんだい〔4の2〕　組　番　なまえ

(1) 次のかずを，色カードで出してみなさい。

①

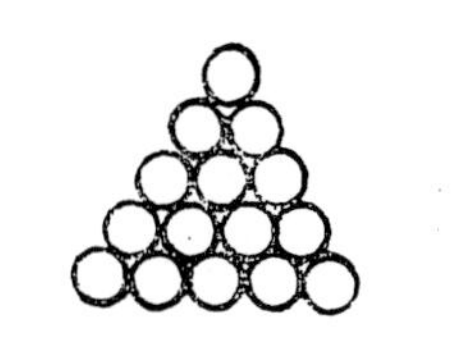

②

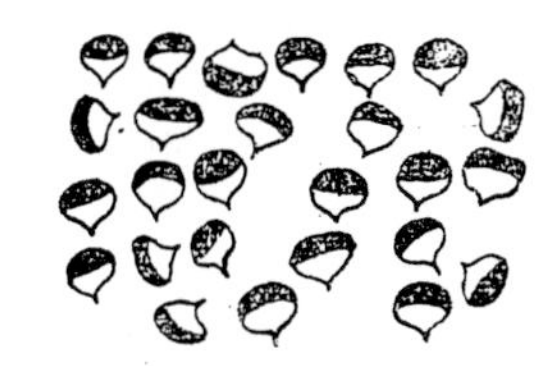

答 (赤カード何枚と / 黄カード何枚です。)　　答 (赤カード何枚と / 黄カード何枚です。)

(2) ① 赤カード7枚ときカード9枚をすうじで書いてごらんなさい。□

② 赤カード8枚ときカード3枚とみどりカード4枚をすうじで書いてごらんなさい。□

(3) 次のかけ算を，よせ算の計算では，どのように書きますか。

① 14円×2　② 20枚×4　③ 31本×3　④ 42m×2

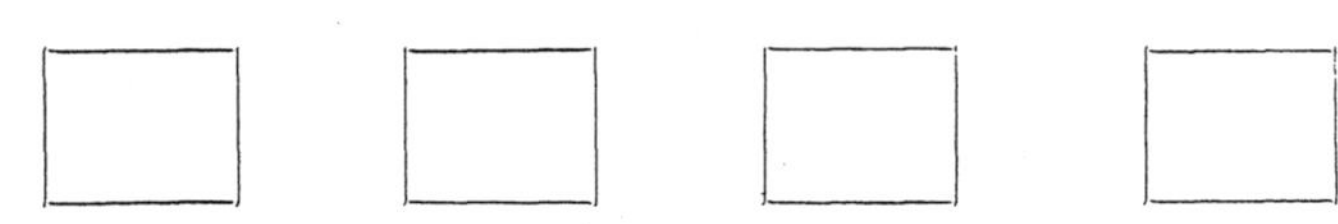

⑤ 40×2　⑥ 11×7　⑦ 12×4　⑧ 32×2

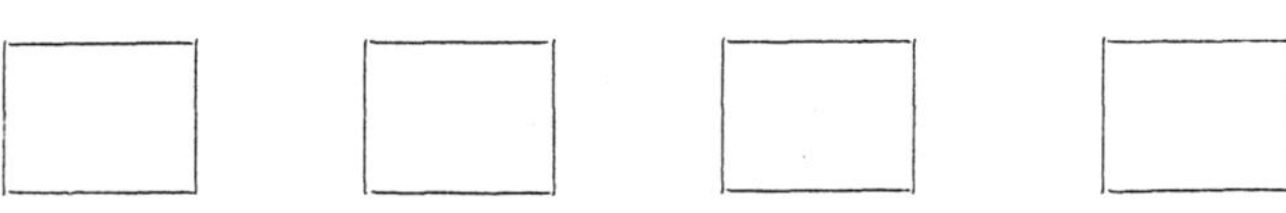

・色カードで上のよせ算を計算して，こたえを書きなさい。

(4) つぎの計算は，×をつかうとどうなりますか。

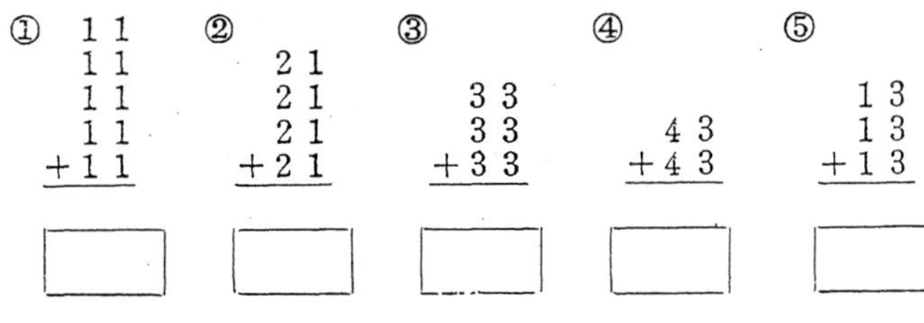

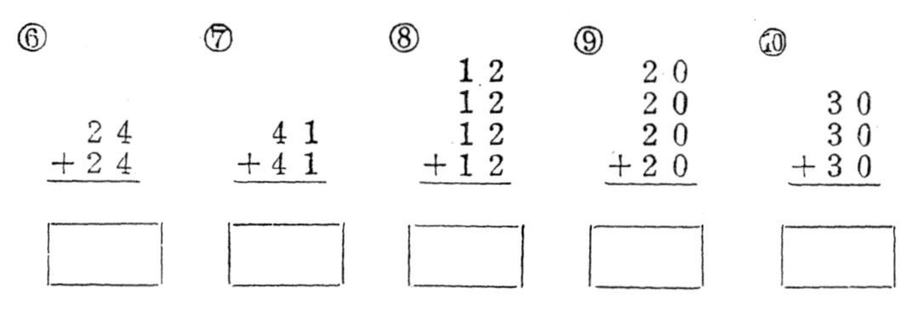

⑥	⑦	⑧	⑨	⑩
		12	20	
		12	20	30
24	41	12	20	30
+24	+41	+12	+20	+30

月　日　算数テスト(4)組　番　なまえ

(1) お金が下のように並んでいます。どんなかぞえかたをしますか。じょうずなかぞえかたを書きなさい。

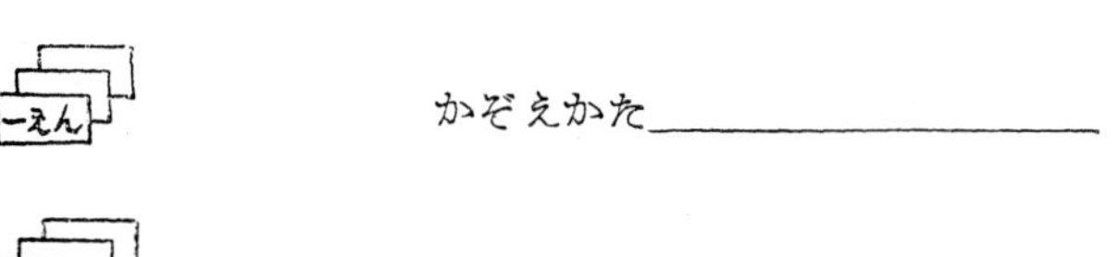

かぞえかた＿＿＿＿＿＿＿＿

(2) 下のよせざんは，どんなかぞえかたをしたら，はやくとたえがでるでしょう。

① 6 + 6 + 6 + 6　かぞえかた＿＿＿＿＿＿

② 32 + 32 + 32　かぞえ方 {① ＿＿＿ ② ＿＿＿

(3) つぎのかけ算を，よせ算で，たてに書きなさい。

12×4

(4) つぎのよせ算を，たてに計算してみましょう。

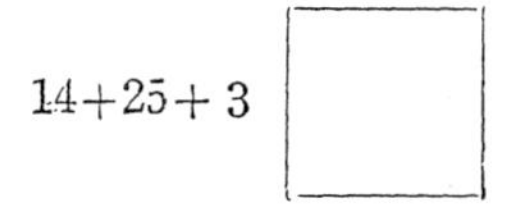

14+25+3

第５時の問題……金高を計算で確めるには，どのようにしたらよいでしょう。（繰上らぬ場合の筆算形式と順序）

様式時間	学習問題	学習活動	指導のねらい	個人の指導点
一斉指導　十五分	1. 復習（5分） ・昨日のお勉強は，カードの並べ方とその数え方についてでしたね。 ・「32円が３」と色カードで並べてみなさい。	32円×３ （カード図）3 3 3 / 2 2 2 96	・10は10，１は１にわけてはっきりと並べる。 ・抽象数と色カードの結びつきを常に考える。 ・乗数と被乗数の関係をはっきりさせる。	
	・うまくかぞえて答をだして下さい。 ・どんな方法が早いでしょう。そうですね。九九を使えば早いですね ・数えた数は，どこに書きますか。		・九九が一番早いことをはっきり知らせる。 ・答をかく位置をはっきりする。	
	2. 今日は，数字でじょうずに計算してみましょう。 ・計算も，×でできないでしょうか。 ・カードでは，どのように数えましたか。 ・答は，どこに書きましたか。 このことを考えて，32×３の計算のしかたを考えて，ノートに計算してみなさい。	2. （カード図）3 2 / ☒ 3 / 9 6 九九の順序 {① 2×3　② 3×3 32 × 3 = 96	・×の意味をはっきりする。 ・32が３だから，１の位にも，10の位にも３をかければよいことに気づかせる。 ・計算の順序は， (①１の位から ②10の位 ・位取りを間違えないように， ・九九の使えない子はとんで数えて計算させる。	
	・式は，32円×３ 計算は，32 × 3 とはっきり区別できますね。	CDグループには， 式　32円×３ ↓ 計算　32 × 3		

	計算の順序をもういちどはっきりとしましょう。	色カードで並べて数えることを指導する 32① ×②3	・今日のめあてである算筆形式と順序について，もう一度はっきりとする。	
グループ別指導 二十五分	・プリントの問題で計算のれんしゅをしましょう。 ・1枚目が終ったらよくたしかめてから2枚目をやりなさい。それでも時間があたら，隣同志でたしかめてできていたら○をつけなさい。	・Aは主として自習する ・Bは，色カードを並べてたしかめる。 ・CDは，色カードを並べて計算して，次に数字で計算して答をかく。	・B，C，Dグループを特に注意して，障碍毎の指導援助を適切にするようにする。 ・C，Dグループは九九の予備テストで個人毎の誤算する九九を予め考えておくようにする。	
一斉指導 五分	・鉛筆をおきなさい。今日のお勉強をまとめましょう。 ・23人の列が3列ではみんなで何人でしょう。 ・式はどうかきますかノートに書きなさい。 ・計算はどうやりますか。 ・答はどこに書きますか。	・次のことについてはっきりまとめる。 {×3の意味 計算の順序 答を書く位置} ・23円×3 ↑↓ 23 × 3 69	・本時のねらいをはっきりとさせる。 ・計算は {とんで数える 九九で}	

月　日　れんしゅうもんだい〔5の1〕　組　番　なまえ

(1) 次のカードを，数字のかけざんになおしてから，計算しなさい。

①　②

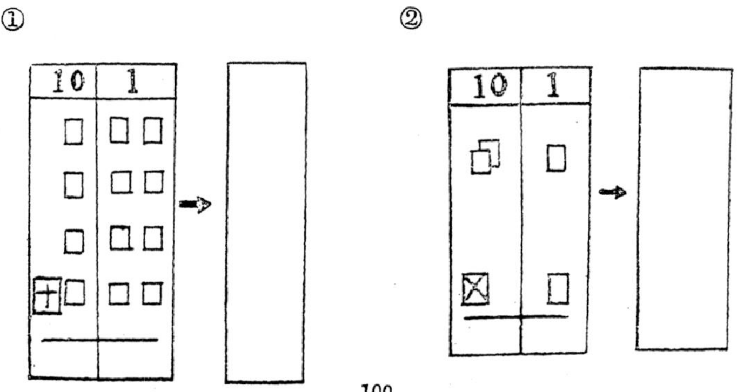

(2) 次の式を，かけ算の計算で書いてごらんなさい。

13×3　44×2　32×3　41×2

・こたえは，いくらでですか。

(3) 次の計算を，かけ算の計算に書きなおしなさい。

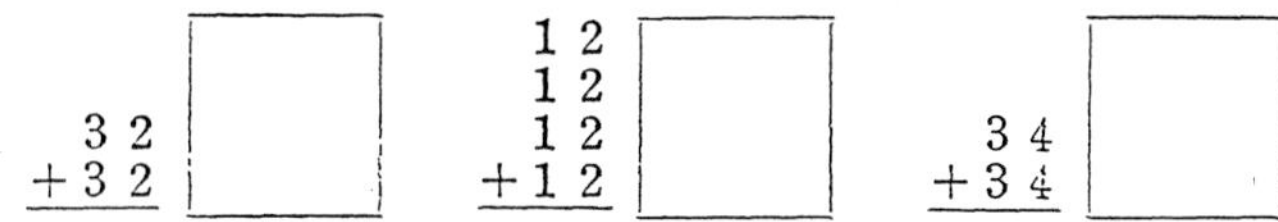

・こたえはいくらですか。

(4) 次の計算のじゅんじょを書いてごらんなさい。

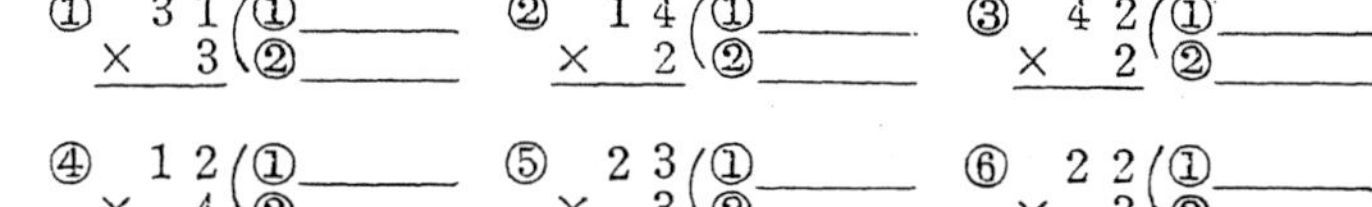

・こたえもかきなさい。

(5) こたえを，下の□に書きなさい。

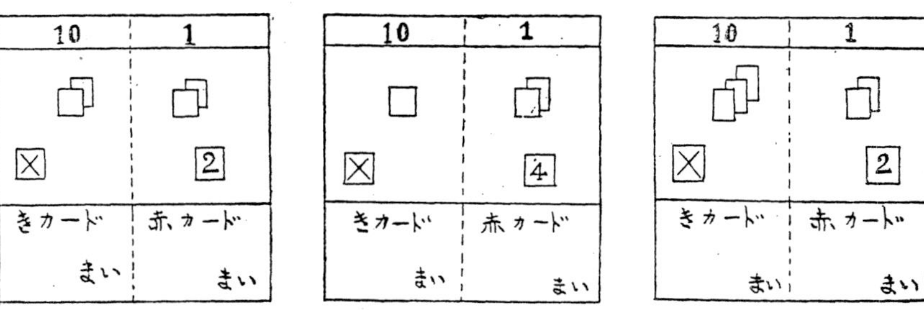

月　日　れんしゅうもんだい〔5の2〕　組　番　なまえ

(1) 次の計算をしなさい。

$\begin{array}{r} 11 \\ \times\ 5 \\ \hline \end{array}$　$\begin{array}{r} 13 \\ \times\ 3 \\ \hline \end{array}$　$\begin{array}{r} 32 \\ \times\ 3 \\ \hline \end{array}$　$\begin{array}{r} 24 \\ \times\ 2 \\ \hline \end{array}$　$\begin{array}{r} 41 \\ \times\ 3 \\ \hline \end{array}$

$\begin{array}{r} 33 \\ \times\ 2 \\ \hline \end{array}$　$\begin{array}{r} 22 \\ \times\ 4 \\ \hline \end{array}$　$\begin{array}{r} 34 \\ \times\ 2 \\ \hline \end{array}$　$\begin{array}{r} 31 \\ \times\ 2 \\ \hline \end{array}$　$\begin{array}{r} 23 \\ \times\ 3 \\ \hline \end{array}$

(2) ひで子さんは，買い物をしました。お金をいくらはらえばよいでしょう。

① え本１さつ23円です。３さつかいました。

1さつ 23円

しき＿＿＿＿＿＿　計算 □

② キャラメル１こ20円です。３こ買いました。

しき＿＿＿＿＿＿　計算 □

③ りんご１こ12円です。４こ買いました。

しき＿＿＿＿＿＿　計算 □

(3) はる子さんは20円お金をもっています。しげ子さんは，はる子さんの３ばいもっているそうです。しげ子さんは，お金をいくらもっているのでしょう。

しき＿＿＿＿＿＿　計算 □

• 終ったら必ずたしかめてみましょう。となりの人とあわせて，できていたら○をつけなさい。

月　日　算数テスト(5)組　番　なまえ

(1) 次のかけ算のこたえを，色カードでこたえなさい。

$\begin{array}{r} 12 \\ \times\ 4 \\ \hline \end{array}$　2×4は□のカードが□まい　1×4は□のカードが□まい

(2) 次の計算は，どんなじゅんにしますか。九九をかきなさい。

$\begin{array}{r} 32 \\ \times\ 2 \\ \hline \end{array}$　計算のじゅんじょ　①＿＿＿＿＿＿　②＿＿＿＿＿＿

(3) けいさんのこたえをどこに書いたらよいでしょう。

$\begin{array}{r} 34 \\ \times\ 2 \\ \hline \end{array}$　（き｜あか）

① 4×2＝8の8は□に書きます。

② 3×2＝6の6は□に書きます。

(4) けいさんしてこたえを出しなさい。(5) けいさんして答をだしなさい。

41×2 □　　13×3 □

第６時の問題……買いものなどをしたときの計算が，間違いなくできるようにするためには，どんなことに気をつけたらよいでしょう。

様式時間	学習問題	学習活動	指導のねらい	個人の指導点
一斉指導　十分	• 今日は，今までのお勉強がまちがいなくできるように練習してみましょう。 • お金を集めたとして今日は，考えてみましょう。１人分21円ずつ４人分ではいくらあればよいでしょう。 • １人分のお金や，人数がわかるようにノート	• しき 21円×４	• ×４の意味をはっき	

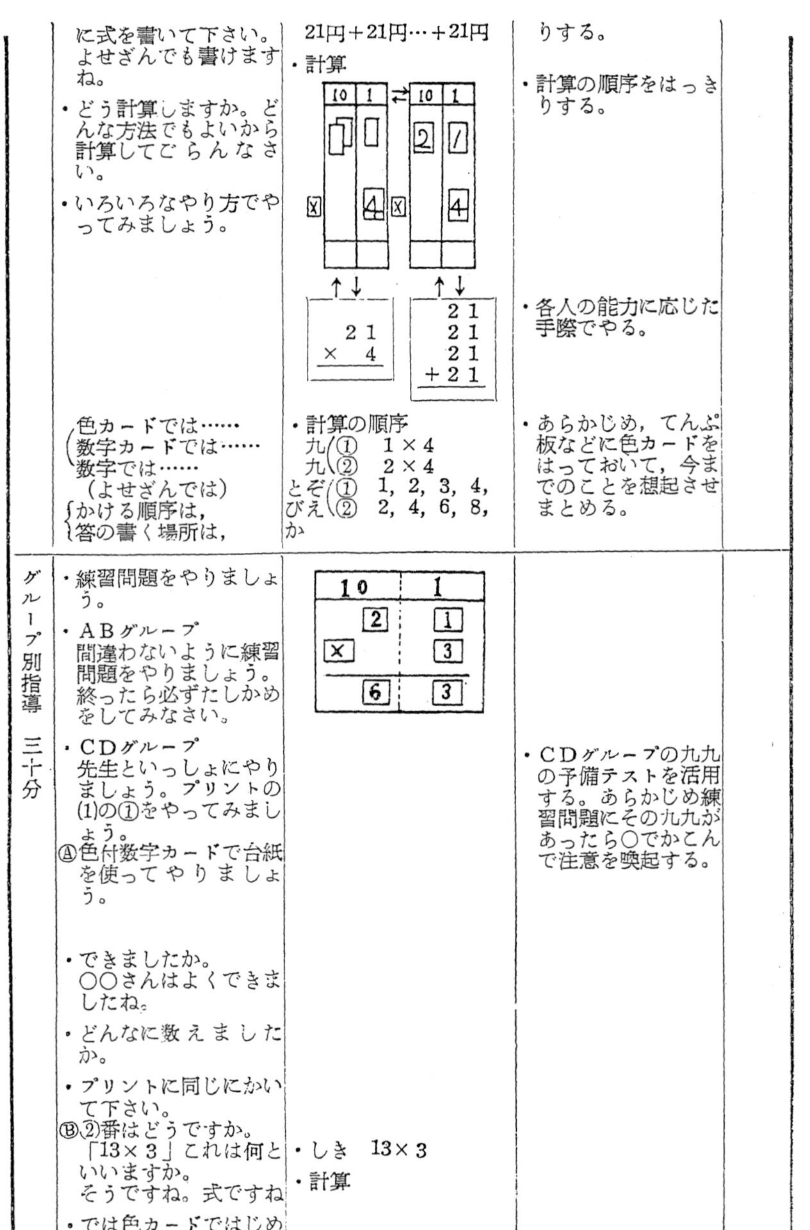

	に式を書いて下さい。よせざんでも書けますね。 ・どう計算しますか。どんな方法でもよいから計算してごらんなさい。 ・いろいろなやり方でやってみましょう。 色カードでは…… 数字カードでは…… 数字では…… （よせざんでは） かける順序は， 答の書く場所は，	21円＋21円…＋21円 ・計算 21 × 4 21 21 21 ＋21 ・計算の順序 九九① 1×4 九九② 2×4 とびかぞえ① 1, 2, 3, 4, とびかぞえ② 2, 4, 6, 8,	りする。 ・計算の順序をはっきりする。 ・各人の能力に応じた手際でやる。 ・あらかじめ，てんぷ板などに色カードをはっておいて，今までのことを想起させまとめる。
グループ別指導　三十分	・練習問題をやりましょう。 ・ABグループ 間違わないように練習問題をやりましょう。終ったら必ずたしかめをしてみなさい。 ・CDグループ 先生といっしょにやりましょう。プリントの(1)の①をやってみましょう。 Ⓐ色付数字カードで台紙を使ってやりましょう。 ・できましたか。 ○○さんはよくできましたね。 ・どんなに数えましたか。 ・プリントに同じにかいて下さい。 Ⓑ②番はどうですか。 「13×3」これは何といいますか。 そうですね。式ですね ・では色カードではじめ	10 | 1 2 | 1 × | 3 6 | 3 ・しき　13×3 ・計算	・CDグループの九九の予備テストを活用する。あらかじめ練習問題にその九九があったら○でかこんで注意を喚起する。

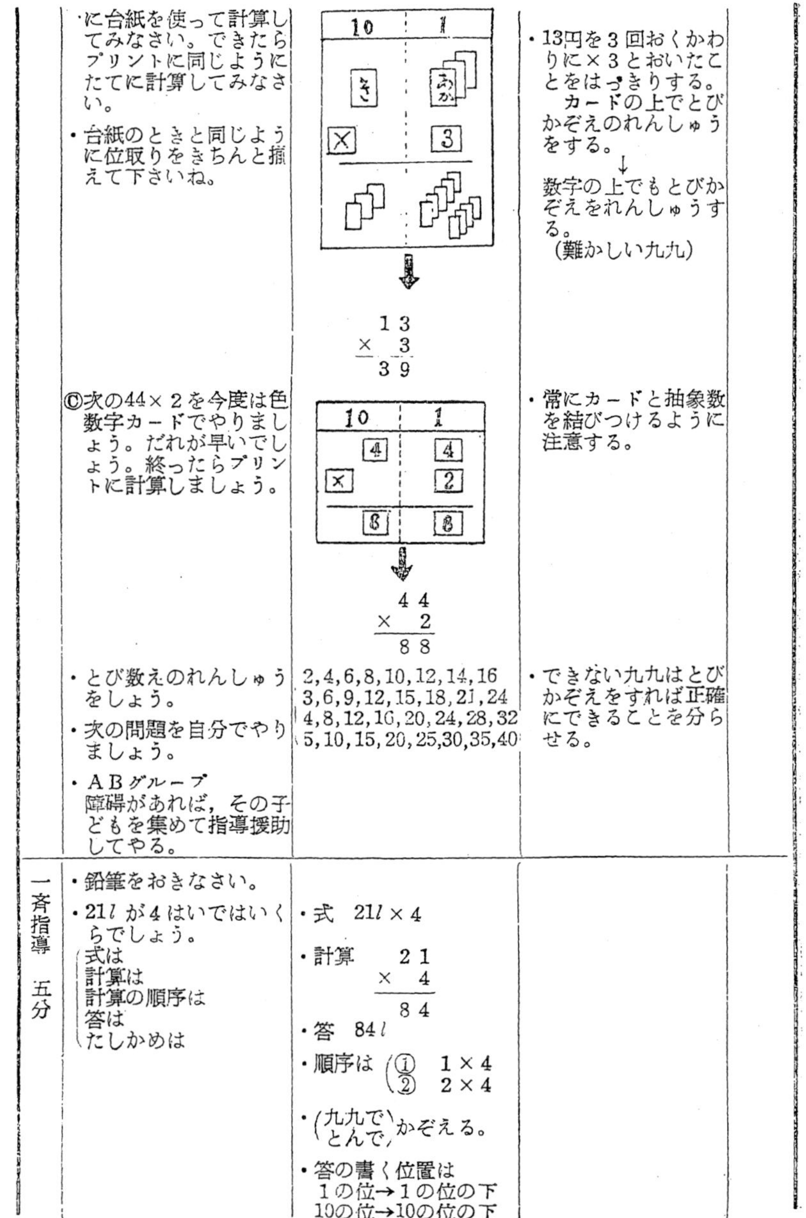

	に台紙を使って計算してみなさい。できたらプリントに同じようにたてに計算してみなさい。 ・台紙のときと同じように位取りをきちんと揃えて下さいね。 Ⓒ次の44×2を今度は色数字カードでやりましょう。だれが早いでしょう。終ったらプリントに計算しましょう。 ・とび数えのれんしゅうをしょう。 ・次の問題を自分でやりましょう。 ・ABグループ 障碍があれば，その子どもを集めて指導援助してやる。	10 | 1 × | 3 13 × 3 39 10 | 1 4 | 4 × | 2 8 | 8 44 × 2 88 2,4,6,8,10,12,14,16 3,6,9,12,15,18,21,24 4,8,12,16,20,24,28,32 5,10,15,20,25,30,35,40	・13円を3回おくかわりに×3とおいたことをはっきりする。 カードの上でとびかぞえのれんしゅうをする。 ↓ 数字の上でもとびかぞえをれんしゅうする。 （難かしい九九） ・常にカードと抽象数を結びつけるように注意する。 ・できない九九はとびかぞえをすれば正確にできることを分らせる。
一斉指導　五分	・鉛筆をおきなさい。 ・21lが4はいではいくらでしょう。 式は 計算は 計算の順序は 答は たしかめは	・式　21l×4 ・計算 21 × 4 84 ・答　84l ・順序は ① 1×4 ② 2×4 ・（九九で／とんで）かぞえる。 ・答の書く位置は 1の位→1の位の下 10の位→10の位の下	

		・たしかめは （・九九を反対に ・よせざんで 色カードを並べてみる。		

月　日　れんしゅうもんだい〔6の1〕　組　番　なまえ

(1) 次のカードを，計算のかたちに書いてごらんなさい。

10	1
×	3

→

10	1
×	2

→

・できたらこたえもいれなさい。

(2) 次のよせざんを，かけ算になおしなさい。

```
  31        21
  31        21
 +31        21       34
           +21      +34
```

・できたらこたえもかきなさい。

(3) 次のカードの数を書き入れなさい。

10	1
×	2
きカード　まい	赤カード　まい

10	1
×	3
きカード　まい	赤カード　まい

10	1
×	4
きカード　まい	赤カード　まい

(4) 次のしきをかけ算の計算で書いてごらんなさい。

23×3　　44×2　　32×2　　41×2　　40×2

・こたえもいれなさい。

(5) 次の計算のじゅんじょを，書いて下さい。

31×3 (①____ ②____)　13×3 (①____ ②____)　42×2 (①____ ②____)

12×4 (①____ ②____)　23×3 (①____ ②____)　20×3 (①____ ②____)

・こたえも書きなさい。

月　日　れんしゅうもんだい〔6の2〕　組　番　なまえ

(1) 次の計算をしなさい。

11	13	22	24	40	20	10
× 5	× 3	× 3	× 2	× 2	× 3	× 4
11	43	33	22	23	31	34
× 3	× 2	× 2	× 4	× 3	× 2	× 2
11	20	30	31	42	17	14
× 8	× 4	× 2	× 3	× 2	× 1	× 4

(2) 春男君は，次のかいものをしました。お金はいくらはらえばよいでしょう。

① ノート1さつ13えんのを2さつ買いました。

しき________　計算

② なつみかんを4こ買いました。1こ1円です。

しき________　計算

(3) よし子さんの買った本は，一郎君の本の3ばいだそうです。一郎君の本が30円であると，よし子さんの本はいくらでしょう。

しき＿＿＿＿＿＿＿＿　計算 □

(4) 山からまきをはこんでいます。牛に43たばつけて牛を追う人が3たばせおってはこびます。今日1日に3かいはこびました。何たばはこべたでしょう。色カードで計算しなさい。

しき＿＿＿＿＿＿＿＿　計算 □

月　日　算数テスト(6)組　番　なまえ

(1) りんご1個12円です。よし男君は，7個買いました。いくらお金をはらったらよいでしょう。どんなしきに書きますか。

しき＿＿＿＿＿＿＿＿

(2) 14人×6を，よせ算のしきになおしなさい。

しき＿＿＿＿＿＿＿＿

(3) 下のかけ算をたしざんで，たてに書きなさい。

$$\begin{array}{r} 23 \\ \times\ \ 3 \\ \hline \end{array}$$ □

(4) $\left.\begin{array}{r} 12 \\ \times\ \ 4 \end{array}\right\}$ のこたえをカードで，書きなさい。（赤カードが□まいと　黄カードが□まいです。

(5) 次の計算をしなさい。 $$\begin{array}{r} 23 \\ \times\ \ 3 \\ \hline \end{array}$$

第7時の問題……買物やお金集めなどの計算が間違いなくできるようにするには，どんなことに気をつけたらよいでしょう。

（練習第2時）

様式時間	学習問題	学習活動	指導のねらい	個人の指導点
一斉指導　十分	・買物や，お金集めなどの計算が早く正しくできるように，今日もう1時間お勉強しましょう。 ◦1さつ32円の本を3冊買いました。お金をいくら払ったらよいでしょう。		・×3の意味をしっかり把えさせる。	
	・ノート式を書いて下さい。	・式　32円×3 32円＋32円…＋32円	・計算の順序を，はっきりする。	
	・いい方は…… ・自分のやりよい方法で計算して答をだして下さい。 ・どんな計算でやりましたか。やってもらいましょう。	・いい方　32円が3 ・計算 32 ×3 96 ① 2×3 ② 3×3	・どのやり方でも計算の場合はよいということを認めてやると共に上手な手際に進むように一歩一歩近ずくように援助してやる。	
	（色カード，よせ算 数字カード，かけ算 ・計算の順序は…… ・かぞえ方は…… いっしょにやってみましょう。 （九九で とんでかぞえて	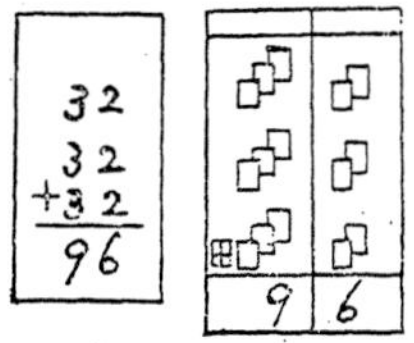 32 32 ＋32 96 9　6	・CDはとび数えをしっかりとやらせる。	
グループ別指導　三十分	・ABグループ 間違えないように練習問題をやりましょう。 ・CDグループ 自分で間違い易いと思う九九は，とびかぞえでやりなさい。 ・たしかめは，必ずやりなさい。	・個人毎に障碍の除去に努める。	・個人毎の障碍の除去に努めるように教師は1人残らずの子供に細心の留意をする。 ・昨日の練習問題でよく個人個人の障碍，間違う九九を予め知っていて，練習問題に○でかこんでおいてそれを重点的に見て廻るなどのようにする。	

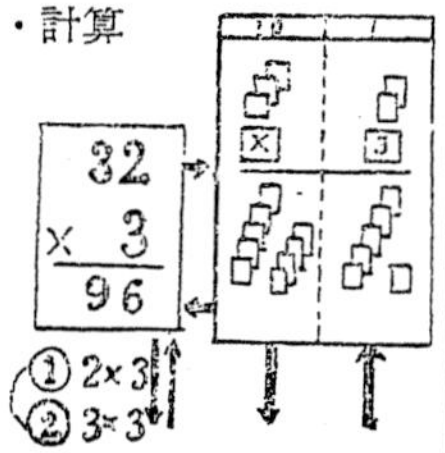

一斉指導 五分	・$\begin{array}{r}10\\ \times\ 8\\ \hline\end{array}$ を計算しましょう。 ・明日は，同じお札が10枚以上になったとき，どんなにすると金高が見ただけですぐ分るようになるかについてお勉強しましょう。	・$\begin{array}{r}10\\ \times\ 3\\ \hline 30\end{array}$ ① 0×3=0 ② 1×3=3	・0の取り扱いについてまとめる。 ・次時の学習の大凡の見当を持たせる。	

月　日　れんしゅうもんだい〔7の1〕　組　番　なまえ

(1) 次の計算をしなさい。

12×3　31×2　21×4　43×2　23×2　11×5　41×2　10×4

11×2　20×3　33×3　21×2　30×3　42×2　13×2　14×2

32×1　12×4　30×1　32×3　22×3　11×8　33×2　22×4

31×3　12×2　21×3　10×2　11×4　22×2　32×2　34×2

33×1　20×4　24×2　23×3　30×2　31×1　14×1　20×2

10×3　12×1　44×2　23×1　40×1　10×7　43×0　34×1

・終った人は，たしかめをしてできていたら○をつけなさい。

(2) 次のよせ算をかけ算になおして，計算しなさい。

① 23＋23＋23 ＝ □　　② 21＋21＋21＋21 ＝ □　　③ 30＋30＋30 ＝ □

(3) 次の計算をカードを使ってしなさい。

123×3　314×2　423×2　301×3　3400×2

月　日　れんしゅうもんだい〔7の2〕　組　番　なまえ

(1) 次の□の中に，ちょどよい数を書き入れなさい。

① 2＋2＋2＋2＋2＋2＋2＋2＋2＋2＝□

(　)(　)(　)(　)(　)(　)(　)(　)(　)(　)

・上の（　）の中に，2とびに数えた数を入れなさい。

② $24\times□=48$　$31\times□=93$　$1□\times2=28$　$□2\times3=96$　$27\times□=27$　$10\times□=30$

③ $39\times1=□□$　$21\times4=□□$　$12\times4=□□$　$13\times□=3□$　$32\times□=9□$　$12\times□=□8$

(2) かずえさんたちは，えんそくをしました。電車ちんは，1人分が12円です。4人分ではいくらあればよいでしょう。

(3) お札が下のようにならべて，くつのねだんが書いてあります。100円札と10円札何枚ですか。

① くつはいくらですか。＿＿＿＿＿

② 3ぞくではいくらですか。＿＿＿＿＿

③ おかねのけいさんを次のずで考えなさい。

100	10	1
2	3	0
×		3

(4) 1円さつが20まいあります。かぞえやすくするには，どんなおさつととりかえますか。□円さつ□まいととりかえます。

(5) 1円さつが34まいあります。10円さつ□まいと，のこりは1円さつが□まいにとりかえれば，かぞえやすい。

(6) 10円さつ30まいは，100円さつ□まいと同じです。

月　日　算数テスト(7)組　番　なまえ

(1) 次の計算の□に数字を入れなさい。

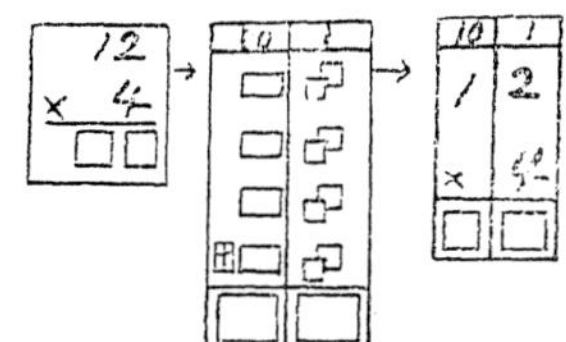

(2) 次のかけ算をしなさい。

$$\begin{array}{r}21\\ \times\ \ 4\\ \hline\end{array}\qquad\begin{array}{r}32\\ \times\ \ 3\\ \hline\end{array}\qquad\begin{array}{r}30\\ \times\ \ 3\\ \hline\end{array}\qquad\begin{array}{r}29\\ \times\ \ 1\\ \hline\end{array}$$

第8時の問題……同じお札が10枚以上になったとき，どのような工夫をすると，見ただけで金高がすぐわかるでしょう。

様式時間	学習問題	学習活動	指導のねらい	個人の指導点
一斉指導 二十分	①23円のノートを4さつ買いました。お金をいくらはらえばよいでしょう。（しきは，計算は，）ノートに書きなさい。 ・今までの計算とちがうところはどこですか。色カードを使って考えてごらんなさい。 ・1円札は，何枚になりましたか。見ただけですぐわかるようにするには，どうしたらよいでしょう。	・式　23円×4 ・計算 $\begin{array}{r}23\\ \times\ \ 4\\ \hline\end{array}$		
	・そうですね。10円札ととりかえればよいですね。ではそのとりかえたお札（色カード）はどこにおきますか。		・12枚の10枚を，10円札1枚ととりかえて黄カードの下につけ加えるとよいことに気づかせる。	
	・では，今のことを考えてノートに計算してごらんなさい。 ・できましたか。○○さんと○○さん黒板にやって下さい。	$\begin{array}{r}23\\ 23\\ 23\\ +23\\ \hline 92\end{array}$　$\begin{array}{r}23\\ \times\ \ 4\\ \hline 92\end{array}$	・とりかえたお札は，右肩におくと忘れなくてよいことに気ずかせる。	
	②よくできましたね。今日のお勉強は，このように1円札が10枚以上になったときの上手なやり方です。では，もういちど練習しましょう。		・本時のめあてについてしっかり知らせる。	
	・お金を1人分17円ずつ5人分集まりました。カードで計算してみましょう。	・色カードで計算する。		
	・答は，1円札が10枚以上になったらどうするんでしたね。 ・そうですね10円札ととりかえて下さい。そしてノートにかいて下さい。	1円札10枚は10円札1枚ととりかえる。	・お札の数の少い方が見てわかりやすいことをしっかりと身につけさせる。	
	・ノートに計算できますか。やってごらんなさい。 ・では，このことをプリントで練習してみましょう。	・ノートに計算する。	・かけ算形式でやれない子は，よせ算でもよい。筆算形式は，次時のねらいだがやれる子はやらせてよい。	
グループ別指導 二十分	・ABグループ お勉強のしかたは，いつもと同じです。用意ができたら始めなさい。 ・CDグループ ①番からやりましょう。	・プリントを渡す。		

段階	学習活動	板書・教具	留意点
	①赤カードで26枚並べてみましょう。黄カードととりかえるとどうなりますか。わかったらプリントに書きなさい。 ②次の 237 円はどうですか。色カードでおいてみなさい。 ・（100円札は何枚…… 10円札は何枚…… 1円札は何枚……） ・わかったら書きなさい。 ③(3)の計算をしてみましょう。 ○1円札は何枚になりますか。数えてみましょう。 ・4とびに数えられましたか。 ・12まいの10枚はどうしますか。 ○10円札は何枚になりましたか。 ・わかったらプリントに書いてみなさい。 ・では，できる問題だけどんどんやりなさい。	とびかぞえをする。 （① 4, 8, 12 ② 2, 4, 6） （右指を1本ずつ折り乍らやる。）	・CDグループに対しては，時に1円札が10枚以上になったら10枚をまとめて黄1枚にとりかえることをしっかりと身につけさせる。 ・これによって数の大きさの表わし方をはっきりさせるようにする。 ・できないために省いた問題は，後で指導する。
一斉指導　五分	・鉛筆をおきなさい。 ・27円の3倍はいくらでしょう。 ・わかる人はノートに式を書いて計算しなさい。 ・○○君に黒板へやってもらいましょう。 ・先生のやったカードをみて下さい。 ・1円が20枚以上になったときはどうしますか。そうですね。きカード2枚ととりかえま	・しき　27円×3 ・計算　2 7 × 3 8² 1	・くり上がった数は必ず右肩にカードのときと同じように忘れないために書くことにさせる。 ・あらかじめてんぷ板にはっておく。

学習活動	板書・教具	留意点
すね。 ・次の時間は数字の計算についてこのことを勉強しましょう。		・左図のようにしてはっきりとわからせる。

月　日　れんしゅうもんだい〔8の1〕　組　番　なまえ

(1) 26円は｛10円札□枚と／1円札□枚｝です。37円は｛100円札□枚と／10円札□枚と／1円札□枚｝です。

106円は｛100円札□枚と／10円札□枚と／1円札□枚｝です。245円は｛1円札□枚と／0円札□枚と／100円札□枚｝です。

(2) 赤カード24枚は｛黄カード□枚と／赤カード□枚｝にすれば見てすぐわかる。

赤カード56枚は｛赤カード□枚と／黄カード□枚｝にすれば見てすぐわかる。

赤カード 246 枚　｛みどりカード□枚と／きいろカード□枚と／あかカード□枚｝にすればみてすぐわかる。

(3) 235 円は｛みどりカード□枚と／きいろカード□枚と／あかカード□枚｝です。

480 円は｛あかカード□枚と／きいろカード□枚と／みどりカード□枚｝です。

(4) 次の計算をしなさい。

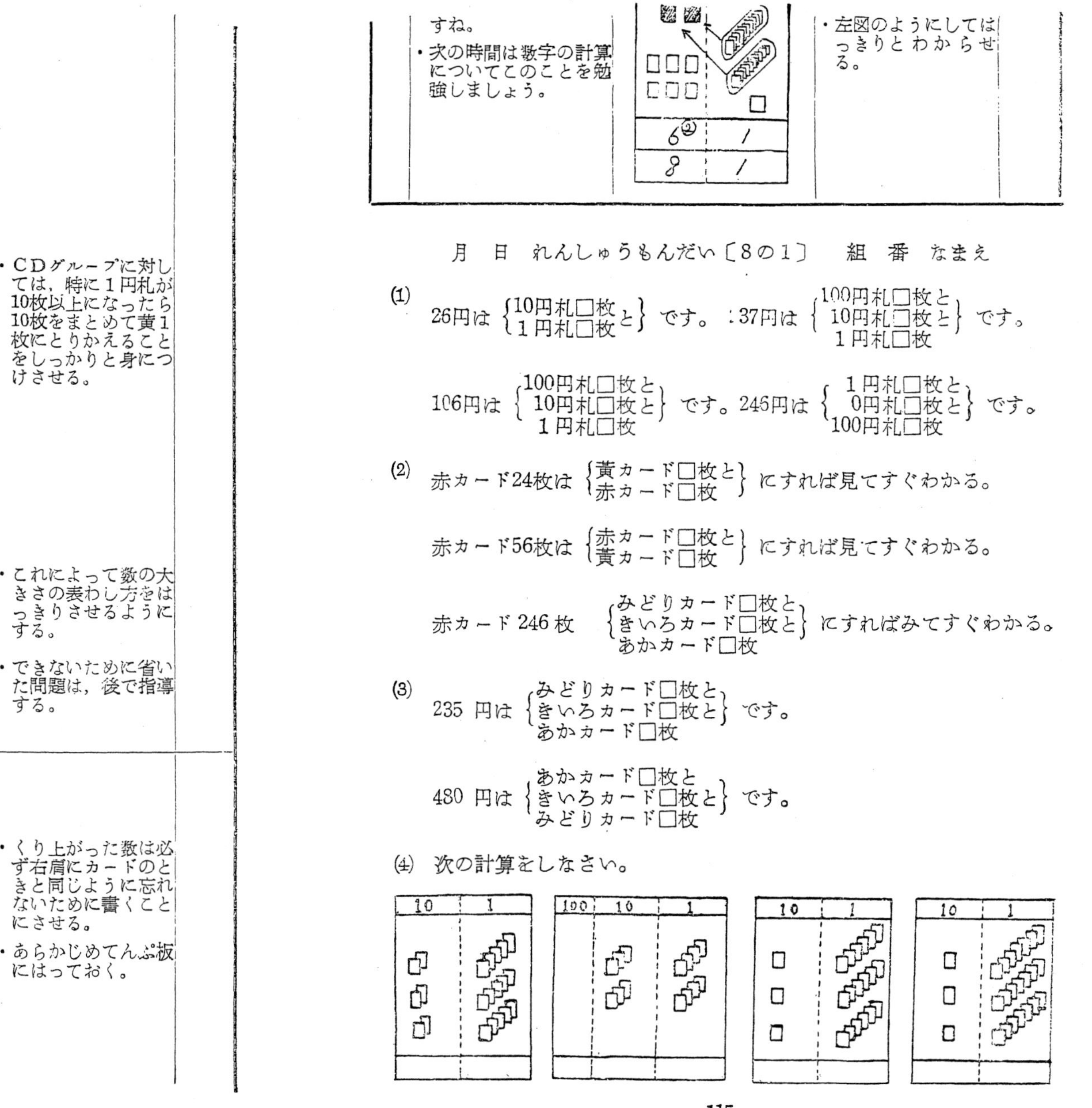

月　日　れんしゅうもんだい〔8の2〕　組　番　なまえ

(1) 次の計算をしなさい。

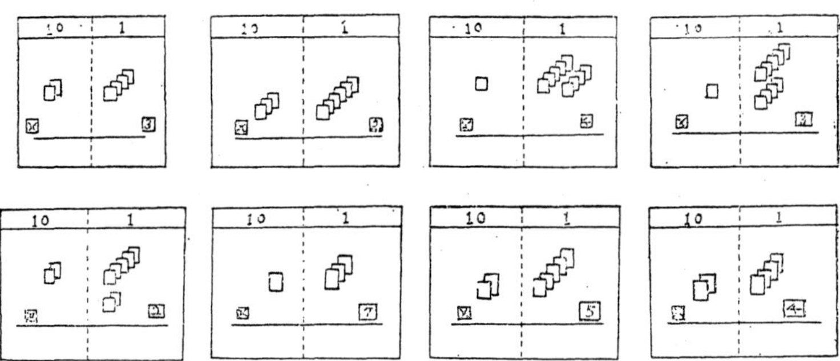

(2) 次の計算をやりなさい。

			8	9		14
		6	8	9	13	14
5	4	6	8	9	13	14
5	4	6	8	9	13	14
5	4	6	8	9	13	14
5	4	6	8	9	13	14
5	4	6	8	9	13	14
5	4	6	8	9	13	14
+7	+4	+6	+8	+9	+13	+14

(3) 次の計算をしなさい。

48	91	12	39	45	18	46
× 2	× 2	× 8	× 2	× 2	× 5	× 2
38	84	39	16	36	17	27
× 3	× 2	× 3	× 3	× 2	× 4	× 3

月　日　算数テスト(8)組　番　なまえ

(1) 156円は $\left\{\begin{array}{l}\text{みどりカード□枚と}\\ \text{黄カード　□枚と}\\ \text{赤カード　□枚}\end{array}\right\}$ です。

(2) 次のカードのこたえを見てすぐわかるように，すうじで書きなさい。

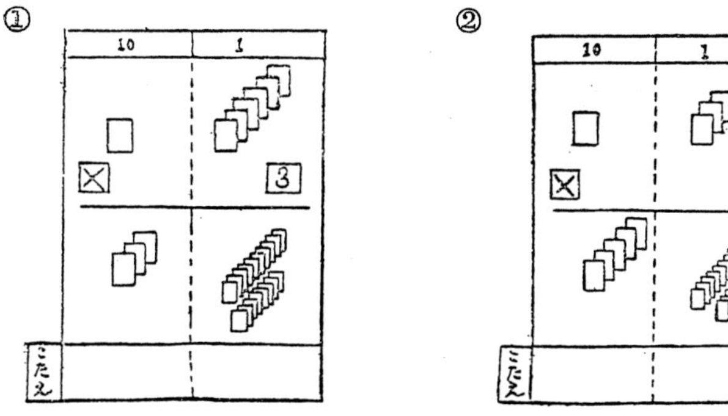

(3) 赤カード34枚は $\left\{\begin{array}{l}\text{黄カード□枚と}\\ \text{赤カード□枚}\end{array}\right\}$ にすれば見てすぐわかる。

(4) 10円札3枚と1円札24枚は，お札をとりかえて

$\left\{\begin{array}{l}\text{10円札□枚と}\\ \text{1円札□枚}\end{array}\right\}$ にすれば見てすぐわかる。

第9時の問題……支払う金高を確かめるのに，計算はどんなにしたらよいでしょう。

様式時間	学習問題	学習活動	指導のねらい	個人の指導点
一斉指導　十五分	1. 前の時間にお勉強したことはどんなことでしたか。いって下さい。	・お札のかぞえ方 ・同じお札が10枚以上になったら上のお札ととりかえる。 ・とりかえたお札は，上の位の右肩に置く。	・前時のねらいをもういちどはっきりする。 ・赤カードと黄カードを別々に数える。(九九やとび数えで) ・10枚以上になったら上の単位ととりかえる。	
	2. 今日は，そのことを考えて，ノートに計算してみましょう。 ・25円のふでを3本買いました。お金をいくら払えばよいでしょう。 ・ノートでやる前に台紙の上で，どんなやり方でもよいから計算してみましょう。	黄　赤 7　5	・赤カード10枚になったら黄カード1枚ととりかえなくてはならない。 ・CDは，とんで数えることになれさせる。	

	・答をノートしなさい。 始め（赤カード□枚 黄カード□枚） とりかえて （赤カード□枚 黄カード□枚）	（Dグループは×3のかわりに3回並べて計算する子もあってよい。）	
	・とりかえたカードはどこに置きましたか。	・上の位の右肩に置く。	・繰上がりの意識を強く持たせ次の計算の場合と結びつける。
	3. 今のことを数字で計算しましょう。 a. どう書いたらよいでしょう。 色数字カードで台紙の上で計算しなさい。	10 | 1 [2] [5] [×] [3] [7][1] [5]	
	b. わかったらよく考えてノートに計算してごらんなさい。	↓ $\begin{array}{r} 2\ \ 5 \\ \times\ \ \ \ 3 \\ \hline 7^{1}\ 5 \end{array}$	・Dグループには （計算の順序 部分積の書く位置 とび数え） などのことをはっきりさせる。
	・今のことをよく考えてもういちどやってみましょう。1人分14円ずつ6人分ではお金がいくらあればよいでしょう。ノートにやってごらんなさい。 （式は……… 計算は……）	式 14円×6 計算 $\begin{array}{r} 1\ \ 4 \\ \times\ \ \ \ 6 \\ \hline 8^{2}\ 4 \end{array}$	・赤カード20枚は黄カード2枚であることをはっきりする。
グループ別指導 二十五分	・プリントで今のことを練習しましょう。せしも九九がはっきりしないときは，色カードを並べたり，数字をかいたりしてとびかぞえでまちがわないようにやりましょう。 ・ABグループ いつものように始めなさい。 ・CDグループ (1)番の問題をやってごらんなさい。わからなかったら色カードを並べて考えてみなさい。 ・ならべられましたか。 ・では，いっしょにとんで数えてみましょう。 ・（赤カードは何枚…… 黄カードは何枚……）	・Dグループ	

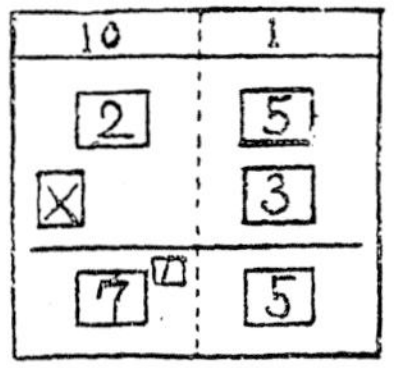

	・ではとりかえて下に数字カードをおいてみなさい。	10 | 1 [+] [2] [7] [2]	・くり上がりをはっきりする。
	・プリントにお答を書きなさい。 ・次の問題を今のようにやりなさい。	・カードをみて答を書く。	
一斉指導 五分	・繰上がりのある計算はどうすればよいでしょう。 ・17×4を計算して下さい。	①1位が繰上がったら10位の下にその数だけ書いておくとよい。 ②黄カードの答と繰上がった数を加えて黄カードの下に書く。 $\begin{array}{r} 1\ \ 7 \\ \times\ \ \ \ 4 \\ \hline 6^{2}\ 8 \end{array}$	・部分積が10より大きい場合は1位は10位に，10位は100位に繰上げる。

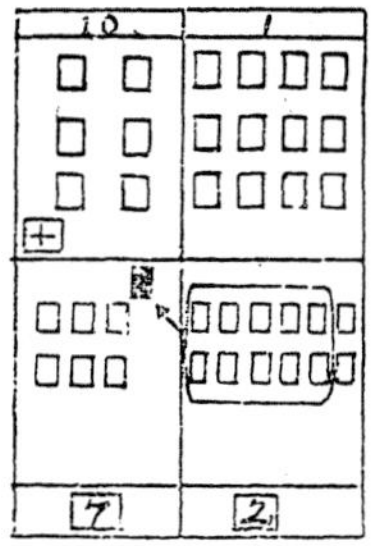

月　日　れんしゅうもんだい〔9の1〕　組　番　なまえ

(1) 次のこたえを入れなさい。

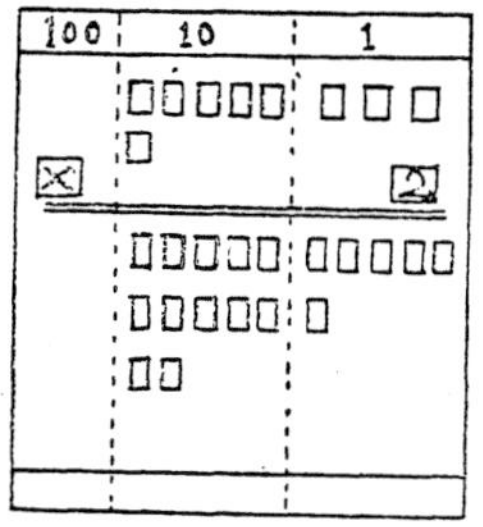

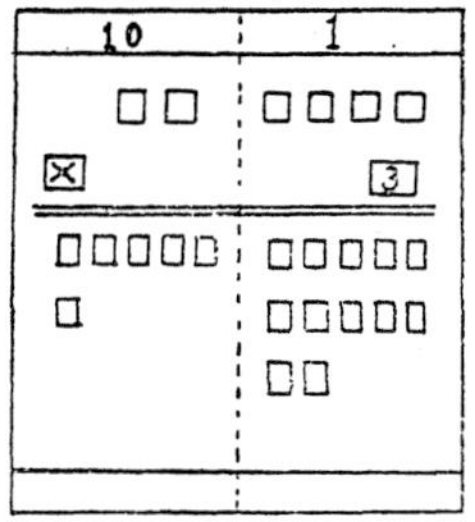

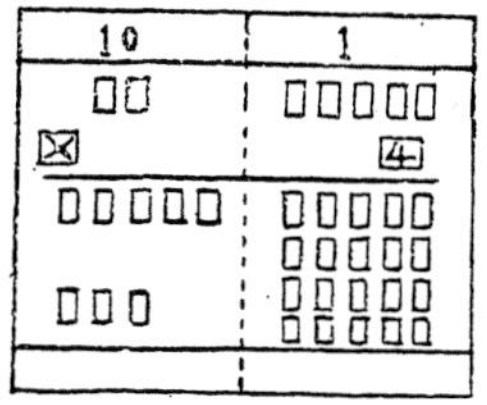

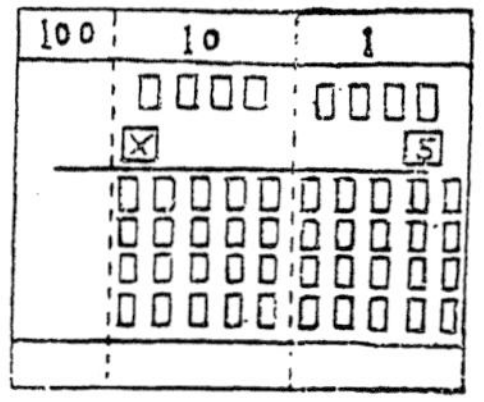

100 \| 10 \| 1 ［×］［2］

10 \| 1 ［×］［3］

10 \| 1 ［×］［4］

100 \| 10 \| 1 ［×］［5］

(2) 次の計算をしなさい。終ったら必ずたしかめてみなさい。

14×4	27×3	13×4	14×6	14×5	17×3	13×7
17×6	24×3	18×4	19×3	13×7	24×4	12×6
18×5	14×7	15×2	28×3	25×2	15×6	26×3

月　日　れんしゅうもんだい〔9の2〕　組　番　なまえ

(1) えんそくのお金集めをしました。1人分32円です。いくら集まったらよいでしょう。

① よし子さんの班は4人です。

しき　　　けいさん　　　こたえ

② かず夫君の班は7人です。

しき　　　けいさん　　　こたえ

(2) 次の計算をしなさい。色カードでやりかたをよく考えてからやりなさい。

17×7	38×2	34×6	36×2	17×5	27×5	43×6
56×3	59×5	32×8	91×9	27×8	58×7	88×8
92×7	74×8	86×5	28×9	54×4	99×6	77×6

・計算が終ったら，もういちどよくたしかめてみなさい。

月　日　算数テスト(9)

(1) カードをとりかえて，下の□にすうじを入れて下さい。

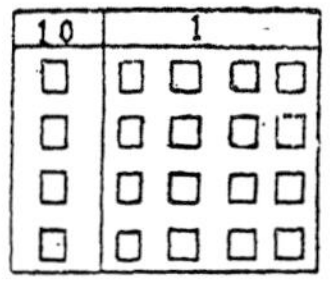

10	1
□	□□□□
□	□□□□
□	□□□□
□	□□□□

こたえ {きカード□まいと / 赤カード□まい} です。

(2) 赤カード56枚は，{きカード□枚と / 赤カード□枚} にすればよい。

(3) 次の計算をしなさい。

25×3	18×4	13×5

第10時の問題……1円札がたくさんになったときの計算が，正しくできるようにするには，どんなことに気をつけたらよいでしょう。

様式時間	学習問題	学習活動	指導のねらい	個人の指導点
一斉指導 十分	・昨日のテスト問題に 18×4 というのがありましたが大分計算のちがった人がいるので今日は，このような繰上がりのある計算についてお勉強しましょう。 ・これはどんなことでしたか。 ・この計算を手数がかからないようにして，色カードで答を出して下さい。 ・答が出たら，色数字カードで答を下において下さい。	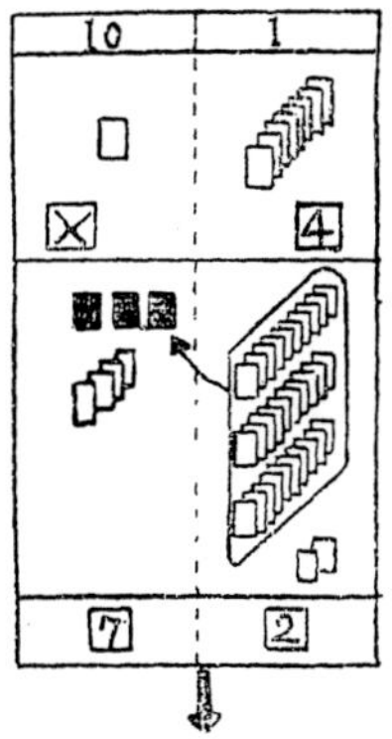 10 / 1 × 4 7 2	・Dグループは，色カードで4回並べてやる。 ↓ 18 + 18 + 18 + 18 かぞえたすか，とびかぞえて	

	・色数字カードで今と同じように計算してみよう。 ・ノートに書いて，計算しましょう。 ・では，もういちだいやってみよう。17円×5を計算して下さい。	10 | 1 ／ 1 | 8 ／ × | 4 ／ 7 3 | 2 ↓ 18 × 4 ＝ 7³2 ・能力に応じてやる。 17 × 5 ＝ 8³5	・赤カード30枚は，黄カード3枚ととりかえることをはっきりする。 ・計算の順序や，部分積のおく位置や繰上がった数を忘れないようにする。
グループ 三十分	・では，今のことを気をつけて，繰上がる場合の計算練習をしましょう。たしかめは，忘れずにしよう。	・CDグループは，色カードや，数字カードでやって，はっきりしてから数字でプリントにやる。	・計算の順序や，繰上る場合のことをグループ毎にしっかりとわからせる。
一斉指導 五分	・今日のお勉強の，繰上がる場合の計算はどうですか。 ・では，問題を先生が出しますから，やって下さい。 ・廊下の長さを15mの縄ではかったら，ちょうど5かあいりました。廊下の長さは，どれほどですか。	(・式　15m×5＝75m (・計算　15 × 5 ＝ 7²5 ・こたえ　75m	

月　日　れんしゅうもんだい〔10の1〕　組　番　なまえ

(1) 次のカードをとりかえて，わかりやすくしない。

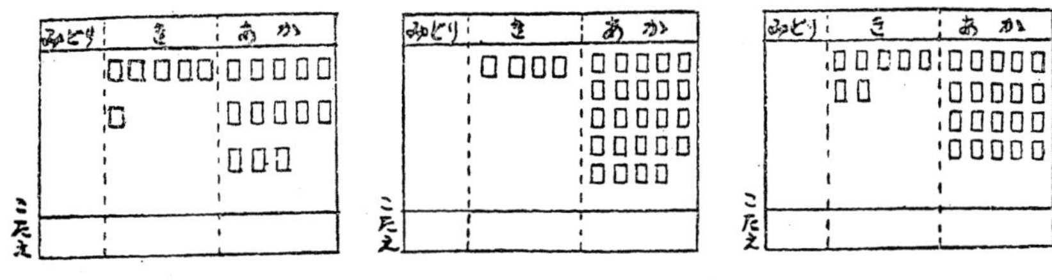

(2) 次の計算をしなさい。

15×3	18×2	15×6	25×3	18×2	13×6	24×3
19×5	17×4	27×3	18×4	28×3	36×3	48×8
23×4	19×3	16×5	14×4	29×2	16×4	36×2
17×5	37×2	12×7	38×2	14×7	17×2	14×5

・たしかめは必ずやりましょう。

月　日　れんしゅうもんだい〔10の2〕　組　番　なまえ

(1) 次のカードをとりかえてわかりやすくしなさい。

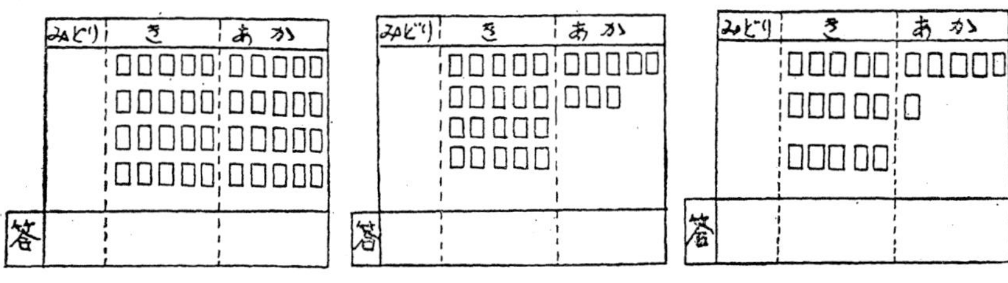

(2) 次の計算をしなさい。

16×4	24×4	28×3	19×3	23×4	14×6	28×2
18×3	14×3	48×2	15×4	29×3	35×4	23×4
26×3	18×4	13×6	19×6	76×4	56×3	86×2

(3) 次の計算を色カードでやってみなさい。

22×6	32×5	42×7	53×3	66×4	73×4	38×6

・できたらすうじでもやってみましょう。できますか。

月　日　算数テスト　　組　番　なまえ

(1)　次のカードをとりかえてわかりやすくしなさい。

みどり	き	あか
	□□ □□	□□□□□ □□□□□ □□
答		

みどり	き	あか
	□□□	□□□□□ □□□□□ □□□□□ □□□□□ □□□□
答		

(2)　次の計算をしなさい。

①　$\begin{array}{r} 26 \\ \times\ \ 3 \\ \hline \end{array}$　　①　$\begin{array}{r} 14 \\ \times\ \ 6 \\ \hline \end{array}$　　③　$\begin{array}{r} 18 \\ \times\ \ 4 \\ \hline \end{array}$

第11時の問題……支払った金高をたしかめるのに，どんな計算をしたらよいか。

様式時間	学習問題	学習活動	指導のねらい	個人の指導点
一斉指導　十五分	1.　昨日お勉強したことは，どんなことでしたか。 そうですね。1の位が10以上になったら繰上げるときの計算練習をしましたね。 ・昨日のテスト問題の 19×4 をもういちどノートにやってみましょう。	・お札をとりかえるのと同じである。 (1円札10枚→10円札1枚 $\begin{array}{r} 1\ 9 \\ \times\ \ \ 4 \\ \hline 7^{3}\ 6 \end{array}$	・繰上がりは，上位の右肩に必ず忘れないために書くこと。	
	2.　では，今日は，10の位即ち，10円札が10枚以上になったときの計算についてお勉強しましょう。さあどうしますか。 ・1足62円の靴下を4足買いました。いくらお金を払えばよいでしょう。計算ですぐできますか。不安な人は色数字カードをおいて答を色カードを出して考えてみましょう。 ・色カードの下に答を数字カードでおきなさい。 ・カードでやった人はノートに計算してごらんなさい。 ・計算の終った人はよせ算でたしかめて下さい。	・お札をとりかえるとき と同じである。10円札10枚→100円札1枚 ・式　62円×4 ・計算 [6] [2] ☒ [4] [2] [4] [8] ↓ $\begin{array}{r} 62 \\ \times\ \ 4 \\ \hline 248 \end{array}$ → $\begin{array}{r} 62 \\ 62 \\ 62 \\ +62 \\ \hline 248 \end{array}$	・黄カード10枚は緑カード1枚ととりかえる。 ・とりかえたカードの置く位置 ・計算の場合の繰上がりは大きく書いてよいことをはっきりする。 ・不安なときなどは一層やさしい寄せ算でたしかめてみることが大切である。	
	3.　できましたね。では今のことを考えて，1人分52円ずつ3人分お金を集めました。いくらあればよいかノートに計算して下さい。	式　52円×3 計算　$\begin{array}{r} 52 \\ \times\ \ 3 \\ \hline 156 \end{array}$		
グループ別指導　二十五分	・では，プリントの問題でよくできるように練習してみましょう。 ・九九や繰上がりがはっきりしないときは，色カードなどを使ってやりなさい。 ・CDグループ 32円ずつ4人分ではいくらになるか数字カードか色カードでやってごらんなさい。 ・(1人分は…… 　(4人分は…… ・いっしょにとんで数えてみよう。 ・(赤カード何枚…… 　(黄カードは……… ・10枚以上になったらどうしますか。そうです上のお札ととりかえますね。 ・プリントにお答を書いて下さい。 ・次の問題を自分のやりよい方法でやって下さ	100　10　1 [3] [2] ☒ [4] [1] [2] [8] 100　10　1 [3] [2] × [4] [1] [2] [8]	・①②の関係をはっきりさせる。 とんで数える。 ・数字とカードの結びつきをよく考えさせる。 ・①の子は②へ ②の子は③へ ③の子は④へ ④の子は⑤へ と順次高めてやるようにする。 ・①②の子はすくなくもたしかめのよせざんの形式でできるようにする。	

	い。わからなかったら手をあげなさい。先生がみてあげますから。	↓↑ ④ 32 × 4 128 32 32 32 +32	・できた子は○をくれて賞揚してやることが大切である。
一斉指導 五分	・鉛筆をおきなさい。今迄のお勉強をまとめましょう。 ・繰上がりのある計算のときは，どうすればよいでしょう。 ・よくわかりましたようですから明日は，1円札も10円札も両方共10枚以上になったときはどんなにするかについてお勉強しましょう。できそうですかどうですか。	①赤カードの繰上がった数は，黄カードのところに印をつけておく。 ②黄カードの答と繰上がった数を加えて黄カードの所に書く。 ③黄カードの繰上がった数は，緑カードの所に普通の字ですぐかいてよい。	①部分積が10より大きい場合は，1位の数は10位に，10位の数は100位に繰上げる ②繰上げるのは，お札を取り替えることと同じである。

月　日　れんしゅうもんだい〔10の1〕　組　番　なまえ

(1)　次の計算をしなさい。

84 × 2	62 × 3	94 × 2	52 × 4	41 × 7	51 × 6	92 × 4
83 × 3	40 × 5	85 × 1	53 × 3	41 × 6	73 × 3	52 × 3
60 × 3	92 × 4	71 × 6	43 × 3	82 × 4	93 × 3	74 × 2
52 × 7	31 × 5	63 × 3	42 × 4	93 × 3	41 × 6	81 × 7
64 × 2	50 × 4	81 × 8	93 × 7	65 × 3	74 × 8	32 × 6

・とたえは，必ずたしかめましょう。

月　日　れんしゅうもんだい〔11の2〕　組　番　なまえ

(1)　えんそくのお金集めをしました。1人分85円です。

①　1ぱんは，6人です。いくらあればよいでしょう。

しき　　　　けいさん　　　　こたえ

②　2はんは，5人です。いくらあればよいでしょう。

しき　　　　けいさん　　　　こたえ

(2)　次の計算をしなさい。

22 × 6	32 × 5	42 × 7	53 × 3	66 × 4	82 × 6	92 × 5
84 × 3	93 × 4	73 × 4	62 × 7	65 × 4	74 × 3	37 × 4
39 × 4	24 × 5	29 × 6	33 × 9	38 × 7	47 × 6	43 × 5
52 × 9	64 × 5	72 × 9	83 × 6	75 × 6	89 × 5	68 × 4
69 × 5	63 × 9	78 × 4	85 × 6	37 × 6	58 × 9	66 × 8
49 × 7	68 × 9	76 × 7	88 × 7	38 × 7	28 × 6	44 × 7

月　日　算数テスト(11)組　番　なまえ

(1)　次のカードをとりかえておこたえを書きなさい。

答

100	10	1
	□□□□□ □□□□□ □□□□□ □□□□□ □	

(赤□枚　□枚　緑□枚)

答

100	10	1
	□□□□□ □□□□□ □□□□□ □	□□□□□ □□□□□ □□□□□ □□□□□ □□□□

(赤□枚　□枚　緑□枚)

(2)　次の計算をしなさい。

①　82 × 4　　②　93 × 3　　③　36 × 4

第12時の問題……１円も10円も10枚以上になるときの計算は，どのようにしたらよいでしょう。

様式時間	学習問題	学習活動	指導のねらい	個人の指導点
一斉指導　十分	・昨日お勉強したことは，どんなことでしたか。 ・昨日のテストの最後に１円も10円も10枚以上になるのがありましたが、どの位できるかと思ったら，やはりあまりよくできないようです。 ・今日は，そのように，１の位も10の位も繰上がる場合の計算について，お勉強しましょう。	・お札をとりかえる。 ｛１円札10枚→10円札１枚と 10円札10枚→100円札1枚と		
	・63円の品物を４個買いました。お金は，いくらはらえばよいでしょう。 ・計算してごらんなさい。 ・むつかしいと思う人は色カードを使ってもよいですよ。そしてわかったらノートに計算してごらんなさい。	・式　63円×４ ・計算　６３ ×　４ ２５¹２	・Ｄグループには10枚以上になったらとりかえることを数字の場合とよく結びつけるようにする。どちらも同じであることをはっきりする。	
	・できた人は，よせ算でたしかめて下さい。 ・○○さん黒板に計算してごらんなさい。 ・今のことに気をつけて，58lの３倍というときはどうでしょう。計算してごらんなさい。	・たしかめ　九九で ６３　(①　３×４ ６３　(②　６×４ ６３　とびかぞえ ＋６３　(①3,6,9,12 (②6,12,18,24 式　58l×３ 計算　５８ ×　３ １７²４		
グループ指導　三十分	・今までのことをよく考えていつものように練習してみましょう。できたら今日は，お互にたしかめ合いましょう。	・ＣＤグループ 色カードや数字カードでやってみてわかったら計算する。 ・とんで数える。 ・10枚以上になったら上の単位ととりかえる。	Ｄグループ ①特に九九の指導をする。 特殊な九九を間違う子や不安定な子は，はっきりする。 ②そのために色カードで．どびかぞえをしっかりする。 ③繰上がりをはっきりさせる。数字と結びつけてやる。	
一斉指導　五分	・たいへんよくできるようになりました。 ・では，今までのことをはっきりとまとめましょう。 ・明日は，０などのつく特別な場合について練習しましょう。	・今までのことを，はっきりとまとめる。		

月　日　れんしゅうもんだい〔12の１〕　組　番　なまえ

26 × 8	44 × 9	35 × 4	67 × 7	99 × 9	73 × 8	75 × 5
36 × 7	78 × 6	23 × 8	77 × 6	95 × 5	34 × 8	69 × 7
67 × 7	46 × 4	89 × 4	68 × 7	54 × 7	46 × 8	27 × 7
74 × 7	75 × 3	29 × 8	39 × 7	68 × 9	76 × 7	88 × 7
87 × 6	35 × 8	79 × 3	82 × 6	36 × 4	78 × 8	99 × 4
38 × 4	47 × 6	72 × 6	92 × 6	96 × 7	86 × 3	74 × 4

・必ずたしかめをやってから二枚目をやりなさい。

月　日　れんしゅうもんだい〔11の2〕　組　番　なまえ

25×9	76×6	37×9	65×8	57×9	73×7	84×6
69×8	47×9	88×7	38×8	79×7	69×9	78×8
45×5	26×8	86×9	48×9	75×7	49×9	43×7
56×9	28×8	89×6	72×2	58×9	27×8	79×9
29×8	87×6	67×9	77×7	53×9	72×6	65×5
84×7	78×3	88×4	96×7	78×9	36×6	66×4

第13時の問題……お札が全部上のものになる場合の計算は，どのようにしたらよいでしょう。

様式時間	学習問題	学習活動	指導のねらい	個人の指導点
一斉指導　七分	・昨日のテストなどをみると大変よくできるようになりました。今日は，1円札や10円札が繰上がって答に0のつく場合についてお勉強しましょう。 ・1個26円の品を4個買いました。お金をいくら払えばよいでしょう。 ・むつかしいと思う人は色カードではじめにやってみましょう。 ・ノートに計算してごらんなさい。	・式　26円×4 ・計算	・部分積の書く場所を考えて，くり上がったために答に0のつく場合についてはっきりする。	

様式時間	学習問題	学習活動	指導のねらい	個人の指導点
	・終ったら，よせ算でたしかめてみましょう。 ・では，もう1題やってみよう。 ・75円ずつ4人分では，いくらになるでしょう。ノートに計算してごらんなさい。	26×4＝1024 → 26＋26＋26＋26＝1024 ・しき　75円×4 ・計算　75×4＝3020	・Dグループでも累加の形に直せば，抽象数で，できるようにする。 ・1位2位共に0なる場合の計算についてはっきりする。	
グループ別指導　三十三分	・今のことをよく考えていろいろな場合について，間違えないでできるように練習しましょう。	・ABCグループは直ちにプリントをやる。 ・Dグループ 色カードで66円×5を並べる。 66＋66＋66＋66＋66＝3330 → 66×5＝3330		
一斉指導　五分	・たいへんよくできるようですので，皆で1題やってもらいましょう。 ・55kgの8ばいはいくらでしょう。	・式　55kg×8 ・計算　55×8＝4440 ・はっきりまとめる。	・0になる場合についてはっきりまとめる	

月　日　れんしゅうもんだい〔13の1〕　組　番　なまえ

32×2	24×4	13×7	25×4	16×6	30×4	62×2
20×5	73×3	85×2	27×8	46×5	69×3	35×6
37×9	25×7	46×3	59×8	79×4	27×6	68×6
89×3	47×7	75×4	58×8	48×8	55×5	89×7

68×9　75×8　99×4　85×4　26×7　50×6　80×5

79×5　36×8　70×5　66×5　24×9　44×5　90×7

月　日　れんしゅうもんだい〔13の2〕　組　番　なまえ

(1) 次の計算をしなさい。

55×8　80×5　42×5　74×3　96×9　74×7　86×4

97×6　85×8　78×2　84×6　97×4　94×8　86×3

88×5　96×7　84×9　95×3　85×6　38×8　83×9

84×5　69×8　25×8　57×9　88×6　78×7　56×9

(2) 1分間に55m歩く人が，家から駅まで8分かかります。

家と駅との道のりは，大体どれほどあるのでしょう。

しき　　　けいさん　　　こたえ

(3) 一郎君は，本を毎日16ページずつ読んでいましたが，ちょうど一週間で終りました。この本は，何ページの本でしょう。

しき　　　けいさん　　　こたえ

(4) 正子さんは，12さいだそうです。姉さんは，正子さんより3つ年上で兄さんは，姉さんより2つ年上です。また，お母さんは，姉さんの3ばいの年令だそうです。お父さんは，お母さんよりまた3つよけいだそうです。この家の人の年令を計算して下さい。

しき {①　姉さん　②　兄さん　計算
③　お母さん　④　お父さん

第14時の問題……色々なかけ算が正しくできるようにするには，どんな点に気をつけたらよいでしょう。

様式 時間	学習問題	学習活動	指導のねらい	個人の指導点
一斉指導　五分	・いろいろなかけ算が正しくできるようにするには，どんな点に気をつけたらよいでしょう。 ・特に間違い易い問題についてやってみましょう。 ・67円ずつ8人分ではいくらになるでしょう。 (式は……… 計算は…… 答は……… ・たしかめてみよう。	①数が大きくなっても，位毎に分けて計算するとできる。 ②位取りを見てきちんと書く。 ③10以上になったらくりあげる。 ・式　67円×8 ・計算　67×8＝53[5]6 ・たしかめ ①九九をもういちどはんたいに唱えてやる。 ②よせざんでやる。	・かけ算の計算について気をつけることをまとめる。 ・繰上がりを間違えないように必ず右肩に小さく書くこと。 ・Dは，よせざんで，とんで数えてやる。	
グループ指導　三十五分	・今日は，最後ですから間違えないようにやって下さい。 ・自分の間違い易い九九は，特に気をつけてやりましょう。 ・終ったら必ずたしかめをやりなさい。	・Dグループ 特に誤り易い九九は，カードや，よせざんに直して，やってみて答を出す。	・教師は，予め困難な問題を予想しておいて1人も目こぼしのないように気をつける。 若し誤算していたら九九をいわせてみてそれでよいかどうかとんで数えさせてみると自分の間違いに気づくであろう。	
一斉指導　五分	・65mの8倍はいくらになりますか。 ・たいへんよくできますね。では明日から，毎日10題ずつ90題いろいろな問題についてテストを行います。	・式　65m×8 ・計算　65×8＝52[4]0 ・たしかめ もういちどやるかよせ算でやる。	・はっきりと計算について注意することをまとめる。	

月　日　れんしゅうもんだい〔14の1〕　組　番　なまえ

24 × 3	15 × 8	28 × 4	88 × 5	52 × 6	55 × 4	75 × 2
28 × 7	48 × 5	28 × 9	74 × 2	62 × 9	49 × 3	73 × 6
65 × 8	59 × 9	67 × 8	78 × 9	75 × 4	70 × 4	18 × 6
51 × 9	65 × 7	22 × 8	54 × 5	38 × 5	76 × 5	55 × 8
48 × 5	75 × 8	84 × 9	64 × 5	26 × 4	82 × 5	62 × 5
66 × 5	85 × 8	78 × 4	96 × 7	80 × 5	64 × 9	47 × 7

月　日　れんしゅうもんだい〔1 の 2〕　組　番　なまえ

(1) よし子さんは，毎月の小づかいの中から，50円ずつ貯金しているそうです。もうはじめて7月になりました。貯金をいくらしたことになりますか。

しき　　けいさん　　こたえ

(2) 石田君は，1日に計算練習を40だいずつすることにきめました。1週間では，何題れんしゅうすることになりますか。

しき　　けいさん　　こたえ

(3) 一郎君の本のねだんは32円で，それは，花子さんの本のねだんの$\frac{1}{5}$だそうです。花子さんの本はいくらでしょう。

しき　　けいさん　　こたえ

(4) とし男君の学校で，身体検査の時，レントゲン写真をとりました。費用は1人分15円だそうです。次の各組ごとの費用を計算して下さい。

組	1	2	3	4	5	計
人数	7	8	6	5	9	

・式　1組
　　　2組
　　　3組
　　　4組
　　　5組

・計算

(5) かつ美さんは，おこずかいがを95円もっています。姉さんは，かつ美さんのこずかいの4ばいよりもまだ20円多くもっているそうです。姉さんは，いくらおこずかいをためたでしょう。

・式　　・計算　　・こたえ

(2) 毎時間の指導の処理

[0] 一般的な注意

(1) 1時限の学習は，45分とする。はじめのうちは，45分で終らないがだんだんに45分で終るようにする。1時限の学習過程は，一斉学習を約15分，個別あるいはグループ学習を約25分，まとめの一斉学習を約5分と見当つける。

(2) 事情が許せば，一学級に1名の記録者をつけてほしい。その記録の仕方，内容については，研究報告(3)のP121～P126の第1時のもの，P126～P136の第4時のものを参考にする。しかし，学習過程の3部分にかけた時間だけは，あとの必要上必ず記録しておく。

(3) 練習問題は，個別学習のときに用いるものである。

(4) 1時限の学習45分が終ったら，すぐにテストに移る。はじめ2分間で，不明の文字や題意についての説明をしたりする。それからテストを実施するが，このテストだけに5分間かける。できそうなものが，5分間かけても，まだできていないときには，待つようにする。但しテストの時は教具を用いないようにする。

(5) テストが終ったら，その日のうちに採点して，必要な処理をする。

(6) 個別あるいはグループ学習にかける時間が多いほど，学習効果があがることを心がけて指導する。

——実 験 指 導——

1 第○日の指導とその処理

1 学 習 指 導

(1) 学習指導の展開 —— 第○時の指導案による。

(2) 練習問題——グループあるいは個別学習に「練習問題○」の1，2を用いる。

2 報告(3)の51ページから52ページの指導計画の修正点と指導上の注意点を読んで，昨年度の失敗を繰り返さないように心がける。

3 テスト の 実施

(1) 算数テスト(○)を用いる。

(2) テストの実際

① 名前を書いて下さい。

② 今日のお勉強は，みんなよくわかったと思います。これからテストをしますから，よく考えて，ていねいに書いて下さい。

③ 先生が一回，1番から5番まで読みますからよく聞いて下さい。（文意をつかめるように補足しても差支えないが，答を暗示するいい方には注意する）

④ 答は線の上に書いて下さい。

⑤ できた人は，裏返しておいて静かに待って下さい。

(3) 算数テスト(○)の採点では，次のように正答を定める(略)

4 テストの採点が終ったら，第4表（毎日の指導記録とその反省）と

第5表（毎日のテストにおける誤算とその問題）の記入をはじめる

毎日の指導記録とその反省（　　月　　日）

指（第4表）　4年＊　組（No.　　）　県 ＊市　小学校

<table>
<tr><td colspan="6">＊
(1) 教師の発問に対する反省………（観察）
1. 子供に，よりよい考えを，工夫させるような発問をしたか。
2. 子供が，すぐに仕事にとりかかれたか（教師のことばを理解して反応したか）
3. 各段階毎に，子どもの考え方や仕事の手順をはっきりさせたか。</td></tr>
<tr><td colspan="6"></td></tr>
<tr><td colspan="6">＊
(2) 一時限の時間経過　1斉（　分）→個人あるいはグループ（　分）→一斉（　分）　計　　分</td></tr>
<tr><td colspan="6">(3) テストの結果（在籍人員＊　　人中欠席　　人）</td></tr>
<tr><td colspan="2">問題別誤算者</td><td colspan="2">誤答数別誤算者</td><td colspan="2" rowspan="6">〔備考〕＊
出席者数＼誤算者数 →　　%</td></tr>
<tr><td>1番</td><td>＊　人</td><td>－1</td><td>＊</td></tr>
<tr><td>2番</td><td></td><td>－2</td><td></td></tr>
<tr><td>3番</td><td></td><td>－3</td><td></td></tr>
<tr><td>4番</td><td></td><td>－4</td><td></td></tr>
<tr><td>5番</td><td></td><td>－5</td><td></td></tr>
<tr><td>誤＼＊正
(4)欠席者名</td><td>正解者　　人　誤算者　　人</td><td>注意を要する児童名</td><td colspan="3"></td></tr>
<tr><td colspan="6">＊
(5) 指導上の反省………（観点）
1. 子供の身近かな行動から考え方を伸ばしたか。
2. ひとり残らずの子供が精一杯に学習したか（めあて，教具）
3. ひとりびとりの障碍を救って一段高めることができたか。</td></tr>
</table>

(6)* 判定		
		〔理由〕 不合格の場合には，指導計画を修正しなければならない点記入
	合　格	○数学的内容
	不合格	○指導上の問題

5　第4表に，次のように必要事項を記入する。報告として提出してもらう分には，＊のところだけ記入すればよい。

(1) 月日 のところに実施月日を記入する。

(2) 4年組 のところに実施学級の番号を，1，2，3……と数字を用いて記入する。

(3) (No.) は，指導の何日目かによって，1，2，3……と記入する。本日は第1日であるから，No.のあとに1を記入する。

(4) 県校名 のところに，県名と校名をかく。

(5) (1)＊教師の発問に対する反省 のところに，次の要領で記入する。但しこれは，この表の他の記事の記入が終ったら，記入するがよい。

① 第4表に，そこにあげてある3つの観点から，発問を反省し，これを具体的に記入する。尚，この反省は，受持教員と，見学した教員などで話合った結果をあげてほしい。

② この反省を記録して，明日の指導めやすをつかむと共に，学習指導を進める上に，教師の発問がいかに大切であるかがわかり，明日の学習指導で要点をはっきりつかんだ発問ができるようにくふうする。

(6) (2)＊一時間の時間過程 のところに，おのおのにかけた時間を記入する。

(7) (3) テストの結果 のところに，次の要領で記入する。

① ＊在籍，欠席人数を記入する。

② 問題別誤算者 のところに，おのおのの問題のまちがったこどもの氏名をかきいれる。

③ 誤答数別誤算者 のところに，まちがった問題数毎に，人数＊と氏名を記入する。

④ 注意を要する児童名 のところに，みんなまちがったこどもの氏名をかく，特に何日も続けてまちがっているこどもは朱でかこむ。

⑤ ＊誤/正 のところに，正解者と誤算者の人数を記入する。このときに，1題でもまちがったら，その子どもは誤算者とする。

⑥ ＊備考 のところに，誤算者数/出席者数 をパーセントでかく。このときに，パーセントを単位にした小数第1位を四捨五入して，整数でかくことにする。

(8) (4) 欠席者名 のところに記入する。

何日か連続欠席しても，原則として実験指導の対象外とはしない。このような子供をテストの結果の誤算者とみなすかどうかは，14時限終了後に決定する。

(9) ＊(5) 指導上の反省 のところに記入する。

① 観点により，指導上の諸問題について記入する。

② 指導計画で実施しにくい点，修正したらと思う点があったら記入する。

(10) ＊(6) 判定 のところに記入する。

① 備考の欄に記入した割合を，報告(3)の50頁の百分率をおよその

目やすとして比べ，合格か不合格かを定め，合格，不合格のいずれかを○でかこむ。

② 不合格の場合は，数学的内容と指導上の問題の2点から記入する。

- 数学的内容については，その時間の学習の目あてについて，学習不十分な点をかく。
- 指導上の問題については，学習指導を進める上に，どんな点がぬけていたかを記入する。

これで第①日の第4表の記入は終る。

6 第5表 毎日のテストにおける誤算者とその問題に，次の必要事項を記入する。

指導実施中 毎日のテストによる誤算者とその問題

（第5表）

児童名＼日	第1日(月日)	第2日(月日)	第3日(月日)	第4日(月日)	第5日(月日)	第6日(月日)	第7日(月日)	第8日(月日)	第9日(月日)	第10日(月日)	第11日(月日)
1											
2											
3											
4											
5											
6											
7											

更半紙1枚に書く。

(1) 校名を記入する。

(2) 項目 の第1日 （ 月日） のところに，実験指導第1日を実施した月日を記入する。

(3) 氏名 のところに，教師用としては児童名，報告用としては，固定番号を用いる。

(4) 第1日の下の空欄のところに，テストの結果おのおののこどものまちがった問題の番号を記入する。

これで第1日の第5表の記入は終る。

C 指導直後のテスト

0 指導直後のテストの内容と方法

(1) かけ算のテスト　問題番号22〜30までの9枚を毎日1枚ずつ行う。

(2) かけ算九九　問題番号31，32の2枚を，毎日1枚ずつ行う。

（この問題は，予備テストと同じ問題で，14時限の指導で，九九がどのような変化をしたかをみるためである）

(3) テストの順序は，かけ算のテストを9日間行ってから，そのあとで，かけ算九九のテストを2日間行う。

(4) 誤答があっても，絶対指導しない。

1 第1日のテストの実施

(1) テスト問題　問題番号22を用いる。

(2) 問題番号22

(1) 10×4　(2) 16×5　(3) 19×8　(4) 26×4　(5) 91×9

(6) 60×3　(7) 32×3　(8) 43×2　(9) 71×6　(10) 13×7

(3) テストの実施方法

① 問題用紙を配布する。

② 氏名をかく。

③ 問題を1回よむ。はっきりしないプリントを訂正させる。

④ 質問に応ずる。

⑤ 開始する。

⑥ テストの時間は15分とする。

(4) 答案を集める。

(5) 採点する。

① 答は，1位の下に1位，10位の下に10位というようにかかなくても10位の下に100位の答をかいてあるような答のかき方でも，答のあってるものは正答とみなす。

② その日のうちに採点する。

(6) 採点の結果を第7表に記入する。

① （第7表の1）の1日のらんに記入する。

② （第7表の1）テストにおける個人別の誤算の型

氏名	能力別グループ名	1日		2日		3日		4日		5日	
		誤答	型	誤答	型	誤答	型	誤答	型	誤答	型

更紙1枚に印刷する。

③ 校名を記入する。これは，第5表と同じ方法による。

④ 氏名の記入も第5表と同じ。1題でもまちがったものを全部記入する。

⑤ グループは，ABCDの何れかを記入する。

⑥ 誤答 の欄には，誤算した問題と答をそのまま記入する。そのわきに，誤答の型をかく。

⑦ 多く誤算した子供に対しては，2欄あるいはそれ以上を必要に応じてとる。

⑧ 型 は誤算型である。誤答 の欄にかかれた問題についての集計を，A3とか，K2というように記入する。A3はA型を3題誤った意味である。誤答の類型は次のようである。

誤答の類型（13型）

A 繰上がった数字を数とまちがえる。	B 部分積をそのまま書いて加えない	C 部分積を書く位置が，反対である	D 1位の数の積の1の位を10位にかき，2位との部分積を2つに分けて上の位を100位に下を1位にかく。
88×5=800　52×5=350	16×5=530 5×6=30 3あがる。 5×1=5 5をかく 530とする。	23×3=96 3×3=9 3×2=6 9と6を反対にかく。	61×5=350 5×1=5 5×6=30 5を中心として3と0を分けてかく
E 下から繰上がる数字を加えることを忘れる。 38×8=244 8×8=64 64の6くり上りを忘れて 3×8=24 として積を244とする。	F 被乗数の数字を加えて，乗数にかける。 16×5=85 1+6=7 7×5=35 で10の位に3をくり上げる 3+5=8 積を85とする。	G 10の位のかけた部分積を求めるのに，被乗数の数字をかけ合わせる。 43×2=126 3×2=6 4×3=12 積を126とする。	H 1位の部分積を求めるのに，1位数を加える。 38×8=256 8×8=64 のかわりに 8+8=16 とする。 1上がって 3×8=24 積を256とする。
I 繰上がるとき繰上げる数字をまちがえる。	J 繰上がり加法の誤り	K かけ算九九の誤り	L 全然でたらめ（原因不明）

99 × 4 426 9×4＝36 6くり上りとする。 9×4＝36 36＋6＝42 積を426とする。	36 × 6 226 6×6＝36 3×6＝18 18＋3＝22 とする。 積を226とする。	41 × 7 281 1×7＝1 * M　白紙や，1題でも全然やっていない問題	

＊本年新たにM型を加えて13型にした。

2　第2日～第5日のテストの実施

(1)　テスト問題は，問題番号23，24，25，26を順次に，1日1枚ずつ行う

(2)　問題番号23

(11)	(12)	(13)	(14)	(15)
11×3	89×2	17×6	72×7	46×9
(16)	(17)	(18)	(19)	(20)
22×4	28×4	38×8	52×5	65×8

問題番号24

(21)	(22)	(23)	(24)	(25)
20×3	90×7	45×2	24×3	16×9
(26)	(27)	(28)	(29)	(30)
15×8	18×6	27×4	81×4	61×5

問題番号25

(31)	(32)	(33)	(34)	(35)
30×3	10×7	13×2	34×2	55×4
(36)	(37)	(38)	(39)	(40)
96×5	78×9	63×8	87×6	59×9

問題番号26

(41)	(42)	(43)	(44)	(45)
40×2	19×6	23×5	39×2	70×7
(46)	(47)	(48)	(49)	(50)
26×4	51×9	74×8	14×3	32×4

(3)　テストの実施及びその注意，採点は第1日と同じ。

(4)　第7表の1の記入は第1日と同じ。但し，新しい誤答者に対しては，氏名のらんに第1日に引き続いて追加記入し，該当のテスト日に誤答と型を記入する。

これで第7表の1の記入は終る。

3　第6日～第9日のテストの実施

(1)　テスト問題は，問題番号27，28，29，30で，これを順次に，1日1枚ずつ行う。

(2)　問題番号27

(51)	(52)	(53)	(44)	(55)
11×7	77×3	12×8	99×4	85×6
(56)	(57)	(58)	(59)	(60)
66×2	23×3	42×7	82×5	24×9

問題番号28

(61) 90×8　(62) 27×3　(63) 74×2　(64) 41×7　(65) 47×5

(66) 88×4　(67) 59×6　(68) 62×9　(69) 37×3　(70) 29×7

問題番号29

(71) 70×9　(72) 23×4　(73) 93×3　(74) 88×5　(75) 75×2

(76) 65×7　(77) 49×8　(78) 36×6　(79) 57×9　(80) 22×8

問題番号30

(81) 50×5　(82) 52×4　(83) 89×9　(84) 98×2　(85) 67×8

(86) 28×7　(87) 33×9　(88) 73×6　(89) 49×3　(90) 64×5

(3) テストの実施及びその注意，採点は第１日と同じ

(4) テストの整理

① 第７表の２ を使って，６日から９日のそれぞれの欄に記入する

② （第７表の２）テストに於ける個人別の誤算の型

氏名	グループ	6日		7日		8日		9日		誤算型	備考
		誤答	型	誤答	型	誤答	型	誤答	型		

③ 記入方法は第１日と同じ。

これで，第7表の2の9日までのテスト結果の個人別の誤答が記入された。

4 第７表の２の整理（第７表の２ の誤算型と備考の記入）

(1) 誤算型 とは，第７表の１，２の 型 にかかれた誤答数の集計である。即ちＡからＭまでの誤答についてＡ３とかＫ６とかいうように，個人毎の集計を記入する。

(2) 備考 は，個人毎に，どんな点の学習が不足したかを記入する。例えば，かけ算九九の６の段ができないとか，加法では， $9+9=16$ とまちがえるなどと具体的にかく。

これで，第７表の２の記入が終り第７表の１，２の記入が完成したことになる。

5 かけ算九九の指導後のテストを実施する。

(1) テスト問題，問題番号31，32を順次に，１日１枚ずつ行う。

(2) テストの整理は，今までと同じ。

(3) 結果の記入

① 予備テストの整理用紙の第２表の かけ算九九の調査整理表 に朱色で記入する。記入方法は，予備テストの場合と同じ。

② 第8表の 後九九 に誤答数を記入する。

6 第8表(整理表)記入

(2) 第8表は,誤算した子どもは,誤算からみると学級では,どんな型が多いかを表にするものである。

② (第8表)学級別のテストにおける個人別誤算の型の整理

番号(性) ＼ 型	A	B	C	D	E	F	G	H	I	J	K	L	M	誤答数	指導中欠	I・Q	(予)九九誤答	(後)九九	摘要(グループ)

更紙1枚に印刷する。

(3) 9日間のテストが終了してから(即ち,第7表の記入がすんでから)記入する。ここに記入する子どもは,90題のテストの結果,3題以上誤算した子どもで,1,2題誤算した子どもはのぞく。

(4) 校名,氏名の記入は今までと同じ。

(5) 記入の注意

① 型のA～Mは誤答型である。

② 第7表の2の誤算型によって,個人毎に,A～Mまでの各型のらんに誤答数を記入する。

③ 誤答数 は,型別の集計である。

④ 予備テストのかけ算九九の誤答数と,指導直後のかけ算九九の誤答数を記入する。

7 再テスト

(1) 誤算した算どもについて,以上のテストが全部終了した翌日行う。

(2) 実施は,テストの時と同じく,10題以上の誤算者に対しても,誤算した問題だけ,とりあげて1日10題ずつ行う。

(3) 30題以上の誤算者は再テストは行わない。

(4) 再テストの結果は,第8表に誤答数を型の欄に朱で記入する。

これで,第8表の記入を終る。

これで,実験指導に関する第1次の一切の仕事を終る。

D 各学校に於ける集計表

協力学校における実験指導と,指導直後のテストが終り,それを,第4表から第8表までの集計表に記入した。今年度はここまでで終りとなっている。次章に述べるように,固定番号(児童番号)がなかったり,表の記入が不統一であったりした関係から,最後の統計に入れる事ができなかった学校が若干でてきた。そこで,記入された各表についての集計表を各学校で作製するとき,結果の整理を能率的且,敏速確実にする為に,次のようにするとよいと思う。

(1) 各表で,どのような事をみるか。

第4表について,

① 1時限の時間経過

② テスト結果の%

第8表について

第7表は,第8表と関連があるので必要がない。

① 誤答型による人数

② 80題以上の誤答者の人数

③ 誤答者の能力別の人数

④ 誤答数別の人数分布

(2) 各校の集計は，次のようにする。

1時限の時間経過と，テスト結果の百分率（第4表から）

〔4年　　組〕　　校　　名

指導月日	はじめの学習	中間の学習	まとめの学習	テスト	テストの結果(%)
月　日	(分)	(分)	(分)	(分)	%
月　日	(分)	(分)	(分)	(分)	%

註 ① ざら紙1枚に14日分の欄を作る。

② 2学級以上の時は，学級毎に一枚ずつ作る。

③ テストの結果のところへ，その日のテストの百分率を記入する。

誤答型による人数（第8表から）

児童数	A	B	C	D	E	F	G	H	I	J	K	L	M
児童数に対する百分率													

註 ① A，B，……Mは誤答型である。

② 8表から，その校の各型の誤答人数の総計を記入する。

③ A型の誤りは児童数の何パーセントであるかを，人数の下の欄に記入する。

誤算者内訳

児童数	誤算者										80題以上の誤算者
	A	A/全体	B	B/全体	C	C/全体	D	D/全体	計	誤算者/全体	

註 ① A，Bには，A，Bグループの中の誤算者数，C，DにはC，Dグループの中の誤算者数を記入する。

② A，(B)全体には，A(B)の誤算者の，全体に対する百分率を記入する。C，Dについても同じ。

③ 計は，AB＋CDで，百分率は，誤算者全員に対してのものである。

第1表と第8表から，次の表を作る。

児童数	1表から		8表から（誤算者）		A B	C D
	A B	C D	A B	C D	8/1	8/1
	人	人	人	人	%	%

註 ① 第1表の予備調査の結果の集計から，ABとCDの人数を記入する。

② 第8表の指導後のテスト結果から，ABとCDを記入する。

③ 8/1には，ABの誤算者のABのこども全体に対する百分率を記入する。CDについても同じ。

誤答数別の分布（第8表から）

児童数	3～9	10～19	20～29	30～45	46～59	60～79	80～90	1番多い誤答数

6. 浮動状況の調査

第一次の指導が終って，約1ヶ月後第1回を，更にそのあと1ヶ月おいて第2回と，2回浮動状況の調査を行った。

この14時限の学習で，二位数×基数のかけ算について，例え，素朴な方法でもよいからできるようになることをねらい，特に計算方法に対する理解の成立について努力してきたのである。それ故，何らかの方法かでできるようになった子どもは，例え計算の速度はおそくても，ひとり残らず計算はできる筈であると考えられる。

ここで，理解された学習は，どこまで永続するものであるかを見るために第一次の指導直後のテスト問題を同じように実施して，その浮動状況を調査することにした。

第一次の指導後はかけ算に関する指導は，教師や家庭で一切しないということを条件として進んできているので，そのままですてておいた7月の学期末と9月早々の時期にテストすることによって，どこまで理解が永続しているかがわかるわけである。（検見川小学校では，7月と9月に実施した。）

ところが，前述のような実験指導の事情から，5月下旬に行った県内の協力学校は，大体この期日で実施できたが，県外の協力学校では，指導終了が7月上旬となったため，第1回の浮動状況の調査を9月上旬，第2回を10月下旬に実施した。このため多小の条件のちがいはでていると思うが，これは本年では致し方のないことであった。

7. 三位数×基数の指導前の調査

実験指導についての最後の調査である。この調査は，かけ算の学習指導に

おける能率をみようとするために行うものである。

端的にいえば，二位数×基数の理解が成立すれば，三位数×基数の学習指導は，殆どしなくてもよいのではないかと考えられる。（事実，検見川小学校では，僅に2時間で終っている。）その点についての考察をしようとするのである。

浮動状況調査と，三位数×基数の予備調査とは，理解の永続性と適用性とが，どの程度できているかを調べることになる。その結果は，子どもに理解を成立させる為に，適切な指導計画であったかどうかを見る重要な観点ともなるわけである。理解が成立すれば，簡単に忘れないものであるということを見るのが，6の浮動状況の調査であり，更に，二位数×基数についての理解は，同系統の計算である三位数×基数の計算にも，適用できる筈であることを見るのがこれである。また，もしそのまま適用できないとすれば，どんな点についてか，更に，そのためには，二位数×基数の指導計画では，どんな点を修正しなければならないかというようなことを，この結果から考えられる訳である。

三位数×基数についての調査の内容は，「演算のいみ」と「数の大きさ」と「数え方」および「計算問題20題」の四つについてである。

A 調査の問題とその方法

(1) 問題

三位数×基数の指導前のテスト①

1. クレオン1こ45円です。7こ買いました。どんな式で 書いたら，一番わかりやすいですか。

式＿＿＿＿＿＿＿＿＿＿

2　お金が，下のようにならんでいます。これをわかりやすい式に書いてごらんなさい。

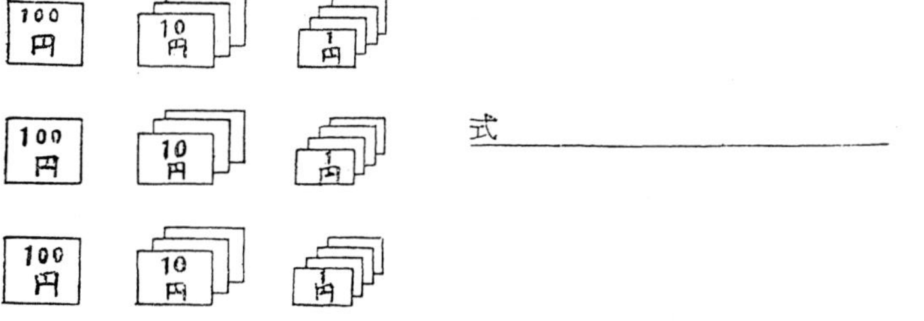

式 ＿＿＿＿＿＿＿＿

3.　236人＋236人＋236人を　もっとわかりやすい式で　書いてごらんなさい。

式 ＿＿＿＿＿＿＿＿

4.　□の中に　ちょうどよいかずを　入れなさい。

(1)　192＋192＋192＋192＋192＝□×□

(2)　650＋650＋650＋650＋650＋650＋650＝□×□

5.　りんごを5はこ買いました。1はこに215はいっていました。これを×を使って式に書いてごらんなさい。

式 ＿＿＿＿＿＿＿＿

6.　つぎのかけざんをよせざんの式に　なおしなさい。

３９３×４＝

２０４×３＝

三位数×基数の指導前のテスト②

1.　６５９＝ { みどりカード　まい / 黄　カード　まい / 赤　カード　まい }

2.　３０６＝ { 黄　カード　まい / 赤　カード　まい / みどりカード　まい }

3.　{ 赤カード３まい / 黄カード２まい / みどりカード８まい } ＝□

4.　{ みどりカード７まい / 黄　カード１まい / 赤　カード　なし } □

5.　次のお札をかぞえて下さい。

(イ)　(ロ)

6.

１３７	２０３	
１３７	２０３	３６４
１３７	２０３	３６４
＋１３７	２０３	＋３６４
	＋２０３	

三位数×基数の指導前のテスト③

(1)	(2)	(3)	(4)	(5)
１２１ ×　４	３１３ ×　３	１１２ ×　３	２３４ ×　２	３４２ ×　２

(6)	(7)	(8)	(9)	(10)
８３２ ×　５	９０７ ×　８	７２５ ×　２	５０８ ×　６	６００ ×　５

三位数×基数の指導前のテスト④

(11)	(12)	(13)	(14)	(15)
１５９ ×　３	２４６ ×　４	１７８ ×　５	１４５ ×　４	２３４ ×　３

(16)	(17)	(18)	(19)	(20)
２１４ ×　４	１５３ ×　４	８５０ ×　６	８６５ ×　７	８０４ ×　５

B 調査の整理

(1) 整理用紙 ①

児童番号	演算の意味	数の大きさ	数え方	計算の誤答数	備考

註 ① ざら紙1枚に印刷する。

② 全児童を記入する。

③ 結果を，次の整理用紙②に集計する。

(2) 結果の記入の方法

① 集計は，整理用紙①に，次のように記入する。

② 整理の方法は，今までの諸調査と同じくする。

③ 「演算の意味」（報告(3)の152頁，153頁の問題）については，

- 6問中6問正解したもの◎，5，4問は○，3問は△，2，1，0問は×とする。

④ 「数の大きさ」については，

- ①～④までは，カードと数字がどこまで結びついているかを見る。
- 4問中4問正解したもの◎，3問は○，2問は△，1，0問は×とする。

⑤ 「数え方」については，

- 問題⑤⑥について，九九か，とび数えか，1つずつ数えるかを調べる。

⑥ 「計算」については，

- 個人毎の誤答数を記入する。全部できたものは○をつける。

⑦ 記入が終ったら，次の整理用紙②に集計を記入する。

(3) 整理用紙 ②

この記入は，その学校の実験学級全部についての集計である。

児童数	演算の意味				数の大きさ				数え方		
	◎	○	△	×	◎	○	△	×	九九	とび	一つ
人	人	人	人	人	人	人	人	人	人	人	人
児童数に対する百分率											

誤答数					
0	1～5	6～10	11～15	16～19	20

- この二つを1枚のざら紙に記入する。

Ⅲ　実験指導の結果

1. 予備調査の結果

A　結果の集計

予備調査の結果を，「数の大きさ」と「かけ算の意味」及び「かけ算九九」の三つについて集計をした。

〔註〕 ① 89校の中，結果の集計は昭和28年12月15日まで報告書のより著した85校分についてである。

② この実験児童数は，8,693人である。

③ 固定番号がない為に整理できない学級があってぬいた為に，実験児童数は上の通りとなった。

〔第1表〕 数の大きさとかけ算の意味の調査結果

要項	数の大きさ	かけ算の意味	両方×の子ども
誤算者数（3年までに修得すべき内容を修得していない人数）	4,317 人	4,295 人	3,216
全員に対する百分率	50%	50%	37%

〔註〕「両方×」というのは,「数の大きさ」と「かけ算の意味」の両方が×の子どものことである。これが38%もあったわである。

4年のかけ算の学習の始まる前に，数の大きさと，かけ算の意味のわからないものが約半分もいたことがわかる。

この結果から，抽象数でできると思われる子ども（AB），具体物或は半具体物の力を借りなくてはできない子ども（CD）にわけると次の表になる。

〔第2表〕 子どもの能力分類

	ＡＢの子ども	ＣＤの子ども
人員	3,379人	5,314人
全児童に対する百分率	39%	61%

ＡＢの子ども，即ち，学年基準に達しているか，それに近いと思われる子ども（並及び並以上の子ども）は，約39%である。ＣＤの子ども，（並以下のおくれている子ども）は約6%である。更に，ＣＤの中で，Ｃは24%Ｄは37%である。

ＣＤの子どもを，更に分析してみると，次表のようになる。

〔第3表〕 ＣＤの子ども

人員	5,314
両方×の子ども	3,216人
ＣＤ全員に対する百分率	61%

グループ別	人数	全体に対する割合
Ａ Ｂ	3,37 人	39%
Ｃ	2,098人	24%
Ｄ	3,216人	37%
計	8,693人	

〔註〕 ① おくれている子どもの半分以上が，Ｄグループの子どもである。

② ＡＢの子どもは，予備調査のペーパーテストの結果，半分以上できた子どもである。

③ ＣＤの子どもには，次の子どもが含まれる。

(イ) 数の大きさだけがわからない。 ｝Ｃグループになる。
(ロ) かけ算の意味だけがわからない。 ｝Ｃグループになる。
(ハ) 両方がわからない。――――――Ｄグループになる。

〔第4表〕 かけ算九九の結果（誤答数）

	指導前	指導後
誤答数	50,239題	18,931題
全児童に対する誤答数	6題	2題

〔註〕 ① かけ算九九は，予備調査のときと，更に，14時限の指導後に同じ問題でテストした。即ち，指導前と指導後についての比較表である。

② 指導後に，大変少くなっているが，これは特別に指導したわけではないかけ算の意味がわかって，数え方を理解したからである。

Ｂ 結果の考察

学級を構成する人員は，どのようになっていると考えるか。

予備調査の結果をみて，１番強く感ずることは，ＡＢグループに属する子どもと，ＣＤグループに属する子どもでは，ＣＤグループの子どもが半分以上を占めているということである。

Ａ・Ｂグループの子どもは，抽象的な数字の上で処理できる子どもである。この子どもは，いはば，学年基準に達しているか，或は，少し手をとってやれば，学年相応の程度の方法でできる子どもである。即ち，かけ算の学習に於て，数字の上でかけ算九九をうまく使って計算できる子どもである。その子どもが僅に，39%である。

他の61%の子ども，即ちＣ・Ｄグループの子どもは，教師が言葉でいかほど説明しても理解することができないし，数字の上でもできない訳である。この子どもには，教具が必要であるし，どのようなところでつまずいているかを調べる必要がある。予備調査において，診断テストを行うのは，この子どもがどのような困難をもっているかをみる為のものである。

このような学級構成の実態をみたとき，指導法としてどのような事を考えたらよいかは当然問題になる事である。

2. 指 導 成 果

(1) 結果の考察の観点

① おくれている子どもを，どこまで救うことができたか。

② 進んでいる子どもは，誤算しない筈であるが，そのうち，誤算したものは何%ぐらいか。その原因は何か。

③ 理解事項の験証はできたか。

A 14時限の指導結果の集計

(1) 誤算者数からの集計

〔第5表〕 指導後の誤算者（総児童数7,941人）

児童数	A, Bの誤算者数	C, Dの誤算者数	誤算者総数
8,693人	323人	2.095人	2,423人
総児童数に対する百分率	4%	24%	28%

〔註〕 ① 80題以上の誤算者は，43人で，全児童に対する0.5%である。

② ABは予備調査の時，抽象数でできると見られた子ども，CDは具体物を使はなくはできないとみられるおくれた子どもである。

〔第6表〕 A, Bグループの児童（総数3,379人）

誤算者	328 人
A, B全員に対する百分率	10 %

〔第7表〕 C, Dグループの児童

児童数	正解者	誤算者
5,314	3,219人	2, 95人
C, D全員に対する百分率	61%	39%

〔註〕 ① CDグループの誤算者は2,095人で，CD全員に対して39%である。

② 正解者は3,219人で，C, D児童全員の61%に当り，これは指導の効果あった子どもである。

〔第8表〕 CDグループの中で，数の大きさと，かけ算の意味の両方がわからない子どもについての指導成果

① 数の大きさと，かけ算の意味の両方わからなかった人数…… 3,216人

② 指導後正解した人数と，その割合…………………… 1,842人（57%）

③ 指導後，なお誤算する人数とその割合……………… 1,374人（43%）

④ 誤算児童総数に対する，誤算者1,374人の割合………… （56%）

(2) 誤答型からの集計

〔第9表〕 どんな誤答の型をしたか

児童数	A	B	C	D	E	F	G	H	I	J	K	L	M
8,693 人	436	352	143	34	578	17	100	97	231	1,324	1,997	998	130

〔註〕 ① 誤答人数の多い順から，

	児童数に対する割合	誤算者に対する割合
(1) K（かけ算九九）………	23%	82%
(2) J（加法）………	15%	54%
(3) L（原因不明）………	12%	41%
(4) E ………	7%	23%
(5) A ………	5%	88%

B 結果の考察

(a) できない子どもはいない。

この研究を始めてから，いつも考えてきたことは，子どもが誤算をしたり何をやってよいのか手がつかなかったりするのは，子どもの思考に飛躍があるからであり，教師が，そのようなおくれている子どもが，現在の発達程度に応じて思考を進められるように，手をうたなかったからであるということである。

この結果は，所謂，箸にも棒にもかからない子どもは，26年度の研究では250人中4人，27年には，240人中4人，48年には，280人中2人という結果を生むことができた。

このような結果からみて，協力学校における研究で，このような箸にも棒にもかからない子どもは何人でるかは，先ず最大の関心事であった。

ところがこの結果は予想をはるかに上廻ったすばらしい結果を見ることができた。即ち，8,693人中43人であり，0 5%であった。

これをもって直ちにできない子どもはいないと考えることは早計であるともいえるが，そのような子どもについての研究を一歩進めることができたということはいえると思う。

これから，おくれている子どもを，いたずらに子どもの素質や環境とから宿命的に考えないで，教師のうつ手によって，相当数まで救われるものであるという事実を認めなければならない。

更に，この研究によって，僅か0.5%であるとはいえ，これらの子どもにも，何かしら開拓の道はないものかを考えることが必要である。

(b) 進んでいる子どもが誤算をしたのは，どんな原因であると考えられるか。

進んでいる子ども（A，Bクラス）は，誤算をしない筈である。ところがこの子どもの中10%の誤算者をだした。これはどうしてであろうか。

まず，予備調査の結果を，ペーパーテストの面で，できたものをA，Bとしたために，機械的に棒暗記をしている子どもと，本当に理解している子どもとの区別がはっきりしなかった。そのために，3年までに学習したことを理解していない子どもの中から，誤算者がでたのではないかと考えられる。

ここで更に考えてみたいことは，いわゆる，「できる子ども」という子どもの中に，仮想のできる子どもが相当含まれているのではないかということである。特に3年までの学習では，いわゆる，親の指導がものをいって表面的に，いわゆるできる子どもになっている場合が多い。このような本当に理解していない子どもは，4年頃から，おちてくるという結果になる。それ故，その子どもが，仮の理解か，本当に身についているかについて見極めることは大切になってくる。1，2，3年の指導において，特に留意しなくてはならない点であると思う。

この実験指導において，進んでいる子どもに教具を使はせる必要はないではないかという声を聞く。更に，教具を使ったために，子どもの思考が混乱したという反省も聞いた。しかし，このことは変なことである。少くとも進んでいる子どもは，（計算を抽象数でできる子ども）教具を取扱ってもすらすらと早くできなくてはならない筈である。したがって，教具を使ったために，思考が混乱するとしたら，その子どもは進んでいる子どもというより，まだ本当に理解が成立していない形式だけで内容のない子どもであり，どこかに思考の筋が通っていない子どもであると考えられる。いはば，進んでいる子どもが，本当に進んでいるかどうかは，教具を自由自在に使えるかどうかによっても判定できるとさえ言える。

AあるいはBと判定した子どもの中に，このように，本当に理解していない子どもがあったために，誤算者がでたと考えられる。したがって，進んでいる子どもにも，このような意味で，大いに教具を使わせたらよいのではないかと思う。

大人でも最も確実な思考の進め方は，ものに則して考える場合であることを思いだしたいと思う。要するに，進んでいる子どもが，誤算をする原因として，①仮想のできる子どもではなかったか。②教具をもっと自由に使って理解を成立させることが，必要であるのに，それを使わなかったのではないかという二点を考えることができる。

（c）理解事項の験証はできたか。

かけ算の学習において，数の大きさとかけ算の意味がわかれば誤算しないという理解事項について，協力学校の実験指導でそれが験証できたかどうかを考察してみよう。

数の大きさと，かけ算の意味がわかっているA，Bの子どもの誤算は，僅に10%であった。また，この何れか1つがわからないか，両方わからない為に誤算をした子どもは，誤算者全員に対して，24という高率を示した。特に両方わからない為に誤算をした子どもは，全誤算者の56%であった。(C，Dグループ中，指導後A，Bグループへ入るべき者から，何%の誤算者を出したかもみる必要があったが，これは集計の不手際から，得られなかった。)

このような結果からみても，かけ算の学習において，数字を使って量の大きさを表わす記数法のしくみの理解や，どんな場合にかけ算は使はれるかという演算の意味の理解が特に大切なことであることがわかる。

この事を逆にいうと，上に述べた2つの事項について理解を成立するように指導計画をたてたり，指導法を改善したりすることによって，数の大きさ

やかけ算の意味がわからない為に，誤算をするであろうと考えられたC，Dの子どもの大半（61%）を救うことができることを示している。

（d）どんな誤算型が多かったか。

表で明らかなように，K型即ち，かけ算九九の誤りがいちばん多く，全児童に対して23%をしめ，更に，誤算者に対しては82%にも及んだ。23%は，かけ算九九の指導後のテスト結果が，平均2題になったことと同じである。

第二に多いのは，J型即ち，繰上がりのある加法の誤りの為に誤算する子どもであり，これが15%，誤算者に対しては54%を占めている。

この第一，二のK，Jについては相当に努力してきたところであるが，低学年における今後の指導に，考えねばならぬ点を多く含んでいる。

検見川小学校では，この問題を解決する為に，1年における数え方から発展して，加法の指導，更に，かけ算九九の指導をどのようにするかについて来年度は実験指導を進めることにしている。

3. 浮動状況の調査結果

〔第10表〕 指導直後と第1回の浮動状況との比較

- 調査は，44校で，児童数は，4,616人である。
- 指導直後に行ったものを第1回のテスト，第1回の浮動調査を第2回のテスト，第2回の浮動調査を第3回のテストとし，1回，2回，3回として整理表に記入したものである。

児童数	1回誤算者	2回誤算者	2回誤算者の内訳		
			a	b	c
4,616人	1,372人	1,368人	928人	440人	444人
児童数に対する百分率	30%	30%	20%	10%	10%

〔註〕 ・2回誤算者の内訳の欄で，aは，1回と2回の両方のテストで誤算した子ども，bは，1回はできて，2回めに新たな誤算者となった子ども，cは1回が誤算して，2回目に正解した子どもである。

〔第11表〕 指導直後と，第一，二回の浮動状況（24校，2,498人について）

1回誤	2回誤	3回誤	3回誤算者の内訳				3回の正解者		
			①	②	③	④	⑤	⑥	⑦
637	769	646	310	141	49	146	41	40	16
26%	31%	26%	12%						

〔註〕 ・3回誤算者の内訳の欄で，表の①は，1×2×3×，②は，○××，③は×○×，④は○○×を表わす。（×は誤算，○は正解とする。即ち，○××という場合は，1回正解，2，3回は誤算したことを表わす。

・表の⑤は，××○，⑥は，○×○，⑦は，×○○の子どもを表わし，今まで誤算した子どもで，3回には正解した子どもを表わす。

・3回のテストの中で，2度誤算した子どもは，②+③+⑤で231人，全児童の9%である。

・3回とも誤算した子どもは，，①で310人，12%である。

4. 三位数×基数の指導前の調査の結果

A 調査結果（12月30現在 59校分についてである。）

(1) 演算の意味と，数の大きさについて。

〔第12表〕

児童数	演算の意味				数の大きさ			
	◎	○	△	×	◎	○	△	×
5,780人	2,577人	1,757人	887人	4,094人	920人	411人	411人	353人
児童数に対する%	45%	30%	10%	15%	71%	16%	7%	6%

(2) 数え方と計算の誤答数について

〔第13表〕

児童数	数え方	（三位数×基数指導前の実態）		計算の誤答数（総員5,015人）					
	九九のできる人数	とび数えをする人数	1つずつ数える人数	0	1～5	6～10	11～15	15～19	20
5,387人	4,205人	679人	503人	2,598人	2,094人	363人	184人	62人	77人
児童数に対する百分率	79%	12%	9%	52%	42%				1.5%

〔註〕 ・演算の意味，数の大きさと，数え方，計算の児童数がそれぞれ異っているのは，提出書類の不備なのを除いたためである。

B 結果の考察

(1) かけ算学習の指導に能率をあげることができたか。

二位数×基数の学習が，理解が成立すれば，三位数×基数の学習は，非常に少い時間で済むとの見込についての考察である。

結果の集計(1)(2)による全児童の5割は完全にできるのである。また，計算の誤算者の中でも5題までの誤算者が約4割であるので，合計9割までの子どもについては，全然無指導でもよいという結果がでた。しかも，この結果が，6月の実験指導から，約半年間かけ算についての指導は一切しない条件で進んできたということを考えあわせると，二位数の学習において，数の大きさやかけ算のいみを十分に指導することが，指導の能率を上げる上に重要であることを示している。

（また，この報告では，直接関係はないが，検見川小学校では，三位数×基数の指導を2時間，二位数×二位数の指導を5時間ですましたことは，さきに述べたところである。）

(2) 演算の意味と，数の大きさはどうであったか。

二位数×基数の計算についての指導前に行った予備調査では，かけ算の意味と数の大きさのよくわからない子どもは，50%もいたわけである。そして，このことが誤算の原因でもあったわけである。そこで第一次の指導計画ではこの2つのことについての理解を成立させることによって，計算の誤算を救うことに重点をおいて学習指導を進めてきたのである。

結果を見ると，◎印即ち，完全にできた子どもは，演算の意味では，45%であり，数の大きさについては，71%である。また，○印すなわち，半分以上できた子どもを合はせると，次のようになる。

〔第14表〕

児　童　数	演算の意味 ◎+○	数の大きさ ◎+○
実　　数	4,334人	5,013人
百　分　率	75%	87%

この表でわかるように，半分以下の子どもと，半分以上できた子どもの比率は，予備調査のときと逆になっている事は，注目に値することと思う。

さて，予備調査の時は，演算のいみと数の大きさについての誤算者は，ほぼ同率の50%を占めていたが，この結果からみると，数の大きさの理解については，演算の意味の理解より，遙に上廻った百分率を示している。

(3) 数え方の手ぎわと，計算の誤答数はどうであったか。

第一次の指導で，一ばん留意して努力してきたことは，どの子どもでもできる方法を出発点として，方法を限定しないで学習させる事であった。即ち数える手際を見ると，1つずつ物に即して数える子どもの手際を最も素朴なものとして，逐次かけ算九九を自由に使える4段階までにわけて考えた。と

のためものを見て，全然かぞえられない子どもはいなくなったという喜ぶべき結果を生む事ができた。

さて，この表によって見ると，九九を自由に使えるようになった子どもが全体の79%になった事である。これは予備調査の結果と比べると，一目努力のあとがうかがえる事である。

また，1番素朴な1つずつというのは，1割にもみたない少人数になり，更にかけ算九九の子どもと比較すると，約1/10である。

このような結果からみて，当然計算において，20題全部できた子どもが約50%，更に，5題までの誤算者と合せると90%をこえる結果を生んだ訳がわかるわけである。5題までの誤算者の中で1番多いのは，1題2題3題の誤算の順であって，4題以上は急激に減っているという事である。

しかも，この誤答数の中，20題全部誤算した子どもは，僅に77人 (6.5%) である。

以上の結果は，低学年における指導において，努力しなければならぬ事項を端的に物語っているものと思う。僅に14時限の指導で，しかも半年間おいてもこのような結果を生むという事を考えると，3年のかけ算算九九の学習においてどんな点をどのように努力したらよいかの反省点を示唆している事にもなるし，この指導を逆に，かけ算九九の学習に生かして，3年における学習を充実させる事によって，4年のかけ算の学習に更に能率をあげることができるわけである。

5. 指導の反省

実験指導の終了直後，この研究を直接担当された先生方から，指導の反省を書いていただいた。この事について述べてみたい。

〔質問紙〕

校　名

① 直接実験を担当された職員名

② 実験学級数と児童数

③ 次の要項について記入して下さい。

ⓐ 指導計画の中で，どのように指導したらよいか解らなくて，理解に苦しんだ点は，どんな事ですか。

ⓑ 指導計画の中で，修正を必要とする点は，何時間目のどんな点ですか。

ⓒ この指導を通して，今までの学習指導と，特にちがっている点は，どんな点ですか。

ⓓ この実験指導を通して，これからの学習に生かしていきたいと考えた点は，どんなことですか。

ⓔ 子どもの学習態度が変化した様子が見えますか，あったら具体的にあげて下さい。

ⓕ その他，御希望や，御意見。

―――――○―――――

質問紙による回答に対して，ⓐⓑについては，次章の指導計画の修正で述べることにしたい。ここでは，ⓒとⓓについて述べることにする。

(1) 今までの学習と特にちがっている点について。

① 個人差をみつけ，能力差に応じた指導の手をうつ為に，ひとりびとりの子どもの障碍を把握するに必要な予備調査に十分意を注いだ。

② 指導の段階を細かに分析して，子どもが無理なく，具体的な操作から抽象数でできるように，指導計画を立案してある。

③ 毎時限の学習のめあてを，できるだけ単純にして，その時間の学習のめあてが，ひとり残らずの子どもにつかめるように考慮されている。

④ ひとりびとりの子どもの障碍点を，はっきりとおさえて，その障碍や困難が除去できるような時間過程が工夫されている。

⑤ 教師の発問が，いつも子どもに自分から考えようとしたり，工夫しようとするように仕向けることは，学習指導を進める上に重要な要件であることを知った。

⑥ 毎時間の学習に，個別学習の時間をうまく取入れて，ひとりびとりの子どもに応じられるように考慮してある。

⑦ 適用練習の問題を多量に用意して，ひとりびとりの子どもが，あきることなく精一杯に学習できるように考えてある。

⑧ 一時限の学習過程において，一斉→個別→まとめとして，ひとりびとりの子どもに理解を成立させようと努めた。

⑨ 色カードや色付数字カードを使用したことによって，おくれた子どもにも興味をもって学習に参加することができ，理解した。

毎時限の終りに，テストをして評価しながら学習を進めたので，指導の効果を判定することもでき，また，次時に，その子どもに適切な指導の手をうつこともできた。

学習と指導を分離して考えてある。特に，教師の「指導のねらい」がはっきりしている。また，学習の主体である子どもに，具体的な誰にもできる方法で，行動させることによって思考に筋を通せるように工夫されている。

(2) この指導を通して，今後の学習指導に生かしたいと思う点について。

① 1つの単元に入る前に，ひとりびとりの子どもの障碍をはっきり摑む。そして，それぞれの発達に応じて，どのような手をうったらよいかを考える。要は，毎日の学習は，ひとりびとりの子どもの障碍を除去して，一段高めることに全力をつくすべきである。

② 算数の学習は，累積的に段階を追って発展させ，それぞれの学習に「筋」を通すことが必要であることを痛感した。また，このことは，教材研究の必要さを身をもって体験したことになる。

③ 色カード，色付数字カードのように，目に見えない原理や概念を目に見えるようにして，子どもの思考を助ける為の教具を利用することは大切である。なお，このような教具は，低学年から使用したい。

④ おくれている子どもを救う為には，一斉学習ではだめであるので，一時限の時間過程の中に，必ず能力に応じて指導できる時間をとりいれるように工夫したい。

⑤ 子どもの身近かな生活事例（既習の生活経験）の行動を手がかりにして，その障碍や困難を解決することを学習の問題として，そこから学習が出発するようにしたい。即ち，学習問題の捉え方にもっと工夫したい。

⑥ 適用練習の問題を多くとりいれて，多面的に或は分析的に見たり思考したりすることによって，子どもの理解を成立させる方法を考えたい。

⑦ 教師の発問は，子どもを自主的に思考させてこそ意味があるので，その点に特に工夫研究したい。

⑧ 指導の効果を見る為に，適切なしかも能率的な評価の方法を考えたい。

Ⅳ 今後の問題

1. 指導計画で修正する点は，どんな点か

来年度この研究がより効果的に進められるために，今年の研究の反省から，いくつかの反省資料が届けられた。これは改善のために貴重なものと思われるので，これをあげてみる。

A 指導計画でやりずらかった点及びわからなかった点

(1) 単元名は，どのようにしたらよいか。

(2) 最初の一斉学習 15分では，時間的に無理があった。

(3) 一斉学習のとき，教師がいちばん努力することは，どんなことか。

(4) 板書は，どんな事項を，どのように書いたらよいか。

(5) 練習問題は，どんな目的で，どのようにやるか。

(6) 交換の法則は，どのように取扱ったらよいか。

(7) 進んでいる子どもには，どんな対策を考えたらよいか。

(8) カードを使用することの必要感は，どのようにもたせたらよいか。

(9) 時間過程を，このようにわけたわけは，どんな根拠があるか。

(10) 色カードから抽象数に移っていく段階は，どのようになっているか。

B 練習問題とテスト問題について

(1) 練習問題２枚は，問題の質や量について，どのような考慮により配列されているか。

(2) 練習問題のやらせ方は，どのようにしたらよいか。

(3) 練習問題の処理は，どのようにしたらよいか。

(4) 「確め」の方法は，何時間めから，どのように指導したらよいか。

C 指導法について

(1) カードの操作に慣れない子どもに対しては，どのように指導するか。

(2) 一斉学習では，学習の中心を，どこのグループにおいたらよいか。

(3) 一時限の使用時間は，どのくらいがよいか。

(4) 教師の発問では，主にどんなことを考えていったらよいか。

(5) 子どもに，学習のめあてをつかませるためには，どのような事に努力したらよいか。

(6) カードを使用する必要のないと思われる学校では，使用しなくともよいか。

(7) 課外指導で，僅かの指導はゆるされないか。

(8) 計算が早くできるようになるために，カードの使用は障碍にならないか。

これらの改善意見についての対策は，今までに述べたことで満たされる点もあるがなお，研究していきたい。

D どのような点について今後研究を進める必要があるか

(1) 二位数に基数をかけるかけ算の学習に14時限必要かどうか。

指導計画によっておわかりのように，始めの方では，殆んど3年の復習である。これは，予備調査の結果によってもわかるように，かけ算を学習するための基礎である3年までの学習に不十分な子どもが相当多数いるからである。

そこで，現在の段階としては，一応3年までの復習をしながら，一個の値段や，1人分の金高が10円以上になっても同じように考えて処理できないだ

ろうかというように思考を進めることを考えている。また，かけ算の意味がよくわかって，かけ算九九がうまく使えれば，「23×3」というような繰上がりのない計算は，4年になって特別に学習しなくてもできる筈である。このように考えると，14時限の中，6，7時限くらいは少くできる見通しをもつことができる。但し，これは来年すぐということでは勿論ない。

1年での学習において，同じもの，或は同じと考えられるものでなければ数えられないという数えるときの考え方や，ものに即して，2とび，5とびの数え方を確実に身につけ，更に，10以上になったら，上の単位にまとめて表わすと，簡単に大きさを表わすことができるということ，及び，これをもとにして記数法の素地を十分に養っておくことなどは，指導時間を短縮していく上に大切なことである。

また，2年での学習では，加法九九をすらすらできるように伸ばし，おくれている子どもにも，もので操作させながら行う素朴な数え方から，加法九九へ至るまでの段階を踏んで，誤りなく確実にできるようにしておくことができれば誤算は少くなる上に，指導時間も短縮できるわけである。

また，3年での学習では，かけ算九九についての意味や数え方を，十分身につけることも同様である。

以上述べた3年までの基礎を身につけているなら，4年の二位数かける基数の学習には 7～8 時限の指導時間でよいと考えられる。しかも誤算がなくなるであろうとの見通しをもつことができる。これは，本年度検見川小学校では，13時限で実施し，昨年と同じ結果になり，更に来年度は，どこを抜くかについて研究しているわけで，今まで述べてきたような実験を，積んでいけば，相等の短縮ができると考えられる。

また，この対策として考えられる事は，3年までのかけ算の学習の素地に

なるものを調査して，その実態に応じて指導計画を修正していくようにしたい。

即ち，第1時から第5時までは，3年までの復習であるから，第1時から第5時までにある指導計画のテスト問題によってテストして，第1時の内容が学習前にできたときは第1時をぬく，第2時までできれば，それをぬいて第3時から学習を開始するといった方法を考える事ができる。

(2) この指導計画にある問題は，はたして子どもの学習問題として適切かどうか。

子どもが学習するのであるから，子ども自身がはっきりと問題をつかむことが大切である。即ち学習の場の構成であり，学習問題の設定が大切である。

このような意味から，この指導計画を見ると，果して，子どもの学習問題になっているかどうかという疑問も出てくる。そこで本年度の検見川小学校が実施した修正指導計画では，第1時に問題設定の時間を新たに設けて，一層自主的に学習を進めるように工夫した。

子どもが，実際に経験している集金という生活で，どうもうまくできなくて困ったという事実がある筈である。それをうまく問題にして，このようなときは，どのどうにしたらよいか，を考えさせることによって，「二位数×基数」のかけ算の学習をする必要を起させる事が重要な内容になってくる。

どんな学習の場をもってきたら，子どもは自分の問題として学習し，それを解決しようとする意欲を起すか，ここに指導計画修正の第二の鍵がある。

(3) 進んでいる子どもからは，誤算者が出ない筈である。

進んでいる子どもは，抽象数でできる子どもである。累積的に段階を追っ

て指導してくれば，この子どもの中には誤算者は出ない筈である。ところが10%の子どもが誤算している。

低学年の指導において，単に形式的に，できるできないでなく，確実に子どもの思考を伸すように学習を進めて，進んでいるA，Bクラスの子どもからは誤算者がひとりもでないようにしたいものである。検見川小学校では，26年，27年，28年と，A，Bグループの進んでいる子どもの中からは，ひとりも誤算者を出さなかったことを注意しておきたい。

(4) おくれている子どもの誤算を，もっと少くしたい。

おくれている子どもに対する指導効果は，62%あったのであるが，これは学校によって差があった。また，今年は始めての実験指導であり，また，教具とか指導計画，指導法に慣れないために十分に効果をあげ得なかったといううらみもあった。それで来年度には，もっと遅れている子どもを救うことができるという見通しをもつこともできる。

何れにしても，この子どもを少しずつでも救っていくことは，我々の指導力を高めるための大きな研究課題である。

(5) 成績のよい学校と，わるい学校がある。

いいわるいは，学校毎には，どこにも公表しないことになっている。しかし結果はいろいろにでている。

このように，よい学校と，悪い学校とを比較研究することも，指導計画の修正には必要なことである。即ち，成績のよい学校，わるい学校は何故できたか，そして，わるは学校における特色が，でないようにするには，この指導計画のどこを修正したらよいかを考えねばならないと考えている。

(6) 教具について

もっと学習の能率をあげるために，教具の使い方について改善する点はな

いかということである。教具はややもすると，子どもに，教師の知っている数学を押しうりするための説明の材料として使用される場合が多い。このような弊害をとりのぞいて，教具を通して子どもが自分で悟っていくようにすることが具共の使命である。（これは，算数学習において，最も重要な分野を占める）

子どもが考えるために教具をどのように使うかについて，もっと研究を積んでいきたいと考える。このような点から考えると，教具を使うに際して，子どもの思考を方向づける教師の発問も重要な研究内容となってくる。

以上は，指導計画の修正を中心にして，今後この研究で考えていかなければならぬ点は，どのようなことであるかについて述べたのである。

ここで強調したいことは，研究が決して1年　2年で終るものではないということである。この研究が本当に一般性をもって，どこでもやり得るようになるためには，あと10年は必要であるとも考えられる。

これは，実験学校としての4年間の歩みのあとを振返ってみてもわかる。それ程，教育において，本物を作ることはむづかしく，また地味なものである。そして研究のあとは，本当に遅々とした歩みであることも痛感する。この目に見えないような進歩こそ，やがて最も堅実な教育の歩みであることを信じて，毎日の歩みを続けたいものと思う。

2. この研究を，どこまで拡げる

本年の実験研究は，14時限のかけ算指導と，その学習効果がどこまで永続性をもつかを調査する浮動状況の調査2回，及び，同系統の「三位数×基数」の計算は指導しないでどこまでできるものかの適用性をみる予備調査との三つの骨子をもって研究が進められてきた。

ところが，かけ算という系統からみると，「二位数×二位数」の計算も同じような考え方で処理できるので，これまでも研究の範囲の中に入れることが必要になってくる。この場合には，これまでのものと幾分異る点があるがかけ算九九を使うこととか，部分積の処理はすべて位どりの原理によって考えられるのであるから，今までの学習を累積的に進めていけば当然できる筈である。

28年度は，検見川小学校でこの指導に5時間をかけている。4時限でもよいのではないかという意見もでている。

このように，同じかけ算の学習であるという点で思考に一貫したすぢみちをたてていけば，学習指導が非常に能率的にすることができるはずである。この考えに沿って，かけ算だけではなくほかのものについても，やがては研究を進めていきたいと考えている。

あ と が き

短期間でまとめたために，各学校での貴重な成果や御意見を十分にいい表わし得なかった点があると思いますが，御了承願いたいと思います。なお，この研究報告は，来年度の実験研究の場合に，または，各学校でこれにならって実際に指導される場合における手引としたいという意図をも含めて編修したので，研究の結果だけでなく，この研究のねらいや指導法の説明に相当のページをさくことになった。この実験研究について研究報告等で既に御存知の方には冗長な点もあったことと思いますが，この意をくんで読んでいただければ幸いに思います。

初等教育研究資料第Ⅷ

算数実験学校の研究報告

（4）

MEJ2347

昭和 29 年5月20日　印　刷
昭和 29 年6月1月　発　行

著作権所有　文　部　省

東京都中央区入舟町3の3
発行者　藤　原　政　雄

東京都港区芝田村町2
印刷所　精　華　印　刷

東京都中央区入舟町3丁目3番地
発行所　明治図書出版株式会社
電話築地（55）4351.867番　振替東京151318

定価 144 円

明治図書出版株式会社

定価 144円

初等教育研究資料第IX集

算　数
実験学校の研究報告
(5)

文　部　省

算数実験学校の研究報告

(5)

(1955年度)

文　部　省

まえがき

この算数実験学校の研究報告は，文部省初等教育実験学校として，千葉市立検見川小学校において研究した結果を報告したものである。同校には，昭和25年以来，研究を依頼しているが，その昭和27年度までの研究成果は，研究報告(1)ないし(3)で，すでに報告している。この研究報告(5)は，昭和28年度及び昭和29年度の二カ年間の研究成果をまとめたものである。

この研究は，算数指導の上に非常に重要な結果を示しており，各方面から多大の期待をもたれている。しかし，これが検見川小学校についてだけいえる結果であっては意味が少いのであって，どこの学校でも，どの先生にも，適用できるものであることが望ましいわけである。

この見地に立って，この研究を一般化し，多数の協力を得てこれを改善するために，昭和28年度より全国に協力学校をつのり，この実験研究で作り上げた指導計画にそって，実験指導をお願いしている。この28年度の結果は，研究報告(4)として，すでに報告されているが，29年度の結果については，種々の都合から別冊としないで，本報告に，特に，一章を設けて示すことにした。

この研究は，４年で，二位数に一位数をかける計算を指導するに当って，すべての子供を救うようにするには，どのようにすればよいかという問題から出発している。この問題については，現在すでに，一応成功しているとみられる段階にある。そこで，さらに，学習指導の能率を上げるという見地から，この研究でわかったことをもとにして，次の方向に研究を進めることを考え，その準備にとりかかっている。

1　４年での誤算者は，前学年までの基礎的理解ができていないものが多いのであるが，1ないし3年の各学年での指導を確かにすることによって，どの程度，指導計画を短縮できるか。

2 ほかの困難な教材の指導に，この研究での考え方を生かすことによって，どの程度の成果をあげることができるか。

3 この研究のように基礎的な理解を与えておくことは，計算技能だけでなく，問題解決の力を伸ばす上に，どのような効果があるか。

この見地に立って，この研究報告をみていただき，今後の研究に対して豊富な御助言をいただくとともに，算数指導の上に，いささかでもお役に立てていただければ，幸であると考える。

終りに当って，幾多の困難を克服して，研究をここまでもってこられた検見川小学校の職員各位の御努力に対し，深く敬意を表したいと思う。また，お忙しい中をこの実験研究のために心よく御協力下さった実験協力学校の方々に対しても，ここで，厚く感謝の意を表したい。

昭和30年2月1日

文部事務官 中 島 健 三

も く じ

第2章　昭和29年度の実験研究

第3章　協力学校の実験研究

第1章　昭和28年度の実験研究

本校は，昭和25年4月に，文部省の初等教育実験学校として研究を依嘱され，以来満5カ年を経過したのである。

この間の研究成果のうち，昭和25年から27年までの本校の研究と，28年度の協力学校の研究については，既に，初等教育研究資料〝算数実験学校の研究報告(1)，(2)，(3)及び(4)〟として報告されている。

それゆえ，ここでは，28・29年度の本校の実験研究と，29年度の協力学校の研究とをまとめて述べることにする。すなわち，第一章では昭和28年度の本校の実験報告を，第二章では昭和29年度の本校の実験報告を，更に第三章では昭和29年度の協力学校の研究報告を，主として述べることにする。

この研究は，後に述べるように，昭和25年度から，同じ研究主題をもって，同じねらいで行われてきたものである。いわば，25年度からの継続研究であり，毎年度の失敗や成功を反省しつつ，逐年改善を加えて研究を進めてきたものである。それで，どのような点について，改善を加えられてきたかをわかりやすくするために，25年度からの研究の概略についても，はじめにのべておくことにする。

Ⅰ　本研究のねらい

§1.　どんな研究主題によって何をねらって研究してきたか

A　研　究　主　題

文部省から依嘱された本校の研究主題は「問題解決におけるつまずきの研究」であったが，本校では，「計算における子どものつまずき」に一応限定して研究することにした。この具体的な問題として，まず，「子どもは二位数に一位数をかけるかけ算の計算において，どんなつまずきをするか，また，それは，どのようにして救うことができるか。」をとりあげ，4年の子どもを[illegible]として，実験研究を進めてきたのである。

実際の研究に当っては，問題をさらに次のように分析し，これにしたがって，研究を進めた。

a　子どもは，二位数に一位数をかける計算において，どんな誤りをするか。即ち，誤算の型について

b　子どもが計算を誤るのは，どんな理解事項が欠けているためか。即ち，誤算の原因は何か

c　ひとり残らずの子どもに理解できるようにして，誤算者を出さぬように指導するには，どのようにしたらよいか

B　研究の意義

この問題は算数指導全般からみれば，非常に小さく，しかも形式的な問題をとりあげているように考えられるが，われわれは次のような点において，その意義を認め，研究を進めてきた。

(1)　研究のしかた

学習指導における実験研究を成功させるには，実験の方法が大きな意味をもつ。従来，この種の研究は方方で試みられたことと考えられるが，あまりよい結果をあげることができなかったのは，この点において，欠陥があったものと考えられる。この点に関する反省から，現場の学校における実験研究の在り方を確立するということに，大きな意義を認めた。この点，一見小さ

く見えて，取扱いやすい問題をとりあげたことは，今までのところ成功であったと考えている。

(2)　研究の態度

教師の研究態度として，次のようなことを考えた。すなわち，あくまで，現実の子どもに立脚し，その子どもの動きによって，指導の方法を研究し，改善していくことである。観念的な研究は，十分尊重はしたが，目の前の子どもの示す行為を確実にとらえ，その示す結果を最も重要な資料とするようにしたことである。これも，実験研究としては当然のことであるが，なかなか行われなかったことである。このような態度で研究を進めることにしたのであるが，これについては，非常に大きな意義があったものと考えている。

さて，この研究の究極の意義としては，さきの分析であげたように，「ひとり残らずの子供が理解できるようにする」ことであると考えた。教育にたずさわるものとして，できない子どもをそのままに見捨てるということは，できないことである。しかしながら，現実には，これがいかにもおおいのである。本校でも，教育環境においてめぐまれないという点では，他校に劣るものではなく，ひとりの教師が約50人の子を担当しているのであるが，この難問題の解決に一歩でも近ずくことに最大の意義を認めたのである。すなわち，二位数×一位数という技能を身につけさせるというだけでなく，人間教育の一環として，算数の研究をすることを考えてきているといえるのである。幸に，後に示すように，この点に関しては，非常によい結果を得たと考えている。

§2.　昭和25年度より昭和27年度までの研究は，どんな経過をとったか

昭和28年度の研究に至るまでの経過一覧表

25　年　度	26　年　度	27　年　度
(1)誤算型（原因別）の分類		
(2)指導内容の分析 ①かけ算の数学的素地 ・数の大きさ ・くり上がりの加法 ・かけ算九九の意味 ・かけ算九九	●	→ ● (2)の①の予備調査……指導後も ○数の大きさ ○くり上がりの加法 ○かけ算九九の意味 ○かけ算九九及かけ算の手ぎわ ↓ J型，K型として残る（未完成）
②かけ算の理解事項 ・かけ算の演算の意味（○○×○） ・かけ算の方法についての意味	● 験証指導（5月）（失敗）	→ ● (2)の②（成功）
(3)A型の試行指導 ①数学の解説（第一次）（失敗） ↓ ②数学を発生的に（第二次） ‖（成功） 子ども自身に創らせる	● 験証指導（12月）（成功）	→ ● (3)の②（成功） 子どもの生活の具体的な発達で指導計画を系統立てる（リアルな生活行動の内に潜む思考を伸す）
(4)教具の使い方 ①数学の解説に使う（失敗） ↓ ②理解を成立させる援助に使い数学を創造させた（成功） ・実際に行動させて ・行動によつて，目に見えぬ原理や概念をつかむ	●	→ ● (4)の② 理解の成立（成功） 永続性（浮動状況） 適用性
	(5)能力差に応ずる指導 ●	→ ● (5) 能力別学習（成功）
		● (6)算数の学習を意識しない他の生活で算数をうまく使う（未完成）

昭和27年度までの研究については，既に研究報告(1)～(3)で発表したとおりであるので，ここでは，前ページの一覧表によって，研究の概略を示すにとどめた。

§3.　昭和27年度までに考えられた結論はどんなことか

前項の表で示したことについての結論について，以下に述べるわけであるが，これらは，まだ一応の結論であって，一般性をもつ結論になるように，今後研究が継続されなければならないものである。

A　数学的内容の理解

かけ算の学習においては，かけ算九九や加法などについて低学年での素地が十分についている子どもについては，①数の大きさの理解，②かけ算の意味の理解が大切であることがわかった。然し，素地の十分にない子どももあるので，そのような子どもには，①繰上がりのある加法，②かけ算九九，③部分積の大きさ，④加法のときに単位をそろえること，などを指導することが必要である。

しかも，以上の六つの条件を満足できるような指導計画を立案する場合にも，おくれている子どもは抽象的に思考を進めることは無理であるので，できるだけ具体的な行動を通して思考させるような配慮が必要である。

以上の事を要約すると演算の意味と，計算方法の意味の理解が必要であるということになる。

B　すべての子どもを伸ばす対策

27年度の研究で，できない子どもはいないと考えることができた。それは，

233 名中，誤算をした子どもはあっても，それは僅か14人であり，全然見込のない，所謂箸にも棒にもかからない子どもは4人だけであった。このことで，できない子どもというのは，子どもの素質や環境のせいから出るのでなく，われわれ教師の指導を何らか改善することによって，救うことができるということがわかる。即ち，できない子どもができれば，それは教師の責任であると考え，指導法の改善を考えるべきである。ただ，指導法が相当改善されていったときには，或は素質や環境を論じなくてはならなくなるかも知れないが，とにかく本校の研究では，それは第二義的な原因として，あくまでも教師の責任としての指導法の改善をはかろうとしたのである。

(1) 指導計画の立案ではどんなことを考えたらよいか

(a) 学習の場として，子どもの既習経験から考えられる問題をもってくる。

指導計画立案に当って，数学的な要素をはっきりおさえることは必要欠くべからざる条件であるが，それをそのまま子どもに与えたのでは，子どもにはその意味がわからない。それは，子どもの生活の中でのどんな問題であるか，そして，子どもは，そのことにどのように困惑を感じているか，更には，それが，どのような発達段階を経て，子どもの中に構成されていくかを知って，それに応じて与えることが必要である。すなわち，学習の場の研究が，指導計画をたてる場合に，先づ考えたい要素である。

このように，子どものできる生活の場をもってきて，具体的な場で考え，無理なく抽象的に進めるようにすること，いわば，具体的な行動を通して，どの子どもも理解できるように立案することが必要である。

(b) どの子どもも自らの能力に応じて精いっぱい学習できるようにする。

個人差に応じて学習指導ができるような指導計画が必要である。特に，低学年の素地が十分でない子どもが多いので，個人差が大きくなっている。全部の子どもが，どの子どもも，精いっぱいに学習できて，然も，それぞれの

力なりに成功感が味わえるようにすることは，たいせつなことである。その為に考えたことは，①ひとりびとりの子どもの障碍や進歩をなるべく早く発見するようにすること②一段一段とふみかためて，学習が累積されるようにし，子どもがその段階にまで立到っていないのに，無理に高い段階を強いるようなことのないようにすること③障碍を除去するための時間が，多くとれるようにすることなどである。

(c) 指導計画に，演算の意味と計算方法の理解を強調する。

先にも述べたように，演算の意味を計算に先だって十分理解させることが必要である。誤算をする子どもを見ると，演算の意味がわからないために，どうしてよいかわからなくて，でたらめをするものがおおい。例えば，18×7という計算をする場合に，演算の意味がわかっていると，かけ算でできなくても，18＋18＋……18というよせ算になおして答をだすこともできる。この場合における誤算は，時間がないために計算が終らないためか，余りたくさんの数をよせるために，数える途中で誤るかであり，決して，でたらめにはならないのである。

次に，演算の意味を理解したら，計算方法の意味を理解させることが必要である。即ち，式から答を出す手続きの理解である。この場合に強調したいことは，答をだす手続きは段階的にいく通りもあるということである。しかし，普通の計算方法は，できるだけ能率的に求めようとして工夫された結果である。4年のかけ算を筆算の方法でできないものには，よせ算や色カードでやらせることが必要である。すなわち，そこまで高まっていない子どもには，その子供の段階から高めていくことが必要であるが，能率をあげるようにたえず工夫するような意欲をもたせることがたいせつである。それによってこそ，始めて，ひとり残らずの子どもを伸ばすことができるわけである。

(2) 学習を進めるに当っては，どんなことを考えたらよいか

(a)　指導に当っては，能力別グループ学習の方法をとった。

この指導に当って，特に考慮したことを述べると，次のようである。

①　子どもの能力を，子どもの具体的な行為からはっきり把握して指導にあたる。

②　一時限の学習過程を，めいめいの子どもが精いっぱいの力をだして学習し，すべての子どもに理解を与えるのに都合のよいように考える。

③　目に見えない原理や概念をはっきり理解し，筋道をたてさせるために教具の活用を考える。

④　学習の展開中には，いつもひとりびとりを伸ばすことを考え，ひとりびとりちがう段階にある子どもに，いつも適切な援助の手をうつように考える。

⑤　常に，ひとりびとりの子どもの進歩を評価する。

(b)　教師は，次のように発問するように努力した。

①　子どもの学習に，いつも示唆を与えるようにする。

②　子どもの問題を分析し，それにぴったりとあっているような発問をする。

③　子どもが生活改善や問題解決をしようとする態度を養成するようにする。

④　いまの仕事は，前の問題と，どんな関係にあるかをいつも考えさせるようにする。

以上は，27年度までに考えられた結論の概略について述べたものであるが，この間3年間において，われわれの根本的に考えたことは，学習指導を進め，どの子どもにも成功感をもたせるために，子どもの無言の抗議が聞けるような教師でありたいということである。できないのは子どもがわるい，また，素質や環境がわるいと考えたのでは，その子どもは浮ぶ瀬はないわけである。

これに対し，われわれは，自分の指導の及ばないことを感じつつ，子どもの誤りは，指導の不十分であると考え，子どもの失敗は，指導の失敗と考える根本態度だけは持してきたつもりである。

進んでいる子どもは，われわれが指導しなくても伸びる。然し，おくれている子どもと四つにくんで，どこまで自己の指導力を試すことができるかの，子どもへの愛情以外に研究を進める道はないと考えた。

それゆえ，おくれている子どもには愛情を，進んでいる子どもには，より強いはげましを，こうして本校の28年以後の研究も続けられてきたのである。

§4.　残された問題にどんなことがあるか

27年度までの研究から，今後の研究問題として残された事項を要約すると，次のようになる。

A　理解事項に対する験証

毎年の研究は，いつも先年度の結論に対する験証をもとにして出発する。この験証事項として，まずかけ算を学習するための理解事項は，先に述べた2つの事項の理解であると考えられたが，果して，この理解事項に一般性があるかどうかということである。これは，本校だけでなく，他校の協力による研究によって，験証的に実験研究を進めてみる必要があると考えられる。

次に，理解事項を中核として，ひとり残らずの子どもを伸ばすための指導法や指導計画に一般性があるかどうかということがある。この験証は本校でも併せて考えられる。さらに，計算指導の根本をなすものは，演算の意味と，計算の意味についての指導であるということ，これが他の教材においても，妥当性があるかどうかも研究してみる必要がある。

B　特に進んでいる子どもに対する対策

本校の今までの研究は，所謂つまずきの研究であるから，研究の対象となる子どもは，おくれている子どもが中心であった。然し，実際には進んだ子どももいるので，この子どもに対する対策も考えなくてはならない。これらの子どもに対しては，既習の学習経験や，原理となる考え方をもとにして，自分で新らしいものを創造していけるようにすることが必要であると考えられる。そのためには，教師はどのように発問し，どんな問題を与えたらよいか，また，それを指導計画や，一時限の学習の中にどのようにおり込んでいくかなどが問題として研究されねばならないことである。

C　算数が生活にうまく使えるための対策

昭和27年の研究で，学習した算数の力が，意識しない生活の場でうまく使えるようにしたいと考えて，「二位数×一位数」の学習の直後，子どもに旅行費集めをさせてみた。ところが，実際には人数を記録しなかったり，お札の数え方と計算とがうまくできなかったりして失敗した。そこで，この問題がうまくできなくては，算数の力がついたとはいえないと考え，今後の研究問題とした。

更に，生活にうまく使えるということは，学習したことが実際生活に無意識の中にも有効に使えるというだけでなく，不便とか非能率的なこととかに対しては，どのようにしたら能率的にできるかというように，いつも考えるような態度にまで高める必要があるわけである。

以上が，昭和28年以降の研究に残された問題である。

5.　昭和28年度の研究のねらい

昭和28年度の研究のねらいは，今までに述べたことから出てくる。これを次に具体的にあげてみる。

A　理解事項に対する験証実験

これについては，本校の研究では一応成功と見られる結果を生むことができたので，この考え方が一般性があるかどうかを見るために，実験協力学校をお願いすることにした。この成果については，初等教育研究資料〝算数実験学校の研究報告〟(4)として，すでに述べられているので，それを参照せられたい。

この協力学校における実験研究は，本校の指導計画で，果して，おくれている子どもを伸ばすことができるかどうかについての一般性をみるために重要な資料となり，指導計画や指導法の改善に重要な役目を果してきている。

B　進んでいる子どもに対する指導と，生活にうまく使えるようにするための指導

前述の，特に進んでいる子どもの指導と，算数が生活にうまく使えるための対策については，本年度は特にとりあげないことにした。それは，協力学校を依頼するため，何回かの打合せ会や実際授業を公開しなければならない関係から，できるだけ27年の計画の線で学習指導を行いたいと考えたためである。

C　指導計画の修正

本年度は，協力学校からでてきた資料をもとにして，本校の指導計画をどのように修正したらよいかを考え，その改善の仕事を主としてすることにした。

以上は，昭和28年度の研究のねらいである。

Ⅱ　昭和28年度の実験指導の経過とその成果

前項で述べた研究のねらいを達成するために，つぎの年間計画のもとに研究を進めた。

§1.　年　間　計　画

(1)　二位数×一位数の学習指導

5月上旬から2週間，13時限の指導を行う。

(2)　指導直後のテスト（9日間）

(3)　かけ算指導の能率化のための調査及指導

(a)　浮動状況の調査を，7月下旬と9月上旬の2回行う。

(b)　三位数×一位数の指導前の調査と2時限の指導を10月下旬行う。

(4)　二位数×二位数の指導を，11月上旬より5日間及び指導後のテストを10日間行う。

§2.　「二位数×一位数」の実験指導の概要とその成果

A　指導の準備はどうしたか

指導職員は，毎年交替の原則のもとに験証指導にあたることにした。それで指導前の準備を十全にすることが必要になる。本年の職員の構成を述べると，昨年からひき続いて指導にあたった者1人，昭和26年度の指導を経験したもの1人，あと4人は新に参加したものである。本年度の児童数は，6学級280人である。

(1)　研究の準備

研究を進めていく上に最も大切であり，かつ，研究が堅実であるためには，参加する職員はいうに及ばず，全職員が，研究のねらいや今までにどんな点がどのようになって研究が進んできているかの関心と理解をもつことが大切である。どの教師もできるようにする事がよいのであると考えて，本校に於ては，全職員が算数部員として，一丸となって研究を進めていくことにした。

(a)　4年担当職員との打合せ事項

①　4年担当職員の年間の役割をきめ，それぞれの分担に応じて研究が順調に進められるように考えた。

②　予備テスト実施についての打合せ（目的，方法など）

③　研究の年間計画についての打合せ（指導及び用意の順序）

④　予備テスト終了後，直接指導にあたる職員を中心としての，打合せ（指導上の留意点など）

(2)　指導前の準備

(a)　色カードの使用の意味を考える

子どもの障碍をみると，数字の上で，数の大きさや，演算の意味のよくわからない子どもが多い。その扱いには，数字をもって学習する以前に，そこまで考え方を高める段階や対策が考えられなくては，おくれている子どもが，学習に参加することはできない。即ち，抽象数の上での判断のつかない子どもは，いくら教師が口で説明してみても，子どもの思考の段階からは，程遠いので，学習に参加することさえできないのである。ここに具体物，半具体物としての，おはじきや色カード，色数字カードをもって，子どもの思考に飛躍をおこさぬような対策が必要になってくる。カードを使用することによって，数の大きさや演算の意味のわからない子どもに，抽象数にまで高めていく過程を，段階をおって無理なく進歩させることである。

カードを使用することによって，思考力は一歩一歩確実にステップをふんで高められ，抽象化された数字の上でも，計算の意味の理解でも，できるようにすることができる。たとえば，68×７の計算のうまくできない子どもでも，68円の品物を７つ買ったという事実について，現物があれば支払うお金はいくらになるか数えることができるのである。

この時，お札をかぞえるのに，10円と１円を別々に数えるということは，子どもは知っていることである。数字での計算は，その考え方を伸ばして，１の位と10の位は別々にして数えるのである。このとき九九を使ってかぞえれば早くできるということである。

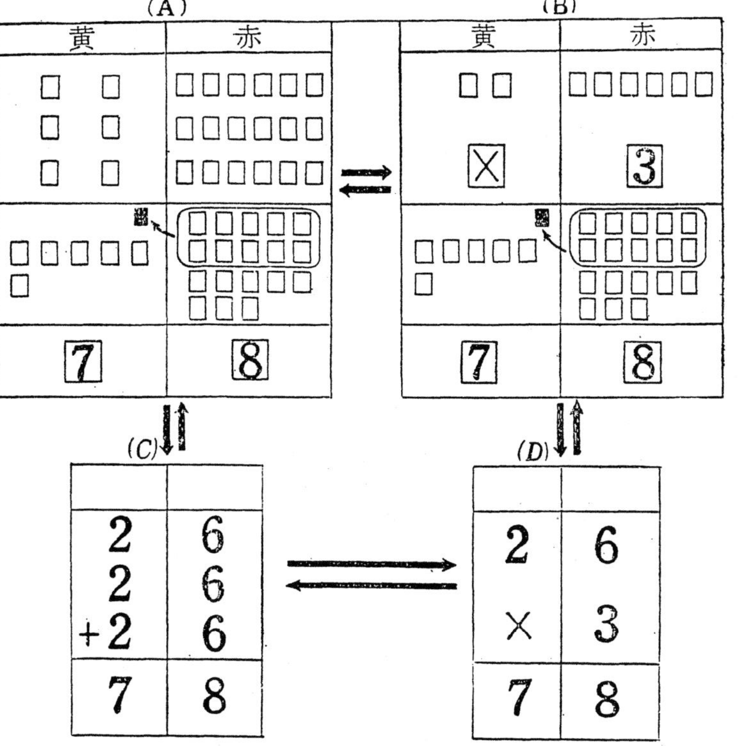

この場合，１円札や10円札のかわりに赤や黄の色カードを使うわけである。

このようなことから，指導前の準備として，つぎのようなことを考えた。

① 考え方をだんだん抽象化していく

今述べたように，色カードはお札と同じものであり，お札のかわりに使用するものであることを確実に身につけさせる。そして色カードを操作するときは，いつも頭の中に，お札で操作したことを思い出させるようにする。そして，色カードでは一枚一枚並べなくてはならない不便さを味わせることが必要である。もっと便利に金高をだす方法はないかということが，色つきの数字カードになるということである。このように，さらによりよい方法はないかと工夫しようというように，いつも能率を考えるということが，思考を進め，抽象化していくために必要なことである。

例えば，26円×３の計算をする前に，カードを使って26円×３とはどんなことであるかを理解させることが大切である。即ち，演算の意味の指導である。26×３は，26が３つであることがわかれば，子どもは，前ページの図のように，何らかの方法で正しい答は出すものである。

図によって明らかなように，その正しい答をだす手続きにそれぞれの能力差がある。カードをひとつひとつ数えて，答をだす子ども，とびかぞえでだす子ども，九九を使ってだす子どもなど，このようにカードを並べて数える素朴な（A）の段階にいる子どもがある。これではめんどうであるから，３だんを「×３」にかえる（B）の段階がある。つぎにかけられる数を，カードではめんどうだから色数字カードでおく（C)。つぎに両方黒数字になおして計算する（D）という四段階が考えられる。この段階を通って，無理なく，抽象化していくようにすることが大切である。

② 操作になれさせる

原則として，見てすぐいくらあるかがわかる並べ方に注意することが一番大切なことである。数が大きくなるにつれて，カードの枚数も多くなり，並べ方にも時間がかかる。こんなことから，カードのだし方，始末のしかた，繰上がり・繰下がりのとき，下の位のカード10枚を一束にしておくような工夫など，いつも子どもにどんなことを工夫したら，より能率的に操作できるかを考えさせるようにする。

例えば，おいてあるカードを，赤，黄，緑の順に整頓するとか，10枚つゴム輪でまいておくとかは教師の指導というよりは，子どもが学習を能率的にするために考えだしていくように示唆し工夫させることがよい。

(b) 指導計画の骨子について理解する

この指導計画は，つぎの３つの骨子から構成されている。即ち，私たちが日常の生活で集金するときには，まず１人当りいくらで何人分集まったかを明らかにし，次に現金がいくらあるか数え，最後に計算によって，いくらあればよいかを求めて，計算の上での金高と現金高とを照合するのである。この日常生活の行動のしかたや考えを骨子として立案してある。

① ひとり分と，集った人数のすぐわかる表わし方を工夫する

まず，ひとり分の金高をわかりやすく色カードで置き，それを集まった人数分だけ作って，ひとり分の金高と集まった人数とが，見てすぐわかることに着目させる。このようにして，次のことをはっきりさせる。

「12円ずつ，４人分のとき，12円はどのお札，４人分はどの数か」

「12円ずつ，４人分を求めるとき，今までは，12＋12＋12＋12とした」

「12円ずつ，４人分を求めるとき，12×４と書いて，「12が４つ」と読む」

「12×４」の４は，「12を４かいよせる，或は，12が４こある」ことを表わす。

これらを，具体に手を動かし，目で見て明らかにする段階である。

② お札を手ぎわよく数えて，集った金高を求める

これは，１人分の金高と集まった人数とがすぐわかる，お札の並べ方，言い方，書き方の次にくる学習の段階である。

この学習は，第４時になっているが，ここでは１円と10円と二つの金種があるときには，単位の大きさがちがうので，別々に数えなければ数える意味のないことをはっきり子どもに把握させて，次の計算の方法についての意味に進ませようとするものである。

計算の意味が理解できぬ子どもの出てくるのは，この段階における学習がひとりびとりに深く浸透していないためであると考えられるので，十分考えて指導に当るようにする。

③ 金高を計算で求める工夫をする（くり上がりのない場合）

前の段階では，ひとり残らずの子どもが，色カードを使ってお札を数えたので，その現金の金高が果して合っているか誤っているかを考えねばならぬことになる。そこで，ここでは数字の上での計算では，どのようにすると，手ぎわよくできるかを工夫することになる。

子どもの能力に応じて同数累加を今までの計算のようにする子どももあるし，かけ算九九を使う子どももある。それとお札や色カードを数えた行動や考え方を結びつけて，かけ算の筆算形式を考えつかせ，計算の意味を明らかにする段階である。

④ 同じお札がたくさんになったとき，金高をわかりやすくする工夫

ここでは，１円札や10円札が10枚になったら，大きい単位のお札と両替して出すと，お札の枚数が少くなるので，金高がわかりやすいことに気付かせる段階である。

この段階は，くり上がりのある計算の基礎になるものであるから，ひとり残らずの子どもが，考えも行動のしかたも，しっかりと身につくまでにすることを忘れないようにする。

くり上がりのあるかけ算が誤る子どもは，このお札での操作がしっかりと身についていない子どもであることに注意したいのである。

⑤　金高を計算で求める

くり上がりのある計算の方法を，お札の数え方と，両替してわかりやすくお金を出す方法とから考えつかせる最後の段階である。

従来の指導を反省してみると，①の段階においての演算の意味を，具体的な行動でつかませることや，②や④での計算方法の意味を，具体的に理解させる方法をとらなかったのである。かけ算と言えば，直ちに，計算の方法の範例を示して説明し，それを記憶させる方法によって指導したために，意味を理解できぬ子どもは全くの暗記をすることとなり，暗記ちがいをしたり，暗記したものの適用ができなかったり，忘れたりということのために誤算をしたと考えられるのである。

こうした観点から，子どもの具体的な行動を通して，子どもに理解を成立させようとして，特に①②④の行動に重点をおき，その行動から③⑤の段階にある計算形式を考えつかせ，計算形式を支える意味についての考えを裏付けさせるようにしたのである。

このために，98×７のように，数が大きくなって，かけ算九九がわからぬ子どもでも，お札や色カードの操作を思い出して，正しい答を出しているのである。つまり誤答をする子どもは，意味が具体的な行動によって裏付けられていないためであることに，深く注意する必要がある。

以上述べたことが，本指導計画を貫いている根本的な態度である。また，研究が25年度から引き続いて行われているのであるから，昨年に於て失敗した点は，どんな点であるかについては，よく理解して学習指導に当ることが必要になる。即ち，同じ失敗を２度繰かえすことなく，どんな点がうまく，どんな点がまずかったかを理解して指導に当ることにした。

B　予備調査はどのように行ったか

(1)　予備調査のめあて

詳細は「算数実験学校の研究報告（３）」を参照されたい。これは，子どもの現在における能力の実態を把握するためである。

この子どもの能力実態に応じて指導の計画が立てられる。

(2)　予備調査の実施及内容（報告(3)p. 27〜p. 37参照）

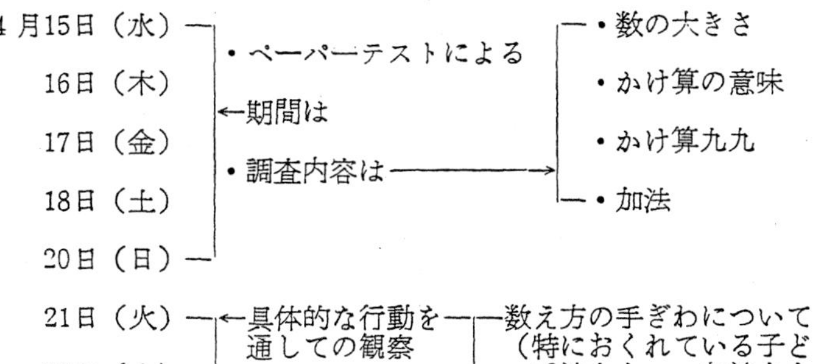

以上のような７日間にわたってのペーパーテストによって，A，Bグループをえらび，残るC，Dグループについては，具体的な行動を通しての診断方法をとって，おくれている子どもの指導の手がかりをつかむことにした。（診断テスト内容は報告(4)P．67を参照）

(3)　予備調査の結果

(a)　ペーパーテストの結果をまとめてみると，つぎの表のようになる。

第　1　表

項目 / 問題番号 / 能力段階	数の大きさ							かけざん九九の意味			乗法九九	加法九九
	(1)（3）	(2)（4）	(3)（5）	(4)（6）	(5)（7）	(6)（8）	(7)（9）	（1）	（2）	（3）		
◎	228人	155人	152人	95人	167人	184人	112人	120人	70人	68人	219人	227人

○	0人	0人	67人	77人	0人	0人	0人	85人	84人	75人	37人	23人
△	31人	61人	24人	55人	75人	52人	105人	31人	46人	70人	14人	11人
×	24人	67人	40人	56人	41人	47人	66人	47人	83人	70人	13人	22人

(備考)

◎印は，調査問題について完全にできたもの，○印は半分以上できたもの

△印は，半分できたもの，×印は，半分以下のものである。

(b) 数の大きさと，かけ算の意味について，

第 2 表

項目 / 能力段階	数の大きさ				かけ算の意味				数の大きさ＋かけ算の意味			
	人数	百分率	人数	百分率	人数	百分率	人数	百分率	人数	百分率	人数	百分率
◎	39	14	86	30	24	8	100	35	9	3	51	18
○	47	16			76	27			42	15		
×	197	70			183	65			232	82		

第3表 かけ算九九について (各問題についての誤答数)

かけられる数 ＼ かける数	0	1	2	3	4	5	6	7	8	9
0	0 (1)	2 (0)	2 (1)	4 (1)	1 (1)	2 (1)	1 (0)	1 (1)	1 (1)	2 (1)
1	1 (0)	3 (1)	3 (0)	4 (0)	4 (0)	2 (0)	2 (0)	3 (0)	3 (0)	3 (1)
2	2 (0)	2 (1)	0 (1)	3 (0)	10 (1)	1 (0)	1 (0)	1 (0)	2 (3)	1 (0)
3	2 (2)	4 (1)	0 (0)	5 (1)	9 (1)	0 (0)	5 (2)	4 (3)	9 (3)	13 (2)
4	1 (1)	1 (1)	0 (0)	11 (5)	4 (0)	2 (0)	19 (6)	18 (4)	6 (4)	9 (6)
5	1 (0)	2 (0)	3 (0)	0 (2)	4 (2)	4 (0)	3 (0)	8 (6)	3 (1)	2 (3)
6	1 (0)	8 (0)	1 (3)	3 (5)	13 (4)	5 (0)	3 (1)	15 (6)	19 (9)	3 (2)
7	4 (0)	3 (2)	4 (0)	9 (3)	13 (11)	13 (7)	14 (4)	18 (5)	15 (2)	1 (3)
8	3 (1)	1 (0)	3 (2)	12 (12)	10 (5)	10 (2)	27 (9)	14 (6)	15 (10)	6 (4)
9	4 (1)	0 (0)	1 (0)	20 (5)	11 (3)	8 (3)	14 (5)	7 (5)	3 (2)	1 (0)

(備考) ( ) の中の数字は，指導直後の誤答数を示したものである

以上の3つの表は，ペーパーテストによる調査の結果である。

このペーパーテストは，昭和26年度から指導前の調査問題として実施されており，数の大きさ，乗法の意味，乗法九九，加法九九の4つの内容についてである。

このペーパーテストの結果から考えられることは，つぎのようである。

第1表 では，

① 数の大きさとかけ算の意味は，かけ算を学習するための数学的素地であり，3年までに修得すべきものである。然るに約半数の子どもが理解していない状態である。

② 乗法九九 100 題，加法九九45題については，殆んどの子どもができている。

③ 4つの項目について，半分以上の誤答をした子どもが，1割～2割ある。この子どもに対して，どんな点につまずいているかを具体的に知る必要がある。そこで数の大きさのテスト結果が「×」であった子どもに対して，36をカードでおかせてみて，正しくおけるかどうか，また，「129」はカードでおいたら，どうなるかなどを実際に行わせて，記数

法以前のどの段階に障碍があるかを診断するようにしている。

第2表 では，

数の大きさ，かけ算の意味について，それぞれ7つと3つの項目について調査したので，その合計点で全部◎の子どもは◎になり，◎と○，○と○の子どもは，○とした。×の子どもは，7つ或は3つの項目について，△或は×を一つでも含んでいる子どもである。

この◎，○，×は第1表の判定規準による分類である。

① ◎と○の子どもは，数の大きさでは僅か86人（30%）であり，残りの70%は，かけ算の学習をするための素地にかけている点をもつ子どもである。また，かけ算の意味については，素地をもつとみられる子どもは35%，障碍をもつとみられる子どもが65%いるということである。

② 「数の大きさ」＋「かけ算の意味」のらんは，数の大きさと，かけ算の意味の総合判定をみて，それぞれが，◎のものを◎とし，◎と○，○だけのものを○とした。完全なものは，僅に3%であったことになる。半分以上の正答者は僅に18%で，残り82%は，並以下の修得状況を示している。

以上のようにペーパーテストの調査結果をみると，いろいろの問題を含んでいるが，これをまとめてみるとつぎのようになる。

ペーパーテストでは半分以上の子どもはできる。この子どもは抽象数でできる子どもであると考えられるが，残りの子どもは，具体物，半具体物の何れかの力を借りなければ理解の困難な子どもである。これが案外に多いということである。

ペーパーテストの結果，「×」の子ども，即ち，おくれている子どもを，ただ×であるというだけにとどまったのでは，指導に困難を感ずることになる。おくれている子どもについては，子どもが，どこに困難な点，障碍が

あるかを診断し発見することが大切である。このことは，教師にとって子どもの指導がはっきりすることになる。この障碍点をつかめば，これが指導の出発点となるからである。いいかえるならば，それぞれの子どもが踏みこせないでいる段階から，指導をはじめる計画にしていけばよいことになる。診断テストのねらいはこのような指導の計画を立てることにあるわけである。

（診断内容は紙面の都合上省略，実験報告(4)P，67参照）

(4) 能力の実態

以上にのべた，ペーパーテスト及び診断テストの結果から能力を分類してみると，つぎの表のようになる。

グループ	A	B	C	D
人数	11	37	199	36
全児に対する百分率	4%	13%	70%	13%

(a) Aクラスの子どもは，一番進んでいる子どもで，かけ算を学習する素地を充分にそなえている。

(b) Bクラスは，かけ算九九や加法がだいたい使え，教師のちょっとの示唆でできる。

(c) Cクラスは，教具の力を借りて，とびかぞえることを中心とする。

(d) Dクラスは，一番おくれた子どもで，半具体物や具体物を使用して，1つずつ数えながら，考えを進める。

C 指導の結果はどのようになったか

実験指導を，5月6日より13日間行った。その翌日よりテストを1日10題ずつ9日間行ったが，次の表は，そのテスト結果をまとめたものである。

(1) 誤算者

A，Bは，予備調査の結果，数の大きさ，かけ算の意味のよくわかってい

児童数	能力による分類		誤算者	
	A.B	C.D	A.B	C.D
283人	48人	235人	0	22人
全児童に対する百分率	17%	83%	0	8%

る者，C，Dは，これがよくわからない者，即ち，誤算をする可能性のある子どもである。表のように，予備調査のとき，数の大きさと，かけ算の意味が，完全にわかっている子どもの中からは，予想どおり誤算が1人もでなかった。(昭和27年度 233 人中，誤算者14名)

(2) CDグループの子どもの指導効果

CDの児童数	正解者	誤算者
235人	213人	22人
C.D.全児に対する%	91%	9%

この表は，CDグループの指導の効果をみるためにまとめたものである。即ち，誤算を予想された，CDグループでさえも，91%の子どもが正解者になった。これは指導の効果を充分に物語るものである。

(3) 昭和26年度よりの誤答者数の比較

年度		26年5月	26年12月	27年5月	28年5月
実験児童数		249人	250人	233人	283人
誤算者数	A.B	46人	0	0	0
	C.D	59人	18人	14人	22人
全児童に対する誤算者の割合		42%	7%	5%	8%

上の表は，昭和26年度以来の各年度について，誤算者の数とその全児童に対する割合とをまとめたものである。

昭和26年5月の指導結果をみると，ABグループから46人，CDグループから59人，誤算者をだしている。これからは，かけ算を学習するための素地

にかけている子どもに，教師の適切な指導の手がぬけていたこと，指導法の研究がたらなかったことをうかがうことができる。昭和26年12月の指導で始めて，ABグループからの誤算者はなくなり，かけ算を学習するための素地にかけているCDグループから，それぞれ7%，5%，8%，と例年同じ程度の誤算者をだしている。

(4) 指導前と指導後のかけ算九九の誤答人数と誤答題数

児童数	指導前	指導後
284人	143人	72人
誤答題数	828題	347題

かけ算九九を間違うために誤算する子ども，即ち，K型の誤算型が一番多いので，この調査をした。

指導前に，1人平均3題の誤算をしていたが，指導後は平均1，2題である。（詳細は，Bの(3)の(c)の表参照，或は次の(5)の表）

(5) どのような誤算の型を示したか。（誤算型別の誤算者数）

誤算型	A	B	C	D	E	F	G	H	I	J	K	L	M
誤答人数	7	5	4	1	9	0	2	0	0	8	18	8	1

注 誤算型については，研究報告（4）P.143（参照）

誤算型の多い順は，K，E，L，J，Aの順になっている。かけ算九九・加法九九のあやまりの多いことは，毎年残された問題であり，低学年における数の大きさ，加法及びかけ算九九指導の大切さを物語るものである。

M型は，本年新しくとり入れた型で，テストをした時に，白紙で出すか或は，何題かやらない場合を指したものである。

§3. 学習指導の能率をみるための調査とその結果

学習の効果をあげ，指導の能率をあげることは，学習指導を進める上に，特に考えねばならぬことである。「二位数×一位数」の指導から，指導の能率化を図るために，どのようにしたらよいかについての調査や指導について，これから述べることにする。

今までの学習指導の一つの反省として，かけ算九九，二位数×一位数，三位数×一位数，及び二位数×二位数等，同じ系統のかけ算の学習でも，それぞれに同じようなウエイトをかけて指導していたということがいえる。この場合，子どもにとっては，それぞれが孤立した学習になっており，それぞれを貫く，数学的な思考力は伸びていないのである。したがって，それぞれのかけ算がどんな関係になっているかも解らないことがおおい。

これらのかけ算は，同じ原理で同じ考え方で支えられているのであるから，統一的な考え方で，一連のものとして指導することができたら，学習時間の短縮にもなるし，子どもの思考に一貫した筋を通すことができるのではないかと考えられる。そこで，同じかけ算の指導に於ては，まず基礎的な教材で，充分な時間をかけて理解の成立をはかれば，他の場合には，既に学習したこととどこか同じで，どこがちがうか，それらの異同を弁別をする僅かの時間さえあれば，充分に理解できると考えられる。このようにして，指導の能率を図ることができると考えたのである。

このような観点からかけ算学習に於て能率を考えることができるかどうかについて，昭和27年度の験証的な意味も含めて，つぎのことについて，調査及び指導を進めた。

A　二位数×一位数の浮動状況調査

これは，二位数×一位数のかけ算の学習をした子どもが，その後指導しないでおいたときに，計算能力がどのような状況を示すかをみるための調査で

ある。いいかえると理解が成立したならば，そんなに簡単に忘れるものではないということについての調査である。もし，成果が浮動せず，忘れないとするなら，忘れを防ぐための練習や，忘れたものを思い出させる復習の時間も必要ないことになる。したがって，学習指導に於ては，ひとりびとりの子どもに理解を成立させることを，考えればよいことになる。

この調査は指導後一定の期間をおいた，7月と9月の2回にわたって，指導後のテスト問題と同じ問題，同じ方法で行った。

(1)　5月，7月，9月の誤答数別比較

誤答数		3	4	5	6	7	8	9	10	11	12	13	19	24	27	28	32	37	57	66	69	71	95
誤答者数	5月	3	4	2	—	2	—	—	2	2	—	1	—	1	1	1	—	—	—	1	—	1	1
	7月	2	2	3	2	1	1	—	—	1	2	—	1	—	—	—	1	—	1	—	1	—	—
	9月	5	3	1	1	3	1	—	—	—	1	—	—	—	—	—	—	1	—	—	—	—	—

月	延誤答数	延問題数に対する百分率	誤答者数	全児に対する百分率
5月	395題	16%	22人	8%
7月	268題	11%	18人	6%
9月	116題	5%	16人	6%

誤答回数	3	2	1
人　数	10人	8人	12人

この2つの表から考察してみると，誤答者は5月22人，7月18人，9月16人という結果になった。この他に特殊児童，即ち，実験指導対象外児童が2名ある。

一番下の表は，3回のテストをまとめたものである。

3回を通して，3回共に誤算したものが10人，2回が8人，1回が12人と

いうことになった。2回，1回誤算したというのは，5月，7月，9月のうち，いずれかのテストの時に，2回乃至1回誤算した子どものことである。

これらの人数の割合から，浮動しているのは1割前後とみられるので，この指導法によって理解した計算法は，相当永続することが験証されたとみてよい。即ち，ひとりびとりの子どもに理解を成立させる指導方法が，算数における最もよい指導法であるといえると思う。前に述べたように，忘れを防ぐ習練や，忘れたものを思い出させる練習の時間が不必要になるので，時間的にもずっと能率的であると言える。

B　三位数×一位数の指導前の調査

かけ算の学習の能率をはかるための第二の調査を，三位数×一位数の学習前に行った。ここでは，二位数×一位数の考え方が理解されている子どもは，三位数×一位数の指導をしなくとも，或る程度できるものである。即ち，二位数について理解されたことは，位の数だけが違う場合についても適用されるものであることの見透しのもとに調査を行った。

また，調査結果からして，三位数×一位数の学習に於て指導しなければならない点が若しあるとすれば，それはどんな所かを，個人毎に知るための予備調査的な意味も含まれているのである。

(a)　指導前の調査

調査内容は，数の大きさ，演算の意味，数え方，三位数×一位数の計算問題20題の，4つの項目について行った。（調査問題は紙面の都合上省略する。実験報告（３）のＰ152を参照）

(b)　調査の結果

この調査は，10月下旬に行われたものである。これを表にまとめてみるとつぎのようになる。

①　誤算の意味と数の大きさについて

	数の大きさ		演算の意味	
	人数	百分率	人数	百分率
◎	195人	70%	159人	57%
○	39人	14%	69人	25%
△	25人	9%	9人	3%
×	19人	7%	41人	15%

◎印は全問正解した者，○印は半分以上できた者，△印は半分できた者，×印は半分以下の者である。

②　二位数×一位数と，三位数×一位数のときの数え方の比較

数え方	三位数×一位数		二位数×一位数	
	人数	百分率	人数	百分率
九　九	235人	84	176	63
とび数え	32	11	66	24
1つずつ	13	5	38	13

③　三位数×一位数の計算の誤答について，

誤答題数	0	1〜5	6〜10	11〜15	16〜19	20
人数	182人	73人	14人	8人	1人	0人
百分率	65%	27%	5%	3%	1%	0

(c)　結果の考察

①　演算の意味について

二位数×一位数の学習前の予備調査と比較してもわかる通り，◎，即ち，完全にできている子どもが，全体の57%をしめている。また，◎＋○のもの

即ち，半分以上できた子どもが228人で，82%の多数をしめている。

② 数の大きさについて

ここでも，◎と○の子どもをあわせると，84%，残る16%の子どもが，三位数×一位数でつまずきを持っている子どもであり，指導を要する子どもであることがかわる。

③ 数え方について

三位数×一位数と二位数×一位数の表を比較してみてわかる通り，九九を使えなかった子どもが37%あったのが，16%にへっていることは大いなる進歩である。即ち，21%の子どもはかけ算九九を使って計算ができるようになったのである。二位数×一位数の場合にも，特別にかけ算九九の指導をしたわけでないのに，このような結果になったのはなぜだろうか。これは三年のかけ算九九の指導は，どのようにしたらよいかの問題に示唆を与えると考えられる。これは，子どもの一番低いやり方から，半具体物，具体物の力を借りながら，能力に合った指導を行った5月指導の効果で，この指導の成果は大きく評価される。

④ 計算について，

全然指導しない三位数×一位数の計算問題20題について，完全にできた子どもが182人で，65%，5題までの誤答者を合わせると92%，という好結果である。これは「二位数×一位数」について理解していれば，同じ系統の学習にあたって，子ども自らの力で，前のものと新しいものとの異同を弁別し処理する力，新たらしいものを創造する力が生れたということを物語っている。言葉をかえていえば，三位数になったという抵抗を自分で排除できるだけに理解が一般化されていたということである。

以上のように，数の大きさ，演算の意味，数え方，計算の4つの面からみると，80%以上の子どもは，全問正答しているので，20%位の子どもを対象

として指導をすればよいということになる。いいかえれば，二位数×一位数の学習において，理解の成立をみれば，三位数×一位数の学習は，非常に少い時間ですむということになる。実際指導の場合も，2時限ですんでいる。学習の能率化をはかるための目安がここにある。

§4. 二位数×二位数の指導とその成果

かけ算の学習の能率をみるための第二の指導として，「二位数×二位数」の指導を試みた。これは，二位数×一位数，三位数×一位数と同じく，4年にあるかけ算の指導であるからである。なお，二位数×二位数の学習をするに当って，数学的指導内容として，今までと異っている点について，どのように指導することが最も適切であるかについての研究は来年にまわし，今回は，単にどれだけ短時間でできるかをみるにとどめた。

この指導は，三位数×一位数の指導に引き続いて，11月3日(火)より，11月7日(土)までの5日間を指導期間として，その成果を考察することにした。

(1) 指導後のテスト問題

テスト問題100題は，二位数×二位数の問題8100題に加えて，一位数×二位数の簡便算の問題，合わせて8820題の中より，次の基準に従ってえらんだ。

(a) 基 準

①	繰上りのない場合		84×12
②	乗数一位の部分積のみが，繰上がる場合		48×19
③	乗数二位の部分積のみが，繰上がる場合（積<1000）		13×52
④	同上（積>1000）		76×81
⑤	乗数一，二位が共に繰上がる場合		17×26
⑥	一位数×二位数の場合	簡便算	6×83
⑦	（何十）×（何十何）の場合	簡便算	70×13
⑧	（何十何）×（何十）の場合	簡便算	35×20
⑨	（何十）×（何十）の場合	簡便算	30×40

(b) テスト問題

34×12　11×89　21×14　12×44　32×33　15×13　63×12　58×16　58×16

22×45　31×28　13×34　43×29　95×18　87×17　13×52　14×72　54×81

67×21　85×31　21×74　33×72　44×62　73×41　98×91　17×26　13×48

14×67　26×38　27×58　28×69　33×87　25×96　36×43　37×64　38×76

39×92　41×86　42×77　45×93　46×54　47×46　49×36　51×42　52×97

53×68　55×39　56×24　57×56　63×49　64×75　65×37　68×94　69×28

61×88　72×59　75×32　76×79　74×83　78×27　79×63　77×95　82×99

84×57　87×65　81×25　83×78　89×85　92×98　93×82　94×35　96×27

97×54　98×73　91×68　8×56　6×83　4×67　6×20　2×75

5×38　7×92　9×17　70×15　30×84

50×69　80×47　10×30　40×61　60×55　90×23　35×20　86×40

48×60　24×80　68×30　62×50　59×70　11×90　20×40　90×70

(式のかたちで提出してあるのは簡便算のしかたをみるため)

(2) **指導後のテストの結果**

前述の基準よりえらばれた100問について，毎日10題ずつ10日間テストを行った。テスト期間は11月9日(月)より11月19日(木)までとし，第2時限を使って，テスト時間を15分間とした。但し，おくれている子どもにはある程度の時間的な考慮をすることにした。その他のテスト施行前・施行後の考え方や処理の仕方は，二位数×一位数の場合に準拠して行なった。

テスト結果は，つぎの表の通りである。

(a) 誤算者について，(100題について5題以上誤ったものを誤算者とした)

指導内容	児童数	誤算者	
		A.B	C.D
二位数×一位数	284	0	22
二位数×二位数	284	0	29

予備調査の結果からみて，A，Bグループ，即ち，数の大きさ，かけ算の意味のわかってる子どもの中には，共に誤算者はいない。誤算するであろうと予想されたC，Dグループの中から誤算をだしたが，二位数×二位数の場合は7人だけ誤算者が多くなっている。この7人は，二位数×一位数のときには，できた者であるから，何か異った要素のために，誤算したとみられるわけである。

これは，二位数×一位数のときは，累加でようやく正しい答をだしていた子どもである。二位数×二位数に至って，異った要素，即ち，累加する回数が二位数になったため，計算の順序や部分積をかく位置などがわからず誤算した子どもとみられる。

(b) 誤算型について，

指導内容＼誤算型	A	B	C	D	E	F	G	H	I	J	K	L	M	N	O	P	Q	R
二位数×一位数	7	5	4	1	9	—	2	—	—	5	13	17	1	—	—	—	—	—
二位数×二位数	6	2	—	—	6	—	8	—	—	26	33	5	3	3	4	3	1	1

誤算型の多い順にいうと，K，J，G，E，Aの順になっている。かけ算九九のあやまりについで加法九九のあやまりの多いことは，累加の方法でやる子どもが，部分積の繰上がりの計算を念頭で行うことに困難を示していることがわかる。このことは，累加のあやまりやかけ算九九のあやまりをなくするための指導は，「二位数×二位数」にきたからではむりで，三年のかけ算九九，及び，4年の「二位数×一位数」の指導までの，要素がかんたんなうちでなければならぬことを物語っている。少くとも，とびかぞえの子ども

は，かけ算九九が使えるような段階にならなければ，能率を上げることはできないものである。

(c) 新たらしい誤算の型について

N型，O型，P型，Q型，R型は，二位数×二位数の指導に新しくとり入れた型である。

① N型は
```
   6      83
 ×83     × 6
 498     498
  83      83
1328    1328
```
のように，部分積を無理に2段に作る

② O型は
```
 90
×70
630
```
のように，答の一位の「0」を忘れる場合

③ P型は
```
 34
×12
468
  3
768
```
4のように十位の部分積の書く位置をまちがう場合

④ Q型は
```
 46
×52
 92
 30
392
```
のように乗数被乗数共に十位の九九をやらない場合

⑤ R型は
```
  83
 × 6
 498
  83
3478
```
のように，部分積をよせるときに，かけ算九九を使ったりして，まちがいをおこす場合

(a)の誤算者と，(b)，(c)の誤算型の両方の面から考察を進めてみよう。

二位数×一位数の指導の時より，7人も多い誤算者の原因を，(b)の表でながめてみると，誤算者の大部分が，J，Kのあやまりである。Jは21人多く，Kは20人多い。それについで，Gが6人多くなっている。このことから，二位数×二位数の場合の異った要素をあげてみると，つぎの通りである。

① かける回数が多くなったために，かけ算九九のあやまりが回数に比例して多くなった。それに併行して，かける順序のまちがいが多くなった。

② 部分積をかく位置が2段になったための困難がある。

③ おくれている子どもは，累加の形でやっているため，累加する数が多くなり，数え方にあやまりを起し易い。

④ 一位の数をかけた部分積と，十位の数をかけた部分積をよせる

仕事が多くなった。

などの原因が，前述の結果を生むに至ったと考えられる。

(d) 学習の能率をはかるためのねらいからみて

前にも述べたように，「二位数×二位数」の指導内容の中には，「二位数あるいは三位数×一位数」と同じ要素も含まれているので，新らしい要素についてだけ指導していけばよいわけで，別なものとして孤立して指導するより，はるかに指導の能率をあげることができると考えられる。

二位数×二位数について，5時限の指導で誤算者数が284名中29名であることは，この観点に立った指導が一応成功したとみることができよう。

(3) 今後に残された問題

以上のべたことから，今後に残された問題を要約してみると，つぎのようなことになる。

(a) J型，K型の誤算をする子どもが二位数×一位数よりも多くなっていることから，かけ算九九の指導，及び二位数×一位数の指導段階までに，数の大きさ，かけ算の意味の理解を徹底させておくことが必要である。また，数える手際については，かけ算九九をぜんぶの子どもが使えるようにしておかなければならないことである。

(b) 二位数×二位数の指導は，二位数×一位数の指導と同じ系統のかけ算指導ではあるが，相当に異る多くの要素を含んでいる。そのために，7人の誤算者をよけいにだしているのである。これについて調べて，異る要素をはっきりさせる必要がある。

(c) 本指導で新しく設けた型であるN型，D型，P型，Q型，R型の分析研究を(b)とあわせてする。

Ⅲ　昭和28年度の結論と今後の問題

28年度の結論を，さきにあげた研究のねらいについて，次の項目によって述べてみよう。

1　理解事項に対する験証——これを更に分析して

A　数学的な内容についての験証

B　指導法の面から

(1)　ひとりびとりの子どもを伸ばす対策としての，能力別指導の方法は，はたして適切であるかどうかの験証

(2)　理解の成立を見るために，永続性と適用性についての験証

2　協力学校の研究の結果から考えられる指導計画の修正点

1.　理解事項に対する験証

A　数学的な内容についての験証

「二位数×一位数」の計算においては，前学年までに修得することになっているかけ算九九の意味，かけ算九九及び加法九九，数の大きさ等の数学的素地を身につけているならば，「二位数×一位数」の指導では，新らしい理解事項として，かけ算の演算の意味と，かけ算の方法についての意味だけでよいということである。

いいかえるならば，三年までの数学的な素地が身についているならば，ここでの学習では，次の内容が理解されればよいということである。

(a)「二位数×一位数」の演算の意味……かけ算九九で学習した「６円×４」と同じ考えで，「14円×４」と書き表わすことができる。

(b)「二位数×一位数」の計算方法の意味……１円札と10円札とを別別に数

えるように，一の位と，十の位は別々に計算する。そして，それぞれの位の計算をするときに，かけ算九九を使う。各位の個数を誤らぬように，書く位置を注意する。

上のような「かけ算の意味」について理解することが，誤算を無くする上に必要欠くことのできぬことである。

しかし，現実の学級では，４年に進んでも，全部のこどもが前学年までに修得すべきものを，完全に修得し身につけているとは限らない。

予備調査の結果でも解るように，前学年までの素地を完全に身につけているとみられるＡクラスの子どもは極く僅かで，ＡクラスＢクラス合わせて，学級の17％という状態である。

したがって，実際に当っては，前学年までに修得すべきことであるが「数の大きさ」と４年の内容である「かけ算の意味」とが，かけ算指導に欠くことのできぬ理解事項としてとりあげられるに至ったのである。

こうした理解事項について，ひとり残らずの子どもに理解できるように学習指導を工夫していけば，誤算をする子どもがなくなるという仮説に対して，26年，27年，28年と験証したわけである。

28年度の指導に於ても，前に掲げたように，誤算者数は 280人中22人で，25年度に仮説として考えられた理解事項の正しいことは験証されたとみてよい。

さて，数学的理解事項についての験証は，上のように好成果をあげているのであるが，誤算者として残る22人の誤算の原因を見ると，総て加法九九，乗法九九の誤りであると言える。即ち，４年までに身につけておかなければならぬ数学的素地について障碍があるために，４年においての指導で，なお，誤算をする子どもとなっていることである。これが対策は，次年度に残される問題である。

B 指導法の面からの験証

(1) ひとりびとりの子どもを伸ばす対策としての，能力別指導の方法は果して適切であるかどうかの験証

子どもは，ひとりびとりその能力を異にしている。したがって，それぞれの能力に合わせて指導しなければ，ある子どもは遊び，ある子どもは落伍するといったことになり，ひとり残らずの子どもを伸すということにはならない。

そうした観点から，ひとり残らずの子どもを伸すために，どのように考えてきたかについて，主要な事項を，次にあげてみよう。

① 能力のとらえ方と，その指導について

(a) 能力の考え方と，その捉え方

昭和26年12月以来，本校に於ては，子どもが具体的に行動しているその手際で，子どもの能力を捉えるようにしている。

6＋7＝13と正答した子どもがあっても，この正答を出す手続きには，次のような方法があるわけである。

(い) 6と7を，カードか指に置き換えて，そのカードか指を，はじめから，「いち，に，さん，……」と数えて，「13」と出す。

即ち，ものと数詞とを1対1に対応させて数えなければ，6＋7の計算のできぬ子どもである。

(ろ) 6を念頭に置き，7を指で置いて，6の次から，7，8，9……と7だけ数えたして，「13」と答を出す方法である。

この方法は，二つの数をものに置き換えた(い)の方法よりは，思考が一段発展しているわけで，一方の数を念頭に入れて，一方だけをものに置くわけである。

(は) 6＋7を見て，念頭で，6より4大きい数は10，6より5大きければ

11，6より6大きいと12，というように，念頭で数系列をたどって，6＋7＝13と答を出す方法である。

(に) 6＋7を見て，反射的に13と答を出す。

このように，6＋7の答を出す手続きは，幾通りもあるわけであるが，この計算の手際は，帰するところ子どもの思考の発達の程度を示している。(い)の子どもは，(ろ)から(は)と，次第に思考が伸びるにともなって，答を出す手続き，手際が変ってくるわけである。

すなわち，子どもの能力は，単に正答数がどれだけであるかだけで考えても意味がないわけである。

いま，「三位数×一位数」の指導前に実施したテスト結果を基にして，仮に，できる，できない割合，即ち，正答率で能力を分類すると，278人中182人が全問正答しているので，学年児童の65％が100点の子どもである。20問中1問だけ誤答したもの36人，2問乃至5問誤答した子どもが37名で，5題以下の子どもはあわせて29％になり，学級人員の殆んどである。

したがって，正答率で子どもの能力を見るなら，殆んどAかBクラスと言うことになる。しかし，124×3の計算の手際を見ると，自ら，ちがいが出ている。

本校で，昭和26年12月以降の学習指導で成功している能力の捉え方では，このような，できるできないの割合で能力を考えるのではなく，子どもの手際から具体的にその発達段階をおさえているのである。

(b) 実際指導の方法

子どもの能力差に応じた指導法を考える場合に，教師の負担が過重にならないことも重要な条件であり，子どもが優劣の感情をもたぬようにすることも大切な条件である。こうした条件を考えて実際指導の方法を考えたのが，次のような計画である。

12円の品を4つ買ったときの金高を求める場合の例

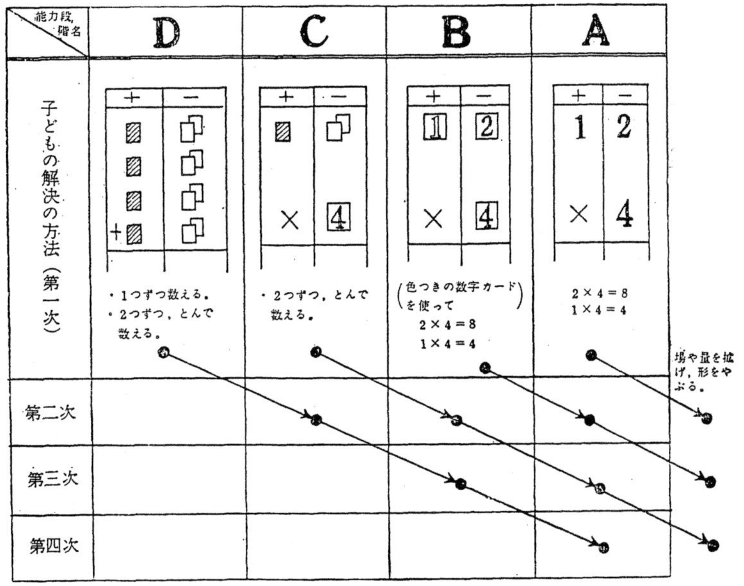

能力段階名	D	C	B	A
子どもの解決の方法（第一次）	+ − / + / ・1つずつ数える。 ・2つずつ，とんで数える。	+ − / × 4 / ・2つずつ，とんで数える。	+ − / 1 2 / × 4 / （色つきの数字カードを使って） 2×4＝8 1×4＝4	+ − / 1 2 / × 4 / 2×4＝8 1×4＝4
第二次				
第三次				
第四次				

場や量を拡げ，形をやぶる。

この指導をみると，次のことがわかる。

・ 学習の場は，学級全員が同じになっている。

・ 解決の手際で，子どもの発達差をとらえている。

・ それぞれの手際で正しくできるようにして，一段ずつ踏み固めながら，次に進ませるようにしている。

このように，それぞれの子どもの発達に応じて，そこから指導を始めるように指導の計画を立ててみると，幾つかの近似のグループに分れることになる。これを，さらに，教師の指導に要する時間などから考えると，大体4つか3つ位のグループに分けて指導計画を立てることが，無理をしない限界とみられた。

能力の捉え方はいろいろな観点から論ぜられているが，本校では，上にのべたような観点に立って，指導してみた。その結果，教師の負担もさまで大きくなく，しかも，ひとり残らずの子どもが，精一杯に仕事をして，その上に誤算者を殆んどつくらぬという成果をあげられることがわかったのである。

⑵　**理解の永続性と適用性を考えることができるか**

これについては，さきに（27ページ）のべた結果から，理解が成立すれば永続するということが験証されたとみてよいし，適用性についても，さきに（29ページ）のべた結果から，よい成果をおさめているとみてよい。

むしろ，今まで述べてきた永続性と適用性は，理解がほんとうに成立しているかどうかをとらえる要件である。この意味において，本校の研究は理解を与える上においても，また，学習の能率化という点から考えても好結果を示していることがわかる。これは，単にかけ算だけについてではなく，算数科の指導全般についてもいえることであろうと考えられる。

§2.　協力学校での研究結果からの指導計画の修正点

28年度の協力学校の実験研究の結果について，この指導計画で一般性を見出すためには，どのような点を修正したらよいかを研究した。このことについては，既に，研究報告⑷に報告されているので，ここでは詳細にはふれないことにしたい。

さて，これからわかった修正点の主なるものをあげて見ると，次のようになる。

⑴　学習の場としてとりあげる素材が毎時間ちがっているので，子どもは混乱しやすい。この点を考慮したい　。

⑵　教具使用の意味が十分に理解されていないと，よい結果をあげること

ができない。この点について，さらに考えたい。

(3) 子どもに自由に行動させながら，思考させるようにする必要がある。

(4) 演算の意味が十分に理解されるようにするのに，もう少し工夫する余地がある。

(5) お札を数えるときに，1円札と10円札とを別々に数える考えを，一の位と十の位とを別々に計算する考えに伸ばすのであるが，その関係をしっかり結びつけることが，主要なことになる。この考えの伸ばし方について，特に考えていく。

以上が28年度の結論から考えられた問題である。

しかし，本校自体の研究としては，協力学校の研究との関係上，やや足ぶみをした感もある。特に，進んでいる子どもの指導とか，時間短縮の問題についての研究は，29年以後の研究にまつことになった。

第2章　昭和29年度の実験研究

昭和29年度の実験研究は，本校での研究と，協力学校を通じての研究とに区分きでる。この章では，そのうちの本校の実験研究について述べる。

I　本校における29年度の研究のねらい

§1.　昭和28年度までの研究で残っていること

今までの研究で残された問題については，第一章Iの4，及び，IIの4に述べてあるので，ここでは，できるだけ重複をさけて，具体的な内容についてのべる。

A　二位数×一位数の指導結果から反省される事項

28年度までの指導の結果を見ると，どの年度にも誤答数の多いのは，K型（かけ算九九の誤り）J型（加法の誤り）であった。よせ算やかけ算九九の指導は3年までであるが，その間の指導においてどこか手ぬかりのあったことを物語っているわけである。つまり，加法や乗法の誤りは3年までの指導に不足している点のあることを示唆しているものと考える。

要するに，前4年間の実験指導でいつも4年の担任者が苦労させられてきたことは，3年までの数学的な素地が十分身についていない子どもが多く，いわば，その借金を支払うことに可成の時間をかけねばならない状態であったということである。指導計画にも，意識的に，この学習に必要な低学年からの素地を取り入れるようにしてきた。低学年での素地が乏しいということは本校だけでなく，昨年度の協力学校の実態からも，考えられることである。即ち，協力学校の実験に当っての予備調査の結果をみると，ＡＢグループ，即ち，前学年までに修得するはずの数学的内容について抽象的に思考を進められると思われる子どもは，僅かに39%であった。それに対して，並以下のＣＤグループの子どもは61%も占めていた。これは，各校とも，低学年の指導に，一生懸命努力したことであろうが，なお，半分以上の子どもは取り残されているということを物語っている。

すなわち，素地になることがらの学習指導が十分に行われ，その素地が豊かになって４年に進んでこなくては，４年でやる二位数×一位数の学習に普通以上の努力が必要なわけである。（このことに関して後述）

この低学年での指導を改善すること，及び，その際に，今まで二位数×一位数の実験指導で考えられた教材の見方，指導計画のたて方，学習指導の進め方などの効果的なしかも能率的な考え方（これは，いわば学習指導の原理となる考え方であると考えられるが）をあてはめていくことを考えていきたい。

B　協力学校での指導の反省から考えられる事項

先にも述べたように，協力学校の実験研究のねらいは，本校で考えた指導計画や指導法に一般性があるかどうかを験証するための研究である。すなわち，その指導の結果から，指導計画で，どんな点を改善していったら一般性のあるものになるかについての修正点を見出して，本校の指導計画や指導法を修正していくことである。このような　反省～実験～反省　という経過をたどって，指導法や指導計画に一般性をもたしていくことを考えているわけである。

さて，昨年度の結果は，誤算率28%であった。そこで，各校の指導の結果や指導後の反省から考えられる指導計画修正の観点を述べてみると，次のようになる。

(1)　子どもの自信のあるものを土台として，素材を統一し子供の理解を成立しやすくする

昨年度の指導計画を反省すると，第一時から第三時までの復習及び学習の場の構成において，とりあげる学習の素材がばらばらに出てきて，子どもの思考に一貫した筋を通すことが困難であったという反省が多くでた。これが修正の第一観点である。

(2)　教具を自由におもい切り使わせて，無理なく思考を進めるようにする

本校で一位を赤，十位を黄，百位を緑と約束した色カードを使用している。これがどんな目的をもっているか，また，子どもの思考を伸ばすために，どのように使ったらよいかがはっきりしなかった。そのために，おくれている子どもに，その思考を伸ばすようにうまく使用されなかった。また，進んでいる子どもは，抽象的にも考えることができるので，今更教具を使用しなくてもよいというような意見がでてくる状態であった。それで，教具を具体的に操作して，目に見えない原理や概念を子どもに理解させ，その考えを伸すための教具として，その活用が十分なされていなかった。つまり，学習指導を展開していく上に，教具を，教師の考えを伝えるためにのみ用いていたのである。そのために，教具を，子どもがそれをもとにして考え自分で思考を進めるために使用するという，最も重要な面を忘れていたという反省がでてきた。そこで，教具を使って自由に考え，また自分の考えを教具によって目に見えるように表わして，自分の考えを他人にわかりやすく説明できるように活用するということが，教師にも子どもにも，もっとわかるようにしたい。

以上が協力学校を通じてわかった，本校の指導計画を修正していく上において，考えていきたい点である。

§2. 昭和29年度の研究のねらい

A 一般的な研究の方向

上にのべたように，前年度までに残された問題を研究した結果，今年度の実験指導の方向として，次の三つのものを考えた。

(1) 二位数×一位数の指導計画の改善

(2) かけ算を学習するための素地としての学習指導の研究

(3) 二位数×一位数以外の教材の学習指導を，今までの考え方で能率的にする研究

B 具体的な実験内容

(1) 二位数×一位数の実験指導

4年全員を実験指導の対象として行い，その実験内容及び方法は，すべて今までの研究と同じである。その内容は，次のようである。

a．理解事項の験証

b．子どもの学習の素地と，学習の能率化

ここで考えることは，かけ算の学習の最大の障碍は，前学年までの素地が十分身についていないために起る障碍である。然し，この点については，前学年までの学習指導を実験指導として特別にとりあげなかったが，一般の学習指導を進めるとき，四年生について行った実験指導の成果のあがった理由を，前学年の指導に当って，全般的に，とりいれてきたために，三年のかけ算九九の指導をはじめとして，全般的に相当に向上したと見られる。このように

四年までに修得すべき内容についての成果があがってきたために，前年度の13時限を必要としたかけ算指導の時間が，幾らか短縮できる見込みがついた。

そこで，29年度の学習指導では，時間を何時限短縮することができるかということを新に考えた。

c．特に進んでいる子どもの指導

昨年は，種々の事情から研究できなかったが，本年度は，この問題の解明に一歩進むことを考えた。

(2) かけ算九九の実験指導

3年全員を対象として，かけ算九九の指導をすることにした。それは，四年のかけ算指導をした後のテストによって，誤算する子どもは，かけ算九九による誤りが多いので，若しも3年でのかけ算九九の指導において，すべての子どもが，かけ算の九九を理解し身につければ，4年のかけ算の学習で，九九ができないために誤算をするという子どもがいなくなるであろうとの見通しをもったからである。それと同時に，かけ算九九についての理解事項は何か。また指導計画は，どのように立てたらよいかについての学校独自の立場からの研究にもなるわけで，いわば，四年の実験指導の考えを拡げた第一年目の，まず第一にとりあげた教材ともなるわけである。

またこのことは，3年でかけ算九九，4年で2位数以上のかけ算，更に，5年で3位数のかけ算と発展し，一連のかけ算学習の体系を作りあげる上の資料をうる上に，重要な意味をもつものと考えたのである。

(3) 記数法，加法，分数教材などについての予備的研究

実験研究は，1年1年の歩みが貴重なデーターである。失敗は失敗なりに貴重な資料であり，成功の資料は，その成功に導いた原因と思われるものをよく分析して，翌年度に生かしたいのである。また，研究は，1年や2年よいデーターがでたからといって，直ちに，その考え方や方法がよいとは断定

できないのである。即ち，それを仮説として，次年度に験証するという建前をとり，仮説一験証を何度かして，一般性のある考え方としたいのである。このような立場から考えると，急に研究の範囲をひろげるということは非常に危験がある。特に，本校の子どもや職員組織からこのことを痛感する。

28年度までの研究で，二位数×一位数についての研究は，一応軌道にのったと考えてもよい。そこで，この実験指導から，他の教材にあてはめてもよいと考えられる学習指導についての考え方を抽出して，それを，他の教材にあてはめて，学習の効果があがるかどうかを研究することにした。

本年度は，直接４年の学習に関係ある３年のかけ算九九については，前述したように実験指導としてとりあげることにしたわけであるが，逐次，他学年の研究へ進めていきたいと考えている。しかし，すぐ実験指導に入っては，失敗する危険も多いので，準備指導の期間をおくことを考えた。すなわち，本年度は準備指導として，自由に学級毎に実験することにしたのは，記数法（１年），加法（２年）及び分数（５，６年）である。これらの 1，2，5，6 年の指導は，来年度，或は，再来年度実験指導を始めるときの資料を残すことを主目的として，あくまでも気楽に,指導に当ることを根本態度とした。しかし，指導の記録は必ずとっておくことにした。

以下，それぞれの学年でのねらいについてのべることにする。

(a)　記数法の予備指導について，

かけ算を学習する上の理解事項の１つである〝数の大きさ〟がわからないのは，１年の指導である“ものの量の大きさを数字でかき表わすしくみ，即ち，記数法の考え方の指導に手ぬかりがあったと考えられる。この指導は，同じもの，或は，同じとみられるものでなくては数えられないという数え方の初歩から始まって，同じ単位のものが10以上になったら，大きな単位になおして，１まとめにしておくと，数えたり量の大きさを見たりするのに都合

がよいという考えに発展し，更に，もので表わされた量の大きさを，それをもとにした数字でかき表わす方法へと進むわけである。この間の学習指導について，ものを使って具体的に考える段階から数字にまで自然と高められるようにするには，どのような段階をふめばよいかをとりあげ，それを１年での研究のねらいとした。

(b)　加法の指導について

Ｊ型即ち加法のまちがいから起る誤算が４年のかけ算指導の結果においても可成多いのである。このことは，今まで何度か述べてきたところである。それで，２年における加法の指導をどのようにしたらよいかを研究する。この研究でねらうところは，加法九九を使って直観的に数えられるようになる子どもは，学級の６－７割と考え，残る，所謂，おくれている子どもに，どんな教具（指や小石なども含めて）を使用して，どのような段階を踏んで行けば，誤りを起さなくなるかということである。いわば，加法においては，どんなにおくれている子どもでも，指を使ってでも，必ず正しくよせ算ができるまでにしたいのである。この研究でも，今までの研究と同じく，発達の差はあってもできない子どもをなくしたいということは，もちろんねらっているわけである。

(c)　分数の指導について

分数についての指導は，四年における「二位数×一位数」の実験指導と直接関係がないように見えるが，次のような点から考えて，研究を進めることにしたのである。

①　「二位数×一位数」の指導における理解事項や，指導計画，指導の方法などが，分数の指導にも同じように適用できるかどうか。

即ち，整数の場合には，「数の大きさの書き表わし方」と「計算の意味」（演算と計算方法）が重要な指導事項であった。これと同じに考え

れば，「分数の大きさの表し方」と「計算の意味」を理解させればよいことになる。果して，これで学習成果があがるかどうかの研究である。

② 「二位数×一位数」においては，一の位と十の位とを別々に計算していき，大きい単位に繰り上がるようになったら，繰り上げて表わせばよかった。

帯分数のかけ算についても，これと同じに考えればよいわけである。これが子どもに無理なくできるかどうかを研究することである。

③ わり算，ひき算などについても，整数や小数についての考え方が，そのまま適用できるかどうかを知ることである。

④ 更に，分数の学習は困難な学習であると言われている。かけ算指導のように，すべての子どもが学習できるということがいえるかどうかについても，研究したいのである。

Ⅱ 4年の実験指導

本年の実験指導及び調査は，次のように行った。

1. 二位数×一位数の予備調査(ペーパーテスト)及び個人毎の障碍の診断
   二位数×一位数の実験指導………………5月6日より11時限
   二位数×一位数の指導直後のテスト……1日10題ずつ9日間，計90題
2. 二位数×一位数の浮動調査………………テスト問題，方法は上と同じ 7月と9月の2回
3. 三位数×一位数の指導前の調査…………11月上旬
   三位数×一位数の指導……………………11月上旬，2時限
   三位数×一位数の指導直後のテスト……11月中旬
4. 二位数×二位数の指導前のテスト………12月上旬
   二位数×二位数の指導……………………12月中旬5時限
   二位数×二位数の指導直後のテスト……12月中旬，100題

§1. 二位数×一位数の実験指導

A 学習前の子どもの実態（予備調査）

4月19日（月）より23日（金）までの5日間，ペーパーテストによって子どもの実態について調査した。その結果，障碍のある子どもについては，個人毎に具体物によって診断を行った。調査のめあて，問題，方法，採点のしかた及び結果の整理等については，今までと同じであるので省略する。(詳しくは実験報告(3)のp. 27〜30, (4)のp. 46〜74を参照されたい)

二位数に一位数をかけるかけ算の学習の理解事項として，〃数の大きさ〃と〃かけ算の意味〃の二つを考えることができる。また，その素地となるも

のは，①繰上がりのある加法ができること ②かけ算九九ができること ③部分積の大きさがわかること ④加法のとき単位をそろえることであるので，予備調査の問題は，〃数の大きさ〃 〃かけ算の意味〃 〃加法及びかけ算九九〃の四つの部門について行ったのである。その結果は，次の表に示したとおりである。

〔第１表〕数の大きさとかけ算の意味の予備調査（28年度との比較）

判定＼要項		数の大きさ（A） (1)	(2)	(3)	(4)	(5)	(6)	(7)	（A）の判定	かけ算の意味（B） (1)	(2)	(3)	（B）の判定	（A）と（B）の判定
◎	28年	228人 81%	155人 55%	152人 55%	95人 34%	167人 60%	184人 60%	112人 43%	39人 13%	120人 43%	70人 25%	68人 25%	24人 8%	9人 3%
	29年	119人 97%	91人 74%	108人 88%	95人 77%	98人 80%	102人 83%	50人 41%	39人 32%	80人 65%	39人 32%	52人 42%	21人 17%	18人 15%
○	28年	0人	0人	67人 24%	77人 27%	0人	0人	0人	47人 16%	85人 30%	84人 30%	75人 26%	76人 26%	42人 15%
	29年	0人	0人	8人 7%	15人 12%	0人	11人 9%	58人 47%	39人 32%	34人 28%	70人 57%	64人 52%	85人 69%	54人 44%
△	28年	31人 10%	58人 19%	24人 8%	55人 18%	75人 26%	52人 19%	105人 43%		31人 10%	46人 16%	70人 25%		
	29年	2 2%	22人 18%	6人 5%	6人 5%	21人 17%	0人	7人 6%		0人	3人 2%	0人		
×	28年	20人 7%	57人 7%	36人 13%	50人 17%	36人 12%	42人 15%	58人 19%	200人 69%	39人 13%	78人 27%	67人 25%	183人 66%	231人 81%
	29年	2人 2%	10人 8%	1人 1%	7人 6%	4人 3%	10人 8%	8人 7%	45人 37%	9人 7%	11人 9%	7人 6%	17人 14%	49人 40%

〔註〕① 調査人員は28年度が279人，29年度が123人である。

② 判定の◎は完全にできたもの，○は半分以上できたもの，△は半分，×は半分以下しかできなかったものである。

③ （A）と（B）の判定で，△や×を含むものは×とする。この子どもには診断テストを行う。

④ 詳細については，実験報告（４）のp. 48〜71を参照されたい。

⑤ 百分率はその年の調査児童全員に対する誤算者の割合である。

ここで，この予備調査の結果，昨年も，本年も誤りをおかした主なる問題とその原因について述べてみよう。

(1) 数の大きさについて

（A）の(7)の項で×の人数をみると，28年度は58人で最高の誤算者をしている。その調査の内容は，「ある位の単位の大きさは，その右の単位の大きさの10倍になる。」ということをみようとするものであり，テストの問題は次の６問である。

① 赤カード40枚は黄カード□枚です。

② 黄カード50枚は，みどりカード□枚です。

③ 黄カード９枚は，赤カード□枚です。

④ みどりカード６枚は，赤カード□枚です。

⑤ 25円を１円さつではらうと　なん枚になりますか。

⑥ 320円を10円さつではらうと　なん枚になりますか。

このようなテスト問題であるが，誤りをみると，①，②のように，下の単位のものを上の単位にとりかえることはできるが，③，④のような上の単位のものを下の単位に繰下げることについては誤りが多いのである。その中でも，特に，④のように 100位を１の位へ繰下げるような時には特に困難なようである。これは，低学年におけるものの量の表わし方の指導において，具体物から段階を追って抽象化していく点の指導が不充分であるためであると思われる。上の単位のものを下の単位のものにとりかえたり，下のものを上のものに自由にとりかえたりすることから，具体物の上でうまくできるようにすること，及び，これをとおして量の大きさを表わすには，できるだけ大きな単位で表わすと，小さな数値ですむので，見てよくわかるという十進記数法の表わし方の意味を指導することが重要になってくる。

また，この場合，色カードの約束がわかっていないための誤算とみられるものも多少あった。（本校児童は1年からこの約束をしっているので，この点はあまり心配ないが，途中で転入した子どもが特に困難である。）

(2) かけ算の意味について

次に乗法の意味についてみよう。本年は，△，×の子ども(遅れた子ども)の数が非常に少くなっている。これは，昨年，即ち，3年生のときの指導の効果であると考えられる。

こゝで特に誤りを犯しているのは，Bの(2)の同数累加のときは，「グループの個数を乗数とすればよい」という項目についてである。即ち，「ノートを7さつ買いました。1さつ9円です。いくらはらえばよいでしょう。」というように，買った個数を先にして，1個の値段を後にした問題で，そのやり方をかきなさいといったときには，7×9というような式をたてるこどもがでてくる。これは，3年のかけ算の指導における演算の意味の指導が不徹底であることを物語るわけである。それゆえ，その前にある「1さつ9円のノートを5さつ買いました。」という問題で，9×6と正しくできても，果して，かけ算の演算の意味がわかっているかどうかは，それだけではわからないといえるのである。

全般的にみて，数の大きさより，かけ算の意味について誤る子どもが多いことは，この面の指導がまだじゅうぶんでないことを物語っているように思われる。

では次に，加法とかけ算九九についてみよう。調査人員は28年が276人で，

29年が123人である。

第2表 加法とかけ算九九についての結果

判定	年度	加法		かけ算九九	
◎	28年	227人	82%	219人	76%
	29年	117人	94%	111人	90%
○	28年	23人	8%	37人	14%
	29年	4人	3%	6人	5%
△	28年	11人	4%	14人	5%
	29年	0	0	5人	4%
×	28年	21人	7%	13人	5%
	29年	2人	2%	1人	1%

第3表 かけ算九九の指導前と指導後の誤算人員と誤答数

		指導前		指導後	
	年度	数	全児に対する百分率	数	全児に対する百分率
誤答数	28	803	3%	310	1%
	29	107	0.9%	27	0.2%
誤答人員	28	181	64%	71	25%
	29	41	33%	19	15%

第4表 能力段階別人員

能力段階	年度	人員	百分率
A	28年	11	4
	29年	18	15
B	28年	37	13
	29年	54	46
C	28年	199	70
	29年	38	38
D	28年	36	13
	29年	13	11

第4表のように，3年までの素地を身につけていると思われるABグループの子どもが，昨年は僅かに17%であったが，本年は61%にも向上している。

即ち，大部分の子どもが3年までの学習の素地を身につけたといえるわけである。

この結果，昨年までの指導計画で修正すべき点が生じたわけである。それは，昨年度までの指導計画は13時限であったが，そのうち1～3時限は，これまでの復習である。したがってこの時間は，当然不要になるわけである。

これを次に述べよう。

B 指導について特にかわった点

(1) 28年度の13時限の指導計画を2時限短縮して，11時限にした

時間を短縮した理由として考えられることは，次の二点である。

(a) 予備調査の結果，3年までに学習したことが身についているものが多いことがわかったので，(昨年の指導計画で第1時と第2時は演算の意味についての3年の復習である) 昨年の第3時の『単価が10円以上になっても，今までと同じように〃かいたりいったり〃することができるだろうか』という問題から学習を始めることにしたのである。

(b) また，加法や，かけ算九九が正しくできるので，今までの指導計画の第12，13時あたりの練習をする時間を少くすることができる。

この二点が，予備調査の結果から，指導計画の修正について考えられた。そこで，実際に第1時から第3時までの指導を省いてよいかわるいかは，その時間のテスト問題で，テストしてみて，誤算者がなければ省略してよいと判定することにした。

このような指導計画の修正によって実験指導に入ったのであるが，実際指導をしてみると，『10円以上のものをいくつも買ったときのわかり易い，並べ方，いい方，書き方』という学習にはじめからはいるには，やはり無理があって，こゝで2時間もかかった。結局，始めの演算の意味で短縮できたのは，1時限になったのである。

また，最後の第13時分を省いて，第13時の練習問題(1)を第10時に，練習(2)を第11時に行って，昨年の第13時の指導計画は省いた。

したがって，全単元のうちで2時限の短縮をみたわけである。この修正した指導計画が，昨年度のものとどのようにかわっているかを，比較表によって次に示す。

昨年の指導計画（毎時の学習問題）	本年の指導計画（毎時の学習問題）
第1時 単価と個数のよくわかるお札の並べ方，言い方 第2時 わかりよいかんたんな書き方（3年の復習） 第3時 単価が10円以上になったときのいい方，書き方	第1時 単価が10円以上になったときのお札の並べ方，いい方 第2時 単価が10円以上になったときの書き方
第4時 お札の数え方（1円と10円札，つまり，1の位の数と10の位の数を別々に）	第3時 同左
第5時 計算（数字の上での）で金高を求める（筆算のしかた）	第4時 同左
第6時 計算練習	第5時 同左
第7時 同じお札が10枚以上になつたときわかり易くする工夫（両替え）	第6時 同左
第8時 数字の上での計算で金高を調べる（筆算のしかた）	第7時 同左
第9時 練習（1の位の繰上がり）	第8時 同左
第10時 練習（10の位の繰上がり）	第9時 同左
第11時 練習（1位10位とも繰上がる場合）	第10時 同左 昨年の第13時のれんしゆう問題(1)もやる
第12時 練習（積0にのつく場合） 第13時 綜合練習（いろいろな場合）	第11時 練習 { 積に0のつく場合 いろいろな問題 （書かれた問題） }

(2) 特に進んでいる子どもの指導に手をつけた

28年までの実験指導で，遅れている子どもを救うことについての研究は一応成果をおさめることができた。しかし，特に進んでいる子どもについての指導を研究する必要があったのである。

28年度は，種々の都合で実験的な研究にとりかかることはできなかったが，本年度を第一年目として，特に進んでいる子どもの指導の研究にとりかかった。

では，進んでいる子どもを伸すための指導を，今までは全然しなかったかというとそうではなかったのである。今までは個別学習においての練習問題で，質と量の二面から進んでいる子どもを伸すことを考えてきた。個別学習の25分の時間には，進んでいる子どもでも，練習問題2枚を終ることのないような量を考え，しかも2枚目には，質的に高いものを入れてあったのである。

このようにして進んでいる子どもがあきたり，優越感を持つことのないようにと，いわば精神的な面をも考えてきたのである。

その反面として，数学的な思考力をどこまでも伸すとか，また，自分でどこまでも原理を活用さすとかという本質的な面についての指導には，手がけなかったといえるわけである。しかし，ただ形式的にできるというだけに終らないように，進んでいると思われる子どもにも，教具を使って考えさせ，思考のすぢみちを反省させて，はっきりと，原理をつかませるようにすることを，今までも，心がけてきているのである。

本年は，このような進んでいる子どもの対策としては，慎重にするために，4年生3学級のうち，その1学級だけについて，次のようなことを考えて指導を行った。

第4時に「お札の数え方は，どのようにすると早くできるでしょう。」ということについて学習するので，第5時は，「この前の時間にお勉強したお札の数え方を考えて，計算のしかたを自分で考えてごらんなさい。」というような発問にして，始めの一斉学習（15分）を行わないことにした。そして，CDグループ，即ち，並以下の子どもだけについて，今までと同様に，「一斉」「グループ」「一斉」の時間過程をとった。このようにして，進んでいる子どもには，今までに学習した考えを生かして，自分で新しい方法を工夫していくようにしたわけである。

すなわち，進んでいる子どもに対しては，前の時間に学習した「お札を数えるときと同じ考えで，数字の一位と十位を別々にして計算すること」に気づかせて，自らの力で解決できることをねらったわけである。

このような学習形態をとって，第4～6時を行った。ところが，毎時の終りのテストを行ってみたところ，進んでいると思われたABグループの子どもの中から，誤算をおかす子どもが出てきた。

その原因と思われることを考えてみると，

a．進んでいる子どもを手ばなした。その対策に不充分な点があった。何をどのように考えたらよいかの，考えるめやす，即ち，考える手がかりについての，教師の発問に手ぬかりがあった。そのために，繰上がりの計算がでてくると，お札で両替えしたことが，同じ考えで，計算に適用できないという結果になったのである。

b．特に進んでいる子どもにのみ行うべきものを，A，Bグループと考えちがいをした。即ち，Bグループは，予備調査の結果，何処かに誤りをおかしているのであるから，まだ自力で解決することは不可能な子どもなのである。この子どもも含めてしまったからである。

このような結果，特に進んだ子どもに対する対策としての個人学習は，第7時で中止して，第8時からは，昨年通りの学習形態にもどした。

C　修正した指導計画

昨年の指導計画で修正した点をのべよう。この指導計画の修正は，昨年度の協力学校の結果からの反省と，本校の指導の反省から，出てきたものである。

第1時～第3時の学習において，3年の復習を最少限にしたことについては，さきにのべたので，こゝでは省略する。

① 学習の場を統一したこと

今までの指導計画をみると，第一時がお金集めであって，第三時が買物であったりなどして，子どもの考える生活の事例が，不統一であった。それでは不便があるので，本年から買物として，学習の場を統一した。

② 子どもが，自ら工夫して思考を伸ばすことができるように，教師の発問を工夫したこと

(a) 作業させる場合に，たゞ単に「カードを並べてごらんなさい」とか，「計算をしてごらんなさい」というだけでなく，「計算のしかたをカードを並べて工夫してごらんなさい」というように，作業をさせるときには必ず自ら考えさせると同時に，工夫するめあてがわかるような発問に変えたのである。

(b) 「今日のお勉強は……ということでしたね。明日は……ことについてお勉強しましょうね」というように，学習は1時間1時間で終るものではなく，つぎへ必ず発展するものであることを常に念頭におかせるようにした。

この指導計画は，次のとおりである。

Ⅰ　単元　買いもの（同じ値段の品物を，いくつも買ったとき，支払う金高は，どのようにすると，早くわかるでしょう）

Ⅱ　指導の目標

1. 実際の場において，二位数に一位数をかける計算をする能力を伸す。
   a．同じ二位数を，いくつか加えるときには，基数（一位数）をいくつか加えたときと同じように，「×」を使って書くことができる。
   b．計算は，その同じ数を被乗数とし，加える個数を乗数として，十位の数と，一位の数を別々にすると，今までと同じように，かけ算九九を使って，計算できる。
   c．よせ算と比べて，乗数は，被乗数の一の位や，十の位の数字を何回加えればよいかを示したものである。
   d．二位数に一位数をかけて，くり上がりのない計算ができる。
   e．二位数に一位数をかけて，一の位のくり上がる計算や，十の位のくり上がる計算ができる。
2 具体的な経験を通して，被乗数と乗数を交換して計算しても，積の変らないことがわかる。
3. お札は，渡すときも，受けるときも，お札の種類毎に数えて，まとめるとよい。計算の考え方も，これと同じである。
4. お札の枚数を少くするように工夫すると，金高を知るのに都合がよい。
5. かけ算のたしかめは，よせ算でもできるし，もう一度，かけ算九九を使って計算しなおしてもよい。
6. おかねを出すときには，おつりのいらないようにつとめる。

Ⅲ　学習の展開

第1時　学習の問題「同じねだんの品を，たくさん買ったとき，1つのねだ

んや，買った数が，すぐわかるような，お札の並べ方，言い方

学習のねらい　a　かけ算の演算の意味（3年までのかけ算九九）の復習をする。

b　単価が，二位数になったときの学習問題をはっきりする。

様式時間	学習問題	学習活動	指導のねらい	個人の留意点
一斉学習　(二十分)	1　同じ値段の品をいくつも買ったとき1つ当りの値段や，買った数が，すぐ，わかるような，お札の並べ方，言い方，書き方は，どのようにしましたか。 三年生でお勉強したことを，この絵で思い出してみましょう。	・絵をみて考える。	・学習の場を，簡明に板書して，考える内容を，明らかにする。 ・模造紙に書いた絵を正面に出して，それをもとにして今までの学習経験を想起させる。 ①	
	(1)このように「消しゴム」を買いました ①消しゴムひとつのねだんと，買った数が，よくわかるような，お札の並べ方は，どのようにしますか。〔並べ方〕と板書する。	・消しゴム6個を書いた絵について考える。 ①お札の並べ方を工夫する。	A　と　B　とを予め，貼布した絵かカードを用意しておく。 ②BよりAがよくわかることをはっきりする。	
	②　ひとつのねだんと，買ったかずがよくわかるのは，どの並べ方ですか。	②AとBを比較する。	③A　4円と4円と4円と4円と4円と4円です。 B　4円が6つで	

様式時間	学習問題	学習活動	指導のねらい	個人の留意点
	③Aを，口で言うにはどう言いますか〔言い方〕と板書する。 ・どちらが，簡単でわかりやすいでしょう。	③言い方を工夫してノートする。 ・Bの方がよい。	す。 二つが出てくると予想される。	
	④これをノートに書くには，どのようにしましたか。〔書き方〕と板書する。 ・よせ算で書いてみなさい。 ・次にかけ算で書いてみなさい。	④ノートに書く。	④よせ算 4円＋4円＋4円＋4円＋4円＋4円 かけ算 4円×6 ⑤お札の絵と，よせ算と，かけ算とを結びつける。	
	⑤4円×6と書いたときの4円はどのお札ですか。指でさしてみなさい。 ・4円×6の6はどのかずですか。	⑤1つのまとまりを指す。 6は，4円のまとまりが6つある意を表わす。	4+4+4+4+4+4 4 × 6	
	⑥お札が全部で，いくらあるかは，どのように数えますか。〔数え方〕と板書する。 数えてみなさい。	⑥ ・1枚ずつ ・1.2.3.……24と数える。 ・4.8.12……24と4つずつとんで数える。 ・4×6＝24とする。	⑥どのかぞえ方もよいことをはっきりする。 かけ算九九を使うと早いが，必ずたしかめることが必要で，そのときは「とび数え」か指を使うことがよいことをはっきりする。	
	今までのことを，プリントで，勉強しよう。 プリントの(1)が終	各々プリントを取って学習をする。		

個別学習（十分）	ったら，よくたしかめて，(2)をやりなさい。 〔C. D グループに対して〕 (1) プリントの(1)番を見なさい。 『○○さん読んでみなさい』 『△△君，どんなことを，調べるのですか』 (2)どちらの並べ方がよいですか。よい方に○をつけなさい。 (ロ)では，1つの値段が，どこに並べてありますか。 (イ)では，1つの値段が，並べてありますか。 (3)次を1人でやってみなさい (4)プリント(2)を見ましょう。 問題(1)では，「言い方」は，どう言いますか。 書き方は， 数え方は， ひとりでやりましょう。	『1つのねだんと買つた数のわかる並べ方です』 (ロ)がよい	(1)問題のねらいをはつきりして，判断をさせる。 (2)総計をだして並べたのでは，1つの値段や，買った個数がわからぬことを，再確認する。 (3)教師は1人ずつたしかめて歩く。	
一斉（五分）	○やめて，この絵を見なさい。 (1)言い方は， (2)書き方は，	「6人ずつ5くみ」 「6人×5」	6人ずつ，5組で遊んでいる絵を，用意しておいて出す。	

まとめ	(3)数え方は，	「6, 12……30 6×5＝30 1つずつ」		
一斉学習（十分）	○今までの勉強は，1つのねだんが，10円より小さいときでした。ところが，1つが10円より高いものが，たくさんあるでしょう。 ○次のものは，ひとつどれほどですか。 ・りんご ・なつみかん・クレオン ○このように，10円より高いものを，いくつも買ったとき，今までと同じように，すらすらできますか。 ・16円のりんごを，4つ買ったとして考えてみましょう。(絵を出す。 (1)お札は，どのように並べたらよいでしょう。 ○こんな風に並べると，1つの値段もわかり，買った数もわかるという見当がつきますか。 (2)言い方は，どうでしょう。 (3)書き方は，どうでしょう。 (4)16円のものを，4		・次の絵を用意する ○○○○ 16円 ○目安をつけるだけでよい。 (2)左側の板書を指しながら (3) 同上 (4) 同上	

	つ買ったときのお札の数え方は，どうでしょう。 お札の数え方は，どのようにしたらよいでしょう。 これも，今までとちがうところがありますね。		10円以下のときの板書と対応させながら	
	(5)まちがいがないかどうかを，たしかめる計算は，どのようにしたらよいでしょう。		(5) 同上	
	(6) 1円札や，10円札がたくさんになったとき，これをわかりやすく出すには，どのように，お札を出したらよいでしょう。		(6)全体で金高がいくらか，見ただけで，わかるように工夫する……。（単価や個数をわかるようにするのでなく，今度は結果である）	
	(7)大きいお札にとりかえるときの，計算は，どのようにしたらよいか，ということも，勉強しなければいけませんね。 また，新しく勉強することが出てくるかも知れませんが，この問題を，順に勉強しましょう。		(7)16円のりんごを6つ買つたときなどであることをはっきりする。	
	次の時間に，並べ方，言い方，書き方について，しっかり勉強することにしましょう。		板書した問題を小黒板にまとめておく。	

月　日　　れんしゅうもんだい〔1の1〕　　組　番　なまえ

(1) えんぴつ1本7円です。1本ずつ5人買いました。どのように，おさつを出すと，1本のねだんや，うれたかずが，よくわかるでしょう。つぎのおさつのならべかたで，よい方に○をつけなさい。

(イ)　　(ロ)

(2) 1つのねだんや，うれたかずがよくわかる方のならべかたに，○をつけなさい。

① 8円のノート　6さつのとき，

(イ)

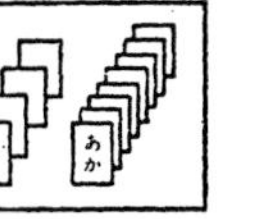

(ロ)

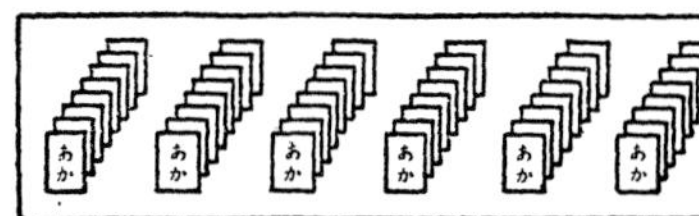

② 3円の半紙　　9まいのとき

(イ)

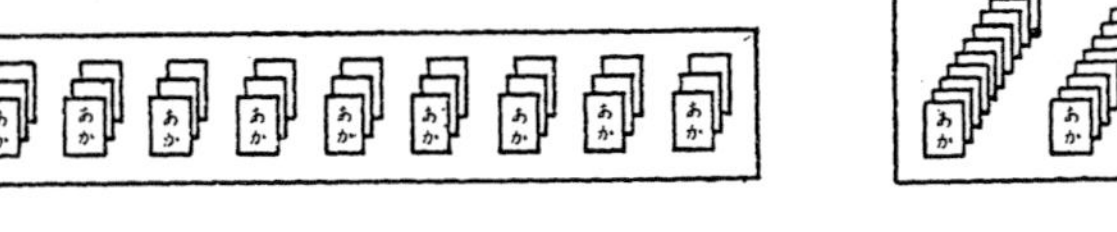

(ロ)

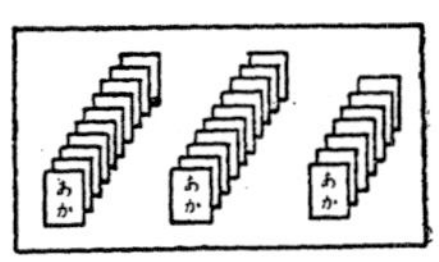

月　日　　れんしゅうもんだい〔1の2〕　組　番　なまえ

(1) つぎのかずは，どのようにいうと，よくわかりますか。

また，かきかたや，いい方は，どのようにしたらよいでしょう。

①  いい方　かき方　かぞえ方

②
△△△△△△
△△△△△△
△△△△△△
△△△△△△

いい方　かき方　かぞえ方

③ 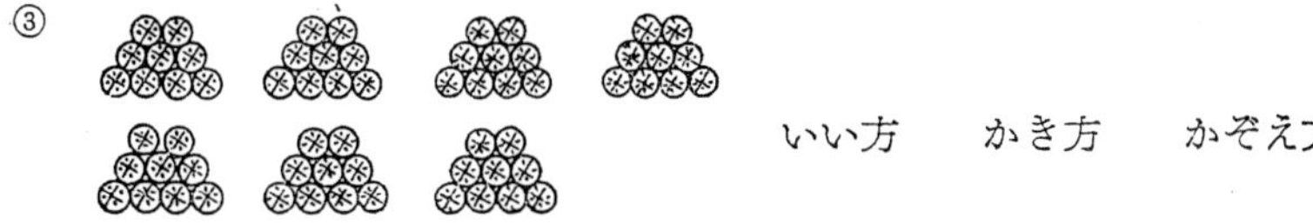 いい方　かき方　かぞえ方

④  いい方　かき方　かぞえ方

⑤ 

いい方　かき方　かぞえ方

月　日　算数テスト　(1)の①　組　番　なまえ

① えんぴつ1本　7円です。　1本ずつ5人買いました。どんなに，お札をだすと，1本のねだんや，うれたかずが，よくわかるでしょう。

次のお札の，ならべかたのよい方に，○をつけなさい。

A　　B

② 1つのねだんや，うれた数がよくわかる方の並べ方に，○をつけなさい。

(イ) 8円のノート6さつのとき

A 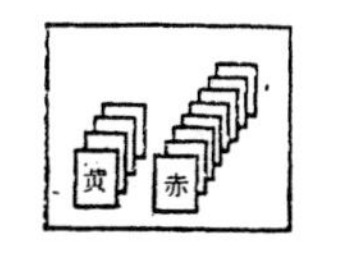 B 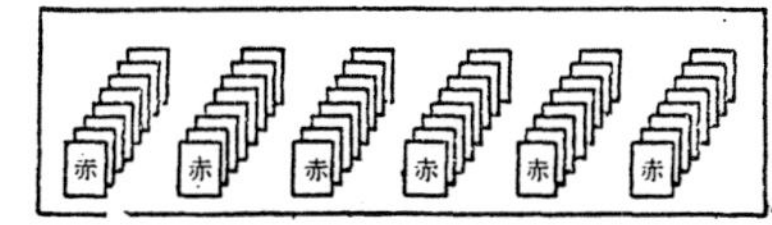

(ロ) 3円の半紙9まいのとき，

A 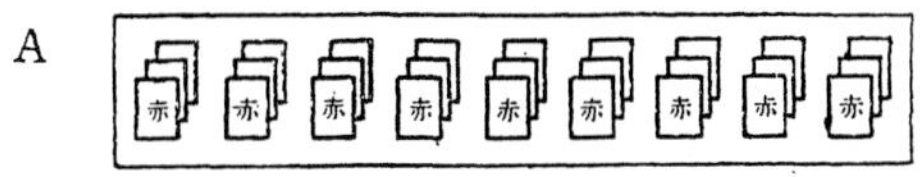 B 

月　日　算数テスト　(1)の②　組　番　なまえ

(1) お金が，下のようにならべてあります。ぜんぶでいくらあるかを，どんなやり方でしたらよいか書いて下さい。

(2) 17えんのノートを，5さつ買いました。はらうお金は，どんなやりかたでしたらよいでしょう。

(3) 28人＋28人＋28人＋28人を，もっとかんたんにわかりやすく書くと，どのように書いたらよいでしょう。

(4) 14人×3を，よせ算のしきで書いたらどのようになるでしょう。

(5) 次の式を，もっとかんたんになおしてみなさい。

29＋29＋29＋29＋29＋29

〔註〕昭28の指導計画の第1，2時を同時に行ったために，テストは，2時間分を行った。

第2時の問題……1個当りのお金が，10円以上になったときの，「言い方」や「書き方」も今までと同じようにできるでしょうか。

様式時間	学習問題	学習活動	指導のねらい	個人の指導点
一斉指導 十五分	・今日のお勉強はどんなことでしたか ・そうですね，1ついくらかがわかり，それをいくつ買ったかがよくわかるような，並べ方，いい方，書き方でしたね。	①1つのねだんが明白にされたときのお札の（並べ方・言い方・書き方）の勉強です。 よくわかるならべ方 よくわかるいい方 よくわかる書き方		
	・今日は，1個が10円以上になったときの，お勉強についてまとめましょう。 ・では，りんご1こ12円だそうです。正夫君の班では，これだけお金が集ったそうです。 ①いい方は，どういうとはっきりするでしょう。	・本時のねらいを指名された人が読む。 10円　1円 1人分がよくわかるように10円と1円は分けて（色別に）	・本時のねらいをしっかり把握する。 ・1人分と7人分がはっきり見易いように並べる。 （てんぷ板に予めはっておく）	
	・7つのつはこれからとりましょうね。 ②12円×7や12円+12円+……12円のように，考えを横に書いたものを式といいます。	・12円が7 ・12円と12円と12円と12円と12円と12円と12円 ・12円×7 ・12円+12円+12円+……+12円	・どちらの言い方がはっきりするか比較させる。	
	③どちらの式がわかりやすいでしょう。ノートに書くにはどちらが便利でしょう。	・×で書いた方が便利である。	・同数累加のときは×を使うと簡単であることをはっきりする。	

	・では12円×3は，どうよみますか。 ・12円×3の「×3」は，どんなことですか。	「じゅうにえんがみっつ」のことを，「12円かける3」ともいう。 「12円が3」あるということ。	・×の意味をはっきりする。	
	・では「32円かける5」を ・色カードで並べる ・よせざんでは，先生のようにできましたか。	ことばで表わされたものを実際にカードでおいたり式に書いたりする。	・てんぷ板にはっておいて見せる。	
	・では，こんな場合はどうでしょう。 ①このえは，どう言えばよいでしょう。 ② 21m+21m+21mの長さは，どう書けばよいでしょう。 ③3日は，何時間かはどう書けばよいでしょう。 ④ある品物のねだんは13円の7ばいです。いくらでしょう。 ⑤11+11+11+10	・16 ×6 ・21m×3 ・24時間×3 ・13×7 ・11×4−1 11×3+10 10×4+3	・予め小黒板に絵を書いて用意しておく。 ・いろいろな場合について考えてみる。	
	・やり終ったようですから，先生といっしょにまとめてみましょう。 ・では，今までのことをプリントで，練習してみましょう。			
グ	・Aグループ 異る数がまじってい	・プリントの問題(1)まいめが終ったら	・累数がまじっている場合乗法を2回	

ループ別指導　二十五分	るときも上手なやり方でやるように，よく考えてやりなさい。	2まいめをやる。(2)に入った頃，指導援助する。	使ったりよせざんをしたりしてやる。 ・累数を同数と見做してやる。	
	・Bグループ プリント(1)だけをよく考えてやりなさい終ったら確かめをやりましょう。たしかめは，色カードでやりなさい。	・プリント(1)をやるたしかめは色カードを並べてやる。	・抽象数の上でできたら，答を色カードで確かめさせて乗法の意味をはっきりする。	
	・CDグループ 1番を読んであげます。…… できますか。色カードを並べて下さい。 ×算で式にかけますか。 よせ算で書いて見ましょう。 どちらが早いでしょう。			
	(1)まい目の(1)番の②は1つのやまはいく俵ですか。そうです15俵ですね。 それがいくつありますか。 かけ算で書けますかそうですね。みんなよくできますね。	・15俵 ・4 ・15俵×4	・先ずグループの大きさもはっきりする。 ・次にグループの個数をみる。	
	・では，今のように③番をやってみましょう。ひとつのかたまりは何羽ですか。 それがわかればすぐ			

	できますね。 ・2番をよみますよ「もっと早い書き方」というとどんなやり方ですか。そうですね，かけ算でやればよいですね，やってみなさい。 （できた子に○をつけてほめてやる） ・Bグループに教師はいく。 そして，障碍ごとに援助してやる。 （1番の②のグループの大きさを見つけることの困難な子が案外多いのに驚くであろう） ・次に，Aグループを見て廻る。	・12羽×4 ・かけ算でやればよい。	・×算の方が早いことに気づかせる。	
一斉指導　五分	・途中でもよいから鉛筆をおいて下さい。どこまでできましたか。どの問題が難かしかったでしょう。 ・では，今日のお勉強をはっきりとまとめましょう。 ・(2)枚目のプリントの最後に，「絵本を4さつ買いました。どれも36円です。いくらはらえばよいでしょう。」			

	という問題がありますね。 ・４さつ買って…… １さつ36円ですねさあ，どうでしょう。 ・４さつ×36では，どうしていけませんか。 ・36円×４　これはどういいますか。 ・色カードで並べられますね，並べるときの注意は，… ・36円×４　をよせ算に直せますか。 ・「×４」という意味は分りますか。 ・明日は，このような買物をしたときのお札の数え方についてお勉強しましょう。	・36円×４ ・36円が４であって４さつが36でないから，４さつ×36では，いけない。 ・36円が４つという。 ・赤と黄を別々にきちんとする。 １さつぶんをはっきりする。	「４さつ×36」と誤る子どものあることが予想される。	

月　日　　れんしゅうもんだい　〔２の１〕　組　番　なまえ

(1)　はやくぜんたいの数を知るには，どのようにしたらよいでしょう。

（式を書きなさい）

①　　しき＿＿＿＿＿＿

②　　しき＿＿＿＿＿＿

③

しき＿＿＿＿＿＿

(2)　次の式を　もっと早いやり方になおしなさい。

① 3 m＋ 3 m＋ 3 m＋ 3 m＋ 3 m　　② 10l＋ 10l ＋ 10l ＋10l

③23こ＋23こ＋23こ＋23こ＋23こ＋23こ　④45人＋45人＋45人＋45人＋45人　⑤18円＋18円＋18円＋18円＋18円＋18円＋18円＋18円＋18円

(3)　ひろ子さんは，えんぴつを５ダース買いました。何本あるか早く計算するには，どんなやりかたでしたらよいでしょう。

(4)　次の式を，よせ算になおしなさい。

① 9 m× 2　　②13枚× 5　　③25本× 4　　④50びき× 9　　⑤68g× 7

月日　　れんしゅうもんだい〔２の２〕　組　番　なまえ

(1)　次のカードのてんすうは，みんなで何てんになるでしょう。やり方を書きなさい。

17てん	17てん	17てん	17てん	17てん	17てん

しき＿＿＿＿＿＿

(2)　次の□の中に，ちょうどよい数を入れなさい。

①　12時間＋12時間＋12時間＋12時間＋12時間＝□×□

②　251＋251＋251＝□×□

③　43本＋43本＋43本＋43本＋43本＋43本＝□× 6

④　87kg× 3 ＝□＋□＋□

(3)　さだ子さんたちは，てんとり遊びをして，下のようなひょうにまとめました。だれがかったか，どのようにしたら早くてんすうがわかるでしょう。

ゆり子	15	15	15	20	15	20	20	15
かず子	15	20	20	15	15	15	15	15
ひさ子	15	15	15	20	15	15	20	20
さだ子	20	15	15	20	15	20	20	20

ゆり子	
かず子	
ひさ子	
さだ子	

(4) 次の式を，計算するには，どんなにするとかんたんにわかりやすくなりますか。

①32円＋32円＋32円＋32円　　②58人＋57人＋58人＋58人＋60人

③15cm＋15cm＋15cm＋20cm　　④12こ＋12こ＋12こ＋12こ＋24こ

⑤40g＋40g＋40g＋41g＋41g＋41g＋40g

(5) 絵本を４さつ買いました。どれも36円です。いくらはらえばよいでしょう。　　しき＿＿＿＿＿＿

月　日　　算数テスト (2)　　組　番　なまえ

(1) お金が下のように並んでいます。これをわかりやすく式に書くには，どのように書いたらよいでしょう。

しき＿＿＿＿＿＿

(2) りんご１こ12円です。　四郎君は，７こ買いました。はらうお金は，どんな式で書きますか。

しき＿＿＿＿＿＿

(3) 25人＋25人＋25人＋25人を，もっとかんたんにわかりよく書くとどのように書いたらよいでしょう。

(4) 13人×３はよせ算のしきで書いたらどのように書いたらよいでしょう。

(5) つぎのしきをかけ算で書きなさい。

47円＋47円＋47円＋47円＋47円＋47円＋47円＋47円

第３時の問題……支払うお金は，どのように数えると，金高が早くわかるでしょう。

様式時間	学習問題	学習活動	指導のねらい	個人の指導点
一斉指導　十五分	１．復習 ・昨日までのお勉強は，どんなことでしたか。 ①お金を，どんな風に並べると１個のねだんや(１人分)買った数(何人分)が，わかるかということでしたね。 ・32円が３つで考えてみましょう。 色カードで並べてみょう。 いい方は， ②それを書くときには，どんなに書くとよいかということでしたね。書けますか。書いてみましょう。 ・よせ算では，どう書きますか。書いて下さい。 ２．今日のお勉強は今並べたお札を，どのように数える	１復習（約３分） ①並べ方 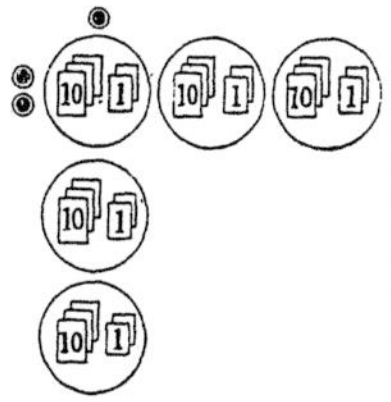 ・いい方　32円が３ ②書き方 ・32円×３ ・32円＋32円＋32円 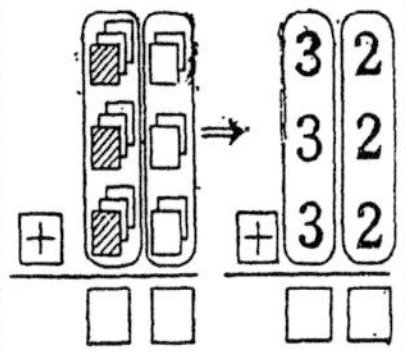	32は黄３枚赤２枚である。 ⊙と⊙⊙をおさえていく。 ・口でもいわせる。 ・わけて並べることをはっきりする。 ・(黄が３枚→ 赤が２枚→) ・(30が３ 2が３)であることをはっきりする	

	とよいでしょう。 ということです。 ①では，何枚あるか数えてみて下さい ・どんなに数えましたか。 ・そうですね，1円と10円は，別々に数えなければいけませんね。 ・どちらのお札から数えましたか。 ②どんな数え方がありますか。数えてもらいましょう。 a　○○さんのように1つ2つ……という数え方がありますね。 b　○○君のように2.4.6.……と，とんで数える仕方もありますね。 c　○○○さんのように，2×3＝6というように九九を使ってやるやり方もありますね，これでよいでしょうか。 ・どのやり方が早いでしょう。 ③数えた数（答）はどこに書いておけばよいでしょう。 ・1の位（赤）はど	・赤カード（1の位）から数える。 ・1枚ずつ数える。 ・2とびに数える。（3とびに数える） ・九九を使って数える。	・数え方の進歩は ①1.2.3.……6 ②2.4.6.……6 3.6.9.……9 ③(2×3 …6 3×3 …9 ・下の単位から数えることをはっきりする。 ・子供ひとりびとりがどんな数え方をするかをよくみる（手際） ・能力に応じて色々でてくるが，早い方法に進歩させるように留意するもどのやり方も正しいことを認めてやること。 ・答の書く位置をはっきりさせる。

	こに書きましたか ・10の位（黄）はどこに書きましたか ④もう1題やってみましょう。 ・数字で書いたときは，どうですか。計算できますか。 ・1人分12日で4人分お金を集めました。色カードを使ってもいいですよ。	・1位は1位の真下 ・10位は10位の真下 ・しき　12円×4 ・計算　12 （よせ算）12 12 ＋12	・1位は1位で，10位は10位で数える ・わけること，数えることが今日のめあてであることをはっきりする。
グループ別指導　二十五分	プリントの練習問題で，今までお勉強したように，数え方をまちがわないように練習しましょう。	・ABは，主として自習。 ・CDは，数字で数いたものを，色カードで並べる。 次に数字で，よせ算の形にたて書にする。 次に数えて答を書く。	・特にCDグループに対しては， 32×3は 32 32 ＋32　と同じことを，はっきりつかませる。 ・特にCDには，とび数えの指導をする。
一斉指導	まとめ ・23×3は，よせ算のたて書にするとどうなるか，ノートに書いてみましょう。	・ノートに書いてから話合いをする。 23　数え方 23　1つずつ ＋23　とんで	・×→＋のたて書（位取りをそろえる） ・数え方は，能力別でよいが，九九で

五分	・どう数えますか。 ・答はどこに書きますか。 ・明日は，数字で，しかも早い計算の仕方についてお勉強しましょうね。	69　九九で ・答は，1位は1位の下，10位は10位の下に。 ・明日は，どんなお勉強をするかについておおよその見当をつける。	やれば，早くてよいことに気づかせる。 ・次時への発展を図る。	

月　日　れんしゅうもんだい〔3の1〕組　番　なまえ

(1) 下のように色カードで計算しました。答の□の中に，ちょうどよい数字を入れなさい。

①　②　③

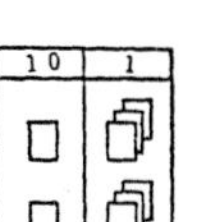

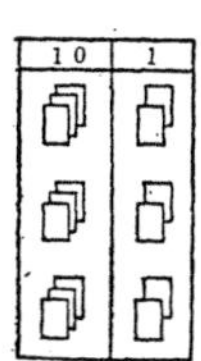

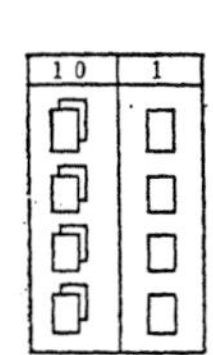

答(赤カードは□まい 黄カードは□まい)です　答(赤カード□まい 黄カード□まい)です　答(赤カード□まい 黄カード□まい)です

(2) 69は，(黄カード□まいと 赤カード□まい)です。138は，(みどりカード□まいと 黄カード□まいと 赤カード□まいです。

(3) 次のかけ算は，よせ算の計算では，どのように書きますか。

①24×2 □　②12×4 □　③31×3 □

(4) 次の計算は，×を使うとどうなりますか。

① $\begin{array}{r} 13 \\ 13 \\ +13 \\ \hline \end{array}$ □　② $\begin{array}{r} 32 \\ +32 \\ \hline \end{array}$ □　③ $\begin{array}{r} 21 \\ 21 \\ +21 \\ \hline \end{array}$ □

(5) 次のもののねだんは，いくらになるでしょう。

①　えんぴつ1本3円です。

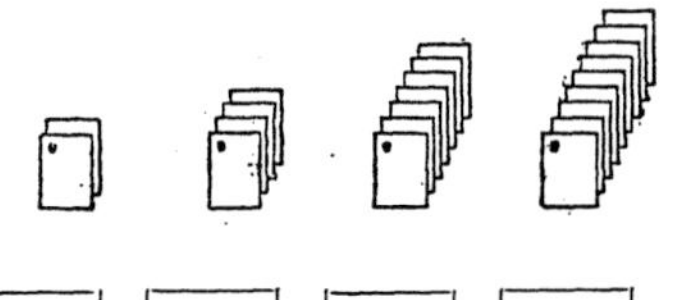

□　□　□　□　□

②　はがき1枚5円です。

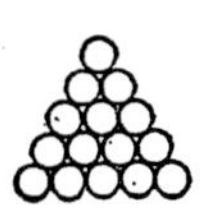

□　□　□　□

月　日　れんしゅうもんだい〔3の2〕　組　番　なまえ

(1) 次のかずを，色カードで出してみなさい。

①　②

答(赤カード何枚と 黄カード何枚です。　答(赤カード何枚と 黄カード何枚です。

(2)①赤カード7枚と，きカード9枚をすうじで書いてごらんなさい。□

②赤カード8枚と，きカード3枚とみどりカード4枚をすうじで書いてごらんなさい。□

(3) 次のかけ算は，よせ算の計算では，どのように書きますか。

① 14円×2　② 20枚×4　③ 31本×3　④ 42m×2

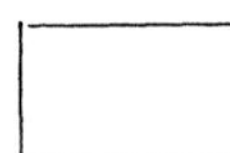

⑤ 40×2　⑥ 11×7　⑦ 12×4　⑧ 32×2

・色カードで上のよせ算を計算して，こたえを書きなさい。

(4)つぎの計算は，×をつかうとどうなりますか。

① 11+11+11+11+11　② 21+21+21+21　③ 33+33+33　④ 43+43　⑤ 13+13+13

⑥ 24+24　⑦ 41+41　⑧ 12+12+12+12　⑨ 20+20+20+20　⑩ 30+30+30

月　日　　算数テスト (3)　　組　番　なまえ

(1) お金が下のように並んでいます。どんなかぞえかたをしますか。じょうずなかぞえかたを書きなさい。

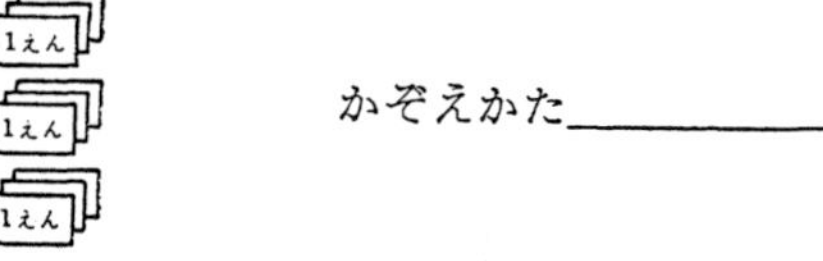

かぞえかた＿＿＿＿＿＿

(2) 下のたしざんは，どんなかぞえかたをしたら，はやくこたえがでるでしょう。

6+6+6+6　かぞえかた＿＿＿＿＿＿

32+32+32　かぞえかた ①＿＿＿＿＿＿ ②＿＿＿＿＿＿

(3) つぎのかけ算を，よせ算で，たてに書きなさい。

12×4

(4) つぎのよせ算を，たてに計算してみましょう。

14+25+3

第4時の問題……全高を計算で確めるには，どのようにしたらよいでしょう。（繰上がらぬ場合の筆算形式と順序）

様式時間	学習問題	学習活動	指導のねらい	個人の指導点
一斉指導 十五分	1．復習（5分） ・昨日のお勉強は，カードの並べ方とその数え方についてでしたね。 ・「32円が3」と色カードで並べてみなさい。 ・うまくかぞえて答をだして下さい。 ・どんな方法が早いでしょう。そうですね，九九を使えば早いですね。 ・数えた数は，どこに書きますか。	32円×3 32 32 +32 96	・10は10，1は1にわけてはっきりと並べる。 ・抽象数と色カードの結びつきを常に考える。 ・乗数と被乗数の関係をはっきりさせる。 ・九九が一番早いことをはっきり知らせる。 ・答をかく位置をはっきりする。	

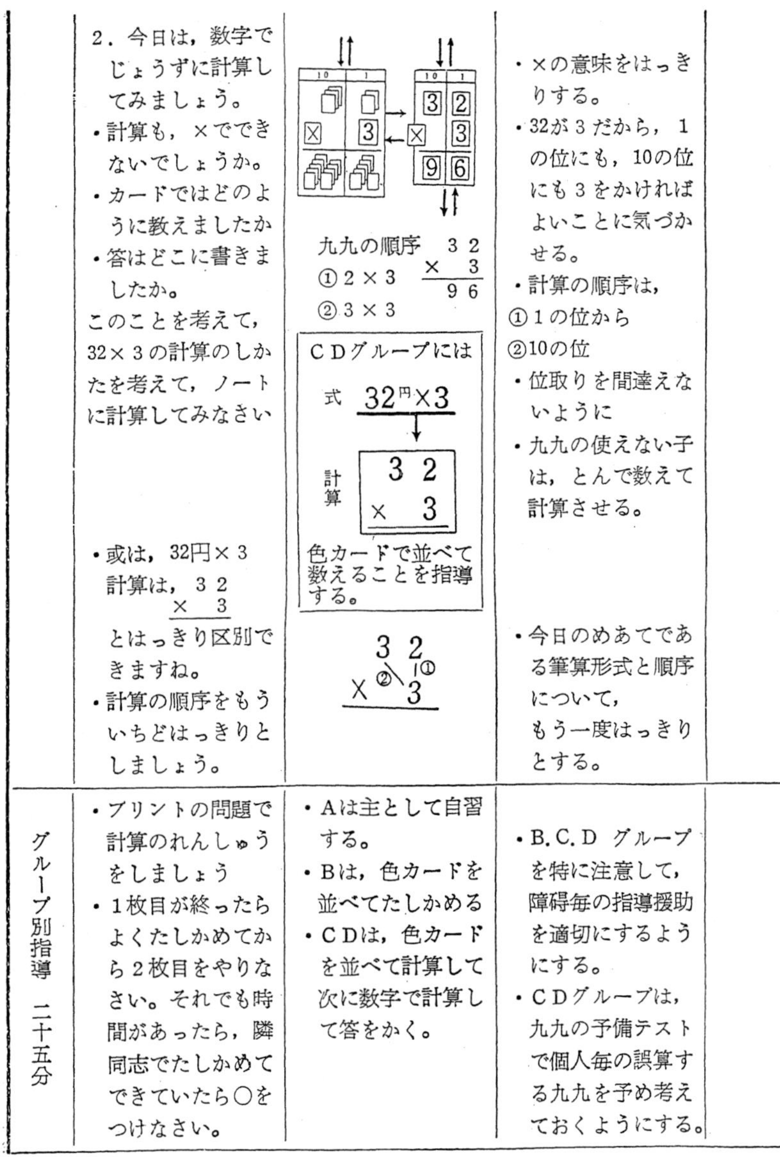

	2．今日は，数字でじょうずに計算してみましょう。 ・計算も，×でできないでしょうか。 ・カードではどのように教えましたか ・答はどこに書きましたか。 このことを考えて，32×3の計算のしかたを考えて，ノートに計算してみなさい ・或は，32円×3 計算は，$\begin{array}{r}32\\ \times\ \ 3\\ \hline\end{array}$ とはっきり区別できますね。 ・計算の順序をもういちどはっきりとしましょう。	九九の順序 ①2×3 ②3×3 $\begin{array}{r}32\\ \times\ \ 3\\ \hline 96\end{array}$ CDグループには 式 32円×3 計算 $\begin{array}{r}32\\ \times\ \ 3\end{array}$ 色カードで並べて数えることを指導する。 $\begin{array}{r}32\\ \times\ \ 3\\ \hline\end{array}$ ①②	・×の意味をはっきりする。 ・32が3だから，1の位にも，10の位にも3をかければよいことに気づかせる。 ・計算の順序は， ①1の位から ②10の位 ・位取りを間違えないように ・九九の使えない子は，とんで数えて計算させる。 ・今日のめあてである筆算形式と順序について， もう一度はっきりとする。
グループ別指導 二十五分	・プリントの問題で計算のれんしゅうをしましょう ・1枚目が終ったらよくたしかめてから2枚目をやりなさい。それでも時間があったら，隣同志でたしかめてできていたら○をつけなさい。	・Aは主として自習する。 ・Bは，色カードを並べてたしかめる ・CDは，色カードを並べて計算して次に数字で計算して答をかく。	・B.C.D グループを特に注意して，障碍毎の指導援助を適切にするようにする。 ・CDグループは，九九の予備テストで個人毎の誤算する九九を予め考えておくようにする。

一斉指導 五分	・鉛筆をおきなさい今日のお勉強をまとめましょう。 ・23人の列が3列ではみんなで何人でしょう。 ・式はどうかきますかノートに書きなさい。 ・計算はどうやりますか。 ・答はどこに書きますか。	・次のことについてはっきりまとめる。 ×3の意味 計算の順序 答の書く位置 ・23円×3 ↓↑ $\begin{array}{r}23\\ \times\ \ 3\\ \hline 69\end{array}$	・本時のねらいをはっきりとさせる。 ・計算は， とんで数える 九九で

月　日　れんしゅうもんだい〔4の1〕　組　番　なまえ

(1) 次のカードを，数字のかけざんになおしてから，計算しなさい。

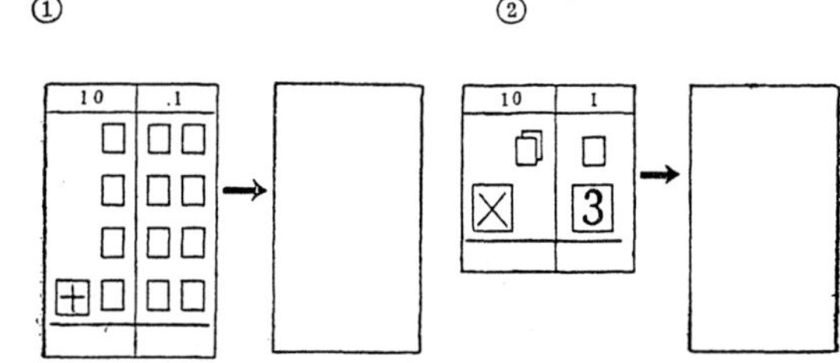

(2) 次の式を，かけ算の計算で書いてごらんなさい。

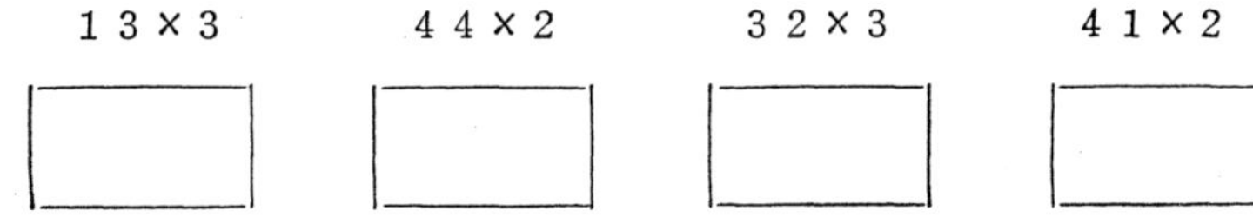

こたえは，いくらですか。

(3) 次の計算を，かけ算の計算に書きなおしなさい。

—293—

$\begin{array}{r} 32 \\ +32 \\ \hline \end{array}$ □　　$\begin{array}{r} 12 \\ 12 \\ 12 \\ +12 \\ \hline \end{array}$ □　　$\begin{array}{r} 34 \\ +34 \\ \hline \end{array}$ □

・こたえはいくらですか。

(4) 次の計算のじゅんじょを書いてごらんなさい。

① $\begin{array}{r} 31 \\ \times\ 3 \\ \hline \end{array}$ (①＿＿ ②＿＿)　② $\begin{array}{r} 14 \\ \times\ 2 \\ \hline \end{array}$ (①＿＿ ②＿＿)　③ $\begin{array}{r} 42 \\ \times\ 2 \\ \hline \end{array}$ (①＿＿ ②＿＿)

④ $\begin{array}{r} 12 \\ \times\ 4 \\ \hline \end{array}$ (①＿＿ ②＿＿)　⑤ $\begin{array}{r} 23 \\ \times\ 3 \\ \hline \end{array}$ (①＿＿ ②＿＿)　⑥ $\begin{array}{r} 22 \\ \times\ 3 \\ \hline \end{array}$ (①＿＿ ②＿＿)

・こたえもかきなさい。

(5) こたえを下の□に書きなさい。

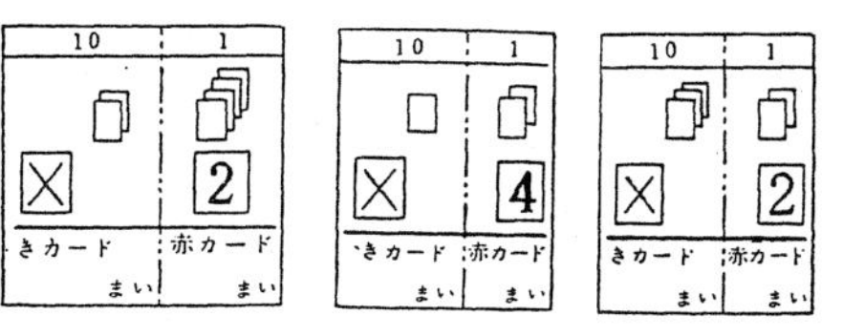

月　日　れんしゅうもんだい　〔4の2〕　組　番　なまえ

(1) 次の計算をしなさい。

$\begin{array}{r} 11 \\ \times\ 5 \\ \hline \end{array}$　$\begin{array}{r} 13 \\ \times\ 3 \\ \hline \end{array}$　$\begin{array}{r} 32 \\ \times\ 3 \\ \hline \end{array}$　$\begin{array}{r} 24 \\ \times\ 2 \\ \hline \end{array}$　$\begin{array}{r} 41 \\ \times\ 2 \\ \hline \end{array}$

$\begin{array}{r} 33 \\ \times\ 2 \\ \hline \end{array}$　$\begin{array}{r} 22 \\ \times\ 4 \\ \hline \end{array}$　$\begin{array}{r} 34 \\ \times\ 2 \\ \hline \end{array}$　$\begin{array}{r} 31 \\ \times\ 2 \\ \hline \end{array}$　$\begin{array}{r} 23 \\ \times\ 3 \\ \hline \end{array}$

(2) ひで子さんは，買い物をしました。お金をいくらはらえばよいでしょう。

① え本1さつ23円です。3さつかいました。

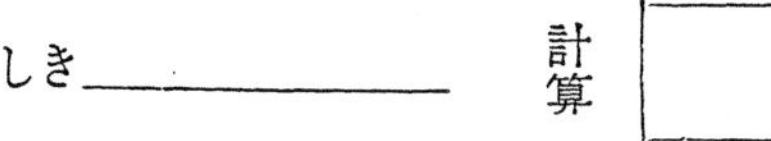

しき＿＿＿＿　計算 □

②キャラメル1こ20円です。3こ買いました。

しき＿＿＿＿　計算 □

③ りんご1こ12円です。4こ買いました。

しき＿＿＿＿　計算 □

(3) はる子さんは20円お金をもっています。しげ子さんは，春子さんの3ばいもっているそうです。しげ子さんはお金をいくらもっているでしょう。

しき＿＿＿＿　計算 □

◉終ったら必ずたしかめてみましょう。となりの人とあわせてできていたら○をつけなさい。

月　日　算数テスト　(4)　組　番　なまえ

(1) 次のかけ算のこたえを，色カードでこたえなさい。

$\begin{array}{r} 12 \\ \times\ 4 \\ \hline \end{array}$　2×4は□のカードが□まい
1×4は□のカードが□まい

(2)次の計算は，どんなじゅんにしますか。九九をかきなさい。

$\begin{array}{r} 33 \\ \times\ 2 \\ \hline \end{array}$　計算のじゅんじょ {①＿＿＿＿ ②＿＿＿＿

(3) けいさんのこたえをどこに書いたらよいでしょう。

$\begin{array}{r} 34 \\ \times\ 2 \\ \hline \end{array}$ (き｜あか)

(①4×2＝8の8は□に書きます
②3×2＝6の6は□に書きます

(4) けいさんしてこたえを出しなさい。

(5) けいさんしてこたえをだしなさい。

41×2 □　　　13×3 □

第5時の問題……買いものなどをしたときの計算が，間違いなくできるようにするためには，どんなことに気をつけたらよいでしょう。（練習第1時）

<table>
<tr><th>様式時間</th><th>学習問題</th><th>学習活動</th><th>指導のねらい</th><th>個人の指導点</th></tr>
<tr><td>一斉指導十分</td><td>・今日は，今までのお勉強がまちがいなくできるように練習してみましょう。
・お金を集めたとして，今日は考えてみましょう。1人分21円ずつ4人分ではいくらあればよいでしょう。</td><td></td><td></td><td></td></tr>
<tr><td></td><td>・1人分のお金や人数がわかるようにノートに式を書いて下さい。
たしざんでも書けますね。</td><td>・しき
21円×4
21円+21円
……+21円</td><td>・×4の意味をはっきりする。</td><td></td></tr>
<tr><td></td><td>・どう計算しますか。どんな方法でもよいから計算してごらんなさい。</td><td>・計算
10 1 / □ □ / × 4 ⇄ 10 1 / 2 1 / × 4</td><td>・計算の順序をはっきりする。
・各人の能力に応じた手際でやる。</td><td></td></tr>
</table>

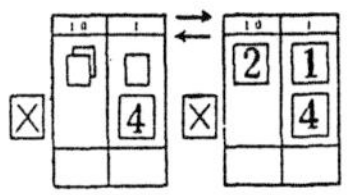

<table>
<tr><td></td><td>・いろいろなやり方でやってみましょう。
色カードでは……
数字カードでは…
数字では…………
（よせざんでは）
かける順序は，
答の書く場所は，</td><td>21
×4 ⇄ 21
21
21
+21
・計算の順序
九九 ①1×4
②2×4
とびかぞえ ①1, 2, 3, 4,
②2, 4, 6, 8,</td><td>・あらかじめ，てんぷ板などに色カードをはっておいて，今までのことを想起させ，まとめる。</td><td></td></tr>
<tr><td>グループ別指導三十分</td><td>・練習問題をやりましょう。
・ABグループ
間違わないように練習問題をやりましょう。終ったら必ずたしかめをしてみなさい。
・CDグループ
先生といっしょにやりましょう。プリントの(1)の①をやってみましょう。
(a)色数字カードで台紙を使ってやりましょう。</td><td>10 1
2 1
× 3
6 3</td><td>・CDグループの九九の予備テストを活用する。あらかじめ，練習問題にその九九があったら○でかこんで，注意を喚気する。</td><td></td></tr>
<tr><td></td><td>・できましたか。
○○さんはよくできましたね。
・どんなに数えましたか。
・プリントに同じにかいて下さい。
(b)②番はどうですか。
「13×3これは何といいますか。そ</td><td> 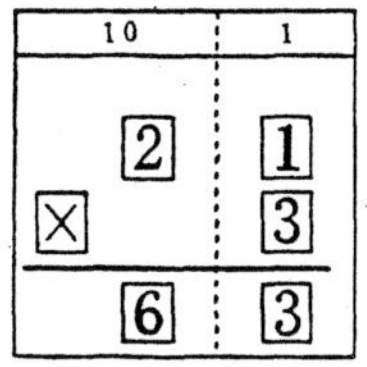・しき 13×3</td><td></td><td></td></tr>
</table>

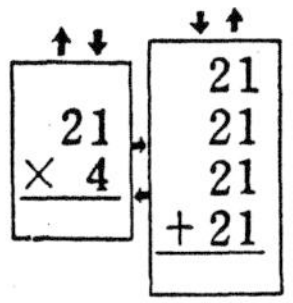

	うですね，式ですね。 ・では色カードではじめに台紙を使って計算してみなさい。できたらプリントに同じようにたてに計算してみなさい。 ・台紙のときと同じようにたてに位取りをきちんと揃えて下さいね。 (c)次の44×2を今度は色数字カードでやりましょう。だれが早いでしょう。終ったらプリントに計算しましょう。 ・とび数えのれんしゅうをしよう。 ・次の問題を自分でまりましょう。	・計算 (10 | 1 カード図: × 3) ↓ 13 × 3 = 39 (10 | 1 カード図: 4 4 × 2 = 8 8) ↓ 44 × 2 = 88 2, 4, 6, 8, 10, 12, 14, 16 3, 6, 9, 12, 15, 18, 21, 21 4, 8, 12, 16, 20, 24, 28, 32 5, 10, 15, 20, 25, 30, 35, 40	・13円を3回おくかわりに，×3 とおいたことをはっきりする。 カードの上でとびかぞえのれんしゅうをする。 ↓ ・数字の上でもとびかぞえをれんしゅうする。 （難かしい九九） ・常にカードと抽象数を結びつけるように注意する。 ・できない九九はとびかぞえをすれば正確にできることを分らせる。 ・ABグループ障碍があれば，その子供を集めて指導援助してやる。
一斉指導 五分	・鉛筆をおきなさい ・21*l* が4はいではいくらでしょう。 式は……… 計算は……… 計算の順序は…… 答は……… たしかめは………	・しき 21*l*×4 ・計算 21 × 4 = 84 ・こたえ 84*l* ・順序は ①1×4 ②2×4 ・(九九で とんで)かぞえる	

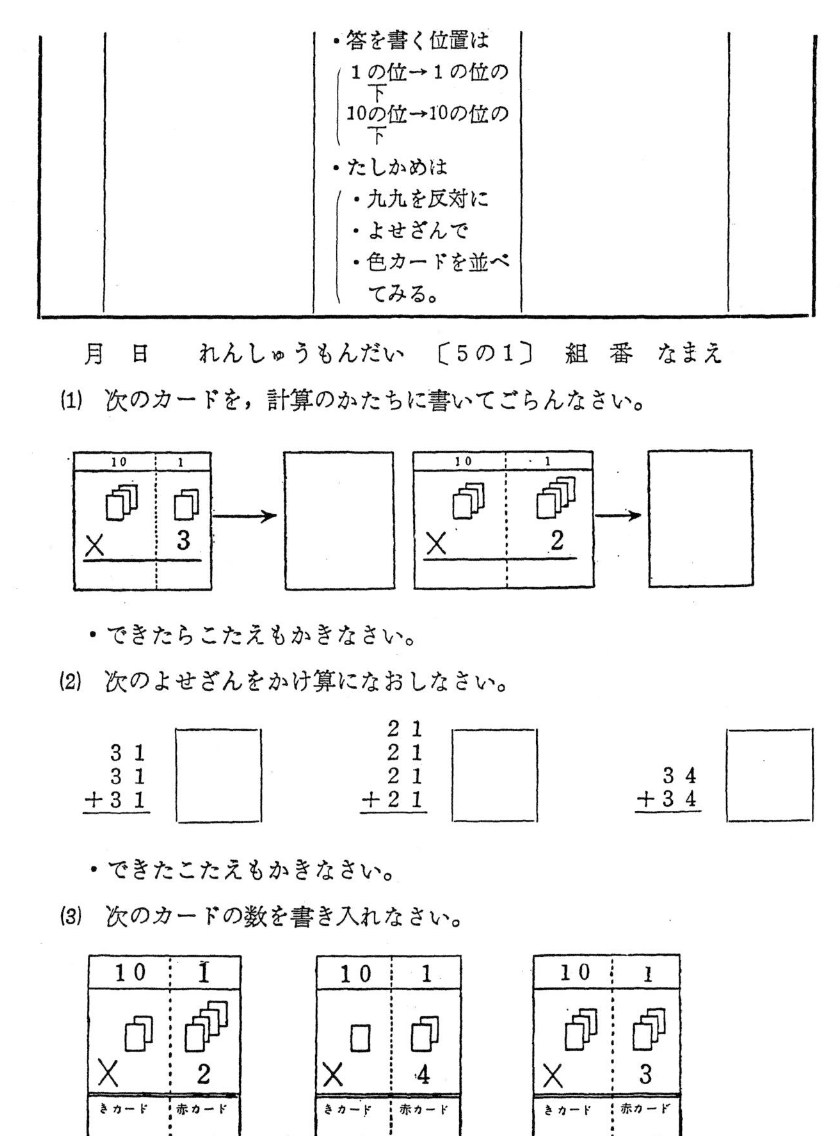

・答を書く位置は
1の位→1の位の下
10の位→10の位の下
・たしかめは
・九九を反対に
・よせざんで
・色カードを並べてみる。

月 日 れんしゅうもんだい 〔5の1〕 組 番 なまえ

(1) 次のカードを，計算のかたちに書いてごらんなさい。

・できたらこたえもかきなさい。

(2) 次のよせざんをかけ算になおしなさい。

31 + 31 + 31　　21 + 21 + 21 + 21　　34 + 34

・できたこたえもかきなさい。

(3) 次のカードの数を書き入れなさい。

(4) 次のしきをかけ算の計算で書いてごらんなさい。

23×3　　44×2　　32×2　　41×2　　40×2

□　□　　□　□

・こたえもいれなさい。

(5) 次の計算のじゅんじょを書いて下さい。

31 × 3	①____ ②____	13 × 3	①____ ②____	42 × 2	①____ ②____
12 × 4	①____ ②____	23 × 3	①____ ②____	20 × 3	①____ ②____

・こたえも書きなさい。

月　日　　れんしゅうもんだい　〔5の2〕　組　番　なまえ

(1) 次の計算をしなさい。できたらカードでたしかめてごらんなさい。

11 × 5	13 × 3	22 × 3	24 × 2	40 × 2	20 × 3	10 × 4
11 × 3	43 × 2	33 × 2	22 × 4	23 × 3	31 × 2	34 × 2
11 × 8	20 × 4	30 × 2	31 × 3	42 × 2	17 × 1	

(2) 春男君は，次のかいものをしました。お金はいくらはらえばよいでしょう。

① 1さっ13円のノートを2さつ買いました。

しき____　　計算

② なつみかんを4こ買いました。1こ12円です。

しき____　　計算

(3) よし子さんの買った本は，一郎君の本の3ばいだそうです。一郎君の

本が30円であると，よし子さんの本はいくらでしょう。

しき____　　計算

(4) 山からまきをはこんでいます。牛に43たばつけて，牛を追う人が3たばせおってはこびます。今日1日に3かいはこびました。何たばはこべたでしょう。

色カードで計算しなさい。　しき____　計算 □

月　日　　算数テスト (5)　　組　番　なまえ

(1) りんご1個12円です。よし男君は，7個買いました。いくらお金をはらったらよいでしょう。どんなしきに書きますか。

しき____

(2) 14人×6を，よせ算のしきになおしなさい。

しき____

(3) 下のかけ算をたしざんで，たてに書きなさい。

23 × 3　　□

(4) 12 × 4 のこたえをカードで，書きなさい。{赤カードが□枚と 黄カードが□枚です。

(5) 次の計算をしなさい。

23 × 3

第6時の問題……同じお札が10枚以上になったとき，どのような工夫をすると，見ただけで金高がすぐわかるでしょう。

様式時間	学習問題	学習活動	指導のねらい	個人の指導点
一斉指導　二十分	①23円のノートを4さつ買いました。お金をいくらはらえばよいでしょう（しきは，計算は，）ノートに書きなさい。 ・今までの計算とちがうところはどこですか。色カードを使って考えてごらんなさい。 ・1円札は，何枚になりましたか。見ただけですぐわかるようにするにはどうしたらよいでしょう。 ・そうですね，10円札ととりかえればよいですね，ではそのとりかえたお札（色カード）はどこにおきますか。 ・では，今のことを考えてノートに計算してごらんなさい。 ・できましたか。〇〇さんと〇〇さん黒板にやって下さい。 ②よくできましたね今日のお勉強は，	・しき　23円×4 ・計算 　23 ×　4 23 23 23 +23 92 23 ×　4 9¹2	・12枚の10枚を，10円札1枚ととりかえて黄カードの下につけ加えるとよいことに気づかせる。 ・とりかえたお札は右肩におくと忘れなくてよいことに気づかせる。 ・本時のめあてについてしっかり知ら	

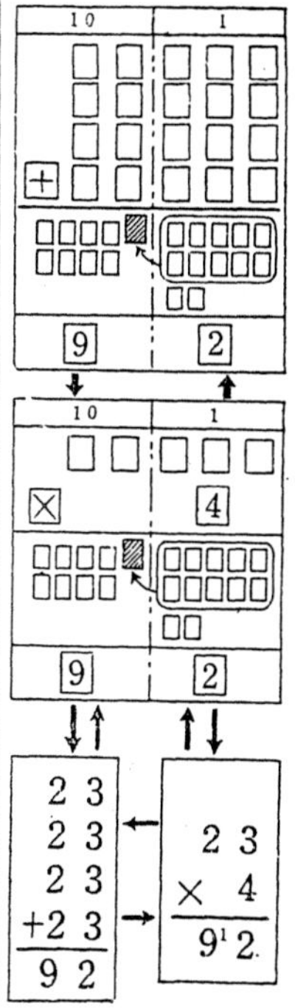

様式時間	学習問題	学習活動	指導のねらい	個人の指導点
	このように，1円札が10枚以上になったときの上手なやり方です。ではもういちど練習しましょう。 ・お金を1人分17円です。5人分集まりました。カードで計算してみましょう。 ・答は，1円札が10枚以上になったらどうするんでしたね。 ・そうですね10円札ととりかえて下さい。そしてノートに答をかいて下さい。 ・ノートに計算できますか，やってごらんなさい。 ・では，このことをプリントで練習してみましょう。	・色カードで計算する。 ・1円札10枚は10円札1枚ととりかえる。 ・ノートに計算する	せる。 ・お札の数の少い方が見てわかりやすいことをしっかりと身につけさせる。 ・かけ算形式でやれない子は，よせ算でもよい。筆算形式は，次時のねらいだがやれる子はやらせてよい。	
グループ指導　二十分	・ABグループ お勉強のしかたはいつもと同じです。用意ができたら始めなさい。 ・CDグループ (1)番からやりましょう。 ①赤カードで26枚並べてみましょう。	・プリントを渡す。		

	黄カードととりかえるとどうなりますか。わかったらプリントに書きなさい。 ②次の 237 円はどうですか。色カードでおいてみなさい。 ・（100円札は何枚… 10円札は何枚… 1円札は何枚… ・わかったら書きなさい。 ③(3)の計算をしてみましょう。 ◉１円札は何枚になりますか。数えてみましょう。 ・４とびに数えられましたか。 ・12まいの10枚はどうしますか。 ◎10円札は何枚になりましたか。 ・わかったらプリントに書いてみなさい。 ・では，できる問題だけどんどんやりなさい。	③ 10　1 とびかぞえをする （右指を１本ずつ折り乍らやる。）	・ＣＤグループに対しては，特に１円札が10枚以上になったら10枚をまとめて黄１枚にとりかえることをしっかりと身につけさせる。 ・これによって数の大きさの表わし方をはっきりさせるようにする。 ・できないために省いた問題は，後で指導する。	
	・くり上がった数は	・しき　27円×3 ・計算	・鉛筆をおきなさい ・27円の３倍はいくらでしょう。 ・わかる人はノートに式を書いて計算しなさい。	

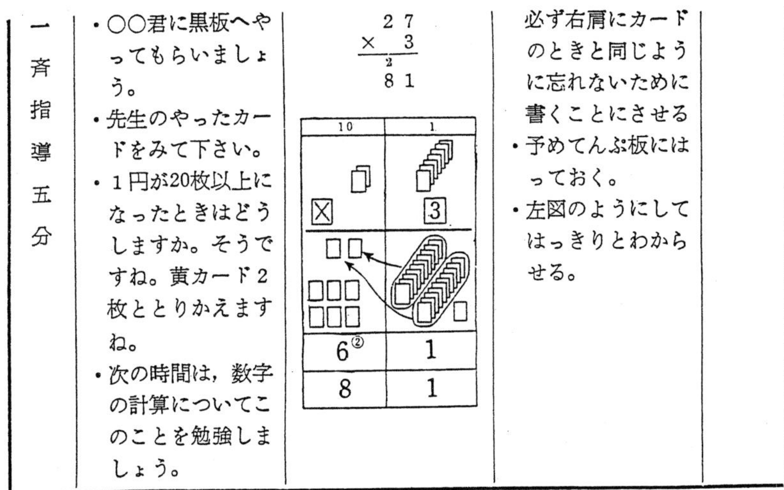

一斉指導五分	・〇〇君に黒板へやってもらいましょう。 ・先生のやったカードをみて下さい。 ・１円が20枚以上になったときはどうしますか。そうですね。黄カード２枚ととりかえますね。 ・次の時間は，数字の計算についてこのことを勉強しましょう。	$\begin{array}{r} 27 \\ \times\ \ 3 \\ \hline 81 \end{array}$ 10　1 ☒　3 6②　1 8　1	必ず右肩にカードのときと同じように忘れないために書くことにさせる ・予めてんぷ板にはっておく。 ・左図のようにしてはっきりとわかからせる。	

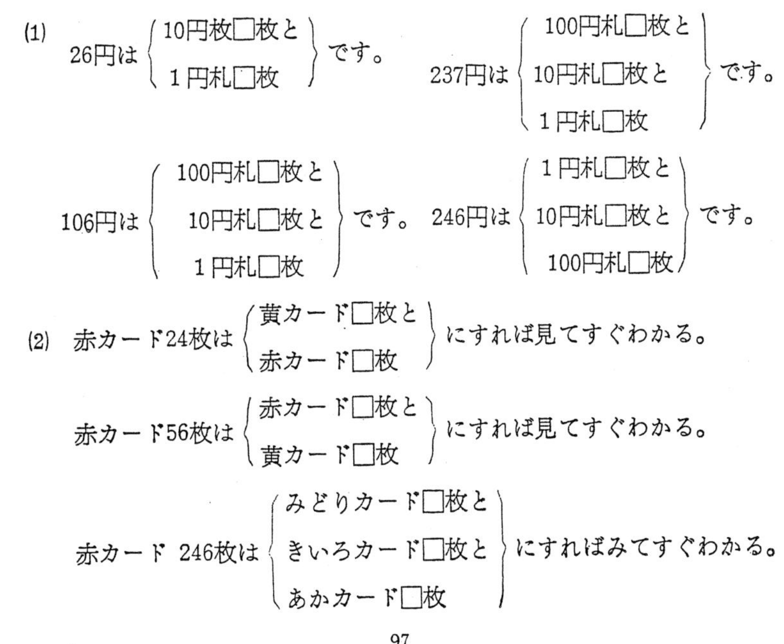

月　日　　れんしゅうもんだい　〔６の１〕　組　番　なまえ

(1)　26円は｛10円枚□枚と／１円札□枚｝です。　237円は｛100円札□枚と／10円札□枚と／１円札□枚｝です。

106円は｛100円札□枚と／10円札□枚と／１円札□枚｝です。　246円は｛１円札□枚と／10円札□枚と／100円札□枚｝です。

(2)　赤カード24枚は｛黄カード□枚と／赤カード□枚｝にすれば見てすぐわかる。

赤カード56枚は｛赤カード□枚と／黄カード□枚｝にすれば見てすぐわかる。

赤カード 246枚は｛みどりカード□枚と／きいろカード□枚と／あかカード□枚｝にすればみてすぐわかる。

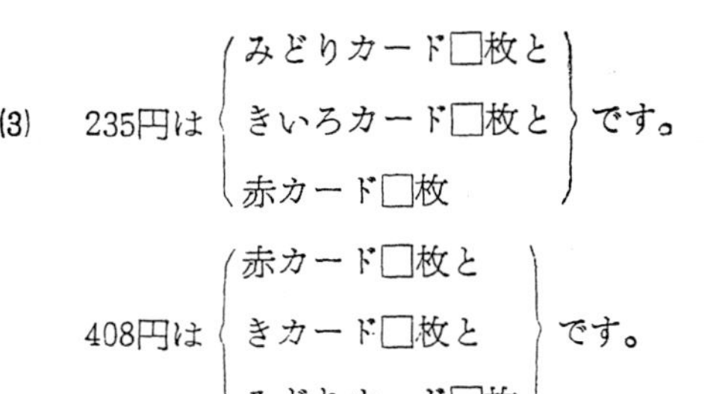

(3) 235円は｛みどりカード□枚と／きいろカード□枚と／赤カード□枚｝です。

408円は｛赤カード□枚と／きカード□枚と／みどりカード□枚｝です。

(4) 次のカードを計算しなさい。

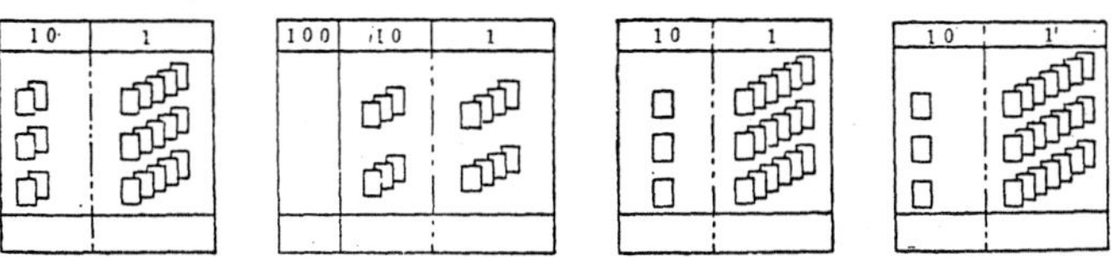

月　日　　れんしゅうもんだい〔6の2〕　組　番　なまえ

(1) 次の計算をしなさい。

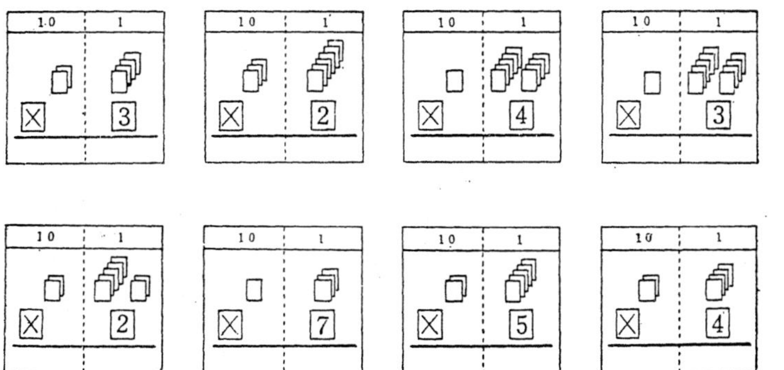

(2) 次の計算をやりなさい。

				8	9		24
		6	7	8	9	13	24
5	4	6	7	8	9	13	24
5	4	6	7	8	9	13	24
5	4	6	7	8	9	13	24
5	4	6	7	8	9	13	24
5	4	6	7	8	9	13	24
5	4	6	7	8	9	13	24
+7	+4	+6	+7	+8	+9	+13	+24

(3) 次の計算をしなさい

48	91	12	39	45	18	46
× 2	× 2	× 8	× 2	× 2	× 5	× 2
38	84	39	16	36	17	27
× 3	× 2	× 3	× 3	× 2	× 4	× 3

月　日　　算数テスト　(6)　組　番　なまえ

(i) 156 円は｛みどりカード□枚と／黄カード　□枚と／赤カード　□枚｝です。

(2) 次のカードのこたえを見てすぐわかるように，すうじでかきない。

①　②

(3) 赤カード34枚は，｛黄カード□枚と／赤カード□枚｝にすれば，見てすぐわかる。

(4) 10円さつ3枚と1円札24枚は，お札をとりかえて

（10円札□枚と
1円札□枚）にすれば，見てすぐわかる。

第7時の問題……支払う金高を確かめるのに，計算はどんなにしたらよいでしょう。

様式時間	学習問題	学習活動	指導のねらい	個人の指導点
一斉十五分	1. 前の時間にお勉強したことはどんなことでしたか。いって下さい。	・お札のかぞえ方 ・同じお札が10枚以上になったら上のお札をとりかえる ・とりかえたお札は上の位の右肩に置く。	・前時のねらいをもういちどはっきりする。 ・赤カードと黄カードを別々に数える（九九やとび数えで） ・10枚以上になったら上の単位ととりかえる。	
	2. 今日は，そのことを考えて，ノートに計算してみましょう。 ・25円のふでを3本買いました。お金をいくら払えばよいでしょう。 ・ノートにやる前に台紙の上で，どんなやり方でもよいから計算してみましょう。 ・お答をノートしなさい。 始め（赤カード□枚 黄カード□枚） とりかえて （赤カード□枚 黄カード□枚）	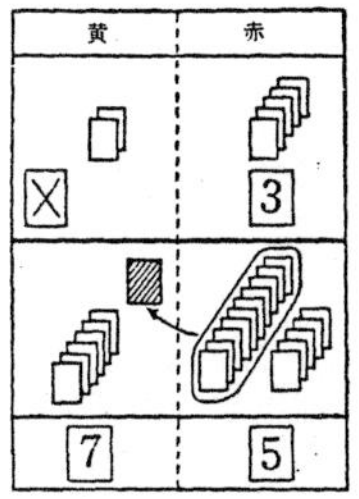 黄 | 赤 ☒ 3 7 | 5 （Dグループは×3のかわりに3回並べて計算する子もあってよい。）	・赤カード10枚になったら黄カード1枚ととりかえなくてはならない。 ・CDは，とんで数えることになれさせる。 ・繰上がりの意識を強く持たせ次の計算の場合と結びつける。	

様式時間	学習問題	学習活動	指導のねらい	個人の指導点
	・とりかえたカードはどこに置きましたか。 3. 今のことを数字で計算しましょう。 a. どう書いたらよいでしょう。 色数字カードで台紙の上で計算しなさい。 b. わかったらよく考えてノートに計算してごらんなさい。今のことをよく考えて，もういちどやってみましょう。 1人分14円ずつ6人分ではお金がいくらあればよいでしょう。ノートにやってごらんなさい。（式は，…… 計算は，…）	・上の位の右肩に置く。 10 | 1 2 | 5 ☒ | 3 7[1] | 5 ↓ 25 × 3 [1] 75 式 14円×6 計算 14 × 6 [2] 84	・Dグループには（計算の順序 部分積の書く位置 とび数え）などのことをはっきりさせる。 ・赤カード20枚は黄カード2枚であることをはっきりする。	
グループ指導二十五分	・ではプリントで今のことを練習しましょう。若しも九九がはっきりしないときは，色カードを並べたり，数字をかいたりしてとびかぞえでまちがわないようにやりましょう。			

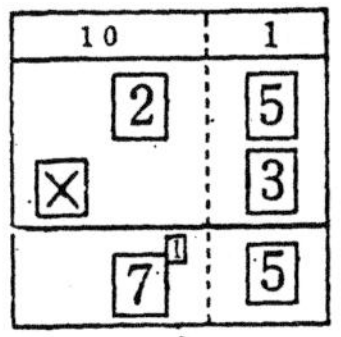

	・ABグループ いつものように始めなさい。 ・CDグループ (1)番の問題をやってごらんなさい。わからなかったら色カードを並べて考えてみなさい。 ・ならべられましたか。 ・では，いっしょにとんで数えてみましょう。 ・(赤カードは何枚… 黄カードは何枚…) ・ではとりかえて下に数字カードをおいてみなさい。 ・プリントにお答を書きなさい。 ・次の問題を今のようにやりなさい。	Dグループ 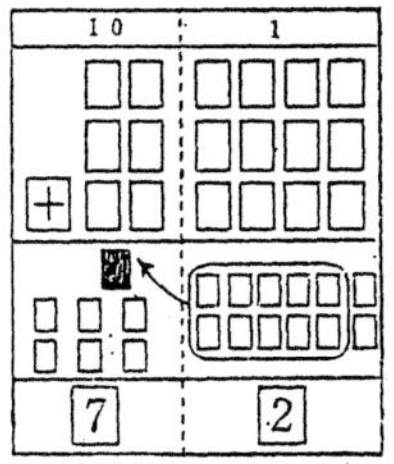 ・カードをみて答を書く。	・くり上がりをはっきりする。	
一斉五分	・繰上がりのある計算はどうすればよいでしょう。 ・17×4 を計算して下さい。	①1位が繰上がったら10位の下にその数だけ書いておくとよい。 ②黄カードの答と繰上がった数を加えて黄カードの下に書く。 $\begin{array}{r}17\\ \times\ 4\\ \hline 68\end{array}$	・部分積が10より大きい場合は1位は10位に10位は 100 位に繰上げる。	

月　日　　れんしゅうもんだい〔7の1〕　組　番　なまえ

(1) 次のこたえを入れなさい。

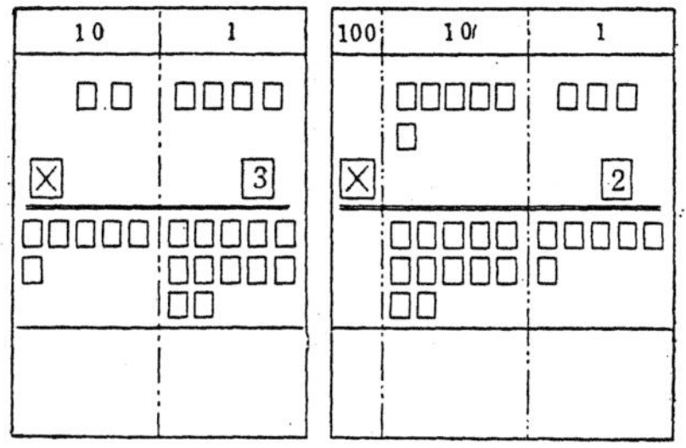

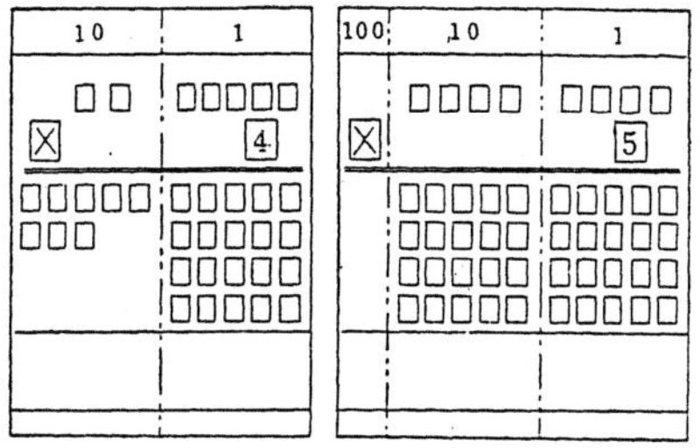

(2) 次の計算をしなさい。終ったら必ずたしかめてみなさい。

$\begin{array}{r}14\\ \times\ 4\\ \hline\end{array}$　$\begin{array}{r}27\\ \times\ 3\\ \hline\end{array}$　$\begin{array}{r}13\\ \times\ 4\\ \hline\end{array}$　$\begin{array}{r}14\\ \times\ 6\\ \hline\end{array}$　$\begin{array}{r}14\\ \times\ 5\\ \hline\end{array}$　$\begin{array}{r}17\\ \times\ 4\\ \hline\end{array}$　$\begin{array}{r}13\\ \times\ 7\\ \hline\end{array}$

$\begin{array}{r}17\\ \times\ 6\\ \hline\end{array}$　$\begin{array}{r}24\\ \times\ 3\\ \hline\end{array}$　$\begin{array}{r}18\\ \times\ 4\\ \hline\end{array}$　$\begin{array}{r}19\\ \times\ 3\\ \hline\end{array}$　$\begin{array}{r}13\\ \times\ 7\\ \hline\end{array}$　$\begin{array}{r}24\\ \times\ 4\\ \hline\end{array}$　$\begin{array}{r}12\\ \times\ 6\\ \hline\end{array}$

$\begin{array}{r}18\\ \times\ 5\\ \hline\end{array}$　$\begin{array}{r}14\\ \times\ 7\\ \hline\end{array}$　$\begin{array}{r}15\\ \times\ 2\\ \hline\end{array}$　$\begin{array}{r}28\\ \times\ 3\\ \hline\end{array}$　$\begin{array}{r}25\\ \times\ 2\\ \hline\end{array}$　$\begin{array}{r}15\\ \times\ 6\\ \hline\end{array}$　$\begin{array}{r}26\\ \times\ 3\\ \hline\end{array}$

月　日　　れんしゅうもんだい〔7の2〕　組　番　なまえ

(i) えんそくのお金集めをしました。1人分32円です。いくら集ったらよいでしょう。

①よし子さんの班は４人です。

しき　　　　　けいさん　　　　　こたえ

②かず夫君の班は７人です。

しき　　　　　けいさん　　　　　こたえ

(2) 次の計算をしなさい。色カードでやりかたをよく考えてからやりなさい。

17 × 7	38 × 2	34 × 6	36 × 2	17 × 5	27 × 5	43 × 6
56 × 3	59 × 5	32 × 8	91 × 9	27 × 8	58 × 7	88 × 8
92 × 7	74 × 8	86 × 5	28 × 9	54 × 4	99 × 6	77 × 6

・計算が終ったら，もういちどよくたしかめてみよう。

月　日　　　算数テスト　　　(7)

(1) カードをとりかえて下の□にすうじを入れて下さい。

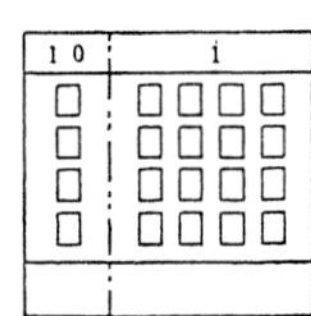

こたえ { きカード□まいと / 赤カード□まい } です

(2) 赤カード56枚は，{ きカード□枚と / 赤カード□枚 } にすればよい。

(3) 次の計算をしなさい。

25 × 3	18 × 4	13 × 5

第８時の問題……１円札がたくさんになったときの計算が，正しくできるようにするには，どんなことに気をつけたらよいでしょう。

様式時間	学　習　問　題	学　習　活　動	指　導　の　ね　ら　い	個人の指導点
一斉十分	・昨日のテスト問題に 18 × 4 というのがありましたが，大分計算のちがった人がいるので，今日は，このようなくりあがりのある計算についてお勉強しましょう。 ・これはどんなことでしたか。 ・この計算を手数がかからないようにして，色カードで答を出して下さい。 ・答が出たら，色数字カードで答を下において下さい。 ・色数字カードで今と同じように計算してみよう。 ・ノートに書いて，計算しましょう。 ・ではもういちだいやってみよう。17円×５を計算し	10　1 ×　4 7　2 10　1 1　8 ×　4 7(3)　2 18 ×　4 7(3)2 ・能力に応じてやる	・Dグループは，色カードで４回並べてやる。 ↓ 18 18 18 +18 かぞえたすかとびかぞえて ・赤カード30枚は，黄カード３枚ととりかえることをはっきりする。 ・計算の順序や，部分積のおく位置や繰上がった数を忘れないようにする	

	て下さい。	17 × 5 3 85		
グループ三十分	・では，今のことを気をつけて，繰上がる場合の計算練習をしましょう。たしかめは，忘れずにしょう。	・ＣＤグループは，色カードや，数字カードでやって，はっきりしてから数字でプリントにやる。	・計算の順序や，繰上る場合のことをグループ毎にしっかりとわからせる	
一斉五分	・今日のお勉強の，繰上がる場合の計算はどうですか。 ・では，問題を先生が出しますから，やって下さい。 ・廊下の長さを15mの繩ではかったらちょど5かいありました。廊下の長さは，どれほどですか。	・式 15m×5＝75m ・計算 15 × 5 2 75 ・こたえ 75m		

月　日　　れんしゅうもんだい〔8の1〕　組　番　なまえ

(1) 次のカードをとりかえてわかりやすくしなさい。

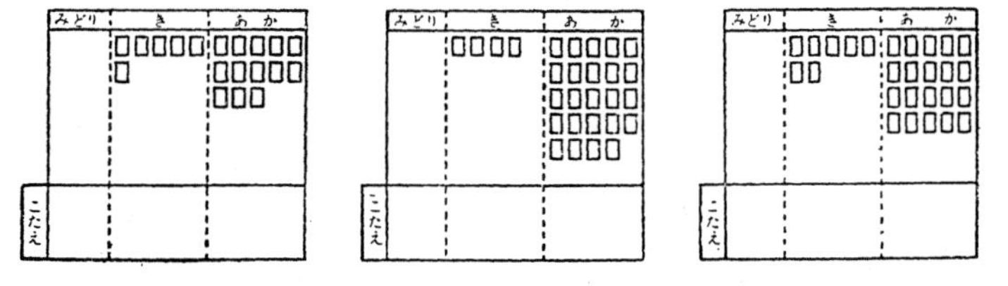

(2) 次の計算をしなさい。

15	18	15	25	18	13	24
× 3	× 2	× 6	× 3	× 2	× 6	× 3

19	17	27	18	28	36	48
× 5	× 4	× 3	× 4	× 3	× 3	× 2
23	19	16	14	29	16	36
× 4	× 3	× 5	× 4	× 2	× 4	× 2
17	37	12	38	14	17	14
× 5	× 2	× 7	× 2	× 7	× 2	× 5

たしかめは必ずやりましょう。

月　日　　れんしゅうもんだい〔8の2〕

(1) 次のカードをとりかえてわかりやすくしなさい。

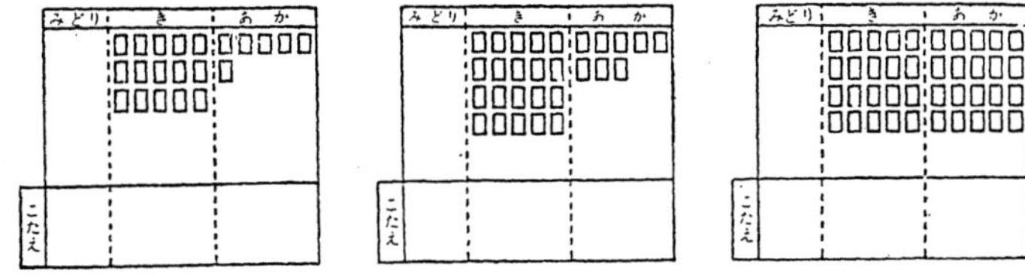

(2) 次の計算をしなさい。

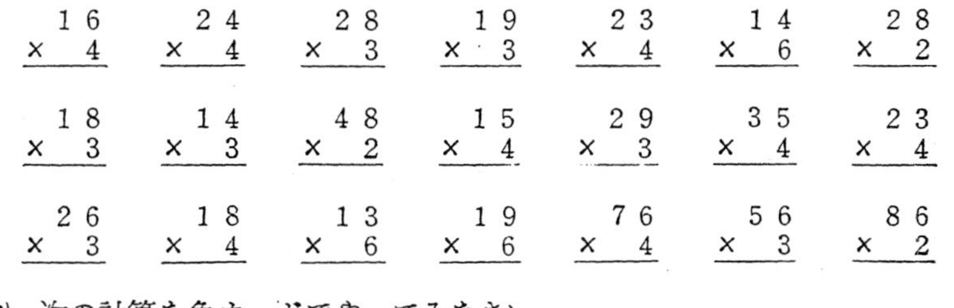

16	24	28	19	23	14	28
× 4	× 4	× 3	× 3	× 4	× 6	× 2
18	14	48	15	29	35	23
× 3	× 3	× 2	× 4	× 3	× 4	× 4
26	18	13	19	76	56	86
× 3	× 4	× 6	× 6	× 4	× 3	× 2

(3) 次の計算を色カードでやってみなさい。

22	32	42	53	66	73	38
× 6	× 5	× 7	× 5	× 4	× 4	× 6

・できたらすうじでもやってみましょう。できますか。

月　日　　算数テスト(8)　　組　番　なまえ

(1) 次のカードをとりかえてわかりやすくしなさい。

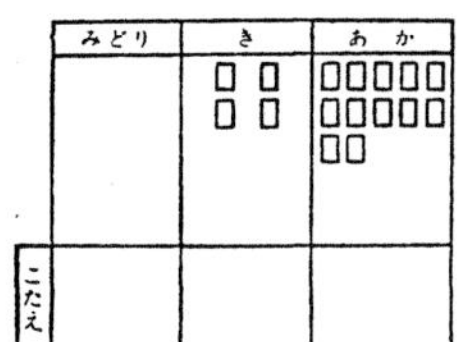

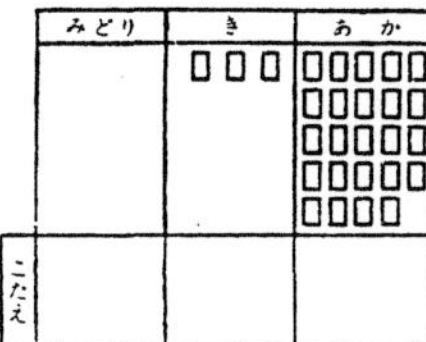

(2) 次の計算をしなさい。

① 26×3　　② 14×6　　③ 18×4

第9時の問題……支払った金高をたしかめるのに，どんな計算をしたらよいでしょう。

様式時間	学習問題	学習活動	指導のねらい	個人の指導点
一斉十五分	1.　昨日お勉強したことは，どんなことでしたか。 そうですね，1の位が10以上になったらくりあげるときの計算練習をしましたね。 ・昨日のテスト問題の 19×4 をもういちどノートにやってみましょう。 2.　では，今日は，10の位即ち，10円札が10枚以上になったときの計算についてお勉強しましょう。さあどうしますか。 ・1足62円の靴下を4足買いました。いくらお金を払えばよいでしょう。計算ですぐできますか。不安な人は色数字カードをおいて答を色カードで出して考えてみましょう。 ・色カードの下に答を数字カードで置きなさい。 ・カードでやった人はノートに計算してごらんなさい。 ・計算の終った人は寄せ算でたしかめて下さい。 3.　できましたね，では，今のことを考えて，1人分52円ずつ3人分お金を集めました。いくらあればよいかノートに計算して下さい。	・お札をとりかえるのと同じである。 （1円札10枚→10円1枚） $19 \times 4 = 76$（繰上がり 3） ・お札をとりかえるときと同じである （10円札10枚→100円札1枚） ・式　62円×3 ・計算 100 | 10 | 1 6 2 × 4 2 4 8 ↓ $62 \times 4 = 248$ → $62+62+62+62 = 248$ 式　52円×3 計算 $52 \times 3 = 156$	・繰上がりは，上位の右肩に必ず忘れないために書くこと。 ・黄カード10枚は，緑カード1枚ととりかえる。 ・とりかえたカードの置く位置。 ・計算の場合の繰上がりは大きく書いてよいことをはっきりする。 ・不安なときなどは一層やさしい寄せ算でたしかめてみることが大切である。	
グループ指導	・では，プリントの問題でよくできるように練習してみましょう。 ・九九や繰上がりが			

時間	学習活動	板書・カード	留意点
二十五分	はっきりしないときは，色カードなどを使ってやりなさい。 ・CDグループ 32円ずつ４人分ではいくらになるか数字カードか色カードでやってごらんなさい。 ・(１人分は………… 　４人分は………… ・いっしょにとんで数えてみよう。 ・(赤カード何枚…… 　黄カードは……… ・10枚いじょうになったら，……どうしますか。そうです。上のお札ととりかえますね。 ・プリントにお答をかいて下さい。 ・次の問題を自分のやりよい方法でやって下さい。わからなかったら手をあげなさい。先生がみてあげますから。	・①　② ③ 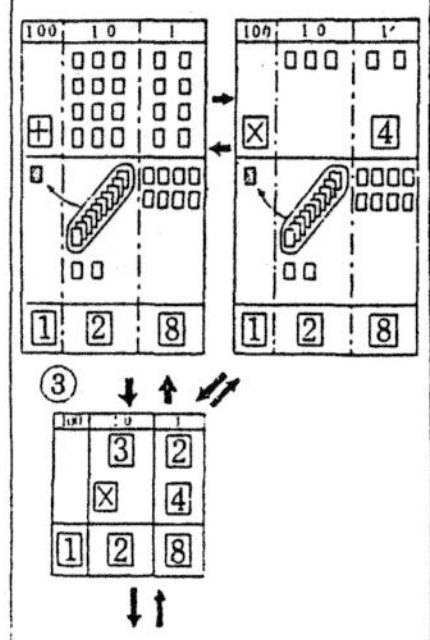 ④ 32×4=128 ・たしかめ 32+32+32+32	・①②の関係をはっきりさせる。とんで数える。 ・数字とカードの結びつきをよく考えさせる。 ・①の子は②へ ②の子は③へ ③の子は④へ ④の子は⑤へ と順次高めてやるようにする。 ・①②の子はすくなくもたしかめのよせざんの形式でできるようにする。 ・できた子は○をくれて賞揚してやることが大切である。
一斉五分	・鉛筆をおきなさい。今までのお勉強をまとめましょう。 ・繰上がりのある計算のときは，どうすればよいでしょう。	①赤カードの繰上がった数は黄カードのところに印をつけておく。 ②黄カードの答を繰上がった数を加え	①部分積が10より大きい場合は，１位の数は10位に，10位の数は100位に繰上げる。 ②繰上げるのは，お札を取り替えるこ

学習活動	板書・カード	留意点
・よくわかりましたようですから，明日は，１円札も10円札も両方共10枚以上になったときはどんなにするかについてお勉強しましょう。できそうですか。どうですか。	て黄カードの所に書く。 ③黄カードの繰上がった数は，緑カードの所に普通の字ですぐかいてよい。	とと同じである。

月　日　れんしゅうもんだい　〔9の1〕　組　番　なまえ

(i) 次の計算をしなさい。

84×2	62×3	94×2	52×4	41×7	51×6	92×4
83×3	40×5	85×1	53×3	41×6	72×3	52×3
60×3	92×4	71×7	43×3	82×4	93×3	74×2
52×7	31×5	63×3	42×4	93×3	41×6	81×7
64×2	50×4	81×8	93×7	65×3	74×8	32×6

・こたえは，必ずたしかめましょう。

月　日　れんしゅうもんだい　〔9の2〕　組　番　なまえ

(i) えんそくのお金集めをしました。１人分85円です。

①　１ぱんは，６人です。いくらあればよいでしょう。

しき　　　けいさん　　　こたえ

②　２はんは，５人です。いくらあればよいでしょう。

(2) 次の計算をしなさい。

22×6	32×5	42×7	53×5	66×4	82×6	92×5
84×3	93×4	73×4	62×7	65×4	74×3	37×4
39×5	24×5	29×6	33×9	38×7	47×6	43×5
52×9	64×5	29×6	83×9	38×7	47×6	68×4
69×5	63×9	78×4	85×6	37×6	58×9	66×8
49×7	68×9	76×7	88×7	38×7	28×6	44×7

月　日　　　算数テスト(9)　　　組　番　なまえ

(i) 次のカードをとりかえておこたえを書きなさい。

①

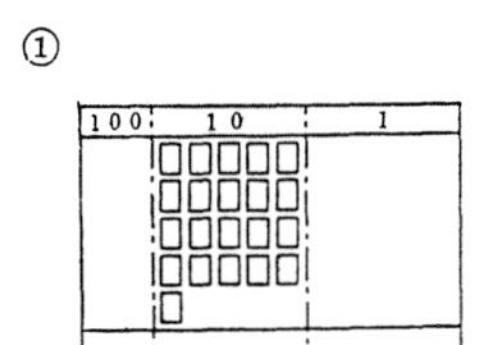

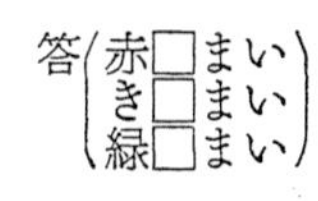

②

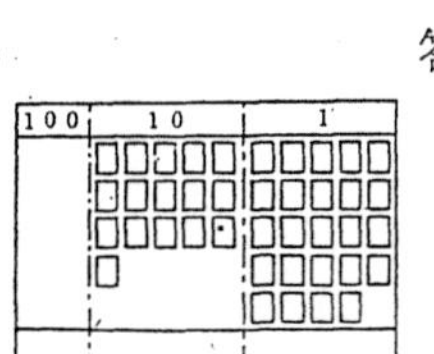

答（赤□枚　き□枚　緑□枚）

(2) 次の計算をしなさい。

① 82×4　　② 93×3　　③ 36×4

第10時の問題……1円も10円も10枚以上になるときの計算は，どのようにしたらよいでしょう。

様式時間	学習問題	学習活動	指導のねらい	個人の指導点
一斉指導十分	・昨日お勉強したことは，どんなことでしたか。 ・昨日のテストの最後に1円も10円も10枚以上になるのがありましたが，どの位できるかと思ったらやはりあまりよくできないようです。 ・今日は，そのように，1の位も10の位も繰上がる場合の計算について，お勉強しましょう ・63円の品物を4個買いました。お金は，いくらはらえばよいでしょう。 ・計算してごらんなさい。 ・むづかしいと思う人は，色カードを使ってもよいですよ。そしてわかったらノートに計算してごらんなさい。 ・できた人は，よせ算でたしかめて下さい。 ・○○さん黒板に計算してごらんなさ	・お札をとりかえる （1円札10枚→円札1枚と 10円札10枚→100円札1枚と） ・式　63円×4 ・計算　63×4＝252（繰上がり1） 100　10　1 ☒　4 2　5　2 ・たしかめ　九九で（①3×4　②6×4） 63＋63＋63＋63 とびかぞえ （①3，6，9，12 ②6，12，18，24	・Dグループには，10枚以上になったらとりかえる，このことを数字の場合とよく結びつけるようにする。どちらも同じであることをはっきりする。	

	い。 ・今のことに気をつけて，58*l* の3倍というときはどうでしょう。計算してごらんなさい。	式　58*l*×3 計算　$\begin{array}{r}58\\ \times\ \ 3\\ \hline 174\end{array}$（繰り上がり 2）		
グループ別指導三十分	・今までのことをよく考えていつものように練習してみましょう。できたら今日は，お互にたしかめあいましょう。	・CDグループ 色カードや数字カードでやってみてわかったら計算する。 ・とんで数える。 ・10枚以上になったら上の単位ととりかえる。	Dグループ ①特に九九の指導をする。 特殊な九九を間違う子や不宮定な子は，はっきりする ②そのために色カードで，とびかぞえをしっかりする。 ③繰上がりをはっきりさせる。数字と結びつけてやる。	
一斉指導五分	・たいへんよくできるようになりました。 ・では，今までのことをはっきりとまとめましょう。 ・明日は，0などのつく特別な場合について練習しましょう。	今までのことをはっきりとまとめる。		

月　日　　れんしゅうもんだい　〔10の1〕　組　番　なまえ

26 × 8	44 × 9	35 × 4	67 × 7	99 × 9	73 × 8	75 × 5

36 × 7	78 × 6	23 × 8	77 × 6	95 × 5	34 × 8	69 × 7
67 × 7	46 × 4	89 × 4	68 × 7	54 × 7	46 × 8	27 × 7
74 × 7	75 × 3	29 × 8	39 × 7	68 × 9	76 × 7	88 × 7
87 × 6	35 × 8	79 × 3	82 × 6	36 × 4	78 × 8	99 × 4
38 × 4	47 × 6	72 × 6	92 × 6	96 × 7	86 × 3	74 × 4

・必ずたしかめをやってから，二枚目をやりなさい。

月　日　　れんしゅうもんだい〔10の2〕　組　番　なまえ

25 × 9	76 × 6	37 × 9	65 × 8	57 × 9	73 × 7	84 × 6
69 × 8	47 × 9	88 × 7	38 × 8	79 × 7	69 × 9	78 × 8
45 × 5	26 × 8	86 × 9	48 × 9	75 × 7	49 × 9	43 × 7
56 × 9	28 × 8	89 × 6	72 × 2	58 × 9	27 × 8	79 × 9
29 × 8	87 × 6	67 × 9	77 × 7	58 × 9	72 × 6	65 × 5
84 × 7	78 × 3	88 × 4	96 × 7	78 × 9	36 × 6	66 × 4

月　日　　れんしゅうもんだい　〔10の3〕　組　番　なまえ

32 × 2	24 × 4	13 × 7	25 × 4	14 × 6	30 × 4	62 × 2

20 × 5	73 × 3	85 × 2	27 × 8	46 × 5	69 × 3	35 × 6
37 × 9	25 × 7	46 × 3	59 × 8	79 × 4	27 × 6	68 × 6
89 × 3	47 × 7	75 × 4	58 × 8	48 × 8	55 × 5	89 × 7
68 × 9	75 × 8	99 × 4	85 × 4	26 × 7	50 × 6	80 × 5
79 × 5	36 × 8	70 × 5	24 × 9	24 × 9	44 × 5	90 × 7

第11時の問題……いろいろなかけ算が正しくできるようにするには，どんな点に気をつけたらよいでしょう。

様式 時間	学習問題	学習活動	指導のねらい	個人の 指導点
一斉指導五分	・いろいろなかけ算が正しくできるようにするには，どんな点に気をつけたらよいでしょう。 ・特に間違い易い問題についてやってみましょう。 ・67円ずつ8人分ではいくらになるでしょう。 （式は…………… 計算は………… 答は…………… ・たしかめてみよう。	①数が大きくなっても，位毎に分けて計算するとできる ②位取りを見てきちんと書く。 ③10以上になったらくりあげる。 ・式　67円×8 ・計算　67 ×　8 （5） 536 ・たしかめ ①九九をもういちどはんたいに唱えてやる。	・かけ算の計算について気をつけることをまとめる。 ・繰上がりを間違えないように必ず右肩に小さく書くこと。	

様式 時間	学習問題	学習活動	指導のねらい	個人の 指導点
		②よせざんでやる。	・Dは，よせざんでとんで数えてやる。	
グループ指導三十五分	・今日は，最後ですから間違えないようにやって下さい。 ・自分の間違い易い九九は，特に気をつけてやりましょう。 ・終ったら必ずたしかめをやりなさい。	・Dグループ 特に誤り易い九九は，カードや，よせざんに直して，やってみて答を出す。	・教師は，予め困難な問題を予想しておいて，1人も目こぼしのないように気をつける。 若し誤算していたら，九九をいわせてみて，それでよいかどうかとんで数えさせてみると，自分の間違いに気づくであろう。	
一斉五分	・65mの8倍はいくらになりますか。 ・たいへんよくできますね。では明日から，毎日10題ずつ90題いろいろな問題についてテストを行います。	・式　65m×8 ・計算　65 ×　8 （4） 520 ・たしかめ もういちどやるかよせ算でやる。	・計算について注意することをはっきりとまとめる。	

月　日　れんしゅうもんだい〔11の1〕　組　番　なまえ

24 × 3	15 × 8	28 × 4	88 × 5	52 × 6	55 × 4	75 × 2
28 × 7	48 × 5	28 × 9	74 × 2	62 × 9	49 × 3	73 × 6
65 × 8	59 × 9	67 × 8	78 × 9	75 × 4	70 × 7	18 × 6
51 × 9	65 × 7	22 × 8	54 × 5	38 × 5	76 × 5	55 × 8

48	75	84	64	26	82	62
×5	×8	×9	×5	×4	×5	×5
66	85	78	96	80	64	47
×5	×8	×4	×7	×5	×9	×7

月 日 れんしゅうもんだい〔11の2〕 組 番 なまえ

(1) 次の計算をしなさい。

55	80	42	74	96	74	86
×8	×5	×5	×3	×9	×7	×4
97	85	78	84	97	94	86
×6	×8	×2	×6	×4	×8	×3
88	96	84	95	85	38	83
×5	×7	×9	×3	×6	×8	×9
84	69	25	57	88	78	56
×5	×8	×8	×9	×6	×7	×9

(2) 1分間に50m歩く人が，家から駅まで8分かかります。
家と駅との道のりは，大体どれほどあるでしょう。

しき　　けいさん　　こたえ

(3) 一郎君は，本を毎日16ページづつ読んでいましたが，ちょうど一週間で終りました。この本は何ページの本でしょう。

しき　　けいさん　　こたえ

(4) 正子さんは，12さいだそうです，姉さんは正子さんより3つ年上で，兄さんは，姉さんより2つ年上です。また，お母さんは，姉さんの3ばいの年れいだそうです。お父さんは，お母さんよりまた3つよけいだそうです。この家の人のねんれいを計算して下さい。

しき ①姉さん　②兄さん　　計算

③お母さん　④お父さん

月 日 れんしゅうもんだい〔11の3〕 組 番 なまえ

(1) よし子さんは，毎月のおこづかいの中から，50円づつ貯金しているそうです。もうはじめて7月になりました。貯金をいくらしたことになりますか。

しき　　けいさん　　こたえ

(2) 石田君は，1日に計算練習を40だいずつすることにきめました。1週間では，何題れんしゅうすることになりますか。

しき　　けいさん　　こたえ

(3) 一郎君の本のねだんは32円で，それは，花子さんの本のねだんの$\frac{1}{5}$だそうです。花子さんの本のねだんはいくらでしょう。

しき　　けいさん　　こたえ

(4) とし男君の学校で，身体険査の時，レントゲン写真をとりました。ひ用は1人分15円だそうです。次の各組ごとの費用を計算して下さい。

組	1	2	3	4	5	計
人数	7	8	6	5	9	
ひ用						

・式1組
2組
3組
4組
5組

・計算

(5) かつみさんはお小づかいが95円あります。姉さんは，かつ美さんの小づかいの4ばいよりもまだ20円多いそうです。姉さんは，いくらおこづかいをためたでしょう。

・式　　・計算　　・こたえ

§2. 指導の成果

11時限の指導が５月18日で終ったので，その翌日から，指導直後のテストを行った。テストの問題，内容，方法，整理のしかたなどについては，前年度までと全く同じである。（実験報告(4)のＰ．141〜115を参照）

〔第６表〕 指導後のテスト結果（26年度からの比較）

年度別		26年５月（第１次）	26年11月（第２次）	27年５月	28年５月	29年５月
在籍人員		249人	250人	233人	284人	123人
誤算人員		105人	14人 ④	14人 ④	22人 ②	1人
誤算型と誤算題数	A	73	4	0	7	0
	B	35	1	1	5	0
	C	7	0	0	4	0
	D	16	0	0	1	0
	E	47	1	2	9	0
	F	6	0	0	0	0
	G	22	0	2	2	0
	H	8	1	0	0	0
	I	12	2	2	0	0
	J	64	5	2	5	1
	K	95	9	13	13	0
	L	69	5	3	17	1
	M	—	—	—	1	1

〔註〕○でかこんである数は，テストの結果80題以上の誤算者で，いわば，特殊児童である。

(1) 誤算者数の上からの考察

26年５月の第１次指導に失敗したものの，それ以後は非常に好結果を示している。即ち，この研究を始めてから，いつも考えてきた，「できない子はいない」ということが験証されたことになる。

子どもが誤算をするのは，子どもの思考に飛躍があったり，教師の援助の手が適切でなかったりするためである。特に本年５月の指導直後のテストでは，123人中誤算者は僅かに１名である。しかも，この子を詳細にみた結果から，自信をもって，〝できない子はいない〟ということがいえると思う。すなわち，I．Qはいちばん低いし，100まで数えることすらできない子どもである。予備テストにおけるかけ算九九についてみると，100問中実に83問の誤りをしている。ところが，このような子どもが，11時限の指導後90題のテストで63題（70点）の正答をしている。これは実に驚くべきこととといわざるを得ない。

この子の計算の手際をみると，繰上がりのない程度の九九はできるが，６×８とか８×７とかいうかけ算を使うことになると九九ではできない。しかし，平素演算の意味の理解に重点をおいたために，具体物におきかえて数えさせるようにしているので，６×８が九九でできないと，色カードを６まいずつ８回並べるか，あるいは６＋６＋………＋６とかいて，1, 2, 3, ………6, 7, 8, 9, ………, 12, ………というようにして，48を出している。これを見ると，演算の意味を具体的な行動を通して，はっきりつかんでいれば，正しい答は必ず出せるものであるということが言えるのである。この子どもは，前にも述べたように，極めて遅れている子どもであるが，ものを介しての計算から非常な自信を得た。それがこの子がこのような好結果をあげるようになった原因であると言える。つまり，算数が非常に面白く楽しいものであるという考えを持つようになったためである。この点も見逃すことができない。

(2) 誤答型からの考察

26年度以降，Ｊ型とＫ型，即ち，繰上がり加法とかけ算九九の誤りが圧倒的に多かったのであるが，本年は，１人の子どもが誤算しただけである。その誤答数は，Ｊ型が１題とＬ型が25題である。このＫ型は，累加をする数が多いために，途中で誤るのであるから，Ｋ型の誤りに入れたのではおかしいと考えて，Ｌ型としたのである。

26年度から，昨年度まで多かったＪ，Ｋ型の誤が，本年皆無になったことは，本年度の研究で特筆すべきことと思う。

(3) 学習指導計画の上からの考察

指導時間を11時限に短縮したことは，先に述べたので，こゝでは省くが，昨年より２時間の短縮をして，123名中，誤算者が僅かに１名であったということは，学習の素地になる前学年までの数学的内容が，次第に身についてきたためと考えられる。この点は見逃すことができない。

§3. 理解をみるための調査

理解が成立しているかどうかをみるために，次に述べる２つのことについて調査をしてみた。これは，27年度以降の継続研究である。

ａ．二位数×一位数の学習をした子どもが，その後指導しないでおいたとき，計算能力がどのような浮動状況を示すか。

ｂ．二位数×一位数のかけ算を理解したことが，三位数×一位数の学習にどのようにひびくか。（三位数×一位数の指導前の調査）

次に，本年の浮動状況の調査結果を表で示す。テスト問題等はすべて，指導直後と同様であり，今まで実施している条件とすべて同じである。

〔第７表〕 指導直後のテストと浮動調との比較

調査時		29年５月	29年７月	29年９月
在籍人員		123名	123名	123名
誤算人員		1名	2名	2名
内訳（誤算型）	A	0	0	0
	B	0	0	0
	C	0	0	0
	D	0	0	0
	E	0	1	0
	F	0	0	0
	G	0	0	0
	H	0	0	0
	I	0	0	0
	J	1	3	4
	K	0	7	5
	L	25	22	27
	M	1	4	5

７月及び９月の浮動調査で，１名の誤算者が増えただけである。即ち，３回のテストで，３回とも誤った子が１人，７月と９月の２回のテストを誤った子が１人で，結局誤算をした子どもは，123人中２人である。このように少なかったのは，５月の指導で演算の意味や計算方法の意味を，具体物を通して充分に指導したゝめ，理解が成立したものと考えられる。

このように，能力に応じて，たとえ，それが素朴な方法であっても，その自信のある素朴なものから出発して，ひとり残らずの子どもに演算の意味と計算方法の意味を理解させれば，たとえ，計算の速度はおそくとも，ひとりのこらずの子どもができるものであるという，本校長年の持論が本年はじめて験証されたことになる。

さらに，真に理解が成立していれば，それが永続するものであるという事もこゝで実証されたわけである。このことは，他の教材にも，また，ほかの教科の学習にも，とりいれていきたいものである。

二位数×一位数のかけ算についての理解が，三位数×一位数の学習にどのように現われてくるか，については，この調査の問題や，その方法などについては，「実験学校の研究報告(3)」のＰ 152～156あるいは「同(4)」のＰ 153～157を参照されたい。この調査の結果は次のとおりである。

〔第８表〕 **演算の意味と数の大きさについて** (調査人員，127人)

判定	演算の意味				数の大きさ			
	◎	○	△	×	◎	○	△	×
児童数	93人	20人	10人	4人	114人	9人	4人	0人
全児に対する百分率	73.2%	15.7%	7.9%	3.2%	89.8%	7.1%	3.1%	0%

〔第９表の①〕 **数え方と計算の誤答数について** (調査人員，127人)

要項	数え方		
方法	九九で	とんで	１つずつ
児童数	95人	17人	15人
全児に対する百分率	75%	13%	12%

この調査の結果を表の上からみると，演算の意味について既に理解している子どもが90%，数の大きさについて理解していると思われる子どもが97%もいる。計算では，20題のテストを全部正解した子どもが64%，15題までできた子どもを入れると，実に95%に達している。計算の手際の上からみると，かけ算九九を使って計算する子どもが75%ある。九九については

〔第９表の②〕

計算の諸答数							
誤答題数	0	1～5題	6～10題	11～15題	16～19題	20題	誤答者計
児童数	81人	40人	2人	3人	1人	0人	46人
全児童に対する割合	64%	32%		2%			36%

とびかぞえでするものが13%，１つづつ数える子どもが12%いる。しかし，このとびかぞえや１つづつ数えるという子どもでも，やさしい九九は勿論使っているが，むずかしい九九はここにあげたような方法でやるということである。

このようにしてみると，二位数×一位数の指導をじゅぶんにすれば，三位数×一位数の指導はほとんどしなくてよいことになるわけである。即ち，127人中，（途中入学者４名）数の大きさについて４人，演算の意味について14人，計算では６人の子どもについて指導すればよいことになるわけである。

§4. 三位数×一位数，二位数×二位数の指導への効果

(1) 指　導　時　間

三位数×一位数の指導は二時限で終えた。（指導計画については，実験研究報告(3)のＰ156～160を参照されたい。なお，第１時の演算の意味については，予備調査の結果，その必要を認めないので省いた。）

(2) 三位数×一位数の指導後のテスト (調査人員127人)

この結果は，次の第10表のとおりであるが，数字の上では予備調査の結果と大差ない。これは，テスト問題の内容が予備調査のときより難しいものが多いこと，一時間のテストで２枚，３枚と同時に行ったためであると思われる。

〔第10表〕

演算の意味				十を×になおす				×を十になおす				計算の誤答数						
◎	○	△	×	◎	○	△	×	◎	○	△	×	全問正解	1〜5誤	6〜10誤	11〜15誤	16〜19誤	20誤	誤答者計
105人	18人	2人	2人	91人	20人	14人	2人	125人	1人	0人	1人	96人	25人	4人	1人	1人	0人	31人

(3) 二位数×二位数の指導前の調査（調査人員127名）

この調査問題は省略するが，結果は次のとおりである。

〔第11表〕

演算の意味				十を×になおす				×を十になおす				計算の誤答数				
◎	○	△	×	◎	○	△	×	◎	○	△	×	全問正解	1〜3誤	4〜6誤	7〜9誤	10誤
108人	12人	3人	4人	125人	0人	1人	1人	126人	0人	1人	0人	20人	8人	9人	79人	11人

二位数×二位数の計算も，二位数×一位数の計算とだいたい同じような考え方で処理できると考えられるが，予備調査の結果からみると，案外，子どもには抵抗を感ずるようである。かけ算九九を使うことや，部分積の処理に位取りの原理を用いることは，考えればできるはずなのに，子どもの計算の手際をみると，考えぬいた末，非常な労力を使って累加で答を求める子どもが多い。10問中2〜4題位の正解者は，皆これである。

(4) 二位数×二位数の指導

二位数×二位数の指導を実験的にとりあげたのは，本年がはじめてであるが，昨年は，一応準備的に指導を進めておいたので，大変参考になった。

予備調査の結果から，計算の手続きに子どもは非常に抵抗のあることがはっきりした。その抵抗となる点は，十位の乗数についての部分積を書く位置がはっきりしないことであることに気付いたので，この点に指導の重点をおいた。

各時間の学習の問題と，数学的内容は次のとおりである。

〔第12表〕 二位数×二位数の指導計画

時間	学習の問題	数学的な内容
第1時	同じ値段の品をたくさん（10円以上のものを10以上）買ったときの計算は，どんなことについて調べると，うまくできるでしょう。	・買った個数が10以上になってもかけ算でできる。 ・計算で今までとちがう点はどこか。
第2時	10円以上のものを，10個以上買ったときの計算のしかたについて，色カードで工夫してみよう。	二位数に二位数をかける計算の順序や，十位の乗数についての部分積の書く位置を，色カードを使って理解する。
第3時	10円以上のものを，10個以上買ったときの計算のしかたを，数字で考えよう。	二位数に二位数をかける計算の順序や，10位の乗数についての部分積を書く位置について，はっきりする。
第4時	ねだんのやすいものをたくさん買ったときや，ぴったりと買ったときの計算を簡単にする方法はないだろうか。	・一位数×二位数の計算は，二位数×一位数として計算すればよい。 ・乗数や被乗数の一位の数字が0であるときの簡便なやり方を工夫する。
第5時	かけ算は，どんなときに使えるでしょう。	・同数を累加するときやそれに近い数を加えるとき，また，何倍などというときは，かけ算が使える。

この「二位数×二位数」についての指導では，「二位数×一位数」についての指導法が，どの程度適用できるかということと，「二位数×一位数」に

ついての理解が成立していれば，「二位数×二位数」の学習指導に要する時間が，どの程度短縮できるかということ，この二つの面について，調べようとしたのである。

要約すると，次のようになる。

1．「二位数×二位数」について，各部分積を求めることは，既に学習しているので，新しく指導を要しないと考えられる。

2．子どもの理解を成立させるために，色カードを用いたが，「二位数」に十位の数をかけた大きさと，それを書く位置を理解させるのにも，色カードを同じように用いていけばよいと考えられる。

3．1時限の学習過程や能力に応じた指導の機会も，同様に考えていけばよいと考えられる。

4．10位の数をかけたときの部分積について，その大きさを考えて，書く位置をどこにしたらよいかについての理解が新しいものであるから，これだけを指導すればよいと考えられる。

(5) 二位数×二位数の指導後のテスト

計算問題100題について行った。この調査の方法や，誤算型などについて

〔第13表〕

年度別	在籍人員	誤算人員	誤答数の内訳（型）																	
			A	B	C	D	E	F	G	H	I	J	K	L	M	N	O	P	Q	R
28年度	284人	29人 ⑤	6	2	—	—	6	—	8	—	—	26	33	5	3	3	4	3	1	1
29年度	126人	10人	1	—	—	—	6	—	—	—	—	17	69	13	8	3	7	2	1	1

〔註〕① ○でかこんであるのは，特殊児童であり，誤算者に含まれない。

② 100問中5題以上の誤答をした子を，誤算者とした。

③ テストの問題，方法，誤答型などはすべて，28年度のものと同じである。

は，本報告書の28年度の項（31—35ページ）に詳述してあるので参照されたい。誤算者と誤算型を昨年度のそれと比較したものが，第13表である。

指導の時間は，昨年度も本年度も同じく5時限である。その指導後の誤算者は昨年は248人中29人（特殊児童5人を除く）で，本年は126人中10人である。誤算率は昨年度の10％に対して，本年は8％であるが，この中に特殊児童と考えられる子どもも含んでいるわけである。しかし，誤算者数の内訳をみると，昨年に比べて誤算数が多くなっている。これは，1人の子どもが，60題，70題と誤っているからである。昨年度は，このような子どもは，特殊児童として除外したので，誤算の内訳の項にはでていないのである。

誤算者は，やはり，二位数×一位数の予備調査の際から非常に遅れていると診断されたDグループの子どもの中からでている。この遅れた子どもを，二位数×二位数の指導時間中に（5時限の中で）救うことはできないだろうか。来年度は，予備調査に，指導計画に，より一層の検討を加えて，ひとりのこらずの子どもが正しく計算できるようにしたい。

二位数×二位数の指導は，これまでの学習を累積的に進めていれば当然できる筈であるのに，乗数の十位の部分積を書く位置の理解が加味されただけで，子どもに大きな抵抗のあることが明瞭になった。これをどのようにして除去していくか，具体的な研究は今後に残されている。

Ⅲ　3年の実験指導

§1.　指導前の調査とその結果

A　予備調査とその問題

① 予備調査は，乗法九九を学習するために必要であると考えられる，数の大きさと加法の意味及び加法九九について調査した。

② 期間は五日間とした。

③ 5月31日から6月4日までの第二校時に実施し，制限時間は，プリント毎に15分～25分程度とした。

④ テスト実施上の注意・実施後の整理は，4年の実験と同一歩調にした。

このテスト問題を次にあげる。

〔予備テスト問題〕

1. 予備テスト　第一日（前半）

〔1〕 ① りんごが　いくつありますか。　すうじでかきなさい。

＿＿＿＿＿＿

② マッチのこばこはみんなでいくつでしょう。すうじでかきなさい。

＿＿＿＿＿＿

③ おさつは　みんなで　いくらでしょう。

＿＿＿＿＿＿

④ つぎの　カードを　すうじでかきなさい。

＿＿＿＿＿＿

⑤ いちばん大きいかずに　○，いちばん小さいかずに　×，をつけなさい。

(2， 4， 6)　　(207， 212， 199)
(34， 29， 5)　　(179， 174， 177)
(84， 49， 65)

2.　予備テスト　第一日（後半）

〔2〕 ① すみだわらが　30ぴょうあります。10ぴょうずつの山にすると　いく山できるでしょう。

＿＿＿＿＿＿

② 花子さんが　色ぼうをかぞえています。10本ずつのたばが　2つと，3本ありました，みんなで何本でしょう。

＿＿＿＿＿＿

③ ノートをかいました。10円さつ　2まいと　1円さつ　7まいはらいました。ノートは　いくらでしょう。

＿＿＿＿＿＿＿＿

〔3〕① あかカードが　つぎのようにならべてあります。これを　わかりやすくとりかえてごらんなさい。

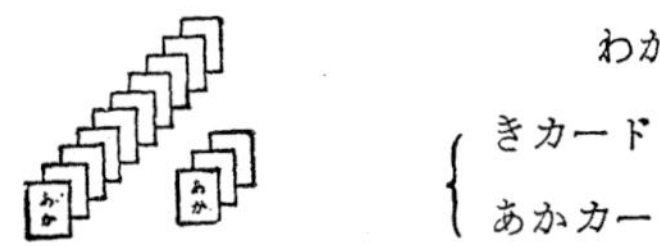

わかりやすくとりかえて

きカード　（　　）まい　と，
あかカード（　　）まいです。

② たまごが　35こあります。10こずつはこに入れると，3はこと　いくつのこりますか。

＿＿＿＿＿＿＿＿

③ 1はこ　42えんの　クレヨンを　かいました。10えんさつ4まいと，1円さつなんまい　だせばよいでしょう。

＿＿＿＿＿＿＿＿

3.　予備テスト　第二日（前半）

〔4〕①

30は　きカード　（　　）まいと
　　　あかカード（　　）まいです。

② はる子さんは，ノートと　えんぴつをかいました。ノートは　1さつ　12えん　えんぴつは　1本　8えんでした。ぜんぶで　いくらになりますか。

＿＿＿＿＿＿＿＿

③ 20えんを　どんなお金で　はらったら　おさつが　すくなくてすむでしょう。

＿＿＿＿＿＿＿＿

〔5〕① 色ぼうが　200本できました。100本ずつのたばにするといくたばになるでしょう。

＿＿＿＿＿＿＿＿

② 100こずつ　入れた　おはじきが　3ふくろあります。おはじきは　みんなで　なんこあるでしょう。

＿＿＿＿＿＿＿＿

4.　予備テスト　第二日（後半）

〔6〕①

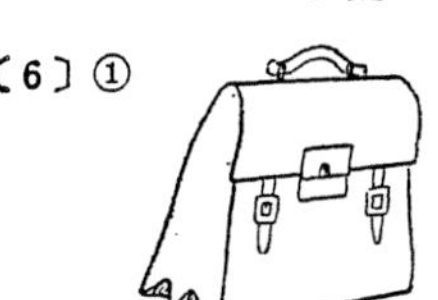

205えん　100えん（　　）まいと
　　　　　10 えん（　　）まいと
　　　　　1　えん（　　）まいです。

② 10人ずつ　ならんだ　せいとのれつが　3れつあります。せいとの　かずは　みんなで　なん人でしょう。

＿＿＿＿＿＿＿＿

③

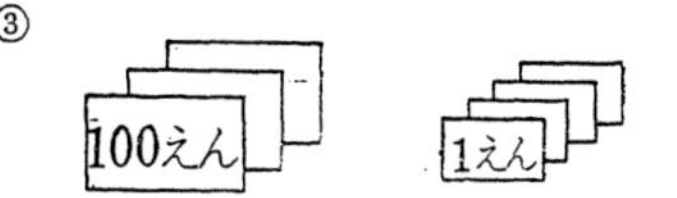

＿＿＿＿＿＿＿＿

〔7〕① つぎのおさつを　つごうのよい　おさつと　とりかえて，□の中へ　かきこみなさい。

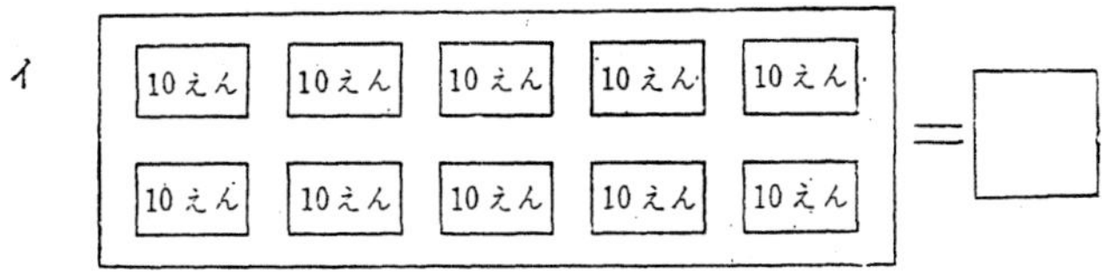

② 赤カード　20まいは　きカード□まいです。

5.　予備テスト　第3日（前半）

〔8〕① イ　みんなで　なん本ですか。しき（かきかた）を　かきなさい。

12本　12本

＿＿＿＿＿＿＿＿

＿＿＿＿＿＿＿＿

—317—

ロ　まさおくんは，ノートを１さつと，えんぴつを１本かいました。ノートは，23円，えんぴつは，15円です。お金を　いくら　はらったでしょう。

どのやりかたでやりましたか。じぶんの　やったやりかたに　○をつけなさい。

{23えんー15えん
{23えん＋15えん

ハ　花子さんは，１こ　６円のけしごむを　４こかいました。お金をいくら　はらえばよいでしょう。

③　イ　きょうしつに　せいとが18人います。そこへ　７人　はいってきました。みんなで　なん人になったでしょう。

ロ　すずめが　でんせんに　７わ　とまっていました。そこへまた　７わとんできてとまりました。また，７わとんできてとまりました。みんなで　なんばに　なったでしょう。

ハ　たまごが　９こあります。きょう　にわとりが　８こうみました。あわせて　たまごは　いくつになったでしょう。

6.　予備テスト　第３日（後半）

③　イ　ふみ子さんは　９つです。ねえさんは　ふみ子さんより，２つとしうえです。ねえさんのとしは　いくつでしょう。

ロ　私のせいの高さは，まえから３ばんめです。あさ子さんは，わたくしよりも，まだ，２番うしろです。あき子さんは，まえから　なんばんめでしょう。

{３ばんー２ばん
{３ばん＋２ばん

ハ　よし子さんの　ノートは，１さつ８えんです。わたくしのは，それより５えんたかいです。わたくしのノートは，１さついくらになりますか。

④　イ　よし子さんたちは，おはじきをしています。４こずつ３人にやったらぴったりでした。はじめ　おはじきは　いくつあったのでしょう。

ロ　でんせんのすずめが９わ　とんでいきました。それでも，まだ，15わとまっています。はじめ　なんばいたのでしょう。

ハ　あかしろで　ドッチボールをしています。あかは，７人あたったので，中にのこったのは，８人になってしまいました。あかは，なん人いるでしょう。

ニ　ひで子さんのくみのせいとは，５人かえったのに　まだ教室に　28人のこっています。ひで子さんのくみは　なん人でしょう。

ホ　つぎのかずの　ならび方にきをつけて，□の中にすうじをかきなさい。

（３，６，□，12）　　（５，10，15□）

（２，４，□，８）

7.　予備テスト　第４日（前半）

〔９〕イ　みんなでいくつありますか。

どのかぞえかたをしましたか。

◎１，２，３，４，５，６，７，８，とかぞえた。

◎２，４，６，８，とかぞえた。

ロ　りんごは　みんなで　なんこあるでしょう。

どのかぞえかたをしましたか。

◎　1, 2, 3, 4, 5, 6, 7, 8, 9, 10, 11, 12

◎　2, 4, 6, 8, 10, 12,

◎　4, 8, 12

◎　4と4と4で12

ハ　カードは　ぜんぶでいくつでしょう。

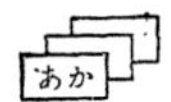

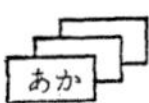

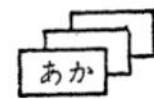

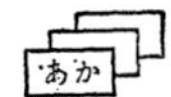

どのかぞえかたをしましたか。

◎　1, 2, 3, 4, 5, 6, 7, 8, 9, 10, 11, 12,

◎　2, 4, 6, 8, 10, 12,

◎　3, 6, 9, 12,

8.　予備テスト　第4日（後半）

加法〔1〕

2＋7	2＋6	7＋9	2＋4	4＋3
3＋2	1＋7	1＋0	1＋2	6＋1
7＋7	8＋5	2＋3	6＋4	8＋4
2＋8	0＋4	6＋5	5＋6	9＋6
0＋6	1＋3	4＋7	3＋8	5＋2
8＋1	5＋9	0＋9	7＋6	0＋0
3＋9	5＋0	8＋7	9＋3	6＋3
8＋8	3＋6	1＋6	7＋6	7＋2
0＋1	5＋8	3＋0	7＋0	4＋1
4＋5	0＋8	7＋4	5＋7	2＋5

9.　予備テスト　第5日（前半）

〔8〕⑤　イ　はがきは　みんなで　いくらでしょう。

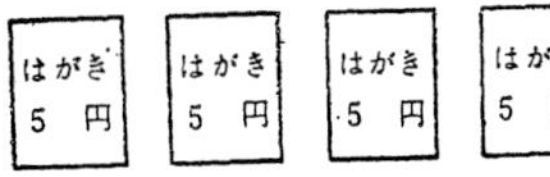

ロ　ノートは　みんなでいくらでしょう。

ノート 6円　ノート 6円　ノート 6円

ハ

イ　2＋2＋2＋2＋2＝□

ロ　4＋4＋4＋4＝□

ハ　5＋5＋5＋5＝□

ニ　3しゅうかんは　なん日ですか。（1しゅうかんは　7日）

ホ　9人ひとくみで　やきゅうをしています。2くみでは　なん人ですか。

ヘ　1さつ　15円の本を　3さつかいました。みんなでいくらでしょう。

10.　予備テスト　第5日（後半）

2＋2	7＋3	5＋4	7＋8	6＋6
5＋3	0＋7	9＋9	9＋4	3＋4
6＋7	6＋2	4＋0	0＋2	1＋8
6＋0	1＋9	7＋5	4＋2	7＋1
9＋2	5＋1	0＋3	6＋9	9＋0
1＋1	3＋3	1＋4	9＋8	8＋2
3＋5	2＋0	8＋0	1＋4	3＋7
4＋8	8＋3	4＋9	2＋1	4＋4
9＋1	5＋5	8＋6	2＋9	9＋7
8＋9	9＋5	0＋5	4＋6	3＋1

B 予備調査の結果

〔第1表〕 数の大きさ，加法の意味，加法九九の結果

段階＼項目・問題番号	数の大きさ〔1〕	〔2〕	〔3〕	〔4〕	〔5〕	〔6〕	〔7〕	加法の意味〔8〕の①	〔8〕の②	〔8〕の③	〔8〕の④	〔8〕の⑤	加法九九
◎	63	49	60	79	62	62	70	52	57	56	28	36	82
○	23	21	14	6	0	21	11	25	18	17	35	33	6
△	／	／	／	／	14	／	／	／	／	／	／	13	／
×	3	19	15	4	13	6	8	12	14	16	26	7	1

〔註〕 ① 第1表に示されたのは，予備テスト問題〔1〕～〔8〕についての結果の集計である。
② この集計は，次表のような判定基準によって整理した結果を示したものである。

問題数＼誤答数	0	1	2	3	4	5
2	◎	△	×	／	／	／
3	◎	○	×	×	／	／
4	◎	○	△	×	×	／
5	◎	○	○	○	×	×

〔註〕・◎，○を正答群とし，△，×を誤答群として区分する。
・加法九九については100～98題の正答を◎，97～90題の正答を○，89題以下の正答を×とした。

（例） 問題数3の場合 誤答が1のときは○とする。

〔第2表〕 加法九九及び同数累加の手際

段階＼要項	加法九九の手際	同数累加の手際
◎	77	43
○	12	32
△	／	／
×	0	14

〔註〕 ① 第2表は，加法九九及び同数累加についての手際にいて調べた結果である。
② 加法九九の手際で ◎は直観的に答を求めることができるもの
○は数えたして答を求めたもの，たとえば，5＋3を5，6，7，8と出す。
×ははじめから数えなおして答を求めたもの，たとえば，（1，2，3，…………8と出す）
③ 同数累加の手際についての判定は第一表のときの基準と同じである。

〔第3表〕 能力別人数

能力段階	Aグループ	Bグループ	Cグループ	Dグループ
人数	16	22	35	16

〔註〕 第3表は 指導にあたって，子どもの発達段階を能力別にまとめたものである。これは第1表の理解事項，第2表の加法の手際をもとに判定した。この基準は，次のとおりである。
Aグループは 全部の項目が◎のもの。
Bグループは ◎と○，あるいは，○を1つでも含むもの。
Cグループは △と×，あるいは，△か×を1つでも含むもの。
Dグループは 全部の項目が×のもの。

§2. 指導の経過

A 指 導 計 画

3年の実験指導の計画は次のとおりである。

(1) **単元 たまいれ**〔総時間 21時間〕

(2) **指導の目標**

a 成績をかいておくとたしかめができる。
b はいったかずで かちまけが きめられる。
c はいらなかった時は 0てんとするとわかりやすい。
d ひとつおおく入ると，てんすうは ○てんずつ大きくなる
e てんすうを数えるときには，とんで数えると はやく数えられる。
f おなじ数をいくつもよせる時には，「×」をつかった式にかきあらわすとわかりやすい。
g 乗法九九は それぞれ答が被乗数ずつ大きくなったり，小さくなったりする。
h 乗法九九をおぼえる。
i 「5が3つ」を「5×3」と かきあらわすと わかりやすい。

(3) **指 導 案**

1. 演算の意味　〔9時間〕

順序	学習問題	学習活動	目標
第1時	・点数は，どうしたらまちがいなく はやく かぞえられるでしょう。	・たまいれの点数の数え方を工夫する。	・場の構成
第2時	・かちまけを，わかりやすくきめるにはどのようにしたらよいでしょう。	・点数の記録の仕方を工夫する。	・はいったかずと，はいらなかったかずをかいておくとたしかめができる。 ・はいったかずだけで勝ち負けがきめられる。
第3時	・1つ2点の時はどのようにかぞえたら早く勝ち負けがきめられるでしょう。	・2とびのかぞえ方を工夫する。	・たまが1つおおくはいると，てんすうは，2てんおおくなる。 ・2をいくつも よせるときには2とびで数えるとよい。
第4時	・どのようにかぞえたら 早く勝ち負けがきめられるでしょう。	・5とびの数え方を工夫する。	・5をいくつもよせる時は，5とびにかぞえるとよい。 ・はいらなかった数を0てんと書いておくと，はっきりする。
第5時	・おなじかずをいくつもあるときには，式を，どのようにかいたらわかりやすいでしょう。	・成績は「×」をつかった式にあらわすように工夫する。	・「×」を「かけじるし」という。 ・「5が3つ」を「5×3」と式にかく。
第6時	・おなじかずのよせざんは，どのようにしたら，わかりやすい式にあらわされるでしょう。	・おなじ数がいくつもあるよせざんを，「×」で式にかきあらわす。	・「×」をつかった式をかく。 ・「5＋5＋5」を「5×3」と式にあらわす。
第7時	・0てんにはいった時は，どのような式にあらわすことができるでしょう。	・「×」をつかった式のあらわし方を工夫する。	・「0てんが5」は「0×5」とかく ・「5てんが1」は「5×1」とかく
第8時	・どのようなときに×をつかった式にあらわすことができるでしょう。	・演算の意味についての考え方をまとめる。	・よせるかずがおなじでないと「×」はつかえない。 ・2×6は2を6かいよせるといういみである。

第9時	まとめのテスト		

2.　九九の構成（2.5.4.8の段の九九）　〔7時間〕

第1時	・どんなときに「×」をつかえばよいのでしょう。	・復習	・演算の意味についてまとめさせる。
第2時	・2をいくつもよせるけいさんをまとめましょう。	・2のだんの九九を構成する。	・かけられるかずかけるかずということばの意味を知る。
第3時	・2のだんの九九のれんしゅうをしましょう。	・2のだんの九九の練習	・2のだんの九九をおぼえる。 ・かけるかずが1ずつ大きくなると答は2ずつ大きくなる。
第4時	・5をいくつもよせるけいさんをまとめましょう。	・5のだんの九九を構成する。	・かけるかずが1ずつ大きくなると答は5ずつ大きくなる。
第5時	・5のだんの九九をれんしゅうしましょう。	・5のだんの九九の練習	・5のだんの九九をおぼえる。
第6時	・4ずつ8ずつのはやい数え方をまとめましょう。	・4のだん，8のだんの九九の構成	・かけるかずが1ずつ大きくなると，それぞれ　4ずつ8ずつ答が大きくなる。
第7時	・2のだん，5のだん4のだん，8のだんの九九を練習しましょう。	・九九練習	・2のだん，5のだん4のだん，8のだんの九九をおぼえる

3.　九九の構成（3.6.7.9の段の九九）　〔5時間〕

第1時	・3がいくつもある時の　はやい数え方をまとめましょう。	・九九の構成	・3のだんの九九をおぼえる。
第2時	・6がいくつもある時のはやい数え方をまとめましょう。	・九九の構成	・6のだんの九九をおぼえる。
第3時	・7がいくつもある時の早い数え方をまとめましょう。	・九九の構成	・7のだんの九九をおぼえる。
第4時	・9がいくつもある時の早い数え方をまとめましょう。	・九九の構成	・9のだんの九九をおぼえる。
第5時	・3，6，7，9の段の九九をまとめましょう。	・九九の練習	・3，6，7，9の九九のまとめ

B　指導の成果（テスト及びその結果）

① 指導期日は第一期（演算のいみ）　（6月9日～6月18日）8時間
　第二期（九九の構成　2，5，4，8の段）　（7月2日～7月9日）7時間
　第三期（九九の構成　3，6，7，9の段）　（9月14日～9月19日）6時間

② 1時限は，原則として45分間指導し，後5分間をテストに当てた。

③ 指導の時間過程は，4年に準じた。

1　演算の意味の指導（第一期）

a　毎時のテスト問題

【第二時テスト問題】（但し，第一時は，テストを行わない

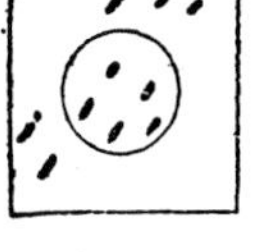
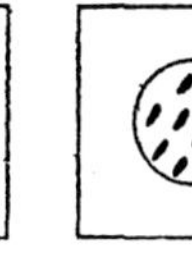
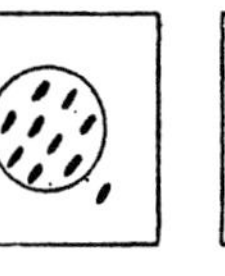
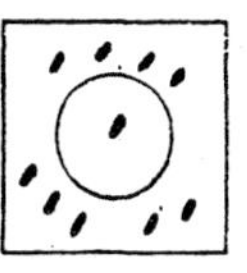
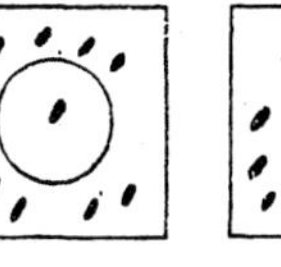
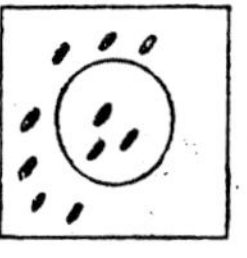

みのる　ただし　みえこ　いちろう　ひさこ

① うえのせいせきをひょうにかいて じゅんばんをきめなさい。

な ま え	はいったかず	はいらないかず	じゅんばん
み の る			
た だ し			
み え こ			
い ち ろ う			
ひ さ こ			

【第三時テスト問題】

(1) つぎのどんなときに とんでかぞえられるでしょう。よいのに ○をつけなさい。

① 2＋2＋2　⑤ 5＋5＋5＋5

② 5＋3＋7＋2

③ 0＋2＋1

④ 2＋2＋2＋2＋2

(2) つぎのあいているところに ちょうどよいかずをかきなさい。

2，□，6，8，□，12，□，

10，□，14，□，18，20，

(3) つぎのけいさんをしなさい。

2＋2＋2＋2　2＋2＋2＋2＋2＋2＋2

2＋2＋2＋2＋2＋2＋2

【第四時テスト問題】

(1) バナナはいくつあるでしょう。

バナナは＿＿＿＿ほん

どんなかぞえかたをしましたか，○をつけなさい 。

1，2，3，…………と ひとつずつかぞえた

2，4，6，…………と 2とびにかぞえた

5，10，15，…………と 5とびにかぞえた

(2) つぎのものを よせざんでかきなさい。

(い) ○○○○○ ○○○○○ ○○○○○ ○○○○○

(　　　　　　　)

(ろ) 5てんが 5つ のとき (　　　　　　)

(は) 5てんが ふたつのとき (　　　　　　)

【第五時テスト問題】

(1) つぎのえをみて ×をつかってかきなさい。

① ○○ ○○○　○○ ○○○　○○ ○○○　□×□

② ○○ ○○ ○○ ○○　□×□

(2) つぎのいいかたを ×でかきなさい。

5てんが 4こ ＿＿＿＿

2てんが 6こ ＿＿＿＿

5 が 8つ ＿＿＿＿

2 が 7つ ＿＿＿＿

0 が 5こ ＿＿＿＿

(3) つぎのかきかたを いいかたになおしなさい

5×9 ＿＿＿＿　0×0 ＿＿＿＿

2×5 ＿＿＿＿　5×0 ＿＿＿＿

0×2 ＿＿＿＿

【第六時テスト問題】

(1) つぎの式で × をつかってかきなおせるのは どれですか よいと思うのに○をつけなさい。

① 5＋5　④ 0＋0＋0

② 2＋5＋3　⑤ 2＋2＋2

③ 9＋8＋7

(2) つぎの式をよせざんの式になおしなさい。

5 × 9

2 × 6

1 × 3

0 × 7

3 × 4

(3) つぎのよせざんの式を × で 式にかきなさい。

① 5＋5＋5＋5＋5　　③ 5＋5＋5

② 2＋2＋2＋2

【第7時テスト問題】

(1) つぎのよせざんを ×でかきなさい。

① 5＋5＋5＋5　　③ 2＋2＋2＋2＋2

② 8＋8＋8

(2) つぎのかけざんを よせざんのしきにかきなさい。

① 2 × 4

② 4 × 2

③ 0 × 3

(3) つぎのよせざんの中で ×でかけるのはどれですかできるものに ○をつけなさい。

① 1＋1＋1＋1

② 2＋7＋9＋3

③ 8＋8＋8＋8＋8＋8

④ 15＋2＋9

⑤ 0＋0＋0＋0

【第8時テスト問題】

(1) つぎのかけざんをよせざんのしきにかきなさい。

① 4 × 3

② 0 × 4

3 5 × 2

(2) つぎのよせざんを ×でかきなさい。

① 6＋6＋6＋6＋6　　③ 5＋5

② 7＋7＋7

(3) つぎのよせざんの中で ×でかけるものはどれですか，できるものは○をつけなさい。

① 2＋4＋5＋7

② 0＋0＋0＋0＋0

③ 15＋13＋11

④ 7＋7＋7＋7＋7

⑤ 1＋1＋1＋1

【まとめのテスト】（その1）

(1) 下のえをみて「×」をつかってかきなさい。「＋」でもかきなさい。

①

⊕

⊗

②

⊕

⊗

⑤

ノート 8えん　ノート 8えん

⊕

⊗

(2) 下のえをみて かきかたの 正しいのに ○をつけなさい。

2 × 5

5 × 2

(3) 4 × 2 は 下のえのどちらでしょう。正しいほうに ○を つけなさい。

①

②

【まとめのテスト】　（その2）

(1)　つぎのよせざんで「×」をつかってかきなおせるのはどれですか。○をつけなさい。

① 4＋4
② 2＋5＋2
③ 2＋2＋2＋2
④ 9＋8＋7
⑤ 12＋12＋12
⑥ 0＋0＋0＋0

(2)　つぎのよせざんを「×」でかきなさい。

① 5＋5＋5
② 4＋4＋4＋4＋4＋4
③ 2＋2＋2＋2
④ 4＋4＋4＋4＋4は { 4×5 ／ 5×4
⑤ 5＋5は { 2×5 ／ 5×2

(3)　つぎのかけざんを「×」でかきなさい。

① 4×3
② 1×4
③ 0×6
④ 2×6は { 6＋6 ／ 2＋2＋2＋2＋2＋2
⑤ 8×3は { 8＋8＋8 ／ 3＋3＋3＋3＋3＋3＋3＋3

b　毎時のテスト結果

判定＼分類	第2時分	第3時分	第4時分	第5時分	第6時分	第7時分	第8時分
◎	77人	67人	72人	77人	77人	71人	85人
○	12人	16人	14人	6人	22人	99人	2人
×		6人	3人	6人	10人	9人	1人

c　第九時　まとめのテストの結果

判定＼内容	「×」のいみ	式のあらわし方	「×」がつかえる時	「＋」を「×」になおす	「×」を「＋」になおす
◎	79人	83人	86人	83人	80人
○	8人	5人	2人	5人	4人
×	8人	5人	2人	5人	4人

〔註〕　判定基準は予備テストと同じである

2　**九九の構成（2，5，4，8の段の九九）**

a　毎時のテスト問題

【第二時テスト問題】

(1)　□の中にすうじを入れなさい。

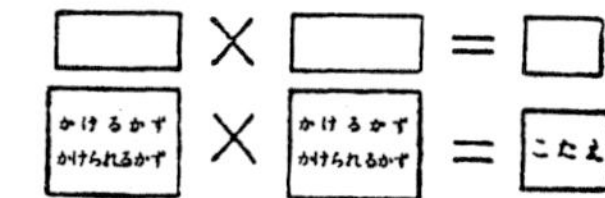

（いらない字をけしなさい）

(2)　えをかきなさい
　2こ×7＝14こ

(3)　2×1　は　2×2　より　小さい
　2×8　は　2×7　より　大きい

【第三時テスト問題】

(1) □の中にすうじを　いれなさい。

□ × □ ＝ □

2てんに6つはいりました。せいせきは　なんてんでしょう。

□ × □ ＝ □

(2) こたえをかきなさい。

2×5	2×6
2×7	2×2
2×4	2×1
2×3	2×0
2×8	2×9

【第4時テスト問題】

(1) □の中にすうじをいれなさい。

たまご　たまご　たまご

□ × □ ＝ □

(2) りんごのえをかきなさい。

5こ × 7 ＝ 35こ

(3) 5×2　は　5×1　よりも { 2だけ大きいです。 1だけ大きいです。 5だけ大きいです。 }

5×8　は　5×9　よりも { 8だけ小さいです。 1だけ大きいです。 5だけ小さいです。 9だけ大きいです。 }

【第5時テスト問題】

(1) □の中に　すうじを入れなさい。

イ

□ × □ ＝ □

ロ　5てんに　8　はいりました。せいせきはなんてんでしょう。

□ × □ ＝ □

(2) こたえをかきなさい。

5×8	5×5	5×2
5×3	5×9	5×6
5×4	5×10	
5×7	5×1	

【第6時テスト問題】

(1) □の中にこたえを入れなさい。

① 4×8＝□　② 8×3＝□　③ 4×7＝□

④ 8×6＝□　⑤ 8×8＝□

(2) つぎの九九の　となえかたをかきなさい。

(　　　　　　)

4 × 2 ＝ 8

(　　　　　　)

8 × 4 ＝ 32

(　　　　　　)

8 × 0 ＝ 0

【第7時テスト問題】

(1) つぎのこたえをかきなさい。

① 2×3＝□　② 4×7＝□　③ 5×8＝□

④ 8×7＝□　⑤ 0×0＝□

(2) つぎの　□の中に入れて　ちょうどよいかずを　みつけなさい。

① 8＋8＋8＝8×□

② 4×7　は　4×6　より　こたえは□　大きい

③ 8×8　は　8×9　より　こたえは□　小さい

④ 2＝2×□

b　毎時のテストの結果

判定＼分類	第2時分	第3時分	第4時分	第5時分	第6時分	第7時分
◎	50人	76人	74人	85人	43人	76人
○	20人	13人	14人	4人	33人	12人
△						1人
×	19人	0	1人	0	13人	

〔註〕　判定基準は予備テストと同じである。

3　**九九の構成**（3，6，7，9 の段の九九）

a　毎時のテスト問題

【第一時テスト問題】

(1)　□の中に　すうじをいれなさい。

①

□ × □ ＝ □

②

□ × □ ＝ □

(2)　こたえはいくつでしょう。

3 × 4 ＝□　　3 × 6 ＝□　　3 × 0 ＝□
3 × 2 ＝□　　3 × 3 ＝□　　3 × 5 ＝□
3 × 8 ＝□　　3 × 9 ＝□
3 × 1 ＝□　　3 × 7 ＝□

【第二時テスト問題】

(1)　つぎの　けいさん　を　しなさい。

6 × 3 ＝□　　6 × 5 ＝□
6 × 1 ＝□　　6 × 9 ＝□

6 × 4 ＝□　　6 × 8 ＝□
6 × 6 ＝□　　6 × 0 ＝□

(2)　つぎの　□の中に　ちょうどよいことばを　いれなさい。

イ　6 × 3　は　6 × 4　より　□　だけ　すくない。
ロ　6 × 6　は　6 × 5　より　6　だけ　□

【第3時テスト問題】

(1)　つぎの　けいさん　を　しなさい。

7 × 6 ＝□　　7 × 0 ＝□
7 × 4 ＝□　　7 × 9 ＝□
7 × 1 ＝□　　7 × 6 ＝□
7 × 3 ＝□　　7 × 5 ＝□

(2)　つぎの　□の中に　ちょうどよいことばを　いれなさい。

①　7 × 4　は　7 × 5　より　□　だけ　すくない。
②　7 × 9　は　7 × 8　より　7　だけ　□

【第4時テスト問題】

(1)　つぎの　けいさんを　しなさい。

9 × 6 ＝□　　9 × 5 ＝□
9 × 4 ＝□　　9 × 0 ＝□
9 × 1 ＝□　　9 × 7 ＝□
9 × 3 ＝□　　9 × 8 ＝□

(2)　つぎの　□の中に　ちょうど　よいことばを入れなさい。

①　9 × 3　は　9 × 4　より　□だけ　すくない。
②　9 × 9　は　9 × 8　より　9だけ　□

【第5時テスト問題】

(1)　つぎの　けいさんをしなさい。

3 × 4 ＝□　　6 × 8 ＝□
7 × 6 ＝□　　9 × 0 ＝□
3 × 9 ＝□　　7 × 8 ＝□
9 × 5 ＝□　　6 × 7 ＝□

(2)　つぎの　□の中に　ちょうどよいかずを入れなさい。

イ　7 × 2 ＋ 7 ＝ 7 ×□
ロ　3 × 5 － 3 × 3 ＝ 3 ×□

【第6時テスト問題】

9 × 1 ＝□　　6 × 8 ＝□　　4 × 8 ＝□
3 × 7 ＝□　　7 × 7 ＝□　　8 × 8 ＝□
7 × 4 ＝□　　9 × 0 ＝□　　7 × 6 ＝□

8 × 7 ＝□

b　毎時のテスト結果

判定＼分類	第1時分	第2時分	第3時分	第4時分	第5時分	第6時分
◎	76人	77人	78人	72人	43人	75人
○	13人	9人	7人	16人	36人	12人
△		2人	3人	1人	2人	2人
×		1人	1人		3人	

〔註〕　◎○△×の判定基準は，予備テストと同じである。

4　**指導後のテスト及びその結果**

指導後のテストは次のものについてした。

i）　かけ算九九全体を50題ずつ２回
ii）　演算のいみ（３回）
｝について行った。

①　かけ算九九（その１）

3 × 8　3 × 2　4 × 1　7 × 0　1 × 6　2 × 6
5 × 3　4 × 4　5 × 9　9 × 9　5 × 2　7 × 8
1 × 8　3 × 1　1 × 5　7 × 9　5 × 8　9 × 4
8 × 6　0 × 2　4 × 6　1 × 0　6 × 0　8 × 2
3 × 3　8 × 7　0 × 6　1 × 2　2 × 2　3 × 5
3 × 9　0 × 4　4 × 5　0 × 7　7 × 2　3 × 6
6 × 3　0 × 1　4 × 7　0 × 9　8 × 4　5 × 7
8 × 9　1 × 3　0 × 0　1 × 4　7 × 4　8 × 0
9 × 5　9 × 7

②　かけ算九九（その２）

6 × 9　4 × 9　6 × 7　4 × 8　1 × 7　2 × 0
5 × 4　6 × 4　8 × 3　6 × 1　2 × 1　7 × 7
0 × 3　5 × 1　2 × 8　2 × 7　7 × 5　3 × 0
7 × 3　6 × 6　2 × 6　5 × 9　4 × 0　6 × 8
2 × 3　7 × 6　9 × 2　9 × 6　9 × 3　0 × 1
0 × 8　3 × 7　4 × 3　9 × 8　5 × 0　1 × 9

2 × 4　6 × 2　8 × 8　5 × 5　8 × 5　7 × 1
9 × 1　1 × 1　2 × 5　4 × 2　9 × 0　0 × 5
6 × 5　3 × 4

③　演算の意味（その１）

(1)　「×」で　できるのは，○　できないのは　△　をつけなさい。

①　4＋4＋4＋4＋4＋4
②　5てん＋9てん＋3てん＋7てん
③　0＋0＋0＋0
④　15にん＋15にん
⑤　3えん＋3えん＋3えん＋3えん
⑥　9＋13＋3＋20
⑦　18＋18＋18＋18

(2)　つぎの　□の中に　ちょうどよいかずを　いれなさい。

①　2 × 5　は　2 × 4　より　□　大きい。
②　3 × 6　は　3 × 5　より　□　大きい。
③　5 × 7　は　5 × 8　より　□　小さい。
④　4 × 1　は　4 × 0　より　□　大きい。
⑤　9 × 4　は　9 × 5　より　□　小さい。

(3)　つぎの□の中に　ちょうどよいかずを　いれなさい。

①　5 × 3 ＋ 5 ＝ 5 ×□
②　2 × 7 － 2 ＝ 2 ×□
③　5 × 2 ＋ 5 × 4 ＝ 5 ×□
④　8 × 5 － 8 × 2 ＝ 8 ×□
⑤　12 × 3 ＋12 × 2 ＝12 ×□

⑭　演算のいみ（その２）

(4)　かけざんを　わすれたときは　どのような　かぞえかたをしますか。○をつけなさい。

①

かぞえかた
・　2とび
・　5とび
・　ひとつずつ

②

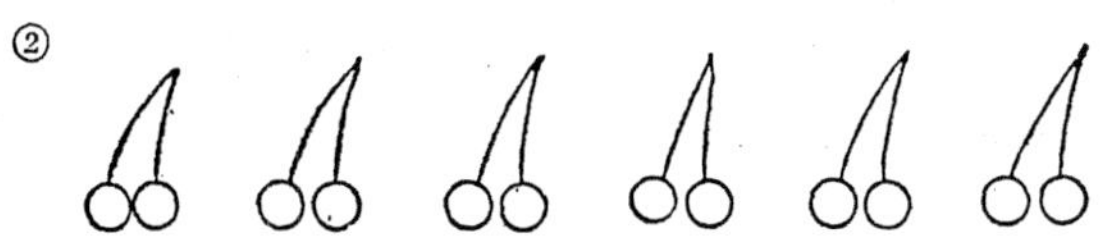

かぞえかた
- ひとつずつ
- 2とび
- 5とび

③ 4てん × 3

かぞえかた
- ひとつずつ
- 2とび
- 3とび
- 4とび

④

かぞえかた
- ひとつずつ
- 2とび
- 3とび
- 4とび

⑤

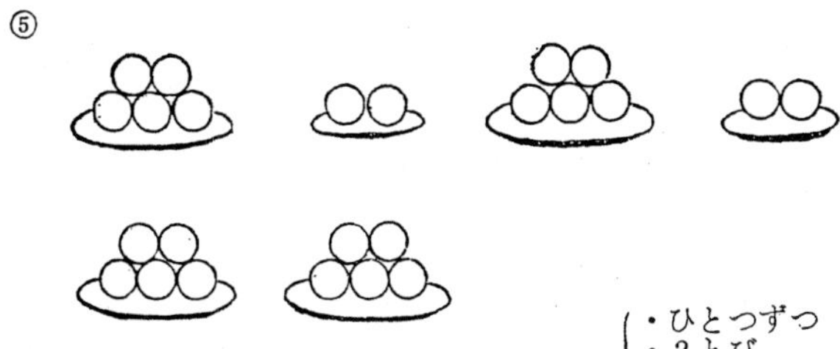

かぞえかた
- ひとつずつ
- 2とび
- 3とび
- 5とび

⑤ 演算のいみ（その3）

(5) つぎのもんだいをやりなさい。

① おともだちが 5人ずつ8れつにならんでいます。おともだちはなん人いるでしょう。

② しげるさんは，ノートを3さつかいました。1さつ8えんです。いくらおかねをはらえばよいでしょう。

③ かず子さんが 4人で てんとりあそびをしました。かず子さんは おはじきが 2てんに7つはいりました。なんてんはいりましたか。

問題番号	(1)	(2)	(3)	(4)	(5)	(1) (2)
判定＼内容	「×」のいみ	かけ算の大小関係	かけ算の大小関係	とびかぞえのつかえる時	問題解決	かけ算九九
◎	87人	81人	45人	77人	53人	71人
○			31人	10人	25人	9人
×	2人	8人	13人	2人	11人	9人

〔註〕 ◎○の判定は，今までと同じである。

§3. 指導後の反省及び残された問題

1 研究のねらいからみて

毎年ひきつづいて残る誤算の型は，J型（繰上がり加法）K型（かけ算九九）であった。故に，3年において乗法九九を学習することによりK型の誤りをなくすようにしたいと考え実験指導をすることにした。そのねらいは

① かけ算九九を誤る子どもをなくすることができるか。

② 演算の意味を理解させれば果して誤答がなくなるか。

の二点であった。

そのために，指導において演算の意味の理解に重点をおいたのである。その成果は次の通りになった。

この表でわかるように，

・指やものを使ってはじめから数える子ども63人は4人に

かけ算九九の手際

内　　容	分類	指導前	指導後
九九で反射的	◎		50人
ある九九についてはいくつかずつとんで数える	○	26人	35人
指やものを使ってはじめから数える	×	63人	4人

・ある九九についてはとびかぞえをする子どもは35人に

・九九で反射的に出来る子どもは50人になり

それぞれ能率的な方法でやるように進歩した。

次に九九についての成果は

九九全体に対して完全な答を出す子どもは80%（71人），誤答もあって不完全な子どもは20%（18人）である。

この点からみると，一応所期のねらいを達したと考えられる。

次に，九九のテスト結果をみるとわかるように，まだ39人は九九が反射的にできず，いくつかずつとんで数えたり指やものを使ってはじめからかぞえたりしている。これは，九九だけを暗記させたのでは，記憶できずに誤るものと解される子どもである。このような点から，演算の意味を具体的に理解させることが必要であることがわかる。

2　指導の過程からみて

a　指導が形式的な面に流れやすいと考えられる所がある。一つのきまった形式にまとめる学習内容では誤算者が少いが，思考を深めて行く学習内容の場合には，案外多数の誤算者を出している。例えば，「５てんに３つ入りました。」ということをカードで並べさせると [カード図] と並べている。これは

数の関係に着目しないで，二つの数をカードでおくことだけ考えている子どもである。この子どもたちには，「５てんと３てん」という場合には [カード図] で，「５てんが３つ」という時は [カード図] であるというように，具体的な関係をよく考えさせることが大切である。こうした点についての指導に，まだつっこみの足りないことを感じた。

b　かけ算九九を完全に子どもに修得させることができなかった。

本年の指導では，不完全な子どもが，89人中18人残ったのである。この子どもは本年の実験指導の時間内では完全に身につけることができなかったのであるから，３年在学中に新らたな指導を加えねばならぬことになる。次の年度においては，どんな点の指導を改善していけば，このような残された子どもをつくらず，全員を完全に伸ばすことができるかということを研究のねらいとしたい。

c　九九は基数の場合にだけ使われるものではないのである。すなわち，

$2\times 8=16$，$20\times 8=160$，$20\times 80=1600$，$200\times 8=1600$ などは，いづれも $2\times 8=16$ の九九をつかっているのである。ただ単位がちがうわけであるから，このようなことについても考えていくようにしたい。それには，2分×3，2時×4，2l×4などの場合も含めて，単位のちがったものを，多く扱う必要があると考えられるが，これについては，これからの研究問題と考えている。

d　けいさんの手続きを考えさせることについて

3円×12は3円×10＋3円×2として計算することは，2位数をかける場合について必要な考え方である。このような考え方ができるように素地をここで作っておくことが必要であろう。これについても，今後研究しておきたい。

Ⅵ　1年，2年及び5年，6年における予備指導

§1.　1年の予備指導（記数法について）

A　指導の実際

a　指導期間

10月20日（水）～11月5日（金）までの8時間

b　学習の展開

・　学習の場

この学習で11～50までのかずの記数法，及び大小順序などを理解するのである。そこで，じゃんけん遊びという学習の場をとっておはじきとりをし，とったおはじきの数が「見てすぐいつあるかがわかる」ような並べかたはどうすればよいかについて考えさせることにした。具体的なものであらわすことから半具体物，更に抽象数で表わすことへと，順を追って無理なく発展できるように考えた。この指導で，いつももっと簡単な表わしかたはどうしたらよいかということを考えさせ，十位の数が何を示しているか，数の大きさや位どりの原理などが目に見えて考えられるようにつとめた。

・　計画の骨子

時間配当	学　習　の　問　題	学　習　内　容
1	・　とったおはじきのかずはどのようにならべると，わかりやすいでしょう。	・　10ずつまとめて並べる。 ・　ぜんぶ，みんなで，たすの用語をしる。
1	・　せいせきは　どのように比べるとわかりやすいでしょう。	・　比べ方 数を比べるときには，10の山がい

		くつあるかをさきに比べる。 ・　大小判断
3	・　色カードを使って　わかりやすく表す工夫をしましょう。	・　赤カード10枚を黄色カード1枚で表わすと枚数が少なくてしかも簡単でわかりやすい ・　10の位，1の位の用語を知る ・　色数字カードを使うと簡単である。 ・　黄カードに取りかえて赤カードが残らないときは赤の場所は0である（10について考える）
1	・　てんすうを表わすには，どのように書いたらよいでしょう，またどう読みますか。	・　10の位（黄）を左にかき 1の位（赤）を右にかくきまりがある。
1	・　かずの比べかたを練習しましょう。	・　数字を具体物とのおきかえ
1	・　おはじきとり（じゃんけんあそび）をしましょう。	・　まとめ

B　指導とその成果

a　指導にあたって特に注意した点

・　場の設定にあたって……1年生なりにも，毎時間の比較により，自分のまずさを感じさせ，よりよいものへのあこがれから学習に意欲がもち続らけられるようにつとめた。例えば，おはじき「さんじゅうろく」を並べてごらんなさいといったとき，子どもは実物のおはじきをいろいろにならべる。そこで，1回戦から10回戦までのせいせきがわかるようにしておくにはどうしたらよいかといえば，忘れないために数詞で書く。また指導しないでも36と書ける子どもがあるが，それは殆んど形式的に教わったので，理解の上にたってのことではない場合が多い。「さんじゅうろく」とか「にじゅうはち」な

どと数詞で書き表わすことは面倒で，その上わかりにくい。それで，「しち」や「はち」のとき数字で簡単に書けたように，大きな数のときも数字で書く方法はないだろうかと考えさせる。暦などをみると，10以上の数が数字で書いてあることから，自分でも書けるようになりたい気持をいだかせるようにする。

・　教具の取扱いについて……教具，即ち，色カード・色数字カード・黒数字カードなどの操作によって，十位の数字の示す値をはっきりつかませるようにした。

(イ)　1年生が約束の色カードに接するのははじめてなので，約束をおぼえさせるといった態度でなく，具体物を何かしら簡単なものに置きかえたい必要を感じさせ，そして，その約束を自分たちから作りだし，カードで置きかえた便利さが身にしみて分るように心をくばった。

(ロ)　1から9までの数の表しかた，書きかたと，いつも関連しながら考えさせた。つぎのページの図で示した例で考えてみよう。

・　基数の場合には三段階でよい。すなわち，実物→カード→抽象数。二位数になると五段階になる。すなわち，実物→赤カード→黄赤色カード→色数字カード→黒数字カードである。数が多くなったために，今までの考えでは困ってきて，三段目と四段目を考えだすようにする。

・　前ページの表は，抽象数へとかわってきたその段階が整然と並べてあるが，色がない場合は位置によってその数字のもつ値が違うので，その問題が子どもから起きるようにするために，第六時の展開までは，色カードや色の数字カードで表わす場合には，置く場所など自由にさせ，十位を左に置いたり上や下や右などにおいたりしてもよい。

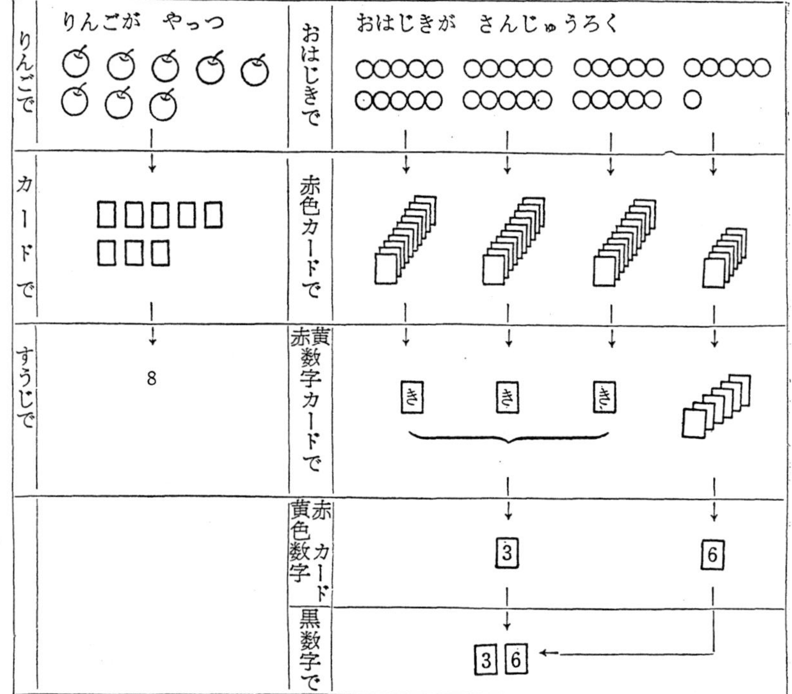

・　第六時の展開に於て，色の数字カードを黒の数字カードにとり替えさせてはじめて置く位置をきめる必要を感じさせる。

b　指導後のテスト問題の例

第二時のテスト

てすと　なまえ（　　　　　　　　　　　）

1　どちらが　おおいでしょう。おおいほうに○をつけなさい。

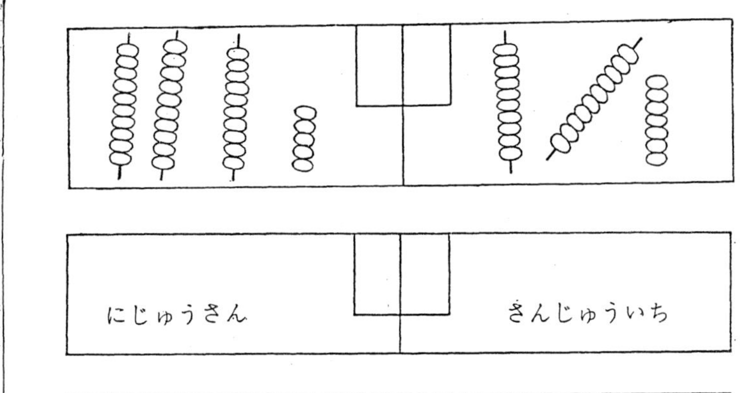

さんじゅうに　　　　しじゅうし

2．どちらをさきにくらべると　はやく　おおきい　ちいさいが　わかるでしょう。（どちらかけす）

- 10のやまのかず
- ばらの　　かず

です。

第三時のテスト

てすと　　　なまえ（　　　　　　　　　　　　　　）

1　あかかーどが　たくさんなので　とりかえてください。

あかかーど18まいは $\left\{\begin{array}{l}\text{あかかーど□まい　と}\\\text{きかーど　□まい　です。}\end{array}\right.$

さんじゅう　ご　は $\left\{\begin{array}{l}\text{あかかーど□まい　と}\\\text{き　かーど□まい　です。}\end{array}\right.$

2　いくつの　ことですか。

あ　あ　あ　あ　き　→　□

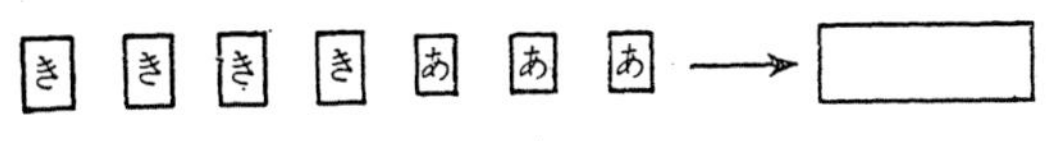

※　よくたしかめたら　だしなさい。

第六時のテスト

てすと　なまえ（　　　　　　　　　　）

1．いくつあるでしょう　すうじで　かきなさい

c 成　　果

数の大きさの理解事項は，つぎの三つと考えられる。

・すべての数は 0～9 までの10個の数字で書き表わすことができる。

・ 数字は，その書いてある位置によて，その数字のもっている単位の大きさが違う。

・左に一桁移るごとによって，示される単位の大きさは10倍になる。

「にじゅうはち」「28」を「 2108 」「208 」「218 」などと，書き誤らないようにするために，すでに述べたような注意のもとに指導を行ってみた。すなわち，「人が見ていくつあるかがすぐわかるような表しかた」といった一貫したねらいをもっていて，前後がいつも関係をもって進んだため，具体物と抽象数とがよく結びついていて，よい成果をおさめることができた。

C 考察（今後の問題）

a よかったと思われた点

・ 「数の能率的，みてずくわかる表わしかた」として，指導が一貫していた。

・ 10ずつ数えると，はやく数えられるという数えかたと結びつけて指導した。

・ 数の多い赤カードが色分けによって簡単に処理できることに興味をもち，すべての子どもがよろこんで考え合って学習した。

・ 考えていることが，机上にカードで表わされ，友だちと考えの相違が比較できた。

b 来年度へ考えておきたいこと

・ カードは，できるだけ早くから使わせたい。

・ おきかえに練習の時間がほしい。しかし，カードを一学期より使って

いれば，この問題は解消するとおもう。

・ おきかえたものを，口でいい表わしたり書いたりする必要がある。

・ 「にじゅう」「さんじゅう」といったように，赤カードを黄色ととりかえると赤カードがなくなるときの指導も充分やってほしい。

・ おきかえると如何に便利かを，つくずくと体験させてほしい。

§2. 2年の予備指導　(加法九九の指導)

A 指導計画の概要

(1) 研究のねらい

4年生の実験指導に於て，J型(繰上がり加法) K型（乗法九九）の誤りが残った。それは，いいかえれば，4年以前の数学的素地，即ち，数の大きさ，加法九九，乗法九九，乗法九九の意味の四点から考える事ができる。2年生として，特に，基数＋基数の繰上がり加法をしっかりと身につけることにより，4年生になったときのJ型の誤りをなくすことができると考えられる。

この見地に立って，本年度，2年生について繰上がりのある場合についての加法九九の指導を研究した。

(2) 予　備　調　査

子どもが計算問題を解くのに，どのような手際があるかをみると，思考の発達の上からいろいろな解決方法が考えられる。即ち，大きく分類して，次の3つの方法を考えることができる。

① 数を指やカード，割箸などにおきかえて，はじめからかぞえる。

② たされる数を念頭におき，たす数を半具体物におきかえて数えたす。

③ 数の上で反射的に答を出す。

そこで，以上の三つのどの方法でするかについて，調査をしてみた。こ

れは，休み時間，放課後などを利用して，5，6人ずつ集めて行った。

① 5＋6 ② 6＋6 ③ 7＋5 ④ 8＋7 ⑤ 9＋8

の5問について，子どもに「どんなやり方でもいいから，やってごらん」と指示してやらせてみた。その手ぎわを教師が観察して，記録をしたわけである。（なお，後述のテスト結果の表で「加法九九」「数えたす」「おきかえて数える」とあるのは，予備調査で子どもの数える手ぎをとして考えた③，②，①のことを指している）

(3) 学習の場について

子ども，特に低学年児童にとっては学習の場を考えることが重要であるので，例えば，おはじき遊び，おてだまなげ，輪なげ，からすおとし，カード遊びなどの遊びをおして，

① あといくついれたら勝つか。

② どちらがどれだけ勝ったか。

③ どれだけまけたか。

④ 全部でいくつか。

等を学習させることにした。また，二つのグループの個数のちがい，残りや不足，あまりや順番のちがいなどについて，この中で学習させるようにした。

(4) 指導計画の骨子

題材	学習の問題	子供の学習活動	指導のめあて
おはじきあそび（3時間）	○ はいった数と はいらなかった数はどれだけでしょう。（1時間）	○ おはじきあそびの方法を話し合ってきめる。 ○ おはじきあそびをする時に玉をどんなに数えたらよいか。	○ 2と9，3と8，4と7，5と6とはどれも11になる。

題材	学習の問題	子供の学習活動	指導のめあて
		を話し合う。 ○ おはじきあそびをして，11になるかずの練習をする。	
	○ おはじきをいくつはじいたかたしかめるにはどうしたらよいでしょう。（1時間）	○ おはじきあそびのおはじきの数え方について話し合う。 ○ 成績を記録する ○ 記録をたしかめる ○ 計算の練習をする	○ おはじきの数は，はいった数と，はいらなかった数をよせて確かめられる。 ○ 11からひく計算でもたしかめられる。
	○ 成績をどんなに書いたらよいでしょう（1時間）	○ おはじきあそびをして結果をグラフにあらわしてみる。 ○ クラブで はいったおはじきの数の違いを調べる。 ○ 計算の練習をする	○ おはじきの数の違いはひき算でわかる ○ グラフを使うと違いがわかりやすい。
からすおとし（3時間）	○ ボールの数字はどうしたらわかるでしょう。（1時間）	○ 数に注意してボールをなげる。 ○ きちんと12，13になるかどうかを確かめてみる。	○ 具体物で答が12，13のよせ算ができる。
	○ 数字が合っているかどうかは，どうして確かめたらよいでしょう。（2時間）	○ からすおとしのあそびをして，からすの数とボールの数字とをたして12，13になるかどうかを計算してみる。 ○ 答が12，13になるよせ算の練習をする ○ よせ算の結果をひき算で確かめる ○ よせ算の練習をす	○ 答が12，13のよせ算ができる。 ○ よせ算は答からたす数をひいて確かめられる。

		る。	
カードあそび（3時間）	○ よせ算の練習をしよう。（3時間）	○ カードあそびをして，めいめいがその結果を○や×でグラフに書き表わす。 ○ ○や×の数が合っているかどうかを確かめる。 〔註〕 この場合のカードは教科書の表についているカードを利用した、	○ 基数に基数を加えて11，12，13になるようなよせ算が正しく速くできるようにする。 ○ 成績を○や×を使ってグラフに表わす事ができる。
おてだまなげ（6時間）	○ 合わせて14にするには，あといくつ入れたらよいでしょう。（1時間）	○ どんな準備が必要かを話し合う。 ○ おてだまなげをして5とあといくつで14になるかをみつけるには，5の次から6，7，8……14とかぞえたしていくとはやい。 ○ 結果をたしかめる	○ 5と9，6と8，7と7，8と6，9と5とは，どれも14になる。 ○ 計算の結果をたしかめる。
	○ 合わせて15か16にするには，あといくついれたらよいでしょう。（2間時）	○ 入れる数は，どうしたらはやくわかるか考える。 ○ おてだまあそびをして，たまを入れた結果をたしかめてみる。	○ 6と9，7と8とは，どれも15になる ○ 7と9，8と8とは，どれも16になる ○ 計算の結果をたしかめる。
	○ 合わせて17か18にするには，あといくつ入れたらよいでしょう。（1時間）	○ 入れる数を調べてそれをよせ算やひき算で表わしてみる、 ○ おてだまあそびをする。	○ 8と9では17，9と9とでは18になる。

	○ 合わせて14，15，16，17，18，の計算がはやくできるように練習しましょう。（2時間）	○ 合わせて14，15，16，17，18の計算練習をする。	○ 合わせて14，15，16，17，18になるよせ算やひき算が正しく速くできる。 ○ 計算の結果を確かめる。
カードあそび（2時間）	○ よせ算は誰がよくできるでしょう。（2時間）	○ カードあそびの遊び方を話し合う。 ○ カードあそびをして結果をグラフに書き表わす	○ 14，15，16，17，18になるよせ算が正しく速くできる。 ○ 結果をグラフに表わしていく。
きつねとがちょう（2時間）	○ よせ算は誰がよくできるでしょう。（2時間）	○ 遊び方を話し合いきつねとがちょうの遊びをする。 ○ 合わせて11～18までのよせ算の練習をする。	○ 基数に基数をたして，11から18までになる よせ算が正しくはやくできる，

(5) 指 導 経 過

① 指導時数 19時限

② 9月18日に～9月30日に第一回，10月20日～11月9日に第二回，第一回は和が11，12，13になる加法及びその逆の減法，第二回は14，15，16，17，18について同様な加法減法を行った。

③ 毎時の学習過程は，4年の実験指導に準じて行った。なお，毎時の指導後のテストは行ったが省略する。

④ 指導の重点 従来，基数に基数を加えて十いくつになるよせ算，たとえば4＋8は，4に6をたして10，8は6と2だから残りの2をたして12と考えるのである。すなわち，4＋8＝4＋（6＋2）＝（4＋6）＋2＝10＋2＝12と考えて指導した。

基数＋基数の計算がこのようにいちいち考えなくてはならないようでは，

計算は非能率的となる。そこで，始めから具体物について「4個と8個を合わせると12個になる。だから4＋8＝12になる」というように指導した。更に具体的に述べると，

（a） 第一段階としては，おはじきあそびで，いくつはじいたかを知るためには，4個のはいったかずと8個のはいらなかったかずを一しょにして，はじめから一つ一つ個数をおさえて，最後の数詞で全部の数を知る。

（b） 次の段階にある子供，または，次の段階に進める子供には，例えば，からすおとしの場合，からすのかずが7で結果が14になる場合，まず7を頭の中に入れておいて，次の8から8，9，10……14と，指またはカードなどを用いて数え，14であることがわかる。

（c）更に進むと，足される数を念頭において，足す数を念頭で数えたしていくことに発展する。しかし，この（c）の段階を踏まないで(d) の段階，即ち，7＋7は14と反射的にできるようになる。（a)，（b)いずれのやり方でもよいのであるが，能率的な面を考えると，（d）が最もはやいという事になる。

B 指導の成果

以上のような指導過程をとって，毎時のテスト結果を反省しながら指導後にまとめのテストを一日行った。テスト問題は，次のようになる。テスト時間は，40分であった。

(1) まとめのテスト問題

5	4	2	4	6	6	3	6	8	9
＋6	＋7	＋9	＋8	＋7	＋6	＋8	＋9	＋7	＋5

6	5	7	9	8	7	7	8	3	8
＋5	＋8	＋4	＋3	＋5	＋8	＋9	＋4	＋9	＋3

9	4	9	7	5	8	9	9	8	9
＋6	＋9	＋9	＋6	＋9	＋8	＋7	＋8	＋9	＋2

5	6	7	8	9	7
＋7	＋8	＋7	＋6	＋4	＋5

(2) テストの結果

a 予備調査の結果 (実施人員 53人)

【第1表】

計算の手際	加法九九		数えたす		おきかえて数える	
◎	2人	4％	5人	10％	23人	42％
○			4人	8％	14人	26％
△					4人	8％
×					4人	8％

〔註〕 ◎は 5題中 5題正答したもの
○は 5題中 3～4題正答したもの
△は 5題中 1～2題正答したもの
×は 正答が全くなかったもの

b 指導終了後のテスト結果 (実施人員 53人)

【第2表】

計算の手際	加法九九		数えたす		おきかえて数える	
◎	35人	66％	9人	17％	4人	8％
○			3人	5％	1	8％
△					1	2％
×						

〔註〕 ◎は 36題中 全部正答したもの， ○は 36題中 32～35題正答したもの，

△は　36題中　18〜31題正答したもの，×は　正答が17題以下のもの，

(3) 指導の反省

a　まとめのテスト結果からみた指導後の反省

〔第2表〕の数えたす欄での○印3名は，1題まちがえたものばかりであるが，それは何れも正答より1ずつ少くなっていた。これは，たとえば，

$\begin{array}{r}9\\+7\\\hline 15\end{array}$　$\begin{array}{r}9\\+9\\\hline 17\end{array}$　などで，9を念頭において次から数える事を忘れ，9，10，11……と数えて答を出したようにみられる。

今までは，忘れないために頭に手をやって9，次に指を10，11，12と折らせ，馴れるにつれて頭に手をやるのを止めさせたのであるが，これになれたための結果ともみられる。また，10の補数だけ指を折って，残ったものを数え足すもの，即ち，8＋6の場合，8を念頭に入れて，9，10と指を折り，残った4を足して14とするものもいた。これは遅れた子どものなかにもみられ，家庭で教わったようであった。

§3.　5年の予備指導　（分数指導）

A　指導計画の概要

(1) 学習の場をどのように考えたか

①　子どもは，自分との関係で割合を素朴ないい方で表している。例えば，「僕の半分」「私より7cm高い」「H君は僕の$\frac{1}{2}$だ」等である。これだけでは，誰にでもわかるいい方と言えない。「どの人にもよくわかるいい方」ということを考えさせるようにして，今までのいい方と比較しながら，工夫させるようにした。すなわち，「どんなことに気をつけたら誰にでもわかる表し方になるだろう。」という問題を子どもにつかませることにつとめた。

②　「AとBは，どちらがどれだけ多く仕事をしたでしょう。」というとき，割合の上で大小判断をしようとしない。いいかえると，「5mだけよけいに仕事をした」というように，差でいい表わすことがおおい。分数のもつよさを明らかにするようにして，割合を用いて表わすことを考えさせるようにした。次のような問題を，子どもたちにつかませるようにした。

①　分数を使って大きさを表わすには，どんなことに気をつけたらよいだろう。

②　分数を使って，大きさはどのように表わされるだろうか。

③　分数の計算は，時間のよせ算，ひき算などと，同じようにできないだろうか。

(2) 指導の経過

指導には10月26日より11月7日までの15時間を当てた。経過の概要は，次のとおりである。

必要時限	学習の問題	学習の内容
1	・分数を使って量の大きさを表わしたり大小を比べたりするときには，どんなことに気をつけたら，相手によくわかるだろう（問題の構成と計画）	
2	・分数を使って大きさを表わすには，どんなことに気をつけたらよいだろう。	・比べる量と，基準の量をはっきりさせる。 ・量の大きさの表わし方には，二通りの方法がある。
1	・練習	
4	・分数を使って大きさを，どのように表わすことができるだろう。	・同じ大きさの分数を作る。 ・帯分数，仮分数の意味を知る。（分子が分母より大きいときは，整数にくり，上げ簡単にすると大きさがわかり易い） ・分数の単位をかぞえる。 ・わり算を分数の形で表わす。
1	練習	

4	・分数の計算は，整数のよせ算や，ひき算などと同じにできるだろうか。	・真分数のよせ算，ひき算は，諸等数の計算と同じ考え方でできる。 ・帯分数のよせ算，ひき算も，諸等数や，真分数と同じ考え方でできる。 ・くり上りやくり下りのある分数の計算も同じ考え方である。
2	・まとめの練習	

B　指導の成果

(1)　予備調査

予備調査の問題の項目及び問題例をあげると，次のとおりである。

① 分数の大きさ

・$\frac{7}{10}$は何がいくつあつまった分数でしょうか。

② 分数の大小（単位分数どうし）

・つぎの(　)の中の分数で,大きい方に○をつけなさい。($\frac{1}{4}$，$\frac{1}{5}$)

③ 小数と分数の関係

・0.5 は分数で表わすと，どうなりますか。

・$\frac{5}{100}$は小数であらわすとどうなりますか。

④ 何と何の割合

・□□□ と □□□□ は何と何の割合になっているといったらよいだろう。

⑤ 事実問題

・花子さんは，ちよ紙をみよ子さんの$\frac{3}{4}$もっております。どちらがよけいに持っているでしょう。

・三郎君は50円もっています。みのる君はその$\frac{1}{5}$のお金をもっています。みのる君はいくらもっているだろう。

(2)　予備調査の結果

（第1表）

問題番号／判定	①	②	③	④	⑤
◎	30人	12人	16人	13人	9人
○	5人	14人	7人	15人	7人
△	4人	13人	15人	4人	18人
×	5人	5人	6人	12人	9人

この表の判定で，◎印は全問正答した者，○印は半分以上正答した者，△印は正答が半分，×印は正答が半分以下の者を示している。

以上の予備調査の結果から，能力段階として，次のようにまとめた。

（第2表）

グループ	A	B	C	D
人　数	2	13	14	15

第2表からみると，C，Dグループが半数以上である。これから，4年までの分数指導のありかたを一考せねばならないことがわかる。特に，CDグループの子どもたちには，具体物半具体物によって思考を伸ばすように指導することが必要であると思う。

(3)　指導後のテスト問題

① 同じ大きさの分数について

$\frac{1}{2}=\frac{\square}{4}=\frac{3}{\square}=\frac{\square}{\square}$　　$\frac{5}{10}=\frac{\square}{2}$

② 帯分数と仮分数の関係について

$1\frac{2}{3}=\frac{\square}{3}$　　$\frac{9}{4}=\square\frac{\square}{4}$

③ 真分数，帯分数の計算（単位分数の同じ場合）

$\frac{1}{4}+\frac{2}{4}$　　$2+\frac{1}{3}$　　$\frac{2}{5}+4$　　$1\frac{1}{2}+\frac{1}{2}$　　$\frac{2}{7}+2\frac{3}{7}$

$6+2\frac{1}{9}$　$1\frac{3}{8}+4$　$2\frac{3}{10}+1\frac{2}{10}$　$\frac{4}{5}+\frac{3}{5}$　$2\frac{3}{6}+1\frac{5}{6}$

$3\frac{1}{3}+\frac{2}{3}$　$1\frac{2}{6}-\frac{5}{6}$　$\frac{2}{3}-\frac{1}{3}$　$4\frac{3}{5}-\frac{2}{5}$　$2\frac{4}{6}-1\frac{3}{5}$

$1-\frac{3}{7}$　$5-2\frac{8}{9}$　$2-\frac{5}{8}$　$4-3\frac{6}{7}$　$3\frac{2}{5}-1\frac{3}{5}$

④　事実問題

- 花子さんは，お父んさからおこずかいを 200円いただきました。そのうち$\frac{1}{4}$でノートをかいました。ノートをいくらかったでしょう。
- 三郎君と一郎君で，40m²ある畑の草取りをしました。三郎君は，その$\frac{2}{5}$，一郎君は$\frac{3}{5}$仕事をしました。どちらがどれだけよけいに仕事をしたでしょう。

（4） 指導後のテストの結果

指導後のテストは，つぎのような条件のもとにした。

- テストをするときは条件のよい第2時限を使用した。
- 時間は45分間としたが，おくれている子どもは，具体的半具体物を使用するので，ある程度の考慮をはらった。
- 採点は，その日のうちにして，結果は子どもに発表しない。
- 結果的にみて，カードを使用してだした者，図をかいてだした者，約分できる場合にしてなくとも一応正答とみなした。

指導期日は前述した通り15時間，毎日のうちでは一番条件のよい第2，3校時を使用した。毎時のテストについては，4年の時間過程に従い5分ずつのテストはしたが紙面の都合上省略する。

このような条件のもとにしたテスト結果は，次の表のようである。

項目＼能力段階	◎	○	△	×
同じ大きさの分数	44人			
帯分数と仮分数の関係	41人		1人	2人
分数の計算	46人	1人	1人	1人
事実問題	37人	4人	2人	1人

・調査人員は$\frac{44}{46}$人である。・◎は全問正答した者，○は半分以上正答した者，△は半分だけ正答した者，×は半分以下の者を示す。なお，事実問題は2題あるが，特にあとの問題は，割合の上で大小判断した者を◎印，もとの測定値にもどして処理した者を○印，半分できた者を△印とし，全問できない者を×印とした。

C　指導後の反省

予備テスト結果と，指導後のテストの結果から考察してみると，つぎのようなことがいえる。

①　割合の上で大小判断をするようになった。

以前は，いちいち値定値にもどして大小判断をしていた子どもが，指導結果，表の示す通り44人中37人までが，割合の上での大小判断を正しくするようになったことは，この指導での一番の収獲である。

②　大小の比較判断をするとき，基準をはっきりするようになった。

素朴ないい表わし方をしていた子どもが，「誰にでもよくわかるいい方」を工夫することで，比べる基準の意味がはっきりしてきた。例えば，平常の生活の中でも，「花子さんは50円の$\frac{2}{5}$お金を持っきたそうだ」。ということを聞くようになった。

③　分数の単位関係をはっきり理解させる必要がある。

分数のもつ単位関係については，具体物，半具体物を通して，その理解の成立を計るようにすることが大切である。これは，４年の実験結果では，数の大きさを強調することにあたると思う。これが徹底していさえすれば，分数計算指導の手がはぶけるし，諸等数についても同じことを考えさせていけばよいわけである。

④　残された子どもが３人あった。

残された子どもといっても，ペーパーテストの結果からして，半数以下しかできなかったというだけで，分数の大きさは理解してるが，計算の手続きの上で，誤算をした者もある。これらは分数のもつ意味を半具体物具体物を通して理解しているのであるから，根本に問題はないとみられる。

§4.　６年の予備指導　(分数指導)

予備実験として行った６年の分数指導は，２学級であり，１学級（45人）は，よせ算・ひき算について，他の１学級は（46人）かけ算・わり算について行ったのである。

〔１〕分数のよせ算・ひき算

A　研究の概要

(1)　研究は，次の順序に実施した。

①　予備調査　　②　指導計画の立案

③　指　導　　④　指導成果のテスト

(2)　予備テストの問題とその結果

（ａ）〔予備テストの問題〕……（予備調査は２学級とも同一問題で行い，結果についても２学級分について記した。）

(No１）分数と等分について……45題

・□の中に，あっているものは　○をかきなさい

□ 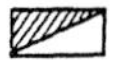　は 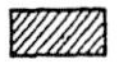　の$\frac{1}{2}$です

□　は 　の$\frac{1}{3}$です

□ 　は 　の$\frac{1}{3}$です

・（　　）の中だけ　くろくぬりなさい

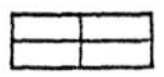

（$\frac{1}{2}$）　　（$\frac{1}{2}$）

・つぎの（　）の中に　ちょうどよい数を入れなさい。

120　は　20の（　　）

(No２）分数の端下について……20題

・つぎの（　）の中に　ちょうどよい数を入れなさい。

（　　）は　900÷40

20分は　１時間の（　　）です

(No３）割合について……20題

・つぎの（　）の中に，ちょうどよい数をかき入れなさい。

３トンの$\frac{1}{20}$は（　　）kgです。

40ｍの（　　）は 120ｍです。

３ｋｍの（　　）は 500ｍです。

(No４）分数と整数との関係について……60題

・つぎの（　）の中に，ちょうどよい数を入れなさい。

$1=\frac{(\ )}{6}$　　$1=\frac{(\ )}{4}=\frac{(\ )}{9}$　　$1=\frac{5}{8}+\frac{(\ )}{8}+\frac{1}{(\ )}$

$\frac{6}{6}-\frac{(\ )}{7}$　　$\frac{(\ )}{9}=\frac{(\ )}{7}=\frac{(\ )}{5}$　　$2=\frac{(\ )}{6}$　　$3=\frac{(\ )}{6}=\frac{100}{(\ )}$

(No５）分数と除法について……40題

・つぎのわり算を，分数のかたちにかきなさい。

2÷5　　　3÷7

4÷7　　　18÷7

(No 6) 分数と小数について……20題

・つぎの　小数を　分数に，分数を　小数になおしなさい

0.3　　　1.3　　　1.2

$\frac{2}{5}$　　　$\frac{3}{4}$　　　$\frac{5}{20}$

(No 7) 分数の相等関係について……60題

・つぎの (　　　) の中に，ちょうどよい数をかき入れなさい。

$\frac{4}{6}=\frac{2}{(\ )}$　　　$\frac{4}{8}=\frac{2}{(\ )}$　　　$\frac{3}{9}=\frac{(\ )}{3}$

$\frac{(\ )}{5}=\frac{(\ )}{20}=\frac{60}{(\ )}$　　　$\frac{10}{14}=\frac{5}{(\ )}=\frac{(\ )}{20}$

$2\frac{5}{9}=(\ )\frac{10}{(\ )}$　　　$1\frac{5}{7}=\frac{(\ )}{14}=(\ )\frac{(\ )}{28}$

(No 8) 分数の計算について……80題

・つぎのけいさんをしなさい。

$\frac{4}{5}+\frac{3}{5}$　　$\frac{5}{8}+\frac{7}{8}$　　$\frac{1}{2}+\frac{1}{2}$　　$\frac{1}{3}+\frac{1}{3}$　　$\frac{3}{4}+\frac{1}{4}$

$2\frac{4}{9}+1\frac{1}{9}$　　$3\frac{1}{3}+1\frac{3}{4}$　　$2\frac{1}{3}+1\frac{1}{3}$　　$2\frac{2}{5}+1\frac{4}{5}$

$4\frac{1}{5}+3\frac{1}{5}$　　$\frac{3}{7}-\frac{2}{7}$　　$1\frac{2}{5}-\frac{4}{5}$　　$2\frac{3}{4}-\frac{1}{4}$　　$2\frac{5}{6}-\frac{1}{6}$

$7\frac{9}{11}-1\frac{1}{11}$　　$7\frac{12}{13}-\frac{8}{13}$　　$8\frac{9}{11}-\frac{9}{11}$　　$16\frac{5}{8}-14\frac{6}{8}$

$9\frac{4}{9}-3\frac{7}{9}$　　$8\frac{3}{12}-6\frac{7}{12}$

以上，予備テスト (No 1) から (No 8) までについてのべたが，問題数が多いため各テストごとに5題から10題の代表的なものをあげたのである。

(b)　〔テストの結果〕

〔第1表〕　　(人員　91人)

問題 ＼ 誤答者内訳	◎	○	△	×
(No.1)分数と等分	63	16	12	0
(No.2)分数と端下	20	26	31	14
(No.3)割合	20	31	23	17
(No.4)分数と整数	22	29	31	4
(Ne.5)分数と除法	7	32	41	11
(No.6)分数と小数	3	11	40	31
(No.7)分数の相等関係	13	38	35	5
(No.8)分数の計算	18	43	20	10

〔註〕 評点の◎印は完全にできたもの，○は80～90点，△は70～20点，×は10～0 点である。

B　指　導

子どもは，日常生活において大きさを割合によって云い表わそうとしているが，「花子さんは,私の2倍貯金している」などのように,自分を中心にした関係で処理をしている。また,割合の大小関係でも「AはBの$\frac{1}{2}$であると，AとBではどちらが大きいか」を比較することになると，そこに出ている割合をそのままつかって比較せずに，もとの測定値にもどして，比較している状態である。この様な場合に，割合をあらわしている分数をそのまま使って考えるとよいことに気づかせるようにして，学習の問題をきめた。次に記したものは，その問題である。

①　量の大きさを　分数を使って表わすには，どのようなことに気をつけたらよいか。

②　分母のちがう　分数のよせ算やひき算は　整数のよせ算やひき算

と同じ考えでできるか。

〔学習の展開〕

必要時間	学習の問題	学習の内容
1	量の大きさの　表わしかたはどのようにしたらよいか。	○量の大きさは割合を使ってあらわすと便利である。
3	分数の大小や，量の大小は，どのように比べられるか。	○比べられる量と，基準の量をはっきりすればよい。
3	分母のちがう分数で，量の大きさがしめされているとき，どのようにしたら，大小がわかる。	○図をかいて考えると，大小をくらべたり，加減ができることを知る。
3	分母のちがう分数の，大小をくらべるには，単位をどのようにしたらよいか。	○単位をそろえると，分子で比較できる。 ○単位をそろえることが通分である。
2	れんしゅう	
3	単位のちがう分数は，どのような考えかたで，計算できるか。	○約分や通分して単位をそろえると今までの整数や小数の計算と同じようにできる。
3	くり上り，くり下りのある計算の仕方は，どのような考えでできるか。	○整数や小数と同じ考えで，計算することができる。
2	れんしゅうとまとめ	

この指導は，10月19～11月11日の20時間で行った。

〔テストの問題〕

① 次の分数と同じ大きさの分数を二つずつかきなさい

$\frac{1}{2}$ (――　　――)　　$\frac{2}{3}$ (――　　――)

$\frac{15}{25}$ (――　　――)

② 次の(　　)の中の分数を，大きいものから順にならべなさい。

$(\frac{1}{2},\ \frac{1}{4},\ \frac{1}{3},\ \frac{1}{6})$　　$(\frac{1}{3},\ 1,\ 1\frac{1}{2})$

(　　　　　　　)　　(　　　　　　　)

③ 次の計算をしなさい。

$\frac{5}{7}+\frac{3}{14}$　$\frac{1}{3}+\frac{1}{4}$　$\frac{1}{2}+\frac{1}{6}$　$\frac{1}{2}+\frac{3}{4}$　$\frac{5}{6}+\frac{2}{3}$

$1\frac{2}{3}+\frac{4}{5}$　$\frac{2}{3}+2\frac{1}{9}$　$10\frac{1}{2}+3\frac{1}{7}$

$\frac{1}{2}-\frac{3}{8}$　$\frac{5}{6}-\frac{1}{3}$　$\frac{3}{4}-\frac{2}{5}$　$\frac{6}{10}-\frac{4}{5}$

$1\frac{1}{3}-\frac{1}{2}$　$3\frac{3}{8}-3\frac{5}{6}$　$8\frac{1}{4}-2\frac{7}{10}$　$2\frac{2}{5}-1\frac{5}{6}$

$3\frac{1}{7}-\frac{2}{3}$　$4\frac{2}{3}-2\frac{9}{10}$

$1\frac{1}{2}-(\frac{5}{6}+\frac{1}{3})$　$2-(\frac{5}{6}+\frac{1}{2})$

④ 一郎さんは秋子さんの貯金の$\frac{2}{3}$，二郎さんは清さんの貯金の$\frac{1}{3}$を貯金しました。一郎さんと二郎さんの貯金は，どちらが多いでしょうか。

〔テストの結果〕(調査人員45人)

テスト問題の内容 ○内は問題番号	同じ大きさの分数 ①	異分母の場合の加法②	異分母の場合の減法③	書れた問題④
誤算者数	2人	6人	7人	3人
児童数45人に対する百分率	4%	13%	16%	7%

テストの結果から考えられることについて，次に述べてみる。

① 同じ大きさの分数を求める問題については，分数の単位を大きいものにした方が便利であることから，約分をして，それから同じ大きさの分数を

つくったものが多かった。

② 加減の計算においても，約分して答を出したもののみを正解とした。したがって，計算そのものができていても，答を約分せず，そのままの場合は一応誤答として取り扱った。

③ 書かれた問題については，基準の量が異なれば，比較できないという場合にもむりに式をたてたものが少数あった。

C. 指導後の反省

(a) 場の設定について

どんなことについて学習するかの計画をたてるにあたって，今までの量の大きさの表わしかたに，どんなものがあったかを，おもいおこさせるようにした。ここで，自分を中心にした表わしかたをするので，他人にもよくわかるいい表わしかたは，どうしたらよいかについて注意させた。

「校庭の草取りをしました。A班は$\frac{1}{4}$，B班は$\frac{1}{2}$しました。A班とB班とでどれだけ仕事をしたか」の問題を出して，それは今まで過去に経験した分数計算と，どこが同じで，どこがちがっているかを比較させながら，今後の勉強はどのようなことを注意してやるかについて，場の設定をした。

(b) 加法について

分数のよせ算については，よせる意味については困難はないが，単位の同じ分数になおすことについて，すなわち，通分することについては目立って困難を感ずる子どもがでてきた。また，帯分数のよせ算では，整数の場合と比較して，同じ単位のものをよせればよいことは簡単に理解できた。

(c) 減法について

分数のひき算について，困難度の大きいのは，くり下る場合，整数を分数になおすことである。分数は，諸等数とちがって，単位がいくつもあるので，どんな分数になおせばよいかすぐわかるように，整数と分数の関係をはっき

りつかませなければならないことを感じた。ひき算の意味においては困難を感じなかった。

(d) まとめ

① 五年における同じ大きさの分数を確実に指導しておけば，通分はかんたんにできるようになるとみられる。

② 分数の単位については，諸等数や整数と異なり単位が多くあることと，分母がその単位にあたることをはっきりさせる。

〔2〕 分数のかけ算・わり算

A 指導計画の概要

(1) 学習の場

分数のかけ算とわり算を指導するのに，つぎのような学習の場を考えた。

①6人のお客があって，りんごをひとりに1この$\frac{3}{4}$ずつごちそうしようとした。りんごをどれだけ用意したらよいか。

② 花だんの草とりをした。　Aは花だんの$\frac{3}{5}$の広さをやった。BはAの3倍の広さをした。Bのやった広さはどれだけか。

③花だんの$\frac{1}{2}$の広さを5人でわけて草とりをした。ひとりぶんはどれだけになるだろう。

この場合の児童は，すでに分数のたしざんやひきざんの方法を理解しているので，①，②については累加で計算することはできるわけである。そこで，分数であっても，今までの整数のかけざんやわりざんの考え方で，よりはやく的確に処理することができないだろうかということを考えさせ，その計算の方法が，今まで習った整数・小数・諸等数などのかけざんやわりざんと同じ考え方でできることを明らかにすることをねらった。

(2) 指導の計画

所要時間	学習問題	学習内容
1	・これからの学習問題について話しあう。 ◎分数のかけざんはどのようにすればよいか。	・分数のかけざんやわりざんも今までの考え方でできる。
1	・かけざんの計算はどんな考え方でやったらよいか。	・分子は単位が何個あるかの個数であるから整数や小数と同じ考え方でかけ算の計算ができる。
2	・かけざんの計算をかんたんにする仕方を考えよう。	・約分してから計算するとかんたんである。
2	・帯分数の計算はどのようにするとわかり易いか。	・整数と分数との二つの単位に考えて別々に計算すると今までと同じである。
1	・練習とまとめ	
2	◎分数のわりざんはどのようにすればよいか。 ・分数のわりざんはどんな考え方でするとよいか。	・分子を整数でわることは諸等数や整数のわりざんと同じ考え方でできる。
3	・分子がそのままでわりきれない場合はどのように考えて計算したらよいか。	・小さい単位分数をもつ分数になおして分子がわりきれるようにすればよい。それは整数でちいさい単位になおすことと同じである。
2	・分数のわりざんをよりかんたんにする計算のしかたを考えよう	・約分してから計算するとかんたんである。
2	・帯分数で整数部分が割り切れない場合はどのように考えていけばよいか。	・わりきれない部分を分数の単位になおせばよい。これは整数と小数でくり下げるのと同じである。
3	・練習とまとめ 分数のかけざんとわりざんをまとめる。	・分子が単位の個数であるから，かけざんやわりざんでも，整数や小数と同じ考え方でできることをまとめる。

B　指導の成果

・この指導は，11月1日よりはじめて，かけざんは7時間，わりざんは12時間，計19時間にわたって実施したものである。

・指導計画にそって予定の時間通り指導し，指導後のテストをした。その結果について，かんたんにのべる。

(1) テスト問題

(1)…（真分数）	(2)…（帯分数）	(3)…真分数	(4)…帯分数
$\frac{3}{8}\times 4$	$1\frac{1}{3}\times 2$	$\frac{1}{5}\div 10$	$6\frac{3}{8}\div 13$
$\frac{4}{9}\times 6$	$3\frac{1}{7}\times 3$	$\frac{2}{3}\div 6$	$8\frac{4}{9}\div 3$
$\frac{5}{12}\times 8$	$5\frac{2}{3}\times 9$	$\frac{4}{5}\div 2$	$4\frac{5}{6}\div 4$
$\frac{7}{10}\times 5$	$2\frac{3}{15}\times 5$	$\frac{12}{13}\div 5$	$3\frac{3}{5}\div 12$
$\frac{7}{12}\times 3$	$3\frac{5}{12}\times 4$	$\frac{7}{15}\div 7$	$9\frac{4}{7}\div 2$

(5) 1日に$2\frac{5}{12}$分すすむ時計は，6日たつと何分すすみますか。

(6) 4時間に$15\frac{1}{4}$kｍ歩きました。1時間に平均どのくらい歩いたことになるでしょう。

(2) テストの結果

誤算者はつぎの通りである。

問題の内容	かけざん		わりざん		かかれた問題	
	真分数	帯分数	真分数	帯分数	乗法	除法
誤算者数	4人	7人	2人	8人	3人	9人
全児童数46人に対する割合	9%	11%	4%	13%	7%	16%

〔註〕・2題以上誤ったものを誤算者とする。

・ 問題全体を通じ，誤算した子どもは14人である。

C 指導後の反省

(1) 学習の場について

学習の場については，子どひが強い関心をもち，学習することの意味が具体的につかめるものであることが重要な条件であると考えている。4年の実験指導では，この条件から考えて，子どもの身近かに起る生活事例から問題をつかませてきたのである。

分数の指導においても，身近かな生活の反省からトラブルを見つけ，それらをまとめて学習の問題とした。その上に，よせ算・ひき算に引続いて，分数のかけ算・わり算を指導したので，分数のかけ算・わり算も，整数や小数などの計算と同じ考えでできるかどうかという内面的な関心が強く，非常に活気のある学習になった。

(2) かけ算の成果について

・ 立式については殆んど誤りがみられなかった。

・ 誤りのあったものは，

(a) 約分を忘れたり，誤ったりする。

(b) 仮分数を帯分数に直すときに，$\frac{13}{7}$を$1\frac{5}{7}$などと， ちょっとした誤りをする。

これらの誤りを起すことは，かけ算以前の指導内容になっているのであるが，かけ算指導の後に誤算する子どもが出たことについて，次のように考えている。

① 約分を誤る子どもが出てきたことについて

指導計画の第3， 4時において，かけ算の計算を簡単にする方法について考える学習をしたのであるが，このとき，かける前に約分をするか，かけた後で約分するかについて大論争をしたのである。この論争の結果，かける前

に約分する方がよいことに決定したのであるが，遅れている子どもの中に，約分は，かける前にするものであって，計算の終った結果については約分する必要はないと誤解したためであると考えられる。

このことから，今後の指導においては，指導内容のひとつひとつについて，意味についての指導を充分にし，身についてから次に発展させる必要を痛感したのである。

a. 仮分数を帯分数になおす誤りについて

この誤りは，次の二つに起因していると考えられる。

a. $\frac{13}{5}$などのようになったときには，大きな単位になおした方が， 大きさがわかりやすい。このことは，整数で1の位が10になったら，十の位にくり上げていくことや，60分になったら1時間とすることと同じである。

分数でも同様で，$\frac{13}{5}$は$2\frac{3}{5}$として， 大きい単位に直した方がよいのであるが，このことについての理解が不充分であるためと考えられる。

b. 整数の1と，単位分数との単位関係がしっかり身についていないために誤るものが出たと考えられる。

つまり，$\frac{2}{2}$，$\frac{3}{3}$，$\frac{4}{4}$……のように，分子と分母が同じになったときは，何れも1になること，すなわち，整数で一の位が，10になったことと同じで，いずれも上の単位へ1を繰上げることになる。この1と分数の単位である$\frac{1}{2}$，$\frac{1}{3}$，$\frac{1}{4}$，$\frac{1}{5}$……などの単位関係が明確に身についていないために，かけ算の結果として，分子が大きい分数が出たりすると，誤りを起しやすいものと思われる。このことは，今までの実験指導において,数の大きさの理解が，誤算を無くする重要な因子であると述べてきたことの正しいことを裏付ける一つの例とも言えると思う。ただ，私ちの強調すたる点についての指導が，分数において不十分であったために誤算者を出すに至ったことは，甚だ残念なことである。

(3) わり算の成果について

テストの結果から，次の誤算者が見られる。

(a) 約分を誤るもの，忘れるもの

(b) 帯分数で，整数部が除数でわり切れぬとき整数を分数にくり下げるときの誤り，(a)は，かけ算の項について述べたことと同じであるから省略する。(b)については，次の点の指導が不十分であったと考えられる。

整数や小数のわり算においては，大きい単位（上の桁）から計算して，わり切れずに余りが出たら，それを小さい単位に直し，それを小さい単位の個数と一緒にしてわってきたのである。帯分数のわり算において，整数部分の余りを分数に直して一緒にわるのは，整数や小数と全く同じ考えであるということについての理解が不十分であったことと，もう一つの原因は，１を分数に直すことはできても，２や３を分数に直すことに不十分な点のあったことである。

このことは，かけ算の項でも述べたように，整数と単位分数との単位関係が，充分に理解されていないことに起因していると思われる。今後の指導において改善していきたい。

このように，分数のかけ算・わり算の指導を通して，その結果を「二位数×一位数」の実験指導と比較してみると，次の点が言えるのである。

① 分数のかけ算も，整数のかけ算と同じように，分数における「大きさ」の書き表わし方が重要な理解事項である。

つまり整数においては，「36」と書いたとき，３や６がどんな単位を何個あるか表わしているかについての理解が成立していないと誤算をしたのであるが，分数についても「$3\frac{4}{5}$」は，どんな単位が，何個あることか，また１と$\frac{1}{5}$との単位はどんな関係になっているかの理解が成立していないために，

誤算をしているのである。この点から分数の場合も，整数のときと同じように，分数の大きさの表し方についての理解が重要である。

② 分数のかけ算も，整数のかけ算と同じように，かけ算についての演算の意味や計算方法の意味について理解させることが，重要な事項であることは同じである。

整数のかけ算については，演算の意味を具体的な生活事実の数量関係によって理解させたところ，計算の手続きを色々に工夫して正しい結果を出したのである。分数についても，全く同様のことが言えたのである。

③ 子どもの考えを伸す手がかりとして教具を用いることが効果的であることは，整数と同じである。

整数のかけ算において，数量関係を色カードによって，書き表わし方を再現させたり計算の手続きを工夫させたりして，子どもの思考を伸すことに効果をあげたのであるが，分数においても，教具を用いて効果をあげることができることがわかったのである。

以上，主要な項目についてだけ述べた。これは，４年における「かけ算」の実験指導の条件を分数指導にもあてはめていけばどんな結果が出るか，その反応をみようとして，予備指導をした結果が得られた資料である。これについては，今後もなお験証実験をしていく必要があるわけである。

V　本年度の結論と，今後の問題

§1.　今までの研究の結論に対する験証

A　理解事項について

かけ算を学習するための理解事項の験証については，例年の研究で第一の項目であった数の大きさとかけ算の意味がわかれば，誤算しないということについては，正しいということが実証されてきたと考えてよい。もちろんここでいうかけ算の意味というのは，演算の意味と，計算方法の意味というとである。この点については，今までに述べてきたので，ここでは省略したいと思う。

B　ひとりびとりを伸ばす指導計画について

今までの結論で述べてきたように，進んでいる子どもも，おくれている子どもも，学習に参加できて成功感を味わうことができるような指導計画を作ることについては，一応の成案をえたと思う。

C　能力に応じた指導法について

この実験指導では，子どもの能力をよく捉え，毎時の指導において，それぞれの能力段階から，一段ずつ高めるということ，すなわち，子どもの思考の発達段階からひとりひとりの子どもの障碍や進歩をおさえて，教師がいつも，ひとりびとりの子どもの指導点をつかんで学習指導に当るということが，骨子の一つになっている。これは，ひとり残らずの子どもを伸ばす上によい方法であることがわかったが，ここで問題になることは，もっとかんたんに子どもの手ぎわをみて，能力段階を切る客観的な方法を見出すことができないかということである。これについては，今後一段と骨をおりたいと

思う。

以上，前年度までに考えられた結論について，かんたんに験証したことについて述べてみたのであるが，なお次のことについて考えてみたい。すなわち，この指導計画において，演算の意味を理解するための学習の場を，一応同数累加の場合だけについて考えるようにしてある。これは，演算が複雑な場になると，おくれている子どもに混乱をきたすからである。然し，一応成案のでた後に（協力学校ので指導成果によって，ひとりひとりを伸ばす計画として一般性があると見られる結果がでてから），倍についての演算の意味を加味したいと考えている。

更に，指導計画全体を見て，昨年の協力学校の反省から，第1～3時までの学習の場に統一がなかったということがあった。この点についての修正をしたため，〝買いもの〟という単元にして，買物についての学習の場としたので，場の構成は子どもの思考を無理なく伸ばすようにできたと思う。

次に，指導計画について遂年考えてきた問題は，二位数×一位数の指導では，ひとりびとりの子どもを伸ばすための適切な指導時間は，果して，何時間あったらよいかという研究についてである。最初は14時間であったが，28年度には13時間となり，更に本年度は11時間で終了することができ，しかも誤算者が1人という結果がでた。このように，累年時,間を短縮してきたが，学習指導を進める場合の根本的態度として，26年度に考えた，子どもの反応によって，計画を修正しながら学習を進める。即ち，できない子どもがいたら先に進まないという態度は，変らないことである。故に,短縮できたのは，子どもの学習の素地ができて，毎時のテストの結果進んでもよいと判定したためである。

しかし，本年の11時限が来年どの位つまるか，さらに，一般的には何時間位でよいかについては，今後の問題と考えている。

なお，本年度の4年生が 123人あって，指導直後のテストで誤算者が1人になったという事実について附言してみたい。このことは同時に，先に述べたいくつかのことの験証になるとも見られるからである。（誤算者とは，指導後のテスト問題90題の中，3題以上誤算した子どものことである）

われわれは，27年度の研究から，できない子どもはいないと信じて，学習指導を進めてきた。然し，27，28年度の実験指導の結果では，それぞれ7％の誤算者を生み，できない子どもはいないというには論拠がうすいようであった。ところが，本年度の結果をみると，先にも述べたように，殆んど，箸にも棒にもかかわらないような子ども（ひとりの誤算者は4年の始めにかけ算九九のテストで100題まちがった）でも，11時限の指導後に，90題のテストで，27題誤算しただけであるという好結果を生むことができたわけである。私どもは，たったこの一回のデーターで，すぐにできない子どもはいないというのではないが，この指導法とか，教材の考え方，指導計画に，一そうの希望と光明を与えたことは事実である。

§2. 学習指導一般についての改善点

A 子どもが身近かに行っている生活事例をとりあげて，その生活についての考え方を伸ばすようにする

二位数×一位数の計算では，「一の位」と「十の位」とを別々にして，かけ算九九を使えば，うまく計算ができる筈である。そのような考え方に，子どもの思考を伸ばす際に，「計算の順序は，1番始めに，これとこれをかける。次に……」というように，計算の順序だけを教師がいかようにうまく口で説明しても，わかる子どもは，学級の40～50％位しかいない。（本校並びに協力学校の予備調査から）そのように説明したのでは，つまずいている子

どもを救うことはできなかったということも，昭和28年度の験実指導の結果にでている。いわばおくれている子どもは，数学的内容をいか程説明されても，それだけでは理解できないということである。

われわれが，学習指導の改善に第一問題として着手しなくてはならないのはこの点であると考えたわけである。即ち，どんな問題をもってきて学習の場にしたら，どの子どもも自らの問題として，学習にくいつけるかの問題である。この点を考えないで，既成数学の解説による学習を強いられても，誤算をしそうなC，Dグループの子どもを救うことはできない。また，一応，その学習はおぼえたとしても，一種の記憶に過ぎないので，新しい問題を解決する力にはならないし，更に，数学教育でねらっている生活を改善していこうとする力をのばすことにはならないわけである。

さて，これを一つの事例で説明してみる。

社会生活を眺めると，大人と小人の別なく，お札の種類によって価値のちがうことを知っており，1円札と10円札が混じっているお札を数えるときには，金種別にわけて，1円札は何枚，10円札は何枚というように数えて，金高は〇〇円であると言っているわけである。

これは，日常生活で実践している具体的な行動である。この行動について，「なぜ金種別に数えるか」を考えると，価値のちがうお札を一緒に混みで数えては，何等意味がないことがわかる。

これを，1，10，100，……等のちがった単位の大きさを，ちがった場所に書くようにきめた整数の記数法と比べさせる。そうすれば，「32×4」の計算の仕方も，3と2とはちがった単位であるから，別々に計算しなくてはならないことに気付せることができる。換言すれば，すなわち，単に，数学の上で考えさせるのでなく，子どもが実際に行っている行動をとりあげ，それらの内に潜む数量関係と対比して理解させるようにすれば，「なぜそうする

か」の意味をつかむことも容易になるわけである。このようにして，本校では誤算者をなくすることができた。

一般に新しい事象に当面したとき，これを今まで経験した生活事例と結びつけて，これは何と同じように考えてよいではないかとか，この点は，○○の考え方とこの部分だけちがうとか，必ず過去に学習したり，経験したりしたことと結びつけて考えることが重要であるが，この見地からも意味があったと言える。

この事はまた，個人を十分に伸すという観点からも，学習の場として，ぜひ必要な条件である。

即ち，能力差のあるひとり残らずの子どもを，その能力に応じて解決のための仕事をし，ひとり残らず成功の喜びを味うようにする上に必要であるからである。以上の趣旨を，要約してみると，次のようになる。

① 子どもが日常の生活で実際に行動していることには，その内に必ず，そのように行動している理由がある。

② その理由について子どもが考えていくとき，身近な事柄であるために，その事柄の関係がつかみやすい。

③ 子供のよくわかる身近な行動をとりあげると，どの子供にも，問題点や何をどのようにしたならよいかの研究の目安がつくので，ひとり残らずの子供が参加できる。

このような趣旨は，算数科のみならず，他教科にも通ずることであると考えられるので，ぜひ，適用してみたいと考えている。

B 学習を累積的発展的にして子どもの思考に一貫した筋を通すようにする

上にのべたことを，また別の観点から考えてみよう。

今までの学習で反省したいことは，それぞれの学習が孤立していたこと

である。かけ算の学習をするときに，＋と×の関係がよくわからなかったり，同じかけ算の学習でも，整数と小数，さらに分数とかが別々なものとして取扱われ，子どもにとってそれぞれの学習がすべて別な学習をするような気持で当る場合が多かった。これでは，学習の内容が複雑になるばかりであって，指導の能率化を図ることもできないし，数学的なすじみちもはっきりさせることができないから，子どもに数学的な思考力を伸ばすということにもならないのである。

学習指導に当っては，それぞれの学習を貫いている原理に目をとめて，学習指導に当り，それが子どもにとって，どの子どもも，自らの考えられる問題から出発して無理なく発展するように考えることが重要であると考える。

二位数×一位数の学習で，9円のノートを8冊買った場合を，あげたとする。この場合，子どもの中には，9円ずつ8冊分のお札を並べて，全部のねだんを求めようとするものもいる。また，数字を使って，9円＋9円＋……＋9円と書いて，累加で計算するものもでる。さらに9円×8と×の記号を使って書き表わすことができる子どももいる。この場合，それぞれのやり方は，子どもの能力の段階を示しているわけであるから，それぞれのやり方をさせながら，どう工夫すれば，一そう早く便利にできるかを考えさせる。

このように，子どものできることを出発点として，なお，どんな点に不便や困難を感ずるかについて思考を進めるようにして，前の学習との関係をよく理解させながら，次々の段階に進ませるようにすることが必要である。この考えを，ほかの教材についても，もっと研究していきたい。

C 既成数学を説明して，形式的にわからせようとしないで，子どもが自分で数学を創造していくように指導する

既成数学を克明に説明するだけでは子どもに十分な理解を得させることが

できない。これはさきにも述べたことであるが，この立場から説明してみよう。

55 × 4 20 20 220	5 × 4 ＝20 50 × 4 ＝200 200＋20＝220

昭和25年に，55× 4 ＝400 と誤算した子ども（A型といった）の指導について，右の図のように二段で説明したところが，その問題については正しい答を出すようになった。ところが，同じような誤りをおかし易い問題66× 5（部分積に 0がつくような問題である）を一段で計算させたところが，やはり 600と誤算してしまった。これは，中以上の子どもには，その方法でもわかるかも知れないが,中以下の子どもも，特に，前学年までの素地の少ない子どもにとっては，決して誤算から救うよい方法でないことを物語っている。教師はわかったと考えちがいするし,子どもは，わかったような気がするだけで，十分理解したことにはならなかったのである。

そこで色カードなどの具体物を使用することによって具体的な場で子どものわかっていることがらを足場として，そこから思考をのばしていくことを考えたのである。子どもにとって，学習することが〝あのことと同じか〟或は〝あれと同じ考えでできるか〟ということがわかることは，安心感をもって学習に参加できることになり，その方法の意味もよくわかることになる。それで，もっと便利な方法を工夫してみようという余ゆうも出やすくなり，次の考え方へ発展する素地ができることになる。

例えば，数えることにしても,お札カードや色カードで数えているうちに，もっとよい方法を考えてみるようになり，やがて，九九を使って数える数え方を発見したり，それを使ったりすることが容易にできるようになるのである。

D　どの子どもにも理解を成立させることができるように，指導計画を工夫する

このことについては，今まで各所に述べてきているので，ここでは項目だけにとめておく。

(1)　どの子どもも学習に参加できるような学習の場にする。

(2)　どの子どもも自らの能力に応じて精一杯学習できるようにする。

(3)　指導の時間がえられるように，時間過程を工夫する。

一時間の学習を進めるに当って，その時間内に，できるだけ多く個人的に指導する時間をとりたいと考えたのは，昭和26年５月の指導に失敗したからであった。その必要から，26年の12月の指導には，始めの一斉学習に15分，中間の個別学習に25分，終りの一斉学習に５分という計画をつくって，指導を試みたのである。

始めの一斉学習と，終りの一斉学習とは，直接教師が主動性をもって，子どもの考えを方向付けたり，しめくくりを援助したりするわけであるが，学習する主体はあくまでも子どもである。それで，子どもの判断や，子どもの行為を尊重し，子どもの自主性をのばすようにつとめている。このような配慮から，この間の教師の発問のしかたは重要であり，思考を方向付けることも重要な事である。また，子どもの行動や行為を，発展的累積的にして無理を起さぬようにする系統も極めて大切なことになる。

中間の個別学習では，子どもが独りで学習しているので，教師はこの時間を利用して，ひとりびとりの子どもの障碍を除去したり，確実にできるようにするための指導をすることもできることになる。

実際に学習を進める上の心得については，昭和27年度の研究報告の 162ページより 167ページにわたって，詳細に述べてあるので，それを参照してい

ただきたい。一時間の時間過程を，上のように，三つに区分した根拠に，もう一つの考えがある。

それは一時間の内にできるだけ，その時間のねらいを，身につけたいと考えたからである。

はっきりわかったとか，納得できたとかいうのは，次のような過程を通ると考える。即ち，まず，(イ)「自分がよくわかっている生活事実に関する考え方を」—→(ロ)「いろいろなちがったものに適用してみる」—→(ハ)そして「それらを一般化して，まとめてみる」こうした三段の過程を通ると考えるわけである。

この過程を，一時間の過程で通らせようとしたのである。

これを図によって説明してみよう。

始めの一斉学習	個別学習	終りの一斉学習
○一事例についての考察 (生活におこる問題の解決)—	○他の事例についての問題にあてはめて解決する。 →(プリント問題で個別に適用練習)— (教師は，この時間を利用して，能力別の指導をする。)	○共通要素をぬき出して一般化する。 →(整理)

上の図で明らかにされたように，一つの条件は，ひとりびとりの指導に必要な時間を多くとりたいということであり，他の条件は，理解を成立させるための段階をとり入れたことである。

このようなねらいをもって，一時間の学習過程を考え，実施してきたわけである。本年度の指導成果からみても，これらの考え方が正しかったことが験証されたと考える。

以上が，結論から考えられる学習指導の改善点である。

§3. 今後に残された問題

A 二位数に一位数をかける学習に関連した研究

算数の学習が累積的に進まねばならないとか，学習に一貫した筋を通すというようなことがいわれる。学習指導を進める上に，前学年の修得事項が不十分であるために，子どもも教師も予想以上に無駄な労力を使っているという事実は，殆んど毎日のように味わっているところである。

いってみれば，一般に，その学習をするための素地となる学習が不十分であることを物語っているわけである。本校の研究や，昨年度と本年度にわたって行われた協力学校の指導の結果からもこのことはいえるわけである。

二位数に一位数をかける学習で考えてみても，理解事項である〝数の大きさ〟や〝演算の意味〟は，むしろここでこと新たに理解事項としてあげなければならないようなことではないともいえる。今述べた2つのことは，既に低学年での理解事項であるからである。極論をすれば，二位数に一位数をかけるかけ算の学習の理解事項として，特別にとりあげなければならないことではない。ここではそれらのことがわかっていて（低学年から累積されてくれば），10以上の数になった場合の処理をどのようにしたらよいかが，前学習との関係で理解されればよいといえるわけである。このような意味において，①素地を豊かにするということ，②そのようになってきたとき，指導の能率はどの位あがるかという2つの事項が，今後研究されねばならない課題となると思う。

そこで，①について以下に述べてみよう。

（1） かけ算の誤算の因子を，3年までに皆無にする研究

a．数の大きさの指導

さきにものべたように，55×4という学習で，5×4＝20の2と，次の位の5×4＝20の2とを加えて，40或は 400とした子どもが多かった。

本校では，これをA型の誤算とした。このような誤算をするのは，原因は，1年の指導にあるといえる。1年で，ものの量を表わすのに，数字を用いてかき表わすしくみ（記数法）に到るまでの指導が十分になされていないことに原因があると考えられる。即ち，1年の指導で，ものを用いて量の大きさを表わすことはしたが，それと数字との結びつきに飛躍があって，無理のあった子どもが，例えば，55×4の55について，それぞれの単位のもつ量の大きさや，5×4＝20の大きさ，次の5×4＝20の大きさのちがいがわからないために誤算をしたのではないかと考えられる。

そこで，どのような段階を経て，ものを用いる段階から，無理なく抽象数で量の大きさを表す段階に進むことができるかの段階的指導が必要になってくる。いわば，十進記数法の指導で，一年でとりあげたいことの一つである。この実験指導については，29年度，30年度と準備期間として，31年頃から実験研究にとりかかりたいと考えている。

b．加法の実験研究

25年度から，誤算者でいつも多かったのは，K型，即ち，かけ算九九の誤算者と，J型，即ち，加法のまちがいによる誤算とであった。

加法の手ぎわを見ると，4年でもおくれている子どもは，指やものを使わないと数字の上で，直感的に答をだせない子どもが多いわけである。このような子どもがいるということは事実である。然し，それは低学年の指導さえあれば，殆んど救われることでもあるという見通しをもつことができる。前節で述べたように，本年度準備的に行った2年の加法の指導において，殆んどの子どもは直感的に九九を使えるし，どんなにおくれている子どもでも，指を使って，正しく答をだせる段階にまで進めることができた。

そこで，2年での加法の指導において，どんなことを考えて指導したら，

加法のできない子どもがいなくなるか。ここに，加法を実験指導としてとりあげる根拠がある。この指導は，29年度を準備期間として，30年度に実験指導としてとりあげたい。

c かけ算九九の実験指導

既に述べたように，かけ算九九がうまく身についていないために誤算する子どもは，全誤算者の内1番大きい比率を示している。即ち，27，28両年度とも，13人の誤算者をだしている。

そこで，かけ算九九をどのようにしたらよいかは，4年の指導に続いて，とりあげなくてはならぬ研究問題になる。

29年度をかけ算九九の実験指導の第1年目として，実験研究にとりかゝった。この指導については，既に述べてきている。この研究のねらいをいま少し述べてみる。

かけ算九九での誤算を，更に分析してみると，①どんな数量関係のときに，×の記号を使って表わされるか，という演算の意味や，それからどのようにして数値を求めるかの計算方法の意味かわかっていないことに最大の原因がある。これを，本校では理解事項として，かけ算の意味がわからないために誤算をするといっている。更に，②かけ算九九ができないことをあげることができる。かけ算九九と，二位数に一位数をかける場合との相異は，買ったねだんが10円以上になった場合，即ち，グループの大きさが10以上になったことが異うだけであって，演算の意味や，同じものをいくつかよせる同数累加の場合の考え方は同じであると考えられる。

そこで，3年で，演算の意味や，計算方法の意味，即ち，演算と式と計算を区別して，十分な指導をしておけば，4年では，10以上の場合の答の出し方をどのようにしたらよいかを工夫するするだけですむわけである。3年での指導が十分であったとき，4年の指導が，どの程度まで能率をあげること

ができるか，ここに，3年と4年との実験研究における直接的なつながりがあるわけである。

この意味において，今後，かけ算九九を学習した子どもが，指導計画の上で，どの位まで時間を短縮して学習能率をあげることができるかを考察の第一点とし，更に，二位数×一位数の学習過程で，かけ算九九のまちがいがどの位少くてすむかが，考察の第二点として考えられるわけである。

（2） 4年の実験指導についての問題

今までの指導の重点は，できない子どもをなくするというところにあった。即ち，学級の中にある進んでいる子どもとおくれている子どもでは，どちらかといえば，おくれている子どもの指導が主であったといえる。そして，この場合については，一応の成果をあげることができたわけである。

a．特に進んでいる子どもに対する対策

進んでいる子どもに対する対策は，今までも消極的には，全然なかったわけではない。例えば，練習問題において，二枚目は殆んど進んでいる子どもを考えて出題されたものであり，グループ学習において，できるだけ自習を多くして，自分で，解決したり，自分でやったことを自分で確めたりすることなどがその対策として考えられている。然し，このことについては，昭和27年度の報告(3)の今後の問題のところでも，〝進んでいる子どもろの対策も考えなくてはならない〟と述べてきたとこである。今まで述べたように，28年度は，協力学校を依頼した関係から実際には，この問題には，ふれないできた。そこで29年度には，一学級だけ，3時間，進んでる子どもに対して指導を試みてみた。然し，この結果はあながちよい結果ではなかった。これについては，前項で述べてある。

この反省から毎日の指導で，進んでいる子どもに，どんな問題で，どんな考え方をつけておいたらよいかを考えなくてはならないことがわかった。

来年度の問題として考えられる対策は，次のようである。

① 進んでいる子どもの中には，ABグループの子どもが含まれるが，この指導は，特に進んでいるAグループだけについて対策を考え，漸次，Bグループに進めるようにしたい。

② それ故，Aグループの子どもを確実におさえることが必要になる。

③ 教師の発問を考える。即ち，子どもの考えていくよりどころがはっきりわかって，自ら思考し，行動できるような対策を考えたい。

④ 第1時から第3時までの，具体的な学習の場における演算の意味を十分に理解させ，思考を進める上のバックボーンをもって研究に当らせるようにする。

b．かかれた問題を解く力について

問題解決における能力を大別すると，計算力と，かかれた問題を解く力に大別される。本校の今までの研究は，計算問題について，おくれている子どもを作らない指導であったといえる。それ故，このような指導によって書かれた問題を解く力が子どもについてくるということは考えられるが，書かれた問題になると，演算に関する以外の factor がでてくると考えられるので，これだけでよいとは考えていなかった。むしろ，ねらいがほかにあったわけである。そこで，ここであらためて考えてみる必要がある。すなわち，それは，計算の意味を本当に理解していれば，かかれた問題も相当できるようになるはずであるということである。

例えば，28×4という計算があったとする。このことを考えてみる。われわれの日常生活には，28×4という計算がそのまま出てくるのではなくて，これは28円のノートを4さつ買ったとか，電車賃を28円ずつ4人持ってきたとかという事実を抽象してかき表したものである。ところが，今までの算数の学習指導を反省してみると，28×4がわれわれの生活のどんなことであるかを考えないで，事実として存在しているように考えていたと見られる点がなかったでもない。それ故，直ちに，この計算の方法をわからせようということだけに主力をそそいでいたといえる。このような指導の結果は，子どもに，28×4とは，どんなことかの問題の意味もわからせることもないし，何故これをかけ算でするのかという必然性も生れてきないのである。これが，計算の上からも誤算の原因ともなったわけである。

28円のノートが4さつのときの演算を決定したものか，28×4という式であり，いくら集まったかを見るのにかぞえるのが計算であるという意味をわからせることによって，子どもは，目的をもって学習に参加することができるようになるのである。

そこで，計算の指導の第一歩は，演算の意味の理解にあると，本校では今まで，何年か強調してきた。この指導で強調してきたことは，子どもが経験していること，やってできること(リアルな生活行動)を土台として，子どもの思考を無理なく伸ばそうとしたことである。そのような問題を出発点として，そこにある数量関係を考え，どのような記号によって結ばれるかを決定することが演算の指導であり，式の指導となるのである。

この指導は，書かれた問題を見て，数量関係を判断し，演算を決定し，立式をすることと，殆んど同じ過程をもつとみられるわけである。ただ，後者の場合には，文字をもってかき表わされているところに，文字面のよめない子どもには，困難があるともいえる。この点が多少の問題とも思われる。これは，直接には，国語学習の読みの指導とも関連することでもある。

結論的にいえば，計算における指導で，演算の意味を強調すれば，かかれた問題を解く力が相当についてくるであろうという見透しをもつことができるということである。然し，前者の場合には，具体的なもので考えることが中心になるが，後者では，抽象的にかき表わされた文章から，どこまで具体

を抽出できるかという問題が起ってくるわけである。

このような見通しのもとに考えてくると，本校の指導では，或程度かかれた問題もとけるのではないかという見通しをもつことができる。そこで，来年度，4年の第1次指導終了後，かかれた問題をどこまで解く力ができたかを調査してみようと思う。

(3) 5，6 年の指導及び調査について

4年のかけ算指導について，学習効果をあげた条件を，他の指導内容として，たとえば，2.5 ×3や$4\frac{2}{3}$×6などのような，小数や分数の計算にも適用して，指導の成果をあげることができるかどうかについて明らかにしようとして，予備的な指導を試みたのである。

この結果，指導法については，5，6年の指導においても適用されることの見通しをもつことができた。

また，「二位数×一位数」の計算の原理は，「2.5 ×3」「$4\frac{2}{3}$×6」「2時15分×6」のような分数，小数，時間の計算にも，そのまま適用できると考えられるが，これについては，指導上の多少の手抜かりもあったので，明年度において本格的にとりあげてみたいと考えている。

五年でとりあげた，「三位数×二位数」については，「二位数×一位数」と異った要素をもっている。即ち，被乗数に一位の数をかける計算の手続きと，被乗数に，十位の数をかける手続きとは，何れも，「二位数，或は，三位数に一位数をかける手続き」と全く同様であるが，十位の数をかけた部分積の大きさは，一位の数をかけた部分積とは，単位の大きさがちがうのである。この点は新たな要素である。この点をはっきりして，「二位数×一位数」の指導と，さらに比較検討してみなければならないと考えている。

このように，学習効果をあげる学習指導上の条件の験証と，四年のかけ算指導の直接的な発展との二つの面から，明年度の研究を進めたいと考えてい

るのである。

B 学習一般についての指導法の改善について

本年度の結論のところで述べたように，指導法の改善には，どんな点を考えていったらよいかについては，現在までで一応の結論はでている。然し，その結論は，いわば仮説とも考られるものであって，更に指導法の原理として一般性をもつためには，他の教材についても適用して同じ反応を示すかどうかを調査することが必要になる。これは，今後何年かの研究に待たなくてはならないわけである。

また，指導法の原理として，一般性をもたせるためには，協力学校の研究における実験研究の結果によって，更に改善していかなくてはならないし，このような意味においても，この研究の前途はなお多難を思わせるものがあるわけである。そして，このように研究が広範囲に行われるようになってきた時には，唯に本校一校だけで云々するのでなくて，各方面の好意ある示唆や協力による研究によらなければ，所期の効果をおさめることができないことは，今更いうまでもないことである。

第3章　協力学校の実験研究

I　協力学校における昭和29年度の研究のねらい

検見川小学校で，昭和25年から27年まで実験研究を継続してきた結果，27年度の研究で，二位数に一位数をかけるかけ算の学習において，指導計画や指導法の上で一応成功と見られる結果をおさめることができた。この考え方や方法は，検見川小学校の職員と子どもの場合に答えられる特殊な結果であっては意味がないので，一般の学校にもあてはまるものであることを験証する必要があるわけである。

このために，昨28年度に第一回の協力学校を文部省で依嘱したのである。この協力学校を通しての研究は，検見川の研究を条件として，それに修正点や改善点を見出して修正しながら，より一般性のあるものを作りあげていくための共同研究であるといえるわけである。

さて，この結果であるが，研究報告(4)においてのべたとおり，昨年度の指導後の誤算率は28%であった。これは決して悪い結果であるとはいえない。しかし，まだ，各学校における指導法の研究や，指導計画の修正に，改善点があるということは，直接指導を担当された先生方の反省に述べられるところである。このように，この研究のねらい自体からの問題や，協力学校における指導法の研究という問題をより解明するために，第二年目の研究をすることになった。

昨年度残された問題で，検見川小学校として考えねばならない事項については，既に，第二章において，検見川小学校の研究報告を出しているが，その中で述べてあるので，ここでは省略し，協力学校としての研究成果が，研究のねらいに対して，どのような実態であるかについて述べることにする。

昨年度の研究の反省として，14時限の指導の最中には，殆んど何のためにやっているのか(例えば色カードの使用の意味など)，また，このような時間過程をとることが，子どもに理解を成立させる方法としてどんな利点があるのかなどのことについては，担当職員自身がわからなかったという声が大きかった。それが最後になって，或は，実験研究が終ってから，このよさや意味がわかったという反省があった。それ故，もう一年やったら，もっと，指導の効果があがるであろうとの見通しをもつことができたわけである。そこで，この点から，本年度の研究のねらいとしたことを次にのべてみる。

(1) 教具の使用の意味について

既に述べてきたように，すべての子どもを伸ばすために，色カードなどの教具を使った。何のために，どのように，教具を使ったらよいかについての意味がよくのみこめないために，単に計算方法を説明するために使用していたようである。このような教具に対する考え方が，「進んでいる子どもには，教具を使用する必要がないではないか」という声になってでてきたことからも推察される。

さて，教具を単に形式を説明するために使ったと解されることを裏付けているのは，ＡＢグループの子どもの10%が誤算していることである。

このようにＡＢグループから誤算者が出たことは，進んでいると解された子どもが，単に形式を記憶していて，形式的にだけできるものであったということである。それは，教具を使って自分の思考過程を説明させたら，殆んど説明できない子どもでないかと推察される。

教具は，教師が，考えや形式を説明するだけのものではないのであって，

さきにも述べたように，子どもが考えていく手がかりとして，使かわせていくというところに大事な意味があるのである。したがって，子どもが絶対の自信をもって気楽に操作できるようにし，その仕事の内に潜む意味をつかませ，次第に考えを高めていくようにすることが重要である。

また，自分の考えが或る形式を産み出したら，教具を使って，その考えを表わしてたしかめたり，また，それを他の子どもにはっきりわかるように伝えたりすることも，教具を使用する上で，大切なことである。これらのことができるようになって，はじめて，子どもがほんとうに自分で考えついたと考えるし，理解したとも言えるのである。

ここに，協力学校において考えていただきたい問題の１つがあった。

(2) A.B グループの子どもから誤算者をなくすることについて

昨年度の指導で，ＡＢグループ，即ち，進んでいる並及び並以上と思われる子どもの中から約10%の誤算者をだした。この原因については，いろいろ考えられるであろうし，学校毎に反省をして，今年度の対策をねっていることと思う。然し，一番大きい原因と思われるのは，予備調査の結果の判定に誤りがあったのではないかということである。即ち，普通よいと思われる子どもを，教師の勘の上でよいとしたと思われる点がある。よいと思われる子どもが，実は，本当に意味がわかっていなくて，形式的な暗記をしていたと思われる子どもであって，実質的に進んでいる子どもでなかったため，誤算をしたのであろうと考えられる。

それであるから，今年度の問題として，指導前に正しくひとりびとりの子供の障碍や進歩を確実に把握することが重要な問題になる。

少くともＡＢグループの並以上の子どもからは，誤算者を出すことは，教師の指導の手落ち以外には，原因が考えられないことであるから，特にとりあげたい問題である。

(3) おくれている子どもの誤算率をもっと少くすることについて

昨年度の協力学校の結果では，ＣＤグループの中から，61%の正解者を出している。しかし，検見川小学校の報告では，28年度の指導において，ＣＤグループの中から91%正解者を出している。おくれている子どもが誤算をするのは，学習に当って，子どもが前学年までの素地に欠けていることに起因している。この点を研究して，この正答率をもっとあげることができないかと考えた。

(4) 成績のよい学校とわるい学校があったことについて

協力学校の中にも，結果のよい学校と，よくない学校があり，そこに大きな差があった。このようなわるい結果のでた学校については，この指導計画で，果して，これ以上におくれている子どもを救い，ひとりびとりの子どもを伸ばすことができないかどうかを，もっと深く検討してみる必要がある。ほんとうに指導計画のねらっているところを十分に理解して，学習指導を展開した場合の結果であるかどうかという点についても若干の疑問があったわけである。

だいたい，以上のことをねらって，本年度も実験指導を依頼したのである。

Ⅱ 協力学校と児童数

本年度協力を依頼した学校は，次の52校（うち千葉県下19校）である。種々の都合で，校数は昨年の約半数であるが，主として，昨年の学校に引続いてお願いしたものである。

〔実験協力学校一覧表〕

県名	学校名	学級数	児童数	学校長名
青森	八戸市立吹上小学校	1	52	鈴木亨
宮城	仙台市立岩切小学校	1	46	小川真一
山形	南村山郡滝山村立滝山小学校	3	128	鈴木正
福島	大沼郡高田町立高田小学校	1	51	目黒利雄
茨城	猿島郡弓馬田町立弓馬田小学校	2	88	上条文七
埼玉	川越市立川越第二小学校	1	61	田村正雄
群馬	館林町立館林北小学校	1	49	布川英三
東京	江東区立東川小学校	3	114	小林亮
神奈川	横浜市立南吉田小学校	1	45	清水進
千葉	東葛飾郡風早村立南部小学校	2	62	岡田堯純
〃	松戸市立南部小学校	1	52	椎名保高
〃	山武郡成東町立成東小学校	3	139	土屋只四
〃	東葛飾郡行徳町立行徳小学校	3	174	小倉貞二
〃	香取郡瑞穂村立瑞穂小学校	1	53	巻島清
〃	木更津市立木更津第一小学校	3	148	石井幹夫
〃	銚子市立春日小学校	3	144	仲村信治
〃	船橋市立宮本小学校	3	150	片岡政春
〃	市川市立中山小学校	3	150	能勢一雄
〃	香取郡橘村立橘小学校	1	31	石毛豊
〃	木更津市立巌根小学校	1	54	古谷昇
〃	香取郡豊里村立豊里小学校	2	78	鈴木松枝
〃	市原郡養老村立養老小学校	3	107	斎藤鉞
〃	千葉大学附属第二小学校	1	45	井上新吉
〃	千葉市立稲毛第二小学校	3	95	伊藤修次
〃	千葉市立寒川小学校	5	259	白井与三郎
〃	千葉市千城小学校	1	44	野村栄

千葉	千葉市立登戸小学校	1	48	石渡 勇
〃	千葉市立坂月小学校	1	35	高梨桂二
新潟	西蒲郡和納村立和納小学校	1	40	牧野数一
富山	滑川市立寺家小学校	2	98	趣田康雄
福井	福井市立日出小学校	3	177	玉村喜右ヱ門
三重	津市養正小学校	1	56	中森正一
山梨	西八代郡栄村立栄小学校	2	66	島津悌馬
京都	京都市立菊浜小学校	1	48	田中睦康
大阪	大阪市五条小学校	1	57	長沢誠二
奈良	生駒郡伏見町立伏見小学校	1	46	戸川忠治
和歌山	和歌山市立雑賀小学校	1	55	川村徳男
兵庫	姫路市立高浜小学校	1	52	柳内輝雄
島根	八束郡岩坂小学校	1	48	田中誠夫
広島	安佐郡緑井村立緑井小学校	1	38	中土井 泰
山口	下関市立生野小学校	3	143	浜田波夫
徳島	美馬郡穴吹小学校	2	91	西川保男
愛媛	東宇和郡宇和町立宇和小学校	1	48	古谷 清
大分	大分市立南大分小学校	4	186	稗田 茂
福岡	小倉市立米町小学校	1	47	桂 祐義
佐賀	佐賀郡春日村立春日小学校	2	110	鶴田辰次
長崎	長崎市立小島小学校	1	50	水田種次郎
熊本	菊池郡水源村立水源小学校	1	49	中原 康
熊本	天草郡手野村立手野小学校	1	47	喜多久雄
〃	玉名市立滑石小学校	2	112	三津家満穂
〃	八代郡千丁村立千丁第一小学校	2	110	葉山和光
静岡	磐田郡袋井町立南小学校	4	193	鈴木平吉

III 協力学校における実験指導とその成果

§1. 実験指導についての打合せ

本年度は打合せ会を一回だけ行った。研究の一般性を見出すための研究であるから，検見川小学校の実験指導の条件をよく知ってもらうことが必要であるが，殆んどの学校が昨年と同じ学校であるので，一回で十分と考えた。なお，この研究は，どこの学校の職員でもできることを，終極の目的としているのであるから，できるだけ研究報告だけによって，実験研究を進めることのできることが望ましいわけである。即ち，このようにして，指導を進めて，なおかつ，よい結果を生むことができたとき，一般性という上からみて，望ましいだけでなく，この指導法を普及するという立場からみて，非常に大きな意味があると考えられるからである。

この打合せ会は，5月6日（木）に行い，検見川小学校の実験指導の第1時を参観をして後，意見の交換を行う形式をとった。

§2. 実験指導の経過

指導及び調査は，次のように行った。

a. 二位数×一位数の指導前の予備調査……数の大きさ，かけ算の意味，加法及びかけ算九九

b. 二位数×一位数の実験指導及び指導直後のテスト……昨年と同様，14時限の実験指導後，9日間，90題のテストを行う。

c. 浮動状況の調査……実験指導後，期間をおいて，2回同じ問題でテ

ストを行う。

d. 三位数×一位数の指導前の調査……三位数×一位数の指導前に行う。

§3. 予備調査の結果

A 結果の集計

予備調査の方法，問題，整理の方法等は，すべて昨年同様である。その結果は，次の表のとおりである。

〔註〕① 52校の中，この結果の集計は，昭和30年1月10日までに報告書をいただいた38校分についてである。
② この実験児童数は2,643人である。
③ 報告書不備のために整理できない学級があったが，この分はぬいてある。

〔第1表〕 数の大きさとかけ算の意味についての調査結果

判定＼項目	数の大きさ(A) (1)	(2)	(3)	(4)	(5)	(6)	(7)	(A)の判定	かけ算の意味(B) (1)	(2)	(3)	(B)の判定	(A)と(B)との両面からの判定
◎	2112人	1218人	1764人	1570人	1585人	1747人	854人	490人	904人	731人	504人	219人	189人
○	15人	52人	576人	514人	49人	327人	962人	557人	1088人	1315人	1346人	1144人	798人
△	204人	585人	63人	254人	602人	8人	324人	1227人	7人	117人		971人	717人
×	147人	323人	206人	278人	313人	439人	516人		626人	354人	605人		850人

〔第2表〕 加法とかけ算九九についての調査

判定	加法	かけ算九九
◎	1,968人	1,720人
○	279人	289人
△	242人	346人
×	154人	288人

〔別表〕 加法とかけ算九九の判定基準（数字は誤答数）

判定	加法の場合	かけ算九九の場合
◎	0〜1	0〜2
○	2〜5	3〜5
△	6〜9	6〜19
×	10以上	20以上

〔註〕① ◎○△×の判定規準は，上の別表の通りである。
② 加法は繰上がりのある計算45題，かけ算九九は 100題である。
③ その他詳細については，研究報告(4)のp51〜61を参照されたい。

〔第3表〕 能力段階についての調査（28年度との比較）

判定	人員 28年度	人員 29年度	百分率 28年度	百分率 29年度
A グループ	3,379人	493人	39%	19%
B グループ		713人		27%
C グループ	2,098人	775人	24%	29%
D グループ	3,216人	662人	37%	25%
計	8,693人	2,643人		

〔註〕 予備調査の内容，集計の方法，グループの分け方などについては，すべて今まで通りであるので，28年度の項を御覧頂きたい。詳しくは実験報告(4)のp71を参照されたい。
・28年度の能力段階の中で，ABを区別できなかったのは，整理不備のためである。

B 結果の考察

第3表の能力段階について，昨28年度と比べてみると，ABグループは39%であったものが，46%になっている。7%も，並及び並以上の子どもの割合が増えており，遂にＣＤの遅れた子どもが，それだけ少くなっている。また，ＣＤグループをみると，Ｄグループの非常に遅れた子どもが，今年は12％も減っていることに気がつく。ＡＢグループが多くなった原因を考えてみると，色カードの操作になれたことも勿論であろうが，３年までの学習の素地としての「数の大きさ」，「かけ算の意味」，「加法」及び「かけ算九九」についての学習指導が，昨年の反省から，よく行われたのではないかと思われる。

§4. 指導の成果

指導の結果を，次の観点から考察してみたい。

① 遅れている子を，どこまで救うことができたか。

② 進んでいる子は，誤算しない筈であるが，そのうち，誤算した者は何％位か。その原因は何か。

③ 理解事項の験証はできたか。

14時限の指導結果についての集計は，次のとおりである。

(1) 誤算者数からの集計

〔第４表〕 指導後の誤算者数（総児童数2,643人）

	Ａグループ	Ｂグループ	Ｃグループ	Ｄグループ	80題以上の誤算者	誤算者総数
誤算人員	10人	85人	170人	363人	15人	628人
計	95人		533人			
総児童数に対する百分率	4％		20％		0.57％	23.8％

•註 ＡＢは予備調査のとき抽象数でできると見られた子ども，ＣＤは具体物を使わなくてはできないと見られた子どもである。

〔第５表〕 ABグループの誤算者（総数 1,206人）

誤算者数	95
ＡＢ全員に対する百分率	8％

〔第６表〕 CDグループの誤算者（総数1,437人）

誤算者数	533
ＣＤ全員に対する百分率	47％

〔第７表〕 どんな誤答の型をしているか

児童数＼誤算型	A	B	C	D	E	F	G	H	I	J	K	L	M	誤答者計
2,643人	173	104	22	12	241	13	23	18	65	448	934	294	99	628人

〔別表〕 誤答人数の多い誤答型

誤答型（多い順から）	誤答総数に対する百分率
① Ｋ型（かけ算九九）	38％
② Ｊ型（加法）	18％
③ Ｌ型（原因不明）	11％
④ Ａ型（繰上った数字を数とまちがえる）	7％

〔第８表〕 誤答者の誤答数別分布

誤答数	3〜9	10〜19	20〜19	30〜45	46〜59	60〜79	80以上	計
人員	342人	146人	146人	47人	46人	20人	15人	628人
総誤算者に対する百分率	54.5％	23.2％	7.5％	7.3％	3.2％	2.4％	1.9％	

〔註〕 誤算者の半数以上は，3〜9題の誤算者で，そのうちでも，3〜4題の誤算者が多い。これは，不注意のためとみられる。

〔第９表〕 誤算の割合による学級の分類（学級数67）

誤算率	0〜10％	11〜20％	21〜30％	31〜40％	41〜50％	50〜60％	60以上
学級数	7	17	23	11	6	1	2

第4,5,6 表について，昨年度との比較をしながら，考察してみよう。

本年度，協力学校で報告書のとどいた学校は，現在のところ38校，2648人である。この子どもが，指導後のテストの結果,誤算をしたのは，628 人で，この誤算者の割合は24%である。昨年度の割合は28%であるので，約4%だけ昨年よりもよい結果になる。

a．ABグループの子どもの結果について

予備調査の結果，ABグループ，即ち，進んでいるとみられた子どもが，全員の4%近く誤算をしている。 昨年度の誤算率からみると，0,4%ほどよい結果ではあるが，この原因は次のように考えられる。

① ABグループと誤診したため

それは，予備調査の際に，真に理解をしているのではなく,数の大きさや，かけ算の意味，または計算の原理について，形式的に暗記していたのを，ABグループに入る子どもとして，誤って判定されたためでないかとも思われる。今後十分な検討が必要である。

② たしかめをする習慣が，身についていない

テストの問題が90題もあるので，不注意のために誤まることもあると考えられるが，たしかめてすれば，もっと少くなったと思われる。

③ 指導上の手落ちから

とにかく，形式的に計算できたり，発言の多い子どもについては，正しく理解しているものと誤診をして，意味の理解に当って，軽くとりあげがちである。こうした点を指導上において検討をする必要がある。

b．CDグループの子どもの結果について

① CDグループ1,437 人は，指導の効果がどれだけあったか。第6表でみると，56%は正解しており，残りの44%が依然として誤算しているわけである。しかし，第8表で，誤算者の誤答数別分布をみると，誤算者の半数以

上は3～9題までの誤算者である。そのうちでも，特に3～4題の誤算者が多いので，不注意によるものが相当あると思われる。

② 第7表で，どんな誤算の型をしているかについてみると，圧倒的に多いのは，昨年と同様に，K，J，L，A，Eである。即ち，かけ算九九と，繰上がり加法，及び繰上がった数を忘れたり，あるいは，繰上がった数字を数とまちがいたりするための誤算である。この誤算の原因は，主として，低学年における指導の不足によるものである。

検見川小学校では，この問題を解明していくために，本年度，準備的に指導調査を行い，その結果をこの報告書に1，2，3年の記録としてのべているので，参照されたい。

c. 全体的にみて

第8表は，誤答数別の分布表である。これによると，誤算者 628人中，実にその半数以上の 342人は，3～9題の誤算者である。また，45題以上の誤算をした子どもは47人で，誤算児童の僅か7%にすぎない。3～9題までの誤算は，今までの指導で救われると考えられる。

第9表は，学級数を誤算者の割合によって分類したものである。僅か1割以内の誤算者の学級が，7学級にのぼっている。このことは，非常によい結果だと考えている。

次に，協力学校児童全員についてみた誤算者の割合が24%であるが，これに近い2～3割の誤算者を出した学級がやはり一番多く，全体の三分の一に近い23学級である。

さて，これでみて，一番成績のよかった学校は，誤答率が0,7 %である。

次に，誤答率の一番高かった学級は67%である。昨年の場合は80%であるから，これよりよくなっていることがわかる。全体として本年度の協力校における指導の成果は，昨年より相当よくなっているとみてよい。

§5. 浮動状況の調査結果

浮動状況調査の結果は，次のとおりであった。

〔第10表〕 指導直後と第1回の浮動調査との比較

児童数	指導直後の誤算者	第一回の誤算者	誤算者の内訳		
			a	b	c
543 人	127人	126人	80人	46人	47人
総児童数に対する百分率	23%	23%	14%	8%	8%

〔註〕・7校分 543 人についての結果である。
誤算者の内訳の欄で，aは，1回と2回の両方のテストで誤算した子ども，bは，1回はできて2回目に新な誤算者となった子ども，cは，1回が誤算して，2回目に正解した子どもである。

〔第11表〕 指導直後と，第一，二回の浮動調査との比較

直後の誤算者	第一回の誤算者	第二回の誤算者	誤算者の内訳						
			①	②	③	④	⑤	⑥	⑦
122人	118人	118人	66人	18人	15人	11人	72人	23人	30人
25%	24%	24%	13%						

⦿註・6校495人についての結果である。
・誤算者の内訳の欄で，①は3回とも誤算したもの，②は第1，2回の浮動テストともに誤算したもの，③は直後及び第2回のテストに誤算したもの，④は直後及び第1回のテストに誤算したもの，⑤，⑥，⑦は，それぞれ，第2回，第1回直後の1回だけ誤算したものを表わす。
・3回のテストの中で，2度誤算した子どもは，②+③+④で，計44人，全児童の9%である。
・3回とも誤算した子どもは，①で66人，13%である。

この浮動状況は，協力校中1月10日現在報告をうけた学校が7校であるの

で，この分だけについて考察したものである。

第10表の第一回目の浮動調査の児童数は，543人であるが，実験児童全員2,643 人のときの誤算者の割合が23,5%であるのに対して，23%になっており，同じような結果が表われている。第2回目の調査でも，誤算した子どもの顔は変っても人数の上では，1名の減をみただけであり，殆ど同じ割合であることが面白い。

しかし，第10表の誤算者の内訳で，aのものを除いたb+c，すなわち，16%のものが浮動しているとみられる。

次に，これを第11表からみると，誤算者の割合が，この場合も，だいたい同じとみられる。

3回のテストを3回とも誤算した子どもが①で66人13%，二回誤算した子どもは，②と③と④で合計44人9%であり，1回だけ誤算した子どもは，⑤+⑥+⑦で計72人，14%をしめていることになる。

これからみると，この場合には，約23%のものが浮動を示しているとみられる。

§6. 三位数×一位数の指導前の調査結果

〔第12表〕 演算の意味と数の大きさ

	演算の意味				数の大きさ			
	◎	○	△	×	◎	○	△	×
児童数	259人	94人	28人	56人	332人	46人	25人	34人
総児童数に対する百分率	59%	21%	5%	12%	76%	11%	5%	8%

〔第13表〕 数え方と計算の誤答数

	数え方			計算の誤答数					
	九九	とび数え	1つずつ	0	1〜5	6〜10	11〜15	16〜19	20
児童数	370人	43人	24人	232人	162人	24人	6人	8人	5人
総児童数に対する百分率	85%	10%	5%	53%	37%	6%	1%	2%	1%

この調査報告も7校分だけである。

(1) かけ算の指導に能率をあげることができたかについて

二位数×一位数の学習で，理解が成立すれば，三位数×一位数の学習は，非常に少い時間ですむかどうかについての考察である。この結果の考察についてみると，昨年と同様9割の子どもは指導しなくてもよいという見透しをもつことができた。これは，二位数×一位数のときに，数の大きさや，かけ算の意味について充分指導してきて，ひとりびとりの子どもに意味についての理解が成立したと見られるからである。

(2) 演算の意味と数の大きさについてはどうであったか

二位数×一位数の予備調査のときは，数の大きさやかけ算の意味についてわからない子どもが5割もいたのである。そしてこのことが計算の誤算の原因でもあったのである。そこで，二位数×一数位の指導で，このことについての理解を成立させるように指導してきたのである。この結果は，その後全然指導しなくても◎，即ち，完全にできた子どもが，演算の意味では59%，数の大きさでは76%であり，○，即ち，半分以上できた子どもを入れると，演算の意味では80%，数の大きさでは87%もいる。これは，昨年の調査でも同様であるが，非常に注目してよいことである。

(3) 数え方の手ぎわと，計算の誤答数はどうであったか

数え方の手ぎわを見ると，85%の子どもが九九を使えるようになったわけ

であり，とび数えをする子どもが10%，一番低い手際の1つずつ数える子どもは僅かに5%である。

また，計算をみると，半分以上の子どもが完全にでき，5題までの誤算者を入れてみると，実に，9割の子どもは，指導前に既に，三位数×一位数の計算ができるということになる。

Ⅳ　本年度の結論と今後の問題

§1.　本年度の結論

A　理解事項の験証

二位数×一位数の計算に当っての理解事項である〝数の大きさ〟と“かけ算の意味（演算の意味と計算方法の意味）”を理解すれば，誤算をしないということについての験証である。

このことは，理解事項の験証であると同時に，指導計画や指導法に一般性があるかどうかについての考察の資料ともなるわけである。そこで，験証の観点を，子どもの指導後のテスト結果の考察から，次の３点についてみる。

(1)　誤算をする子どもは，果してＣＤグループの子どもだけであるか。

(2)　ＡＢグループからは，どの程度の誤算者がでたか，その理由としては，どんなことが考えられるか。

(3)　ＣＤグループの子どもからは，何％の誤算者がでて，何％の正解者がでたか。

(1)　誤算者は，全児童に対して24％であった。昨年度は28％であるので，本年度は可成の進歩をみとめることができる。しかし，昨年度の反省から，指導計画のねらっているところとか，指導法の上での留意点がのみこめたので，本年度はもっと引下げることができるであろうとの見透しをもっていたが，実際には，この程度であった。この理由としては，次のことが考えられる。

(a)　同じ職員が原則として，二度実験指導に当らなかった。

(b)　かけ算学習の素地が不十分な子どもが多かった。

(c)　昨年度の結果から，特別によい環境の地区の学校は本年は除外した。

(2)　ＡＢグループから，４％の誤算者がでた。

３年までのかけ算を学習する素地のついているとみられるＡＢグループから，本年も４％の誤算者がでた。この数学的な内容についての理解の不足と見られる点については，(3)で述べることにしたい。

ただ，一般的に考えられる理由をあげてみると，

(a)　おくれている子どもを中心に考えすぎて，ＡＢグループに対する指導がぬけていたのではあるまいか。それは，ＡＢグループは，教具はいらないのではないかという意見が述べられていることから考えられる。特に考え方の最も基礎である第５時までの指導に手落ちがあったのではないかと見られることは，ＣＤグループと同様である。

(b)　かけ算九九や加法が，数字の上で形式的にできることに，げんわくされて，進んでいる子どもの考え方を伸ばさなかったのではないか。

(c)　予備テストの結果からの能力段階の分布で，実際には，ＡＢグループに該当しない子どもが，ＡＢグループに入ったのではなかったか。

これらの問題は，来年度の研究課題ともなる。なお，(3)項は，全児童に通ずる指導上の欠陥であると考えられるので，参照せられたい。

(3)　ＣＤグループからは，20％の誤算者がでた。

ＣＤグループの子どもは，学習素地が不十分であるから，余程，適切な指導をしないと誤算者になる可能性があるわけである。然し，逆に，ＣＤグループの子どもの指導効果は，同時に理解事項が正しいことの験証ともなるわけである。

さて，本年度の結果は，ＣＤグループ全員にみても56％の子どもは正解し，44％の子どもが誤算した。障碍のある子どもの中から，半分以上も救うこと

ができたことは，指導の努力のあとを物語るものであると考えられる。これは，理解事項の験証ともなったわけである。然し，昨年度の，ＣＤグループの指導効果は61%であったことを思いあわせると，ＣＤグループの指導に，もっと研究の余地があることを物語っていると考えられる。

それ故，今後の問題として，どんなことを考えていったらよいのかについて，各種のデーターの上から考察してみよう。

さて，このあとの考察は，順序として，ＣＤグループの子どもは，予備テストの結果から，どんな障碍点をもっているかを考察し，その障碍点は，指導計画のどこで救える見込みがあるかを考え，実際には，その障碍が除去できたかどうかについて，毎時のテスト結果から考察してみようとするわけである。

(a) 予備テストの結果の障碍点

① 数の大きさについては，具体的なものの量を数字を使って書き表わすまでの段階的な指導がぬけていると考えられる。そのために，記数法の素地が殆んどないといってもよい結果がでている。その上に，それらを考えさせるために使用する色カードの色の約束が徹底していないために，混乱をきたしている子どももかなり多く見られた。

② 演算の意味については，殆んど理解していないと考えられる。例えば，〃7さつ買いました。ノート1さつ9円です〃という問題は，殆んど，7×9とかき表わしている。これから考えることは，具体的な行動を通して，演算の意味の指導に重点をおかなければならないということであろう。

以上のような素地の子どもは，どこの指導で救われるかというと，第1日ー第5日までである。表によって，毎時の障碍除去が，どのように行われたかを，毎時のテスト結果から眺めてみよう。

日次	指導内容	誤答者数	誤答者の百分率 全児に対して	誤答者の百分率 CDに対して
第1日	演算の意味① 同じねだんの品ものをいくつも買ったときの単価や，買った個数のよくわかるお札の「並べ方」「言い方」はどのようにしたらよいか	人 1138	43	79
第2日	演算の意味② 同上の「書き方」はどのようにしたらよいか	909	34	63
第3日	演算の意味③ 1個のねだんが10円以上になったときの「言い方」や「書き方」も今までと同じにできるか。	651	25	45
第4日	計算の意味① お札をどのように数えたら，支払う金高が早くわかるでしょうか。	784	30	55
第5日	計算の意味② 金高を計算でたしかめるには，どのようにしたらよいか。 （くり上がらぬ場合の筆算形式）	756	29	53
第6日	計算の意味と練習① 計算をまちがいなくするには，どんなことに気をつけたらよいでしょうか。	517	20	36
第7日	計算の練習② 同上	136	5	9
第8日	計算の意味（くり上がり）① 同じお札が，10枚以上になったとき，どのように工夫すると金高がすぐわかるでしょうか	779	29	54
第9日	計算の意味（同上）② 支払う金高をたしかめるには，計算はどのようにしたらよいか。（筆算形式）	362	14	25

第10日	計算の練習（くり上がり）① 1円札がたくさんになるときの計算は，どんなことに気をつけたらよいか。（一位がくり上がる）	362	14	25
第11日	計算の意味③ 支払った金高をたしかめるには，どのように計算したらよいか。（十位がくり上がる）	616	23	43
第12日 〜 第13日	（略）テストを行はない。			

(b) 毎時の指導成果からみての考察

① 第3日の指導は，演算の意味であるが，そのテスト結果をみると，

i) 誤算者数は，651名で，全児童に対する割合は，25%であり，ＣＤグループ子どもに対する割合は，45%である。

ii) この結果をみるとわかるように，第1日より第3日までを通して，演算の意味の理解に重点をおいたのに，なお，残っている子どもが25%もあるということである。

② 第4日目は，お札を数えるときは，1円と10円と別々にして，種類別に数えることの指導である。このテスト結果をみると，

i) 誤算者数は，784人で，全児童に対する割合は，30%であり，ＣＤに対する割合は，55%である。

ii) この中には，演算の意味が，理解できていないものが，25%含んでいると考えられる。したがって，第4日までに誤算した子どもは，演算の意味や，計算の意味の基礎となる考え方が，具体的な色カードの行動と，関係づけられて，具体的に把握されていないことになる。

③ 第5，6の両日にわたって，繰上がりのない場合の算筆形式を考えつかせるのであるが，第6日の誤算数は，517名である。これを第4日までと

比較すると，演算の意味や計算の意味が，具体的に把握されていない子どもが，完全に誤算していることになる。

④ 第7日で，繰上がりのない計算の練習を終ったあとのテスト結果では，誤算者は，136人で，全児童に対して5%，ＣＤに対して9%になっている。

これは，意味のわからぬことを記憶したことを物語っている。

⑤ 第8日で，お札を両替して簡単にする（繰上がりのある筆算形式の意味）の指導で，誤算者数は779人で，全体に対して，29%になり，ＣＤに対しては，54%になっている。これは第4日や第5日のテスト結果と殆んど同じである。それは，第4日や5日に誤算した子どもは，進歩してないで，障碍をもったまま残されると考えられるわけである。

このように眺めていると，色カードを初めとして，具体的に演算の意味や計算の意味を指導した日のテスト結果（全体に対して約30%前後）と，指導後のテストで誤算した割合とが大体同じになっていることに着目したいと思う。

また，このことは，具体的な行動を通して，意味を理解していない子どもは，誤算をするということを物語っているわけである。

さて，毎時のテスト結果からみて，今後の指導に当って，注意しなければならないことを述べてみよう。

① 色カードなどの教具を動かして，具体的に操作しながら，子どもの思考を伸ばすことを重視して，すべての子どもに完全に理解させるように，特に第4日までの指導に重点をおくようにする。

② 毎日の指導に当って，評価を厳格にし，少くとも明日の指導で，完全に教える自信のないときは，次の指導的内容に進まずに，もう一度指導を行うようにする。つまり，一日一日を完全にして，次に進む素地ができたとこ

ろで，次の指導計画に進むようにする。

指導の結果は，昨年よりやや上廻る好結果を生むことができたが，今後の問題として多分に考えねばならぬ点があるといえよう。

2. 今後の問題

今まで述べてきたことは，今年度の反省から考えられたいくつかの問題であり，同時に，今後の問題であるといえよう。

そこで，数学的な内容については，ふれないことにして，主に，事務上の問題について問題点のいくつかをあげてみよう。

(1) 年間計画がはっきりしていない。

(2) 指導の時期を，本校と同一にしたい。特に，本年も昨年も，準備の都合から，本校より1ケ月以上おくれてしまった。そのため，農繁休暇等のため，実験指導にかなりの障碍を来した。

(3) 調査の時期も，各校カリキュラムの関係から一定しなかった。

これらの理由は，同時に，結果の験証にも多分の障碍となるわけである。

おわりに協力学校の先生方に心からの感謝を捧げたいと思う。

この道は，容易ならざる〝いばら〟の道である。しかし，教師の熱意と，謙虚なる研究心が，やがて，子どもの幸福の上にもどってくることを信じて，今日そして明日と，例え，遅々たる歩みであろうとも（然し，それは最も堅実な歩みでもある）互に手をたずさえて進みたいものと考えている。今後とも，より一そうの御協力をお願いしたいと思う。

初等教育研究資料第IX集
算数実験学校の研究報告
（5）

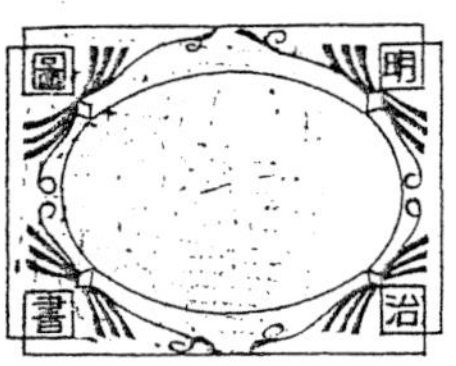

MEJ 2355

昭和30年6月1日 印刷
昭和30年6月5日 発行

著作権所有　文部省

東京都中央区入船町3の3
発行者　藤原政雄

東京都板橋区板橋町8の1952
印刷所　新興印刷製本株式会社

東京都中央区入船町3の3
発行所　明治図書出版株式会社
電話築地867.4351.4970 振替東京 151318

定価 191円

明治図書出版株式会社

定価 191円

編集復刻版
戦後改革期文部省実験学校資料集成
第Ⅱ期　第1回配本（第1巻～第3巻）

2017年3月30日　第1刷発行
揃定価（本体75、000円＋税）

編・解題者　水原克敏
発行者　細田哲史
発行所　不二出版
東京都文京区向丘1-2-12
TEL 03(3812)4433
印刷所　富士リプロ
製本所　青木製本
乱丁・落丁はお取り替えいたします。

第2巻　ISBN978-4-8350-8044-4
第1回配本（全3冊 分売不可 セットISBN978-4-8350-8042-0）